U0547617

国之大臣

王鼎与嘉道两朝政治

卜键 著

陕西新华出版
陕西人民出版社

图书在版编目（CIP）数据

国之大臣：王鼎与嘉道两朝政治/卜键著. —西安：陕西人民出版社，2024.5
　　ISBN 978-7-224-15342-2

　　Ⅰ.①国… Ⅱ.①卜… Ⅲ.①王鼎(1768—1842)—生平事迹 Ⅳ.①K827=52

中国国家版本馆CIP数据核字(2024)第062723号

出 品 人：赵小峰
总 策 划：关　宁
出版统筹：韩　琳
策划编辑：王　凌　晏　黎
责任编辑：王　倩　凌伊君
整体设计：哲　峰　杨亚强

国之大臣：王鼎与嘉道两朝政治
GUOZHI DACHEN：WANGDING YU JIADAO LIANGCHAO ZHENGZHI

作　　者	卜　键
出版发行	陕西人民出版社
	（西安市北大街147号　邮编：710003）
印　　刷	陕西隆昌印刷有限公司
开　　本	787毫米×1092毫米　1/16
印　　张	37
插　　页	4
字　　数	500千字
版　　次	2024年5月第1版
印　　次	2024年5月第1次印刷
书　　号	ISBN 978-7-224-15342-2
定　　价	128.00元

如有印装质量问题，请与本社联系调换。电话：029—87205094

王鼎画像

四城克復巳逾年元
慇贋逃尚苟延除夕
功成慰能料新春捷
報佑徂
天國舒克塔什先通
信喀爾鍰蓋早擒先
盡力窮追超卡外舍
生擒在軍前揚威
蹶鞏賛揚忠焦勇動
旅營兵鋭更曉震讋
邊荒妥絕域酬庸懋
典大勳全
御筆
己丑新正

《平定回疆战图册 · 生擒张格尔》

清宫廷画家绘。纸本，设色。14开，每开纵51.4厘米，横89.4厘米。故宫博物院藏。

南疆西四城收复后，平叛战争基本结束。然叛首张格尔逃遁，前方将士多方搜寻，仍杳无音信。道光帝痛责

正月二十二日酉刻,扬威将军长龄奏:赞大臣杨芳由八百里加紧驰奏红旗报捷于卡外喀尔铁盖山背,率

将帅失策,革去长龄前赏紫缰;撤去杨遇春太子太保、武隆阿太子少保衔。就在道光帝对俘获张格尔几乎失去信心的时候,张格尔率500余人再次进入卡伦,试图联络布鲁特人众,以求东山再起。清军将帅抓住这天赐良机,生擒张格尔,为平叛战争画上了圆满的句号。王鼎时任户部尚书,以保障得力绘像紫光阁。

1. 蒲城县文庙的六龙壁
2. 王鼎家祠

1. 王鼎纪念馆外貌
2. 王鼎相国府旧貌

1. 林则徐纪念馆后厢房
2. 林则徐来蒲下榻房间
3. 林则徐纪念馆大门口

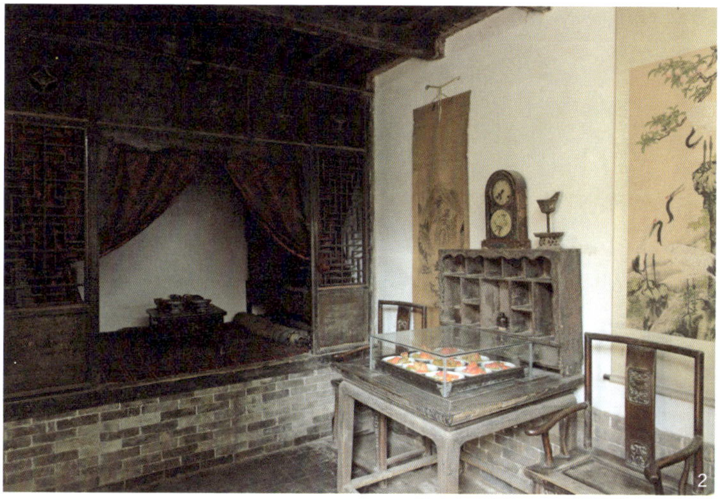

2

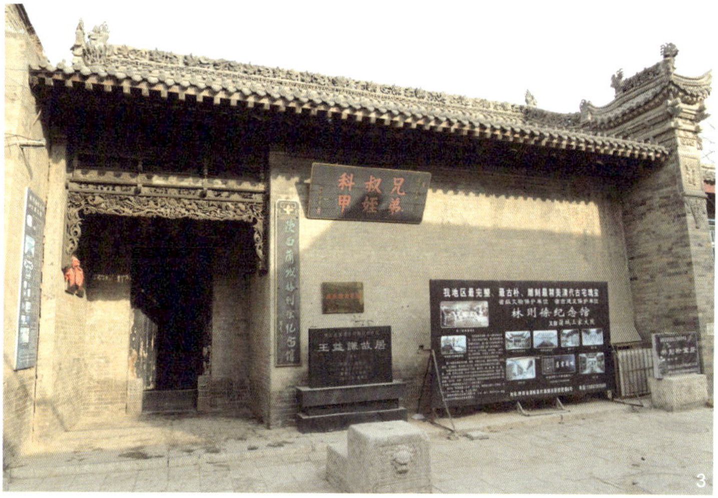

3

《镇压白莲教起义布防图》

清军对起义军采取密集布防的清剿战术,可从此图中反映出来。嘉庆元年(1796),清廷命西安将军、湖广总督、杭州将军、湖北巡抚、四川总督分别在自己所管辖的区域内围堵起义军,以便层层设防,步步紧逼。

国之大臣，荣其宠禄，任其大节。

——《左传·昭公元年》

国之大臣，先乎品行。命赞枢机，言谨事敬。
职司度支，精勤报称。靖共乃心，以襄庶政。

——道光帝《军机大臣像赞·户部尚书王鼎》
作于平定张格尔叛乱之后

引言　军机处别院

道光二十二年（1842）四月三十日，序近仲夏，时已黄昏，京师西北郊的圆明园湖光柳影，在夕晖映照下更见清幽。道光帝旻宁正与一众枢机大员在勤政殿议事，记载缺略，今天已无法知晓那场御前会议之具体情形。而据次日所颁谕旨，可知研究了杭州湾与长江防御等重大军情，以六百里急递分别寄发，当无暇顾及外间的景致。

旻宁素称简朴，既不像皇祖弘历热衷于南北巡幸，也不学皇父颙琰坚持木兰秋狝，却像他们一样地喜欢圆明园，每年有大量时间于此问理朝政。英舰由浙东渐移向吴淞口外洋面，长江告急，道光忧心忡忡，连日与臣僚商讨对策，当天更是一拨拨召见臣工，再与枢机重臣问对定议。勤政殿，全称勤政亲贤殿，后楣额曰"为君难"，出自雍正手笔；东西两壁悬挂《创业守成难易说》和《为君难跋》二文，为乾隆撰作。应是在最近几年，他才愈益感受到其意蕴之深郁，再看看眼前的几位枢臣，也是一个个面色凝重。就这样，君臣议至华灯初上，再至夜静更深。

本书的主人公，身兼东阁大学士和军机大臣的王鼎，因为恩赐病休，不在勤政殿中，却也身穿朝服来园，默坐于不远处的昨斋庭，像是在等待首枢穆彰阿，又像是等候皇帝召见。王鼎是在下午略晚时分到的，军机大臣都不在，小章京告以去了皇上那里，引他到昨斋庭稍做等候。该庭自成小小院落，与军机直房略有距离，被称作军机处别院，可供枢阁大员饮啜小憩，甚为安静。已是左副都御史、"仍留直"的陈孚恩闻讯赶来，其是"穆党"中坚，生性明敏，早瞥见王鼎身边案上的大红封套，知有紧要奏疏，也不多问，陪聊了几句，见王鼎神色淡然，也就借故离去。待穆彰阿、潘世恩等人终于退直，闻知后连忙到茶房与王鼎晤面，骇然见他挂于房梁之上，已是自缢身亡。

王鼎是来上疏的，大红封套中装的即其长篇奏疏。他要等穆彰阿等人说话，还是要等待皇上召见？真的很难说清。由上一次陛见时的交锋，王鼎更清楚地意识到：穆彰阿就是琦善等议和派的后台，皇上也已坐到他们一边。数日来，他从焦灼愤慨中渐渐平静下来，或沉思冥想，或奋笔疾书，将心中要说的话汇成最后一折，再以一种特殊的方式呈献给皇上。这就是"尸谏"，陈尸以谏，一死以向皇上谏诤……

一位枢阁大臣的暴亡，且自缢在军机处别院，带来的震惊是可以推想的。逝者当能预想到这种震惊，要的也正是其震撼效果，却难以想象事态的走向——

有人连忙解下王鼎，安放在舆车上，锦被遮盖，送往其园邸"救治"；

有人飞骑往城内，要王鼎唯一的儿子、翰林院庶吉士王沆火速赶来；

有的速召朝中几位王鼎的陕西同乡，前来料理丧事；

更为重要的是要另外造作一份"王鼎遗疏"，还要由其子王沆亲笔誊写……

是谁指挥调度着这些？虽无记载，亦可推想为穆彰阿。一切都在严密封锁消息的状况下运作，军机处之外，包括不在现场的军机处人员，皆被瞒过。经过一个不眠之夜，待次日向皇上奏报王鼎病重去世，呈上"王鼎遗疏"，一切都显得顺理成章。大红封套还是那个，文字则已重新调整，王鼎本人所写的主要内容，据说约有三千余言，魏源诗中称为万言，已被焚为灰烬，飘向浩渺夜空。

闻听此讯，道光帝也觉惊愕。几天前，这位老臣还在御前激切言事，争持嘶喊，怎会一下子就没了呢？他派近侍去吊唁慰问，希望了解到真实情况，然而一切早被遮掩得停停妥妥，就是一个久病而逝。伪作的"王鼎遗疏"词意挚切，诉说对先皇和皇上的感恩戴德，诉说久治不愈的病况，大有君恩难舍之义。旻宁读后感伤，谕令加赠太子太保，赏给陀罗经被，派成郡王载锐带领十名御前侍卫前往祭悼，复派军机大臣何汝霖"代朕赐奠"。

王鼎长逝矣，东南沿海的形势更加恶化。

仅仅几天后，五月初八日，英军悍然发动新一波侵华攻势，吴淞之战打响，江南提督陈化成战死，两江总督牛鉴仓皇逃命，长江门户大开。再两个多月，钦差大臣耆英等在炮舰胁迫下，接受英方的全部苛刻条款，签署《南京条约》。耆英是奉旨行事，时人记述旻宁之复杂心境：年已花甲的他，在殿外平台上徘徊竟夜，不断地唉声叹气，至东方熹微始回至御案前，提笔在条约上批朱，并嘱近侍直接交给穆彰阿，不要让祁寯藻看到。① 王鼎虽死，军机大臣中仍有反对议和之人。

不管是活着还是死去，王鼎都左右不了，甚至影响不了国家大局。天朝独尊的观念，闭关锁国的政策，庸人行政的局限，从上到下的贪腐，致使清朝的军事实力已远远落后于西方列强，碰撞和挨打是必然的。而强盗在家门口耀武扬威，四处烧杀掳掠，残破城阙，毁损田庐，安能觍颜事敌、不加抵抗！鸦片战争以来，不断有文武官员为国献身，如广东水师提督关天培，如定海三总兵，如金华协副将朱贵和江南提督陈化成，皆能率众击敌，战死沙场。然水陆清军，更多的是一触即溃，乃至望风而逃。人民将铭记为国捐躯的英雄，也不会忘却那些临阵脱逃的败类。陈化成壮烈牺牲后，当地百姓为之绘制遗像，几乎家家供奉，有一首流传甚广的《题陈军门遗像诗》：

  一战甬江口，督臣死，提臣走；再战吴淞口，提臣死，督臣走；三战乃及金陵城，江涛寂静喋不声。陈将军后谁敢兵？君不见走者弃诸市，死者长如生，长如生，尸祝遍我东南氓。②

---

① 《软尘私议》第九则，见于《鸦片战争》第五册。
② 贝青乔：《咄咄吟》卷下，15页。

镇海之战，两江总督裕谦殉国，浙江提督余步云畏怯逃走；吴淞之战，江南提督陈化成死战不退，两江总督牛鉴仓皇而逃；而当大批英舰开至金陵城外江面，则一派风平浪静，没有人死战和战死，也没有人逃走。

昔齐人欲侵鲁国，孔子对弟子说："夫鲁，坟墓所处，父母之国，国危如此，二三子何为莫出？"①二三子者，君子之谓，仁人志士之谓也。孔夫子命弟子于家国危难时挺身而出，是儒学精神和道德的呈现。清朝岂无慷慨赴国难之士？有。如林则徐、邓廷桢，如姚莹、达洪阿，此时皆已流遣边荒。举朝暗畏啊，王鼎奋身而起，以衰病之躯，以七十五岁之高龄，以枢臣阁老之尊，为了国家民族的前途命运，为唤醒庸碌怯懦的君王和同僚，毅然就死，以尸相谏！

不管怎样掩饰遮蔽，王鼎之死的真相还是很快传播开来。人们痛惜之余，将王鼎比作卫国大夫史鱼，比作楚大夫屈原和晋上卿范蠡，他们都是诤谏不从、以死报国的古大臣，是弘毅笃实、担当道义的典范。秦汉以来，职位高峻优崇如王鼎者，因事诛戮、争权夺利而亡的可谓多矣，若说到为国家民族甘愿捐躯，以死诤谏，真也找不到几人。

康熙之后，历代清朝帝王，包括道光，对儒家学说浸润颇深，经筵日讲，朝乾夕惕，奉为立身治国之圭臬，岂不知城下之盟的耻辱，而以忧患交并，影响到皇权稳定，所不顾也。穆彰阿、潘世恩等重臣皆出身翰林，饱读圣贤书，兼上书房总师傅和庶常馆总教习，岂不知礼义廉耻，以大富大贵在兹，所不顾也。王鼎起身寒素，位极人臣，在京有一个美满温馨的家庭，在故乡有众多仰仗资助的族人亲友，岂不知爱惜身家性命，以大节大义在上，所不顾也！吴宓先生论顾炎武，提出"殉情殉道"②一说，极有见地。其所说的道，即中华传统的道德义理、儒家统绪。王鼎是中华文化的殉道者，平静从容地选择了死，一死以警醒世人，以报国殉国。

---

①《史记》卷六七，仲尼弟子列传。

②周绚隆的《中国文化的殉道者：吴宓与顾亭林》论说甚透彻，见于《吴宓评注顾亭林诗集》，人民文学出版社2012年版。

本书本来是要以"王鼎大传"作为书名的,改拟今名,实由于写作重点的稍稍转移。王鼎形象,只有在与同时大吏的比较中,才更能凸显其价值。与传主的决绝赴死相映衬的,是更多位高权重者的弄权营私和尸位素餐,他们都是"国之大臣"。大臣,国家之栋梁也,既指官职之尊崇,亦内蕴着道德品行的要求,关乎体和用、守与为。《左传·昭公元年》曰:

国之大臣,荣其宠禄,任其大节。①

乃今知较早对于大臣品节的论述,意为君主对大臣要尊重礼遇,取其品性才具等大端。宠禄:宠幸和富贵。大节:既指品德操守,指临难不苟之精神,又指国家安危存亡的大局。而在敉平南疆之乱后,道光帝曾为王鼎亲撰像赞,亦以"国之大臣,重在品行"开首,重点则在"言谨事敬",见出与前者的明显差异。从乾隆以迄道光,常可见清帝训谕中有"二三大臣",以及"得大臣之体""失大臣之体"等字样,期望甚殷,要求多不外"言谨事敬"。其也是大臣的应有之义,却非大节。

清代,凡三品以上官员皆可称大臣,出诸皇帝之口,主要指枢阁等贵近重臣。嘉道两朝,国家由盛而衰,内忧外患,其间的万般滋味,近侍大臣应先行感知,表现又因人而殊,清正与贪酷,明练与愚钝,耿介与圆滑,勤勉与怠惰,谨畏与恣妄,共同构成一幅墨分五色的政治画卷。本书以王鼎为引线,以军国大事为节点,带写出一些举足轻重的政治人物,或全须全尾,或数笔点染,着力处在于信仰和担当,品概与节操。

古今中外的政坛,从来不缺少聪明睿智之大员,嘉道两朝亦然。如曹振镛、潘世恩和穆彰阿,如琦善与伊里布,都富于官场智慧,精擅趋避平衡之术,也还算不得权奸佞幸。唯聪明才智一旦与私欲相混合,便生圆滑巧诈,先贤书中倡导的人生准则便被销蚀。"下逮德衰,大道沉沦,智惠

---

① 《十三经注疏》本作"任其宠节",石经宋本、淳熙本等皆为改正。

日用,渐私其亲"①,数语虽出于魏晋时嵇康之口,亦堪为嘉道两朝写照。然而有中华文化经典的存在,有二三读书种子和清正大员的存在,华夏道统就不会泯灭断绝,风骨、信仰与气节就会因时激撞,愈抑愈强。

王鼎就是一个例证。

---

① 嵇康:《大师箴》,见于《嵇康集》,人民文学出版社1962年版。

目 录

引言　军机处别院　1

第一章　早年艰辛　7
　　第一节　备极苦况　9
　　第二节　进入新朝　15
　　第三节　清贫中的苦读　19
　　第四节　会试的两连败　24

第二章　恩科进士　33
　　第一节　新帝的登基恩科　35
　　第二节　初入庶常　38
　　第三节　慈母病逝　43

第三章　嘉庆帝亲政　49
　　第一节　以"守成"为旗帜　51
　　第二节　留级的庶吉士　62
　　第三节　甲子重开玉堂宴　72
　　第四节　纷纷离去的老臣　78

第四章　学政也是大政　87

　　第一节　詹事府岁月　89
　　第二节　出任江西学政　95
　　第三节　癸酉之变　108
　　第四节　攻入紫禁城　115
　　第五节　两种清剿　121

第五章　猝然而至的帝位更替　133

　　第一节　大臣之"体"与"用"　135
　　第二节　忽左忽右　140
　　第三节　未能举行的秋狝　152
　　第四节　又一次改朝换代　160

第六章　有多少"事件"要查办　173

　　第一节　弊案丛杂　175
　　第二节　从湖南江西查到湖北河南　190
　　第三节　仪封河工大案　196
　　第四节　浙江的惊天大案　207

第七章　平定南疆叛乱　223

　　第一节　国丧期的袭扰　225
　　第二节　烽烟相连西四城　233
　　第三节　举国之力的反击　243
　　第四节　敉平叛乱　255

第八章　盐政与边政　267

　　第一节　为何是那彦成　269

第二节　长芦盐区的积欠　276
　　第三节　变革两淮盐务　287

第九章　从禁烟到销烟　299
　　第一节　鸦片困扰清廷　301
　　第二节　"先乎品行"　314
　　第三节　大禁烟　322
　　第四节　"鸦片一日不绝，本大臣一日不回"　333

第十章　张家湾大决口　349
　　第一节　国家危难之际　351
　　第二节　天灾与人祸　369
　　第三节　水困开封　376
　　第四节　开工何艰难　386

第十一章　口门与国门　403
　　第一节　处处是国门　405
　　第二节　堤上的星槎　418
　　第三节　重回中原　429
　　第四节　大工繁难　437

第十二章　相国何必泪滂沱　449
　　第一节　冰雪中的合龙　451
　　第二节　河干之别　458
　　第三节　国事纷繁　468
　　第四节　浙东的"大反攻"　474
　　第五节　钦命"缓程来京"　490

第十三章 国之殇 497

  第一节 圆明园暴亡 499

  第二节 皇恩与哀荣 513

  第三节 城下之盟 520

  第四节 来早与来迟 530

主要参考书目 543

原　跋 550

修订版后记 554

【第一章】
早年艰辛

第一章 早年艰辛

王鼎的死，震惊了整个朝廷，更震惊了他的家乡——陕西蒲城。当朝君臣的震撼刺痛会快速消逝，而家乡人的惊愕悲伤、家人亲族的茫惚无助，应会持续很久很久。

既是内阁大学士又是军机大臣的王鼎，出身寒素，一生亦不改寒素。清廷对枢机大员除俸禄之外，还有各项补贴赏赐，而若仅以此收入，也只能满足养家糊口和必要的购置。王鼎府中一向拮据节俭，并没有多少积蓄。立朝四十余年间，他以清正廉洁著称，"少食贫，既贵不改寒素，奉入所余，辄以赡亲友。薨之日廪无余粟，椸无新衣。清操介然，外吏入都或公轩所至，馈方物，虽故旧不受。生平不受人请托，亦不请托于人"①。多年前与亲弟的一封信中，王鼎忆及早年艰辛，以"备极苦况"四字画出，读来令人酸鼻。他虽自奉至简，却能尽一己之力，努力帮助亲族和桑梓，或也正由于此。

第一节　备极苦况

王鼎的家族为蒲城大姓之一，却非当地世族，原籍在山西大同（一说出于太原）。当宋室南迁、中原离乱之际，一位叫王信的晋籍人士，悄然在蒲城尚义里安家，是为王鼎及族人所称的始祖。

王信，字好古，号外翰，似可见出他对儒学的尊崇痴迷，亦多少传递出一些读书人的自诩。然生当乱世，王信只做过一任陕西宜君县教谕，虽是偏远之地的小学官，却也让子孙后代有了"诗书传家"的骄傲，播撒下一粒读书种子。

---

① 冯桂芬：《显志堂稿》卷七，光禄大夫东阁大学士文恪王公墓志铭（代）。时桂芬为翰林院编修，代协办大学士、吏部尚书卓秉恬撰文。

一、迁居蒲城

宜君县地属鄜州，与蒲城相距百余里，为什么王信不留在那里，而要流落于人地生疏的蒲城？其七世孙王臣在《王氏家谱序》（后简称《家谱》）中写道：

> 我始祖，晋之云中人也。少领乡书，屡北南宫之战，已乃除谕宜君。宜之多士获饮，春雪标韵，罔不诚服，竟师者。寻遘胡氛横翳，烽燧阻绝，而弗克归也。遂南游于蒲，悦其风土而侨居之。①

对于蒲城尚义里王氏的始祖王信，此为最详细的一条记载。作序者王臣，明天顺八年甲申科进士②，历工部主事，户部员外郎、郎中，山东盐运使，弘治二年升任山西左参议。这是其为官的最后一任，正可以往祖籍之地寻根。在他的笔下，始祖王信才华茂著，早年中举，然一次次会试挫败，不得已做了县学教谕，又因金兵进犯，有家难归，选择在蒲城定居。

据史料记述，当时宋金交战态势颇为错综。双方在陕西皆屯重兵，置官守，金国据有长安、鄜州、延州等地，而稍远州县仍听命于南宋皇室。宋高宗建炎四年（金太宗天会八年，1130），南宋川陕宣抚处置使张浚发布讨金檄文，指挥五路大军进逼长安，在富平一带与金兵接战。其中赵哲所部正从宜君南下，而蒲城为必经之地，只不知王信是否随大军前来，是

---

① 蒲城《王氏家谱》卷首"王氏家谱序"，以王臣仕至山西左参议，署"大参公"。该谱由蒲城王鼎博物馆赠以复印件，内容较简，涉及王鼎处仅在世系中列名而已。

② 据《家谱》。光绪《蒲城县新志》卷九"选举表"列于天顺七年癸未，卷十"人物志·贤能"又说是天顺八年甲申。核《明清进士题名碑录索引》下"天顺八年甲申科"，知该科本应在前一年春举行，因试场被焚，会试推迟到当年八月，廷试再延至甲申三月，故亦可称为"癸未科"。

否在那之后流落当地。宋军在富平遭遇惨败，金兵一路追杀，直至邠州，缴获大批辎重粮草，却与紧邻的蒲城擦边而过，几乎没有造成什么破坏。

这应不是王信经历的第一次战乱。其家乡云中，先陷于辽，再陷于金，而他仍能够习学儒业，考中举人，经历险阻，往北宋和南宋的京城参加会试，自具一种坚贞执着！约六百余年后，裔孙王鼎的科举之路也不平坦，后虽高中金榜，官位显赫，而行事做人，血脉中仍流淌着祖先的精神基因。

从现有资料看，王信原本只是暂住，并未想在蒲城安家，是蒲城人的真诚感动了他，"越数载，里人怡于公谊，公亦怡于里人之谊，扳留缱绻，而公遂无东意矣。乃卜蒲尚义之廛，列籍附版焉"[①]。由此可推想，当陕西沦陷的数年间，满脑子忠君意识的王信，大约还是想去追随新帝的，其次应是返回故乡。而中原处处烽烟，遍野饥民，不独到不了江南，就连回乡也是千难万难，最终只好在蒲城落户。个中艰辛和不得已，后人难以想象。

蒲城是个好地方。

蒲城位于川土沃美的关中平原，是一座有着约三千年历史文化的古城。境内有尧山、龙山、卧虎山，有伏龙塬、九龙塬、紫荆塬，而更多的是平衍腴厚的原野，洛水与白水蜿蜒流过，历朝皆视之为粮仓，尤以小麦为盛。王信在这里居住下来，渐渐获得了当地人的尊敬，子孙繁衍，渐渐成为蒲城大族。

二、明代两进士

王信是一位苦读饱学之士，也算做过官，经历过战乱，见过世面，虽杂处于小城市井之中，仍显得与众不同，以"雄才大度"为人敬重。影响所及，他的子孙多读书人，一代代如接力般在科举做官的路上奔波。这是

---

① 《家谱》卷首，王臣：王氏家谱序。

一条充满生存艰辛和精神折磨的路，而精诚所至，后裔中倒也有着些幸运者，以王鼎功名职衔最著，可谓"位极人臣"。这是王鼎自己的话，唯言说时的语气不独毫无骄矜，而且满含感伤，感慨先辈迁徙和创业之艰。

倡修族谱，并为作序，极力夸赞始祖人品的王臣，为王氏迁蒲后的第一个进士。在他之前的数代，整个家族人丁稀疏，不少人名下都注明"无子"，正是多数家族播迁之初的真实状况。王臣考中进士，光大门楣，同时也不能不背上族人乃至亲戚的重负。成化间关中大饥，他正在户部任职，接下来又是掌管山东盐运的肥缺，于是亲族络绎而来，"多就其禄食以活，其后子孙蔚起，仕宦接踵，为关中名族"①，写的便是他在家族史上的扶危救难与振兴作用。而王臣也为之付出很多，影响到其仕途和名声。

王臣二子，曰玲，曰珑，都没能考中举人，所任不过韩王府典膳、忻州吏目之属。他们的儿子，就连这种小吏也没得做了。从《家谱》可见，蒲城王氏的九、十、十一世人丁兴旺，却没有出什么成名人物，名字竟有选择"烦"及"风、雨、雾、霜、露"者，接近于庄户人家的朴拙了。由于大多不读书，族人"性多憨直使气，邑人恒惮之"②。这样一些人聚族而居，彪悍躁急，既擅于外斗，又时生内讧，令当局头痛不已。明万历十四年（1586），知县大人亲自出面，将这个大家族分成四支，化整为零，大约也是为了管理方便吧。

天启五年（1625），第十二世族人考中一名进士——王道纯，亦在第三甲。王道纯仕至山东巡按御史，官职不高，职权颇重，以正直敢言著称，就连素来严苛的崇祯帝都对之青眼有加。崇祯五年（1632），孔有德等在河北的吴桥发动叛乱，骚扰山东，道纯督令地方大员讨捕，见其拖延，遂连章劾奏，奉旨往登州前线监军。岂知新换的主帅仍是畏缩不前，一意用抚，很快被困于莱州。道纯坚持用兵进剿，百计调度，毅然斩杀伪装乞抚、

---

① 光绪《蒲城县新志》卷十，人物志·贤能。
② 《家谱》卷首，王氏家谱略叙（耀寰公）。

实则刺探的叛军来使，激切上疏：

> 贼日以抚愚我，一抚而六城陷，再抚而登州亡，三抚而黄县失，今四抚而莱州被围。我军屡挫，安能复战？乞速发大军，拯此危土。[①]

生当大明朝濒亡之际，内阁首辅如周延儒、温体仁皆柔佞刻忌之辈，道纯一个小小御史又有多少能为？朝廷主抚议，道纯被召还京师，即上疏论劾失机的大员，后见周延儒庇护，一并加以弹劾，骨节铮铮。越二百年后王鼎以死谏诤，那种忠正刚烈、奋然不顾身家性命的精神，在他的这位先祖身上，已约略可见。

与当政者公开相搏，结果自不难想见，王道纯很快以"监军溺职"被贬归故里。回到家乡的他仍关心时政，"罢归家居日，凡官府政事，系民间利害，无不关白，民皆德之"。而关中诸县很快成为官军与农民军反复绞杀之地，李自成曾派员力邀，道纯拒不赴。崇祯十六年（1643）秋，蒲城被攻破，知县朱一统投井自尽，王道纯也被抓获，押送到李自成大营，由于坚执不从，最终在山西平阳被杀害。《明史》本传称"道纯抗节死"，县志也说其死得很壮烈，究实言之，应说是很悲惨。道纯横死于异乡，"遇害逾年，始获骸骨归葬"[②]。《家谱》世系表未见列道纯子嗣，是其乡试同年李馥蒸远赴平阳，寻找到他的遗骨，扶榇归乡。

在叛降丛生的崇祯末年，有多少宰辅督抚觍颜改仕，贰而又贰，作为弃臣的王道纯，则以一死保持了对明王朝的忠贞。短命的南明弘光朝，还特别赐予他一份恤典。

[①]《明史》卷二六四，王道纯传。
[②] 康熙《蒲城志》卷二，人物上。

三、吴三桂屠城

清朝入关之初,李自成退守西安,定国大将军、豫亲王多铎率兵一路尾随追击,这里又成了大顺军与清兵厮拼的战场。交战未久,清兵攻破潼关,大顺军败退商州,西安和关中地区皆望风易帜,倒也使当地百姓免除了一场战争蹂躏。

改朝换代,对于读书人自是锥心之痛。顺治六年(1649)春,前明降将王永强、高有才率部起事,以"反清复明"为号召,自延安移师南下,连下十余州县,沿途受到热烈响应。蒲城全城士民更是开门远迎,在文庙隆重安设崇祯帝牌位,哭祭行礼,一时间同仇敌忾,群情激昂。

明朝降将吴三桂统兵前来,激战中王永强阵亡,高有才败走,大队清兵抵达蒲城,县城中只剩下极少数守军。吴三桂以为唾手可得,引铁骑骤临城下,喝令打开城门。没想到当地民众登城拒守,邑人秦一藩、米贞颐、屈谐吉等在城楼戟指责骂,痛斥汉奸,同时也发炮轰击。吴三桂猝不及防,几乎被炮弹击中,羞怒之下,督所部猛轰猛攻,终于登墙入城,接下来大开杀戒。可怜蒲城两万多居民,除先期躲避出城的一万多人,留城中的男丁几乎全部被杀,妇孺也死伤无数。那些指名斥骂吴三桂的人,皆被一一查获,残忍杀害。秦一藩为明万历四十年举人,曾任安徽太平知县。几年前李自成部攻打蒲城,他就站在城墙上,与朱知县并肩作战,劫后余生,这次终于死难。"新鬼满城哭,通宵鸣断猿"[①]。屠城之后,蒲城百业萧条,很久才得以复苏。

秦、米、屈三姓,是蒲城世族和大族,伤残虽重,也成为族中后人的骄傲。因资料匮乏,不知王氏在这场巨大灾难中的具体表现,记载称邑中大户早出城躲避,可推知王氏一族大约没有人出头抗清。清朝入主中土,于顺治

---

① 屈复:《三月二十八日登东城感往事》,见于光绪《蒲城县新志》卷六,艺文志。

元年（1644）宣布开科取士，二年颁《科场条例》，王鼎的十三世祖王克敬参加了在西安举行的乡试。

这是清朝初开科举的第一届乡试，诸事繁杂，虽延迟至十月举行，也只有顺天、江南等六省设考，陕西即其一。当时崇祯帝新亡，南部多地仍奉朱明正朔，不少读书人抵触拒考，王克敬则奔赴秋闱，得中举人。他不一定能代表整个家族的观念，却表现了家族中读书人的抉择。

就在清兵血腥屠城的当年秋天，第十二世、增生王人龙续修《族谱》，于小序中提及这一历史惨案，曰："己丑大兵之后，遗亡无存。"① 雍正间，十五世王修作《族谱序》，亦说："不幸遭己丑之变，只字片纸无复存者。"他们的具体所指，应是家族收录的相关史料，当然也对这场大浩劫充满谴责。覆巢之下，岂有完卵。不管王氏家族是否已然归顺新朝，其对大战之前的匆忙奔逃、城破后的百业凋敝和丧乱情状，必也会刻骨铭心。

第二节　进入新朝

王克敬后来选任广西融县知县，在改朝换代之际，为族中读书子弟开启了一条新路径，也引领了蒲城王氏的仕宦辈出。此后的很长一段时间，即以王鼎这一支论，几乎每一世次都有考中举人甚至进士者。

一、高祖王炳

得蒲地水土之滋养，王信的后裔可谓枝叶繁茂，至明朝万历年间已有五百多口男丁；到清雍正朝，更是"支流蕃衍，合计三大支约有一千三百余丁"。流传既久，时常连辈分也难分辨，各支之间也不尽和睦。"虽士农工商、

---

① 《家谱》卷首，王氏家谱略叙（耀寰公）。

贫富贤愚家殊人异，大抵性刚使气者甚多。其于宗族间一言不合，辄相争斗，甚至集众持杖，登门喊骂，绝不念其为同宗者……"①此情此景，在我国各地尤其是北方农村，应都是常见的。王鼎这一支，既非长门，又较少中科举、登仕版者，类似之混沌族人当为数不少。

即便如此，该支仍不乏潜心向学、发愤读书者。康熙二十九年，王鼎的高祖王炳考中举人，再经过十多年的科场蹉跎，终于在四十二年得中进士。他是王鼎本支的第一个举人、第一个进士，也是蒲城王氏入清后的第一个进士，对于族人地位的提升，对于本支的振起，有着不容忽视的引领作用。

王炳的入仕之路很不顺畅，只做过一任广东高要知县。查清宣统《高要县志·职官表》，王炳于康熙五十年到任，具体任期也不是很清楚。从表上看，在他任知县后的十二年间，并不见别人接任。较难想象，一个两榜进士出身的人，会在边远小县做上这么久的县太爷，或有漏记，亦未可知。

一般来说，得中进士即可外放知县，却也有不少"归班铨选"，即等待吏部的安排，美其名曰"候任知县"。王炳等候了整整八年，其间有多少烦乱焦灼，亦难以知晓。可推测的是：王炳在科试之路上走了太久，举进士时年岁已高，又等了八年才得上任，做了几年官，也就致仕还乡了。

从宣统《高要县志》看不到对王炳的评价，倒是乾隆《蒲城县志》说他"善政宜民，清廉懋著"②。王炳有两个儿子，都是读书人，也都以学业优良成为贡生，命运却更为不济：长子名堂，一辈子显然没弄出什么名堂；王鼎的曾祖父为次子，名垣，雍正十三年（1735）拔贡，又六年考中举人，但没有闯过会试这一关。拔贡和举人都是可以直接授官的，大多需要"候补"，至于能否补上，那就看各人修为了。终其一生，王垣未曾入仕，仅留下一部薄薄的诗文集，今天早已失传了。③

---

① 本段引文皆见《家谱》卷首，族谱序（子箴公）。
② 乾隆《蒲城县志》卷七，选举一。
③ 光绪《蒲城县新志》卷六，艺文志，录有王垣《啸雪堂诗文集》一则。

二、祖父与王杰的交谊

王垣仅有一子，即王鼎的祖父王梦祖。

从目前所能得见的史料中，可知王鼎与祖父的感情很深，似乎超过了他对父亲的爱。王鼎成为翰林学士后，曾在给弟弟的信中提及爷爷，语句间充满敬爱之情：

> 吾家诗书出身，爷爷以大学问、大品行终身不第，岂惟乡人重之，即今海内名儒，亦皆以为古谊君子也！①

此言不虚。科举制度，给许多生活贫寒的读书人带来希望，但也困扰羁绊了无数有志之士，使他们终生奔波于应试之途，几乎每一届都有几位七八十乃至九十岁的应试举子，令人唏嘘。王鼎在家信中称扬祖父有"大学问、大品行"，感慨他的"终身不第"，并为其德行和声誉自豪，皆出自私衷，是他与弟弟的私下交流，并没有夸耀的意思。

王梦祖天资聪慧，七岁丧母，哭祭尽孝，一如成人，令观者感慨怜惜。王垣对这个唯一的儿子十分疼爱，见其体弱多病，不让他上学，但梦祖嗜学如命，执意要读书。王垣见状欣喜，常也亲自指点教诲。梦祖擅文辞，精通音韵之学，称名乡里，交游遍及周边数县②。时韩城人王杰在家读书，与梦祖同为贡生，同样的久试不得意，又都属于家境贫寒、志趣高远之士，两人常往来聚会，接谈甚欢。

造化弄人，芸芸众生总会分为幸运与不幸。王杰在无奈之下离乡背井，先后进入大吏尹继善、陈宏谋的幕府，见识日广，学问大为长进，又写得一

---

① 《王鼎家书》，107页。
② 光绪《蒲城县新志》卷一〇，人物志·儒林。

笔好字。乾隆二十六年春闱，已然三十六岁的王杰参加会试，在殿试进呈十卷中排在第三，乾隆知他出生于关中，因时在收复大西域之后，遂钦点为状元。王杰成为入清以来中国西部的第一个状元，自此入翰林，直南书房，升内阁学士，再升任刑部和吏部侍郎，擢都察院左都御史，仕途上一路顺畅。而王梦祖盘桓故里，虽苦读不懈，却始终未过乡试大关，迫于生活压力，只好到大户人家坐馆。

乾隆四十八年（1783）秋，王杰丁母忧回乡，居韩城约两年时光，与王梦祖重叙友情。虽地位悬殊，旧日的交情依然存在，王梦祖曾多次去看望这位老友，也说到东家待之不薄，所教弟子淳厚用功。他还盛邀老友到东主家中做客，接待馈送，留给王杰较深印象。其时王鼎已十六七岁，天性诚实淳厚，加以格外用功，被祖父视为光大门楣的希望。推测梦祖一定会将爱孙的情形讲给老友听，或也领着孙子去拜见这位状元前辈，惜乎未见记载。

王杰回京后，梦祖还曾寄信求他为东家撰写祝寿文，已任兵部尚书、政务繁忙的王杰自然不无谨慎，要他将所拟之文寄京审读删定，对老友自是给足了面子。①

三、盛世的大饥荒

天灾人祸，在关中这块沃土上也是不断发生。

乾隆末连年用兵，加上贪腐流行，大清国势盛极而衰，陕西和整个西北地区也是民不聊生。王鼎一家四代读书，且人丁稀疏，不事产业，又没有什么店铺和土地，日子甚为艰难。

王鼎的家族，一直靠爷爷支撑。虽不能确知王梦祖的生卒年，然一向称其为"兄""大兄""大哥"的王杰，在乾隆六十年已然七十一岁，梦

---

① 《王鼎家书》，王杰与王梦祖书，134 页。

祖应还要大上几岁。人生七十古来稀，以这样的年龄，坐馆授书已是不太合适，也就没了束脩养家。其是整个家庭赖以生存的主要经济来源，可当连年遭灾时，王梦祖退馆回家了。更严重的是，一家子仍然做着科举入仕的梦：梦祖自己是贡生，儿子镇淮为太学生，孙子王鼎为县学生，都在这条路上苦苦求索，虽有灾荒，在所不顾也。

国子监学和县学应会有一些津贴，但很是菲薄。这种情况下，养家过日子的责任，大约要女人多分担一些了。王鼎的母亲原氏，就是这样一位贤惠勤勉、勇于担当的女性，县志记载：

> 原氏，王文恪公母。幼读《孝经》《列女传》，通大义。年十六适丽亭封翁，事姑赵太夫人能得欢心。太夫人常言曰："母贤，子必克家，惜吾老不及见耳！"家贫甚，恒月夜纺绩，以伴子读。及子登仕籍，尤不忘寒素，勤操作，惜衣食，而于施济则不悭。邻媪有贫乏者辄赒之。卒之日，停炊者数十家，妇女之吊者盈门……[①]

既曰纺绩伴读，当在王鼎少年时期，已是家中贫甚，可知其家境况之差，又不独在荒歉时节。这样一个大家庭，那种由来已久的贫苦，靠纺绩又能解决多少问题呢？但原氏唯有纺绩，一则聊胜于无，二来陪伴在灯下苦读的儿子。

第三节　清贫中的苦读

王鼎在贫困中长大成人，在贫困中坚持读书，在贫困中思考探求儒学

[①] 光绪《蒲城县新志》卷一二，列女志·贤孝，原氏。

经典之旨义，也一天天感受体味着世态炎凉。他家居住的街巷原名当铺巷，扑面而来的尽是市井气息。家中虽有一些举人、贡生、太学生的名分，但没有官职，在世人眼中与"白身"无异。生在这样的家庭，又坚持走父祖的科举之路，王鼎必然要遭受众多白眼，也只有自我砥砺，更加发愤读书。

一、半斤面

蒲城至今流传着王鼎的一些逸事，多与贫穷和苦读有关。

一个是"城隍庙偷油"。讲述王鼎因家中实在太穷，买不起灯油，万般无奈，便在夜间潜入城隍庙内，在长明灯盏里偷取一些燃油。时间一长，城隍老儿见出蹊跷，定睛一看，乃天上文曲星是也，这还了得，急令属下暗中相助……这个故事的后半段纯属演义，而一个读书之家在夜间点不起灯，竟想到偷城隍庙的油，倒有可能是实情。王鼎家中贫困，可知到了何等地步！

另一个故事叫"半斤面"，更为真切，也可对其家境有更多了解。说的是家中断炊，母亲原氏让王鼎外出借粮。有道是"上山打虎易，开口告人难"，何况是一个读圣贤书、自期甚高的年轻人。但作为儿子，他不忍心看着母亲一次次去娘家，那边也不富裕，无奈放下书本，拿起一个面袋子，往亲友邻舍家求告，可圆圆的一圈走过来，凡是能想到的人家都去了，只借到半斤面。王鼎羞愧万分，回到家中，一笔笔写下"半斤面"三个字，贴在自己读书的案头。

多年后，王鼎中进士，入翰林，开始有了一笔微薄的官俸。与同年中富裕者置办宅第轿马不同，他一直节衣缩食，克己奉家，常挤出些银子寄回蒲城。老家的状况由是大为改观，很快也成了亲邻告贷的对象，主持家事的四弟开始有点托大撒漫儿。王鼎在信中劝弟弟量力而行，讲了几句道理，接着忆起一件件屈辱往事，写道：

> 我家二十年前，备极苦况，从未见有亲友持一二百钞、一二

斗米至门者。兄至今念及，心犹恻然！①

映照出亲情之伪，也是其刻骨铭心的记忆。而在官职渐高、俸禄渐丰之后，王鼎越来越多地主动资助亲友和家乡人，因为他最知道求人的滋味。

二、学宫与考棚

王鼎十九岁补诸生，入蒲城县学读书。清代对各府学、县学的廪生和增生都有明确限额，以岁、科两考一等前列者遇缺递补。记载缺略，我们不知道王鼎补的是廪生，还是增生。对于一个家境贫寒的生员来说，二者的差别是很大的：廪生每年有廪饩银四两，增生则没有。不管怎样，成为生员，是科举漫漫长途的重要一步，否则连参加乡试的资格也没有。

蒲城为关中大县，一向有重学之风。明正德间开始扩建文庙，增修先师殿、戟门、两庑；至嘉靖间又建造明伦堂、讲堂、教官宅，以及东西号房二十间。明世宗更定祀典，诏令全国打碎孔子塑像，以木主代之。圣旨传来，蒲城的学官和士子对孔子雕像不忍毁坏，便设法"用墙隔遮"②。这在当时可是有些政治风险的，唯以敬重至圣先师，也就顾不得那么多了。

明清易代之际，蒲城两经残破，县学颓败不堪。康熙三年（1664），新任知县邓永芳拜谒文庙，见殿宇墙垣触目凋敝，毅然捐出俸禄，规划整修，"凡颓者竖之，缺者增之，逐处检阅，重加构造。至礼门、义路、两斋、明伦堂及四周宫墙，亦莫不葺筑一新"③。至乾隆三年，知县郭芝再兴大工，新建大成殿、名宦祠、乡贤祠、鞍架房，增修了一些供生员读书考试的房舍，还在大门前砌了一座琉璃翠屏。蒲城一县的读书士子，终于又有了一块聚集治学之地。

---

① 《王鼎家书》，120 页。
② 康熙《蒲城志》卷一，建置·学宫。
③ 康熙《蒲城志》卷四，清重修学记。

由于重视文教，蒲城也是相邻数县府院考试的中心。自明代万历朝，蒲城在县衙西侧设考棚，华州各县童生皆来参加府试和院试。后来因关中兵荒马乱，只有同州五县士子前来应试。康熙初年考棚坍塌，邑中议论纷纷，缺少修复的热情，别的州县也想将考场转移。知县姜兴齐认为蒲城数百年为学政驻节之地，一旦移之别处，对当地影响很大，不应该吝惜小钱。在他的带领主持下，大家积极捐款，考棚迅速得以修复。日月荏苒，后考棚仍不免破败，县中士子只好往同州赴试，就中种种不便，可想而知。至康熙五十一年，知县汪元仕带头捐资重修，"力请督学按临，与澄、白为一棚，而府试之往西安者，亦请封题代考，免士子跋涉之艰"[①]。蒲城重新成为院试、府试的考场，虽未能达到昔日之规模，也属不易。如此看来，王鼎是在家乡参加的院试，省却了奔波跋涉，也节省了赴试的一些花费。

所谓院试，学政所主持之岁考、科考等项是也。王鼎能补诸生，必须要在岁、科两考中位列前茅。蒲城虽属大县，县学的学额也只有廪生、增生各二十名，每届递补名额极少，有的年份也就是一名，竞争十分激烈。王鼎能补为诸生，大是不易。即使做了廪生，还要年年准备考试，必须考在优等，进入学政大人的名册，才有可能参加乡试。就是这样，王鼎年复一年地徘徊于学宫与考棚之间，忍受着饥寒困苦，积聚知识学养，也是一种意志的磨炼。

三、得意秋闱

乾隆五十七年（1792）秋，又值乡试之年，王鼎前往省城赴试。不清楚这是他的第几次乡试，也许就是第一次。好在蒲城离西安不到二百里，又无山川阻隔，路上并不算太辛苦。

清朝定制：乡试通常为三年一科，子、卯、午、酉年为正科，恩科另定。

---

① 光绪《蒲城县新志》卷四，学校志·考院。

考试题目和方式基本沿袭明代，分为三场：第一场试时文，由"四书五经"中拈出七个题目，故又称"七艺"；第二场试论一篇，从《孝经》《性理》等书中拟题；第三场出策问五道，涉及经史、时政和政治。每场考试间隔两天，整个考下来差不多要十天。考区内东西排列着一行行号房，行距四尺，每排约一百间。号房是典型的蜗居，简陋狭窄，例为三尺宽、四尺深，也就一个多平方米室内面积。考生在这里白天答卷，夜晚歇息，除经批准后上厕所，考试期间不得离开半步。参加乡试，是一个不折不扣的辛苦活，既考学识才情，也考体格耐力。

西安贡院在城西南隅，颇具规模，不独要接纳本省生员，西北数省如甘肃、青海、宁夏，甚至新疆的士子也来应试。按照规定，考生不得携带木箱，所有笔墨文具，以及吃的穿的夜间盖的，必须放在一个有网格的柳条筐中。当开考的八月初八日，一万余名士子齐集院外，贡院大开三门，搜检点验后放入，各自寻找自己的号房。官方在考试期间供应饭食，虽不充足，但对像王鼎这样的穷苦考生，已是省了一笔花费。

这一届陕西乡试，主考官为翰林院编修施构，副主考为翰林院侍讲罗修源。施构举为乾隆五十四年进士，与后来大名鼎鼎的阮元、那彦成同列二甲，选庶吉士，未三年即命主持乡试，前程看好。罗修源则是资深翰林，乾隆四十年二甲进士，至此仍是从五品侍讲。陕西乡试本科的试题为"康诰曰如"一句，"君召使摈"一句，"如七十子之服"，赋得"观经鸿都"得"观"字。大荔人淡士涛夺得解元，王鼎考中举人，时年二十五岁。蒲城县同年中举的，还有张汝骧和刘鼎梅。今天已不能确知王鼎在榜上的名次，大约不会太靠前。通常说来，若是在前十名之内，撰作传记或墓志应会特别提及，而王鼎的志传中都没说到。

不管是多少名，考中举人已让王鼎的家庭大有荣耀，点燃了家族振兴的希望，也带来了经济上的转机。发榜后的鹿鸣宴上，王鼎和新科举人一起，依次领取了规定的赏赐：银花、彩旗、衣帽布料、荷包腰带等。宴会后，还要往布政使司领二十两"旗匾银"。这些都在于让中举者夸耀乡里，以示官府对读书人的劝勉。而对于王鼎之类贫寒士子，倒是一宗实实在在的收益，一场及时雨。

第四节　会试的两连败

由于文献资料匮乏，我们对王鼎生平的记述，选择从乾隆五十八年（1793）开始。这年春节期间，从未离开过陕西的王鼎，已然行进在前往京师的路上。多年苦读，终于得中举人，有了进京会试的资格，王鼎当与大多数举子一样，信心满满，渴望着连捷进士。连捷进士，是说在中举次年就考中进士，许多读书人都梦寐以求，有此殊荣和幸运者也不算少。但王鼎不能算一个特别有幸的人，接下来两赴春闱，都遭遇了失利，铩羽而归。

一、关中的旱情

进入该年的第一天，新岁元日，皇宫自是一派祥和喜乐。年逾八十的乾隆帝在接受朝贺、祭祀、宴赏之余，照例也要施惠于上年遭灾地区的黎民百姓。作为一个帝王，老迈必然昏聩，老龄化常带来治理上的固执因循，以及对近侍宠臣的过分倚信，也会使之拥有更多的慈悲情怀。无论是庄重的祭典，还是盛设的宴集，皆能让乾隆联想到河南、陕西的灾民，担忧其如何度过年关，如何迎接春荒，一种焦虑涌上心头。这位号称"十大武功"、自诩为"十全老人"的大清皇帝，此际却被豫陕等地的连年荒歉所困扰，一干枢阁重臣看在眼里，也无以排解。

新岁第二日，乾隆连颁两道谕旨，一是延长河南彰德、卫辉、怀庆所属各州县的放赈期限，二是扩大对陕西咸宁、长安等地赈济的规模。两省都因亢旱大面积受灾，生民艰难，王鼎所在的蒲城县亦列名其中。谕旨说：

> 着再加恩，将成灾八分之醴泉县极次贫民展赈两个月，其成灾六分之咸宁、长安、乾州三州县极贫，并成灾七分之兴平、泾阳、三原、高陵、韩城、蒲城、武功七县极次贫民，俱展赈一个月。①

展赈，即延长赈济的期限。有司将灾情按照惨苦程度列为十分，蒲城县达到了七分，百姓之困乏可以想见。上谕中专门提到"青黄不接之时，小民生计维艰，口食恐不无拮据"，要求地方官员"实力查办，妥为抚恤，毋使一夫失所"，言辞中充满忧急关切。

如此大规模的灾荒，地方财政早已东拼西凑，捉襟见肘，所能做的很有限。蒲城县位于关中地区东北部，境内多山地和黄土台塬，地势高燥，全赖老天保佑。一旦干旱少雨，收成便会大减，饥民多于其他州县。据县志记载，当年下发"赈银四万五千余两"②，而至乾隆四十八年蒲城已有"五万二千三百七十八户，大小共二十八万二千六百七十三口"③，即使全部分配到饥民手中，一个家庭怕是连二两都摊不上。发放赈银是要经过评估的，如王鼎家之类曾经的大户，眼下虽也穷得叮当响，可家中有贡生、国子监生和举人，怕也不在赈济之列。

就是在这样的背景下，一家人为王鼎准备行装，送他往京师参加会试。蒲城距京师两千五百余里，即便每天抓紧赶路，也需要一个多月。礼部会试例于三月初九开考，此前照例要对赴试举子（简称试子）进行一系列资格认定，点验入闱，各地试子要提前赶到，方得从容入闱。查礼部事例，各省举子由布政使司安排集体进京，"起送会试"也有着明确的时间规定，"山东、山西、河南、陕西限十一月起送"。王鼎随陕西试子团早早动身，于路说说笑笑，同时切磋学问，倒也不寂寞。

最大的难处当然是钱。家庭穷困多年，家乡受灾到了这番光景，又如

---

① 《清高宗实录》卷一四二〇，乾隆五十八年正月丙申。
② 光绪《蒲城县新志》卷首，皇恩记。
③ 乾隆《蒲城志》卷五，田赋·户口。

何筹措盘缠？好在去年乡试得中有一些赏银，清廷也为应试举子制定了相关资助和优惠政策：视路途远近，发给一定数额的路费①；边远省份应试者允许驰驿，也就是使用驿站的车马；雍正二年始还向进入考场的试子下发银两，后又赏给下第举人盘费；乾隆后期特许途中以"礼部会试"小黄旗标识。清朝待应试士子不可谓不厚，计虑也算周到，但还是想不到有的举子过于贫穷，即便有了各种优惠措施，仍然困难重重。

各地举子赴京参加会试的盘费，称"起送会试银"，以程途远近加以区别，陕西例为六两银子②。王鼎的家实在是太穷了！就算有了路上盘费，像置办行装、文具也都需要花钱。总得有几身穿得出去的衣服，可王鼎没有。有一条记载，说他平日出门都要和爷爷换衣服，大约没一件像样的外衣。好在中举后的鹿鸣宴上赏了点衣料，母亲赶紧为他裁剪缝制，也就勉强凑合了。

这是王鼎第一次参加会试，带着父祖的嘱托，告别慈母，信心满满地踏上往京师的路。蒲城有向学之风，王鼎乡试三同年，加上往届的举人贡生，一起赴试者大约不下十人，一个县如此，全省（加上甘肃）则可推知，这么多人会驰驿进京么？当不会。我们看到的记载中有允许云贵、新疆举子驰驿之例，那些地方才称得上"边远"。如王鼎等陕西举子，怕还是要自己想办法的。有钱人家会雇车马，携带书童，像王鼎也只能是能省就省吧。

二、分省取士之利弊

清朝科举基本沿承明代体制，三年一届，每届取士三百名左右，其改革创新之处，在于确立了"分省取士"的录取方式。

---

① 据商衍鎏《清代科举考试述录及有关著作》第三章，自顺治八年下发举人参加会试路费，"自一二十两至数两不等，初向布政司领取，雍正八年改由就近饬各州县发给"。
②《清会典事例》卷三三九，礼部五〇，贡举·起送会试："又定：举人会试，由布政使给予盘费，安徽二十两、江西湖北皆十七两、福建十五两……陕西六两……"陕西比安徽竟少这么多，不知是何依据。

所谓分省取士，即根据该科录取总数和各省参加会试人数，分配各省的进士名额。自从设立科举以来，如何取士，一直困扰着当政者：如果仅以考卷优劣论，必然会造成江浙等发达地区遥遥领先；经济文化落后的省份，则不免取中较少，甚至剃光头。若此不仅会扩大地域差别，也影响偏远和新收服地域的向心力，是历朝统治者都不愿意看到的现象。乾隆于二十六年辛巳科钦命将王杰试卷拔置第一，主因便是西域的回归，而大清立国一百多年来，西部还未出过一个状元。

为缩小这种差距，激劝欠发达地区的士子刻苦向学，明朝洪熙间开始分南、北取士，宣德元年定为南、北、中卷制度。清朝初开科举，以试子较少，只能以文卷评定去取，随着开科省份的增加，于顺治八年宣布分地域取士，仍是明代的南、北、中卷模式。在实际考录过程中，分卷的方式仍显粗疏：康熙三十年辛未科，属于中卷的广西和云贵未中一人；四十二年癸未科，又轮到广东一省尽墨。礼部等臣想了不少办法，还是很难保障不出现脱科之省。此事关乎国家抡才大典，康熙至为关心，于五十一年四月特颁上谕：

> 近见直隶各省考取进士额数，或一省偏多，一省偏少，皆因南北卷中未经分别省分，故取中人数甚属不均。今文教广敷，士子皆鼓励勤学，各省赴试之人倍多于昔。贫士自远方跋涉，赴试至京，每限于额，多致遗漏，朕深为轸念。自今以后考取进士，额数不必预定，俟天下会试之人齐集京师，着该部将各省应试到部举人实数，及八旗满洲、蒙古、汉军应考人数，一并查明，预行奏闻。朕计省之大小、人之多寡，按省酌定取中进士额数。考取之时，就本省卷内择其佳者，照所定之数取中。如此则偏多偏少之弊可除，而学优真才不至遗漏矣。[①]

[①]《清会典事例》卷三五〇，礼部六一，贡举·会试中额。

皇上发了话，礼部立即研究落实，于是自次年癸巳科开始，正式确立分省取士制度。每个省都有一个明确的录取名额，称为"中额"。中额的确定，由礼部根据省份大小、该科参与会试士子实数平衡后提出，皇上最后圈定。

分省取士的弊端也很明显：一是并未完全依据试卷优劣定去取，文化发达地区的士子往往受名额限制，难以有出头之日；二是由此产生了冒籍现象，即江浙等地学子想尽办法移籍北方，在那里参加乡试，挤对当地考生；三是北方和偏远各省额数甚少，有时候照顾反成为限制。

乾隆五十八年癸丑科会试，陕西中额仅为两名。而去年新中举人就有六十三名，加上往届和有资格参试者，应有数百之众，得中的难度可以想见。那一年的阅卷格外严苛，全国取中之总数只有八十一名，不及通常科试的三分之一。王鼎无功而返，没有留下任何文字记述落第后的心情，试想又能记些什么呢？

三、刘墉受责

殿试后不久，乾隆就此科的阅卷和取士，对正副主考官予以严词批评，可知减少录取名额，并非出于旨意。

癸丑科正主考为吏部尚书刘墉，出于仕宦世家，其父刘统勋仕至东阁大学士，一生清廉勤勉，死于上朝路上，可称鞠躬尽瘁。乾隆亲临其府邸吊丧，见刘家寒素如平民，深为悲悼，回到乾清门，流泪对跟随的大臣说："如刘统勋，方不愧真宰相，汝等宜效法之。"① 刘墉为乾隆十六年二甲第二名进士，以文辞著称，写得一笔好字，已多次主持乡会试，尽心尽力，从未有过疵议。没想到就在这一科，受到皇上的直接斥责。

事情发生在当年四月二十六日。前一天，乾隆帝出御太和殿，举行殿试揭晓的唱名仪式。次日，回到圆明园的皇帝连发两道谕旨，先是声言自

---

① 《国朝耆献类征初编》卷二一，宰辅二十一·刘统勋。

己将于三年后归政，要在六十年春特开会试恩科，又预定六十一年为嗣皇帝登基恩科。这对于王鼎等一干落第举子，当然是个利好消息。接下来的第二道谕旨，则全是针对该科阅卷而发：

> 向来顺天乡试及礼部会试，同考官分列十八房，校阅时自应各就所分之卷，尽心详阅呈荐。原不得彼此互看，至生弊端。并将本省应行回避之卷扣除。至于正副考官，系朕特派大臣，必当将各房呈荐之卷悉行批阅，如彼此意见相同，方能取中，何得亦同房考之例，各人分看？且正副考官将本省之卷回避不阅，则外间举子更可豫拟某主考分看某省，转至揣度钻营，是防弊而适以滋弊……今闻此次会试，考官系属分省阅卷，殊属非是！姑念相沿旧例，不加深究。嗣后顺天乡试及会试正副考官，务当将各房呈荐之卷公同批阅，庶不至以一人意见遽为定评，以至佳卷或有黜落，而文理平庸者得以幸取。①

上谕措辞严厉，指责正副主考官偷懒，未能将各房呈荐试卷一一批阅；也说各房同考官彼此交换试卷，可能造成通同作弊；还说到房考权力太大，容易产生腐败。左说右说，颇有点儿自相矛盾。最要紧的当属分省阅卷，认为极不应该，命令后必须改正。

显然有人对皇上吹了耳边风，但也没抓住任何营私舞弊的事实，只有泛泛议论一通。是谁打的小报告？推想应是内阁大学士兼军机大臣和珅。他对刘墉素有嫌忌，得着个机会，就会上点儿眼药。幸亏刘墉一向做事谨慎，两位副主考也是廉洁之士，否则可就要出事了。

清代对科举试卷的评阅要求极严。房考必须对每一份试卷明确评判，不取者要给出依据。为防止遗落隽才，还特设一道"搜落卷"程序，由主

---

① 《清高宗实录》卷一四二七，乾隆五十八年四月戊子。

考官对"落卷"（未取中之卷）再行检视，择优取用。这一点很难恰当把握，譬如乾隆五十四年己酉科王杰为主考官，就因搜落卷取中过多，受到皇上的批评。

搜落卷之后，还有发还落卷的制度，让落第举子得见房考评语，知晓本人考场失利的原因。不少房师都是循循善诱，指出卷子的缺陷或遗憾之处，令落榜者收益良多。王鼎在归途中，应是携带着自己的那份落卷的。

四、王杰来信

两年后的乾隆六十年（1795）春，王鼎再赴会试，又一次品尝失败的滋味。

清代科举管理极严，也能反证各种关系网的存在，证明不少人都在奔走钻营。王鼎则不然。祖父的故交王杰时为东阁大学士，管理礼部，又曾多次典试，是别人找都找不到的过硬关系，王鼎在第一次进京参加会试时，并没有去找。受挫归乡，一家人少不得总结经验，再赴春闱，爷爷王梦祖专门给王杰写了封信，王鼎却攥在手里，迟迟不愿意前去走动。

等到三场考过，王鼎与其他举子一样等候开榜，各种小道消息纷纷扬扬，越等越觉得心里没底。该科为乾隆禅让恩科，额数虽稍多于上届，陕西也只有三个中额。踌躇再三，王鼎还是硬着头皮去了王杰府上，心中当是渴望能得到些帮助。时机不巧，王杰在宫中上直未回，等了一会儿，大约见王家人不甚热情，王鼎只有留下祖父的书信，惭愧离去。自此直到开榜，王鼎没有再去王杰府上，王杰好像也没派人去找他。

王梦祖的信已然失传，所写当不外恳请关照之类。当年四月二十二日，即乙卯恩科开榜两天后，王杰给老友写了回信：

> 三月杪令孙来寓，彼时尚未退直，因未得相见。嗣阅手书，极承远念。比惟大兄百凡迪吉，阃口平宁，家乡连岁荒歉，拮据之况，而韩城闻尤甚也。令孙此番暂屈，可为扼腕。然指顾又届礼闱，

可望扶摇直上。惟弟公务匆忙,至今尚未得一晤为歉……①

公务匆忙是实,职责在身、不得不有所回避也是实。以王杰之秉性操守,以他一贯的做官做事原则,绝不会插手一个家乡举子的考试。常在皇上身边,王杰深知乾隆对科举舞弊之痛恨,平日里努力维护科场的秩序,又岂会自干禁例!他也深知故乡老友的殷切祈盼,深知孙子得中对老友意味着什么,对王鼎的才学和刻苦精神,王杰多少有所了解,但不仅不能去帮忙推助,反而要刻意回避。

王杰是一个廉洁朴素的人,从不接受各项馈赠,府中也一直撙节度日。老友信中诉说了家中窘困之状,王杰在回信中表达同情,却未闻对赴试的乃孙有所资助。对王鼎的再次落榜,王杰表达了深深的惋惜,同时也有鼓励和对未来的期许。

他所能够做的,应也只有这些。

---

① 见《王鼎家书》,126—127 页,整理者以为是王杰写给王鼎的信,误。

【第二章】

恩科进士

在一些文献中，称王鼎是恩科进士，有的则称之为正科进士。

所谓恩科，是朝廷格外施恩的特科，在皇帝登基、大婚、大寿之年，特诏增加一次科举，以示有恩于天下士子。而正科，指三年一届，通例定于丑、辰、未、戌年举行的会试。王鼎于嘉庆元年（1796）得中进士，岁在丙辰，为正科应无疑义；又因此乃新帝继位改元的第一年，该科被明确定为恩科。由是，王鼎便成为一名恩科进士。

在清朝官员的仕途升黜中，看不出恩科与正科有什么差异。但出于恩科者，似乎与当朝天子有那么一点儿亲近，或曰有了一个表忠心、套近乎的由头。王鼎则不然，入仕后一直默默无闻，本本分分做自己的事，近在翰苑清贵，却长期未进入皇帝的视野。直到有一天，嘉庆帝拣阅翰詹大考试卷，惊喜地阅读了他的文字……

第一节　新帝的登基恩科

在太上皇帝的传位诏书中，特列一款："每府州县卫，各举孝廉方正，暂赐六品顶戴荣身，以备诏用。务期采访真确，毋得滥举。"王鼎的祖父王梦祖受到举荐，赐予六品顶戴。这类品级是没有俸禄的，却能给家人带来骄傲，能激励后辈读书应试的热情。至于携带着祖父殷切期望的王鼎，在京师参加恩科会试之际，闻知后自也倍感振奋——他是那样爱戴自己的爷爷。

一、用兵与衡文

在禅让后的特殊政治格局中，嘉庆帝对老爹自是惟敬惟谨。"敬承慈旨鸿禧迓，勉矢寅衷宝祚延"①，是颙琰与弘历唱和的诗句，读着都觉得费劲，却是他对父皇的郑重表态。对于乾隆的宠臣和珅，颙琰也保持谦逊，礼数颇为周到。太上皇帝并不搬离养心殿，"归政仍训政"，抓住军政大权不放，可毕竟老了，一天天变得更老，说是不放手，日常事务实在没有精力过问，加上有意让儿子历练，军政大事很快就落在嗣皇帝肩头。三十六岁的颙琰既重视用兵，也不忘衡文，显现出很强的责任心。

用兵，包括刻下的平定苗变，主要则是随后的白莲教起事。太上皇和嘉庆帝都为之深深焦虑，而密切监视教众起事地域和进军路线，具体指挥和调度军队，多由嗣皇帝发号施令。

战事多有反复，奏章纷纷告急，嘉庆帝亦能不忘文事。自康熙帝开始，清朝几代帝王都十分重视皇子教育。颙琰自幼刻苦攻书，一直到继位之前，一直在上书房学习，工诗能文，对儒家典籍颇有知解。二月间，他拣阅了广东、四川等省进呈的乡试各卷，见所出"四书"题、"五经"题多涉颂圣，指出此类考题难以发现真才实学，也不利于士习文风，要求"嗣后各省乡试派出试官，及各省学政所出题目，务将四书五经内义旨精深及诗题典重者课士衡文，用副朕敦尚经义、崇实黜华至意"②。这些新举措，必然为有心人觉察到。

三月初六日，礼部尚书纪昀被定为会试正考官，以礼部左侍郎铁保、吏部左侍郎沈初为副考官。纪昀曾任《四库全书》总纂，自是衡文高手。铁保为满大臣中的饱学之士，沈初是乾隆二十八年榜眼，皆以能文著称。选定此三人主持新帝登基的恩科会试，亦称允当。

关于该科礼部会试，上皇在传位诏中特有一款，命加恩增加一些名额：

> 会试额数，俟礼部临期奏明人数，请旨酌量广额。③

---

① 《故宫珍本丛刊》第571册，"清仁宗御制诗"，98页。
② 《嘉庆道光两朝上谕档》第一册，嘉庆元年二月初一日。
③ 《清仁宗实录》卷一，嘉庆元年正月戊申。

对于来京会试的天下举子，对于接连两次考场失利的王鼎，无疑是一个福音。

三月二十九日，紧张的阅卷已经基本结束，各房考官经过对初选之卷的比较讨论，拟出提交各卷的卷次。正副主考仔细复核，每卷必读，对前列试卷更是斟酌再三。考卷上的试子姓名是密封的，籍贯则在卷首标明，以便阅卷考官考量，为各省中额留出余地。卷次排定后，礼部据以提出各省会试中额，最后由嘉庆帝钦定。这一类常规事体，上皇已基本不加过问了。本届会试，陕西和甘肃整合而一，共取中五名。虽无法与江浙相比，却较去年大比例增加。

该科礼部会试的会元为广东人袁樾。王鼎顺利通过了会试，揭晓之日，自是激动万分。多年苦读有了一个结果，但也只是一个初步结果。接下来还有复试和廷试，能不出意外，才算得中进士。

二、策试题

四月二十日，以大学士和珅领衔，吏部尚书刘墉、户部尚书董诰、工部尚书彭元瑞、吏部左侍郎沈初和右侍郎胡高望、兵部左侍郎玉保、内阁学士吴省兰为殿试读卷官。这是一种尊荣，也是一项苦差，要的是连夜阅卷，又不得出任何差错。阿桂和王杰没有参加阅卷，表面的理由是年岁太大，已熬不得长夜了，深层原因，应在让和珅领衔新帝登基恩科的殿试阅卷，必出于上皇之意。

次日，嘉庆亲临保和殿，策试天下贡士。当日一大早，新贡士袍服冠靴，由东华门鱼贯而入，点名分拨，礼部和銮仪卫已在试桌上贴好贡士名签，大家各寻姓名，列坐于保和殿内。天刚放亮，新贡士出至殿外，在读卷官引领下，沿丹陛分东西排立。待皇帝在众官簇拥下来临，作乐鸣鞭，升坐殿内，和珅就黄案捧起策题，转交礼部官员，敬置于丹墀黄案上，众人向皇帝行礼，而后才是分发试卷，贡士一一跪领。这是大清鼎盛时期的廷试仪节，后来国势衰落，皇帝不再亲临殿试，考场虽仍设在保和殿，场面则常常是一团混乱。考试期间照例是不许点燃灯烛的，故先来的抢占光亮充足之地，后来者不愿在黑乎乎的深处，便搬着桌凳到外廊之下，遇有风雨，更是狼狈不堪。

时值湖北、陕西等数省白莲教起事，清廷调集大军围剿，也难以迅速平息。殿试策题即由"人心道心"谈起，曰"帝王所以与天下相见者心也"，曰"享天心，肩一心，洽民心"，曰"心之用主乎敬"。人心道心，出于《尚书·虞书·大禹谟》："人心惟危，道心惟微，惟精惟一，允执厥中。"是中华文化传统中著名的"十六字心传"，强调居安思危，体悟大道，坚守信念与理想。其时苗变未息，教乱又起，无论上皇还是嗣皇帝都深感焦虑，要求与试者考诸史上之军政体制，依据儒家经典和历代典章制度，对现实中存在的弊端提出解决思路。试题还特别要求秉笔直书，"毋隐毋肤"，把想到的都写出来。

对参加殿试的贡士，朝廷也可谓关怀备至。每个试桌例赐宫饼一包，殿前还备有茶水，参试者可随时去那里饮用歇息，不禁出入，不限时间，如果嫌宫中试桌低矮，还可以自带折叠桌。当然监试极严，由宫中侍卫盯着，而到了这里，作弊的人怕也早被一网一网打捞没了。

二十四日，嘉庆出御乾清宫，召见读卷官，亲自阅定进呈的前十卷，钦定甲第，王鼎的在前十卷之中。第二天，皇帝御太和殿传胪，赐一甲赵文楷、汪守和、帅承瀛三人进士及第，二甲戴殿泗等四十人进士出身。王鼎列第二甲第三名，是一个很靠前的名次，多年困穷和苦读的他，终于迎来了一段人生的幸福时光。

第二节　初入庶常

为安抚和收拾人心，也为在易代之际聚拢汉族士子之心，清廷于顺治三年春举行殿试，旋即选录庶吉士。庶吉士，又称庶常，语出《尚书·立政》，本意为众官皆吉祥良善之辈。明太祖取其词义之美，命于举人中择选青年俊彦，入紫禁城文华堂教习读书，在百忙中也常去那里走动，有时还要亲自讲评文章，供应优渥，赏赐亦丰厚。当时虽未设馆，却被视为庶常制度之开创。永乐朝，确定由新科进士之二甲中选取，入文渊阁学习三年，称翰林院庶吉士。自此，"翰林之盛则前代所绝无也""庶吉士始进之时，已群目为储相"。①

清沿承明制，但要求更为严格，不独要经过朝考，连状元、榜眼、探花也要一体参试，一起入馆读书，一起通过散馆考试，考不过的亦不通融。由是，更突出了庶吉士的地位，朝野视为"储相"。

一、京师的科举季

嘉庆元年春夏间，湖北、四川等省官兵与白莲教军交战正酣，而会试之后的京师，似乎仍处于考试的季节，到处是王鼎之类举子的身影，忙着打听消息，忙着走动公卿，忙着看礼部之榜……紫禁城的不少活动，都与科举相关：

本科会试中额为一百四十八名。中额总是在阅卷基本完成后，由主考官汇总各房阅卷情况，呈报皇上钦定。通常说来，以参加考试人数二十取一的比例录取，可知该科入场举子，应在三千人左右。比起许多地方的乡试，人数大为缩减，正符合科举制的宝塔式特点，即越往上参与考试的人越少。

会试的时间，清初沿用明代先例，以二月初九日为礼闱第一场，开考时正值隆冬，贡院考棚简陋单薄，试子瑟缩于严寒之中，不胜其苦。乾隆帝命将考期推迟一个月，嘉惠众士子多多。礼部放榜，通常在四月十五日之前，称为甲科甲榜。王鼎的名字，赫然见于前列！

礼部会试取中的士子，称贡士。还要经过殿试，才能获得进士称号。

---

①《明史》卷七〇，选举二。

四月二十一日殿试之后，读卷官便被禁闭于文华殿两廊，在监试王大臣、监察御史、收掌官等陪伴监视下，日夜紧张阅卷。殿试，又称"廷试""廷对"，也是王鼎等试子的重要一关，尽管一般不会有黜落，却要决定名次之先后，直接关乎前程。二十四日，嘉庆帝在乾清宫召见读卷官，亲自阅定所呈十卷的甲第。二十五日，皇帝御太和殿，举行传胪大典，是为无数士子梦寐以求的时刻。接下来，是礼部恩荣宴、午门外的上表谢恩仪、国子监进士题名碑等等，岂不忙煞，岂不美煞！

二、和大人的门生

传胪大典三天后，四月二十八日，在保和殿举行朝考，考录新一届庶吉士。

遥想当年的应试士子，真有些像今日的运动员，县试、府试、院试、乡试、会试、殿试，一路过关斩将，除极少数天分奇高又格外幸运者，若要得一个进士，无不经历千辛万苦。总算熬到喘口气、做做官的时候了，清代又加上一连串的专项考试：馆选有朝考，毕业有散馆考，进入翰林院和詹事府之后还有翰詹大考，无论哪一次考砸，都会导致仕途上的大挫折。

科举，考的是笨功夫和死功夫，是持之以恒的读书精神，也是以儒学浸润濡染的人生态度。

朝考为清代所独创，与殿试只考策问不同，考试科目有论、诏、疏、诗四项，比乡试和会试增出拟作古诏一项（后于嘉庆二十二年裁撤）。所有新科进士必须参加朝考，必须当日完卷，却不必回答全部试题。新进士各尽所能，全部做完当然更好，做一篇，或两三篇均可，多做亦可，无硬性规定。于是，与试诸君大多身心放松，那些殿试前列者心情愉悦，意图锦上添花；而屈居三甲者并不服气，力求再做施展。多数人是各题俱作，有的还要逞能多作，如诗题例为五言排律一首，有的写两首、三首，甚至四首。下场以后，有人到处宣扬吹嘘，有人寻觅关节私告阅卷大臣，也为作弊留下空隙。

自乾隆三十六年之后,便限定"朝考诗体,只赋一首"。

五月初三日,以例引见新科进士。所谓引见,是一种隆重的仪式,也是皇上亲自主持的目测验看和最后甄选。皇帝出御便殿,御座前陈设书案朱笔,摆放新科进士名单,以及上一届各省录取人员情况;大学士依次跪于御案左侧,翰林院掌院学士跪在其后,经筵讲官立于御案之右。新科进士被分批引至,唱名磕头,由皇帝钦定次第,或拨入各部学习历练,或分派各地任知县,或入庶常馆读书,当然也有一些归班铨选的。钦选之际,殿试和朝考的名次固然关键,个人仪表气质也很重要。后来的道光帝,据说就曾将留有胡须的新进士,一律分派各地任知县,不管其在二甲还是三甲。

引见结束,多数新进士的去向已确定。紧接着,传旨宣布入选庶吉士名单,王鼎的会试、殿试成绩俱佳,引见时也没出什么差错,名列庶常前茅。庶常馆历来被视为朝廷储才之地,乾隆皇帝曾赐以"芸馆培英"四字匾额。芸馆,书斋是也;培英,谓培育天下英才。词意朴素,寄望甚殷。两天后,钦命大学士和珅、工部尚书彭元瑞教习庶吉士,王鼎等人也就成为和珅的门生。作为庶常馆总教习,是一种极高的荣誉,而对喜欢培植私人势力的和珅,又是一个极好的机会,自也不会忽视。

三、庶常馆岁月

教习庶吉士,也是翰林院掌院学士的一项重要职责,庶常馆原来就设于翰林院内。清朝翰林院沿用明代旧衙署,坐落在东长安门外、玉河桥以西,苑宇宽敞雅洁,古槐蔽日,有先朝留下之刘井柯亭、插架图书,乾隆中期兴修《四库全书》,又增加大量秘籍,极是个读书的好地方。但翰林院毕竟为官署,职掌甚多,加以编纂任务繁重,难免影响到未来栋梁的静心读书。雍正十一年,胤祯"特赐官房一区,于正阳门内迤东,当翰林院之南,面城"[①],

---

① 《日下旧闻考》卷六四,官署。

是为庶常馆，全称"恩赐教习庶常馆"。

对于常年约三四十个学生、几个管理人员的庶常馆，此处真称得上宽敞：面阔十六间，并排三院，到底五进或六进。最后一排临街房屋，皆向北开门，租出去做商铺，收来的租金，用以补充修缮和日常运营的开销。大门面对的是内城的南城墙，左邻为高丽馆，右邻是怡亲王祠，可想象当年环境之安静。再向东不远处，便是京师的主要水系玉河，又称御河，流水淙淙，杨柳吹拂。乾隆三十三年，朝廷又拨专款加以修葺，同时钦赐了大批重要图书。

清代帝王很关心庶吉士的生活，尽量让其衣食无忧。康熙三十九年（1700）七月，玄烨对大学士说起有些翰林和庶吉士太穷，以至于连衣服和车马都不能置办，要内阁想想办法，后议定"贫者每月给银三两"。两年后，又决定从各地盐税中抽出一千四百四十两，由户部作为专款解送翰林院，均分给在馆读书者，作为帮俸。雍正间，庶吉士每月的廪饩提高为四两五钱，帮俸的钱数应也差不多，另有工部供应各项用品。而六品官每年正俸，也就是六十两。王鼎之类外地来的清贫庶吉士，就在后院厢房和两边跨院居住，应说是相当知足了。

庶常馆后院建有藏书楼，读书条件很好，可认真研读者并不甚多。天下读书士子，经历十载二十载甚至更多的寒窗之苦，能走到这里的实在无几。进得门来，经典还是那几卷，形式亦无非诗赋策论，日复一日，便生厌倦，想出许多偷懒的办法，请假即一妙招。康熙曾特发谕旨，要求严格请假制度："近见翰林等官告假者甚多，三分已去其二。又庶吉士等正当学习时，遽回本籍，至三年考试将近，又来考试，似此任意告假，焉得学习？此后除丁忧终养外，凡翰林院庶吉士告假者，应照致仕知县例，不准补用。"[①] 话虽严厉，本意还是要其认真读书。然文人最会请假，提出的理由大都有不能不准之处，主事者也尽可能予以通融。以后又渐渐松动，至嘉庆间，吏部会题官员告假，竟然有十二名庶吉士在内，谕令教习和吏部严格把关，

---

① 《清会典事例》卷一〇四五，翰林院二。

并设四个月的请假期限，不准超过。

与那些有钱有势的同学不同，王鼎开始了踏踏实实的学习生涯。离家一年有余，他也想回去看看，可囊中羞涩，每月发的几两银子，还要带一些给老家，哪里还有余钱路上开销？况且，一旦告假，廪饩即行停止，靠什么生存和养家？比起以前在县城，这里的图书阅览条件，这里的老师和同学，包括这里的生活，简直好太多了。王鼎沉静身心，投入到学习中，他的质朴诚笃和勤学好问，留给在馆的老师（即从翰林中选任的小教习）深刻印象。

大学士王杰也开始关注王鼎。虽多是在家养病，王杰仍然关注着政局，也与翰林官员有着密切的联系。听说老友的孙子在馆用功，人品亦端正，实在高兴！如果说会试时王杰不能给予帮助，现在可以了。他是资历很深的朝廷重臣，以他在内阁的地位，以他与翰林院的渊源，提携一下王鼎，应是毫无问题。为了故乡曾经的挚交，为了奖掖家乡青年俊彦，王杰应也乐意这样做。

王杰派人往庶常馆相邀，王鼎如约前来，此乃他第二次来此，自也感慨良多。一老一少的交谈应是用渭南话，乡音悦耳，亲切温馨，真像是面对自己的老祖父啊。王杰询问了他的学习和生活，有指点，也有叮嘱，要他以后多来家中，要他把文章常送来看看……

对一个刚入仕途、准确说尚未进入仕途的庶吉士，当朝内阁大学士的有意延揽，真是千载难逢的机遇，而王鼎婉言相拒。他对这位前辈表达了谢忱，说相国很忙，自个儿读书也忙，仕途的路会一步步去走，不愿意给前辈添麻烦。王鼎的话很真诚，也很平实，让王杰更加器重，曰："观子品概，他日必不在余之下。"

第三节　慈母病逝

南方多省的连年激战，官兵与教众的拉锯式搏杀，一个又一个高级将领的陨亡，还有总统军务大臣的频频撤换、逮治和论罪，都会给京师带来震惊，引发一阵阵政坛波澜，令人激动、激愤和议论。对多数人而言，也仅此而已。后教军渐移向陕南山林，几度突向关中，西安震恐，王鼎的关注自比他人强烈许多。茶余饭后，南方战事当是一班庶吉士的主要话题，血气方刚者有之，议论风发者有之，更多的则是无奈。

一、派习清书

庶吉士号称"华选"，自是人人渴望，而同入庶常，亦有清书（又作国书）与汉书之区别。满蒙出身的进士多被要求学习汉书，每期也有一些三十岁左右的汉族进士，被分配习学清书。王鼎时年二十九岁，被派令研习清书，算是一种重视。大约由具体负责的翰林院小教习提名，掌院学士审核，最后还要由两位总教习圈定。

建国以后，清朝统治者就注意对汉语和儒家经典的学习，翰林院所负责的经筵，所设侍读与侍讲员额，都与此有关。从顺治朝开始，清廷狠抓皇子教育，后来诸帝对中华传统典籍多浸润很深，琴棋书画亦有涉猎，对爱新觉罗氏统治中国极有帮助。同时，他们也意识到保存本族语言和文化的重要性，强调满文在官方公文中的国语地位，要求庶吉士分派专人习学。顺治六年，刚开始选取庶吉士，清书便成为一门必修课，也可以说是主科，"俾肄习清书精熟，授以科道等官，内而召对，可省转译之烦；即出而巡方，以便与满洲镇抚诸臣语言相通，可收同寅协恭之效"。可学清书很难，用处不大，故遗忘也很快，庶吉士学习热情不高。后来不断做出调整，先是每期分一半人学习，再减为约三分之一。雍正帝曾专发谕旨：

> 向来庶吉士学习清书，散馆之后，每至荒废。以三年学习之功，置之无用，殊为可惜！嗣后清书散馆之翰林，不可令其荒废。今年新科进士选拔庶常，朕意学习清书者少点数人，令其尽心学习，

务期通晓。①

这一届共录取二十八名庶吉士，仅有王鼎等数人派习清书。

二、"征邪教疏"

嘉庆三年（1798）二月，又到了"大考翰詹"的时候。所谓大考翰詹，是清廷想出来的一个治懒治庸的招数，针对的是翰林院和詹事府官员。此一院一府，职责都在于文学侍从，但明代设詹事府主要为太子服务，清代自雍正朝实行秘密建储，通常不再有皇太子之设，此府便成了翰林官员的升转备位之地。历代清帝都重视翰詹，多由这里选拔人才，又深知文人集中的地方容易诗酒流连，议论风飞，是以过几年就会来一次考试。这是一项专门考试，有诗有论，史论题目往往与时政紧密相关。

翰詹大考监管甚严。为防止大臣通关节，试卷也要密封，阅卷大臣皆临时选派，试卷按四等拟定名次：一等极少，可越级升用；二等前列，可升职或奖励；三等者就很麻烦，多数会被降职；至于四等，以及彻底搞砸的不入等者，大多被撤职，至少会被逐出翰林清贵之地。于是，大考被戏称为"翰林出痘"，即一道鬼门关也。最后揭晓是在带领引见之时，皇帝注视之下，重臣见证之场合，参试者的一生宦程，或就此大体决定了。

本次大考，于二月二十七日在圆明园正大光明殿举行，主试题为"征邪教疏"，立意明显，是要这班未来之星认真思考，提出应对教乱之策。五天之后，公布考试结果：考在第一等的两位，陈琪和潘世恩；二等前列的有曹振镛、英和等。除陈琪因病卒于学政职位上，潘、曹皆做到内阁首辅和首席军机大臣，英和也曾成为军机大臣。自视甚高、以敢言直谏著称的洪亮吉，考在三等，由于名次较靠前（三等第二名），没有被降调。亮

---

① 《清会典事例》卷一〇五二，翰林院九。

吉时为翰林院编修，对此一直耿耿于怀，将自己的答卷印刷后广为散发，后来也收入文集，略为：

> 今者教众起事，一因邪教蛊惑，一因官府压迫。臣以为欲平邪教，可行数端：
>
> 一曰贷胁从。邪教滋扰数省，首尾三年，无身家衣食者多所附丽，此非真贼也。倘能予以宽贷，则既开愚民之自新，又离邪教之党羽。党羽一散，真贼乃出，从此官兵刀箭所伤乃真贼也。
>
> 二曰肃吏治。今日州县之恶，百倍于十年、二十年以前，上敢蠛天子之法，下敢竭百姓之资。以臣所闻，其罪有三：凡朝廷捐赈抚恤之项，中饱于有司，皆声言填补亏空，是上恩不下逮，一也；无事则蚀粮冒饷，有事则避罪就功，州县以蒙其府道，道府以蒙其督抚，甚至督抚即以蒙皇上，是使下情不上达，二也；有功则长随幕友皆得冒之，失事则掩取迁流颠踣于道之良民以塞责，然此实不止于州县，封疆之大吏、统率之将弁皆公然行之，安怪州县之效尤乎？三也。
>
> 三曰专责成。楚抚守楚，豫府守豫，战虽不足，守必有余。军行数年，花翎之赐至千百，而贼势愈炽，蹂躏之地方愈多，盖因责成未专，赏罚未明。朝廷果能赏必当、罚必行，亲民之吏则各矢天良，封疆之臣则各守地界，削上下欺蒙之弊，除彼此推诿之情，如是而邪教不平，臣不信也。[①]

都中一时争相传诵，而今日论之，并无多少高明之处。所言三端，皆曾有人提出，圣谕中也常常说起，如以"专责成"对付数万游动性很强的教军，

[①] 洪亮吉：《卷施阁集》甲集卷一〇。作者于题下自注："戊午二月二十七大考题"。《清代诗文集汇编》第413册，478—480页。

就是一个大难题。亮吉著述宏富，性情豪迈，喜欢纵论天下事，虽已年过半百，犹然充满书生意气。该文之妙，在于言他人所不敢言，述说生民之艰，分析从教之无奈，借论兵指斥时政，锋芒所向，包括封疆大吏、统兵将帅乃至当朝大佬。

此时阿桂已死，王杰病休，董诰丁忧，内阁和军机处都是和珅说了算，大考的阅卷，和珅当为领衔之人。没将洪亮吉的试卷打入四等，把他赶出翰林院，已然是有人惜才，或有力争，和大人也给面子了。亮吉本人自知势头不对，借口弟弟之丧，很快就请假归乡。

时王鼎还在馆读书，没有参加这次大考。

三、丁母忧

那个春天，总有各种坏消息从家乡传来，多与白莲教相关：高均德部已渡过汉水，直入汉中；齐王氏等也率教军由川入陕，在陕南山区出没。西安为西北重镇，清廷设步骑满营兵驻守，以满洲将军领之，然当年的满洲铁骑早已雄风不再，西安将军恒瑞和陕西巡抚秦承恩受命领兵进剿，省城空虚，人心惴惴。就在此际，王鼎接到母亲病逝的消息，悲痛错愕，急告假丁忧，火速赶回蒲城。

王鼎开始了为期二十七个月的守制，即在家乡为母亲守丧。作为一个在读的庶吉士，一旦离馆，所有月俸补贴皆停发，手头自然非常拮据。我们无以知晓这两年王鼎是怎样度过的，大约就是读书，作为清书庶吉士的他，在蒲城难以找到老师，但通常所用的"四书五经"，哪儿都不缺少。重温经典，没有了赶考应试、层层过关的压力，更能探幽析微，玩味体悟，寻觅和感受儒学精义。多年后与弟弟通信，谈起自己的治学根基，王鼎便说到苦读，可以肯定的是，回乡为母守制期间，使之在学业上又有提升。

王鼎重视家庭，孝心很浓，一直想要接母亲到京师享几天福，设想的是在出馆授职以后，母亲猝尔辞世，成为他心中永远的痛。嘉庆九年五月，他在与弟弟的信中忆及慈母：

> 父亲当时尽孝道，新来姨娘亦宜尽礼。何者？父亲遵爷爷遗命，不肯立嫡，孝之至也；又念我兄弟无怙，不忍立嫡，慈之至也。吾弟待姨娘以礼，尽其恭顺，即所以事父，亦以敬兄也。此际更当与二嫂言之。吾母长逝今六载矣！吾母德厚才优，戚里推重，弟少不及记忆，兄亦不忍言，吾弟体兄之言，斯为孝矣！ [①]

忆及母亲，也说到母亲在爷爷和亲友中的美誉。乃至父亲再娶，为尊重爷爷的意见，只让子女以姨娘相称，不立为正妻，也算有情有义。王鼎特别叮嘱弟弟，并让他转告孀居多年的二嫂，要他们注意尊重新姨娘。这样做不仅仅是为了父亲，也是为了母亲，一辈子善良慈爱的母亲。

---

① 《王鼎家书》，110—112页。

【第三章】
嘉庆帝亲政

嘉庆四年（1799）正月初三晨，太上皇帝弘历病逝于紫禁城养心殿，嗣皇帝颙琰才算真正的当家做主，是为亲政。一场巨大的政治风暴随即在京师刮起，曾经呼风唤雨的和珅被打入诏狱，当月即被赐死，同党家奴多被清算，内阁和军机处都做出重大调整。一朝天子一朝臣，颙琰雄心勃勃，开始建构自己的治国班底。

王鼎在老家蒲城为母亲守制，听到消息，应也在一个月之后了。京城的高层震荡与他关系不大，只是和珅倒台，庶吉士的满族总教习必要换人，而王鼎丁忧休学，再回来也赶不上本届庶常的散馆，是以换谁也与之无涉。

第一节　以"守成"为旗帜

太上皇在的日子，颙琰从不擅自做主，一切仰承老爹旨意，遇事推和珅向前，极尽谦恭谨慎，如是者忽忽三年。他是个头脑清醒、心中有数的人，三年的"学习行走"，积累了许多为君理政的经验，积累了对一些官员的认知，低调的嗣皇帝，从未忘记观察和考察，把该记的都牢记在心底，为将会到来的亲政做准备。

颙琰博学多思，勤奋简朴，一心要把国家治理好，然而真的没有乃父乃祖的本事，更缺乏曾祖康熙帝的胸襟视野。自知弗如的他高扬起"守成"的大旗，又将这杆旗传递给其子其孙。自来创业维艰，守成亦难，祖孙三代也算呕心沥血，终难挽清朝的衰靡之势。

一、打虎亲兄弟

惩治和珅，嘉庆帝可谓雷厉风行，行事亦有次第。首先做的是大封皇室成员，特别是自家兄弟及侄、孙辈。大丧当日，即降旨：

> 朕兄弟中惟仪郡王居长，着加恩晋封亲王；贝勒永璘系皇考之皇幼子，绵亿系皇五兄之长子……均着加恩晋封郡王，绵亿派往东陵悉心办事；仪亲王长子绵志、成亲王长子绵勋、定亲王绵恩长子奕绍，俱系亲王长子，着加恩……均作未入八分公；绵恩、绵偲系成亲王庶出之子，均着照例封为辅国将军，绵偲着赏戴花翎，与奕纯并挑在乾清门行走。①

乾隆帝虽说五世同堂，而十七个儿子中，至此只剩下四个，除继承大位的颙琰之外，还有他的两个异母哥哥、一个同胞弟弟。嘉庆帝首先想到要依靠他们。他深知和珅在朝中经营多年，不得不倍加慎重。打虎亲兄弟，上阵父子兵。他的第一招，就是加封自家兄弟，然后是子侄辈，未想到效果不佳——

八皇兄永璇，由仪郡王晋封仪亲王，受命总理吏部。原来和珅管理吏部，事无巨细皆要过问，尚书、侍郎都成了摆设。颙琰派仪亲王永璇监管，无非是让他扭转风习，把好用人大关。八皇兄职掌甚多，是宗人府宗令、领侍卫内大臣、正红旗满洲都统，还管着武英殿御书处、雍和宫中正殿等，哪知其对吏部事务仍不放手，捡起老和的故技，要吏部处处请示汇报。当时满汉尚书均不在，由左侍郎铁保主持部务，此人颇有几分风骨和硬气，并不随时禀报。仪亲王不好直接责斥，便对着吏部司官发脾气，声称要给他们点儿颜色看看。铁保没有办法，只得经常向王府报告，而自己绝不登门，连个郎中、主事也不派，就去个笔帖式，闹得王爷更不痛快。此事传到嘉庆帝那儿，随即传谕，以"总理"一名不合祖制，易生专擅之弊，仪亲王管领的差事又太多，撤销了这项任用。可笑八皇兄仅仅做了一个月的总理，即告销差。颙琰本来做了一件及时纠偏的事，可为了给哥哥点面子，同时将铁保降职，理由荒唐，说他不该训斥下属。

老十一永瑆，比老八本领大些，自幼研习书法，深得乾隆喜爱，多次

---

① 《清仁宗实录》卷三七，嘉庆四年正月壬戌。

亲临其府第指导鉴赏,是以十年前就受封为成亲王。颙琰对十一哥更为器重,令掌领军机处,并总理户部三库,也是以前和珅的主要职掌。作为奖励,还将和珅在圆明园附近的庞大园林赐予他。撤销永璇"总理吏部"时,永瑆的"总理户部"一职仍保留,谕旨特加说明:"现在所以令成亲王永瑆总理户部者,因川省军务将次告竣,军需销算,事务殷繁,自应仍行综理。俟军务奏销事竣,即不必总理户部事务。"①然作为书法家的老十一常踩不到步点上,成事不足,败事有余,熬到当年十月,终于传谕罢免,依据也是"与国家定制不符",自设军机处以来,从无诸王在军机行走。

最不省心的,应是他的同胞小弟、乾隆第十七子永璘。一个流传甚广的故事,说某日一班皇子喝酒聊天,议论不知将来哪个能即大位,永璘开口道:即使皇位像雨点一样多,也滴不到我头上,唯愿哪位皇兄日后做了皇帝,将和珅的宅子赐给我,此生足矣。颙琰亲政,永璘晋封为庆郡王,在内廷行走,钦赐和珅府第之一半给之,因深知其散漫习性,倒未给什么重要职事。

亲王、郡王以下,至公、额驸、侯、伯,皆在超品,为国之大臣,自不待言。开创之初,绝多统兵鏖战,马上杀伐,功名自战场上博得。降至嘉庆朝,已然整体上流于享乐腐化,敢于上阵厮杀者虽不乏其人,精神气质已与先辈有间。偶令在朝中管事,也是架子摆足,本事不够,到处插手,弄得鸡飞狗跳。颙琰的两位皇兄便是如此。

二、枢阁大洗牌

上皇大丧的第六天,嘉庆帝颁发父皇遗诏,同时宣布了对内阁和军机处的调整。亲政的首要步骤,先要整顿中枢机构,历来皆此,经过三年观察,颙琰早就有些按捺不住了。

早在嘉庆元年十月,因福康安、孙士毅接连病逝,内阁大学士出缺,通

---

① 《嘉庆道光两朝上谕档》第四册,嘉庆四年二月初五日。

国之大臣

常要从资深尚书中推选一位，还是嗣皇帝的颙琰，在谕旨中有一段人物点评：

> 现在各尚书内，若以资格而论，则刘墉、纪昀、彭元瑞三人俱较董诰为深。但刘墉向来不肯实心任事，即如本日召见新选知府戴世仪，人甚庸劣，断难胜方面之任，朕询之刘墉，对以尚可。是刘墉平日于铨政用人诸事全未留心，率以模棱之词塞责，不胜纶扉，即此可见；彭元瑞不自检束，屡次获衍；纪昀读书多而不明理，不过寻常供职，俱不胜大学士之任。董诰在军机处行走有年，供职懋勤殿亦属勤勉，着加恩补授大学士。至王杰因患腿疾，久未入直，现在军机处汉大臣止有董诰一人，着左都御史沈初在军机处学习行走。朕于用人行政悉秉大公，考绩程材，无不权衡至当。刘墉、纪昀、彭元瑞皆当扪心内省，益加愧励！①

其时，颙琰"日侍圣颜，时聆恩诲，事事得有禀承"②，内阁大学士人选必也请老爹示下。选中董诰，应是老皇帝钦定、嗣皇帝真心赞同，而借此对三老臣的无情剖析，显得有些过分。笔者曾认为这番话出自太上皇之口，由他臧否人物，谁也不敢不服。但实录馆编纂之时，对这一时期的谕旨必也认真梳理归类，既以写入《清仁宗实录》，而不归于同时并行的《清高宗实录》，应该出于颙琰之口。这段话的由头在于一个知府的任命，上皇早已确定不管，将此类事统交嗣皇帝处理。嘉庆帝的话可能为吏部尚书刘墉所激，可荐人之权集中在和珅手里，不以"模棱之词"又能怎样？刘墉、纪昀、彭元瑞皆一时文星，向为乾隆所看重，多年侍从追随，在国家文治上出力甚巨，竟尔如此贬斥，也让他们心寒。几个月后，刘墉授体仁阁大学士，应当还是上皇的意思，颙琰也没有反对。

---

① 《嘉庆道光两朝上谕档》第一册，嘉庆元年十月初七日。
② 《清仁宗实录》卷三七，嘉庆四年正月壬戌。

颙琰亲政之际，内阁中本来只有四人，这次调整，从资历上看是新老兼用，以年龄论则皆系老人。和珅已逮问，苏凌阿即令致仕，王杰、刘墉留了下来。时王杰七十五岁，刘墉整整八十岁，再次入阁的董诰六十岁，庆桂六十五岁，保宁年龄不详，推想亦在六十岁左右，形成一个由声誉较高的老臣组成的内阁。

新入阁的保宁为蒙古正白旗人，父亲靖逆将军纳穆扎勒出征回疆殉节，追封三等公。保宁袭爵，授乾清门侍卫，从阿桂征金川时尚在少年，然有勇有谋，连克要隘，绘像紫光阁。后来其职务一路上升，历任总兵、兼总管内务府大臣、江南提督、成都将军、四川总督，深得乾隆帝眷注。保宁长期驻节边疆，两任伊犁将军，"平日办事尚能小心谨慎，操守亦尚可信"[①]，所辖地方粮储兵械充裕，边疆安定。嘉庆改元，即擢保宁为协办大学士，至此拜武英殿大学士，加太子太保，仍留任伊犁将军。加以内阁大学士衔，留镇边疆或大省，与福康安、孙士毅相同，自是国家重臣的标志。

庆桂先入阁为协揆，两个月后授文渊阁大学士。他出身满洲镶黄旗，为前任大学士尹继善之子，历军机章京、内阁学士，虽不若保宁起于军功，亦是多年任职边陲，熟悉军务和边政。其任伊犁参赞大臣时，以处治哈萨克巴布克贡马之事，曾得到乾隆激赏："伊系尹继善之子，不比他人，能如此办事，朕又得一能事大臣矣！"[②]后来备受信任，出则任将军、总督，如乌里雅苏台将军、盛京将军、吉林将军、福州将军、黑龙江将军、陕甘总督；入则为侍郎尚书、军机大臣。庆桂曾两入军机处，第一次早在和珅之先，兼任吏部侍郎、工部尚书、兵部尚书等职。庆桂生性平和谨慎，"举趾不离跬寸，时咸称其风度"，是嘉庆间一位重要人物，主持军机处十余年。

改组前的军机处原有六人，和珅、福长安被逮治，沈初以年老罢直，戴衢亨、那彦成留任，新进入的有成亲王永瑆和董诰、庆桂。后二人虽称资深，

[①] 乾隆帝谕旨，见于《国朝耆献类征》卷三一，保宁。
[②] 《国史列传》卷一九，庆桂。

有皇兄永瑆在，首席军机大臣自然非他莫属。颙琰本意原是让哥哥盯着，哪知成王爷不是这块材料。永瑆掌领军机，兼总理户部，劣名居然传到属国：

> 十一王永瑆总理庶务，恣行专擅，士论不惬，颇有漆室之忧。①

他做的唯一有影响之事，就是将洪亮吉的言事疏转呈皇上，或也与此相关。

颙琰做皇子时的老师朱珪很快奉调来京，他与师傅执手痛哭，即令管理户部三库，加太子少保，赐第西华门外。嘉庆帝将老师当作资政，经常单独召见，请教用人行政大事——

> 凡国家大政有所咨询，皆造膝自陈，不草一疏，不沽直，不市恩，军机大臣不相关白。②

> 上倾心一听，初政之美，多出赞助。③

既然如此，为何不让朱珪进入内阁和军机处呢？其在资格上也毫无问题，却是迟迟不办，真不知这位天子是怎么想的。

三、杀他几个贪官

颙琰亲政的第一刀，砍向"二皇帝"和珅，第二刀本来是向福长安，却没有下得去手，由立斩改判监候。对这位表兄，颙琰本来是要拉的，见其执迷不悟，即动杀心；心中实在又有所不忍，就把他赶出权力中枢，派往裕陵守陵。至于与和珅走得较近的一些大臣，朝内清查的呼声很高，皇

---

① 《朝鲜李朝实录中的中国史料》下编，卷一二。
② 阮元：《神道碑》。见于《国朝耆献类征初编》卷二九，朱珪。
③ 《清史稿校注》卷三四七，朱珪传。

帝亦曾恨得咬牙，此时却下旨"不复追究以往"。这就是颙琰，内心总是犹疑彷徨，顾忌甚多，朝令夕改，也狠不下心来。

杀个把中下层官员、抓几个声名狼藉的贪官恶吏，颙琰则毫不犹豫。颁布求言诏后，御史谷际岐上疏言湖北教乱之初起，实由武昌府同知常丹葵激成：

> 常丹葵素以虐民喜事为能，于乾隆六十年十二月内，委查宜都县境，一意苛求，凡衙署寺庙关索全满。内除富家吓索无算，及赤贫者按名取结，各令纳钱若干释放。其有少得供据者，立与惨刑，至以大铁钉生钉人手掌于壁上，号恸盈庭；或铁锤排击多人，足骨立断；若情节尚介疑似，则解送省城，每一大船载至一二百人，堆如积薪，前后相望，未至而饥寒挤压就毙，大半浮尸于江，余全殁狱中，亦无棺瘗。居人无不惨目寒心。聂结仁系首富，屡索不厌，村党始为结连拒捕，尚未敢逞犯。常丹葵不知急自收敛抚慰，转益告急，以致宜昌镇带兵突入遇害，由是宜都、枝江两县同变，而襄阳府之齐王氏、姚之富，长阳县之秦加耀、张正谟等闻风并起，遂延及河南川陕，日甚一日……此臣所闻官逼民反之最先最甚者也。①

教民声称"官逼民反"，皇帝亦痛斥"官逼民反"，终于抓了一个典型，即绰号"常鬼头"的常丹葵。嘉庆即令将他革职拿问，押往京师问罪，人心大快。至于后来的处置不甚了了，好像多数罪名出于传闻，审讯并无实据，留了一条命。

军中贪腐盛行，饷银军需多被扣留盘剥，亦一大弊端，颙琰深所痛恨，在大丧第二日即严词谴责。这时期出现两个典型案件：

一是湖南布政使郑源璹加扣平余案。三月间有人上疏揭发此案，命湖

---

① 《国朝耆献类征初编》卷三七，谏臣五·谷际岐。

南巡抚姜晟审办。所谓"平余",此处指对赋税的加征部分,雍正八年后规定将一半留归地方使用。郑源璹出身贡生,一步步熬到从二品的藩司,已属不易,从北方老家拖家带口赴任,竟有眷属近三百人,还要养戏子、摆排场,花费不赀,平日勒索下属,加增税收的数额超过八万两。大吏奢侈浮华之风,必非此一例,引起嘉庆的忧虑,下旨将郑氏处斩,并通谕各省藩司"洗心涤面,悛改积习"。他还降旨严禁京师城内戏园,对试图阻挠查禁的定亲王绵恩,表达了强烈不满。

第二件更为严重。湖北布政使祖之望来京陛见,说出在办理军需时发现的黑幕:安襄郧道胡齐仑所经手饷银,大多为领兵大员提走用于犒赏,也有的私用或人情馈送,除额勒登保一人,明亮、永保、德楞泰等人都得过这种钱,底账上记得一清二楚。嘉庆极为恼怒,推想四川必也有这种情况,密谕四川总督魁伦严查:

> 本日祖之望到京,据称湖北办理军需,查出胡齐仑经手账簿,多系开载领兵大臣犒赏提用,及督抚与该道馈送领兵官员款项。如明亮、庆成、永保、恒瑞、德楞泰、舒亮等皆曾得过,惟额勒登保一人未经得受。是军兴以来所发饷银七千余万,竟为伊等馈送侵肥花消之用。湖北一省经手军需为数尚少,已有如此弊端,何况四川支发军饷不啻数倍于楚?且胡齐仑仅系道员,辄以公帑作为馈送见情,何况福宁职分较大、总办粮务?如勒保、明亮及在营带兵官员,岂有不任意提用,作为馈送,借资结纳之理!即如福宁,从前曾经致送和珅银两,朕所深知。此时朝中虽无权要、有须馈赂之人,而督抚等或借犒赏为名,私行提用,自肥己橐,皆所不免。试思国家经费有常,今以七千余万之帑一任伊等挥霍,全不以军务为重,则贼匪何由得平?伊等之意总不过欲借办理军务,屡请多发饷银,可以浮冒开销,为补从前亏缺地步,是以有意迁延,总不欲剿办完竣。诚恐军营藏事,则平时亏空悉行破露,

无可弥缝。此实外省积弊，最为可恨！今特交魁伦将福宁经手军需严行查核，其平日如何侵用饷银，致送何人，并各路带兵大员如何借词犒赏，提用若干之处一一详细查究。若得实据，即行锁拿，速即具奏。①

所谓密谕，即不经过军机处，直接将满文谕旨发送魁伦。颙琰又想起福宁曾向和珅送银子的旧账，矛头所向，带着杀气。福宁出身包衣家奴，由笔帖式一路上升，巴结贿赂的手段甚多，送钱给和珅实不意外。在达州办理四川军需，"带兵各大员在军营酒肉声歌相为娱乐，以国家经费之需，供伊等嬉戏之用"，"各路兵勇日费虽多，而迟延不发，多令枵腹从事"②。魁伦正受新帝倚信，能不奉旨认真核查？唯军需是一笔糊涂账，福宁接手时间不长，定了个"理饷含混"，谕令革职。接下来福宁在旗鼓寨杀降一事暴露，嘉庆斥为伤天害理，命逮治。

四、拒绝"维新"

在悼念父皇的谕旨中，嘉庆赞美弘历"继统绪则为守成，论功业则兼开创"。而亲政之初，臣子应诏上言，国子监祭酒法式善提出"亲政维新"之说，他在读后很不满意，忍着没有发作，心里却很是别扭。

看看到了岁末，众大臣举荐的贤才中，法式善赫然在前列。嘉庆传谕内阁，一上来先说到法式善的建言：

> 本年春间，国子监祭酒法式善条奏事件，折首即有"亲政维新"之语。试思朕以皇考之心为心，以皇考之政为政，率循旧章，

---

① 《清仁宗实录》卷五〇，嘉庆四年八月癸卯。
② 皆出自嘉庆帝圣谕，《国朝耆献类征初编》卷八八，疆臣四〇·福宁。

> 恒恐不及，有何维新之处？①

后面还有许多严词峻语，火气很大，却有些让人莫名其妙。维新，乃始更新，出于《诗经·文王》："周虽旧邦，其命维新。"后世虽渐成套话，但词义甚美，后世多用于新帝登基，引申为改变旧法推行新政。打着守成大旗的颙琰，习惯于这般借题发挥，大讲"以皇考之心为心，以皇考之政为政"，大约因听到一些议论，说他诛杀父皇近臣、偏离父皇之道。

法式善的奏章，是在嘉庆下求言诏时所上，为何在十个月后又翻出来？细读下去，始知别有原因：先是有旨令各大臣密保所熟悉的人才，丰绅济伦密荐法式善"明白结实，办事妥协"。丰绅济伦为福隆安之子，其母乃高宗第四女和嘉公主。这位深得乾隆喜欢的外孙子，当年可谓得风得雨，位列公爵，官至兵部尚书，领銮仪卫，至颙琰亲政之后，逐步被边缘化。嘉庆多疑擅猜，推断法式善必然像过去巴结和珅、福长安那样，走了丰绅济伦的门子。他不愿意直接驳回，让录入备选名单（类似于今天的"任职公示"），希望有人反对，可十天过去，就要进入任命程序了，仍未见有人论奏，顿时发作。谕旨说法式善在国子监"声名狼藉""赃私累累"，又举出"开馆取供事"之事，说早闻其劣迹。供事，又称书办，翰詹等衙门中吏胥也。此事未见别处记载，大约颙琰做皇子或嗣皇帝时听人讲过，从此对法式善留下一个恶劣印象。

实则法式善是一个认真读书、认真做学问，有几分呆板执拗的学者化官员。他出身于蒙古察哈尔部，本名运昌，少年丧父，由继母抚育成人，乾隆四十五年中进士。数年后，乾隆帝临雍讲学，他作为国子监司业率诸生听讲，礼成，受皇上接见，询问姓氏，赐名"法式善"，满语"竭力有为"之意也。法式善的确如此，除勤恳职事外，诗文书法均有可称，又性喜著述，所作《清秘述闻》《槐厅载笔》，得到朱珪、翁方纲等人盛誉，至今仍是

---
① 《嘉庆道光两朝上谕档》第四册，嘉庆四年十二月初一日。

研究清代文教之必读书。法式善被称为清代蒙古族的第一大学问家，终日沉浸于典籍之中，既不擅长考试，又不会走门子、搞关系，是以翰詹大考，逢考必砸。其追随和珅等权贵了没？应没有，与老和交好者常居大考前列，而法式善总是列于末等。所幸有阿桂在，深知此人长处，推荐他担任国子监祭酒。

再回到法式善的奏折，仅就嘉庆所斥责的几项，应也不无可取：如建言选一位威望素著的亲王重臣任大将军，节制川陕诸军，前朝多有此例，大清的江山也是这样打下来的，却被斥为"揣摩迎合，全不顾国家政体"；如建议广开选才之途，举行孝廉方正、博学宏词各科，被斥为"其事俱近沽名"；尤其是开发口外一条，极具政策上的开创性，若能及早设计施行，对国家财赋、边疆安定有利多多，竟被斥为荒谬：

> 又据称"口外西北一带地广田肥，八旗闲散户丁情愿耕种者，许报官自往耕种"等语，若如所奏，岂非令京城一空？尤为荒谬之极！①

如此牵强的推论，真是匪夷所思。当是时也，京城的八旗子弟多数无所事事，闲游滋扰，已成为一大社会问题，法式善提出的解决方案可谓上佳，反遭公开责斥，夫复谁言！颙琰即令将法式善解任，派大学士、军机大臣会同审讯，并追问丰绅济伦为何保奏。丰绅济伦只好举其在府中教子弟读书，从未开口借钱和请托，称他"为人体面"。

清廷迁都北京，汉人被逐出内城，宗室勋贵甲第相连，而也有不少族人，因缺乏文化和教养，活得乱七八糟。是以清帝与满大人很看重的一点，就是"体面"，包括自尊自强，也包括知识和能力。大约这场讯问没有什么收获，朱珪等也出来说几句公道话，嘉庆次日给了法式善一个编修，并

---

① 《清仁宗实录》卷五六，嘉庆四年十二月己未。

再次强调:"法式善所论旗人出外屯田一节,是其大咎。"颙琰,御下甚严,喜欢敲山震虎、借海扬波,由一事而算总账,以细故武断臣下之才具人品,是以在位期间得人较少,与乾隆朝形成鲜明对比。

第二节　留级的庶吉士

清代文武大员,除少数王大臣之外,大多出于几个不同的系统:高级武官多出自皇家侍卫,地方大员不少曾是军机章京,翰林(包括翰林院及所属国史馆、教习庶常馆、方略馆,也包括詹事府和国子监等)也是一个系统,一个人才济济的体系,更多大吏出于翰林。

当时发生了洪亮吉私自上疏事件,让嘉庆大光其火,主动惹祸的洪亮吉是翰林院编修,他拜托代呈的朱珪、刘权之亦翰林旧人。如果说内阁和军机处是清朝政治的大舞台,乱纷纷你方唱罢我登场,翰林院则是永远的后台化妆等候之所。颙琰继承父皇衣钵,特重翰林,经过这次风波后,更为关注,准确说是更不放心。

一、一位"任性"的渭南前辈

比洪亮吉的受审流遣稍晚,为清理漕运浮收(额外多收)之弊,新任漕运总督蒋兆奎也开始与皇上顶牛。作为一位老臣,他不会像洪亮吉那样出语轻狂,以无根之词激怒颙琰,却更为坚定坚硬,"哓哓置辩""执拗任性"[①],宁可辞职也不让步。蒋兆奎为陕西渭南人,与早两届成进士的王杰以及晚辈王鼎为同乡,性格中执拗,有点认死理儿。一方水土养一方人,从来都有几分道理。

---

① 嘉庆帝评语,见于《国朝耆献类征初编》卷一八七,疆臣三十九·蒋兆奎。

若说他们的主要共同点，在于清正廉洁，做事认真。蒋兆奎的早年经历与王杰相似，也是久试不售，也曾以贡生考选教谕，唯王杰未赴任，去做了大员的幕友，兆奎倒是老老实实到甘肃张掖县当了四年教谕。有意思的是，蒋兆奎在乾隆三十年中举，次年连捷进士，名列二甲，居然仍是去做教谕，三年后才被保举为知县。为什么？大约应归于倔头倔脑，不擅沟通，也不会讨巧。

任何时代都需要踏实任事的官员，蒋兆奎由知县而知州、同知、知府，每一步都有些缓慢，也都很扎实。乾隆五十六年七月，山西布政使蒋兆奎奉旨整顿河东盐务，以积弊丛杂、商力疲乏，倡议将盐课改归地丁，很快收到"商民两便"的成效。乾隆颁谕嘉奖，"加恩赏戴花翎"，擢山西巡抚。嘉庆二年十一月，兆奎年已七十，以病恳请休致，得旨准其就近回乡调理。上皇崩逝，蒋兆奎闻讯奔赴京师祭拜哭临。新帝对他素有好感，见其精神健旺，即命接任漕运总督，兆奎固辞，不许。当时漕弊深重，颙琰决心整顿，选中了这个忠贞老臣。

蒋兆奎抵任后，立即全身心投入漕务，奏报各省漕粮过淮帮数，对军机处字寄有关漕务的意见发表看法，御批所议甚是，要他"加意爱养心力，为国宣猷，不可过劳"[1]。兆奎不顾年迈体衰，常常亲自登船检验，亲自随船帮押运，查出漕粮多有掺杂潮湿或未经干透的嫩米，以致出现霉变，亲加审讯，奏参玩忽职守的官员[2]，也亲身体验了漕运关卡之多，悉知运粮旗丁之艰窘。五月间，兆奎奏报江西三艘粮船过黄河时遭遇风浪沉没，三名旗丁溺亡，三千二百石米漂失，应说是极端的例子；而沿途各项陋规，敲诈勒索，则是常态。经闸过坝，投文走部，委员旧规，仓官常例，处处都需要银子打发。皇上久闻其弊，晓谕所有与漕运相关的督抚，必须严禁各项苛索，清除浮收与陋规，措辞严厉。而老蒋要的不是空话，建议每石划出一斗，补贴旗

---

[1] 朱批奏折：蒋兆奎，奏报接篆任事日期并报沿途地方情形事，嘉庆四年三月十六日。
[2] 朱批奏折：蒋兆奎，奏参玩忽漕务之官员事，嘉庆四年四月二十四日。

丁的日用短缺，并明确载入章程。文如其人，他的奏折直截了当，开篇便说："办理漕运，要在恤丁，丁等之苦，难以尽言。"①与外间传说的运丁苛索顽嚣大为不同，蒋兆奎深入漕帮，了解到很多实情。他写了催船经过清江、惠济二闸的例子，每只船过一个闸便要花费四五千文，而这样的闸坝甚多，加以沿途雇觅纤夫，遇浅起剥，盐菜柴煤，篷桅铺舱的维修，"所费实多，应得之项委不敷用"。嘉庆也觉其中多是实情，命大学士会同户部集议。

时任满汉户部尚书为布彦达赉和朱珪，对兆奎之议反复掂量，几乎夜不能寐，最后还是指出其议的最大弊端，在于违反祖宗定下的"永不加赋"原则，且不一定能解决问题。朱珪久历地方，深知州县之弊，认为欲减反增，徒然加重百姓负担。嘉庆接受了户部的意见，于八月二十八日传谕："州县征收漕米，不许颗粒加增，例禁甚明。近因各省多有浮加之弊，节经降旨严查整饬，犹恐地方官阳奉阴违。今蒋兆奎以旗丁用度不资，辄请明立章程，每石加增一斗，以资津贴，是使不肖官吏，益得有所借口。且名为加收一斗，其所征必不止于此数，恐浮收积弊，仍不能除。而此新增一斗之粮，着为定额，与加赋何异。其事断不可行！"②对于兆奎所说旗丁疲乏，认为也属实在情形，要求有漕各督抚确查妥议，设法调剂，适当发些津贴。

时任两江总督费淳、江苏巡抚岳起，皆有廉能之名，嘉庆帝希望他们与蒋兆奎合力整顿漕务，祛除陋规和浮收。岳起刚由山东布政使升任，清介自矢，上疏论漕运之弊，直指旗丁的挟制需索，多少有点迎合之意。岳起与蒋兆奎所奏各执一端，也都有过多听信属下的因素。费淳为人宽和持正，明知皇上不同意兆奎的提议，还是奏请适量加征银米，以补贴旗丁用项之不足。户部议驳，嘉庆批曰："今费淳所奏，与蒋兆奎前奏名虽异而实则同。若如所请，是所云不准浮收者，仍属有名无实。"③对费淳不与江苏、安徽两省巡抚会商，更是明确予以批评，也捎带批了岳起几句。

---

① 录副奏折：蒋兆奎，奏请令办漕各省划出津贴米粮拨补旗丁事，嘉庆四年八月十五日。
② 《清仁宗实录》卷五〇，嘉庆四年八月甲寅。
③ 《清仁宗实录》卷五三，嘉庆四年十月庚戌。

蒋兆奎执意认为整顿漕务，尽革宿弊，必须同时解决旗丁用费不敷问题。十月间，他与闽浙总督书麟经过多次信函协商，合衔请求暂缓浙帮军丁积欠，称"近年以来生齿益繁，百物昂贵，空重漕船一切费用无不较前加增，丁力仍形疲惫，办运维艰"①。十一月，兆奎奏请朝廷派员接替自己，再说"丁力疲乏，造运两难"②，说恩旨虽要有漕各督抚设法调剂，可总是有名无实。十二月，在受到申饬，要他将漕运费用明白回奏后，蒋兆奎再次上奏：

> 旗丁所得之项皆定自数十年百余年之前，现在生齿日繁，诸物昂贵，数倍于前。以数十年百余年之价买现在之物，断不敷用，此大势皆然也。③

同一日拜发的另一份奏折中，兆奎又一次提出辞职，自称不胜漕督之任，恳请皇上另简贤员。自来都是皇帝革臣下的职，像这种反复请辞者实属少有，使颙琰极为恼火。

兆奎反复上奏，核心都是关乎"恤丁"，即改善押运兵夫的生存状态，而恤丁则是为了妥办漕运。长期以来，很多人都见出漕政之弊，见出浮收和陋规盛行，甚至以旗丁需索为漕运大害，亟欲革除净尽。蒋兆奎作为漕督，经过查访体察，认为应从恤丁着手，重建漕运队伍，无疑是实事求是、极具远见的。若是别人，见皇上不悦，也就适可而止，兆奎则反复陈奏，坚持解释，被斥为执拗成性，仍不改变。他自称不能胜任，有些负气使性，一则为引起朝廷注意，一则也的确做好了挂冠回乡的准备，颇有古大臣之风。

嘉庆本来是欣赏倚信蒋兆奎的，对其执拗亦始料不及。君臣二人开始隔空论辩，你来我往。皇上说"划出一斗"等同加赋，兆奎指出"漕截""漕增"早成加赋之实；兆奎称旗丁困乏已久，单凭调剂还不够，"譬如医病，

---

① 录副奏折：书麟、蒋兆奎，奏请将各帮积欠借项等分限缴还事，嘉庆四年十月二十九日。
② 录副奏折：蒋兆奎，奏请简员接办漕运事，嘉庆四年十一月十七日。
③ 录副奏折：蒋兆奎，奏为复奏旗丁拮据情形事，嘉庆四年十二月初一日。

然病势颇重而药力甚微",朱批曰"加赋之病大,旗丁疲乏之病小,朕先医其大者"①。他恪守做臣子的规矩,自不敢句句顶撞,不会像洪亮吉那样讥刺圣躬,但不断地解释,不断地求去,终于促使颙琰下决心将他撤换。十二月初九日,有旨以"执拗不回""频频渎奏""忿激求去,效明季挂冠之状",将蒋兆奎撤职,命铁保接任漕督。②谕旨还要求费淳和铁保调查兆奎居官情况,得知其清廉勤勉,很快让他担任工部右侍郎。颙琰对蒋兆奎的基本信任并未改变,仅仅过了两天,将他改任山东巡抚。

兆奎的性情也不可能改变。五年四月,御前侍卫明安赴山东进香,回京后向皇上禀报拒收馈送等事,其中也有兆奎所赠五百两。按说在当时也不是大事,奏复时认个错即可。可兆奎不,反而揭出去年明安即收受馈银,并再次上疏求退。这一次真把皇上惹火了,发布长篇谕旨:

> 兹蒋兆奎遽因此事忿激求去,试思如此执拗任性,岂人臣事君之理乎?朕不过降旨申饬,尚未将伊交部严议,而伊即抗章引退。岂内外大臣,有善必旌,有过即不应加之谴谪乎?若臣工等皆似此相率效尤,宁不成明季挂冠恶习!此风断不可长。蒋兆奎在朕前尚敢如此,其接见属员,办理公务,必更有偏执己见、不恤人言之处,安能饬吏治而得民心。即将蒋兆奎革职治罪,亦所应得。究念其廉名素著,量予薄惩。蒋兆奎著革退巡抚,拔去花翎,加恩降为三品卿衔,即予休致……即由山东起程回籍,不必进京谢恩。伊即来京,朕亦不复召见。③

颙琰细述自己对兆奎之信任宽仁,以及他的违拗固执,辜负圣恩。蒋兆奎上了一道谢恩折,便回了渭南老家。有一个叫周栻的御史即上弹章,说老蒋理

---

① 录副奏折:蒋兆奎,奏为缕析续奏运费不敷及求退事,嘉庆四年十二月初六日。
② 《清仁宗实录》卷五六,嘉庆四年十二月初九日。
③ 《清仁宗实录》卷六五,嘉庆五年闰四月己未。

应匍匐宫门，磕头请罪，竟敢径自归陕，必须加以惩处，反遭到皇上一通训斥。

二、半步修行

白莲教席卷西南数省的几年，王鼎大多数时间待在家乡蒲城，为母亲服丧守墓。蒲城在历史上迭经丧乱，三省白莲教大起事，陕西亦重灾区，然多在陕南一带，未及于他的家乡。待王鼎守制期满回京，已是嘉庆五年夏月，丙辰科的同学已经散馆，下一科己未庶吉士也已入馆一年多。他只有作为一名留级生，插入己未科庶常读书。

明代黄佐《翰林记》，称庶吉士为"半步修行"，意谓距功成名就只差半步，孰知这小小半步，想要跨过也大不易。在清代帝王眼中，翰林院及所属三馆官员出于科举正途，多经过庶常馆的锻造和提升，是以管理上要求很严。半步修行也是修行，但凡修行，都是要吃些苦头的。

学习清书就是一种苦役。

入馆之时，王鼎被分配学习清书，一旦学得好，必也对日后仕途发展有利。但新学一门语言，实非易事；散馆后派不上用场，很快也会荒疏。雍正就曾发现过这一问题，谕令减少学清文的人数。至乾隆十六年，这种学和用的矛盾更加突出，弘历为此专发上谕：

> 朕思边省之人选馆本少，声律亦素所未娴，既习国书，自必专意殚精，惟清文是务。非天分优而学业勤者，不能兼顾，汉文益致日就荒落。散馆时或以清书优等授职，而留馆后遇通行考试，往往绌于诗赋，列入下等，改令别用。究其所肄清文，自散馆一试外，别无职分应用之处。[①]

[①]《清会典事例》卷一〇五二，翰林院九·职掌。

分析至为透彻。这里说的是庶常馆教学科目，实际上牵涉一个长期困扰清廷的话题，即如何保护本民族的语言文化。时满人入关已历百年，许多满族勋贵之裔日享太平，不光荒疏了弓马本领，连本族语言也不太使用了。官场如此，满族如此，研修清文的作用只剩下翻译文献，拟写清文谕旨，又怎么要求汉族进士有很高的热情？乾隆多次下旨强调清文之重要性，却也能客观对待这一趋势，针对庶常馆科目需求，大大压缩了学习清书的名额。

多年之后，林则徐也被"派习国书"，对学习清书的恐惧仍未散去，曾在致张师诚的信中表达了内心的压力：

> 本拟即行旋里，趋侍门墙，偏经派习国书，辞不获已。兹事另起炉灶，工既什佰，费更浩繁，习此者无不畏难，而则徐尤多棘手。日内即在都门就傅，粗尽数月工夫，秋后请假回南，只得于同乡前辈中借资讲习。以钝根人学新样技，其势定难见功，将来散馆一关，深堪惴惴！①

对着恩公，林则徐说的是真心话。一向不服输的他，经过认真研修，刻苦练习，请假期间亦不放松，散馆时居然考在前列，也是一段佳话。

王鼎没有下则徐那样的功夫，似乎也没有林家的条件。丁忧结束后，回到庶常馆学习，他很快就提出改习汉书的请求。翰林院有一个不成文的规定："清书庶吉士，初选时年齿合例，及散馆时或因告假、丁忧年齿已长者，例准改习汉书。"② 王鼎正相符合，丁忧之后，再回到庶常馆的他已然三十三岁了。当时掌院学士为彭元瑞，总教习为朱珪和礼部右侍郎文宁，给予批准。即便如此，距散馆考试还有不上一年时间，对于重新就读的王鼎，仍然显得紧促，这半步能否迈出去，尚属未知。

---

① 《林则徐全集》第七册，信札，致张师诚，1页。
② 《清会典事例》卷一〇五四，翰林院九·职掌。

三、一个风情故事

此时的在馆庶吉士大约七八十人,比起早期的三十人规模,多了一倍还不止。这还不包括那些长期请假、不在馆内读书的人。

林子大了,也是什么鸟都有。洪亮吉奏本中说"风俗日趋卑下,士大夫渐不顾廉耻",所指主要是一众翰詹,以及庶常馆的庶吉士。学习的氛围渐渐不那么浓了,有钱的整天请客送礼,与小教习及提调打得火热,或大家一起嬉戏游玩;没钱的也有人耐不得寂寞,到处攀附达官贵人。贪腐滋蔓的时代,必也是一个士习浮躁的时代,静下心来认真读书是需要定力的,王鼎就是一个有大定力的人。

本年五月间,即王鼎返回京师之前,庶常馆出了状况:一位名叫赵继昌的庶吉士犯了事,案子直接到了皇上那里,批谕重办。赵继昌,正红旗汉军人,乾隆五十二年进士,改庶吉士。不知他以何种理由,总之是一直请假在老家,没有经过散馆考试。据说该兄文理不通,考中进士后,外间议论纷纷,但在家乡的屯子里,他可就成了一个人物,当地官府也要容让三分。邻居中一位赵姓人家,女儿年轻貌美,赵继昌便拉拢其父母,小恩小惠,相处热络,将此女子认作义女,慢慢有了奸情。后此女嫁与一个叫袁凤瑞的为妻,两人仍私情不断,夫家渐有觉察,打骂争吵,闹得不可开交。赵继昌居然出面告官,说袁家借钱不还,还殴打自己干女儿,逼勒退婚。袁凤瑞无奈写下休书,干女儿兴兴头头回家,过了不久,便成了继昌的小妾。

这位告假庶吉士的确玩大了,吓住袁家,抱得美人归,早也把京城的学业丢在脑后,乐不思蜀。哪知舆论大哗,很快被人举报,因系庶吉士,交与刑部议罪。赵继昌在京中有些后台,刑部倒也留几分情面,说是此女婚前先与继昌通奸,其父母见钱眼开,比不得良家妇女;赵继昌是在此女被袁家退婚后,才娶以为妾,与强行霸占不同。只问了个"凶恶棍徒生事扰害良人"的罪名,拟充军。嘉庆认为赵继昌诬陷本分百姓,使计逼人离婚,

国之大臣

实与强占无异。处以发往烟瘴之地充军,还是太轻,命"定拟绞候"。谕旨还要求追究相关大臣的责任,正红旗管事大臣、相关参领佐领皆交部议处,对翰林院掌院学士等更是严词责斥:

> 但翰林院掌院及教习庶吉士各大臣,有稽察训课之责,于赵继昌告假期满,即当催令销假散馆。如看出文理荒谬,不能应试,即可据实参办。何得任其借假迁延,致倚恃职官声势,奸淫横肆?彼时该掌院、教习均有不合,着该部查取职名,一并议处。①

翰林院掌院学士为那彦成,与朱珪同为庶常馆教习,系皇上倚重的大臣,加上接任未久,未被追究。谕旨所说的彼时,当指赵继昌作奸犯科之时,哈,那就时间长了,连和珅也包含在内,后来似乎不了了之。

四、是谁改了"改派"

嘉庆六年(1801)四月,颙琰为父皇守丧期满,正式册立皇贵妃钮祜禄氏为皇后。这是一个补办的仪式,隆重而简朴。一些在外地的大臣如姜晟、颜检等呈请来京恭贺,被拒绝并加申饬。颙琰传谕内阁,说已有旨令中外臣工停止庆贺表笺,岂有地方大员撇下公务来京之理?又说皇后同族在外做官者很多,如果都赶来祝贺,成了什么样子?

这个月的清廷,大事喜事还有一些,烦心事亦复不少。前线不断传来捷报,白莲教头目高三、马五、王廷诏皆心腹大患,先后被擒获,是喜事也。上届庶吉士要散馆,本科会试所取贡士要廷试,也算朝廷大事也。而两件烦心事,都与考试作弊相关:

先是考选试差,即通过考试,选拔派往各地乡试的主考、副主考。因

---

① 《清仁宗实录》卷六八,嘉庆五年五月丙午。

70

与试者绝多为翰詹科道官员，为保存翰林体面，例不加搜检，发生了宗人府主事吴孝显怀挟诗句之事，谕令交刑部审办。

另一件的性质更为恶劣，廷试时搜出贡士左德修的夹带，竟然是策论题的答案，经监试王大臣仪亲王永璇奏报，德修与刑部尚书张若淳是亲戚，若淳曾叮嘱他小心挟藏，防止被搜检。一个刑部尚书，竟然在抡才大典教人作弊，这还了得！颙琰即将张若淳解职，与左德修一起，交军机大臣会同内大臣等严审。等到一审，始发现大有误差。张若淳说左德修为其侄孙婿，会试前确曾有过嘱咐，是告诫所有同乡亲友自爱，片纸只字不要带入科场。左德修供称自己被捉之后，后悔不该不听亲戚之言，问他亲戚是谁，说出为张若淳。又将当场搜检的两个侍卫叫来对质，也称左德修当时只是懊悔，并没有说张若淳要他小心挟藏的话。再让几位监试王爷参与，反复审讯，也是如此说。问题出在老十七永璘那儿，是他没有听清楚，就添油加醋告诉仪亲王永璇，永璇也不加核查，即匆匆奏报。看来这些个王爷也是闲得难受，总想弄出点儿事来。颙琰颇有些生气，命将永璇、永璘交宗人府议处，张若淳官复原职。

王鼎参加了这一届庶常馆散馆考试。由于丁母忧归来的时间不长，没能系统在馆学习，他的成绩不太好，在所有七十二名参试者中，列于第五十五名，实在是一个较靠后的名次。四月二十二日，引见本期散馆人员，王鼎被划入"以部属用"一类。比之更差的是分配各地当知县，然知县是即加任用，马上赴任，多数很快就能担任实职；分入各部者，只能在主事一职上学习候用，还有不小的变数。

从考中进士至今，已经整整五年，王鼎得到这样的散馆结果，应是极其沮丧。好在第二天事情即出现变化，有旨凡二甲进士均加恩改授编修，吴其彦等十一人柳暗花明，侥幸留在了翰林院，其中就有王鼎。

这次改派，本以为是大学士王杰为之说了好话，他的确很器重这位故人之后，仔细考索则不是。原拟分发各部的有三十五人，实际上各部已人满为患，谕旨也提到这一点：

> 因思各部额外候补主事为数较多，此次以部属用各员得缺需时，且现在满洲及边省翰林人数甚少，所有散馆二甲进士内以部属知县用之，吴其彦、张惠言……俱着加恩改授编修。①

由是可知王鼎并没去找任何门路，时任内阁首辅的王杰也没有出面为之说话，只是他运气较好而已。

这次改授，对王鼎的仕途应说关系很大。以其品行和能力，即使在部属位置上，应也能脱颖而出，但与翰林院相比，被皇上发现的机会，可就少得太多了。

第三节　甲子重开玉堂宴

翰林院，包括詹事府、国子监等衙门的官员，被称为玉堂客。"欧阳始是玉堂客，批章草诏传星流"②。亦称玉堂仙，"到处聚观香案吏，此邦宜著玉堂仙"③。这是诗人的描绘，有艳羡向往，或也不乏善意的揶揄，现实生活中则要复杂得多。明嘉靖间曾因议礼之争扫荡翰林，玉堂为之一空。而清代所创"大考"，更是许多翰詹中人，包括一些饱学之士的精神梦魇。有意思的是：本书的主人公王鼎，对各种考试向来不惧。

一、初遇大考

嘉庆八年（1803）三月，又一次考试翰詹，距上届大考已历六个年头。

---

① 《嘉庆道光两朝上谕档》第六册，嘉庆六年四月二十一日。
② ［宋］梅尧臣：《寄维扬许待制》。
③ ［宋］苏轼：《舟行至清远县见顾秀才极谈惠州风物之美》。

清廷对官员考核甚严，且覆盖面广，该年也是五年一届的"军政之年"，所有二品以下武官都要参加考察，钦派王大臣监临考阅，一班武大臣也要依次上场，表演骑射功夫。翰詹大考，却是只考中下级文官，侍郎以上官员不再参加。问题的复杂性在于，一些原在高位、现已降职的，也要参加考试，本届就有李潢、吴省兰、周兴岱、法式善等人。周兴岱曾在大考中名列四等，蹉跎数年，好不容易升至礼部侍郎，因上年典试江西出了差错，降为侍读学士，一听又要大考，魂飞天外，赶忙以年老多病乞休。颙琰看得明白，一通责斥，勒令休致。

法式善也不善应试，结果又考砸了，再降为右赞善。考列三等稍前的他还不算最惨的，很多人都被降职罚俸，四等的几位干脆被令打道回府。此次翰詹大考，是颙琰亲政后的第一次，又当全面整顿之际，自是从严掌握。参试者或有擅考与不擅考之别，可说到底还是一个学养问题。如吴省兰，大考曾在一等，被人指为借了和珅的势，这次仍考为二等前列。

三月三日，翰詹大考在乾清宫举行。两日后公布结果，王鼎考列二等第二名，在参试的七十五人中名列第五，是一个很靠前的名次，即升左赞善，"赏段二匹"。其时王鼎刚收到四弟寄来的应试习作，为之批改点评，回信中叙及读书应考的经历：

> 兄承前人遗泽、父亲培养，成进士，入词林，何所恃乎？恃腹中数卷书与天下学士相角耳。即以兄之愚且拙，穷饿日益甚，今次大考，犹蒙天子特知，列入前茅，越次简用，何恃乎？仍恃此腹中数卷书与天下豪杰相角耳。①

话语中能见出一种自信，却也未见出多少轻松。从天资上讲，他认为弟弟要聪明一些，然弟弟却始终未能过乡试关。据信中"蒙天子特知"一句，

---

① 《王鼎家书》，108—109 页。

推测嘉庆很可能亲自批阅了考卷，对王鼎应也留下较好的印象，所以才会有越级提拔。

二、皇帝驾临翰林院

清代帝王，包括垂帘听政的太后，大多重视翰林，经筵、日讲，加上不时赐见召问，不时赏赐图书文物，待之远超过一般衙门。然临幸翰林院，与臣下诗酒唱和的，似乎只有弘历与颙琰父子。

早在乾隆八年，弘历传旨令专门拨出经费，对有些破敝的翰林院大事修葺，并颁赐《古今图书集成》等书。第二年以重修竣事，宣布要亲临赐宴，兼送两位兼掌院事的大学士进署。这是鄂尔泰和张廷玉的荣耀，也是整个翰林院以及所有翰林出身的官员之荣幸。乾隆命以唐朝宰相张说《东壁图书府》五律为题，御题二首，敕大学士以下众文臣各分一字赋诗；又考虑到也应给编修、检讨及庶吉士等显示才华的机会，命以柏梁体联诗。皇上先作前两句："重开甲子文治昌，佐文赞治资贤良。"[1]大学士以下每人一句，当日共有一百六十五人联句，由编检改科道者也得以参加，可谓一时之盛事，成为一代文人的美好记忆。

转眼到了嘉庆八年，缠斗多年的川陕教乱基本平息，广东的天地会也被镇压下去，颙琰顿觉压力减轻。七月十五日中元节，接到"三省地方肃清"的捷报，在祭告父皇和大赏功臣之后，颙琰心情愉悦，宣布将在明年亲临翰林院。《清仁宗实录》卷一一六：

> 翰林院为儒臣文薮，图书清祕，规制綦崇。乾隆甲子年皇考高宗纯皇帝曾经临幸，赐宴赓吟，允为艺林盛轨。明岁又届甲子，朕当踵行斯典，诹吉亲临，用光文治。

---

[1]《日下旧闻考》卷六四，官署，1060页。

戡平多年的动乱，似乎武功已成，要盛世修文了，颙琰真是处处效仿老爹。甲子，又称六十甲子，是天干地支之首。乾隆选在甲子年临幸翰林院，取意甚美。嘉庆大概已想了很久，只因战事未解，憋在心底，兹一闻捷报，即加谕示。

这可是翰林院的天大喜讯。皇帝要来，官署馆舍自是整修一新，各种赏赐自是每人有份，更重要的是翰林院的地位必将有所提升，也带给普通编检被皇上发现的机遇。

嘉庆九年（1804），又是一届干支纪年的大循环，甲子重光。嘉庆思虑周详，不独在临幸的前一天颁赐了大批图书，还专为御书两块匾额，一曰"天禄储才"，一曰"清华励品"，令悬挂在大门和正堂。二月初三日，颙琰龙袍衮服，仪仗全设，乘舆出宫，午门鸣钟，王公大臣列队跪送，驾出长安左门，早见另一拨王公大臣暨翰林出身的大员朝服跪迎。车驾至翰林院，前引大臣和礼部官员躬身碎步，引领直至穿堂降舆。门廊前早已盛设大乐，中和韶乐、中和清乐、丹陛大乐分部排列，次第奏响，一派皇家气象。

第一项自然是先到至圣先师祠行礼，通例为二跪六拜，嘉庆坚持要三跪九拜，克尽虔敬，陪同大臣个个感动得眼泪汪汪。后堂正中为宝座，原是预备皇上临幸所用，自乾隆那次视察之后，空设了整整六十年，现今又派上用场。一场盛宴即以此为中心摆开，皇帝的御宴桌设于宝座前，两侧设王大臣桌席，门外阶下是各官桌席。王鼎时为詹事府左赞善，大约只能到中门以外就座了。这样的宴席主要在其场面，在于仪式性和荣誉感，又是晋爵大臣，又是掌仪司官，还有一班提壶奉酒的御前侍卫，每一道茶和酒，衮衮诸公都要起身磕头，跪接跪饮，谁要出了差错，那可就对不起了。若干年后一次乾清宫宴会，辅国公绵慜迟到，定亲王之子奕绍推了他一把，碰掉桌上碗筷，皇十七弟永璘看不惯这个孙辈的张狂，向内奏事太监举报，反被罚俸。扯远了，笔者的意思是，参加大宴以不出差错为原则，想要大吃大喝，想要吃饱肚子，那就是脑子进水了。

皇上大驾光临翰林院，岂能无诗？兹也照搬乾隆当年的命题，照例先作"东"字韵二首，并作柏梁体首句，颁示臣下奉和，殊无新意，却也不容出什么差错。《日下旧闻考》收录了乾隆九年的联句，没有收嘉庆亲临的新编，当在于佳句不多，意思不大。

值得一提的是：在此之前，朱珪、英和两位翰林掌院，奏请将敬一亭旁两块明嘉靖石碑上的文字磨去，另外刻上乾隆九年临幸翰林院谕旨及此次临幸之旨。嘉庆降谕禁止，提出对历史文物应加以保护，若磨掉前朝碑文，"亦不足以昭盛美"[①]。光是这份清醒，即极为难得，让不无拍马之嫌的朱珪与英和有些难为情。两位皆称居官清正，提出这么一个馊主意，不知原创是谁，也可证在皇上跟前，那种清高孤傲的翰林精神早已散落一地。

三、穷翰林

圣天子驾临时的翰林院，真是万众歆羡，皇上亲题的两首五言律诗，更提升了这种集体荣誉感，兹引其第一首：

> 翰苑储才薮，辉腾魏阙东。溯源探学海，继志正文风。
> 日启仲春首，年占甲子同。立身勖修业，献赋漫程功。
> 暖把林暾煦，光分楼雪融。书帷凤执礼，辅相弼予躬。[②]

诗中写到两个人，一个是父皇弘历，一个便是老师朱珪。诗后有小注："协办大学士、掌院学士朱石君先生，予在潜邸，曾执经授业，日聆教诲，今职居台鼎，益资启沃，匡予不逮。"敬爱之情，溢于言表。不到一年，嘉

[①]《清会典事例》卷一〇四七，翰林院四·典礼。
[②] 颙琰：《御制诗二集》卷二，嘉庆九年二月三日幸翰林院赐宴仍以张说"东壁图书府"五律字为韵赋"东"字音字二首敬依皇考原韵敕诸臣各分一字赋诗，《清代诗文集汇编》第460册，110页。

庆就去掉朱珪头衔中"协办"二字，将老师晋为体仁阁大学士。

朱珪能够如此得皇上敬重，自与特殊际遇有关，普通翰林官只有羡慕的份儿。天子法驾匆匆来去，翰林院又恢复了往日之平静。王鼎所在的詹事府在御河对岸，大家赶来参与盛会，完事再经北御河桥回去。詹事府，嘉庆二年一度划归翰林院，当是太上皇的意思，过了三年又恢复其旧。

翰詹系统的官员，品阶历来较低。王鼎原为翰林院编修，正七品，大考后晋左赞善，从六品。若是散馆时分派各部，很快就是正六品的主事，官俸既高，平日里与地方打交道，油水也多。在詹事府可就有些惨了，六七品小官，年俸在四十五两到六十两，即使双俸，亦不过百十两光景，比庶吉士也多不了什么。而且翰林院官员通常升迁极缓，以王鼎当年乡试两位座师为例：罗修源为乾隆四十年进士，终身翰林，官不过四品少詹事；施约要活跃一些，曾以国子监司业提调《国朝宫史续编》，全书编成后，有些逞能显摆，想把一些人列名议叙，整出一桩舞弊案，落得个革职，"杖一百，徒三年"。作为门生的王鼎平日不拉扯这类关系网，在嘉庆十二年春，以侍读与修《清高宗实录》，倒是得到议叙。

王鼎曾追忆留任编修时的清苦，以"穷饿日益甚"一语总括之，令人酸鼻。堂堂翰林院编修，连肚子也吃不饱，是怎样的一种悲凉感？就在这种境况下，王鼎益发刻苦用功，并不以已留院就职稍做懈怠。散馆时考得不太好，以致几乎被分派到部属，使他倍感耻辱，暗暗准备，要在两年后的大考证明自己。王鼎没有留下个人的文集，幸好有几封写给弟弟的书信，记下了这段心路历程：

> 读书无他，程子言"收放心第一要事"。何为"收放心"？只不肯将世人第一流人让他人做去，他事目不暇及。此努力自有吃紧处，总之道理明，斯人品立。①

---

① 《王鼎家书》，107—109 页。

他与小弟探讨学问，真是言传身教，平易恳切，也充分展现了志向胸襟：处于穷饿之中的王鼎，目标极为专一，就是要做世上第一流人。这里的第一流人，指的乃是道德文章。在这封家信中，有"寄来菜银徽墨已悉"数字，是知他有时也会收到老家的接济。而他也时时不忘母亲临终前的叮嘱，惦念着弟弟，专为他定做皮衣、京靴和暖帽，"以为接亲之用"，又再三要他"爱惜穿用，盖此物做来不易"。

陆续晋升为赞善、侍读之后，王鼎的俸禄略高一点，然相应的花销也会增加。在京做官，自不能缺少应酬，比如代步的车马、见客的衣服，关乎基本的官场体面，还是要置办的。王鼎曾咬牙购买过骡车，可居然不久即失盗，真是沮丧至极，也只能向自家小弟诉说：

> 兄自去岁病后，精神总觉单弱不振。京中拮据难堪，本月初二又将车骡被人盗去，至今无踪。若另买一牲口，总得七八十金，大非易事。且京况太苦，养车费力，不如其无。现在兄出入拜客总是步行，上馆上衙门则雇一小驴车而已。[①]

呵呵，瞧这素称清贵的翰林，怎一个"穷"字了得。如他一般，甚至比他还要贫寒者，当不乏其人，都是一样的咬牙苦撑。

第四节　纷纷离去的老臣

清朝沿用明朝体制，不设宰相，国家治理直接由皇帝决策，内阁大学士皆称辅臣，军机处则为奉旨办事机构。在选人用人上，乾隆应是一个卓

[①]《王鼎书信》，121—122页。

有见地的明君，除却和珅及个别庸员，为儿子留下了一批优秀的文武大臣。以继志守成为宗旨的颙琰，在很长时间内，所用重臣皆是前朝所留，他们也是诚心辅佐，不遗余力。然岁华无情，十余年间，一班廉洁持正、政务练达的老臣，先后离去。

一、"清风两袖归韩城"

和珅倒台后，嘉庆立即调整了内阁：以王杰为首辅，阁员有刘墉、保宁、董诰、庆桂，吏部尚书书麟为协办大学士。这是颙琰亲政后的第一届内阁。阁员的经历大相悬殊，共同特点是资历深、声誉好、清廉勤勉，不管是原来的王杰、刘墉、董诰，还是新入阁的保宁、庆桂、书麟，都一向瞧不上当年和珅的骄狂贪婪。还有一个共同点，那就是年老，老年政治是乾隆晚期的特点，然那时的内阁成员中，如和珅、福康安，都还比较年轻。

王杰辅佐嘉庆帝，堪称尽心尽力。汉大臣中，如果说朱珪与颙琰有过一番师生际遇，情感特别深笃，王杰则纯然是靠节操德行，赢得皇上的敬重倚信。当初审讯和珅，虽有几位亲王出场，因与和珅有过许多交往，主审非王杰担纲，不足以压得住场面。至于定罪后如何惩治，刘墉、董诰、朱珪等皆曾为之说情，只有王杰的态度始终如一，坚定决绝。

自从设立军机处，朝廷军政大事主要由枢垣运作，不兼任军机大臣的大学士，要么远在边镇（如前朝的福康安、孙士毅，此时的保宁），要么就是年迈病弱，承受不了熬夜当直的辛苦。本届内阁的王杰、刘墉也属于后者，职责上带有较多荣誉色彩，如主持乡试会试、充当廷试读卷官、任前朝实录和会典馆总裁官等等。这些老臣虽已衰迈，却仍保持着一贯的恭谨勤勉。七年五月的端午节，发生了一次"膳牌"事件，就是很好的证明。

所谓"膳牌"，即臣工向皇帝递呈的衔名牌，以薄木片制成寸宽尺许之长条，刷上白油粉，书写职务姓名，顶端一段涂以红绿二色，以示区别。宗室王公用红头牌，其他文武大臣用绿头牌，均在皇帝用膳时递到，故称膳牌。这天一些大臣递上膳牌，也等候了一阵，见皇上久未召见，以为没什么事了，便尔自行回家。嘉庆宣召时，多数已不见人影，勃然大怒，严命交部议处。而王杰、刘墉、纪昀等资深大员，都在直房规规矩矩地坐等，形成一种对比。

对于清查亏空，众官皆有畏难情绪，颙琰也是犹犹豫豫，王杰则持积极整顿的姿态，有所推动，阻力巨大，加上身体也出现一些症状，便起归乡之思。七年七月，嘉庆专发谕旨，再行慰留，对他大加奖赞，写得情真意切：

> 大学士王杰，自乾隆辛巳年以廷对第一通籍，供职词垣，入直南书房，洊升卿贰。皇考高宗纯皇帝知其持躬清介、植品端方、可资倚任，是以乡会试抡才大典及各省视学，叠次简畀持衡，未经协办大学士，即擢任纶扉。赞襄枢务，老成更事，扬历多年，平定台湾、廓尔喀大功告成，曾图形紫光阁，赐赞襃嘉。复命充上书房总师傅，朕在藩邸时曾资启沃。自亲政以来，常时召对，恩礼有加，见其年近八旬，精神尚未衰减，眷畀方殷。兹以夏间屡婴疾病，具折乞休。朕念老成宿望，未肯令其骤离左右，当经召见，再四慰留。王杰以年衰气弱，深恐恋职误公，坚词求退，情意恳诚。在王杰并非家有田园，思耽林泉之乐，而朕眷怀耆旧，缱绻弥深，岂忍恝然遽令归去！王杰着不必开大学士缺，毋庸票阅内阁本章，其各馆所纂书籍亦毋庸阅看，以便安心颐养。如调理即可就痊，自应照旧供职。倘一时未能即愈，自揣精力难胜，再行陈奏，另降谕旨。①

一位前朝老臣，做到这个份上，得到新帝如此敬重，应说是足够了！由此也见出颙琰宅心不乏仁厚，见出其爱憎分明。曾经甚嚣尘上、不可一世的

---

① 《清仁宗实录》卷一〇〇，嘉庆七年七月辛未。

和珅，九泉之下闻知此谕，真不知是何感想？

又过了十余日，禁不住王杰一再乞休，嘉庆终于批准他致仕，"赏给太子太傅衔，并令在籍食俸"①。颙琰不愿这位老臣很快离开，命明年春暖花开时再定行期。八年闰二月，王杰得以告老还乡，颙琰赐以父皇"御前陈设玉鸠杖"，并"亲书御制诗章联句赐之"②，有句曰："直道一身立廊庙，清风两袖归韩城。"大加褒奖。至于钦命赐馔赐饯，赐人参，命驰驿所过地方二十里内官员护行，皆出于特恩。今日可看到直隶总督颜检和陕西巡抚祖之望的奏折：颜检不独行文沿途州县遵照认真办理，自己也亲自迎送，特别奏明"（王杰）沿途除例给马匹外，并不多用一匹，每日所用菜蔬食物俱系自备，亦不受地方官馈送"③；祖之望则奏报王杰已于三月底回到原籍，因韩城距西安四百多里，未能亲身去迎接，但专派家人前往韩城，协助安顿并致问候。④

王杰退出内阁后，接任首辅的是刘墉。他比王杰还要大六岁，这种安排，显然体现了对老臣的尊敬。王杰飘然归乡，翰林院设宴饯行，参加者有其多年同事和门人，赋诗赠别，刘墉写的一首别有意味，描摹刻画亦称佳妙：

疏请归田臣步蹇，恩教策杖圣慈周。
美公遐举清于鹤，愧我勤趋拙似鸠。
落落出尘心自逸，桓桓许国力还优。
春风一看农桑乐，称庆遥来赞大猷。⑤

---

① 《嘉庆道光两朝上谕档》第七册，嘉庆七年七月十六日。
② 《清仁宗实录》卷一〇九，嘉庆八年闰二月乙酉。
③ 朱批奏折：颜检，奏为原任大学士王杰蒙恩准休驰驿回籍途经保定札知前途地方官妥为护送事，嘉庆八年三月十一日。
④ 录副奏折：祖之望，奏报遵旨差家人前往韩城问候还乡原任大学士王杰事，嘉庆八年四月二十一日。
⑤ 刘墉：《刘文清公遗集》卷一三，惺园相国予告将旋次石君前辈韵赋送。

颔联以王杰与自己对比，遐举与勤趋，清与拙，鹤与鸠，堪称字词相对，不乏调侃自嘲，也有一种发自内心的敬佩倾慕在焉。毕竟是四十余年的同僚好友，该诗最后一句，似乎猜想到王杰此心难离魏阙，猜想到他还会再回来的。

刘墉一生清廉，学问渊博，然为人圆通，做事模棱，大事难事常以滑稽调侃处之，在朝中威望并不甚高。如此高龄，似乎也没有提出辞职。次辅保宁仍在伊犁将军任上，列于第三位的是庆桂，为首席军机大臣兼刑部尚书，管吏部，主事的自然非他莫属。首辅刘墉既不争权，也不多揽事，平居写写诗，时也遵旨奉和一两首，点缀升平而已，身在廊庙而得林泉之趣，大隐隐于朝，岂不快哉！

同为资深老臣，也是各有各的性情，各有各的活法。刘墉在京师潇洒廊庙，吟诗作赋；退居家乡的王杰却时时关注政事，与皇上折书往复。他关心川陕交界山林中的清剿，关心家乡的赈济，不断提出建议和表达感谢，也对主持礼部时借支养廉银反省自责。嘉庆很怀念这位清正大臣，不断赐赠各种礼物，时也在朱批中对他吐露真情。如王杰建议三省教乱已平不必再称"用兵"，以安定民心，嘉庆很赞同，朱批：

> 所论甚是。留兵不过防余孽，以期肃净，原无用兵之处。现今已报全完，只搜捕一二遗孽耳。今冬八旬双庆，已令方维甸送庆寿诗额等件往韩城矣。惟愿益绵福履，享期颐之大年，是朕之至愿也。[①]

日理万机的庞大帝国之君，能将一个致仕老臣（包括其妻子）的生日谨记在心，怎不让王杰感动！当年九月，王杰及妻子的八十大寿前夕，新任陕

[①] 朱批奏折：王杰，奏为刍议川匪业已剿竣不必复有用兵之名事，嘉庆九年八月九日。

西巡抚方维甸奉旨到韩城祝寿，送上特制诗章匾联及各色礼品。王杰感激莫名，心潮澎湃，忽然决定要进京叩见，而且说走就走，先拜发一道谢恩折，说已乘车来京，想来见皇上一面（知王杰者，诚老友刘墉也）。颙琰闻知欣喜，特别关照他途中缓程行进，并特许乘坐肩舆直到隆宗门，再扶杖入养心殿，以备召对。

就在王杰抵京之后，刘墉于腊月二十五日辞世，享年八十五岁，嘉庆派弟弟永璘带领十名侍卫前往祭奠，赠太子太保。半个月后，王杰也与世长辞。颙琰深为痛惜，发布长篇谕旨，加恩晋赠太子太师，入祀贤良祠。年前年后，两位资深大臣、内阁首辅接连辞世，而颙琰对于王杰的悼惜缅怀之情，远远超过此前去世的刘墉，所赐赙银也有悬殊。

这时的王鼎仅是詹事府赞善，职位低微，不会在治丧中扮演重要角色，但必然跟着忙前忙后，竭尽全力。对于这位祖父级乡贤的逝世，他应是深深悲痛的。王鼎没有文集保留下来，我们不知道他当时的心情，而从他始终珍藏着王杰给祖父的信，可以见出一种很深的敬重。

二、"一生不爱钱"的朱珪

嘉庆一朝，对颙琰影响最深的，是他的老师朱珪。

父皇驾崩之当日，颙琰即飞书老师朱珪，要他火速进京；而朱珪闻命即星夜奔赴京师，深恐颙琰有闪失，途中草疏驰奏。及君臣相见，执手泪眼，那份感情真是百味杂陈，出自至诚。历史上皇帝与老师的故事不少，像这样真纯挚切、结境亦美好的，亦不太多。

朱珪少年苦读，与哥哥朱筠享誉京城，有"朱氏两神童"之称，十八岁成进士，选庶吉士，授编修，性喜文学，辞藻富丽雅驯。其时乾隆热衷于各类大型庆典，朱珪必以精心撰作进呈，大得赞赏，被称为"特达知"。特达知，是谓特殊知遇也。王褒《四子讲德论》："夫特达而相知者，千载之一遇也；招贤而处友者，众士之常路也。"多年之后，王鼎亦被嘉庆帝称为"特达之知",应是一种极高的评价,是臣下的一种殊荣。

在翰林院待了十一年后,朱珪出任地方,历按察使、布政使,奉职勤恪,有廉洁宽厚之名,亦被个别人责以"迂滞"。乾隆堪称识人善用,以朱珪过于宽容,调回京师任翰林学士,让他入上书房,教授皇十五子永琰功课。这时永琰已被密立为储君,让朱珪做师傅,体现了乾隆对其学问人品的极大肯定。自此,上书房出现了一对朝夕相随的师徒,师傅尽心讲授,学生如饥似渴,相处虽只有三年,却建立了很深的感情。课余游艺于诗赋书画,朱珪在永琰身上又看到少年时的自己,倾心指点,切磋琢磨,使之大有进境。朱珪再赴外任,两人仍是书问不断,互相牵挂。

乾隆五十四年冬,孙士毅保奏朱珪任四川总督,夸奖他操守好,办事好,小用则小效,大用则大效,给乾隆留下深刻印象,虽未派任川督,也擢为安徽巡抚。朱珪对方面之任有几分畏怯,以"才识不能开展"为辞,岂知皇上对他说,做巡抚"无所用才情"。话虽有些绝对,其中亦有大道理在焉。

六十年四月,朱珪升为左都御史,再四个月为兵部尚书,署两广总督,应是调回朝廷任职的信号。嘉庆元年,孙士毅卒于军中,乾隆有意以朱珪补内阁大学士之缺,因事搁浅。四年正月回朝后,朱珪却没有进入内阁,给他的职务安排是"直南书房,管户部三库,加太子少保"。这大约出于一向低调的朱珪之意,其科举入仕,比刘墉、王杰都要早,却能够甘为人下,也是难得。南书房密迩养心殿,向来为皇帝咨询大政的又一个中心,君臣二人时常密谈,光是那份感情上的亲近,即非他人所能及。

朱珪的经历,其在地方各任上的作为,证明了他的廉洁勤慎,证明了他是一个高尚善良的人,也证明了他在施政理念和管理模式上的双重缺失,的确属于"才识不能开展"。加上他迷信仙佛,长期吃素,不愿杀生,很深地影响了颙琰,影响到嘉庆一朝的政治走向。若说朱珪的治国思路,应以奔赴京师途中之疏为代表,曰:

  亲政伊始,远听近瞻,默运乾纲,滂施涣号。阳刚之气,如日重光；恻怛之仁，无幽不浃。刻刻以上天之心为心、皇考之志为志，思修身严诚欺之介，于用人辨义利之防。君心正而四维张，朝廷清而九牧肃。身先节俭，崇奖清廉，万物昭苏，天信民顺，自然盗贼不足平而财用不足阜矣。①

这段话有不同版本，但基本思想是一致的，即讲诚信、辨义利、崇奖清廉。此为臣下对皇上的建言，也不脱师傅对弟子的告诫口吻，颙琰照单全收，并贯彻到日后的施政中。

亲政之初，嘉庆的确是"滂施涣号"，立刻将和珅拿下，将福长安、苏凌阿等逐出内阁，并准备搞一次大清查大整顿。正月十八日赐和珅自缢，朱珪已赶到京师，皇上令九卿大臣集议，必也征求了老师的意见。对如此处置和珅，朱珪并不赞同，虽未能化解颙琰对和珅蓄极积久的杀意，却扭转了一场大整肃。此举当有两个方面的影响：一是减少了朝廷的震荡，并把精力迅速投向平定教乱；同时也失去了一个整顿朝纲的契机，上下疲玩仍旧，诸事迁延。当日乾隆曾多次批评"朱珪本系书生，尤好为此迂阔多活人、积阴德之见，遇事从宽，所谓妇寺之仁"，"不脱书生习气"②，而看重他的地方也在于此，即善良和纯正。可一旦将妇寺之仁用于理乱治纷，就不止是迂阔了。

朱珪学问渊富，胸无城府，学生及晚辈皆喜与他交流，也敢于说些真话，有时竟然直指其短，朱珪颇能涵容。洪亮吉上疏，文中多有对朱珪治国理念的批评。门生张惠言责备其尊崇佛道的人生态度，戏称老师为"邪教领袖"。朱珪很不高兴，责为忤逆，但也不记恨。

朱珪心中有大悲悯在焉。当时的腐败已然蔓延到全社会，出台怎样的善政，降至州县，都有可能演变为扰民害民的恶法，都难以解决多年之积弊。

---

① 朱批奏折：朱珪，奏为惊闻太上皇帝龙驭上升恭请圣安事，嘉庆四年正月十七日。
②《清高宗实录》卷一九三六，乾隆五十七年二月癸丑。

支撑国家经济的"四大政"皆呈现各种乱象，而整治亦非易易可为。长芦盐政奏请提高盐价，广东藩司提请增加海滩地的赋税，均为驳回。由于他的说服引导，嘉庆多次斥责"言利"之臣，虽有该与不该，担心造成普通百姓的新负担，则是一致的。

清朝皇帝的血统里，或有一种嗜杀基因在焉，颙琰亦然：官员军事失机或稍涉贪腐，便可能要掉脑袋；谕旨虽多次严禁杀俘杀降，而一旦损兵折将，就会大动杀机，禁止招抚受降，命斩杀务尽。由于身边有一个朱珪，颙琰大体是以宽仁为主。最典型的例子，就是拿获所谓的总教首刘之协后，并未穷究所有掩护窝藏等牵涉之人。五年八月，嘉庆亲撰《邪教说》，"申明习教而奉公守法者不必查拿，其聚众犯法者方为惩办"[①]。朱珪为写长跋，称扬皇帝之仁，为官兵的大肆杀戮辩解，同时也强调"白莲教与叛逆不同"，对确立"但治从逆，不治从教"的政策，起了极大作用。

七年八月，朱珪以户部尚书入阁，任协办大学士，再两年为体仁阁大学士，已是风烛残年，屡屡乞休而不许。颙琰还期待着为师傅庆贺八十大寿，而天不假年，十一年十二月初五日，朱珪病逝于家中。此前三天，他还写了一首五言诗：

> 天道神难测，民心惟一中。知人可安众，居所自持公。
> 好恶无偏党，江河日荡平。昊穹鉴信顺，三宝一精诚。[②]

亦正亦玄，笔意平和空蒙。颙琰将此诗看作师傅留下的遗疏，亲临祭奠，见老师宅第低矮、寝用简陋，多次失声痛哭。颙琰明白，深爱自己的老师，已是驾鹤而去了。

[①]《清仁宗实录》卷七三，嘉庆五年八月己巳。
[②] 朱锡经：《南崖府君年谱》卷上，清嘉庆间刻本。

英国东印度公司孟加拉邦鸦片制造厂仓库旧照

乾隆二十二年（1757），英国东印度公司在孟加拉邦强迫当地农民大面积种植鸦片，并以此处为基地，将鸦片源源不断地输入中国。

《虎门海战图》

道光二十一年（1841）二月六日至二十六日间，英军悍然向虎门要塞发起猛攻。

御赐陈孚恩"清正良臣"匾

故宫博物院藏。

该匾书于道光二十八年(1848)十二月二十三日。陈孚恩(？—1866)，字子鹤，又字少默，历任工部右侍郎、刑部尚书、军机大臣等职，也是王鼎在昨斋庭自缢前的在场人。

王鼎写给儿子王沆的手书

御笔《圣谟定保》册内文

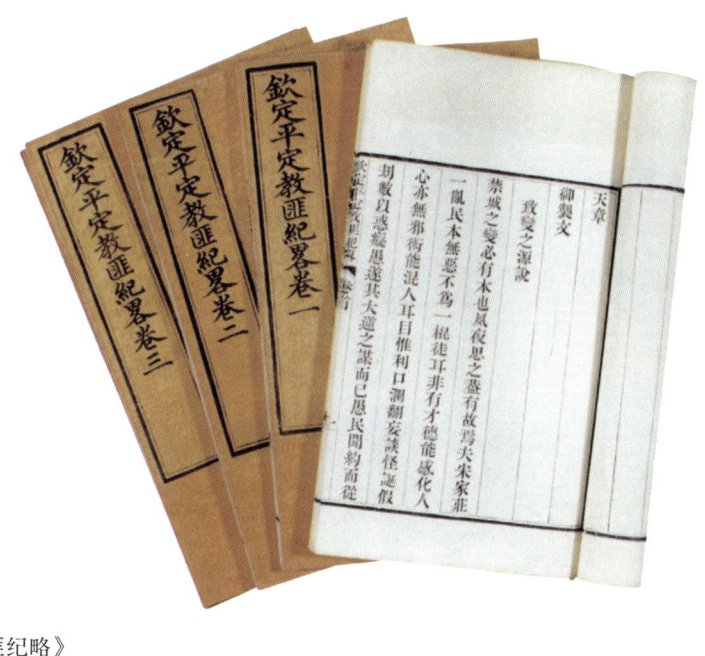

《钦定平定教匪纪略》

〔清〕托津等奉敕撰。嘉庆武英殿刻本。故宫博物院藏。

1

奏為虎門銷化烟土公同覆實稽查現已一律完
竣恭摺奏祈
聖鑒事竊臣等欽遵
諭旨將夷船繳到烟土二萬餘箱在粵銷燬所有欽
奉在案嗣是仿照前法劈箱過秤將烟土切碎拋
入石池泡以鹽滷攪以石灰統俟釀化成渣於
退潮時送出大海並令文武員弁返回到
廠有覬覦稽查其間非無夫役棘圜鵠而秋事
員弁多人留神偵察是以當場拏獲之犯實係
共有十餘名均即立予嚴行懲治並有賊匪於
貯烟處所乘夜扒牆鑿箱偷土走經內外有守
各員弁巡獲破案現在發司臨審究辦從重
辦理起程日次不敢稍有冒印前奏飭見長

奏伏乞
皇上聖鑒訓示再虎門現在無事臣林則徐亦將回
省城商辦一切合併聲明謹
奏

可稱大快人心一掃無遺了

臣林則徐 鄧廷楨 臣 恰良 跪

2

1.《林则徐看剑引杯图》卷（局部）

〔清〕法坤厚绘。纸本，设色。纵34.5厘米，横127.8厘米。故宫博物院藏。

2.《林则徐邓廷桢怡良等奏虎门销烟一律完竣折》

虎门销烟后，林则徐等人将销烟经过上奏道光帝。道光帝在奏折后朱批"可称大快人心一事"，其兴奋之情溢于言表。

3.《南京条约》抄本（局部）

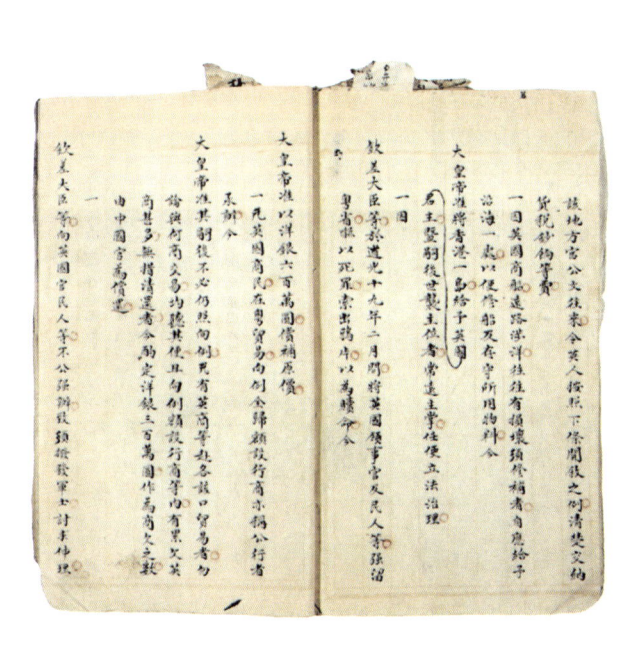

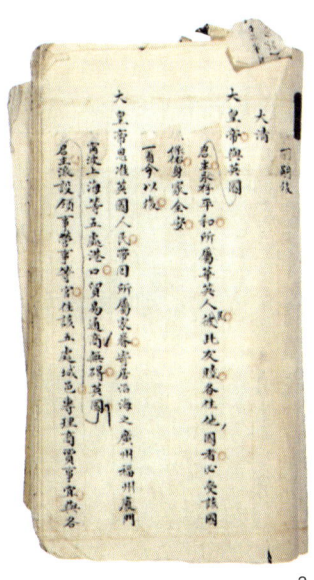

1

圖書左右天香滿
煙月高深地位清

兩山一兇
子射

2

觀天地生物氣象
學孔顏克己工夫

戊子新春上元沅子諸書集句成聯时書
睛風和羊韓氏佳境也
宿屋居士是年六十有一

5

皇清
誥封
儒人
原配
儒人
故
荀太
菅孝
銘

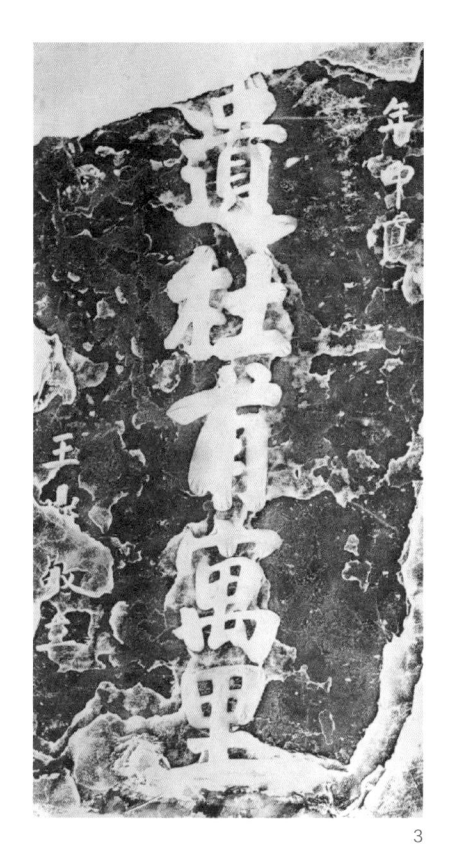

1. 王鼎手书的对联
2. 道光八年（1828）春王鼎为儿子所书对联
3. 王鼎所书"遗杜甫寓里"拓本
4. 王鼎御祭碑
5、6. 王鼎为舅母篆盖

《百家姓》

百家姓 趙錢孫李 周吳鄭王
馮陳褚衛 蔣沈韓楊
朱秦尤許 何呂施張
牛壽犬 金魏陶姜
孔曹嚴華 柏水竇章
戚謝鄒喻 柳

《千字文》

千字文 天地玄黃 宇宙洪荒
日月盈昃 辰宿列張
寒來暑往 秋收冬藏
閏餘成歲 律呂調陽
雲騰致雨 露結為霜

《長歌》

野鳥啼時有思春
鶯雀相呼噪巖畔花紅似錦堪
看山秀麗甫烟霧靄起追清浮浪
瀑澱水景幽深處好游像水花
似雪梨花光皎潔玲瓏似隆銀花
抓最好柔茸溪畔草青雙蝴蝶飛
來到落花楊柳枝上鳥啼叫不休為
春光好楊柳枝春色裏常共
春釀酒似酻閒行春相逢
悠游山水心息悠歸去來休役

王鼎为孙王莹所写的《百家姓》《千字文》《长歌》习字帖

【第四章】

学政也是大政

庶常馆散馆后，王鼎最终还是留在翰林院，开始了漫长的宦程跋涉。将之称为跋涉，是因为对于像他这样家世清贫，又不爱攀附钻营的人，在官场每进一步，都会付出更多的艰辛，经受更大的挫磨。翰林院的工作是清苦的，也是充满希望的，毕竟此间为皇家智库，备文学侍从，咫尺天颜，被发现的机会比其他地方多了许多。如此又过了十一年有余，嘉庆十七年十二月，王鼎被任命为提督江西学政。这是很重要的一步。绝多翰林出身的大臣，都是先经过学政一职，再一步步走上高位的。

十余年间，嘉庆由锐意整顿到渐感无力，一次接着一次叛乱，一个接着一个大案，不能不使之心力交瘁。内阁和枢垣的大臣虽称尽心国事，似也难以为皇上分忧。颙琰在群臣中努力寻找，寻找未来的治国之才，偶然中发现了王鼎。

第一节　詹事府岁月

与平叛之地的焚掠厮杀、行刑之时的血腥惨烈相比，翰林院及职司接近的詹事府，通常是个舞文弄墨、光风霁月的所在。

詹事府，位于御河左岸，一仍明代府衙之旧址，占地面积比翰林院要阔大，房舍也多很多。只是受到关注不够，修葺不能及时，略呈破败之象。由于位置稍偏，又是闲曹冷衙，任职此处的人更显得时日清寂。这是一个读书治学的好地方，从嘉庆八年春到十八年春，王鼎在詹事府衙门出出进进，先后任职达十年之久。

一、缓慢的升与转

升职为赞善之后，王鼎就把父亲从老家接来居住，一起来的还有他的继母，家中老少皆称"新婆"，能见出对亲娘的永久思念。他的孝心很浓，待后母也极好。虽说薪俸较低，又有了几个孩子，但一直尽心奉养，一大家子和和睦睦。

詹事府曾是办理皇太子事务的专门衙署，煊赫自可以想象，詹事、少詹事之下，尚有左右庶子、左右中允、中允赞善，有洗马、谕德、主簿等官，职事繁复，名目亦多。然自明代中叶始，便很少设置东宫，一整套服务体系渐归无用。清朝皇帝在保留詹事府的同时，显然也不愿空摆个大摊子，自康熙开始就不断裁减职数，到了乾隆五十四年，又降旨取消翰詹兼衔：

> 本日阅洗马周琼呈请代奏谢恩折内，有"补授司经局洗马兼翰林院修撰"字样。修撰系一甲一名进士专衔，何用假借兼摄？因思詹事府衙门，自詹事、庶子、中允、赞善等官，亦俱兼翰林院侍读学士、侍讲学士、侍读、侍讲、编修、检讨等衔，此系相沿前明旧例。詹事等官既各有专衔，嗣后毋庸再兼翰林院虚衔，以昭核实。①

其时兼衔之弊遍于清朝官场，独对詹事府开刀，当是因为周琼的那点儿小虚荣所致。周琼为乾隆四十年二甲进士，十五年宦程跋涉，到得小小一个从五品洗马，够不着上表谢恩，托人代奏叩谢，却给自己整了个"翰林院修撰"。不独被皇上好一通奚落，害得詹事府中人多不得兼衔，老周的仕途竟也就此结束。

王鼎行事一贯低调平实，平日里不会自称修撰，更不会没事找事，跑到皇上那儿显摆，默默做事，倒也一步步稳稳升迁。嘉庆十年（1805），他升为司经局洗马，没有兴冲冲想方设法递折谢恩，仍旧踏踏实实尽应分之责。司经局的前身，可追溯到明初"大本堂"，是明太祖为培育皇子聚集图书的地方，延至有清，仍掌管收贮和承印各类典籍，有点儿像今天的国家图书馆。

---

① 《清会典事例》卷二一，吏部五·官制·詹事府。

洗马为司经局之长,"掌图书经籍",在这里的王鼎每日公事了了,有大量时间读书,真是如鱼得水。可惜第二年就转任侍讲,到翰林院办公去也。

侍讲一职来源较早,汉魏间即有此称号,至唐始置侍讲学士,为帝王讲论经史,以备顾问。清朝翰林院以文学侍从为主业,所做无非是侍奉皇帝读书讲学,整理润饰皇上谕旨,撰作各类典仪册宝文字等,掌院学士之下,主要便是讲读官,有侍读学士、侍讲学士,其下又有侍读、侍讲。从字面上看,侍读为陪侍帝王读书,侍讲是为帝王讲解书史,实则陪读时也要讲解,讲解常也在陪读过程中,职责很难分清楚。清代侍读和侍讲都是从五品,排列则以侍读在前、侍讲在后,是何道理,也不得而知。

虽说是翰詹连体,但到了翰林院,还是往权力中心接近了一步。讲读官与司经局洗马同一品级,而进宫上直的机会大大增加。十二年(1807)五月,王鼎转为翰林院侍读。该年九月《高宗实录》修成,内阁大学士、国史馆总裁禄康遵旨开列有功人员,王鼎也在议叙名单之中。这一时期的他应说喜事连连,再过两个月,就接到入直宫禁的通知。

二、日讲起居注官

十二年十一月,王鼎以翰林院侍读,署日讲起居注官。缘此,进宫担任文学侍从,记录皇帝的日常行止和朝廷大事,成为王鼎的重要职责。虽官职尚微,不能参与任何论辩定拟,但常能见证军国大事的决策过程,无疑是一种极好的政治见习,或曰历练。

乍听起来,"日讲起居注官"的名称长且拗口,实际上捏合了两项职能。日讲,指的是内阁或翰林官员每日为皇帝进讲,题目要根据皇上的兴趣,方式比较灵活,有时君臣之间还会有一些讨论,皇上一时高兴,也会自己来一段。顺治朝已开始安排日讲,每日部院奏事之后,翰林院掌院学士便引两三位讲官近前,为皇上做专题讲解。有关人士先拟出讲义,分正副二本,如果皇上对正本不感兴趣,即用副本。康熙最是乐此不疲,对这方面的旨意也最多，将隔日一次改为天天开讲。因修葺乾清宫，康熙移驻瀛台，即命讲官每日赶往瀛台进讲。十三年春三藩先后叛乱，战事正当吃紧，军报"数日连至"，康熙仍不许停止日讲，向学之心诚然可敬，亦见大定力在焉。他是一个求知欲极强、心胸宽阔的皇帝，由"四书五经"而《资治通鉴》，皆能联系实际，体悟发明。一次讲官在"亢龙有悔"一节注"不应讲"三字，大约怕有影射之嫌，康熙看到，认为"正宜以此为戒"，命不必避忌。

与乃父少年继位、缺少系统儒家教育不同，雍正帝登基时已然四十四岁，可谓饱读诗书，加上政局不稳，对日讲毫无兴趣，似乎未曾举办过日讲。而他的儿子弘历，自幼聪明颖悟，又受到最好的教育，二十五岁继位时，已是满腹经纶，虽开设日讲，强调的却是另外一种功能："可以因事鉴观，随时触发，而览诸臣所进，亦可考验其学识。或召见讲论，则性资心术必因之可觇。"乃祖求知若渴的日讲，到了孙子这里，便成为"考察干部"的面试。其实康熙也会由此观察臣僚、选择贤才，大体还是以求知问学为主，不像弘历有如此的自负。既然主要作为检验文字、考核见识的途径，乾隆便要扩大范围，令科道官也参与撰写讲章，"分翰詹为一班，科道为一班，日轮一人。具奏折式：先标经史，下注义疏；或略节史文，下注史断。后皆附列所见"，并规定字数在千字左右。

乾隆对日讲还有一项指令，即将每日书折（臣子所上讲章）及御批、讲论时的谕旨交南书房收存，以备汇编成书。于是，不少臣子借以议论发挥，或有意逞才，或影射时政，乾隆曾多次申诫，后来不胜其烦，干脆停掉了日讲。嘉庆十四年，翰林出身的通政使张鹏展重提日讲之事，颙琰不接受，予以批驳：

> 朕每日恭阅先朝实录，诚以列圣修齐治平之道，无不备载，典型仪式，夙夜寅承。即万几之暇，披览者亦皆经史诸书，鉴观得失，以期有裨治化。近日御制《尚书》五十八篇诗章，用阐帝王危微精一之奥，古来心法治法，孰有过于此者？若使翰林科道日进讲义，

其所撰述不过撷拾陈言，敷衍入告，无论"二典""三谟"莫能窥其涯涘，即贾董诸儒论说，亦万不能跂及。况所敷陈又未必尽出己手，若就此奖其学识，加以甄拔，恐亦未能遽得真才。行之日久，又生弊端，仍复视为具文，于事毫无裨益，又岂务实之道乎！①

说得不无道理。要说颙琰也算是好学之人，然比起皇曾祖玄烨的博大胸襟和恢宏气度，比起其好学之如饥似渴，相隔岂止一尘！

嘉庆不开日讲，却照常设立日讲起居注官，这些官员没有了日讲的任务，只负责记录皇上的日常事务和言论。起居注馆，康熙九年始置，位于太和门西廊、熙和门之南，为满汉记注官侍直之所，也是增删和整理记录文稿的地方。玄烨曾对记注官表示不满：一是有些过于年轻，"且官职卑小，不识事之轻重"，记事常有遗漏；二是个别人私抄谕旨带出，行为不轨。他曾下旨裁撤起居注馆，令翰林院在奏事日派五名编检以上官员侍班。几年后雍正帝上位，虽不设日讲，却恢复了起居注馆，谕令史官秉笔直书，"或朕有一言之过、一事之失，必据实书诸简册，朕用以自儆"②。皇上可以这么说，有谁敢呢？

起居注官例为翰詹兼职，自翰林学士、詹事以下至编修检讨，都可以备挑选。偶尔有员缺，掌院学士也要临时顶上。检核《嘉庆帝起居注》，王鼎自十二年（1807）十二月二十一日第一次入直、二十六日再次入直，持续担任此职至十六年（1811）岁末，整整四年。职责所在，不管是三大节与各类祭典，还是郊祀和出巡，起居注官总是立于皇帝右侧很近的地方，咫尺天颜，亦步亦趋，其举止仪容亦在皇上视野中。正如御前侍卫中出息了一批高级将领，起居注官中也产生了相当多的高官重臣，道光间内阁首辅如曹振镛、潘世恩、穆彰阿都做过起居注官。作为嘉道政坛的后起之秀，

---

① 《清仁宗实录》卷二一八，嘉庆十四年九月己巳。
② 《清会典事例》卷一〇五五，起居注一·职掌。

穆彰阿任日讲起居注官的时间，曾与王鼎有交错，却未见两人排在一班。四年里，王鼎每月数次轮直，有时两人一组，有时四人一班，有时隔四五天，有的则隔十几天，一直未曾间断。想也就是在这几年里，他以陕西人的质朴稳健和办事踏实，引起了颙琰的注意。

三、再遇大考

嘉庆十七年（1812）二月，经过将近十年，再一次举行大考翰詹。按照通例的五六年一次，应该在十三年春天开考，可不知什么原因，找不到那时的大考记载，大约是没有考试。

翰詹大考是许多人的深心恐惧，而对王鼎之类饱读诗书、才学卓异，又无财无势者，则是一个难得的机会。如果真的去掉一次大考，在王鼎应是小有遗憾。翰詹大考能列为一等的仅三四人，二等就是好成绩。这次又有一大批考砸的，王鼎则考得甚好。《清仁宗实录》卷二五四收录了一道上谕：

> 谕内阁，此次考试翰詹各官，按其文字优劣，分为等第：一等四员，二等四十七员，三等七十员，四等四员，不入等一员。除考列二等之侍读学士王鼎、侍读穆彰阿业经升授少詹事外，其考列一等之编修徐颋着升授侍读学士，编修陈嵩庆着升授侍讲学士，编修顾莼着升授侍读，编修姚元之着升授侍讲；二等之编修彭邦畴着升授左赞善……

这次大考阅卷甚严，处置更严。谕旨中开列了长长的处分名单，所有考在三等者几乎都被惩处，有的调出翰詹，有的降级罚俸，而在四等的大多责令休致。平日大家艳羡翰林清贵，翰詹中人也多有点优越感，到了此时，不少人才悟出翰林院的饭碗不好端。终身编修，官居七品，一考就砸的倒霉蛋，这里也有的是。唯一的"不入等"为觉罗续禄，嘉庆也没给任何关照，申令革职，踢出官场了事。

参加这次大考并被贬职的，还有一位著名学者，即乾隆三十六年进士李潢。才情卓异的他早已位列卿贰，只因被邀当了和珅儿子的家庭教师，颙琰亲政后即被降为编修，上次大考在于二等前列，升为右赞善。十年后原地踏步，还是个从六品的赞善，而年已六十六岁，老疾兼至，勉强赴试，竟考了个三等。冗的不羞煞人也！李潢精通算学，著述宏富，曾主持江南乡试，嘉庆元年为会试副主考，亦曾任浙江和江西学政，这次又从左赞善降为编修。"谁人挽得西江水，难洗今朝一面羞"，几个月后，李潢溘然长逝。

对一向能潜心治学的王鼎来说，此次考试的结果依然很好，虽还是考列二等，却是二等第一名，再次引起皇上的关注。大考之前，他刚刚升任詹事府少詹事，不会再予升职，但有了皇帝的青睐，自也不愁升迁，仅过半年，王鼎就做了詹事。詹事为正三品官员，虽属闲衙冷曹，毕竟为一府之长，亦不可小觑。

有趣的是，穆彰阿紧列于他之后，且同时升为少詹事，后来的道光朝，两人又在内阁和枢垣同事，也算有缘。

第二节　出任江西学政

学政二义，既指国家管理教育和学校的政策法规，亦指负责一省教育的官员，全称提督某省学政。清廷以学政为国家大政之一，一向重视学校和科举，特设提督学政。由翰林出身的大臣，许多都有着考取学差和提督学政的经历，算是一个重要的台阶。如果说学差还属于一次性的使命，则学政一般任期三年，允许自带幕友，通常予以侍郎衔，或直接任为侍郎。学政每年有养廉银数千两（以省份不同略有区别），对于多数清贫的翰林中人，应说是一步迈进小康。

一、特达之知

十七年（1812）十二月十三日，以吏部左侍郎出任江西学政的潘世恩晋升工部尚书，有旨命王鼎提督江西学政。

这是王鼎的第一次外任，也是个有些尴尬的时间：马上就是年节，上任日期例有严限，南昌距京师三千余里，赶路亦须时日[①]。通常的学政任免一般在乡试之后，交接很从容，这次则是潘世恩升职进京，有些突然。而一旦在吏部领敕，次日必须动身。王鼎自也不会延误，得悉后先安排父亲等回蒲城老家，待皇上赐见、恭聆圣训、领取敕书之后，即急急奔赴任所。

时值腊月，潘世恩归心似箭，来不及亲自与王鼎交接，将提督学政关防委托九江府教授代转，即行离任。九江是北来进入江西的第一府，德化更是靠近湖北，王鼎在正月下旬到此，履行了简单的交接程序，郑重接过印信旗牌等。以后的三十年中，他与潘世恩职事相随，先后进入军机处和内阁，相处亦亲切友好。

二月初二日，王鼎抵达南昌，随即奏报接印和到任日期：

> 臣岐雍下士，荷蒙皇上天恩，简畀江西学政。恭请圣训后，即束装就道，于嘉庆十八年正月二十八日行至江西九江府德化县，准前任学政臣潘世恩委九江府学教授刘廷珍、德化县学教谕江华玉赍送钦颁提督江西学政关防一颗，并节次奉到书籍暨各项册卷到臣。臣谨恭设香案，望阙叩头谢恩祗受，即于二月初二日抵省任事。伏念臣学殖浅陋，由嘉庆元年二甲三名进士备员词馆，屡因大考受知，频邀恩擢，未效涓埃……臣惟有恪遵圣谕，矢慎矢公，

[①] 据林则徐"丙子日记"中所记程期，去时走了一个半月，回程则用了36天。冬天应更难行，王鼎必在元旦前离京，方可于二月初二日抵达。

整饬士习，厘正文风，以期仰报高厚鸿慈于万一。①

上疏谢恩和报告抵任日期，是出任地方者例行公事，所用词汇亦通常套话，王鼎写来却是满含感情。他说到大考受皇上奖掖识拔，更是言辞深挚，感恩之心跃然字里行间；还将沿途雨雪和青苗情况附在后面，一并奏报。嘉庆读后心情愉悦，朱批："实力整饬士习，正文风为本。"寄望甚殷。

提督学政，由明代提学而来，然职司有较多不同，品级也有较大差别。明朝的提学副使为按察司属官，没有独立的衙门，职在正四品，若佥事则属正五品。清朝的学政，通常于侍郎、京堂、翰詹、科道中进士出身人员内简用，各带原衔品级。但以翰詹为多，有专设之衙门，有密折奏事之资格，与督抚互不统属。故明代提学，常是一些无钱无权、郁郁不得志之辈；清朝学政则多为政坛的未来之星，勤勉奋发，力图有所作为。清代的不少内阁大学士都是这条道上的过来人，如王杰曾多次出任学政，在王鼎之前任江西学政的曹振镛、潘世恩，后来都做到内阁首辅和首席军机大臣。

江西属两江总督管辖，所领十三府多有"冲""繁""难"之称，如建昌、抚州、饶州等，还要加一个"疲"字，政事与民风皆可想见，士习亦多被诟病。乾隆初年，江西境内就活跃着一批专吃学校饭的混混，像是学政大人的影子，巡考的班子走到哪儿，都有他们暗地里跟着，坑蒙拐骗，搅乱了考场秩序和一些试子的心。乾隆帝曾专门降谕：

> 近江西巡抚陈宏谋奏称：江西积棍每年尾随学臣按试各郡，假冒学臣亲戚内幕，哄诱士民营求入学，讲定谢仪若干两，一同包封，仍存士民之手，俟案出有名，方来取银。营求之人见其不先取银，以为有益无损，遂将银两付伊包封画押。棍徒豫用钱文，假作银封，临时同伙设计掩饰调换，携银潜逃，名曰掉包。迨至

---

① 朱批奏折：王鼎，奏报到任接印日期事，嘉庆十八年二月初二日。

案出无名，士民启视银封，方知堕计，而棍徒早已远飏。在被骗者既不敢鸣官以取累，又不敢告人以贻羞，遂至此风各处多有，不能杜绝。朕思一省若是，他省亦相同，着各督抚等于学臣按试之前，将此掉包串骗之弊详明晓谕，凡有指称营求考取、将银封贮出案收取者，无论真假，立即严拿究处……①

所述文字，真可与写作于此际的《红楼梦》相对读，人物和场景均极为生动。有望子成龙的父母存在，这样的骗子便不会消失，其骗术必也与时俱进。

嘉庆十一年末，多年任职刑部的金光悌出任江西巡抚，职业习惯所致，很快就发现悬而未决的案件甚多：巡抚衙门六百九十五起，布政使衙门二百六十八起，按察使衙门五百八十二起，盐粮各巡道六十五起。学政衙门因独立办案，不包括在内，也未包括各府县的积压。这么多的案件久久不结，小民有冤无处申，健讼之徒操纵把控，社会矛盾必然激化。王鼎是一个勤勉清廉的人，又有陕西汉子的孤耿倔强，在这个地方担任学政，应有足够的定力，以及应付复杂局面的思想准备。

王鼎是以正三品的詹事抵任的，三个月后，一纸诏命下达，他与太常寺卿色克精额被任为内阁学士，兼礼部侍郎衔，仍然留任江西学政。王鼎正在东部的广信府考院巡考，接到巡抚先福转来的吏部咨文，少不得又是一番谢恩：

> 伏念臣材同樗植、质陋蓬心，勉勤职于文章，愿培基于学问。天庭奏赋，叠邀圣主特达之知；艺院衡文，恪遵寿寓作人之化。屡承训诲，未效涓埃……②

---

① 《清会典事例》卷三六八，礼部七九·学校三。
② 朱批奏折：王鼎，奏为奉旨补授内阁学士兼礼部侍郎仍留江西学政之任谢恩事，嘉庆十八年五月初六日。

此类谢恩折多精心撰作，骈四俪六，但其中一句话值得注意，即"叠邀圣主特达之知"。此类话语必有来历，必是出诸皇上之口，否则可就要出大事了。

嘉庆帝何时说过王鼎为"特达之知"，目前找不到确切出处，然《清国史馆传稿》中有这样一段话：

> 谕曰：朕向不知汝，亦无人保荐。因阅大考、考差文字，知汝学问；屡次召见奏对，知汝品行。汝是朕特达之知。

《传稿》将这段话系于嘉庆十九年，不详所据。笔者以为当在十七年底王鼎赴任前陛见之时。皇上语意亲切，令他极为感动，一生念念不忘。

二、繁难之差

世事诚难逆料，入关之初动辄屠城、声称留发不留头的大清帝王，很快便深深爱上了汉族文化和典籍，孜孜矻矻，朝斯夕斯，用今日之标准衡量，几乎一大半可称国学大师和著名书法家。其重视学校和科举，对选任学政非常慎重，也是基于这种文化认同和尊崇。

乾隆三十九年（1700），礼部重新增订的《钦定学政全书》由武英殿印行，明确了学政的职责范围，包括学校条规、考试场规、出题与阅卷、发榜与解卷，也包括评定优劣、约束生监、考核教官、录送科举，还要采访遗书、厘正文体、整饬士习、查禁非法出版物，堪称繁难。而到标识为冲、繁、疲、难之地任学政，会有更多意料不到的繁难之处，自不待言。是以王鼎任职的前与后，都有人在提督江西学政的位置上栽了跟头，弄得声名狼藉。

乾隆五十四年（1715）九月，江西学政翁方纲即将任满，发现考生手头有一种小本讲章，刻印经书语录、常见题目、应试策略等等，颇便于夹带进场。他派人下去密查，找到临场售卖之人，又跟踪查到建昌一带的书坊，加以禁止。大约是要对三年工作来一番总结，翁方纲奏称"江西士子积习甚多，

99

于岁考知所儆惕,而科考则渐就懈弛",引起皇上的关注。岁考,亦称岁试,为各省学政到任第一年巡回所属州府的例行考试,既决定童生的生员资格,又判别在读生员、增廪生的优劣,选拔贡生,关系一个读书人的前程命运,故被格外重视。而科考,则在学政任期的第二年,考试选拔参加乡试的生员,为何竟会不重视呢?大约在于岁考所定优生,基本已获得乡试资格,对于再考,自然失去了兴趣。翁学政提议:在科试之年编造名册,详细登录,凡不来考试,或考试不合格者,"将其报优扣除,仍将原报之教官查办"①。乾隆很赞赏他的做法,也认为此类陋习必非江西所独有,谕令各地下大力气整顿。

王鼎任前陛见时,嘉庆的训词仍是"整饬士习,厘正文风",上引两次谢恩折上的朱批基本相同,都关乎士习和文风。可知忽忽二十余年过去,整个社会士习文风的状况,并无根本改观。

王鼎一贯做事踏实,到任后仅二十天,所邀幕友陆续到齐,便从省城起身,依次按试各府。此先潘世恩已举行过岁考,他所做的就是科考。学政按临某地,是有一套规定动作的:抵达后先与教官生员见面,次日往明伦堂讲书,然后才是考试。王鼎对登台讲课自是不惧,但谒见、讲课、点名、开考、阅卷,一地接着一地顺序而行,也是辛苦得很。最后要对优生表彰鼓励,考得差的也应指教劝勉,每一府学生员有百余名,加上所属州学、县学,人数当有数百之多,一拨拨地问询谈话,真的会很累。他还要借此机会,对诸生"恭绎皇上训示,敬谨宣扬,谆切教诫,俾各知砥砺自爱,仍严饬各教职勤加督课"②。此间人士很快就发现,新学政是一个实心任事、一板一眼的人。

考试中也出现了个别作弊行为,待全省岁试考完之后,王鼎奏报:"嗣科试广信府属生童,文风尚优,士习亦颇端谨,惟取进广丰县第一名童生

---

① 《清会典事例》卷三八三,礼部九四·学校一八。
② 朱批奏折:王鼎,奏为五月以前考过南康等府情形事,嘉庆十八年五月初六日。

沈玛，铅山县第四名童生朱淳、第十名童生丁铭，复试日文理与原卷不符。随即扣除更换，将该童生与原认廪保发交提调官严讯，照例办理。此外，应试生童均极安静。"① 既能整体上镇得住场子，使各地考试能顺利完成，又对作弊考生绝不通融，断然予以除名。王鼎奏折不多，对士习文风从不擅加指责，讲的是些具体的事，措辞皆平实可信。折后多数附记雨雪、青苗和粮价信息，为巡考途中所亲见，很能对上嘉庆的路数。

一轮岁考过后，回到省里再"校阅通省月课试卷"，"罗试十四府州属遗才生监"，会同巡抚"复试验看通省新取选拔生员"，将所有获准参加乡试的生员造册，并移交巡抚审核。短短时间内，王鼎将半路接手的事情办理得停停妥妥，这之后，便进入癸酉科乡试时间。嘉庆十八年江西正考官为吏部侍郎秀堃，副考官为刑部主事蒋云宽，二人中进士比王鼎仅晚一二届，皆有翰林经历，较为熟悉。以乡试所考生员皆由学政确定，为防止请托，不许学政介入乡试，考官与学政也不做密切接触。此科江西乡试进行顺利，对新学政的严格认真，也有了较高评价。当年底，巡抚先福在例行奏闻中，称赞王鼎"关防严密，去取公明，士论均皆翕服"②。

这是一个很好的开局。

三、幕友名单与经济账

比起总督和巡抚衙门，学政衙门要小得多，主要由书吏和幕友两部分组成。书吏无官职俸禄，但由国家提供薪酬食费，对于各省学政衙门中的书吏，乾隆时明确规定为八人③，至于江西，似乎要少一些。幕友，全称"阅文幕友"，由学政本人邀请，以在考试时帮助阅改试卷。早期对此要求不严，

---

① 朱批奏折：王鼎，奏为接办通省科试全竣情形事，嘉庆十八年八月十二日。
② 朱批奏折：先福，奏为查明江西学政王鼎考试无弊事，嘉庆十八年十二月二十二日。
③《钦定学政全书》卷一六，学政关防："乾隆三十二年议准：学政衙门书吏，按照定额八名招募，充当应役。"

有的学政为了简便，也为了省钱，往往在此地考过，挑几位优等考生带往下一考点阅卷，乡里乡亲，很容易出现徇情作弊。雍正十二年议准：不许在视学之省选聘幕友，若是邻近省份，相距必须在五百里之外。至于幕友资格，只提出"学问优长，操守廉洁"，这是一个很高的标准，也有些朦胧含混。

幕友的薪酬食费，是要学政从养廉银中开销的。每位大约多少，也是千差万别。林则徐曾为福建巡抚张师诚之幕僚，每年约得二百多两银子。张师诚为两朝资深大员，则徐声名已起，又有一笔好字，或偏高一些，然低也不会差太多。有些学政吝惜资费，尽量少选幕友，不得已而延长阅卷时间，弄得怨声载道。乾隆曾痛斥学政减省阅文幕友，以至于考过十余天还不发榜，大量生员聚集滋事，申明各省学政幕友不得少于五到六人。也有学政多从家乡亲友中选人入幕，一来彼此熟悉，二则肥水不流外人田。如王杰的孙子王笃任四川学政时，六名幕友皆为陕西籍，其中五人来自韩城。虽不算违规，还是受到道光帝斥责，认为幕友尽是同乡，容易引起物议，若再出现通同作弊，更难以稽查，严命赶紧换人。

只要不违反几条硬性规定，选什么人入幕、选几位，概由学政自行决定，并不要求奏报。其实皇上亦非放任不管，而是将核查之责交给所在督抚。当时的两江总督为百龄，常驻江宁，责任便落在江西巡抚先福身上。四月二十五日，即在王鼎抵任两个多月后，先福上奏：

> 兹江西学政王鼎于本年二月到任，随即考试南康、九江等府属。据各府提调密禀，称该学政考试生童场规严肃、去取公允、舆论翕服等情，奴才复加体访无异。幕中延友八人，足资校阅，并无办理周章之处。①

---

① 朱批奏折：先福，奏为查明江西学政王鼎幕友名数及考试声名事，嘉庆十八年四月二十五日。

可知各考场看似那些忙忙碌碌的提调官,也有着监督和密报的任务,一旦考场出现徇私舞弊和考生骚乱,可以层层上报,迅速上达天听。先福根据收集来的信息,对王鼎做出较高评价,对他寄望殷切的嘉庆帝,阅后必也舒一口气。先前颇有几个被看好的大员,一旦到了地方,有的作威作福、需索无穷,整出许多事端来,要不就是束手无策,没有实际掌控和操作能力,弄得皇上也只好降谕自责。

先福的密折还附了一份清单,详列王鼎所延幕友姓名籍贯:

谭忠岳　浙江仁和县举人

王嘉名　山东临清州举人

沈玉芹　浙江湖州府学生员

冯　铉　山东临清州举人

王梁曾　顺天大兴县进士

董　辰　浙江富阳县贡生

王之谦　陕西蒲城县举人

王益谦　陕西蒲城县举人[①]

名单中也有错讹,将唯一一位进士的名字写错,害得笔者找了半天,原来是"王榘曾",嘉庆十三年三甲进士。最后的两位来自蒲城,为亲兄弟,亦王鼎本家堂兄弟,后来也做了官,有政声:之谦,嘉庆九年举人,后做到安陆知府;益谦,嘉庆十三年举人,后任职福建多县,也做过林则徐家乡侯官的知县,与则徐交谊颇深。应该说,王鼎既看重他们的学问人品,也尽量创造条件,使之观摩历练,为日后的主持一方行政奠定了基础。

学政属于"特派之员,职任较重"[②],品级虽低于督抚,但并不受其管

[①] 朱批奏折:先福奏折附片,呈学政王鼎所延幕友姓名籍贯清单,嘉庆十八年四月二十五日。

[②]《清会典事例》卷五一,吏部三五·学政开列。

辖。清廷设置地方大吏，职责权限多有重合交叉，让总督、巡抚、驻防将军等互相监督，再加上一个学政，令其专管学校和考试等，也监督地方有无私弊，随时向皇上密奏。同时，每年也令巡抚报告学政的表现，给出评语。思虑不可谓不周，却也低估了臣下的生存智慧和协调能力。学政一般为初任，到地方人地生疏，对方面大员自是尊重有加；而督抚知这些翰林文士前程无可限量，在此不过三年，也乐得相处友好。

一般说来，学政不携带眷属，八位幕友、数名书吏，加上轿夫和家仆，便是王鼎的全部班底了。江西学政每年的养廉银为三千五百两，八位幕友的酬金工食用去一小半，王鼎生性节俭，剩下的也足够开销。加上还有些棚费、红案银两，巡考各府亦有工食和粮米供给，虽不能与督抚相比，也算是一项肥差。王鼎家世清素，入仕后在翰詹拮据度日，三年提督学政，总算扫除了经济上的欠债。

四、初识林则徐

应是在江西任学政期间，王鼎与林则徐有了较多的接触。

林则徐为嘉庆十六年二甲第四名进士，入庶常馆读书，王鼎已是侍读学士，当会听说有一位文笔清新、书法精妙的新科进士。次年春，王鼎在大考中名次较优，一向关注时政的林则徐应也印象深刻。未久则徐即告假还乡，很长时间内待在老家，当他再次入馆学习时，王鼎已然出京外任，两人不会有密切过往。

二十一年（1816）闰六月，林则徐被钦点江西副主考，主考官为吴其彦。其彦比王鼎晚一科，在庶常馆曾有一年多同窗，现为詹事府詹事，异乡相见，当倍觉亲切。然三年一届的乡试，也是对学政主管教育的一次大检验，科举体制森严，试前和秋闱期间，大家都尽量回避见面。据林则徐日记，八月初六日，江西巡抚钱臻主持入帘宴，王鼎与一众地方官出席作陪，瓜田李下，想来不会交流太多。

午饭后，吴、林二位即乘轿往贡院，与十四位帘官（同知二人，知县十二人）相见，接下来是掣定房签、命题刷卷。江西是一个科举大省，通例每届乡试中额为九十四人，以"每举人一名，录送科举八十名"计，入闱考生应是七千五百二十人[①]，若加上副榜加取之数，应不少于一万名考生。则徐记载每场刷印题纸一万一千张，三场考试，试卷就有三万多份，阅卷的工作量很大。两位主考都还年轻，与当地选来的帘官挑灯夜战，从十四日开始直到月底，总算阅改一遍。然后是交换审读，检数核查，分别去取，再将拟取之卷发交各方比较"笔气"，即核对三场试卷是否出诸一人。吴其彦与林则徐极为认真，对各房初选的一千余卷"逐卷墨笔圆点到底，分篇详批"，"九月朔后又穷六昼夜之力，遍搜落卷九千余本，逐本加点"，看看有没有遗漏。则徐就发现一落卷极佳，"诧为异才，亟拔之"[②]。

　　至九月初九日，江西丙子科乡试正式揭晓，舆论谓之"清榜"，是对主考的良好评价，也是对学政业绩的最大认可。揭晓前夜，钱臻及司道官进入贡院大红门，同在玉清堂观看誊榜，王鼎仍不能到场；当日一早发榜后，"客来纷纷，应接不暇"，王鼎仍未来。林则徐在日记中写道：

> 初九日乙卯，晴。丑刻送榜出红门，入内补睡。晨起客来纷纷，应接不暇。上午同美存前辈出门拜客，访询舆论，均谓此次所录清贫绩学者甚多，谓之"清榜"。又闻解元极敦内行，乡里称为孝子，诚可谓行称其言者矣，为之快然。是午在王学使署中吃面。[③]

出门访客，主要是去拜访王鼎。乡试已毕，青年俊才得有出头之日，舆论大大赞扬，主考官放心，也是王鼎到江西后的开心时刻。他的生活本来就

[①]《钦定学政全书》卷三六，录送科举。

[②]《林则徐全集》第九册，丙子日记，九月初六日，74页，揭晓始知乃翰林前辈周厚辕之子周仲墀。

[③]《林则徐全集》第九册，丙子日记，九月初九日，74页。

简朴，以素来喜爱的家乡面来招待客人，也给林则徐留下深刻印象，特加一笔，注明是在署中"吃面"。

据林则徐记载，该科虽未见"奇才"，然颇有"清才"，由于阅卷公正严谨，当地士子较优者多被取中——

> 揭晓（重阳日）后询之士论，则素日知名者已十居八九。省崖先生之所赏识，除拔、优、副贡外，科岁列一等者中式五十六人，故外间无疵议焉。①

省崖为王鼎之号。在素称士习浇薄的江西地面上，王鼎耕耘数年，交出了这样一份答卷，也属不易。

拜会和吃面之行，则徐皆跟从吴其彦前往。三人皆翰林中人，亦皆称翰林俊彦。就在乡试阅卷期间，以王鼎转任吏部左侍郎的谕旨到达南昌，与右侍郎的列衔不同，左侍郎是要回京任职、主持日常部务的，前程自可想见。乡试的结果这么好，也使王鼎深感欣慰，毕竟在这里待了近四年，还有什么比造就一批有用之才更值得高兴呢！当日匆忙，王鼎邀请二人后天来家中吃晚饭，宾主尽欢，一直聊到深夜。其彦和则徐离开南昌时到学政衙门辞行，王鼎又留他们午饭。这是二主考在南昌的最后一餐，然后与众人在滕王阁话别，登舟而去。我们注意到林则徐日记中对王鼎的称呼：先曰学使、王学使，继称王定九先生、王省崖学使，日渐亲切。此为两人的第一次密切接触，彼此留下了美好印象。

清代法网甚密，每届乡试过后，例行磨勘试卷，将考卷全部解送礼部，组织京堂和翰詹科道官员进行复核，规定很严。《钦定学政全书》卷三六：

> 乾隆二十五年议准：嗣后中式举子，如经磨勘出文理荒谬、

---

① 《林则徐全集》七册，信札，致沈维鐈，13页。

例应斥革者，除将主考官照例议处外，仍令该学政将原取科举之卷解部，交与原派大臣复勘。如亦系荒谬，将该学政照主考例议处。

到了这个阶段，主考官与学政也捆绑在一起，共同承担责任。该科江西乡试出了一点儿问题：一名叫高炳驯的考卷因添注涂改过多，被罚停一科。更大的遗憾，是被一致看好的解元欧阳焕章，不仅未能连捷进士，终身亦未博得一第。倒是被林则徐搜落卷搜出的周仲墀，后来考中道光三年进士，改庶吉士，也进了翰林院。

清代帝王重视学校和科举，与重视人才相表里。其也发现科举之途耽搁耗费了许多良材，想出种种补救办法，要求学政察举人才即其一。雍正四年谕旨：

> 朕思各省学政奉命课士，黜劣举优，系其专责。嗣后学政三年任满，将生员中实在人品端方、有猷有为有守之士，大省举四五人，小省二人，送部引见，朕亲加考试，酌量擢用……学政巡历各府三年之久，日与士子相亲，考文察行，不得谓不知，但能虚公衡鉴，所举必得其人。且风声所树，凡读书士子必皆鼓舞振兴，力学敦行，求为有用之儒，于士习人材大有裨益。该学政其各实心奉行，毋得苟且塞责。①

皇帝求贤若渴，然学臣操作甚难：优秀人才多由科举晋身，其落榜或隐逸者，一旦荐举，若不入皇上法眼，麻烦也随之而来。后来改为三年一荐，迨至乾隆三十四年，谕令"照选拔贡生之例，会同该督抚一体考核"，极大地减轻了学政的压力。八月下旬，乡试尚在阅卷时，王鼎已用两天时间考选优贡，然后是汇录武生参试名册，一切都办理得有条不紊，方才向皇上奏报。

---

① 《清会典事例》卷七五，吏部五九·除授四。

就在吴、林二人离开不久，王鼎也告别江西，踏上返回京师的路途。

第三节 癸酉之变

癸酉，为嘉庆十八年（1813），这一年的九月十五日，一批天理教徒从东西两路杀入紫禁城，激战两天一夜，震惊朝廷。此事先期已暴露出种种征兆，当事大员尸位素餐，甚而故意躲避，终于酿成大变。嘉庆帝由热河赶回京师，发布罪己诏，以自责责人，要求臣下痛切反省，下旨追究惩处失职者，并在全国开展吏治大整顿。然雨过闻雷，收效往往很有限。

事发时，皇次子绵宁（即后来的道光皇帝）正在上书房读书，闻变果断开枪，打退养心殿越墙之敌，进而指挥搜捕，成为平定变乱的主心骨，得到了父皇的高度赞赏。这是绵宁的一次提前亮相，赢得了满堂彩，其也是他一生中唯一的精彩篇章。

一、庆桂上位

嘉庆亲政后，对军机处的调整分为两步，先以成亲王永瑆主持，十个月后换为庆桂。此人的父亲尹继善为前朝名臣，本人却有几分平庸，也可视为一个开启平庸时代的标志性人物。

庆桂于嘉庆四年十月为首席军机大臣，肩负军政大任逾十三年；在内阁十五年，十一年十月接任内阁首辅，直到癸酉之变后才以老迈去职。很长时间内，他是当朝重臣，是颙琰甚为倚信的大臣，可从来没有如王杰般赢得皇上敬重，也缺乏朱珪与颙琰那样的亲切感情。

内阁大员，也会打上朝代的印记。庆桂堪称嘉庆朝之代表：清廉谨慎而缺乏才情，缺乏激情，任事勤勉又碌碌无为。内阁如此，枢垣亦如此；庆桂的施政如此，接下来的董诰、曹振镛莫不如此。不得不说，那是一个平庸的时代，一班平庸的大臣，共同辅佐着一个平庸的君主，一个孜孜求治，却不免浮泛琐碎，既狠不下心治标治本，不知从哪里下手，又喋喋不休甚至论述不休的嘉庆皇帝。

清廷本来就有一套爵位世袭体制，承平日久，在用人上越来越讲究门楣出身，官二代、官 N 代有不少人占据高位。庆桂出身满洲勋贵，一生官运亨通：二十岁时以户部员外郎入为军机章京，三十岁升内阁学士兼礼部侍郎，三十二岁奉派库伦办事，任理藩院右侍郎，三十五岁以正白旗满洲副都统在军机大臣上学习行走，后来屡经差派往伊犁、塔尔巴哈台，以办事认真周到，大受乾隆帝夸赞。①之后曾任乌里雅苏台将军、正黄旗汉军都统、盛京将军、福州将军、黑龙江将军、吉林将军，也曾担任工部和兵部尚书、署吏部尚书和陕甘总督，若非先有了一个和珅，应早就位极人臣。禅让之际，庆桂已在各种文武要职历练一遍，仍在外围打转，不得重用，想来还是由于和珅暗中作梗。嘉庆帝把这些看得明明白白，是以亲政伊始，就对庆桂大加任用，使重新进入军机处，转刑部尚书、协办大学士。审讯和速办和珅，虽上有亲王主持、王杰主审，作为刑部尚书的庆桂出力亦多。第二年，庆桂成为首席军机大臣，一直干到老得干不动为止。

庆桂廉洁自持，有很强的办事能力，但缺少担当，也怕得罪人。乾隆阅人多矣，曾责斥庆桂为人软弱，办事一贯缺乏魄力，常以弥缝了事。等到庆桂主持枢垣，仍是一味疲软，即使在帝辇之下的京师，也开始出现种种案件：

嘉庆十四年十二月，发生工部书吏以假印冒领库银案，这是一个十余人的团伙，先后三四年，竟然冒领近千万两银子，涉及工部、户部三库、内务府广储司一大堆官员吏役；

十五年三月，在广宁门发现夹带鸦片案件；

十六年四月，发生骁骑营满洲马甲在朝阳门城墙缒城而下，入仓窃米案，

---

① 《国朝耆献类征初编》第五册，卷三十一。

牵连士兵数十人之多；

六月，又查出京师地面有十二处赌局，经过调查，发现有不少重臣的轿夫参与其间，有的还是窝主。兹事案情重大，直接牵涉到军机大臣，容后详述之。

一边是日益严重的腐败——全社会的、罔分官商军民的腐败，一边是因循疲软、得过且过的内阁和军机处，此即当日之实情。内阁和枢垣都不乏栋梁之材，可上面有这样一位"举趾不离跬寸"的大善人，敢于任事和敢言者往往成为众矢之的。花杰弹劾戴衢亨时，嘉庆前后发布数道长谕，严词叱责，就中也包含着对庆桂等人的不满。

二、"八月中秋，中秋八月"

在秘密宗教的鼓动蛊惑下，激情燃烧或曰神魂颠倒的教民，常常是悍不畏死的。白莲教的名称隐匿了，反叛的种子则播撒开来，潜地里生根发芽。尤其在北方，没有经过太多血腥剿杀的北方，白莲教流变为无数名目，如八卦教、九宫教、红阳教、白阳教，也包括天理教。与三省教乱主要活动于边远地区和深山老林不同，天理教直取紫禁城，一举震惊朝野。

这次教变的旗号为天理教，因何得名不得而知，实际就是在中原传布多年的八卦教。所信奉的"无生老母真空家乡"八字真诀，仍来自白莲教经卷。天理教之乱，主要发生在河南、山东与直隶交界处。在三省教民陆续起事过程中，已显现各立字号山头的群雄状态，而八卦、九宫之说，颇便于分宗立派，满足一些人的领袖欲。豫鲁冀交界数县，其时已呈星火燎原之势，许多贫苦民众将希望寄托在入教上，尤以震卦、离卦、坎卦教徒众多。

震卦的首领李文成，河南滑县人，年约四十七八岁，做过木匠，幼年读书，粗知天文历算，加以性情豪放，很快得到师傅刘帼明的推举。他在辩难中击败原九宫教主梁健忠，得以掌管九宫教。李文成富有领导才能，善于封官许愿，一时响应者众多，也积累了不少经费。

第四章　学政也是大政

离卦教首领冯克善,据说是文成的表弟,自幼随其父游走江湖,练得一身好武艺,入教之后,不久便主持离卦教,由是可知所谓八卦之分、卦主之任,皆有很大的随意性,找上一伙人就可以打出旗号,应为多数民变教变的共同特征。

八卦教中也有人才,能解读《易经》,也能剖析卦理,但多为不得志的村秀才,解释多在表象,往往以己意歪曲编造。坎,象征险难,代表水,为北方之卦。坎卦教活动在京畿一带,教首林清刚过四十岁,也是个不安分的人,加以经历甚广,善于结交,入会三五年便崭露头角,再数年而整合北方各派教众,俨然坎卦教掌教。

嘉庆十六年九月,经滑县人牛亮臣协调联络,林清赶到滑县的道口镇,与李文成、冯克善等共商大计,决定联合各地卦主,共同举事反清。以九宫的影响力不如八卦,改名震卦教,推李文成为教主,总领各卦。又推举林清为天王、冯克善为地王、李文成为人王,有的记载是"天皇""帝皇""人皇",充分展示了哥儿几个的政治抱负和草莽精神。大约相聚甚欢,两个月后,李文成赶到大兴县宋家庄回访林清。两人酒酣耳热之际,约好两年后共同举事,以白莲经卷有"八月中秋,中秋八月,黄花满地发"一句,精心推敲,敲定举大事的具体日期和时辰,即嘉庆十八年九月十五日午时。联想到黄巢的著名诗句,"待到秋来九月八,我花开后百花杀",也算是隔代相传了。

这之后,各地教众进入紧张筹备阶段。林清在京师的活动颇有成效,不独联络了一些官府和军队中人物,还在皇宫中发展了一批教徒。远离政治中心的滑县,则成为教众的大本营。数年间,此地收成一直不好,粮价腾贵,进入嘉庆十八年,更是亢旱成灾,贫民无以为生,草根树皮采食殆尽,信教从教者更众。教民聚集训练,打造兵器,搞得轰轰烈烈。滑县知县强克捷闻知担忧,多次向卫辉知府禀报,均以不要惹事和激怒教民,予以搁置。

当年七月,林清再赴道口,与李文成、冯克善、于克敬等会商,决定整合而一,更名天理教,设三皇:以李文成为人皇,统治天下;林清为天皇,冯克善为地皇,共相辅佐。"三皇"共同约定,以"奉天开运"为口号,以"得胜"为暗号，于九月十五日同时起事。

让所有人（包括滑县那一帮子教首）没想到的是，先下手的居然是滑县知县强克捷。

强克捷，陕西韩城人，嘉庆十三年三甲进士，分派河南，很快丁忧回籍，至十六年底始任滑县知县。克捷勇于任事，抵任后即能平反冤案，令某小吏倾心感念，将所知教众情况详细告知。克捷立即上报，虽未得到上司支持，但一直高度警惕，密切关注着事态的进展，并派人潜入教众，了解到教内头领等情况。

七月底，山东金乡县已有异动，虽被暂时扑灭，并未解决问题。八月，附近多县均有教众聚集，人情汹汹，几近于公开化。进入九月，牛亮臣在大伾山率数百人打造兵器，私买战马，教乱一触即发。而五日凌晨，强克捷闪电出手，先发制人，不用县衙捕快，命老安镇巡检刘斌率属下吏役秘密抓捕，将李文成、牛亮臣等数十人一举擒获。可怜"人皇"也是血肉之躯，在随后的审讯中，强知县喝令大刑招呼，先打后夹，以致两踝皆被夹碎，数度昏死过去。虽然坚不吐口，然已成无法行走的废人。后来的过程证明，李文成的被捕受伤，直接打乱了天理教的整体计划。

九月六日，相邻的直隶长垣县知县赵纶也是主动出击，率员到与滑县交界的苇园村搜捕教民，被武装教徒围攻攒刺，无法抵御。赵知县计划不周，没有估计到教民敢于戕官反抗，死后三天才被抢回尸骸，已是身首分离。第二天凌晨，滑县教军数千之众在冯克善、宋元成等率领下提前行动，一举攻陷县城，救出李文成等人。强克捷显然也没有充分戒备，率吏役和乡勇与教军巷战，不敌而死。阖府三十五人同时遇难，血流遍地，只有两个儿子在家乡未归，幸免于难。长媳徐氏不甘被辱，奋身斥骂，竟被钉在柱子上活活分割。此次教军常常这样肆意杀人，杀害妇女小孩，手段之残忍，远超过前面的西南三省教乱。

当年十一月，所有教乱平定之后，嘉庆对林清没能得到滑县援军支援而深感庆幸，而强克捷的抢先出手，夹断李文成腿骨，成为打乱教军原有部署，使之无法驰援林清的关键，否则真不堪设想！他连降谕旨，表彰强克捷重创教乱总头子李文成，使之行动不便；而行走不便，带来了指挥不便，使得一个公推的总指挥，变成严重的累赘。我想，应还有更重要的一点，即李文成经过一天一夜严刑拷打，看着自家的一双断腿，做皇帝的心必也凉了。

  天理教起事之初，受到当地官员吏役、士绅乡勇的殊死抵抗，得势后杀戮甚重，多有阖门被害者。对于强克捷的死，当时便存在不同说法。有记载说他率吏役且战且退，要往开封搬兵，行至封丘，得知滑城已被教军占据，悲愤自尽。不管是当夜战死，还是三日后在封丘自尽，都不能降低他在这次平乱中的功绩。第二年春，嘉庆帝再发谕旨，对强克捷的追褒奖誉再加提升，定为"杰出良臣"，曰：

  强克捷职膺民社，能周知一县之事，首先访获逆党，俾林清李文成等失约败谋，后先授首，实属杰出良臣，功在社稷！且以身殉难，阖署被害者至三十余人，深堪嘉悯，览奏挥泪不止。前经降旨，照知府例赐恤，入祀京城昭忠祠，尚不足以酬忠荩。强克捷着加恩赐谥忠烈，赏给骑都尉，世袭罔替。伊长子强逢泰即着承袭骑都尉，服阕后送部引见。次子强望泰着赏给举人，文武听其自便，准其一体会试。强克捷长媳徐氏抗节不辱，挺身骂贼，致被活钉脔割，抛弃遗骸，尤为可惨，着赐谥节烈，诰赠恭人，照例建坊旌表。并着朱勋遵照前旨，在韩城县为强克捷建立专祠，前层设强克捷牌位，后层设节烈恭人牌位。其从难之三十五人，俱分次设牌从祀。地方官春秋致祭，以慰忠贞。初次致祭，着巡抚朱勋亲诣拈香。①

由于克捷籍贯韩城，使颙琰想到已经去世的大学士王杰，加恩赐祭一坛，

---

① 《嘉庆道光两朝上谕档》第十九册，嘉庆十九年四月二十六日。

113

并以韩城出了这样两位杰出人物，特谕将该县文武学额各增加五名。

三、京师的异动

滑县等多地骚动，数县失守，消息很快传到行围未归的皇帝那儿，即行传谕相关各省，调兵会剿。嘉庆万万没想到的是，一场更大的风暴正在京师形成。

有人要进攻并夺取紫禁城，其实早有风声。闻听者生怕是误传，怕担信谣传谣之责，皆隐匿不报。按说，作为秘密宗教的天理教不太注意保密，居住南郊的教首林清交结官府，呼朋引类，平日里很是张扬。他们两年前就确定了行动日期，弄得不少教徒都知道——

事变前一年的夏天，远在台湾淡水的一个天理教徒被抓获，竟交代出该教次年要攻打紫禁城，时间和首领名字都很准确。淡水同知急忙上报，台湾知府却认为这种话属于胡说八道，将之一刀了账，根本就没有奏报朝廷。

事变前数月，教中骨干祝现的弟弟祝嵩庆，向豫亲王裕丰举报乃兄谋反之事，裕丰本打算上奏，后来想到祝现为府中管事庄头，经其介绍，自己去年还在林清家中住过，思来想去，决定隐匿不报。

事变前数日，担任京师守卫之责的步军统领吉伦，对生变已有所耳闻，仍旧在西山喝酒吟诗，然后以前往白涧迎驾为名，率大队部伍离开京城。属下左营参将拉住马缰，诉说京师潜伏乱党，苦劝他留下防变。吉伦佯装大怒，厉声说："近日太平乃尔，尔作此疯语耶？"[①]一把将他推开，领兵浩浩荡荡而去。

事变的前一天，卢沟桥巡检飞报顺天府尹，说祝现奉林清之命，定于次日午时攻打皇宫，现在党徒已经进入城内。府尹将他好一通训斥，警告他不得冒昧乱讲，也不做任何预备。待到真的出了事，府尹大人又说报告

[①]《啸亭杂录》卷六，癸酉之变，159—170 页。

拖延，得知此事时教军已然闯入宫门。结果在事后的追究中，倒是这位巡检被革职遣发。

第四节 攻入紫禁城

有了这么多的忽略和有意隐瞒，北京的天理教徒终于如期聚众起事，分作两路攻入紫禁城，与宫内护军和京营官兵厮杀两天一夜，举朝惊悚。虽说这些教徒和内应最后全都被毙伤捕获，带给嘉庆帝的震动，仍是前所未有的。

一、疏于防备的城门

林清等人主要活动于京郊一带，发展徒众，培植势力，触角渐渐伸向清廷的一些重要机构。依照与滑县李文成等拟定的攻打皇宫日期，林清精选悍勇教徒，由祝现、屈五、陈爽、李五等带领，提前一天潜入京城，在正阳门外的庆隆戏院（该戏院老板亦天理教徒）聚集，看戏饮酒，养足精神。第二天领取兵器，伪装成小商小贩，络绎相随，朝着紫禁城进发。

当时京师由外向内，分为外城（仅绕南城建成）、内城、皇城和紫禁城，警卫巡察层层布防，规制上极为周详严密：外城各门由巡捕营负责，内城设九门提督，有八旗兵分区驻防；皇城内既有满八旗步军营巡逻，又在紧要地点置重兵守卫；紫禁城外由下五旗护军沿城墙分段警卫，四座城门和内卫则属上三旗护军营。加上宽阔的护城河，朱车栅栏，可谓戒备森严。以一批武器简陋、毫无攻坚经验的蛮汉，想要打进紫禁城，应说是难上加难。

当日午间，天理教徒分为两拨，各约六七十人，分别攻打东华门和西华门。他们伪装成向宫内送东西的商贩挑夫，三三两两靠近城门。在东华门，教徒与运煤者因争道发生摩擦，推搡时露出藏掖的刀剑，被守门军士看见，慌忙呼喊关门，教徒除少数强行进入，余者被关在外面，只好逃散。冲入城门的十数人直奔协和门而来，负责警卫的护军副统领杨述曾还算忠勇，率身边仅有的几名护军向前截杀，互有死伤，教徒大部分被杀死。

西华门一路教众则非常顺利，全部进入城门，守门护军非死即逃，所执兵器反被缴获。教徒初战告捷，关上城门，杀向大内。就这样，看似固若金汤的紫禁城被轻易攻破，西华门是全伙进场，东华门也杀入了一小批。所谓体制完备的都城警卫、皇城护军乃至紫禁城郎卫，几乎形同虚设。

应该说，天理教徒不是杀入，而是混入了紫禁城。更准确地说，是装扮成送货的接近城门，才暴起用强，斩门而入。帮助他们伪装蒙骗的是一些宫内太监，天理教在宫中的教徒。没有这些内监的引领接应，癸酉之变也不可能发生。参与起事、作为内应的太监（也有个别宫中小吏）多出于河间诸县。那是个贫穷的地方，也是奋起抗争的一块热土，有全家入教、整村奉教者。影响所及，他们在京城和皇宫的子弟亲属也信了教，并为提供各种信息。此次天理教的攻袭行动，虽说早有策划，但皇帝去热河围猎，众皇子和内外大臣多跟随前往，皇城和紫禁城防御懈怠，当也有内应先期告知，促使林清下了决心。

据事后的审讯得知，共有十多名太监参与了这次事变[①]。其中茶房太监杨进忠职务稍高，态度也较坚决，先期就在宣武门外铁市打造了数百把钢刀，供起事时取用。其余大都从事低等杂役，平日里难免受人欺侮，心中愤懑，也是其积极入教的原因。正是这些身着内监服色、悬挂出入宫禁腰牌的内应在城门外迎接，麻痹了守门护卫，增加了夺门的突然性。

值得清廷庆幸的是，这次攻袭行动极不周密。教首林清把宝主要押在几个小太监身上，入教太监则迷信教徒有大法力。庞大的皇宫千门万户，教徒进入后难免有些发蒙，一切仰仗内监引领，而几个太监脑子里想的，

[①]《清仁宗实录》卷二七四，嘉庆十八年九月辛巳，谕军机大臣："所有托津等讯出从逆太监，现据二阿哥奏交五名外，又续交九名。托津等陆续讯出如尚有在逃者，着步军统领、顺天府、五城及内务府番役，一体严拿务获。"

首先是要报素日被欺侮之仇。东华门一路由内监刘得财带领，当本来就不多的教徒攻打协和门时，他却选了两个强手一直向北，经景运门，穿过苍震门，要去杀负责宫内警卫的太监督领侍常永贵，以解往日之恨。哪知常总管身边有几个大内高手，一番搏斗，他们的短刀不及侍卫手中长棍，三人很快被打翻拿下，捆得像粽子一般。东路的进攻就此消解。

西华门一路顺利进入，杀死杀伤守门护军，初战告捷，士气正旺，接应的杨进忠却把他们引到偏在一隅的尚衣监，要将里面的人杀掉。原因在于他有一次补衣服不想付钱，遭到拒绝，一直怀恨在心。小小私仇导致了一场无情杀戮，却失去了宝贵战机，待他们一番折腾后赶到隆宗门外，大门早已关上，里面也有了预备。

二、怯懦的大内侍卫

隆宗门之内是乾清门广场，大清军机处在焉；进入乾清门便是大内，首先是乾清宫，以及南书房和皇子读书的上书房等；紧挨着隆宗门北墙，便是皇帝常时临御的养心殿。该门设印务参赞、护军参领，有军校三十余人，另有内务府值班人员，却无人敢挺前交锋，只是匆匆将大门紧闭。围垣不算太高，贴墙又有低矮房屋可供蹬踏攀缘，情况很是危急。

嘉庆帝尚在返回京师的途中，护军精锐多跟从随扈，大内空虚。所幸当年的"木兰秋狝"为暴雨所阻，皇次子绵宁等已先行还京，正在上书房读书。早班侍读的礼部侍郎宝兴退直出宫时，望见东华门有变，虽不敢上前指挥拦截，倒也跟跄奔回，命侍卫关上景运门，自己跑去向绵宁告急，一脸惶惧之色。时颙琰的长子已死，刚过而立之年的绵宁颇有大气象，闻变从容布置，传令四门戒严，召官兵围捕，并命侍从取来鸟枪和子弹，领着十八岁的皇三子绵恺与贝勒绵志赶到养心殿御敌。此时已有五六名教徒跃上西大墙，沿着墙脊两边游动，一旦大批教徒跃入，后果真不堪设想。绵宁自幼随父祖行围，见多了危险局面，夷然自若，举枪先将一名手执小白旗的教徒击落墙外，接着又轰毙另一名踏墙飞身向北者。未来的道光皇帝枪法精准，吓阻了教徒的攻势，也带给身边随从极大鼓舞，棍打刀砍，墙上来敌慌忙退缩。嘉庆闻知后且喜且惧："若依期行围出哨，又迟十余日，皇子等不能还京。若尚未还京，则逾垣二贼直犯宫庭，孰能击退？"[①]

事实上的确如此，入宫教徒不敢再行翻越，由盛气强攻内宫转为骚扰宫禁，待在京几位王公提兵赶来，教徒便只有奔窜躲藏和消极抵抗了。绵宁既果决出手，扭转危局，又临事镇定，先是分派护军守卫后宫，接下来指挥清军对进入皇宫者仔细搜捕，成为敉平变乱的核心人物。

至于本应承担守卫职责的护军和侍卫，其表现大多一塌糊涂：宫内各门守军十分懈怠，如苍震门只有一人在岗，其余的都去逍遥玩耍；至为紧要的景运门和隆宗门，兵卫无人敢跃出杀敌，只是仓皇把大门紧闭；护军所持刀剑大多华而不实，有的锈迹斑斑，有的连刃都未开。皇宫中清军远多于来犯之敌，然多数人怯懦避战。记载说明珠后裔那伦闻变赶来参战，有的竟劝他慢慢走，然后看着他被围杀于熙和门，无人上前解救。最过分的是守卫午门的统领策凌，居然率兵逃跑，令此一紧要门户无人守护。若非绵宁派人巡查时发现，若是天理教在外面伏有援军，那可就是另一番景象了。

三、危急时的王公大臣

癸酉之变，让嘉庆帝最感庆幸的是次子绵宁先期回京，临变挺身而出，先镇定抵御、紧急应对，进而指挥宫中的清剿搜捕，是为平变的主心骨。在绵宁的带领下，皇三子绵恺、贝勒绵志表现英勇，击退进犯养心殿之敌，否则其沿墙向北，便是皇后所居储秀宫，让教军抓住大清皇后，笑话可就闹大了。

其次是满洲王公，表现还算积极，闻变即各带少数仆隶赶来，由神武

[①]《清仁宗实录》卷二七四，嘉庆十八年九月庚辰。

门进入皇宫。据礼亲王昭梿记载：当时他正在家下棋，闻变后立刻带领仆役骑马赶往，至神武门，遇见庄亲王绵课、贝子奕绍先后赶到，得知教徒已聚攻隆宗门。大家都聚集在城隍庙门前，约有官兵百人，其余皆各府仆隶，都不知如何是好。掌管火器营的镇国公奕灏说，今天火器营官兵皆在箭亭集结，以备拣选出征，可以把他们召来。昭梿认为很对，奕灏乃飞骑而去。镇国公永玉、护军统领石瑞龄提出为防不测之变，应速备车马，以备后妃之行。原任大学士禄康即加反驳：这算什么话，也敢说出口？众人默然。成亲王永瑆来得较晚，看来已喝大了，喝叫："何等草寇，敢猖狂乃尔！贼在何处？俟吾手击之。"说着摘掉帽子，显得很有气势，却是光说不练……

那边隆宗门告急，太监登楼呼救、挥泪求告；这边一帮子亲王贝勒，以数百人之众，进神武门后并不直接赴战，远远跑到西北角的城隍庙门前，各有各的说法，嘴上吵吵嚷嚷，脚下则一步不动。大家都在等，终于等到奕灏领来了火器营——

> 须臾奕灏率火器营官兵入，凡千余人，鱼贯横枪，意甚踊跃，实祖宗百年涵养之功也。庄王因率百余人，并矛手数十，从西城根进。余在后督率官兵后至者，励以大义，皆奋勇前进。副都统公安成者，超勇公海兰察子也，少年勇锐，时方徐行，余抚其背曰："君乃勋臣世荫，不可有坠家声。"安乃奋勇而前。遥闻枪声杳然，知官兵已对敌也。时有数十贼人入慈宁宫伙房者，庄王首射一贼，应弦而倒，官兵复枪伤数人，贼遂披靡。庄王同安成、奕灏先后追至隆宗门，贼首李五、祝现方积直宿者之襆被于檐下，意欲纵火。庄王率众攻之，擒获数贼，其余皆由南遁去。时副都统苏公尔慎、钮钴禄公格布舍方衔命出征，入京整理行装者，闻警趋入，亦首先杀贼。①

---

① 《啸亭杂录》卷六，癸酉之变。

皇宫有警，京师王公大臣理应率人赴救，参酌各书记载，大多数都能赶来。昭梿所记仅为一路，已算忠勇，也写所见另一种景象："亦有日落始至者，亦有逍遥雅步于御河岸者，以天潢贵胄之近，而漠然如越人之视，亦可谓无心肝人矣。"这样的"无心肝人"，当时并非少数。而更多的则是废物、笨蛋和自私鬼：将士入宫平变，一整天没有米水入口，禄康和豫亲王裕丰出宫备办食物，过了一阵子均空手而归，说是"无炊饭处"，堪称废物；至于满身酒气的仪亲王咋咋呼呼，钮祜禄宗伯庆福"公服挂珠"坐于军机处台阶上，内阁首辅庆桂一筹莫展，各形各状。嘉庆帝曾多次以"无用废物"责斥臣下，事到紧急，不少大臣的举动皆堪为此四字做注，一个个须眉生动。

十七日，嘉庆帝大驾已到烟郊行宫，颁旨奖赏紫禁城平变有功王公亲贵。《清仁宗实录》卷二七四：

> 此次贼匪擅入紫禁城，经王大臣、侍卫官员等奋力搜捕，擒奸净尽。仪亲王、成亲王在紫禁城内亲身督办，昼夜勤劳，甚属可嘉，着加恩将所有未经开复处分及未完罚俸，悉予开复宽免。又本日和世泰奏称，昨据二阿哥告知，前日贼匪突入禁城，绵志先入大内，经二阿哥将自带鸟枪交给点放，绵志于二阿哥枪毙两贼之后，亦用枪毙贼一名，其余贼匪始皆畏惧避匿。绵志为仪亲王之子，系朕亲侄，如此奋勇出力，着加恩赏加郡王衔，于岁支贝勒俸银二千五百两外，每年加给银一千两，以示嘉奖。庄亲王绵课于贼匪奔突之时，亲身持械剿捕，并射伤贼匪一名，亦属奋勇，着加恩将从前所罚王俸未完者全行宽免，仍交宗人府从优议叙。奕颢、安成、苏尔慎、格布舍四人各杀毙贼匪，均属出力。奕颢、安成着交宗人府兵部从优议叙，苏尔慎着赏给副都统衔，仍交部议叙，格布舍着交部议叙……

九月十九日，嘉庆帝缓辔入宫，"即下罪己诏，诸王公大臣集乾清门跪读，不禁呜咽失声"。对于失职官员，颙琰十分痛恨，随即展开一系列追究和惩处，也亲自审讯林清及其宫中内应，一律处以极刑。第二年三月，豫亲王裕丰被定三项重罪，革去王爵。至于那些在御河边散步的、日落时分姗姗来迟的、干脆躲避不来的，后来皇上皆有所了解，也处分了几个，法不责众，只好作罢。

第五节　两种清剿

还在驻跸烟郊行宫时，嘉庆即颁示朱笔《遇变罪己诏》，认为"变起一时，祸积有日"，指出"因循怠玩""悠忽为政"为官场大弊，要求大小臣工"切勿尸禄保位"。罪己诏一改通常的官话套话，语出衷肠，直白痛切，笔随泪洒，有着强烈的感情色彩，也有着深切的反思和自省。同日，颙琰撰作《责己述怀》和《有感五首》，"从来未有事，竟出大清朝"，可称痛心疾首。然而不对，应该是"竟出嘉庆朝"，前此四朝和后来的五朝，都没有发生过这样的事。

一、靖难两大臣

京畿有变，京城有变，禁宫有变，各路军报迭至，一个比一个紧急，使尚在归途中的颙琰大为惊恐，甚至一度产生了避往盛京的念头。略事镇定后，他连发谕旨，首先想到要用的多为满大臣，对英和、那彦成寄望最殷。两人皆出身满洲正白旗，科场上英年早发，也都在仕途上折过不止一个跟头，跌而复起。遇到紧急大事，皇上首先想到的还是他们。

英和时以总管内务府大臣、礼部侍郎随扈，闻变当日，嘉庆即命他接任步军统领兼正蓝旗汉军都统，立刻与托津一起赶回京师。步军统领俗称九门提督，职权极重，例由亲信大臣兼任。英和果然不负使命，回京后整肃门禁，加强巡逻，做得有条不紊。庄亲王审讯宫中通敌太监，得知教首林清可能住在黄村宋家庄，告知步军统领衙门。英和即派张吉等三名精干番役，伪装成教徒，秘密前行缉拿。此时皇上尚未回銮，京师情形很复杂，人心惊惶，若派大兵前往，林清必闻风而逃。张吉等由向导宋某带领，乘着夜色潜入宋家庄，直趋林宅。昭梿《啸亭杂录·癸酉之变》对此事记载颇详：

> 时由东华门溃散者，已归告林清，清踌躇竟夕不寐，绕床嗟叹，然犹希冀曹福昌之逆党应承于十七日起事者，或有所侥幸，因未逃遁。黎明时，张吉等三人已至其家，扉尚阖，张扣扃久之，林清着燕服出。张吉伪告曰："城中事已有成，奉相公命，延请入朝。"清大喜过望，欲登车，其姊闯然出曰："事吉凶未可知，不可独往！"张、高等推妇仆地，遂驱车返。妇跟跄归，命数十人追之，车已入南苑门，门遂掩。追者无及，返。

此为九月十七日凌晨之事。作为天理教"天皇"的林清，如此轻易就被拿获，自然可见其素质连一个农妇都不如。然若非英和快速动手，一旦逃逸，也是个大大的麻烦。紧接着，英和再派护军速往，将林清家人党徒一并抓获。

就在当日，嘉庆接山东巡抚同兴急奏，得知天理教"首犯刘真空潜匿离京二十八里之沙河"的消息，谕令英和派明干可靠员弁前往，密行缉查。此一消息中，名字和地点都有误差，皇上也只是要英和派员密查，岂知已在早晨将之成功捉拿。抓获林清，迅速审讯，对于肃清宫内和京城天理教徒众，对于消解他们，也包括滑县一带教军的抵抗，起到很大作用。嘉庆帝喜出望外，当即传旨嘉奖："英和督拿要犯，克日就擒，厥功甚巨。英和着交部从优议叙。"[①]数日之后，英和升任工部尚书。

英和重新被重视倚信，也重新以远见卓识和不苟同的作风，让不少人包括皇上感到不爽。当年岁末，以军费和河工开支浩大，经费短绌，长期

---

① 《清仁宗实录》卷二七四，嘉庆十八年九月辛巳。

任职河道的吏部右侍郎吴璥请开捐例，交户部核议具奏，户部尚书潘世恩、侍郎苏楞额等都赞同暂开捐例。嘉庆帝有些动心，命曹振镛、托津、铁保、英和四人再行议奏。英和与其他三人看法不同，单衔具奏，极言捐例之弊，宣称"开捐不如节用，开捐则暂时取给，节用则岁有所余"①。他也提出两项办法，"一请仍复名粮之旧，一请多开矿厂"。嘉庆不以为然，采纳了曹振镛等人之议，确定暂开捐例，并说："此朕万不得已之举，非以捐例为必可行也。诸臣食君之禄，皆当忠君之事。除此次曾经交议者毋庸再行渎奏外，其余各大臣果有真知灼见，能为裕国之策者，必须字字确切，毫无流弊。不准泛论纸上空谈，仍犯议论多而成功少之病。"②这番话，显然针对的是英和。对于他的单独上奏，也留下很不好的印象。

与任用英和为步军统领同一天，嘉庆还想起陕甘总督那彦成，命他驰驿兼程来京，并挑选几员武将带来，并命江南提督乌尔卿额带兵驻守徐州，安徽寿春镇总兵官喀勒吉善赶赴颍亳一带。仅过一天，再有旨命那彦成直接驰赴军营。那彦成远在兰州，西安将军穆克登布受命挑选一千名精锐骑兵，交副都统富僧德管带奔赴河南，晚几天又奉命再选一千名官兵，备足武器装备，待那彦成到达西安，即跟随奔赴前线。

那彦成星夜兼程，途中即上奏征剿方略，计议周详，主要是怕教军渡过黄河，或遁入大山，这是他在陕西主持军务时得到的教训。十月初八日，那彦成赶到卫辉，接受钦差大臣关防，总统军务，而由京师选调的火器营、健锐营官兵业已赶到，由杨遇春和杨芳率领的陕军也匆匆赶来，遵旨悉听节制。几天后，皇上以渎职罪撤掉温承惠，军政大事悉委之彦成，寄望甚殷。

那彦成并不急于进剿。十余年来，他算是久经战阵，宦场上也是几番沉浮，知道教乱之凶险，更深知君心难测、皇恩不定。如果冒险轻进，一旦教军凶狠反扑，或乘间远飏，后患无穷。他一面部署军队前往扼守通往

---

① 《皇朝经世文编》卷二六，户政一，开源节流疏。
② 《嘉庆道光两朝上谕档》第十九册，嘉庆十九年正月十二日。

山区的要冲，一面请求增调劲旅。滑县等地的叛乱仍在继续，有些地方呈扩大之态，嘉庆心急如焚，密谕那彦成，严词督战：

> 本日接汝折奏，愤恨极矣！大逆林清，勾结滑县李文成谋危社稷，现在李逆株守滑县，机不可失。朕日夜焦急，寝食俱废，望汝速剿大逆，奠安民社。不想汝到卫辉，迟疑不进，逗留观望，以等兵为词，大失朕望。具何肺肠，忍心病狂，天良何在？非阿桂之孙，非朕之臣！任汝为之可也。近因温承惠迟回贻误，所以用汝，孰意汝之因循疲玩更甚于彼。汝以世家满洲，不及一山西人，有何颜面立于天地之间乎！贼匪一日不灭，良民一日不安。汝一日不进兵，贼匪多裹胁一日。若等兵齐进剿，须至腊月，彼时贼匪又增数万矣。况汝安坐卫辉，有何良策不令贼匪裹胁？又有何策不令贼匪窜逸？将此二策明白具奏。直入大内之逆党，为覆载所不容。稍有人心者，孰不思灭此朝食，而汝漫不关心，可恨之极！可恨朕屡用庸臣，败坏国事。今日之旨，是汝生死关头，信与不信，凭汝自议。掷笔付汝，好自为之。三路进兵，攻打桃源道口，以重兵围住滑县，勿令一贼潜逃，此为上策，勉力办理，稍赎重咎。朕计日以待捷音，汝若再有迟疑，朕永不见汝之面矣！①

"恨"字满篇，恨意淋漓，以至于骂骂咧咧，絮絮叨叨，语无伦次，总之督催那彦成赶紧进兵，收复滑县，捉住所有叛乱之人。

清代皇帝一个个自诩为军事家，喜欢在京师遥制数千里外的战事。那彦成堪称国家栋梁，虽十余年间摧挫甚多，毕竟敢于说话，奏称以数千官兵对数万教军，攻之有余，围之则不足；合之可顾一路，分开则不免单弱。他认为不宜急于接仗，而应周妥布置，一鼓而奏功。嘉庆读了也是无话可说，

---

① 《清仁宗实录》卷二七七，嘉庆十八年十月己酉。

来了句："看汝造化，无可训示。"①

那彦成自也不敢懈怠，与杨遇春等精心部署，以教军大部集中于滑县、浚县，两县之间的道口素为运河雄镇，教徒聚集甚多，决定先行攻剿道口，切断教军的联系。其时该镇附近各村住满教众，约有两万人，声势浩大。清兵以精锐一部假扮作乡勇，一经接战即行溃逃，教军三千余人呼喊追击，进入杨遇春的埋伏圈，死伤惨重，士气大挫。清军乘胜进击，连克数村，完成对道口镇的合围。教军首领徐安国、朱成方等率众突围，滑县和浚县教军也赶来救援，战斗极其激烈。健锐营和陕西兵皆有畏缩逃避者，杨芳等见势不好，亲斩数人，方才压住阵脚。十月二十七日，清军七路猛攻，先用大炮猛轰，再以马队冲击，恶战一整日，教军死伤惨重，只有徐安国带领一部冲出，在接应下撤入滑县。清军紧跟而至，将滑县三面围住。接到军报的嘉庆帝心情大好，传旨嘉奖，官帽与宝物齐飞，还表示打滑县要四面围定，不许教军脱逃，并反复说自己不会"饬催"。

滑县古称滑州，城墙甚坚，城池宽阔，自举事之后，李文成就多方筹集粮草弹药，把这里当作根据地。占据桃源的刘帼明见情况紧急，亲率八百勇士，由围堵薄弱的城北苇塘入城，劝说李文成离开。此时便见出强克捷当日之功：两腿皆断的李文成无法行走，周身创伤也未康复，只能坐或躺在大车之上，极大地影响了队伍的机动性。加上清军在相邻地区布防严密，李文成等人先往山东曹县，走不通；再转往直隶长垣，也不通；折向辉县，打算进入太行山。十一月初十日，那彦成从俘虏口中得知讯息，迅速分派大军，命德宁阿、色尔衮带领刚刚赶到的吉林黑龙江马队官兵急追，又命杨芳、特依顺保带兰州固原劲兵，绕往辉县山前要隘堵截。这个判断是准确的，李文成等果然来也！这位"人皇"在教徒中仍有一定号召力，旬日之间又收拢四五千之众，在辉县司寨与杨芳所部遭遇，虽然敢于猛烈冲杀，哪里是固原劲旅的对手？李文成与刘帼明不得已退守司寨，恃寨墙高大，

---

① 《那文毅公奏议》卷二八，《续修四库全书》第496册，49页。

宅内有碉楼，近千教众据险而守。一个寨子、一些村民的自卫设施，千余名装备很差的教军，对清军自是小菜一碟，杨芳等四面围定，用大炮轰溃围墙，一拥而登。李文成等人最后的时刻来了，表现得非常英勇：

> 李文成避入楼房，杨芳、特依顺保、色尔衮、德宁阿率众直入。该逆等无可逃避，刘帼明自称其名，持刀跃出，被官兵用枪击毙。李文成亦对众称名，举火自焚，经官兵抢出，业已压毙。查验尸身，刑伤痕迹显然。其余贼目及从逆伙党五六百名，全行歼戮，并无一名漏网。①

巨魁已死，规复滑县只是时间问题。那彦成以六百里急报奏捷，嘉庆兴奋异常，再次大加封赏，命从速进攻滑县，命将李文成、刘帼明"剉尸枭示"。

十二月初十日凌晨，清军对滑县五门同时猛攻，复用地道装填炸药，轰塌数段城墙。那彦成和高杞、杨遇春等亲自督率前锋军校，乘着硝烟，冒险先登，从多处攻入城内。守城教军有两万余人，突围不成，节节殊死抵抗，坚持到中午，终于败落。最后时刻，徐安国等劝李文成之妻张氏化装潜出，张氏慨然拒绝，挥双刀巷战杀敌，后与女儿自焚身死，誓不投降。此一役也，教军阵亡近两万之众，近半数系被烧死，极其惨烈。

从滑县到京师，六百里加急的红旌报捷，也就两天一夜。嘉庆帝得报喜不自胜，"渥沛恩施"，不独那彦成等前线统帅将领，连所有军机大臣和一些章京也获奖励。他也未忘惩处那些军中懦夫，降旨枷号流递。

二、从问责到反思

嘉庆帝对紫禁城之变极度震惊，接下来便要严厉问责，大加整治。

---

① 《清仁宗实录》卷二七九，嘉庆十八年十一月戊子。

第四章 学政也是大政

九月十六日,即闻变当日,嘉庆帝在白涧行宫,传旨将步军统领吉伦和左翼总兵玉麟革职。

次日,传旨将当直之署护军统领杨澍曾革职,遣发伊犁;又以失察,将长期兼管顺天府尹事务的协办大学士、吏部尚书邹炳泰贬为中允,将刚卸任顺天府尹的李钧简贬为编修。同日传谕王公大臣清查本府有无形迹可疑之人,具结保证;对于三品以下官员及所有军民铺户,命护军一家家排查,按名点验,见行踪诡秘者即行拿问。回京以后,更是大力追究相关人员责任,陆续予以惩处。

十八日,以督察不力,将直隶总督温承惠革职留任。

十九日,亦即回京当日,嘉庆帝命将直隶通永道道员任烜革职。以上皆属失职给予处分,而真正的整顿,自上而下,首先从内阁开始,从大臣开始。

二十日,令大学士庆桂、刘权之原品休致,谕曰:

> 古人七十致仕,虽平素才猷卓越者,精力就衰,即不肯贻笑素餐;况才具素本中平,年齿既迈,仍居高位。其职守所在悉属旷瘝,而贤路转因而阻塞。现当整饬纪纲之时,当先行于贵近,大学士庆桂、刘权之俱年老多病,于所管事务不能尽职,着均以原品休致。①

说是保留体面,实则一句"才具素本中平""贻笑素餐",就让二人丢尽了脸面。同日,命刑部尚书祖之望、礼部尚书王懿修原品休致,应是查清二人未入宫应变,断然令去职还乡。

对于满族大员失职、在旗官员从逆、宗室成员信教,嘉庆更是毫不留情。前面所记豫亲王革爵尚在其后,仅以家仆陈爽参加宫变先被罚俸十年。宗人府又审出宗室海康入教之事,虽未参加教乱,事先亦不知变乱阴谋,也被斥为"背本丧心",海康与二子、侄子皆革去黄带子,发往盛京严行圈禁,

---

① 《嘉庆道光两朝上谕档》第十八册,嘉庆十八年九月二十日。

127

永远不赦。

至于林清曾倚为强援的军中同党曹纶、曹福昌父子,至十月间也被英和查明逮捕。颙琰于丰泽园亲自审讯,即时正法。皇上怒犹未解,复下旨以漫无察觉处分其旗主,将正黄旗汉军都统禄康、副都统裕瑞一撸到底,发往盛京,永不叙用。如此仍觉愤懑,又将该旗前任都统福庆和副都统德麟、拴住一律革职。

先发现宫中太监和苏拉(杂役)作为教军内应,后又陆续审出皇族和在旗之人、军中职官居然成为教徒,有的死心塌地、执迷不悟,让嘉庆帝愤恨郁闷,也让他思考和寻觅问题的根源:失败在教育。事变之后,嘉庆亲自撰写了一系列文章,如《遇变罪己诏》《尽心竭力仰报天恩谕》《报天恩肃吏治修武备谕》,文中多有自责,如说"朕无知人之明,乏驭世之才",不可谓不深刻,然语义一转,便将谴责的矛头指向臣下。

十九年(1814)闰二月,御史申启贤上奏,请求重申地方官定期巡历乡村,以宣扬教化,责成吏治。嘉庆随即降谕,称教乱之起,除个别大奸巨猾如李文成、林清之辈,大多数都是一些为利益驱使的附和之徒,而致乱之由,"实因州县各官因循息玩,不能教养之所致也",然后提出:

> 今欲化民俗,先饬官常。着各省督抚大吏,倡率各州县官,受任一方,即以一方之民事为己责,劝农桑,兴学校。民之所利,亟为兴之;民之所苦,亟为除之。无论通都僻壤,公务之暇,轻骑减从,亲赴间阎,体察民情,旌别淑慝,绥集善良。而发奸摘伏,亦隐寓其中。一邑举其职,则一邑安。一郡举其职,则一郡安。由郡而省,吏治修明,民气和乐,而天下安矣。朕谆谆训诲,尔长吏其共勉之。①

---

① 《嘉庆道光两朝上谕档》第十九册,嘉庆十九年闰二月十一日。

诸事略定，一场由上而下的全国大宣教即行展开。

三、江西的宣教

京师发生如此重大的事变，很快就传遍全国，正在江西学政任上的王鼎自是十分震惊，却也未见上疏言事，说些什么好呢？皇上所下谕旨，及所撰一系列御制文颁发之后，如一粒石子扔入老池深潭，扑通一声，几圈涟漪，又告平静，政坛基本上不见改观。

九月二十五日，癸酉之变之后第十天，王鼎再上谢恩折。远在数千里之外的他，还不知道京师发生的惊天大事，只是就连任学政恭折谢恩，照例要表达一番感激涕零、思报天恩之意，也再一次提到"邀圣主特达之知"和衷心感戴之情。王鼎言出肺腑，虽避不开一些套话，表露的真诚仍让皇上欣慰。这正是颙琰需要精神抚慰之时，御批："实心化导，改邪归正。勉之。"原折仍在，字体比通常略大。这些话放在一则谢恩折后面，有些莫名其妙，却极能体现皇上当时的心情，王鼎应能领会。

就在王鼎拜折的几天前，嘉庆前往瀛台，亲自审讯林清和宫中内应的几个太监。此类审讯需要皇帝主持吗？当然不，可颙琰很愿意参加，自打白莲教起事开始，他就有选择地将一些教首弄来问问，对有些口供也很重视。嘉庆有一个心结和无数悬疑：这些太监为什么会背叛朝廷？还有哪些在宫中潜伏？是何原因使他们冒死从教？经过几天几夜的熬审和酷刑，所有皇上能想到的疑点都被反复逼问，号称"天皇"的林清早已全盘吐露，内应太监所知更是有限，能交代的早就交代净尽。可颙琰还是亲至审讯现场，听内监刘得才等哭喊主子饶命，笑对尔辈说朕已不再是你们的主子，看看"林天皇"的狼狈模样，应也有一种满足在焉。

后来审讯曹纶父子，也是帝驾亲临，也是想问个明白：八旗世仆和朝廷亲授武职，怎么就与林清之流搭上关系？怎么就着了邪教的道儿？不料曹福昌态度强硬，拒不交代，几句话不合，即钦定死罪，喝令带出；接着审独石口都司曹纶，身为四品职官，已知不免，应答时倔强不服，惹恼了皇上，也是即行处死。一次次审讯，伴随的也有痛苦反思，嘉庆帝从来不在自身和体制上找原因，把所有责任都推给地方官员，归结为教育方面的失误。

王鼎奏折到京应在十月下旬，京师及近郊已经将天理教信徒肃清，对李文成部众的攻剿仍在进行中。就是在这种情形下，嘉庆批复了王鼎之折，其所说的"改邪归正"，所指自是会党中人；而"实心化导"，则对他以及所有学政提出了要求。

在奏折中，王鼎多次提及作为皇上"特达之知"的荣耀。怎样做天子的特达之知？想也不外乎体谅圣衷，忠贞勤慎，积极去做好本职之事。二十一年二月，王鼎附折呈报了两份告示，是他两年来响应皇上号召，在江西的具体实施，资料难得，兹酌加引录：

> 为"正经黜邪，以端风教"事
>
> ……国家深仁厚泽，沦肌浃髓，皇上勤求治理，崇学校、正人心，不惮宵旰之劳，为海内谋义安者至详且悉，兆民生计昌期，自宜秀良者诗书，拙朴者农桑，或服贾牵车，或庀材治事，范身于名教纲常之地，乐业于作息耕凿之恒，孝尔父，敬尔兄，训诲尔子弟，节俭尔财用，和睦尔宗族姻邻，以共享升平之福。本部院恭膺简命，视学兹土，于士习民风时加咨访，每于按临州郡日接见士子，谆谆以正学为勖，并谕以训俗型方之道、薰德善良之方。该省士秀民淳，遵循自易。顾念自莅任以来，如瑞金之卢礼明等结盟拜会，崇义之钟体刚等纠结添弟会匪，长宁之郭秀峰、罗曰彪等分党结盟，而余干之朱毛俚、胡炳耀等竟敢于光天化日之下阴结匪类、编造逆词，罪大恶极，覆载不容！……自来传习邪教为首者，多系无赖游民，假神鬼无稽之谈，敛钱营私。小民被其煽惑，信其可以求福获利，遂至堕其术中，及至败露，同罹法网。而首先倡恶之人身被极刑，父母妻子连坐，为祸更烈。所谓邀福利者转

成祸害之薮，覆辙了然，足为炯戒。夫以有用之岁月、易匮之财帛，诡随邪僻，供其浮靡，无利而有害，求福而速祸，虽至蠢愚，亦当醒悟。与其念经烧香斋醮于无名之鬼神，何如修甘奉旨求悦于生我之父母？与其结盟拜会酒食于异姓之匪党，何如均财笃爱相欢于同气之兄弟？况留余资以养妻子，安本分以守田庐，在家为孝子悌弟，居乡为善士端人，共敦礼让之俗，咸遵忠孝之经，不但邪说伪行无从售其术，即盗贼匪僻亦无从匿其踪。一方之人心正，则一方之风俗美，风俗美则天心亦顺，并水旱疫疠之疾亦不作矣。福利之说，孰大于是？①

江西并非一块安定的绿洲。由此告示可知，不少州府都有会党活动，名目繁多。作为学政的王鼎配合督抚，在各府州县学校中推广儒家经典，提倡正统教育，以求从读书人做起，端正风习。王鼎出身贫家，深知生存之艰，在告示中细说邪教骗人钱财之害，委曲详尽，如一位老乡亲。他所提出的"人心正"和"风俗美"，在任何时代应都不过时。

王鼎还及时跟进大案要案，针对教民活动较多地区，如邻近福建的建昌府，发布专门告示，谆切劝谕：

尔等生逢圣世，自当从正黜邪，间遇匪徒入境，即互相觉察，鸣官首治。其平居父兄子弟务当各守生业，切弗被人诱惑，或自蹈典刑。该府士习甲于江右，读书明理，通知大义，即穷乡僻壤，亦有秀异杰出者生于其间，更当广为论说，俾愚夫愚妇知正理之易行、邪说之宜远。乡里多善人，邪慝自无所容身于其间矣。正

---

① 朱批奏折：王鼎，呈出示通省各府州属"正经黜邪，以端风教"稿清单，嘉庆二十一年二月初六日。

人心而美风俗，毋得视为具文也。凛之，戒之！ ①

读书明理，是任何国家民族、任何时代的不易之论。而古今中外所有的邪教谣言惑众，正在于诱骗不读书、不明理之人。王鼎所称"生逢盛世"有些可笑，而要求士子和生员广为论说，引导乡民，则是一片苦心。

---

① 朱批奏折：王鼎，呈出示建昌府属"严查邪匪，以正民风"稿清单，嘉庆二十一年二月初六日。

【第五章】
猝然而至的帝位更替

在许多事情上，颙琰都赶不上他的父皇弘历，包括对英国使团的接待处置，也包括几年后的帝位更替。

弘历对交班是有充分准备的：继位之初的默默许愿，提前二十多年的明诏宣示，践祚六十年时册立皇太子，谕告次年禅让，以及归政和训政体制，可谓计宜周详。而嘉庆二十五年七月二十五日，尚未满六十一岁的颙琰，则在全无思想准备的情况下，遽然辞世，对围立身边的儿子及几个贵近大臣，似乎连一句话也没留下。

虽属备受信任的二品大员，此时的王鼎，尚没有资格随侍于嘉庆帝病榻之侧，甚至不清楚他是扈从前往，还是留守京师。可以肯定的是，王鼎对颙琰怀有深沉的感念之情，对于皇上的突然辞世，一定有发自内心的错愕怆伤。多年后，与道光帝说到先皇之恩，这位老臣仍是无尽缅怀。

第一节　大臣之"体"与"用"

在《清实录》和清代诸帝所颁诏谕中，常可以看到"得大臣之体""失大臣之体"之类表述。体，此处内涵丰富，既指秉性、品德、心智，亦包括身份气质、风度、格局和奉献精神。要求既多，做到也难，降至后世，能在某些方面有所呈现，也就不错了。

用，即作用、实用、有用。历来选拔大臣，就是为了使其在治理国家时发挥作用，颙琰所言"实心办实事"，亦着眼于此。二十年（1815）四月，这位喜欢舞文弄墨的皇帝不辞辛苦，"颁御制官箴二十六章"，几乎对所有朝廷部院都提出要求，核心仍在于——用。

一、该怎样为和珅书传

国家承平日久，往往形成老年行政的格局，中央和地方均由一些年长者管理，嘉庆时期这种状况很突出。癸酉之变，颙琰痛定思痛，屏退庆桂等一干老臣，由董诰出任内阁首辅和首席军机大臣。董诰二十四岁举进士，然此年亦七十四岁，年事已高。内阁成员如勒保七十五岁、明亮七十八岁、松筠六十二岁，新入阁的曹振镛、托津皆五十八岁，两年后戴均元入阁时七十二岁……仍是一个老年内阁。从这一点上也可见出颙琰缺少乃父之胸怀，对英年俊杰常不放心，如英和、那彦成，皆满人中标标特出的大臣，清正勇为，却是动辄得咎。

此时中原先遭亢旱，复经天理教教乱、陕西南山木工动乱，从西到东，万里凋敝。颙琰感到国用拮据，于十九年正月决定暂开捐例，并命广东严查白银外流和鸦片走私；四月，严饬各督抚速上缴积欠户部银两；五月，批准商户民人在新疆开矿。就在这个月，国史馆呈上一批大臣列传，其中有和珅，颙琰拣出一读，顿时怒火中烧，谕曰：

> 前日该馆进呈和珅列传。和珅逮问伏法，迄今已越十五年，始将列传纂进，已太觉迟缓。迨详加披阅，其自乾隆三十四年袭官以至嘉庆四年褫职，三十年间，但将官阶履历挨次编辑，篇幅寥寥，至伊一生事实全未查载，惟将逮问以后各谕旨详加叙述，是何居心？不可问矣！和珅在乾隆年间，由侍卫洊擢大学士，晋封公爵，精明敏捷，原有微劳足录，是以皇考高宗纯皇帝加以厚恩。奈伊贪鄙性成，怙势营私，狂妄专擅，积有罪愆，朕亲政时是以加以重罚。似此叙载简略，现距惩办和珅之时年分未远，其罪案昭然在人耳目，若传至数百年后，但据本传所载，考厥生平，则功罪不明，何以辨贤奸而昭赏罚？国史为信今传后之书，事关彰瘅，

不可不明白宣示。①

不是因为篇幅过重,而是嫌其用笔太简;不是说其评价太高,而是根本没有评价。史官通例由翰林中选任,纂修官大约是怕拿捏不准分寸,干脆来了个简化处理。于是,这样一个深得先皇倚信的重臣,这个被新帝立置重典、钦赐自缢的爵相,就剩下干巴巴的一篇任职履历,以及让后人任意猜测臆断的谜团。

皇上震怒,一场大追查随即展开。最后成稿的编修席煜被革职审讯,所有拟稿审改之人均被彻查,始知"顾莼原纂和珅列传稿本内,本载有事实四条,皆和珅罪状,仰奉皇考高宗纯皇帝饬谕加以谴责者。葛方晋节去三条,席煜节去一条"。此三人都是甲科高第、翰林院编修:顾莼为嘉庆七年二甲第七名,此传原稿作者,开列和珅四条罪状,自然可以免责;葛方晋与顾莼同年,列二甲略后,修订时删削三条;而席煜比他们先一科,为二甲第一名,有定稿和把关之责,鬼使神差又删掉一条。为何要删去?大约也是嫌其琐碎和牵强,谕旨称"其居心实不可问",亦求之过深。葛方晋已经身故,席煜则在劫难逃,"即行押解回籍,交江苏巡抚张师诚严行管束,令其闭门思过,不准外出"。国史馆正副总裁基本被一锅端,曹振镛、托津、潘世恩、卢荫溥等接任,奉旨重新写和珅列传。董诰原为国史馆正总裁,嘉庆显然有所怪罪,"董诰在馆年久,精神未能周到,着毋庸兼充正总裁,仍交部议处"。处理上留了些余地,没留面子。

第二年岁末,刑部又出了状况:十二月初九日,刑部一次呈送题本二十三件,其中立决者二十二件,涉及人犯五十二名,行文中错谬讹误甚多。嘉庆很生气,命追查延误和疏漏之责,刑部三堂官被革职留任,兼署刑部侍郎的穆彰阿,也跟着受到牵连,降为三品京堂。董诰以内阁大学士管理刑部事务,因病告假,谕旨为之开脱几句,令"不必管理刑部,着改为管理

---

① 《嘉庆道光两朝上谕档》第十九册,嘉庆十九年五月二十七日。

兵部事务"。董诰曾被乾隆帝赞誉有古大臣之风，禅让时期暗潮涌腾，是他顶着巨大压力为新帝说话，使颙琰有一份特殊感念和尊重；癸酉之秋随扈重臣闻变惊惶，亟劝皇上避走盛京，也是他镇定自若，指出很快就会平定。

董诰老了，为胸肺之疾缠绕，每到冬天都痛苦不堪。颙琰对这位老臣应说是关怀有加，二十二年冬赏假数月，温谕慰问，让他在家安心调理。转过年的春天，董诰自知来日无多，开始安排后事。清朝大吏不论正管兼辖，出了事都要分别赔补，是以许多人都长期背负着一堆赔项。董诰亦然，其弟也有欠缴的赔款，遂请求呈缴上赏密云官房一所，以及自置海甸和热河住房两所，以还清自己和弟弟之赔项。皇上很感动，为他保留了海甸的园林，以供颐养。至于董诰历年罚俸，以及代替弟弟认缴的赔项银未完部分，一律予以免除。

二十三年十月十二日，董诰辞世，谥文恭。

二、奏折中的污言秽语

有体有用之大臣，既是国家繁荣鼎盛的标志，又是国家有事、时局倾危之际的柱石。乾隆一生爱才和作养人才，为儿孙留下一批治国安邦之士，如果说董诰等老臣已然衰靡，则那彦成、松筠、英和、吴熊光等皆在盛年，勇于任事，遗憾的是颙琰太不知包容和珍惜。

滑县一役极为惨烈，万余名起事教民死难，数千人被俘，古城墙千疮百孔，城内更是一片狼藉。那彦成以前任知县孟屺瞻负责料理，奏请恢复其职。丧乱之后，当地民生凋敝已极，既要休养生息，又须追索信教和闹事之人，为政殊不易。孟屺瞻曾在强克捷之前短期任滑县知县，平叛过程中出力亦多，却是个贪鄙胡为之辈，很快被御史申启贤纠劾。嘉庆很关注，特派侍郎卢荫溥和成格前往审讯，查明孟屺瞻私留落难女子为妾、发灾难财等事。颙琰斥之为"荡无廉耻"，降旨发往黑龙江充当苦差，传谕追查保举之人：

上年逆首李文成贼党戕官滋事，占踞滑城，附近市集村庄大半被其焚掠，居民荡析离居，实为可惨！大兵克复之后，该邑被难人民妇稚如何抚恤，避往他所者如何招徕，田庐何以各令复业，城署肆廛何以渐次修举，皆知县之责。必须有守有为、真实爱民之员，方克胜任。革令孟屺瞻非但不能整顿地方，抑且贪淫无耻，种种妄为，实从来所未有。着军机大臣即将上年孟屺瞻补授滑县之时，系何人保举，查明据实参奏。①

保举者为那彦成和河南巡抚方受畴，两人的奏折自也不难查到，送至皇上案头，当日夸奖孟屺瞻"办事勇干，能得民心"，此时则难逃引荐不实之咎。皇上还算客气，那彦成降三级留任，方受畴革职留任。清朝制度，对大吏处分极严，不大点事儿就会革职流放，大臣之升沉不定，如坐过山车一般。这样的处罚，已经是从轻了。

二十一年（1816）春，那彦成又出了纰缪。由刑部转呈的题本，叙述村夫村妇争执吵骂致死人命一案，将那些乡间骂人话一一照录，连字典上都没有的字也全然写上。皇上开始时大约尚觉新鲜，越到后来越无法卒读，觉得被亵渎冒犯，降旨追究：

> 奏折题本，乃臣下告君之言，岂可以市井匪类秽语，连形章牍！初八日，刑部进呈直隶总督那彦成等具题"赵春秽詈边范氏以致气忿自尽"一本，将字典未有之字、极村极秽之言，连叙二处。刑部堂司各官俱未看出，依样葫芦，仍照原题直书，甚属因循失体，非寻常错误字句者可比。着大学士董诰、托津，尚书苏楞额、吴璥，将具题之那彦成、盛泰及本内列名之堂司各官、写本之人分别议罪，于十二日具奏。②

---

① 《嘉庆道光两朝上谕档》第十九册，嘉庆十九年九月三十日。
② 《嘉庆道光两朝上谕档》第二十一册，嘉庆二十一年三月初九日。

骂人能将对方骂得羞愧自尽，古往今来都不缺少其例，所用语言必也污秽恶毒至极。曾苦读圣贤书的颙琰，岂能安之若素！

董诰等遵旨核查，直隶按察使盛泰为此案主审，将大段秽语写入案卷，属于始作俑者，被拔去花翎，革职留任；那彦成在题本上列名第一，加恩改为降三级留任；办理案卷之刑部郎中、员外郎、主事等官降二级留用，诸堂官则各降一级留任。由内阁学士升任刑部右侍郎的彭希濂，多少有些书呆子气，借召见之机倾诉实情，说阅看时曾将污秽字句用笔标出，因嘉庆五年有旨"凡语言调戏案件，令将该犯如何调戏、致本妇羞忿莫释之处，详晰声叙"，是以没有删改。被皇上斥为"殊属巧辩""强词支饰"，直接革职降补。

未见那彦成为此辩解，毕竟在官场摸爬滚打了近三十年，这点儿经验还是有的。第二年五月，因陕甘总督任内挪用赈银的旧账被翻出，那彦成被逮治监禁，竟论大辟。后改为遣发伊犁，以母亲去世，再改为在家守制。

第二节　忽左忽右

二十一年冬，王鼎完成学政任期回京。他在江西提督学政四年，差不多一个半任期，"公明勤慎"，声誉甚好，但由于整顿学校和考试纪律，清理科场积弊，也得罪了一些地方游棍。据说有人在他路经之处大书"虎去山还在"，以示不满和挑衅，王鼎看见，回以五字："山在虎还来！"陕西人的那股倔劲儿，于此显现。

当年六月末，尚在江西的王鼎被调任吏部右侍郎，仅过了十天，接军机处字寄，转为左侍郎。此任命有些突然，盖因为京师发生宝源局匠役闹事，吏部的两位侍郎皆被免职，需要有人接替。此事要说与王鼎也有关系，宝源局本属他这位工部右侍郎管辖，因他外放学政，便由吏部侍郎署理，没想到出了这一档子事，两位的官帽被摘，王鼎补调吏部。

一、吏部左侍郎

吏部向称天曹，居六部之首，"铨综衡轴，以布邦职"。二十年四月，有感于官员因循、吏治疲敝，嘉庆帝为各重要衙门亲撰箴规，其"吏部箴"曰：

> 职司邦治，夙夜心殚。首冠六部，统理百官。铨衡黜陟，其慎其难。藻镜朗烛，表正形端。科条恪守，典籍勤观。考课贤否，真伪详看。选举平允，计要不刊。佐朕用舍，社稷永安。①

吏部职司之要、权力之重，皆在其中。

当时的吏部满尚书为英和，汉尚书为章煦，而吴烜接任左侍郎已四年，却因宝源局工役争闹栽了跟头。清廷对钱法极为重视，将铸币分别交户部宝泉局、工部宝源局，以相制衡，两局工匠杂役之攀比争持也由此产生。王鼎于十九年十二月擢工部右侍郎，兼管钱法堂事务，最重要的就是主管宝源局鼓铸，因又称钱法侍郎。王鼎外放江西学政，简派吏部左侍郎吴烜署工部右侍郎，主管宝源局，大约觉得力度不够，几个月后又增调吏部右侍郎佛住署工部右侍郎。一个差使，居然由两位吏部侍郎同署，却不知管的人多，管理力度未必就强。

就在这年夏天，工役们由争待遇到停炉停铸，群起闹事。铸币以炉头为权威，先是宝源局炉头提出待遇比宝泉局低，要求增加复料钱，佛住奏请增发。炉头得到了实惠，众多匠役开始不满，都想分些好处，互相争闹不休。宝源局设有大使和监督，镇不住场子，权且答应上报。工部堂官派司员前来晓谕，竟被关在场内，扣留不放。佛住只好答应给匠役分钱，并朦胧上奏，压根儿不提争闹情节。而一些匠役仍不罢休，还要逼着炉头代还欠款。宝

---

① 《嘉庆道光两朝上谕档》第二十册，嘉庆二十年四月二十七日。

泉局的匠役受到影响，也开始围攻炉头，索要银两，闹得不可收拾，户部右侍郎成格请旨严拿，方才渐趋稳定。嘉庆帝多次询问吴烜和佛住，皆说宝源局安静无事，结果闹大了，两人都以欺饰革职。英和受命带同番役擒拿带头滋事的贾喜子等，相关司员和该局大使、监督也被军机大臣一一传讯。

清代官制尚左。吴烜之后，汉右侍郎戴联奎由右转左，很快升任左都御史，王鼎接任。当年为会试之岁，王鼎先被钦定殿试读卷官，复命翰林院教习庶吉士。六月二十七日，又奉旨与刑部右侍郎成格一起，赴山西查办布政使习振翎一案，谕曰：

> 朕风闻山西藩司习振翎年老健忘，每接见属员，不能记其姓名，皆需家丁在旁指告，外间称为"习健忘"。又每次禀见巡抚，必私带门丁李三，潜立窗外，将该抚藩议论一切公事窃听，回署后录底存贮，以备该藩司遗忘询问。又忻州吏目费钧向在山西藩司衙门帮办幕务，历任相沿，吴邦庆到任始将伊撤出，姚祖同调任后，习振翎又将该吏目调入藩署，帮办幕务……①

查不到习振翎究竟多大年岁，其为乾隆四十九年二甲第二名进士，与蒋攸铦同年，攸铦榜名远在其后，已做了两任总督，这位老兄却连个布政使也做不好。清朝没有官员退休的年龄限制，怪只怪振翎之可怜恋栈，不知引疾辞归。成格与王鼎到后，很快查清传闻属实，好在并无贪渎劣迹，就是一个"年老不职"和违例调用属员，请准革职回籍。

这件事本来犯不着如此大动干戈，一则山西阳曲县有一个京控案件，再则皇上对山西巡抚衡龄已颇为不满。三月间，颙琰同时接到衡龄和陕西巡抚朱勋的谢恩折，称"奉到钦颁御制《因循疲玩论》墨刻"云云，少不得各有一番赞美和表态。皇上对朱勋发了几句感慨，对衡龄直接训斥："四

---

① 《嘉庆道光两朝上谕档》第二十二册，嘉庆二十二年六月二十七日。

字（因循疲玩）是衡龄之考语，汝尚为此奏耶？幕友浮词，览之生厌！"①真是一点面子也不留。过了不久，衡龄被降为蓝翎侍卫，前往新疆换班。恰在此际，两广总督蒋攸铦奏报雷琼镇总兵洪鳌年力就衰，请旨令休致，嘉庆又联想到衡龄，并责令各督抚于所属秉公查核，不得徇情隐瞒。

十二月，因刑部左侍郎帅承瀛出京查勘漳河故道，王鼎暂署此职，承瀛与王鼎也是同年，为该科探花。

二、兼管顺天府尹事

顺天府尹，即通常所说的京兆尹，辇毂之下，素称要缺，亦称难以久任。清朝体制，在府尹之上，于尚书、侍郎内特简一人兼管顺天府府尹事务，号称"兼尹"。所谓特简，即由皇帝直接任命，有时也派内阁大学士或协办大学士兼管，以示重视。二十三年（1818）二月，王鼎受命兼管顺天府尹事务，陛见时，嘉庆对他说了这样一番话：

> 朕初意授汝督抚，今管顺天府尹，犹外任也。且留汝在京，以备差往各省查办事件。②

也就是说本来要让你担任封疆大吏的，兼顺天府尹也算外任，且可以留在京师，随时听候差遣。以此可知为什么王鼎的职务总是变来变去，一阵儿左侍郎，一阵儿右侍郎，由工部到吏部，由吏部署户部，署刑部，加兼尹，后来又署工部，调刑部，回户部，再署刑部，兼署礼部，数年之间，走马灯一般。原因只有一个：在嘉庆帝心目中，王鼎是一个可以倚信的大臣，哪个部有了麻烦，就让他去哪儿；还要将他留在身边，以供派往各地办案。

---

① 朱批奏折：衡龄，奏为钦颁御制《因循疲玩论》墨刻一分谢恩事，嘉庆二十二年三月二十二日。

② 《清国史馆传稿》，第 1862 号。

嘉庆对京兆尹看得较重，当年撰写箴规，六部九卿衙门而外，督抚河漕等皆以类论之，只将步军都统衙门和顺天府尹单独出来。所撰顺天府尹箴曰："三辅帝都，京兆要职。抚绥乡闾，剸剔盗贼。奖拔才能，劾除贪墨。去莠安良，洗荡邪慝。有守有为，以引以翼。遐迩观摩，四方表则。五日存心，尸位素食。民具尔瞻，抒诚竭力。"①箴者，规劝告诫也。出自皇帝之手，便是训示。"五日存心，尸位素食"，出于汉张敞"五日京兆"的典故，训诫任职者不要心存短期的想法。实际上大臣兼尹，往往时间不长：在王鼎之前兼管顺天府尹事务的是兵部尚书章煦，先后不过四个月；章煦之前为户部尚书刘镮之，兼尹达四年之久，算是特例。镮之为刘统勋之孙、刘墉之侄，也是数代簪缨，做事谨慎，却因对逃亡教犯缉捕不力被贬，由王鼎接任。

历来说京兆尹难做，清代尤其如此。辇毂之下，容不得任何风吹草动，凡百供应不容有误，谒陵出巡皆从顺天地界往返，铺路架桥、迎来送往，更是不胜烦劳。二十年三月举行耕耤礼，本一件隆重仪式，谁知提供御用的耕牛犯了犟脾气，难以驾驭。换上备用之牛，还是极不驯习，十几个御前侍卫拧着牛头，勉强算是完事。皇上登临耕耤台，观看众大臣耕田，所用之牛也很费劲，甚至有满场狂奔者。嘉庆很窝火，传旨将专司备办的宛平等处知县撤职，顺天府尹费锡章严加议处，兼尹刘镮之也被议处。

比较前几任皆为协揆、尚书，王鼎就显得资历略浅，因他一向做事认真，倒也没出大的乱子。继上年大旱之后，嘉庆二十三年一开春就遇上大旱，严重缺雨。颙琰亲自至黑龙潭祈雨，王鼎等自要沿途料理，路上看到许多麦田没有播种，下旨免除顺天府所属二十四州县当年应征钱粮；又派皇子、亲王至各坛行礼，皆未见大效。四月初八日，京畿遇到罕见的沙尘暴，"暴风骤至，尘土晦蒙"，白昼如夜。文安县禀报"自巳至申，始而晦黑，继而红黄，共有四时"，而王鼎派员复查，称"巳刻起西南风，天气阴黄，

---

① 颙琰：《御制文二集》卷一二，箴。

午后稍息，酉刻风沙飞扬，黄中带红，半时即止，并未晦黑"[1]。钦天监奏，根据《钦定天文正义》，"天地四方昏蒙，若下尘雨，不沾衣而土，名曰霾，故曰：天地霾，君臣乖，大旱，又为米贵"。嘉庆一一对照检查，降旨称每日召见廷臣不下十余起，不存在君臣暌隔之弊；而大臣中则不乏"颂美圣明，谀辞容悦""不敢面折，退有后言"之辈。说到米贵一项，谕旨非常关注，要求有司不得勒索：

> 至米贵之说，亦非无因。米谷为民生日用所需，贵乎流通而不滞。近来京城米禁太严，推察其故，守门官弁兵役因有查拿回漕米石之例，辄将民间买食细米一并绁拿。其实粗米可以回漕者，但经行贿，悉皆卖放，因而米价日贵，所苦者不过贫窭细民耳。嗣后守门官吏如将贫民买食细米索诈阻拿，审明均着照例治罪。[2]

细民，即底层百姓。为政之要，在于养活细民，使之能安稳过日子。颙琰一向以关怀细民相标榜，很快降旨拨京仓米麦万石，交顺天府平粜，后又多次谕令下拨京仓粟米和小麦，以平抑粮价。时任顺天府尹汪如渊，嘉庆四年进士，王鼎丁母忧后在庶常馆的同学，两人携手应对灾荒，遵照皇上旨意，打击不法商户。

当年十二月，王鼎察知东安县有些铺户囤积粮食，竟至六七万石之多，州县前去干涉，则有一些人拿着生员之类文书，肆意阻拦闹事。王鼎奏请严加惩办，得旨："除各铺所囤粮食准其每种酌留一百六十石外，余俱押令流通粜卖，以平市价。其该县应行买补仓储，亦令照该铺原买价值，公平发价采买，不得抑勒克扣。"[3]那些把持囤积、阻挠查办的生员，也被革去诸生身份，以示惩儆。王鼎自幼多历灾年，饱受奸商哄抬粮价之苦，对

---

[1]《清仁宗实录》卷三四一，嘉庆二十三年四月丁亥。
[2]《嘉庆道光两朝上谕档》第二十三册，嘉庆二十三年四月十二日。
[3]《清仁宗实录》卷三五二，嘉庆二十三年十二月己卯。

保持米麦的价格稳定至为关切。当年十二月,涿州马头村也发现囤贮粮食的店铺,多达二万三千余石,王鼎请旨后限令抓紧平价售卖,不许囤积。

兼顺天府尹期间,王鼎也曾两次被传旨申饬。一次是官马草料银,数百两小钱,拖了四年才报销,皇上有些生气,将他与直督方受畴等责斥。第二次,为定兴新城等地屡屡出现盗窃牛马事件,事主报官反被叱责;有时拿获窃贼,竟然是州县捕役,扭送官府亦不问;宛平与房山交界地方,还出现数十回民抢劫商铺、公然纵火之事。嘉庆以为"纵盗殃民,疏纵已极",命直督、兼尹和府尹"勒限严办,实力查拿"。两个月后,刑部出现大改组,王鼎调任该部右侍郎,刘镮之再次兼管顺天府尹事务。

三、有这样一场家宴

王鼎一向不太喜欢交接应酬,很少看到他参加当时盛行的各种雅集,也未看到其与他人的诗酒唱和,其在南昌招待主考官吴其彦和林则徐,也是以"吃面"为主。而就在龚自珍的集子里,保留有一首长诗,记载了王鼎的一次家宴。诗题为《饮少宰王定九丈鼎宅,少宰命赋诗》,曰:

> 天星烂烂天风长,大鼎次鼎罗华堂。
> 吏部大夫宴宾客,其气上引为文昌。
> 主人佩珠百有八,珊瑚在帽凝红光。
> 再拜醑客客亦拜,满庭气肃如高霜。
> 黄河华岳公籍贯,秦碑汉碣公文章。
> 恢博不弃贱士议,授我笔砚温恭良。
> 择言避席何所道?敢道公之前辈韩城王。
> 与公同里复同姓,海内侧伫岂但吾徒望!
> 状元四十宰相六十晚益达,水深土厚难窥量。
> 维时纯庙久临御,宇宙瑰富如成康。

公之奏疏秘中禁，海内但见力力持朝纲。
阅世虽深有血性，不使人世一物磨锋芒。
迩来士气少凌替，毋乃大官表师空趋跄。
委蛇貌托养元气，所惜内少肝与肠。
杀人何必尽砒附？庸医至矣精消亡。
公其整顿焕精彩，勿徒须鬓矜斑苍。
乾隆嘉庆列传谁第一？历数三满三汉中书堂。
国有正士士有舌，小臣敬睹吾皇福大如纯皇。[①]

该诗虽属即兴之作，而才华散溢，情感真挚，饱含对国家时政的忧虑，寄意亦悠远：开首十二句写王鼎在家设夜宴，主人庄重温煦，菜肴丰盛，有些调侃，也是龚氏恃才傲物的一贯风格；紧接着八句，一转而赞美去世多年的王杰，盛赞其为海内瞩望的大臣表率；然后说到王鼎，称许他力持朝纲，称许他血性与锋芒仍在，也对官场风气强烈指责，对庸臣误国满腔愤激；最后六句，是希望王鼎振作士气，成为一代之名相。

对于王鼎来说，这大概是其为数不多的家宴，而举办时间、与宴客人都难以考定。龚自珍辞世突然，诗文集皆身后编订，系年颇见舛乱。《定盦诗集定本》将之列入道光十年庚寅，而此年王鼎已是军机大臣兼户部尚书，与诗题中"少宰"不符。少宰，即《周礼·天官》的小宰，又作少冢宰，明清间为吏部侍郎的俗称。王鼎于嘉庆二十四年闰四月转任刑部，以故该诗必作于其在吏部时。此前数年，自珍皆在江南，当年早春始来京参加会试，又以三月初就要点验入闱，可推知其到王鼎府上的时间，应在二月间。该科正考官为吏部尚书戴均元与兵部尚书戴联奎，副考官为王引之和那彦成，王鼎未参与，是以见见应试举子也无妨。

[①] 龚自珍：《饮少宰王定九丈鼎宅，少宰命赋诗》，原载《定盦诗集定本》上，今收入《龚自珍全集》第九辑，上海人民出版社1996年版。

据诗中所描述,似乎赴宴的客人较多,然今天可以确定的仅魏源与龚自珍二人。个别学者认为有林则徐,且说是他将龚自珍和魏源引荐给王鼎,惜乎林则徐此一时期日记散佚,未见准确记载。该年林则徐三十五岁,魏源二十六岁,龚自珍二十八岁,皆一时之俊彦,王鼎将他们请来家中,自是爱其才华。自珍的父亲龚丽正与王鼎同年,以名次稍后分部学习,真正属于年家子。恃才狂傲是龚自珍的性格,也是其诗文的风格,然对王鼎的敬畏尊重,亦络绎其间。魏源大约怕主人不悦,当场将涉及王鼎的一段做了些改动,自珍不从,但把魏源改拟的十二句附于诗后。龚自珍死后,孤子龚橙持父亲遗稿往扬州,拜托魏源为删润编订,此十二句仍予保留。两相比较,魏作差之甚远。

"阅世虽深有血性",是龚自珍对王鼎的真诚赞誉,亦是一个涉世未深举子的精神憧憬,魏源一字未改。

四、兵部行印丢失之谜

嘉庆二十五年(1820)二月初三日,文华殿举行仲春经筵,王鼎与穆彰阿为经筵讲官,进讲《书经》"在知人,在安民"。这是嘉庆朝的最后一次经筵,刚满六十岁的颙琰兴致很高,弘宣御论,大谈知人用人的道理,"安民为致治之要,知人为安民之本","不以小眚掩大德,不以微过治重眚",都是正确的套话,最后则慨叹"知之一字难矣哉"。实际上,以微过处以重眚,是嘉庆帝的施政大弊,松筠贬谪之事如此,接下来的兵部丢印案,也是如此。

三月初八日,嘉庆启銮往东陵致祭,行至汤山,兵部忽报丢失了"行印"。兵部与各部相同,例有两枚关防,在衙门所用称之"堂印",所谓行印,即兵部随驾出巡时所用行在之印。兵部行印有调动军队、撤换将领、批发军需之权,居然弄丢了,自是非同小可。据奏报,该部监印吏员鲍干在扈驾起行前去库中领印,发现印匣中装了一兜铜钱,并没有印,赶紧上报,从尚书到书吏忙乱了一天一夜,上天入地也找不到,方才奏闻皇上。

颙琰闻知大怒，传谕内阁：命在京王大臣会同刑部将看库夫役作速锁拿审讯，一旦确定失印日期，再将值班满汉司员革职拿问；同时追究责任，将管理兵部事务的大学士明亮降五级留任，不许再管兵部，兵部汉尚书戴联奎降为从三品，满汉左侍郎贬为四品。甚至将近年曾任职兵部的松筠、和世泰等逐一点名，叫他们等候调查结果，再接受处理。嘉庆帝也堪称破案专家，对于该案一开始就做出正确判断，"以行印专为随营携带钤用而设，必系上年秋围途间遗失或被盗窃"①。他传谕将上年随围之兵部书役押解回京，交留京王大臣会同刑部审讯。

负责主审的是庄亲王绵课，大学士曹振镛、吏部尚书英和副之，王鼎作为刑部左侍郎也是责无旁贷，全程参与。他们首先追查的是去年行围结束时，该印是否验明入库？司员何炳彝、庆禄二人被带来，坚称曾开匣点验，并说庆禄当时还以手弹印，铮铮有声，而何炳彝则与他开玩笑，说这又不是石头，何须弹试？讲得绘声绘色。庆禄在讯供时声称"如果收时匣中无印，愿以头颅作抵"，抗言申辩，如同受了天大委屈，以致审案王大臣俱信以为实，一意追查入库后被窃情节。查来查去，查出一个叫郭定之的把总持有加盖兵部关防的信札，系书吏周恩绶私下给予。经提审，恩绶交代曾托鲍干偷盖关防，鲍不同意，又买通掌管空白札付的沈文元，私自换札，交给郭把总。这是一件舞弊案，但札付用的是兵部堂印，与行印的失窃无关。

四月初九日，此案过去已一个月，仍是茫无头绪。嘉庆斥责催促，将绵课罚职任俸半年，曹振镛、英和及刑部堂官罚俸半年，承审此案的司员罚俸一年。命绵课、曹振镛、英和等从第二天起，每日必须赴刑部审案，早去晚散，不可懈怠。皇上对此案高度关注，很快又得知绵课办案拖沓，迟了好几天才把兵部吏役传齐到案，给涉案者留下足够的串供时间。而鲍干身上疑点很多，"于初七日请行印时乍知失印，并无张慌情状，转以车

---

① 《清仁宗实录》卷三六九，嘉庆二十五年四月辛亥。

驾司行印搪抵，并将同进库之任安太指为纪三"①。存在这么多可疑之处，承审官仍不加紧严讯，称鲍干身体虚弱，不便用刑。颙琰很生气，将绵课、英和等拔去花翎，曹振镛、和宁、韩崶降为二品顶戴，王鼎等也被降为三品顶戴，责令上紧研鞫，再限至五月初五日，必须破案。

严旨之下，审讯骤然升级，兵部平日管理漏洞也一一暴露。四月十九日，绵课等推鞫兵部平日直宿和用印情形，得知当月司员夜间并不直宿，偶尔有一二人在署过夜，也是次日一早就回家。堂印及库门钥匙，白天由该班兵役掌管，夜间归直宿书吏收存，很容易作弊。又发现兵部大库后围墙有新堵门形，查系皂隶黄勇兴因娶儿媳妇，于上年九月十一日打开，直通街外，发生失印案当日才堵上。刚要顺藤摸瓜，始知黄勇兴已于四月初一日病故。嘉庆帝降谕：

> 各衙门当月司员，在署直宿，库门印钥即其官守，乃并不自行监管，全委之吏役人等，听其取携自便，启闭随时。至官廨为办事公所，门户墙垣关防紧要，乃以皂隶贱役，辄敢穿穴围墙，自辟门径，其娶媳之花轿嫁妆竟穿衙门而走，而堂司官竟毫无见闻，全同木偶，实属溺职。即此二事，可见该衙门废弛已极。②

不查不知道，一查吓一跳，这就是堂堂兵部衙门的真实写照。其实又何止一个兵部，所有衙门应也都大差不离。嘉庆依据后墙开门的日期，命将所有相涉司员即行革职，将不认真收管印钥的当月司员"永远停升"。前兵部尚书松筠已调任盛京将军，被降补山海关副都统；现任兵部尚书和世泰被革职，同时革去宫衔和御前侍卫、正蓝旗满洲都统，仅保留总管内务府大臣；还有一个倒霉鬼是普恭，署任兵部尚书仅五天，也给了个"降三级留任"。

---

① 《清仁宗实录》卷三六九，嘉庆二十五年四月壬寅。
② 《嘉庆道光两朝上谕档》第二十五册，嘉庆二十五年四月二十日。

戴联奎、常福等四位堂官前已降调，改为革职留任。

四月二十六日，此案告破，果然是行围途中遗失，时间是上年八月二十八日，地点为巴克什营地方。负责保管行印的捷报处书吏俞辉庭，因在账房中酣睡，以致行印被窃，用备匣加封冒充，买通兵部堂书鲍干，含混接收。当月值班司官并未开匣验视，糊糊涂涂就入了库。半年后要用行印，鲍干便装出在库房被窃的样子。真相似乎已大白，嘉庆没有再命人追查，在他看来行印是找不到了，找找造假者、撒谎者、失职者的麻烦，却是必要的：

最恶劣的是兵部当月司员何炳彝和庆禄，当时失职，未开匣检验，过后说假话、编故事，将一帮审案大臣引入歧途，使此案拖延日久，皆被革职发遣，因庆禄说过"愿以头颅作抵"的话，"直同光棍讹赖"，被先行枷号一月，期满再行起解；

轮值晚班的捷报处郎中五福喜有典守之责，送印之笔帖式中敏并不点验，均革职，值早班的郎中恒泰被交部议处；

时任兵部尚书松筠本应自行保管印信，竟委之捷报处司员，该司员又委之书吏，以致遗失，属于严重失职，革去山海关副都统；

署理行在兵部侍郎的裕恩，退出乾清门，革去侍郎、前锋统领、副都统。因已经审出行印失窃实情，绵课、英和、曹振镛，也包括王鼎等刑部官员，先前所受处分一律撤销。

可怜松筠年近七十，居然降为小小骁骑校。曾经位极人臣的他仕途上几经起落，这次跌得最惨，表现却极是淡定："松相公任司马，因失印事谪本旗骁骑校，公即持袱被往印房直宿。有阻之者，公曰：'军校之职，提铃直宿而已。予虽曾任大员，敢旷厥职哉！'"[①]至于丢失的兵部行在印信，自然要补铸，钦命将印文印式略加改易，与旧印区别，所用银两及铸造工费，由松筠和裕恩分摊。至于该案的主要责任者，俞辉庭枷号一月，然后发往伊犁给种地兵丁为奴；鲍干枷号两月，满日改发黑龙江给兵丁为奴。此一

---

① 《啸亭续录》卷四，松相公，491页。

案也,案情并不复杂,而其间通同作弊、避重就轻、编捏谎言、赌咒发誓,将官场积弊暴露无遗,必也给王鼎留下深刻印象。

兵部印信,如战国时之虎符,何等重要!丢了半年多居然没人去管,部务之荒疏,缘此可知一二。嘉庆谕令各衙门堂官初到任时,例应瞻拜印信,兼拜行印,在扈从出巡时,必须存放在管带印钥堂官的帐房内,行印回署时亦由一名堂官验收,以昭慎重。

第三节　未能举行的秋狝

木兰秋狝,作为大清王朝一项重要制度,百余年间持续举行,成为帝国一年一度的夏日盛典,也成为清廷内政外交的一个重要组成部分。至嘉庆年间,社会腐败不可避免地渐染及皇家围场,偷猎者有之,偷伐树木者有之,内外勾结者渔利分肥者亦有之,秋狝的积极意义日益弱化,颙琰仍坚持年复一年前往,并严禁臣下谏阻。

二十五年(1820)七月十四日,当年秋狝正在紧锣密鼓地筹备,嘉庆再发谕旨,引松筠前年谏阻东巡之失,强调骑射为国家根本重务,每年举行秋狝,讲武习劳,不忘满洲旧俗。其时的颙琰自也不会想到,这会是他生命中最后一次木兰秋狝,是一次未能举行的秋狝。

一、烟波致爽斋之夜

兵部失印案审结之后,颙琰发布谕旨,说此案本非大罪,丢失印信亦属无心之过,只因编谎抵赖,便成欺君大罪。丢印还可说无心之过,偷印的呢?是谁偷了印?偷盗兵部的印想干什么?一桩钦案到此以不了了之,也是奇哉怪也。据说也曾令古北口提督去查,查不着,就没有人再问了。据礼亲王昭梿记载,其中烟云模糊处甚多,又似乎有重大阴谋。《啸亭续录·兵部失印事》：

> ……然闻何主事炳彝言，是日收印时，适伊值日，亲同满员手封贮库，实未尝失也。或言有人觊觎非分，贿鲍姓者窃去，意存叵测，事未及发而谋败，诸大臣恐兴大狱，故借行帐中遗失消弭其事云。未匝月，有贵人父子相继暴殂，又将幼子私蓄他所，匿报有司，传言或非妄也。

以礼亲王之尊，所云贵人必也是宗室近支亲王，有异谋之说，怕也不太靠谱。但要说到皇亲国戚之复杂诡秘，应是不假。

王公大臣匿报幼子之事，还真是接连被发现：先是怡亲王奕勋死后，查出匿报子女多名；不久后，成亲王府亦查出匿报王孙和曾孙三人。嘉庆颇为不解，曰："以此类推，各王公家所生子女未经报出者，恐尚不少。宗室枝叶繁衍，最为盛事，该王公等匿不呈报，不知是何意见？"[1]成亲王是他的亲哥哥，堪称枝叶繁茂，孙子、重孙子一大堆。颙琰本枝子嗣不旺，这次秋狝，仅有皇二子智亲王绵宁、皇四子瑞亲王绵忻、皇孙奕纬随驾。在京留守的，为肃亲王永锡，以及曹振镛、伯麟和英和。

颙琰的死实在突然，却非全无征兆。七月二十三日，行抵喀喇河屯行宫，他即微感不适，以为些微中暑，没有在意。次日至广仁岭，前望豁然开朗，路也变得开阔平坦，颙琰下舆换马，扬鞭飞奔，好不快意！下午抵达热河，照例是往城隍庙、永佑寺等处拈香行礼，然后进驻避暑山庄。这之后，他的兴致依然很高，依例开赏，赏山庄守军和热河绿营兵一月钱粮、口外各行营守军半月钱粮。

二十五日一早，大雨如注，颙琰照例早起读书，两皇子侍侧。詹事府少詹事奎照已在前一日升为詹事，当天又超擢少詹事朱士彦为礼部侍郎衔

---

[1]《清仁宗实录》卷三七三，嘉庆二十五年七月己未。

内阁学士，超擢侍读学士顾皋为詹事。三位皆翰林，为文学侍从之臣，搭上了嘉庆朝的晋秩末班车。

午后，颙琰突然发病。随扈的御前大臣赛冲阿、索特那木多布斋，军机大臣托津、戴均元、卢荫溥、文孚，总管内务府大臣禧恩、和世泰，均赶到烟波致爽斋，侍立于病榻之前。当日戌刻，即晚七时至九时，嘉庆帝遽然辞世，得年六十一岁。未见到档案文献记述其真实死因，也不知道是如何抢救的，所有至关重要的内情，正史概付阙如，以至于传闻纷纭。一个较可信的说法，是死于雷击。那是一个电闪雷鸣的暴风雨之夜。皇帝虽不在京城，太医院最好的御医一定是跟随而来，很少有什么病能使人连句话也说不出，一道闪电就能轻易做到。自打三年前贬谪松筠开始，京畿地面上就大不安宁，亢旱、洪水、风霾接踵而来，底下的议论亦多。如果皇帝被雷殛毙命，传扬出去，还不知会被演绎成何种奇事，是以满朝文武皆讳莫如深。这也可以解释颙琰为何没留下一句话，只一瞬间，便尔天人相隔也。至于说皇帝迷恋上一个小太监，与他搞同性恋时遭雷击，应说是小说家言了。

二、小金匣

雍正帝之后，清廷制定了一套特殊的皇位继承法：由皇帝将所选继位者的名字亲笔密写，装入匣中封好，放置于乾清宫正大光明匾额之后；而在出巡时随带小匣，以防不测。据仅存之道光帝传位匣，形制为长32厘米，宽16.7厘米，高8.7厘米，楠木包金，极是精致贵重。随带匣体积当会小很多，因称"小金匣"。颙琰辞世后，一众大臣赶紧寻找小金匣，居然谁也不知道在哪里。应也不能怪这些近侍重臣，平日里谁敢打听这个物件呢？事在紧急，大家一同忙乱，所有御用箱笼皆被翻了一个遍，还是没有踪影，兀的不急煞人也！

正在焦灼无奈之际，总管内务府大臣禧恩说话了，提出智亲王绵宁在紫禁城之变时枪击教匪，有定乱之功，理应继位。禧恩为多尔衮之后、睿亲王淳颖之子，嘉庆六年得头品顶戴，授头等侍卫，做过銮仪使、上驷院卿、奉宸院卿等，一直为颙琰近侍，虽说班列较后，这种时候出来讲话，也属应该。唯此人性格简傲，与人难以合作，平日威信不高，此言一出，大家面面相觑，无一人跟进呼应。

在御榻之侧的众大臣中，以赛冲阿排列最前。他是一员久经战阵的老将，为御前大臣、领侍卫内大臣，兼理藩院尚书，此时则默不作声。首席军机大臣托津生性迟疑，对继位大事更是万般犹豫，不敢决断。戴均元、卢荫溥、文孚莫不如此。嘉庆帝在世时乾纲独断，内阁和军机处多选用谨小慎微之辈，到紧急时便出现这种状况。禧恩见无人响应，大声吵嚷不休，托津等人就是不点头。时间一点点过去，总这样也不是个办法，最后商量出一个意见，即连夜赶往京师，请嘉庆皇后、现在的皇太后钮祜禄氏降旨。另一位总管内务府大臣和世泰率首领太监人等即刻驰驿而去，直奔圆明园，一则向皇太后禀报大行皇帝驾崩的消息，再则请太后颁降懿旨，确定继位者。

这是一个极其糊涂和危险的举措。

智亲王绵宁的母亲为孝淑睿皇后，于嘉庆二年故去，乾隆帝指定贵妃钮祜禄氏继位中宫，四年后册为皇后，史称孝和睿皇后。孝和皇后有两个儿子，即惇亲王绵恺和瑞亲王绵忻，皆已长大成人。前往报信的和世泰，又是孝和皇后的亲弟弟。一旦兄妹二人捏弄造作，定计让绵恺或绵忻入继大统，真也不是没有可能。还有一件费解之事：乾清宫正大光明匾额后当放着传位密诏，为何不去取呢？

和世泰等急急去后，大家继续寻找小金匣，也不知在当夜什么时分，居然找到了！说是由一个近侍随身保存。为何这么久才交出来？又是怎样交出的？记载均不详，也透着几分诡谲。总算是找到了，却又没有钥匙，托津心急火燎，当着大家的面拧掉锁头，开启金匣，果然见颙琰朱笔御书传位密诏，即召集众大臣跪伏聆听，当众宣读："嘉庆四年四月初十日卯初，立皇二子绵宁为皇太子。"绵宁顿时痛哭失声，在父皇遗榻前伏地不起。

时人包世臣在为戴均元所作碑文中，对此景记述甚详：

国之大臣

> 庚辰……七月，公（戴均元）偕满相托文恪公（托津）扈滦阳围，甫驻跸，圣躬骤有疾不豫，变出仓猝，从官多皇遽失措。公与文恪公督内臣检御箧十数，最后近侍于身间出小金匣，锁固无钥，文恪拧金锁，发盒得宝书。公即偕文恪奉今上即大位，率文武随瑞邸成礼，乃发丧，中外晏然。①

寻找密诏，以及禧恩当庭抗言之时，绵宁应该就在现场，其心惴惴，自不待言，却是缄默无语；待公推和世泰驰往京师请皇太后旨意，更不免疑惧，亦不便发表意见；待传位密诏出现，尘埃落定，百感交集，能不罄声一哭。

和世泰等人是在二十七日凌晨赶到圆明园的，京师已得知皇帝上宾的消息，传说纷纭。曹振镛有些不知所措，步军统领英和则显示出很强的应变能力，分派步军统领衙门员弁到旗营各门，逐处察访弹压，严加防范。一些传播谣言的人被拿获，京师安宁。二十九日，和世泰一行返回热河，宣示钮祜禄皇后懿旨：

> 我大行皇帝仰承神器，俯育寰区，至圣至仁，忧勤惕厉，于兹二十有五年矣。本年举行秋狝大典，驻跸避暑山庄，突于二十五日戌刻龙驭上宾，惊闻之下，悲恸抢呼，攀号莫及。泣思大行皇帝御极以来，兢兢业业，无日不以天下国家为念，今哀遘升遐，嗣位尤为重大。皇次子智亲王仁孝聪睿，英武端醇，现随行在，自当上膺付托，抚驭黎元。但恐仓猝之中，大行皇帝未及明谕，而皇次子秉性谦冲，素所深知，为此特降懿旨，传谕留京王大臣驰寄皇次子，即正尊位，以慰大行皇帝在天之灵，以顺天下臣民之望。②

----

① 包世臣：《大庾戴均元公神道碑》。
② 《嘉庆道光两朝上谕档》第二十五册，嘉庆二十五年七月二十七日。

大清家法极严，太后皇后绝多恪守祖宗规矩，后来的慈禧太后实属特例。孝和皇太后一道懿旨写得堂堂正正，入情入理，嗣皇帝绵宁倍极感动，当即恭折复奏：

> 本月二十五日皇父圣躬不豫，至戌刻大渐，子臣震惊哀恸，五中摧裂，昏迷失据。维时御前大臣、军机大臣、内务府大臣恭启匣，有皇父御书"嘉庆四年四月初十日卯初立皇太子御名"朱谕一纸。该大臣等合词请遵大行皇帝成命，以宗社为重，继承大统。子臣逊让，至再至三，该大臣等固请不已。本日恭奉懿旨，命子臣即正尊位。皇父皇母恩慈深厚，子臣伏地叩头，感悚不能言喻。惟是子臣德薄才疏，神器至重，实深愧惧，惟有勉力图治，以期仰副恩命。谨将匣所藏皇父朱谕恭呈懿览……伏祈圣母皇太后懿鉴。[①]

以后道光帝侍奉孝和皇太后极敬极孝，虽说出于天性，与继位时这一番周折，与孝和皇太后的高尚品德，应是大有关系。小金匣的出现，皇太后的谕旨已无实质性意义，设若另有选择也不会成功，也证明了那句老话——好人必有好报。

在京重臣以大学士明亮领衔，具折向新帝表达吊唁慰问，忆起送行之日，"仰见圣体康强，一如平昔"，绵宁朱笔夹批："遭此大故，实朕之大不幸大不孝也！"又奏称"圣躬仰承付托，至大至重"，朱批："大行皇父遗旨，顾命大臣推戴，万不得已，深惧才疏德薄，恐孚付托之重。惟赖尔诸大臣，上感在天仁德，下以匡朕之不逮，以保我大清亿万年之基业。"[②] 即位之初的道光帝，和煦谦退，对老臣敬重有加。

[①] 《嘉庆道光两朝上谕档》第二十五册，嘉庆二十五年七月二十九日。
[②] 录副奏折：明亮等，奏请准礼节哀事，嘉庆二十五年七月二十八日。

三、梓宫回京

嘉庆帝猝然死于热河，随着小金匣出现、宣示传位遗诏，人心大定，局面也从最初的惶惧慌乱中镇定下来。仓促继位的绵宁表现得极度悲伤，一天一夜，"哭不停声，竟日水浆不入口"，"以依清旷东直房为倚庐，席地寝苫，每日朝夕诣几筵前，上香二次，供膳三次"。[①]悲痛中的新帝仍打起精神，布置大行皇帝的丧事，而最首要的问题，便是梓宫（棺木）。先要将梓宫运到热河，为父皇盛殓，然后护送运回京师，正式治丧和安葬。二十六日，绵宁继位后连发谕旨，第一道便是以六百里加急，要内务府速运送梓宫前来。《清宣宗实录》卷一：

> 梓宫为万世闷藏之器，此间并无合制良材，朕心益觉难安。京城原有豫为储备者，着留京王大臣、内务府大臣即派委妥员，设法运送前来。饬令昼夜行走，能早一刻，务赶紧一刻。即将帮盖底拆开，用毡包裹，俟到此间，再行合成，均无不可。总以迅速为要，万勿刻迟。

二十七日，在京王大臣接到噩耗，不等新帝谕旨，立刻想到办理梓宫之事，飞奏内务府有乾隆年间备用的一套楠木梓宫，本来就是拆散收贮，"行走可期迅速，并将梓宫外椁包妥，于本日午刻自京起程"，又说"梓宫内应用各件，俱已检齐"[②]。朱批"办理甚好"。

新帝命直督方受畴在沿途搭建芦殿，并整修桥梁道路。热河地处关外，梓宫加上架扛，体积巨大，回京时无法通过关隘的门洞，必须另修绕行之道，

---

① 《清宣宗实录》卷一，嘉庆二十五年七月庚辰。
② 《清宣宗实录》卷一，嘉庆二十五年七月辛巳。

难度很大。穆彰阿时任工部左侍郎，受命督率工部司员，与直隶和顺天府官员一起负责道路的通畅。一个最高规格的治丧委员会迅速成立，肃亲王永锡、惇郡王绵恺，大学士托津、戴均元，吏部尚书英和、户部尚书卢荫溥、工部尚书苏楞额，户部左侍郎文孚、右侍郎禧恩，内务府大臣和世泰，受命恭理丧仪；礼部左侍郎那清安、右侍郎汤金钊等干练官员，得旨"速来热河，襄办丧事"。这里面没有王鼎。在京王公百官和宫中内官，被要求"于得信日一体成服"，绵宁还特地谕告仪亲王、成亲王节哀，说两位伯父俱已年高，不必远道来迎，届时在京外第一芦殿迎接梓宫即可。后又特地降旨，待帝辇抵京时，二亲王不必在路旁跪迎。

仪亲王永璇、成亲王永瑆迅即呈奏，请求新帝稍自节哀。绵宁洒泪批曰："朕实不幸不孝之至，愈思愈惧。惟赖诸伯随时随事，殚心指导，以期藐躬庶无大悔。"[①]全是晚辈礼节，一家人话语。与颙琰关系深笃的定亲王绵恩派儿子奕绍赶到热河，绵宁也很感动，降谕致谢。至于各地将军督抚大员，以及蒙古王公等，传谕依照乾隆帝逝世治丧之例，一律各守职责，不许来京叩谒。

八月初一日辰时，绵宁率群臣举行大殓礼，"恸哭失声，擗踊不已"，奉安梓宫于澹泊敬诚殿。热河总管祥绍、嵩年呈进食物，劝新帝节哀进餐，当即被斥回。新帝一直焦虑护送大行皇帝梓宫返京之事，再次传谕："能早一日，务紧一日；能早一刻，务紧一刻。"得方受畴奏报，关门绕越道路已经勘定，正在抓紧修筑，即决定十二日起程回京。

此年的绵宁已经四十岁，为充分表达纯孝和悲伤，对父皇梓宫，一路节节相送，节节相迎。当日梓宫由避暑山庄启驾，绵宁诣几筵前奠献，恸哭尽哀，一路哭随至丽正门外，跪候梓宫升大升舆，"步送至红桥西，哭不停声"；然后从小路赶到城外芦殿，等待梓宫来到，哭泣跪迎，奉安讫，行夕奠礼。自后每日朝夕祭奠，先送后迎，哭拜尽哀。一路上都是如此，前后十一天，终于在八月二十二日到达京师。《清宣宗实录》卷三：

[①]《清宣宗实录》卷二，嘉庆二十五年八月乙酉。

> 上诣芦殿行朝奠礼，跪送梓宫启行；步从里许，由间道先至安定门外，跪迎灵驾；复步从里许，至东华门外跪迎，上恸哭尽哀，王公百官均跪迎举哀。上恭引梓宫至景运门外，自大舆升小舆，上跪候换舁，梓宫入乾清宫，上随入，立殿檐东，哭不停声。皇太后、皇后以下宫眷跪迎于乾清宫内之右。奉安大行皇帝梓宫于乾清宫，上号泣，行奠祭礼，王以下文武官员俱举哀行礼。上哀号瞻恋，不忍暂离，王大臣等恳上节哀，至于再四，上乃尽哀而退。

绵宁至弘德殿向皇太后请安，母子对泣，经久乃止。从这天开始，他就以上书房为倚庐，席草而卧，每日晨昏诣梓宫前上香供膳，直至九月初九日，天天如此。

第四节　又一次改朝换代

嘉庆二十五年八月二十七日，绵宁在太和殿即皇帝位，改名旻宁，是为道光皇帝。有拥戴功的禧恩已升任御前大臣，当日赏在紫禁城骑马。道光，高尚的道德之光，大道辉光，寓意甚美。此年号不知何人所拟，亦不知是要追褒先帝，还是期许新君，引出的却是一段特别艰难的岁月，对旻宁如此，对整个中华民族更是如此。

至于野史中，也有人拿着这个年号做文章，大道的道，据谐音改为"到"或"倒"，以证明隐含着不吉利。

一、遗诏风波

如果说真正的嘉庆遗诏，应是小金匣内那张朱墨小纸条，字数不多，至关重要，通常将之称为传位密诏。至于遗诏，则往往长篇大论，要回顾一生事业，文治武功，包括大坎坷大麻烦及战而胜之的经过，都得说一说；还要谈理政之心得、施政之美善，也需点缀一些为政之遗憾；至于对继承人的夸奖赞誉，对国家未来的希望，自也必不可少。说是遗诏，实则几乎没有几篇出自逝者之手，多由身边重臣代为撰拟，由新帝审定。颙琰驾崩次日，绵宁被拥立之后，即命托津和戴均元拟写遗诏。

二人既是内阁大学士，又是军机大臣，自也责无旁贷。托津领袖枢机，毕竟不长于文字，执笔者应是翰林出身的戴均元。虽事出突然，又不在京城，缺少参考文献，一篇遗诏仍写得声情并茂。文字不甚长，兹移录如下：

朕仰蒙皇考高宗纯皇帝授玺嗣位，亲承训政三年，惟以敬天法祖、勤政爱民，为保邦制治之大经。履位以来，严恭寅畏，惟日孜孜。思天立君以为民，以养以教，责在一人。亲政之初，值川陕楚邪匪未靖，训励统兵大员，整饬戎行，筹笔四载，逋寇以次歼除。嗣是海宇乂安，闾阎乐业，朕怀保惠鲜，与民休息。乃十八年复有奸民作慝，阑入禁门，逆党勾连曹滑，蔓延三省。幸赖上天佑顺，渠魁捕戮，余孽殄夷，为期曾不再月，中外肃清。朕深思邪教之害民，屡申训谕，以肃吏治，以正人心，整纲饬纪，期于政清而俗厚，盖未尝一日释诸怀也。黄河自古为中国患，先是云梯关下海口垫淤，下壅上决，屡有漫溢之警。朕不惜帑金，堤防疏浚，俾复故道，奏安澜者越六七年。上年秋霖异涨，豫河南北漫口数处，而武陟横流，穿运入海，为害最重，今春督治，甫告成功。而南岸仪封复溃，饬谕河臣于秋后兴筑，业已程工拨帑，计今冬可期蒇事。朕轸念民生，惟惧一夫失所，遇四方水旱之灾，蠲租发粟，随奏辄下。上年朕六旬正庆，薄海臣民胪欢献祝，爱戴出于至诚。朕思逮以实惠，诏蠲免积欠银谷凡二千余万，以期家给人足，共登熙皞。今岁自春徂夏以及于秋，旸雨应时，各省皆报丰登，朕心豫悦。孟秋中旬，恪遵彝训，将举木兰狝典，先驻跸避暑山庄。朕体素壮，未尝疾病，虽年逾六旬，登陟川原，不觉其劳。此次跸途偶感暍暑，昨仍策马度广仁岭，迨抵山庄，觉痰气上壅，至夕益甚，恐弗克瘳。朕仰遵列圣家法，曾于嘉庆四年四月初十日卯初豫立皇太子旻宁，亲书密缄，置秘匮。十八年禁门之役，贼逾宫垣，皇太子手发火枪，连毙二贼，余党惊坠，禁籞获安，厥功甚巨。因建储之命未宣，先封智亲王以奖殊庸。今疾弥留，神器至重，允宜传付，乃命御前大臣、军机大臣、内务府大臣公启密缄。皇太子仁孝智勇，必能钦承付托，其即皇帝位以嗣大统。为君之道，在知人，在安民，朕尝论之详矣，然而行之实难。其深思而力持之，登进贤良，爱养黎庶，以保我国家亿万年丕丕基。《记》曰"孝者善继人之志，善述人之事"，可不勉哉！朕贵为天子，年逾周甲，获福亦云孔厚，惟我后嗣，克承予志，使天下永享太平之福，则朕之愿慰矣！朕受玺后，二兄一弟，同予侍养。今春庆亲王先逝，自兹存者惟仪亲王、成亲王，遂不获相见，其二王一应罚俸处分，着概予宽免。《书》载"虞舜陟方"，古天子终于狩所，盖有之矣。况滦阳行宫，为每岁临幸之地，我祖、考神御在焉，予复何憾？丧服仍依旧制二十七日而除，布告天下，咸使闻知。①

这份遗诏颁发于八月初五日。当日大学士恭奉遗诏，由内阁官员引导至澹泊敬诚殿檐下，嗣皇帝旻宁（据遗诏应已改名）肃穆接过，安奉于灵前黄案上，跪拜行礼，大学士入殿，至黄案前跪叩行礼，奉遗诏由中门出，交与礼部堂官，宣读遗诏，颁示天下。以遗诏颁布为标志，大清统绪确定，人心大定。回京之后，旻宁即组建纂修父皇实录的班子，托津任监修总裁官，

---

① 《清仁宗实录》卷三七四，嘉庆二十五年七月己卯。

戴均元、伯麟、英和等为总裁官,王鼎列名副总裁。

今天所能看到的这份遗诏,是一个经过修订的版本。原件无存,文字绝多相同,唯最后部分,原诏称乾隆帝诞生于避暑山庄,能死在父皇的降生地,自是毫无遗憾。而实际上弘历出生在雍和宫,遗诏颁布海内外,竟然将皇祖出生地搞错,其罪非小!回京之后,很快有人发现这一点,告知曹振镛,再密告皇上。旻宁倒也主动承担责任,"彼时军机大臣敬拟遗诏,朕在谅闇之中,哀恸迫切,未经看出错误之处,朕亦不能辞咎",但对拟写遗诏诸臣,仍派曹振镛、伯麟、英和等人严厉追问。托津等辩称依据的是嘉庆帝《御制诗初集》注,旻宁即加批驳谴责:

> 朕敬绎皇考诗内语意,系泛言山庄为都福之庭,并无诞降山庄之句,当日拟注臣工,误会诗意。兹据军机大臣等称实录未经恭阅,尚属有辞。至皇祖《御制诗集》久经颁行天下,不得诿为未读,实属巧辩。除托津、戴均元俱已年老,无庸在军机处行走,并不必恭理丧仪,与卢荫溥、文孚一并交部严加议处;卢荫溥、文孚年力尚强,与托津、戴均元行走班次在前者有间,着仍留军机大臣。遗诏布告天下,为万世征信,岂容稍有舛错!故不得不将原委明白宣示中外,着将此旨通谕知之。①

最先看出此一错误的是编修刘凤诰。他因事遣发黑龙江效力,三年后被释回江西老家,又过了五年,嘉庆帝对他终不能忘,以编纂《清高宗实录》"曾有微劳,学问亦可",赏给翰林院编修,令来京供职。凤诰熟知乾隆朝典故,一下子就发现遗诏之错,以其身份是不能奏事的,便由交情甚深的曹振镛转奏。而道光帝则宣称自己已有所怀疑,经核对《清高宗实录》,并查阅乾隆帝《御制诗集》,证实原文之误。以托津、戴均元负有主要责

---

① 《嘉庆道光两朝上谕档》第二十五册,嘉庆二十五年九月初七日。

任，责令退出军机处，各降四级；卢荫溥、文孚各降五级，仍留在军机处。新帝还命以六百里加紧，传谕各相关督抚，将发往各藩属国的遗诏扣留，等待更换。

至九月下旬，修正后的遗诏已经再次颁发，又有人奏称发现了错误。一个叫承绵的闲散宗室，由肃亲王永锡代奏，指称清文版有两处错误。道光帝连忙命人核对，结果并无差错，有些生气，降旨责斥，谓此风实不可长。

二、正人与庸相

还是在癸酉之变后，京师流行一个对联："庸庸碌碌曹丞相，哭哭啼啼董太师。"① 以臭名昭著的曹操和董卓指代两位内阁大员，贬义很明显。教乱消息传来，董诰力请回銮，慷慨陈词，以至于涕泣；而曹振镛新晋大学士，奉旨留守京师，看不出其有任何作为，昭梿所记紫禁城之变甚详，也没见这位曹丞相的身影。他的作用大概就是不作为，明明是应变无术、手足无措，却解释是"于乱定后镇之以静，畿甸遂安"。据说曹振镛曾加反驳："此时之庸碌啼笑，颇不容易。"可知这位大员粉饰遮掩、自我保护的能力，也称一流。

"为君之道，在知人，在安民"，是遗诏中引用之经典，也是那年春日经筵上穆彰阿、王鼎的讲题。颙琰曾加阐发："安民为致治之要，知人为安民之本"，曰"为人君能哲而惠，则所知皆正人，所用尽贤臣，岂患民不安乎？既为人君，孰不愿天下乂安，兆民乐业？所以不能如愿之故，由于不能知人、不能用人也。"② 遗诏所述即此。

旻宁继位时已近四十岁，对朝中大臣自也心中有数，治丧过程中出现了与松筠相扶而泣的一幕：

---

① 陈其元：《庸闲斋笔记》卷四，董曹两相国遗事。
② 《清仁宗实录》卷三六七，嘉庆二十五年二月己丑。

第五章 猝然而至的帝位更替

> 是日出东华门,进景山东门,上哭泣步送,京中自王公大臣官员以下,皆得俯伏甬道之左哭送,白袍列跪者不下千万人。余亦在班中,遥见上步行甫半,忽趋至甬道边,扶一跪伏者之手,大哭失声,跪伏者亦抢地大哭。众远察之,则松公也。时公仅赏一骁骑校,不过兵丁拔补之阶,而至尊当哀痛迫切之际,竟能于千万人中物色见之,非平日鱼水之契有异寻常,何克臻此。翼日,即有副都御史之命,而公仍得左右赞襄矣。①

他做皇子时,就对原任内阁首辅松筠深有好感,对其谏诤遭贬深怀同情,可要说"鱼水之契"则过了。很多敏感的官员将此看作一个信号,新帝当也有意发出一个信号,即尊重官员中的正人君子。十月,松筠升左都御史,大家都以为即将大用,忽于十一月授热河都统,舆论大哗。侍讲学士顾莼奋然上疏,认为新帝可能听信谗言,已有疏远之心。旻宁有些生气,叱其"信口乱言",但由此看出人心向背,半年后授松筠兵部尚书,接着调吏部尚书,赏戴花翎,赐紫禁城骑马,再入军机处。可松筠干了不到一年,中间还往保定署了三个月的直隶总督,就被一脚踢出枢垣。

松筠之错,是擅自修改理藩院的文稿。道光二年(1822)六月,乌里雅苏台将军奏报潜住之哈萨克和科布多商人私下交易,理藩院奉旨议覆,松筠对边事较熟,见所议不妥,便直接做了改削,发回重录再报。理藩院尚书是禧恩,以拥戴之功叠受擢赏,势头正劲,以为奇耻大辱,立刻具本劾奏,得旨:"六卿分职,各有专司。若将别衙门所办之事,妄加删改,实属罕见罕闻。即和珅当日之专权横恣,亦未敢公开出此,实属胆大妄为。"②旻宁命大学士、军机大臣会同九卿议罪,内阁首辅和首席军机大臣都是曹振镛,

---

① 梁章钜:《归田琐记》卷六,108—109页。
②《国朝耆献类征》卷三六,宰辅·松筠。

很快定议上奏。《清宣宗实录》卷三七:

> 松筠以吏部尚书在军机大臣上行走,如果于边疆事宜确有所见,自应于召见时据实面奏;或恐不能详尽,亦可另折敷陈。即理藩院所议果有未协,松筠何难于该衙门具奏后专折奏驳。乃辄将该堂官定议折稿任意删改,实为从来未有之事。

不光没有为松筠分解,所议处分为革职遣戍,也明显从重。其不一定属于有意加害,见皇上将此事上升到与和珅相比的程度,拟罪便不能不狠一点。

这就是曹振镛的风格。

旻宁登基时,曹振镛已然六十六岁,以一身兼领内阁和枢垣,精神健旺,尽心职事。道光四年,曾由长龄出掌军机处,只一年便又改回,自此至十五年正月曹振镛病逝,皆为曹氏一人兼领,倚信之专,委任之重,为历朝所罕有。曹振镛才质平平,军国大政一无专长,既不通财赋水利,又不能统兵靖乱,凭的又是什么?

其一,曹振镛忠于职守,自律甚严,且老于世故,处处注意形象,注意收服人心。他的家族世代为安徽盐商,陶澍为其门生,在淮北实行票盐制,不能不损害大盐商的利益,心中有所不安,写信向老师请教。曹振镛支持他改革盐务,有记载:

> 太傅(曹振镛)廉淡,亦有不可及者。陶文毅公澍总督两江时,以商人借引贩私,国课日亏,私销自畅,至有根窝之名,谋尽去之。而太傅家旧业盐,根窝尤夥,澍又出太傅门下,意颇难之,因先以书问,太傅答曰:"苟利于国,决计行之,无以寒家为念,世宁有饿死宰相乎?"[①]

---

① 朱克敬:《暝庵杂识》卷四。

总觉得这位曹丞相与前明首辅严嵩有几分相像，实际也如此，然光是这份坦荡无私，严嵩便望尘莫及。

还有一个故事，说的是曹振镛的敦厚与内敛：

> 道光某年，成皇帝大考翰詹，诗题"巢林栖一枝"，众皆不知所出。公在军机，谓同官曰"此左太冲咏史诗也"，将全诗背诵，不失一字。成皇帝阅卷毕大怒，以为翰林词臣也，无学乃尔，欲再试之。明日召见公，询公诗题出处，公以不知对，成皇帝曰："汝亦不知，无怪若辈也。"遂已。军机诸臣叩公曰："昨公背诵全诗不失一字，今奏对何以言不知耶？"公曰："偶然耳，若皇上再以他题询，其能一一对耶？"人以为公之虚怀不可及云。①

此事传扬出去，参加考试的众翰林能不感激涕零，由衷折服？另一个版本是，振镛先对皇上说不知，出来又背诵无误，且曰："知此何足道，不知亦无大失，炫己损人，吾不为也。"②倒也很像一个丞相的口角风神。

历来人间英才无多，庸才多多。庸才也是人才，常显得品学端正，常见出一些美德，而一旦将庸才拔置高位，给国家民族带来的后果将十分可怕。道光帝本质平庸，对曹振镛的行事风格甚为满意，剿擒张格尔之后，为其题写像赞："亲政之初，先进正人。密勿之地，心腹之臣。问学渊博，献替精醇。克勤克慎，首掌丝纶。"③正人，克勤克慎，皆属对曹振镛的准确描述。从未见其结党营私、耍奸躲猾，而是一直兢兢业业、谦虚谨慎，直到生命的最后一息。

正是在曹振镛兼领阁枢的十四五年间，清朝更快地走向凋敝没落，辅

---

① 张星鉴：《书曹文正公轶事》，《续碑传集》卷二。
② 姚永朴：《旧闻随笔》卷二，曹文正公。
③ 《钦定平定回疆剿擒逆裔方略》卷之首，军机大臣像赞·大学士曹振镛。

弼之责亦大矣！素称老成持重的他，自不会也不敢隔断皇上与臣下的联系，却以一己之言行去施加影响。道光帝即位初期，苦于奏章太多，批阅难尽，振镛当即出了个馊主意：从奏本中挑出一些书写错讹，以朱笔标出，发给臣下传阅。旻宁即照此施行，很快形成举朝关注细枝末节的风气，甚至影响到科举。陈康祺《郎潜纪闻二笔·殿廷考试专尚楷法之由》：

> 宣宗初登极，以每日批览奏本外，中外题本，蝇头细书，高可数尺，虽穷日夜之力，未能遍阅，若竟不置目，恐启欺蒙尝试之弊。尝问之曹文正公振镛，公曰："皇上几暇，但抽阅数本，见有点画谬误者，用朱笔抹出。发出后臣下传观，知乙览所及，细微不移，自不敢忽从事矣。"上可其言，从之，于是一时廷臣承望风旨，以为奏折且然，何况士子试卷，而变本加厉，遂至一画之长短、一点之肥瘦，无不寻瑕索垢，评第妍媸。以朝廷抡才大典，效贱工巧匠雕镂组织者之程材，而士子举笔偶差，关系毕生荣辱，末学滥进，豪杰灰心，波靡若斯，虽尧舜皋夔之圣贤，岂能逆料与？

庸才当道的大弊之一，就是大量汲引庸人，阻断有志者的进取之路，试想这样考出来的进士，又能有多少栋梁之材呢？

不独对皇上献了这么一招，阻塞言路，且开空疏浅陋、琐碎饾饤之风气，曹振镛对属下和晚辈更是如此，"门生后辈有任御史者，见必诫之曰：毋多言，毋豪意兴。由是台谏循默守位，寖成风俗矣"（《暝庵杂识》卷四）。连司职谏诤的科道官都不敢说话了，看似平和的曹振镛，威势也着实了得。司马光《迂书·辨庸》："苦心劳神而不自知，犹未免夫庸也。"真像是专为旻宁和曹振镛说的。如果说道光帝为庸主，振镛便是庸臣，庸者多壅，不管他们多么勤政和节俭，国事都会愈益不堪。

三、割不断的陋规

亲政之初，道光帝看上的不光曹振镛等，还有英和，一是久知其忠赤精强，对他的应变和办事能力也甚为赞赏。留守京师的英和，是最早向新帝奏报情况的大臣之一，除表达震惊悲伤外，还采取了一系列稳定民心和治安的举措，使旻宁很满意，御批"办理得法"。

托津、戴均元被逐出军机处后，曹振镛、英和、黄钺成为军机大臣，曹、黄系第一次入参枢机，英和则不然，早在嘉庆九年就以太子少保、户部左侍郎进入军机处，一年后降级退出，后又两入枢垣，待的时间都很短。性格就是命运。果敢明敏、勇于任事与简单轻率，应都是英和的性格特征，其一生的上上下下，无不与此相关。

新帝即位伊始，再为军机大臣，钦授阅兵大臣，让英和很振奋。这是他与旻宁的政治蜜月期，皇上以军国大事垂询，英和罄一己之所知，积极建言。时各地灾害频发，漕运、盐政、钱法积弊难解，国家财政日益吃紧，君臣所议以此为多。英和建议由清厘陋规入手，逐项扭转经济颓势。旻宁深以为然，发布谕旨，命各地官员清理陋规，并详述其弊：

> 直省大小官员，自雍正年间议设养廉，由督抚以至州县借以为办公之资，迄今将届百年。督抚司道俸廉较厚者尚敷公用，至府厅州县，养廉只此定额，而差务之费、捐摊之款日益加增，往往有全行坐扣、禄入毫无者。虽在洁清自好之吏，一经履任，公事丛集，难为无米之炊，势不得不取给陋规，以资挹注；而不肖者则以为少取多取均干吏议，转恣意征求，除办公之外，悉以肥其私橐。上司心知通省官吏莫不皆然，岂能概行纠劾，遂阳禁而阴纵之。于是箕敛溢取之风日甚一日，而闾阎之盖藏，概耗于官司之朘削，民生困敝，职此之由。与其私以取之，何如明以与之？

> 朕思国家立制，必循名责实，始能奉行无弊。直省相沿陋规如舟车行户、火耗平余、杂税存剩、盐当规礼，其名不一，有此邑有而彼邑无者，有彼邑可裁而此邑断不能裁者。与其号为禁革，巧取如常，上司可借以恐吓属员，小民可借以控告长吏，何如明定章程，立以限制，使无所借口乎？惟各省情形不同，着该督抚督率藩司，将所属陋规逐一清查，应存者存，应革者革。勿博宽厚之名，勿为溪刻之举，务各秉公详议，期于久远可行。或以此之有余，补彼之不足，俾府厅州县足敷办公而止。奏定之后，通行饬谕。如再有以赔累为词，于此外多取于民者，一经发觉，即行从重治罪，不稍宽贷，庶廉吏得以措施，贪人无从影射。此系朕恤吏之心，正所以爱民之意，名实不淆，吏治清而民生自厚矣。①

此旨于九月十一日颁发，吏部左侍郎汤金钊、山西学政陈官俊、礼部尚书汪廷珍等人相继陈奏，以为难以施行。三人皆出身翰林，先后入直上书房，任总师傅或师傅，教皇子读书，与旻宁感情深笃。如汪如汤，皆称"正色立朝，清节并著"。

汤金钊奏曰："陋规皆出于民。州县犹未敢公然苛索者，恐上知之而治以罪也。今若明定章程，即为例所应得，势必明目张胆，求多于额例之外，虽有严旨不能禁已。况名目碎杂，所在不同，逐一检察，转滋纷扰，殆非区区立法所能限制也。"② 所议不在于要不要取消陋规，而在于谕旨中"应存者存，应革者革"一句。此是英和奏议的核心内容，意在兼顾到各级官员的利益，没想到其间的确有漏洞：若确定一些陋规应保留，不独加重小民负担，也实在有乖政体。

数日后，道光帝就此再发谕旨："须知朕此次降旨交议之意，原因爱

---

① 《嘉庆道光两朝上谕档》第二十五册，嘉庆二十五年九月十一日。
② 鲁一同：《诰授光禄大夫太子太保衔头品顶戴致仕光禄寺卿汤文端公神道碑》，见于《续碑传集》卷三。

第五章　猝然而至的帝位更替

惜民力，为闾阎多留盖藏……凡议存之项，必当酌盈剂虚，上无伤乎国体，下悉协乎舆情。只期该地方官足敷办公而止，于平日滥收滥取之数，有所减，无所增，方为允协。国家取民之道，一丝一粟，皆有常制。此次议存之款，因其相沿已久，名为例禁，其实无人不取，无地不然。与其私以取之，何如明以与之，且示以限制，使此后不敢加增。若该地方官视此为分内应得之项，复于此外设法巧取，更或以奉旨准取陋规，因之竭民脂膏，益无顾忌，该督抚不加查察，则与朕意大相径庭。朕非姑息之主，必当执法惩治。"①显然，这是听取汤金钊等人意见后，下达的一份补充说明，以澄清欲禁反滥之弊端。

这期间，御史王家相条奏革除漕务积弊一折，既与陋规关联，又指向一个贪腐恣横、积重难返的领域，"州县之浮收，则以津贴旗丁帮费为词；旗丁之勒索，又以沿途需费及漕运各衙门规礼为词"，做什么都有理由，而且还显得冠冕堂皇。军机大臣议了半天，找不出什么万全之计，只好要求相关督抚及漕运总督、仓场侍郎提出解决方案。于是，革除陋规之议就像捅了一个大马蜂窝，一时嗡嗡嘤嘤，议论纷纭，谁都能讲出一番道理来。旻宁一向缺乏主见，听得脑袋都大了，干脆将英和由吏部调任户部尚书，让他直接负责拆解此事。由此看来，皇上的决心并无改变，但见出其复杂性，态度转为审慎。之后，御史郑家麟奏称清查陋规应从容办理，道光很赞同，批了一大段话，流露出内心的犹疑，发给各督抚议奏。

封疆大吏开始说话了。直督方受畴来京，以资历稍浅，皇上询问时只是奏称难度较大；川督蒋攸铦来京陛见，说法就较为激烈，"力陈其不可"。两江总督孙玉庭就江苏漕务上奏，提出实际操作之难，"旗丁帮费，不能遽裁；沿途陋规，不能尽革；州县浮收，不能尽去"，接下来对查办陋规发表驳议，曰：

禁人之取，犹不能不取；若准人以取，则益无顾忌，势必竭

① 《嘉庆道光两朝上谕档》第二十五册，嘉庆二十五年九月十六日。

171

民脂膏而后已。迨发觉治罪，而民已大受其累。府厅州县禄入无多，自昔以来即不能不借陋规以充办公之需，然未闻准其加取于民，垂为令甲者，诚自古无此制禄之经，且不可于常禄外别开取利之门。是清查徒滋纷扰，尤失政体。乞停止查办，则天下臣民幸甚！[①]

汤金钊与孙玉庭皆在高位，素享清正明练之誉，深知州县治理之艰窘，深知任何简单化举措都是扬汤止沸，提出"有治人无治法"，即关键在于治理者。金钊说得更透彻："吏治贵在得人，得其人，虽取于民而民爱戴之，不害其为清；非其人，虽不取于民而民嫉仇之，何论其为清？"比较起来，从未在地方任过职的英和，显得有些过于操切匆率。

见这么多大臣表达不同意见，道光帝由坚决到犹豫，再到后悔，命将孙玉庭奏折发交军机大臣阅看，却不让英和看，召集诸臣议事，也不许英和参加。待这次御前会议结束，即传旨英和不必在军机处行走。十二月十三日，旻宁撤回清查地方陋规的旨意，将出台的过程公诸臣下，由英和来承担莽撞孟浪之责，再次将之逐出军机处。皇上说他听信邪言，率尔陈奏，责备之意甚明。而汤金钊、蒋攸铦、孙玉庭诸大臣则受到褒奖，誉为诤臣、公忠体国之大臣。

没有看到曹振镛在此事上的态度，自也可以推想：初发查办陋规之旨，作为枢相的曹振镛必也赞同推助；及见反对者众，见皇上改变了主意，即随风而转，将一个强有力的竞争者挤出，岂不快哉！

---

① 《国朝耆献类征初编》卷三六，宰辅三十六·孙玉庭。

【第六章】

有多少"事件"要查办

第六章 有多少"事件"要查办

不愿将王鼎外放督抚,要他留在身边,以备查办事件,是嘉庆帝亲口所讲。所谓"事件",包含甚多:对盐政、钱法的清理整顿,对某项大工、某地灾赈、税收积欠或官员侵占的查办,更多的则是各类民事案件。很多打架致死、因奸害命的个案,由于地方官的贪赃包庇,层层遮掩,数年难以了结,转成大案要案。王鼎为此频频出差,奉旨查办。而大多数案件的案情并不复杂,只要认真公断,即能得以顺利解决,王鼎就是一个认真公正的人。

贪腐社会最不缺少严刑峻法。官员也不都是要舍命捞钱的,职务带来的便利,已可生活得不错,又何必冒险犯禁?但这种背景下,会大量产生圆滑之人,想找一个秉公执法者,已经有些难度了。嘉庆帝,还有其子道光帝,都将王鼎作为一个可以信赖的大臣,开始是协查,后来为钦差,正是看中了其品德和认真办事的态度。

第一节 弊案丛杂

一个新的帝王即位,常也伴随新一轮的清查和整顿,清查涉及所有与资金资产相关的领域,整顿则集中于吏治。不管是清查还是整顿,一旦被皇帝盯上,便会成为钦办大案。轮到道光皇帝执政,清理陋规之议遭到臣下激烈反对,意味着全面的治理整顿已经很难做到,只能是抓重点,从案件入手了。

自道光元年春至次年秋,王鼎一直在外地办案,一件接着一件,常是此案未完,又接到新的谕旨,奔波于数省之间,鞍马劳顿。所办皆奉皇上钦命,大多与整顿吏治相关。

一、大名知府喝花酒

道光元年(1821)二月初一日,王鼎与工部右侍郎那清安奉旨驰往直隶大名府，查办大名知府王履泰、河南押运同知陆有恒挟伎饮酒案。此时正值嘉庆帝大丧期间，王知府未经科举，嘉庆十三年进呈所著《畿辅安澜志》，钦命以通判即用，也算受先帝深恩，却将女档（即歌舞女伎）传唤进知府衙门，与客人喝酒听曲，公然违反禁令。

二月十二日，那清安、王鼎一行抵达大名，将王履泰先行解任，并飞咨直隶、山东截提陆有恒到案，随即展开密集调查和讯问。先密札大名、元城知县按名查拿涉事女档，同时对知府署中茶房跟班等分别问询，始皆抵触不说，经昼夜熬审，很快就打开缺口，供出当年正月两次喝酒唱曲的情形："正月十三日有陆同知来府署拜会，王履泰留吃便饭，随有女档二人进署唱曲；十五日，陆同知又带有女档两班一共五人进署，饮酒唱曲。"几拨女档也被拿获，其中的金福、玉福正是十三日唱曲之人。取得基本证据后，那清安和王鼎即提讯王履泰，倒也交代得很爽快：第一次是陆有恒来府商议剥船的事，留下便饭，陆问有无唱曲的，曰不知，陆说途中看到不少女优，岂府城反而没有？立刻派人去找了二人来唱，自己碍于面子，不好拒绝；两天后陆同知再来，先派家人持帖送来女优两班，履泰不让进署，后陆有恒到，将女优带入，唱了几曲，吃晚饭就散了。两钦差将这些情况奏报皇上，也提出必须将陆有恒拿到质讯，才可定案。道光帝看后批曰："据王履泰所供，陆有恒甚属可恶，一经解到，务要彻底严究！"[①]对这位押运同知，应是厌憎至极。

钦差率领的办案班子，例由刑部等三法司选派强干司员，想要蒙混过关也很难。陆有恒身任运河押运，具有很强的流动性，一时找不到，先对王履泰的一班家丁隔开严审，均说前一次是陆有恒提议，后一次确实是其带来的，"异口同声，如出一辙"。第二次来署唱曲的两班女档被带来，说法与家丁全同，只是问到是谁收的陆有恒名帖，帖现在何处？便支支吾吾，

[①] 副奏折：那清安、王鼎，奏为遵旨查办直隶大名府知府王履泰被参女档在署演戏事，道光元年二月十七日。

答不出来，更交不出来，引起办案人员怀疑。

三月初一日，在武清县被截住的陆有恒终于归案，讯问之下，说法大相径庭：前一次既非他提议，后来更不是他用名帖唤来，表示愿意当面对质。当即提审那些家丁茶房，仍不改口，还是唱曲的顶不住熬审（光一个"熬"字，就非年轻的卖唱女子所能支撑），交代出根本没收过陆同知名帖，是府中派一位徐二让这么说的。拿来徐二，又供出系受王履泰之托。到了这时候，王履泰也只有俯首认罪，交代了妄图推卸责任，托人串供的事实。其实王、陆二人原来并不认识，陆有恒押船经过时遇浅起驳，到府署拜望，大约相谈甚欢，先是喝酒闲聊，然后便想到命伎侑酒，仍不脱文人积习。那清安、王鼎等奏折对此记述颇详：

> 本年正月十一日，陆有恒押运粮船抵大名县属龙王庙地方，因水浅停泊起剥。十二日即有翠林班女档至陆有恒船上请安，陆有恒外出，其幕友即令唱曲，陆有恒回船赏钱二千文散去。十三日，陆有恒往府署拜望，王履泰留食便饭，并声言两人相对寂寞，令家人杨升传唤女档，陆有恒并未拦阻。杨升即告知门丁高捷将女档金福、玉福唤至署内唱曲，同听至二更各散。十五日，有翠林、双环两班班头带领女档金升、双福、金嬛、玉嬛等各执手本，至府署请安，门丁刘保回明，王履泰未令进署。适陆有恒前往辞行，王履泰又复留饭，即与陆有恒商量，令家人刘升告知高捷，将两班女档唤入唱曲，至二更后遣去。①

由此可见，对陆有恒来说，听听曲儿也是家常便饭，而王履泰所推诿的，也非没有一点儿影子。只是将责任全推到他人身上，见出其品格之庸劣。

---

① 录副奏折：那清安、王鼎，奏为审明已革大名府知府王履泰等挟伎饮酒等情一案按律定拟事，道光元年三月初四日。

审讯的重点转向王履泰，究竟几次如此消遣？光是听曲，还是也叫过戏班？与唱曲女子有无奸情？串供时是否给了钱？如果前面还以"熬"为主，后面则更加严厉，甚至动刑，但真的就唱了这两次，既无淫秽行径，串供时也没给钱。奏报朝廷，二人皆被革职，王履泰发往黑龙江充当苦差，陆有恒发往军台效力赎罪。道光帝由此得知直隶和鲁豫境内，常有女档往来演唱，论为"最为风俗人心之害"，严令各督抚查察禁止。

就在二人于大名府办案同时，京畿地面又出事端，有人举报天津县知县汪本贴出告示，以兴修水利为名，委派葛沽巡检逐村挨段查勘水田，按亩丈量，借机敲诈勒索，书役四出纷扰。道光帝令那清安、王鼎回程时前往访查，并顺道借晤面之机，察看长芦盐运使陈文骏是否已老得不能办事。

那清安、王鼎等于三月十四日到达天津府静海地方，先行密访，大致掌握了知县汪本先出告示，然后派人撕毁之事，以及一帮书吏借机索取的基本情况。三日后至天津府城，经审讯，事情始末很快清晰：上年十月间，军机大臣会同户部等计议兴修营田水利，经御旨批转，直隶总督方受畴令各州县上报"向有田亩"之数，指的是雍正间曾是稻田，现今已荒废之属。汪本误会为饬查现有稻田，便贴出告示，命葛沽司巡检吴学研率同书吏谢大年等按亩丈量。机会来了！书吏兵役吓诈滋扰，一时弄得鸡飞狗跳，各村农民被迫花钱免灾，"当有咸水沽、葛沽、新城、盘沽、泥沽等村庄共凑京钱八十九吊，由乡民高芝庭、顾洪、郭澄、廉玉、刘富安、吴商贵、苏奎光，并地保毕舟等八人先后分送谢大年等收受，并有咸水沽乡民王德山给付京钱十五吊……"[①]后来汪本发现理解有误，急忙派家人到各处撕毁告示，又将勘查记录和账簿一律改过。此案查清，具体负责的巡检吴学研革职杖遣，汪本革职，失察之天津知府李蕃、天津道李振翥、直隶总督方受畴也都受到处分。

[①] 朱批奏折，那清安、王鼎，奏为审明天津县知县汪本违令出示书吏借端需索案按律定拟事，道光元年三月二十八日。

至于被人指称年迈昏庸、由女婿代行公事的盐运使陈文骏，两人奉旨验看，见其头脑清晰、步履强健，经查乃婿应某也无过分行为，即行奏报。岂知军机大臣字寄又转来上谕，要求进一步"访察应姓有无招摇确据"。经过五天密访，二人再次上奏，称"细加体访，陈文骏之婿应姓实止在署代理家务，并不出外交接官商"[①]，事情才算过去，只不知是谁背后点的眼药。

这次出京办案，以那清安为主，王鼎副之，办得认真细致，所提处理意见亦明快得当，给皇上留下很好的印象。那清安出身满洲叶赫那拉氏，嘉庆十年进士，比王鼎科名虽晚甚多，年龄则相仿，又长期为翰林院同僚，意气应也相投。此次联袂出击，迅速定案，办理亦公道，回京后那清安擢升都察院左都御史。

二、强项令闹官厅

强项令，指的是齐河知县蒋因培，所闹的是山东巡抚衙署。

五月初二日，道光帝接初彭龄密奏，即派王鼎与兵部左侍郎成书"驰往山东查办事件"。先是去年秋冬间，山东巡抚钱臻奏称所管曹州临沂等地方，有讼棍指官撞骗、勾结官府，拟对一批知县、县丞革退或惩戒，御批"所办甚好"。接下来，钱臻奏报调整任用十二州县官员，道光帝有些疑虑，虽予以批准，也告诫了几句。实际上，此事在当地激起强烈反弹，议论甚多，有些未动的被指走了按察使童槐的门子，也有不少调职官员心中不满。十月二十七日，齐河知县蒋因培到省里办事，闻说此事后，拟了一份致巡抚的禀帖，劝他做事谨慎，不要为人蒙蔽。当天他遇到曹州知府吴阶，将禀帖草稿给他看。第二天，吴阶告诉他已经给童槐看过，还有济宁知州王殊渥也看过。二十九日，蒋因培到巡抚衙门禀谒，未能见到钱臻，被济南

[①] 朱批奏折，那清安、王鼎，奏为遵旨察访长芦盐运使是否老病事，道光元年三月二十八日。

知府嵩岫传去，劝之不要再掺和此事，即于次日回任。

蒋因培才华过人，在山东以"强项令"著称。做太学生时，因培受到国子监祭酒法式善激赏，可惜乃父去世，为守孝和侍奉母亲放弃举业。后来蒋因培从巡检做起，渐而至县丞，署县事，真授知县。署任汶上知县时，某巡漕御史经停，他往行馆拜望，该御史做事张扬，家人随从也是婪索无度，蒋因培遭到呵斥，立刻厉声谴责，并令人撤去一切灯笼饭食，拂衣而去。他勤政爱民，丁母忧后出任齐河知县，很快走遍各村社，了解民情，出重手打击豪强，清查积案，"胥吏敛手摄气，不敢为非；豪猾之健讼武断者，皆望风屏迹"①，是一位难得的好县官。

蒋因培也是一位好管闲事的官。到巡抚公厅求见时，钱臻就在内署，不愿意见他，衙门深深，也听不见前面情形。因培急性子、嗓门大，久候不得一见，不免吵吵嚷嚷，发几句牢骚。后来被人添油加醋转告，次日童槐又告说其他一些议论，引起巡抚大人极大反感。钱臻时年六十六岁，半年前刚从江西巡抚调至，正当立威之时，岂能容忍！当即上奏朝廷，说蒋因培对调补山东曹沂各州县不满，"狂谬挟私"，跑到巡抚衙门大吵大嚷，"口称所调各缺均系繁难苦累，其拣调之人究有何罪，罚调苦缺"？道光帝信以为真，认为"计较缺分肥瘠，摇惑众听，似此刁风，断不可长"，命将蒋因培革职。

钱臻出身仕宦之家，为钱汝诚之子，钱陈群之孙，然未中科举，捐纳出身，从基层一步步做起，此前为江西巡抚，也算阅历丰富。可能是官做大了，脾气也大了，就有些不够审慎。不独这档子事参奏过急，有关曹沂官员的调整也嫌粗疏。初彭龄说他缺少定见，"以拿讼师为清讼之原，而赴诉者相望于路；以汰庸员为更化之方，而尸位者甘心守拙"②，所评甚是。王鼎等抵达山东，首先赶往邹、滕、峄三县逐地查勘，得悉当年春间确有灾情和流民，

---

① 《国朝耆献类征》卷二四五，守令三一，蒋因培。

② 录副奏折：初彭龄，奏为密奏山东巡抚钱臻参奏齐河县知县蒋因培案由并呈蒋因培诗一本，道光元年五月初二日。

但现在小麦收成不错，秋禾也很茂盛，民食无缺，地方亦甚属安静，具奏上闻，然后赶赴济南。道光本来颇为焦虑，览奏释然，命他到济南办完蒋因培案，前往河南等地查办另外的案件。

五月二十六日，王鼎奏报所谓蒋因培喧闹抚厅，钱臻称是按察使童槐当面对他讲的，而童槐又是听别人说的。童槐曾为山东按察使，已于上年秋调任湖北按察使，两个月后再调通政使司副使。按察使主管一省官吏风纪、司法刑狱，职在正三品，通政司副使则是四品闲差，其降职的原因不详。不管怎么说，已离开的童槐成了此案关键人物，指称蒋因培先到察院争执，然后到抚院嚷闹。已被革职的蒋因培根本不承认，又是具禀喊冤，又是编写诗词，还印了小册子广为散发，闹得沸沸扬扬。王鼎等奏请皇上，命童槐将此事说清楚。

童槐有几分儒雅，嘉庆十年举进士，与穆彰阿同年，善诗文，以书法得仪亲王赏识。接奉上谕后，童槐连忙回奏，称去年在山东任臬司时，抚臣钱臻以曹沂一带地方紧要，多次与藩臬两司商量斟酌，选派得力官员前往任职，于是就扯上了蒋因培——

> 钱臻因蒋因培曾有本府提捕比缉、该令禀抗不解之事，恐其性情乖张，议已中止。不意蒋因培忽来臣署称有事相求，诘以何事，据称"抚院要将我调补滕县，不知何人坑我？这是要我命了！若不替我阻止，我必一面告病，一面禀诉"等语。臣见其声色俱厉，因答以"此事两司尚未深悉，但简调各缺，委系巡抚不得已之举"，伊忿忿而去。随据首县韩公麟赴臣署禀称，蒋因培业已禀辞出省，其到院禀辞时，在官厅大肆喧嚷，声言"此番更调，俱系极繁难之缺，众人何罪，必令其陷此火坑"等语。次日司道进院，适抚臣钱臻以屡经严饬州县无事不准上省，何以此次蒋因培倏来倏去……复向臣询问伊究因何事来省，臣因将蒋因培在臣署所言及首县韩公

麟所禀之语，据实转禀。①

道光帝显然对之缺乏信任，即命军机处将此折转给王鼎，同时命童槐赶赴济南，与相关人员当面对质。

接下来的审讯场面极其鲜活：先是与童槐谈话，回应与所奏略同；然后是蒋因培和韩公麟，所说与童槐差异极大，而且比较可信；再审童槐，仍旧坚持原来的说法；然后是三人对质，两位原下属对一位老领导，脸红脖子粗，谁也不改口。王鼎、成书以及随带刑部司员早也见出真伪，认为蒋和韩"当堂剖辩甚力"，而童槐的话"似又未可尽信"，奏请将童槐及韩公麟暂行革职，以便审理。谕旨即行照准。

此一事件，可见山东官场已不太像样子：巡抚做事草率、偏听偏信，藩司缄默不语，臬司则编造渲染、挟嫌报复。初彭龄原奏中还点名批评刚升为曹州知府的吴阶，"闻其为人险诈，官声本属平常，且现在患病日久，言语迟钝，不能理事"。就这次风波中的表现，吴阶的确有些险诈。蒋因培给他看禀呈草稿，本是一种信任，他却密告臬司，直接导致了矛盾的激化。

在济南期间，王鼎和成书还对曹州城添设兵员事宜提出建议，并插空办理了另外一件案子，也是初彭龄奏本中的一项。原奏称上一年春间，堂邑县郭姓生员在巡抚处控告浮收，巡抚发交臬司审讯，童槐勒令承认为诬陷，郭姓生员愤恨莫解，于巡抚辕门自缢身死。经历城县知县韩公麟检验尸身，搜出冤单一纸，童槐嘱令烧毁，多给了银两了事。又是童槐，又是韩公麟。此案很快审结，倒是没有传言的那些事儿，以未能审出实情，童槐与一干主审办案官员，被交部议处。

审办堂邑一案时，上谕曾有"不可使童槐横被污名，竟成不白"，给了童槐很大鼓舞。受审期间，他屡次封递"清折"，皆被王鼎等以不合体例拒收，随即直接上奏，题名"奏为已革知县蒋因培指称本臣挟私拟调引

---

① 朱批奏折：童槐，奏为回奏蒋因培在巡抚官厅喧呶被劾一案事，道光元年六月初一日。

进私人等情沥陈下悃事",另附有"原递未收之清折二分""抚署抄来蒋因培之原禀稿底",以及"所刻伪稿"。童槐显然以为抓住了一个翻案机会,岂知皇上对他厌憎已极:如其自称"秉性戆愚,不知趋避,以致动而得谤",朱笔侧批"秉性憸邪,巧于趋避,终致动而得谤";如其说"倘审明竟系子虚,则诬陷之蒋因培"云云,朱笔夹批:"负国深恩,尚为此要君不法之语,将谁欺耶?"最后的旨意更不客气:

  任汝巧言如簧,朕惟知一秉大公,执法惩办。原折着发与王鼎等阅看,并谕童槐知之。①

待亲眼看到皇上的朱批,童槐才算安静下来,不再长篇累牍地辩解了。

  六月二十二日,此案审结,奏报朝廷。以王鼎的品德和为人,应对蒋因培充满同情,却也帮不了太多:蒋因培被参革后"刊刻禀呈诗句,肆行传播",犯了朝廷大忌,发往军台效力赎罪;童槐向钱臻所说虽基本属实,但有夸大和讳饰,交部议处;知府吴阶接到蒋因培禀稿,"既不斥阻,又不揭参,仅送臬司阅看",至查办之时始将原稿呈出,亦交部议处;韩公麟开复原官。道光命将童槐改为"严加议处",同时将钱臻降为湖南布政使。

  不久,部议将弄出一堆是是非非的童槐降四级调用。童槐提出要花三千六百两银子捐个郎中,吏部以为不妥,也就只好回乡去了。

三、知州举报知州

  还是五月间,在由鲁南往省城的路上,王鼎与成书又接到军机处字寄,以原郑州知州、现降补州同阮文焘派人到都察院"具控捏欠冒豁",谕令

---

  ① 朱批奏折:童槐,奏为已革知县蒋因培指称本臣挟私拟调引进私人等情沥陈下悃折,道光元年六月十八日。

183

二人办完山东事件后，赶往河南查办。六月二十二日审结蒋因培一案后，王鼎一行取道东昌府，急急奔赴河南。

那时的钦差办案亦纪律森严，程期有限制，乘驿有规定，抵达要奏报，职务在身，虽雨雪泥泞、凌晨深夜也得赶路。走到开封兰阳县地面，看看离省城很近，成书突然发病，一下子很危重。成书，满洲镶白旗人，乾隆四十九年进士，从户部主事开始，一直做到户部右侍郎，查办钱粮案件甚有经验。此年他已然六十二岁，钦办事件审案压力大，常常没黑没白，所谓熬审，既熬被审者，亦熬审讯者；路上又是昼夜兼程、日晒雨淋，持续颠簸劳碌。六月三十日夜间到达兰阳的庙工地方，成书先是上吐下泻，挨到次日下午，居然一病不起。事出意外，王鼎只好停下来为成书料理丧事，上奏朝廷，并飞函通知成书之子吏部主事那丹珠前来。七月初三日，王鼎等将成书棺殓完毕，嘱咐其家人看守等候那丹珠，接着赶往省城开封。办理此类官场案件，清廷通常采用正副钦差体制，遇事有所商讨，亦可互相制约。成书病逝，道光将下面的查处交给王鼎，不再简派他人，后续的几个案件也都由王鼎一人主办。

兰阳距开封百余里路程，王鼎等急急赶路，当天深夜抵达，次日便开始审理。此案的原告阮文焘，嘉庆间曾任郑州知州，十九年患病离职，与接替他的陈基高交接钱粮款项，留下了一个两万四千多两的大窟窿。这就是所谓亏空积欠，当时州县包括知府甚至更高一级官员，都会遇到此类问题，为朝廷一大头痛事。积欠的原因是各种各样的，曹雪芹祖父曹寅因接驾亏空巨大，至子侄仍还不上，结果被革职抄家，雍正的处理已属手下留情。嘉庆间也曾大力清理积欠，通常是要官员在任职期间想法弥补，似这种突然离职，赔补不及，官员之间甚至上级也都能理解。但是要解决，不解决便有麻烦。阮文焘人物干练，在职时官声不错，与同僚交往亦好，他的亏空，据查"因十八年郑州被旱，又兼办理兵差赔累"[①]，亦与镇压天理教时

---

① 朱批奏折：王鼎，奏为审明参革原任郑州知州阮文焘等控参一案按律定拟事，道光元年七月十九日。

调兵相关。国家有事,大兵过境,吃喝用度驿站无法满足供应,地方政府只好接过来,不敢稍有差池,而时过境迁,只能自己设法赔补。阮文焘倒也尽力,"即交府库银八千两,公馆抵银三千二百两,衣物变价一千八百两,又交现银六十七两四钱六分一厘一毫",余下的一万一千两,接任的陈基高认帮三千两,下一任吴扶曾认帮三千两,监督盘交的殷秉镛报请批准将剩下的五千两纳入流摊,即由后任按年摊补。前两任都没有问题,轮到二十二年孙杰接任,就有些不情愿了:开始时说流摊不合理,阮文焘无奈,又交了两千九百两;接着又说文焘在任期间花账甚多,另欠七千七百多两。巡抚姚祖同显然受到影响,阮文焘病愈请求复职,先是以仓库管理混乱降为州同,接下来又以欠款,将他解除委任。阮文焘认为是孙杰怕自己回任,到处说坏话,了解到其有捏冒贪占之事,写诉状往都察院呈控,主题是孙杰接受原来征存的衡工加价银一万二千五百多两后,并未上缴,"于嘉庆二十三年捏作民欠,冒请豁免"。这还了得!御批:"情节重大,必当彻底根究。"①

阮文焘是派侄子阮垲到京投控的,也被专门自京师解至山东,跟随前来。而文焘及后来接任的几届知州,包括当日监交、后来查办的相关人员,早已被巡抚提到。王鼎随即开始密集审讯。此事前后十余年,经历知州及短期署任者有五位,涉及账册簿籍堆积如山,又存在律法明条和官场潜规则的冲突,审理清楚大不易。王鼎等不辞辛苦,连夜查账,从账目中重点款项入手,一笔笔对照核定,让不同说法的当事人当场质对,很快理出端绪。三天之后,王鼎将初步审核结果奏报皇上,认为阮文焘离任多年后仍有银粮争端,巡抚将他停职没有错;审理中发现阮文焘积欠与旱灾、兵差有关,赔补积极,后任也肯为分担,属于"完缴清楚"。至于孙杰,疑点则较多:所说阮文焘欠七千七百两不能成立,被控冒豁则查有实据。冒豁,即编造理由将一些欠款豁免。此前姚祖同在省里组织过一次清查,查出孙杰还曾"冒

---

① 《清宣宗实录》卷十八,道光元年五月丁卯。

豁阮文焘任内民借仓谷五百八十一石有零"。主持核查者为署任开封知府陆楷，阮文焘诉状里称其"代作亲供，抑令书写呈递，希图消弭"，也被王鼎奏请解职，归案审理。哈，本来是上官审查下官，钦差一到，又都成为被审之人。

七月十九日，王鼎等将此案全部审清。问题最大的还是孙杰，心理阴暗，捏参前任不实，自己冒豁则是事实。王鼎是一个实事求是的人，孙杰冒豁六千多两，但没有拿回家，所交代阮文焘抵账房屋衣服无法变现，用以代还积欠银两，也算一个理由，定性时给予考量，拟斩监候，追缴所欠。因其犯罪在新帝即位的大赦之前，交巡抚追回冒豁银两后，照例减等。

本案主角阮文焘，京控基本属实，怀疑陆楷"代作亲供"亦事出有因，应开复革职拿问处分，待还清欠款后以州同、州判选用。

吴扶曾本已分发广西知州，因此案截回，现仍回广西上任，所欠认帮银一千五百余两，应赶紧清缴。

郑州知州董大醇更有意思，此案本与他无关，因私下与阮文焘关系甚好，前去看望。时文焘被陆楷勒令写出事情经过，正在心情郁闷，大醇便让家人代写一份送上，被文焘误会为陆楷代作亲供。后来虽经辨明，大醇也是一番好意，以行为轻率，被交部察议。

陆楷之事澄清，官复原职。至于那几个相关的郑州书吏，在孙杰冒豁钱粮时未能劝阻，以不应重律拟杖八十革役，所幸有了一个大赦，也都免了。其他如府道省各级主官，因失察孙杰冒豁之事，则要逐级查明，分别议处。

上奏当日，王鼎带领原班人马，赶赴直隶广平府。

四、直隶两案

直隶两案，是军机处奉旨陆续交王鼎、成书二人的，现成书已逝，由王鼎一人主办。这是一份信任，也是一种很大的压力，要知道清代皇帝是很不宽容的，一事办理不妥，所有的信任也就随之烟消云散。

康熙帝曾提出"永不加赋"之说，即以康熙五十年的总税额为准，日后人丁增加，摊丁入地，不再增税。后来各帝皆凛遵此谕，坚持低税制。然到了地方，各项花费日增，便想出无数名目，浮收和苛派几乎无处无之。嘉道间出现了大量"京控"，即到京师相关衙门递呈诉状，亦大多与苛索有关。此两案都是京控，发生在直隶地面上，而且都出了人命。

死后蒙冤的保长

这个案件发生在当年三月间，地点是永年县的张西堡，死者为该村保长闫合符。五月，村民郭万清到京师步军统领衙门喊冤，呈控"户书李光彦等浮收地粮，兵书冀连等私派马匹麸豆，保长闫合符被逼毙命"。步军都统英和即行奏闻，道光帝批曰：

> 此案郭万清所控浮收私派，至逼毙人命。地保王帼珍欲行赴省呈控，被县役锁回，私押班房。卢清太进京告状，又被县役拿回看押。如果属实，则该县乡民被奸蠹蠹役如此扰害，不可不严行惩办。着交王鼎、成书于河南查办事件完竣后，即顺道驰赴广平府，提齐人证，严查确讯，秉公定拟具奏。①

此案涉及的只是小县的吏役——户书和兵书，道光帝不让直隶总督或巡抚查处，钦派大员前往，已可见出不信任。皇上旨意早在五月间即下达，现在已过去将近两个月，王鼎等郑州呈控案一结束，便急急赶往广平。

七月二十五日驰抵广平，知府岱龄已将相关人证和案卷解到。查阅案卷，"内称访得本年三月间张西堡有自缢命案私埋之事，传讯地方周发奎、保长郭希盛等，佥供民人闫合符系向郭庭付之媳调戏未成，被氏姑郭郭氏赶

---

① 《嘉庆道光两朝上谕档》第二十六册，道光元年五月二十一日。

往不依，畏罪自缢"①，与京控所说大相径庭。王鼎令将出结的几位地保提来，隔别讯问，很快就得到实情：自缢的闫合符与呈控的郭万清都是该村保长，二三月间青黄不接，县里各种催缴派办却纷至沓来，几个地保只有逃匿躲避，县差一边跟踪追缉，一面将曾任地保的郭庭付、郭庭必捉拿看押。郭庭付之妻郭郭氏以闫合符身任保长，不敢见官，致使丈夫被关押，天天到闫家吵骂，闫合符情急无奈之下上吊而亡。过了约三个月，周发奎等人被传唤到县里，被告知闫合符到郭家借筲，乘机调戏其家儿媳，遭到詈骂畏罪自缢，让他们签名做证。周等没有办法，只好听命具结出供。再将闫合符之妻以及郭万清、郭庭付等人提来讯问，所说情况均差不多。

接下来对该县涉事差役严加审讯，清查两个问题，一是有无浮收，二是何人逼做伪证。几个吏役深知其间利害，岂肯轻易招供？然在钦差办案的高压之下，在日夜研讯、层层逼问之后，总有先扛不住的，一溃皆溃。不到一个月，该案审明，指示浮收、串供和诬陷死者的恰是署任知县冯钰。经上奏皇上，冯钰发往新疆效力赎罪，前任广平府知府张翔以失察交部议处，大顺广道韩文显交部察议，一干吏役分别情罪，杖责遣发或革退。

监生呈控知县

八月二十六日，王鼎一行赶到保定。直隶总督方受畴，乃方观承之侄、方维甸之叔伯兄弟，亦称循良。直隶诸事繁杂，呈控案件很多，常也责成总督审理，因当年先是旱蝗，又复大水，此案就交给了王鼎。方受畴与王鼎晤面，对案情略做交代，移交了卷宗和已到人证，也就忙别的去了。此也是清朝钦差办案的规矩，当地官员不管职务再高，均应全力配合，不得有任何干扰。

这个案件已经历时一年多，府里省里均曾立案。完县离保定很近，可一直没有调齐人证，具控人刘天保与官府各执一词：完县知县黄观称刘天

---

① 朱批奏折：王鼎，奏闻审讯永年县民人郭万清呈控书役李光彦等浮收私派逼死人命案大概情形事，道光元年七月二十九日。

保倚仗监生身份不听传唤，报请保定府查办；刘天保则说黄观"借差苛派"，多次派儿孙到布政司衙门控告。此案久拖未决，矛盾开始升级。去年十一月初八日，县役在黎明时分潜入刘各庄，捉拿府里下令传唤的刘振店，骗开院门，正要抓捕，振店高声呼喊有贼，村民惊醒持械阻止，差役受伤逃走，回禀称村民"夺犯殴差"，并把账记到刘天保头上。由此也可证明官府执行力之差，证明办案的调查取证之难，常常连人都找不见。

十二月初一日，黄观会同驻军营员亲自带兵前来，村民惊惶逃逸，刘振店已跑得无影无踪，接着搜查刘天保家，起获鸟枪四杆等，将四名雇工一并押带回县。次日追究打伤差役之人，个个推说不知。黄观情急之下，亲自动手逼问。衙役要他们承认是刘飞虎、刘庭辅为主，雇工惶惧畏刑，只有含混应承。后来解到府里，一押就是三个月，结果雇工刘景芳死于狱中，张宜双目失明，于造儿患病，王留存儿惊吓失忆，才将三人放出。刘天保又将随便抓人、"押毙人命"写入呈词，补充上告。

这个案子不大，但内情很复杂，真真假假，是是非非，理清端绪也不易。王鼎等经过初步审理后，发现案情错综，奏请将黄观暂时革职、刘天保斥革衣顶，催提未到证人，对一些关键情节反复研审，节节核对，以分清责任：

刘天保呈控的"借差苛派"，指的是官道的养护民夫，称原来刘各庄只需派一人，自黄观任知县后增至四人。经查，此前也是四人，即实夫（出工）一人，折夫（不出工，按名额纳钱）三人；嘉庆二十一、二十二年，前任知县减少民夫征派，刘各庄只需出实夫一人。核对账簿时历年皆存，独此二年没有，说是在仓库不慎经雨霉烂。王鼎即令人秘密调取差夫的点名册，发现实际出工的只有七十多名。该县每年按五百三十多名征派，其中实夫三百多，而实际出工的只有七十多人，为层层舞弊留下空间，加大农民负担，激化各种矛盾。后来奉命提取证人，竟选择凌晨潜往，造成误会，又说成聚众拒捕、殴伤官差，至于动用军队。此事虽与刘天保有关联，搜查其家时也发现鸟枪，但抓走刘家雇工，栽赃诬陷，致使押毙人命，皆属枉法。经奏准，黄观被发往军台效力赎罪，刘景芳死于狱中，失察之保定知府、清河道员，分别予以议处和察议。

至于刘天保，显然也属于豪横士绅，自己是监生，孙子是武生，家中违禁收藏鸟枪兵械，养着一帮家丁，对差役动辄出手；其呈控县里违禁苛派，却故意隐瞒派发折夫的历史沿革，诬轻为重，被革去监生，杖责后流放。所有涉案人员，不管在官在私，也都分别情罪，给予处分或免罪释放。

九月十四日，王鼎等办结此案，返回京师。不到两个月，十一月初八日，王鼎再次奉旨出京，与署刑部左侍郎玉麟一起，驰驿赶往湖南查办事件。

第二节　从湖南江西查到湖北河南

旻宁是一个怎样的皇帝，史学界的说法差别很大，但有些地方是一致的，那就是他的认真和简朴。认真，指的是处理军国大事的态度；简朴，则说其平日自律甚严、自奉极简。一个皇帝能做到这些，也不容易。这也是道光帝的治国理念，是他考核和选择大臣的重要标准。他沿承了父皇对王鼎的信任，正是看中了王鼎的清正、简朴和认真。

这一轮办案，从湖南开始，然后是江西和湖北……

一、升任左都御史

道光二年正月，又到了三年一届的京察。吏部将朝廷各大员开单具奏，旻宁详加披阅，斟酌核定，对曹振镛、黄钺、伯麟、文孚皆加肯定，又特别对卢荫溥、英和、汪廷珍给予夸赞，两江总督孙玉庭、陕甘总督长龄、四川总督蒋攸铦、江南河道总督黎世序也被表彰，吏部侍郎那彦宝、礼部侍郎善庆等被降职或原品休致。都察院例有满汉两名左都御史，时任满缺的为那清安，深受圣眷；汉缺为顾德庆，乾隆五十四年进士，翰林出身，此次京察以平庸降为侍郎。

第六章 有多少"事件"要查办

这一年的元旦,王鼎等远离家人,在湖南过年。若是林则徐,必也在日记中详加记录,辅以诗词信函,留下许多感受,王鼎则什么文字也没留。元旦怎么过的,一无所记,大约只是全力办案。就在朝廷这次人事调整中,王鼎晋为都察院左都御史,接替顾德庆。

左都御史又称都堂,掌院事,"掌司风纪,察中外百司之职,辨其治之得失、与其人之邪正;率科道官而各矢其言责,以饬官常,以秉国宪;率京畿道以治其考察、处分辩诉之事"①,职在从一品,与各部尚书相同,而又具有监察各部的权力。清廷选择都察院官员较为注重品行和声望,各朝皆然,王鼎的任职当与品节和办案能力相关。此时的他,正与玉麟在湖南办案,收到擢升左都御史的吏部文书,少不得"恭设香案,望阙叩头",也在奏事匣中附了一道谢恩折,曰:

> 渥荷仁宗睿皇帝特达之知,屡因廷试不次擢迁,备陟清华之选,洊登卿贰之班,秩叅历乎八年,职递分乎五部。恭逢皇上御极,又以户部侍郎蒙恩兼署礼、刑等缺,隆施叠至……②

两朝恩遇,尤其是嘉庆帝那份特殊信任,王鼎始终感戴殊深。

玉麟,满洲正黄旗人,乾隆六十年进士,改庶吉士,历国子监祭酒、詹事、内阁学士、礼部和吏部侍郎,亦嘉道间一重臣。他曾奉旨往安徽、湖北、湖南、江西等查办事件,时称公正,后兼任左翼总兵等武职。癸酉之变,玉麟为户部侍郎兼护军统领、左翼总兵,因"门禁懈弛"免职,降为三等侍卫赴叶尔羌办事,不数年即为驻藏大臣。道光初奉调回京,署刑部左侍郎,与王鼎一同赴湖南办案。

湖南的事件,为保庆府通判至善引发,以公文往都察院控告巡抚左辅,

---

① 《清会典事例》卷六九,都察院。
② 朱批奏折:王鼎,奏为奉旨补授左都御史谢恩事,道光二年二月二十八日。

191

颇为罕见。至善系旗人，性情乖张，处理事情常显得不成体统：署理郴州时百姓以亢旱求雨，抬着神像至官署，请他主持仪式，居然遭到斥骂；而在攸县考试武生，一意不合，即予停考处分。湖广总督陈若霖虽与之是故人，但对他印象甚差，与左辅的信中说："至善系原任四川知府佛喜保之子，前随伊父任所，贪酷凶暴，弟任川臬时备稔其详。今在湖南，闻其乖张贪酷愈甚。"①对这样一个在旗的浑人，刚由布政使升任巡抚的左辅倒也不想得罪，可是事情偏偏就找上门来，至善怀疑审理佃户纠纷得罪了左辅，恰好听说职务将被调整，便把账算到左辅头上，气势汹汹来省城质问。左辅为官圆滑，为证明不是自个儿的意见，将陈若霖来函拿给他看，却也没有化解其恨意。至善整了一些道听途说的罪名，将左辅告到都察院，其中影影绰绰，也将陈若霖牵连在内。

此案的内情并不复杂。钦差降临，把相关证人拘来，先隔别审讯，再当面对质，至善无可辩解，只得承认有所误会，接下来一条条核查所参内容，均属子虚乌有，哪一条都无法落实。道光二年（1822）二月初九，此案审结，奏报皇上，得旨："湖南已革通判至善，因被督抚会劾，辄敢出具印文，在都察院申辩。并撷拾不干己事，列款揭告。甚属可恶！现据王鼎等查明所揭各重款，均系子虚，实属任性刁健。至善着照所拟发往伊犁效力赎罪。"②至于官场老油条、想做好人反成被告的左辅，也以"将总督密商会劾原函给令阅看"，被交部议处。

二、江西的冤假错案

离开长沙的第二天，刚行至桥头驿的王鼎等接奉军机处字寄，有旨要他们转道江西，查办守备徐富国京控案。王鼎一行重新调整路线，由袁州府进

---

① 朱批奏折：王鼎、玉麟，奏为审明原任湖南宝庆府通判至善控揭巡抚左辅案按例定拟事，道光二年二月初九日。

②《嘉庆道光两朝上谕档》第二十七册，道光二年二月二十二日。

入江西，二月二十四日抵达南昌。江西巡抚毓岱已将受控一干人等提到，但徐富国仍在由京师带回的途中，审理先从对举报条款基本事实的查证开始。

这是一个由陋规引发的典型案例，自嘉庆朝即开查，查了将近三年，到此时尚未解决；原交闽浙总督审办，似乎审得差不多了，主角徐富国也已签字画押，岂知监管一松，便跑到京师上告。旻宁直接命王鼎、玉麟办理，将督抚撇在一边。二十八日，王鼎等将该案审理的初步结果上奏，提请将南康知府狄尚絅、原主审建昌府知府蔡君弼及一干涉事官员解任，以便审理。狄尚絅已经进京引见，特咨照巡抚飞敕截回。

此案发生在南康府星子县青山镇，为淮盐入赣的重要集散地，"江西通省额销淮盐二十七万余引，向在青山地方提起三成，发九江、南康等府售卖，余俱剥运省埠。每逢江船抵卡，星子县、南康营各处官弁均有稽查弹压之责，该商人等按引抽厘分送各该衙门，以为舟车饭食之费：星子县一年送钱四百千，典史一年送银六十两，青山司巡检一年二百四十两；南康营都司一年送钱二百二十八千，把总一百十四千；此外，盐书、盐快、弓兵等，俱有按年应给饭食纸笔之用，每年通共需银一千余两"[①]。这是当地一个官商吏役皆知的潜规则，自雍正年间就有，沿承已逾百年。嘉庆二十四年二月，徐富国以守备署任南康营都司，四月间往青山巡查，乘船路过江边裴义泰、郭全顺两家盐店，前往拜访。次日裴、郭二人往徐富国所住的五显庙回拜，一来一往，算是相识了。五月初，徐富国派员巡查江船数目，也到了通常缴纳一半规费的时间，裴义泰等人便将应送钱票委托带回，同时带回的还有私煎规费的"钱十二千"，约计十两银子。徐富国署任未久，不知底里，大约也是斟酌掂量了半宿，次日具文连同钱票移送星子县查办。知县邵自本尚未想好如何处理，徐富国又派人查出郝老三熬私盐，以及江船夹带私盐的传闻，再次移县查办。见该县没有动静，又移文南康府督催。

[①] 朱批奏折：王鼎、玉麟，奏为审明已革守备徐富国京控衙门得受江西省星子县盐规等一案按例定拟事，道光二年闰三月十六日。

事情闹大了！

所有潜规则都是见不得光的，如此一闹，把许多人牵连其中，也就遭遇了集体阻击。此处盐商陈庭翰为大把头，把几个主要盐商、卡商约到星子县盐书王图南家中商议，决定恶人先告状，以徐富国到盐店拜访吹嘘，于额外多求规费，拟出禀稿，由王图南先拿给知县看。邵自本唯恐私下收钱的事情暴露，令删去各衙门规费字样，陈庭翰等遵照做了修改。如此一搞，本来拒收陋规的徐富国，居然成了敲诈勒索的恶官，证人众多，证据链齐全，先被革职，再一遍遍审讯，反反复复了两年，少不得刑讯逼供，不得不违心招认。徐富国也是被逼上梁山，跑到京师的都察院告状，也有御史为之喊冤。

王鼎等人分析案情，先从有无陋规查起，"日夜隔别熬审"，审了两轮，所有盐店、卡商、书吏、兵役皆称没有，"众口一词，几于无隙可乘"。出现这种情况，王鼎认为一定有"把持教唆、串通蒙蔽之人"，一番深挖，终于讯出原为南康府书吏、现今分销官盐的陈庭翰系主谋，将之抓获到案，所有内情终于真相大白。王鼎、玉麟具奏上报，对一干官员吏役量刑定罪。徐富国虽有很大冤枉，而因故意编捏材料、提供伪证，包括一些控告条款不实，不予复职。

对于此处沿承已久的盐规，尤其是负责稽查者"舟车饭食皆仰给于商人"，王鼎等认为虽不宜视为贪赃，不再追究，却也有可能引起诸多弊端，提请修订管理章程。

三、陈留知县给赈不实案

自江西办完案件返京，本可走水路，由九江沿长江至南京，再由运河返回，一路乘船，减却许多鞍马劳顿。但是不成，又有人控告湖北黄冈有窝匪与吏役勾结，谕旨令他们回程取道湖北，沿途察访具奏。

于是，王鼎一行从黄州府进入湖北，沿途随时密访，得知黄冈县东北乡殷家湾的确有一帮窝贼，以殷姓为主，"有谓其篡贼偷窃邻县者，有谓其纵贼在河南地方行窃者，有谓其窝贼甚多实不止于鼠窃者"[①]；也确有一个叫高方瑶的，做过捕快，现在开粮店，两个儿子都是江陵县捕役，颇有家资，性喜结纳，或与窝贼有勾结。王鼎奏折称：三月间这些案犯已被拿获，解省严审，"省中研讯尚属认真"，但窝贼竟存在十余年之久，理应追究地方官的失职行为。

王鼎等人离家已经半年，归心似箭，四月初六日由湖北进入河南，十八日便赶到直隶的柏乡县。岂知又接到谕旨，令他们返回河南，办理陈留县训导控告知县赈灾作弊一案。君命如天，只有折返河南。

陈留的赈灾，发生在嘉庆二十四年秋。当年七月，黄河漫溢，南岸的陈留受灾严重，朝廷拨款赈济。根据放赈规则，应该逐村核查户口和受灾情况，定出等级，登记造册，然后发放。知县赵锦堂和查赈委员龚大昌各带一路，分头核查，时当大水之后，道路泥泞，有的还不通，较偏远的境南保就没去，而是委托地保李志代查，赈济款也让捕役代领转发。有很多人因外出避水没有领到，回来找到县里要求补发，也有人开始上告放赈不公，先是一些生员，后来该县训导朱成勋也具控上告，直接告到了都察院。审讯伊始，几个生员突然改口说放赈公允，王鼎觉得很奇怪，追问之下，供出系县里书役门丁等再三劝诱，当即将之缉拿归案，并奏请将赵锦堂革职。

该县此次放赈总额为银三万五千二百余两、谷九千八百余石，不难查清。经反复核查，赵知县并没有贪污，问题在于管理混乱：如境南保距县城一百五十多里，查赈委托地保，而地保李志年过八十岁，难免丢三落四；领赈交给捕役梁舟代办，又是七折八扣，弄得沸沸扬扬。好在劝令生员改口具结之事是门丁所为，确实与他无关，减去一项罪过。五月十三日，王鼎等将查办结果及处理意见上奏：

[①] 朱批奏折：王鼎、玉麟，奏为遵旨查明湖北窝贼积匪殷万虚等人情形事，道光二年四月初六日。

赵锦堂在陈留县知县任内，承办灾赈，于所属境南保、韩岗集各村庄俱凭地保开造户口，并未亲往查勘，已属有乖职守。其以银折钱，虽讯系通融办理，意在便民，惟不详明上司立案，究属违例。且因捕役梁舟系境南保民人，辄将该保赈银全交带往分送，致有遗漏。迨灾民赴县请赈具控，又被梁舟蒙蔽……种种昏谬不职已极，未便以尚无侵扣别情，稍从轻纵……应将暂革知县赵锦堂请旨即行革职，发往军台效力赎罪，以为地方官玩视民瘼者戒。①

因此案在大赦之前，奏折特地加注一句："应不准其援免。"朱批从之。

第三节　仪封河工大案

王鼎和玉麟等人这次出京查办事件，最重要的当属仪封大工一案。如果说前面所办的一些案子，涉及官员级别和金额都不算高，则仪工可是一件大案：被控告的是现任河南巡抚姚祖同，说他主持的仪封大工"冒销帑项，滥行支应"，金额竟达一二百万两。

这次查案，也给王鼎提供了一次极好的学习机会，那就是怎样管理河工。约二十年后，王鼎以内阁大学士、钦差大臣身份再次来到开封，主持堵御工程，至少在经费的核定方面，这次的查账经验派上了用场。

一、高邑知县的控告

五月十三日，王鼎等由开封起程，再次踏上回京的路，又再次被军机

---

① 朱批奏折：王鼎、玉麟，奏为审明河南陈留县训导朱成勋呈控知县给赈不实案按律定拟事，道光二年五月十三日。

处转发的谕旨拦截，令驰往保定，查办高邑县知县范澍控告知州李景梅一案。范澍派人往都察院递的呈词，说李景梅命属县代办马匹，且不付钱，只好予以拒绝；说李景梅次子娶亲，所送水礼（袍褂、字画等）被退回，其他几位知县送的干礼（金钱银两）则收下；又说其对自己不满，在上官考察时故意贬损，蓄意报复。

二十日，王鼎等在沙河县接奉旨意，六天后赶到保定，立刻提讯范澍，很快发现又遇上个难缠的主儿。据交代：先前也曾办送过差马，或折送工料银五十两，后来就不肯再送；赵州书院派捐膏火修金九十两，因高邑县也有书院，遂将此款捐入本县书院；还有接待各类委员的摊项、每年所送帮贴办公的规礼，开始均照办，近来也没送。所有这些，有的涉及陋规，有的是办公、办学经费，总之一律不给。知州大人没有办法，心下不免恼恨，恰总督要求对属县知县给出考语，便写上"存心未能平恕"。岂知这种秘密评价，居然很快到了范澍手里，不独打上门来，还派人进京控告。清代中后期大开捐例，许多知县皆由金银铺路，花钱买官，还要经历很长时间的候补，一旦上任，亟欲捞钱补亏，是以乱象迭出。

提讯李景梅，诉说差马、膏火银、摊费帮规等项，历来皆如此，履任后没有任何增加。将多年账簿调来核查，所说如实。次子娶亲，范澍送的礼没收，其他几位知县的礼也没收。王鼎等又将该州在任知县传来询问，皆证明的确是不收。这有些不合情理，既经本人亲供，也就记录在案了。为范澍所下考语，李景梅称出于真实见闻，其实也不算过。至于这份密件的底稿怎么到得范澍手里，自是景梅身边有通风报信之人，"在范澍固有探听生事之咎，在李景梅亦有漏泄密考之非"，话虽两面说，谴责主要指向范澍。奏折还对其拒缴各项费用做出批评："此等款项既属相沿已久，又系各县所同，如谓现在不应分派，则从前历任何以相安？如谓高邑可以免办，则各县纷纷效尤，亦恐于办公有碍。"①审到这个份上，范澍的下场也就清晰可知。道光帝也发现此人的荒唐，敦促王鼎等赶快结案，再赶赴开封办理仪封大工一案。

六月十二日，得旨以"逞刁挟制"，将范澍立即革职，发往新疆效力赎罪。知州李景梅也有几分庸碌，虽开复原职，在协济差马、考语漏泄等事上不无疏忽，"交部严加议处"。

二、聪明人记"糊涂账"

道光二年六月，王鼎、玉麟一行再次由河北返回河南。尚在保定办案之时，道光帝就连发密谕，命他们尽快赶回河南，将仪封大工的问题逐一查究，务必水落石出。这期间，玉麟被任为左都御史，都察院两位掌门人一起莅临河南办案，足见重视。清朝机构通例为同级满员在先，此案便以玉麟为主，合衔奏报也改为玉麟在前。

仪封大工，亦称兰仪大工，为嘉庆二十四年七月黄河兰阳汛决口兴办的工程，因其地属东河河道仪封厅，故名。该工持续近一年半时间，堵而复决，一直到嘉庆二十五年十二月方才"合龙稳固"，花费银两甚多。有清一代黄河水患频仍，特设河道总督，先是一个，后来又分为南河与东河。野史多指责河督奢靡，实则其中颇有廉臣名臣，不宜一概论之。河督责任重大，决口之日，常也就是其革职枷号之日。此处决口数日后，东河总督叶观潮即被免职，于南北两岸轮番枷示，漕督李鸿宾调任东河，富有治河经验的吴璥也受命前往。而两个月后，李鸿宾奏请改调，皇上认为是意图躲避，一怒之下将他贬为郎中衔，还不准离开，留在工地效力。

吴璥出身治河世家，父亲吴嗣爵曾长期任总河，本人也曾被乾隆称赞

---

① 朱批奏折：王鼎、玉麟，奏为遵旨审讯直隶高邑县知县范澍遣告本管知州李景梅出考不公等情一案大概情形事，道光二年六月初一日。

为明白晓事，后来署东河总督，调南河总督，擢刑部尚书，再任南河总督，然后入京任职。此时吴璥为吏部尚书、协办大学士，奉钦差主持大工。首先是编制大工总预算，素有经验的吴璥狮子大开口，上报九百六十万两银子。嘉庆帝虽然心疼，对河工之事总是不大明白，只好照准，谕令"将来如有赢余，工竣仍当核实奏缴，不准再请分毫"，接着又讲了一大通，曰：

> 朕闻向来兴举大工，每于工次搭盖馆舍，并开廛列肆，玉器、钟表、绸缎、皮衣，无物不备。市侩人等趋之若鹜，且有倡妓优伶争投觅利。其所取给者，悉皆工员挥霍之资。而工员财贿，无非由侵渔帑项而得。此种恶习，历次皆有，惟十九年睢工较为谨约。此次吴璥等务当严禁浮靡，将所发帑项实归工用。不特吴璥、那彦宝、李鸿宾、琦善四人应一尘不染，所有在工文武员弁，俱当严行约束，勿以国家重大工程为伊等渔利行乐之地。如有违背，小者枷示，大者正法。法在必行，朕言不再。戴均元现在赴工查勘，如有前项陋习，伊回京时自必据实奏闻。即戴均元回京以后，此数月内朕或再派员前赴工次，或令人改装易服，密往察访。一经查出弊端，不但将工员等从重治罪，吴璥等恐亦不能当此重咎也。①

说这番话时，嘉庆帝大概没有想到仪封大工一拖竟是一年多，结算时自身已然驾崩；也没有想到，实际花销比预算减少了一半有余。二十五年四月，向称清正精强的姚祖同调任河南巡抚，大工的经费主要由他负责，这是嘉庆帝的一步妙棋，不独大大节省了经费，且确保了工期。岂知工竣之后，姚祖同被人告到朝廷，揭发有巨额冒销，提出的证据也看似确凿，钦命王鼎等返回严究。

核查河工用项最是繁杂，账本堆积如山，项目五花八门，整个工程设

---

① 《嘉庆道光两朝上谕档》第二十四册，嘉庆二十四年十月十六日。

总局统管经费开销，各工地设分局，建料场、购料、收贮、发放皆有专责委员，光总局管账的就有二十多人。王鼎的族弟王之谦也在其中负责登记钱文册档，为此他还特地奏请回避，道光帝倒是充分信任，谕知不必。七月初五日，王鼎等提交了初步的核查结果，原奏提到的各项弊端，几乎都存在：

> 秸料一项，连裹头预用秫秸七百八十垛，及大工实买秫秸四千六百八十九垛，共止五千四百余垛，应合银九十八万四千余两，今细核奏销单内秸料一项，共销银一百七十九万六千余两，是原奏内所称浮销几至加倍，的系实情；又原奏所称易钱之银每两扣制钱八十文，名为八子一款……前后共换银八十余万两，除知县粟毓美等换银十余万两未经坐扣外，共扣得八子钱五万六千余串，亦与原奏相符；……又查出引河、抽沟、沟线项下，共实发银一百九十八万五千余两，今奏销银二百六十万九千余两，计浮销银六十二万四千余两。①

以下还有初步查明的一些数额较大的赠银、抚恤金等项，按规定皆属不应。办案人员将经手者一一提讯，逐项追究。姚祖同尚在工地巡查，玉麟、王鼎等奏明皇上，提议将他暂行解任，以便深入调查。谕旨很快下达，命将姚祖同解任，陆楷、范玉琨、祝嵩之等革职，要求他们提齐人证，严行审讯，不可稍涉迁就。不难看出道光的震惊，几乎是谁也不敢相信了。

七月十八日夜，正在查勘漳卫河工的姚祖同匆匆赶回，跪听解职旨意，接下来就是接受讯问，被要求写出详细的清折。他很坦然，说开始时也发现了多报的情况，严厉追问，才知工地实际开销名目繁多，省里报销规定与户部核查又限制太死，只好截长续短、挪东补西，历来都无法按照规定做——

---

① 朱批奏折：王鼎、玉麟，奏为查讯河南仪封大工奏销不实情形并请旨将巡抚姚祖同解任事，道光二年七月初五日。

第六章 有多少"事件"要查办

有成规内不准多销而实用较多者,有成规内可以多销而实用较少者,且有成规内并无开销委系实用者。即如单内所开两坝夫工项下实发银八十七万五千余两,而今造报止三万两千余两;麻斤项下实发银四十二万九千余两,今造报止二十万三千余两;谷草葦缆秧木船只器具项下实发银二十四万九千余两,今造报止六万一千余两。此次大工实用银四百七十五万二千余两,现在实销总数并无毫厘溢出,不过将款内截长补短迁就成规,实无弊窦。①

祖同说此次大工在隆冬季节,凿冰开溜,极其危险,要备足各种器具物资,要随时奖赏激励,不能靳惜小钱,皆系成规所不许,施工中又不能不做。他曾将账目清单细细核过,细账是糊涂的,是故意的糊涂,不得不糊涂,但每一笔都能说清楚;而总账是对的,与实际花销分毫不差,是清晰和清白的。

姚巡抚也清晰交代了"二两经费"和"八子钱"的用项,即以公济公。二两经费,为河工常规做法,指每一百两银子扣留二两,用以大工各项经费开支。他说此次将军呢玛善率兵在工地弹压,黑夜和雨雪中也要冒险巡查,起程时无力置办车马,公议赠送路费银五百两。其他如抚恤死伤兵夫,隆冬时为购买棉衣,发放节礼以鼓舞士气,都用此项银两。而八子钱,则是用银子换钱时,每两扣制钱八十文,以备意外开销。像原武县知县吴锡宽在坝身亡,父母年迈,公议给银二千两,并为代还生前借款,用的就是八子钱。祖同也坦承不懂河工则例,有的事没有奏报,自请严加议处。

玉麟和王鼎被姚祖同的坦率真诚打动,这样勇于任事的大臣已不是太多了!但职责所在,仍对所有疑点、所有关联者一一调查核实。他们在奏折中详细列举姚祖同的敬业奉献与精明节俭:即以八子钱一项,户部定例

---

① 朱批奏折:玉麟、王鼎,奏为续讯解任河南巡抚姚祖同等仪工冒销帑项情形事,道光二年七月二十八日。

每两换钱一千文,查历届大工多不到此数,而姚祖同"设法调剂,每两换钱一千一二百文",扣下的八十文用于公项,账目笔笔清楚。这份奏折后面,附的是姚祖同四份材料,即"清折"。远在京师的旻宁阅后也深受感动,对所作所为多予肯定,谕称"巡抚实无丝毫沾染情事"。办案组最后向姚祖同提了两个问题:料价工员的长支银为何没有追回?夫工项下误列款为何没有查出?祖同做了解释,也承认有所不妥。

九月初五日,仪封大工的剩余问题全部查清,玉麟、王鼎起草了案件总结和处理建议,上奏朝廷。奏折再次肯定了姚祖同的认真严谨,"该抚以向来河工多弊,择总局及各厂适中地方搭帐居住,日间各处考查,即深夜亦密为稽查。通判王蔡初作践麻斤,立刻参劾罚赔;各坝支用略多,即将委员撤逐。在工大小官员莫不凛畏"[1],也指出提扣八子钱的违规,以及减免料员赔累之例不可开,建议追还,并给以处分。得旨:"姚祖同着来京,以四品京堂候补。"

姚祖同被革职降级,大约玉麟、王鼎和皇上都不愿看到这样一个结果。这是一个实心任事的方面大员,主持的仪封大工廉洁高效,比预算节省一半资金,最后上交了一本糊涂账,皆因格于成规,无法如实报销。这就是因循,是制定规则、掌管规则的人疲玩!遗憾的是皇帝和钦差大臣都没有想到要去修订成规,仍将姚祖同以例罢免,虽然心中不无同情。

三、暂署河南巡抚

接到玉麟等初步审查后的奏报,道光命将姚祖同解职,调陕西巡抚程祖洛前来接任。新抚抵任之前,谕令王鼎以左都御史暂署河南巡抚,于是象征巡抚权力的印信旗牌等一干物件,移交到王鼎手里。

---

[1] 朱批奏折:玉麟、王鼎,奏为查讯仪封大工用项明确酌拟核实归款并请旨严议议处解任巡抚姚祖同等员事,道光二年九月初五日。

接过这些，意味着接过一份责任，虽说是"五日京兆"，出了事可要他来承担。自七月二十日接印，到八月十三日程祖洛抵达后转交，王鼎署此职二十多天，查案的事不能撇开，对巡抚衙门的大小事务，也不敢有丝毫放松。例行的官员升迁、六月份的雨水粮价、全省秋禾的收获情况、地方治安、收捐监生银数，在在都要上奏。河南是一个麻烦甚多的中原大省，当年五六月间漳河两次决口，安阳一带水灾严重，虽经姚祖同奏明，抚恤之事则落在王鼎肩头，即令对受灾最重三县先行抚恤。氾水县城垣西南角三年前被山洪冲塌，现在修竣，到了该付款的时候，王鼎派人审核账目，然后给付。日常事务一大堆，哪一件也不能耽误。

比水患更大的问题，仍是各类秘密宗教潜行民间，大肆收徒和聚集。此事与州县及属下吏役普遍贪腐相关，又与民间练武强身、百姓受辱抗争纠缠在一起，常难区分。接印不久，王鼎就收到新蔡县顿家冈地方有数百匪徒滋事的报告，说是领头的朱麻子烧毁仇家房屋，扎伤数人。当时抓获一个叫倪进学的，"穿用白帽白布马褂"，为教民的标志性装束。朱麻子见在河南不利，复纠合伙党二百多人，窜入安徽阜阳县桃花店、艾亭集地方滋事。王鼎飞奏皇上，说明事态刚起，各地禀报不一：据息县禀报，朱麻子等在阜阳南境滋事，经过处所杀伤人命，窜至阜阳之岳家寨；而据陈州府禀报，朱麻子一伙止百余人，窜至阜阳，被该县兵役乡勇擒获四十余名，余犯被歼毙。道光很关注，谕令查明朱麻子的真正下落，"严密迅速侦捕，净绝根株"。考虑到王鼎只是临时署任，谕旨直接下达给新任巡抚程祖洛，同时命安徽巡抚孙尔准派员"严密侦缉，务将首伙各犯悉数搜捕净尽"。

王鼎忠于职事，自也不会坐等交接，迅即做出安排，展开大搜捕，陆续拿获杨灼、杨得元等十余人。他派人细搜朱麻子等人的家，"搜出杆子枪并经卷、白布帽、白布马褂等物"。不久后，朱麻子在安徽颍州府落网，两江总督孙玉庭亲自赶往审讯，查出真相，从中可见出白莲教地下活动之顽强：

新蔡匪徒朱麻子，由豫窜至安徽阜阳县之岳家庄，驱逐庄民，据住庄房。经官兵越沟围拿,格杀贼匪二十余人,生擒男妇及追获匪徒九十余名口,计已歼除殆尽。并起获经卷、黄马褂、白衣帽数十件,伪文一轴,已正法教匪王百川灵牌一座。讯据朱麻子供称:系河南新蔡县廖小庄人,系白莲教党,有原籍阜阳寄住该逆家中之邢名章,起意纠同敛钱聚众。邢名章之妻王王氏,即系已正法教匪王百川之女,先嫁王五保,因王五保传徒被获正法,邢名章即娶为妻,自称治劫祖师。其子邢五为真紫微星,并造伪文小轴,伪封伊妻弟王兴仁、王兴义为元帅。于七月十三日,自廖小庄起手。朱麻子手刃幼子,祭旗聚众,为王百川报仇。邢名章及王兴仁弟兄均被官兵杀死。提讯王王氏及王兴义之妻王岳氏,并逆伙王景盘等,供亦相同。①

朱麻子诚狠人也,亦如中了邪魔,居然手刃亲生幼子,祭旗起事!嘉庆初湖北等三省教乱,也没见过如此狠毒恶绝的例子。

这样的邪魔外道来领导教民暴动,显然近乎胡闹,屯聚岳家寨时先与当地村民冲突,肆意抢夺民房,面对官军则不堪一击,登时被剿捕扑灭。经对抓获之人密集审讯,查明的骨干教徒有"阜阳人赵开来,息县人李进环、邢旺、邢喜、张亮,固始人张有亮,宿州人王有谅,新蔡人杜志东、杨培生",又是一次跨省的白莲教暴动!且此处接近大别山区,向来为白莲教滋生蔓延之地。因抓捕及时,多数参与者很快落网。对那些奔窜逃匿的教徒,道光帝即命孙尔准、程祖洛等部署前往查拿。

四、丁父忧

九月初五,王鼎和玉麟再次离开河南省城。就在这一天,他们将仪封

---

① 《清宣宗实录》卷三九,道光二年八月己酉。

大工案的审理结论奏报皇上，同时还上奏了京控阌乡知县朱重伦滥派累民案的查办情况。

朱重伦案很是琐碎，控告人也承认多有不实之处，真正落实的也就是知县白吃了几只野鸡野兔，丁役贪占了一些洒在地上的粮米，皆属多年旧例。阌乡位于豫陕交界处，距开封甚远，以朱重伦中风后半身不遂，难以到案，居然将该县大多数书吏还有十六名乡总都拘传到省。如此大动干戈，颇觉可笑。当时奉钦差办案的不止玉麟、王鼎一组，所办丛杂小案也不止此一件，应属于一种巨大的行政资源浪费。

到目前为止，王鼎这一次离京办案已近十个月，连春节都是在外地过的，疲累不说，对家中自然有许多牵挂。可大家还是不能直接回京，要顺道再往大名府办案。此案也是七月间就交办下来，以事关军界，守备希郎阿举报上司、大名镇总兵德克金布克扣兵饷，谕旨令二人查办。希郎阿近乎恶棍无赖，是他发帖子邀请盐商，众人怕勒索推却不来，便派兵前去店里滋扰，非说是缺斤短两；被总兵德克金布参革后，又编出一些罪名，反说德总兵克扣兵饷购置军装，告到总督颜检那儿。颜检调集证人审讯时，发现皆属诬告，证据确凿，希郎阿仍拒不认罪。道光帝下旨让玉麟和王鼎再审，为的是让其口服心服。

王鼎和玉麟等研究案情，确定以购买军装为重点，如果质量和金额没有问题，诬告即可定谳。他们由河南进入直隶境，首先直奔大名府，提取该营新造军装，逐项逐件查验，发现质量甚好，总价也很节省。玉麟等心中有了底，即赶往保定府审办，未想到在满城途中遇到一批人，又是为希郎阿喊冤，又是递呈词。原来是希郎阿押赴省城前布置亲兵所为，一番闹剧，只是给办案钦差留下一个恶劣印象。

及至审讯时，玉麟和王鼎不独印象更为恶劣，还有几分无奈：希郎阿死不认罪，不断提出一些新情况，牵着办案者的鼻子走，最后证明全是编的，但就是不认账。本来简单的一桩诬告案，竟然审了半个月，到底还是一个不服。道光闻报也很气愤，斥之为目无法纪，甚属可恶，命于该营枷号示众，两个月后发往新疆充当苦差。从以上各案见出，此类刁诈顽劣之员，已非个例。

终于可以回家了。

王鼎在京师有一个大家庭。嘉庆八年三月，刚升为赞善，他就把父亲王镇淮接至京寓，经济上虽不富裕，一家子倒也其乐融融。后王鼎出任江西学政，曾想让父亲随往任所，不果，王镇淮回到家乡蒲城，待儿子任满回京，复来京师同住。王鼎职位渐显，旻宁继位后频频奉旨外出办案，常几个月不在家，这次更是旷日持久，难免对老父和家人诸般悬挂。

回到家中，王鼎才知道老父亲已病了几个月，数次病危。家人曾想通知王鼎，父亲坚决不让，"先戒家人不使鼎闻，以乱其方寸，俾一意勤职"[①]。王鼎风尘仆仆归来，立刻就开始照料老父，多方延医，亲侍汤药，已回天无力。十月二十五日，王镇淮与世长辞，王鼎立刻离职丁父忧。两天后，玉麟率四位副都御史咨明吏部，奏请将王鼎"照例开缺"。

父亲的辞世显得那么突然，更为突然的是王鼎生活节奏的变化：此前约两年时光，他基本上是在外地办案，夜以继日，席不暇暖，常常是数月半载不能回家；而今，一下子就解脱了所有公务，青灯长夜，为亡父守灵。次年春，王鼎扶父柩返回蒲城，归葬祖茔。他请吏部尚书卢荫溥为父亲撰写墓志、协办大学士户部尚书英和篆盖、户部左侍郎姚文田书丹，应也是交谊较深。

距上次回乡为母亲守丧，忽忽已过二十四年。那时的王鼎尚在庶常馆读书，而今已是左都御史、从一品大员，他所能做想做的，仍是安静读书。然毕竟地位不同、薪俸也充裕了些，王鼎为父母修建封翁祠、贤母祠，以伸孝思；也为蒲城学宫的重修撰写碑记，并带头为蒲城尧山书院捐助经费。关于王鼎丁父忧期间的情况，我们了解不多，盖因为他仍是一贯的低调和

[①] 见皇清诰封光禄大夫都察院左都御史加二级丽亭王公暨德配赠一品夫人原太夫人合葬墓铭，蒲城王鼎纪念馆提供。

谦谨。

第四节　浙江的惊天大案

道光五年（1825）二月，王鼎服丧期满回京。

在强调孝道的伦理格局中，丁忧是明清官员必须遵守的一项制度，也是他们在仕途的一道坎：父母之丧要回乡守制，祖父母、养母、继母之丧也要守制。守制者，依照礼制要求服丧也，不得在职，不得嫁娶，不得娱乐和宴会，不得应科举考试。而官场如战场，一旦服满二十七个月后回来，往往物是人非，原来的位子已然有人，还要重新排队……

王鼎没有这个困扰，不善交际，甚至也不善言辞的他，以品行学识赢得了嘉庆帝的信任，进而以实心任事获得道光帝的赞赏。回京仅一个月，王鼎就再次被重用，以一品衔署户部左侍郎，再命在军机大臣上行走。进入军机处，是王鼎成为朝廷重臣的标志，道光帝似乎还觉得不够，不久又加了个"赐紫禁城骑马"。

六月十三日，有旨命王鼎担任浙江乡试正考官。军机大臣，皇帝处理军政要密的重要助手，日常轮流入直，遇事则齐集御前商议，一般不许离京。派一个军机大臣充乡试主考，又派科道官赵柄任副主考，当有一些特别的原因：浙江正在查一个惊天大案，而且是案中套案，环环扭结，长期不能侦破。道光帝已采取了许多措施，仍然迟迟不能了结，最后还是要王鼎主其事。

一、土豪家的乱伦和凶杀

此案已发生两年多，在当地和省城早闹得沸沸扬扬。

道光二年七月的一天，德清县知县黄兆蕙正患感冒，忽然接到报案，称一位名叫徐蔡氏的女子在婆家自缢身亡，脖项有红色勒痕，死因可疑。

207

德清属浙江湖州府，离杭州更近一些，徐、蔡两姓皆邑中大族，此一徐家也是家资颇丰。蔡氏嫁入徐家未几年，公婆皆已亡故，与丈夫徐敦诚依靠胞叔徐宝华为生。徐宝华年岁较大，正妻病故，家中资财多由小妾徐倪氏掌管，与蔡氏素不和睦。现蔡氏突然死去，娘家人自会疑窦丛生，她的叔叔、生员蔡鸿到县里控告，怀疑倪氏害死侄女，强烈要求官方验尸。

这是一桩由乱伦而导致的凶杀案。

案件的主角倪氏既有几分姿色，也颇有杀伐决断，把家产经管得诸事井井有条。丈夫老迈，她很快与年龄仿佛的徐敦诚打得火热，通奸长达七年。蔡氏两次撞见二人的苟且乱伦之事，对倪氏不免恶言相向，嘲讽讥骂，使之怀恨在心。一次因为小事发生口角，倪氏动手打蔡氏耳光，并用烟袋锅敲伤她的后脑，蔡氏躲避时又被门旁铁钉碰伤眉骨，大哭上楼，不停咒骂倪氏。徐倪氏动了杀心，与婢女秋香和徐敦诚商议，许诺蔡氏死后将秋香与敦诚做妾，秋香被迫应允，敦诚劝阻不听。

七月初二日，蔡氏发痧卧床，倪氏前来看望，又被骂"不要脸面"，恶向胆边生，当晚手执麻绳，与婢女秋香进入室内，随即关上房门，用绳缠绕在卧病昏睡的蔡氏脖子上，两手勒紧。蔡氏惊醒后殊死反抗，两手乱抓，被秋香拼命按住。此情此景，被婢女长庆和寄居的幼婢桂香在门外看见，却不敢吱声。徐敦诚恰好回来，欲进屋救阻，"被徐倪氏喝退，出外伏桌哭泣"，蔡氏终被勒死。

倪氏向徐宝华隐瞒了内情，说是蔡氏发痧垂危，徐宝华令徐敦诚快找医生，来诊看时已然气绝。次日蔡氏之叔蔡鸿赶来，见尸身项有红痕，要往县里报验。事已至此，倪氏才向徐宝华说受蔡氏辱骂，一气之下将她勒死。徐宝华经余颉苍出主意，许给三百零七元洋银为蔡氏做醮事，勉强将蔡鸿拦下。而负责殓尸的仵作朱五看出颈上伤痕，张口就敲诈一百元洋银，倪氏心疼银子，破口大骂，骂着骂着就捎上了蔡家。蔡鸿本来就不情愿，让弟弟到县衙告官，请求验尸。

德清知县黄兆蕙本是一个庸官，见案件重大，又不想得罪当地富户，便捻了一个"拖"字诀,假借生病,过了几天,才向湖州府禀报。湖州知府方士淦出身内阁中书,嘉庆十三年由于献治水之书,恩赏了一个举人,宦程漫漫,十余年后方熬得一州之主,又派在富庶的杭嘉湖地区,早就混得圆融至极,也不愿本府出事。是以未验之前,方士淦听了黄兆蕙的话,先有了成见,选派办案人员亦颇用心思。这边蔡家苦主每日呼天抢地,那边县衙推到州衙,州衙推往杭州府,等到一大帮子官员吏役陆续来齐,大暑之中,尸身已然肿胀得不成样子。蔡家以死者项有勒痕、脸上有伤、牙齿脱落种种可疑相告,而仵作要么不予理睬,要么巧做解释,判定为自缢。徐家也不再说发痧,皆改口称蔡氏是自个儿上吊身亡。

蔡家人怎会相信?告到杭州府。府里再派员来德清验尸,为显示公正无欺,不让德清官员吏役参与,另选几位知县或同知负责,其中还有文名甚盛的西防同知吕璜,一番折腾,仍旧定性为自缢。

二、自缢的臬台

这么一件并不复杂、稍微用心就不难水落石出的凶杀案,居然断为自缢,让蔡家无论如何也不能接受。在当地折腾了一年多,实在突破不了那张巨大的网,便到京师控告。那时"京控"很多,多数京控都会先找关系,在京浙籍官员甚多,大约谁也不愿蹚浑水,一直没人出头为之主持公道。

蔡氏的哥哥也是个读书人,无奈之下,到御史吴恩韶府上处馆,经过一段时间,与主人关系融洽,也见出其颇有正义感,对之哭诉妹妹的冤情。恩韶曾任刑部主事,办案经验丰富,帮助梳理此案先后情节,也觉疑点甚多,必有冤抑。再经过多方了解,吴恩韶认为冤情重大,毅然修疏上奏,称"检验有伤,牙齿脱落,仵作辄敢隐匿伤痕、捏报自缢,该府县亦以自缢完案"[①]。恩韶所述甚严密,还让蔡生详细写明冤情,附录奏闻。

---

① 《清宣宗实录》卷七十,道光四年七月甲子。

此案终于上达天听，引起道光的高度关注，谕令浙江巡抚帅承瀛"亲提人证卷宗，秉公严审确情"，并将吴恩韶奏折转发给他。帅承瀛为王鼎同榜探花，久在翰林，出任地方后堪称能员，在浙江任上颇有建树，此前对本案没太过问。接奉谕旨，帅巡抚再也不敢玩视，岂知未及重新审理，就于九月十三日丁忧离职。

十一月，署任巡抚的浙江布政使黄鸣杰上奏，说经过多次委员审理，并将蔡氏尸身两次检验，都没有发现伤痕，蔡家坚执不从，只有呈请再做一次尸检。道光帝也看出问题之所在，看出黄鸣杰所谓呈请再审的真实目的，即将湖北按察使王惟询改调浙江按察使，全面负责此案，"于到任后，即督同前未会检之明干守令及现调隔省之谙练仵作，亲提复检明确。仍着该署抚督率该臬司虚衷研讯，务得实情，按律定拟具奏，毋稍含混"①。说明皇帝已对办案人员产生巨大怀疑，不光从湖北调来主办案件的臬司，连验尸仵作也从福建调来。

王惟询，山东海丰人，嘉庆十六年二甲第十名进士，选庶吉士，留馆任编修，后转任地方，渐升至湖北臬台。惟询素来做事认真，钦奉皇上特调办案，更是全力以赴，可很快发现：此案侦破不难，改正甚难，浙省一批初检、复检官员自然不愿改判，刚刚署理巡抚的黄鸣杰则是他们的后台。王惟询有些木讷，然明练敢为，散馆数年便升至正三品的按察使，甚得皇上器重。但毕竟是书生，面对无形之网和巨大压力，惟询渐至于睡卧难宁，神情恍惚，挨至次年三月，居然在署中自缢。

新任臬司身死，黄鸣杰不免惊慌，赶紧奏报。道光帝闻奏大为震惊，更觉此案错综复杂，当即采取行政措施，命黄鸣杰离任，调前山东巡抚、仓场侍郎程含章任浙江巡抚，河南粮盐道祁𡎊为浙江按察使。程含章，云南景东人，与王鼎同年中举，大挑知县，从基层做起，也是饱经挫磨，始至封疆大吏。他廉洁勤慎，吏事练达，多次奉旨查处工程中贪吏，深得道光

---

①《嘉庆道光两朝上谕档》第二十九册，道光四年十一月二十日。

帝赏识。祁埥则是王鼎同年进士，授刑部主事，长期司职刑狱，是皇上欣赏的理刑专家。急调此二人往浙江，旻宁彰显了必欲破案的决心，谕曰：

> 此案即交程含章督同臬司祁埥，将徐蔡氏尸身细心复检，是否实系被搭身死，抑系自缢？务得确情，以成信谳。且祁埥由刑部出身，刑名素称熟悉，朕所深知，断不许稍存推诿之见，有负委任。至王惟询到任甫经一月，复检又未定案，即因新旧仵作各执一词，疑虑甚多，该司并非原审之员，无所顾忌，且既禀明该署抚，奏请选派刑部谙练司员到浙会检，已据该署抚应允，何至郁闷，遽尔轻生！若无别情，焉有此事？程含章等详细查访，将该司因何自缢缘由据实复奏，务令水落石出，不许稍有含混。①

本来是一案，此时竟成两案。调王惟询为的是破案，原案未破，审案的居然自尽身亡。道光帝不独对本案大为怀疑，对惟询的死更是觉得蹊跷，特调两位干员前往办理，又生恐他们陷入当地的官场人情网，谆谆告诫。

林则徐为王惟询同年进士，同在二甲前列，同入庶常馆读书，同时散馆授编修，感情颇深。适林则徐丁忧夺情，由家乡赶赴江苏，恰行至衢州，听说此事，也是大为感伤："午刻已达衢州府城，西安令梅铁崖同年树德来迓……闻浙中廉访王小华同年惟询月之初五日在署自经，为之长唶。"② 同年之间说到同年之死，一定会谈论较多，感慨良深。当晚泊舟之后，则徐在日记中续写此案：

> 浙江德清蔡氏女，嫁徐姓数年而死，母家控其勒毙，夫家指为自缢。浙省验讯，以自缢定案。死者之兄在都中吴侍御恩韶家

---

① 《嘉庆道光两朝上谕档》第三十册，道光五年三月十七日。
② 《林则徐全集》第九册，乙酉日记，三月十一日，146—147页。

处馆,向其诉冤,侍御以其原书奏闻。上命浙抚复检,仍是自缢。蔡氏阖族不服,因将种种情节复奏,以王臬司惟询由楚北甫调浙江,无所回护,奏请专交渠一人定谳。并以浙省仵作检验,蔡姓有所借口,请由闽省选派仵作赴浙检验。兹候官仵作到浙,于三月朔日复检,报称搕死,诘以有无确证,又不能明晰登答。王廉访意欲抚军再行咨请刑部仵作到浙同检,抚军未允。讵其焦闷数日,忽于初五日卯刻,一人走至花厅对面假山之后,自用裤带缢于亭子梁上。此案与渠总无妨碍,何以至此?真出意计之外也。

记述之中,充满怀疑与不解,不管是民妇徐蔡氏之死还是臬司王惟询的死,都有说不清道不明之处。这是林则徐的看法,也是多数局外人的看法。

四月初十日,京畿道御史郎葆辰上奏,对浙江办理此案的荒唐做法提出质疑,尤其针对原验,曰:"案经一府三县当场开检,所司何事,竟至骨殖遗失?此事而可疏忽,将何事不可疏忽?"[①] 郎葆辰为嘉庆二十二年进士,曾任编修,浙江安吉人,其地距德清甚近,所举多得自家乡传闻。他说王惟询办案非常认真,正在对人犯分别审讯,福建选派的仵作何培到达,即在万松岭督同会检。何培经验老到,一番检验,即喝报发现囟门等处伤痕,的确系被搕死。在场原验、复检闻听此语,纷纷离席向前,质问责斥,场面混乱,检验无法进行下去。王惟询赶到巡抚衙门,也因尸骨不全、缺少旁证,没有得到支持,孤掌难鸣,心情更加郁闷。奏折又提及上年七月间,复检官竟然找来男骨做比对,"道路目击,传为笑谈"。道光帝阅后朱批"违法荒谬,任意妄为,可恶已极",转发程含章,要求就折中所提各项疑点一一核查,尤其要彻底查清王惟询自缢的原因,追究责任者。

王惟询还有一个哥哥,时任福建粮道的王惟诚。办案左右为难、郁闷自

---

① 朱批奏折:郎葆辰,奏为浙江检验徐蔡氏原验官遗失骨殖请申严检验章程事,道光五年四月初十日。

缢之前，他曾给哥哥写过一封信，倾诉苦衷。王惟诚接到乃弟身亡讯息，即刻求见闽浙总督赵慎畛，呈上弟弟亲笔信，以及所写申诉函，内称胞弟王惟询办理徐蔡氏一案，竟致轻生，实有隐情：

> 曾于三月初六日接伊弟来信，以此案疑窦甚多，从前检验均属不实，此次特调来浙办理，不敢稍有迁就。惟浙省大小各官，以此案两检之后不能再有更动，其势固结莫解。心甚焦灼。旋接伊家人来信，伊弟竟至轻生……①

话虽不多，浙江办案官员之盘根错节、极力维护原判，已然写出。

赵慎畛也是丙辰恩科进士、翰林出身，与黄鸣杰和王鼎、祁寯同年，与黄、王是庶常馆同学，少年即被视为英才，入仕后历御史、给事中，深得朝廷倚信，很早就出任方面大员。此人有古大臣之风，深知州县之困，平日很体恤，接见属下道府官员，话语平实恳切，从不藏着掖着。得知此情，又在所辖之内，慎畛当即奏报皇上，先转述王惟诚的呈词，其中写道："忽于三月十九日接家人张喜、方桂等来信，据云闽省仵作何培到浙开检，指明伤痕。胞弟于初二日谒见抚院禀商，次日旋具一禀请刑部司员会检，形神忧闷，遂于初五日竟至轻生，实不知因何身死。职道闻信之下，惊骇异常，细思此事出人意料，其中必有抑勒情事，已属显然。至外间纷纷传闻，亦皆云黄署抚及原检各官皆主从前蔡氏自缢身死之说，胞弟力主平反，已成寡不敌众之势，孑然孤立，抑郁以终……"②接下来，慎畛谈了自己的看法：

> 臣查臬司王惟询于此案甫经接手承办，一据验报尸身有伤，岂有凭空自缢之理？其中自系另有别故。虽该道王惟诚所禀亦系

---

① 《清宣宗实录》卷八三，道光五年六月戊午。
② 朱批奏折：赵慎畛，奏为据情转奏福建督粮道王惟诚奏浙江臬司王惟询自缢身死请查实事，道光五年五月初三日。

> 得自传闻，仍无切实凭证，然外间既有纷传之语，且据该道云称
> 与王惟询生前信内所言情节相合，似非尽属无因。

慎畛也只能说到这儿了。他在奏折之后，还附了一份王惟询的禀单，似乎是写给黄署抚的，又像是写给刑部堂官，生前没有呈递，死后被家人寄给其兄，再转到赵慎畛手中。禀单很能反映王惟询当时的复杂心理，先详细叙述何培验尸和争论的焦点，又反复述说担忧："今若凭何培之言定为搭死，则囟门骨不浮，与《洗冤录》不甚吻合，不特无以折服原检各官，即本司自问亦不能信心，实不敢草率定案，遽入谋命之重罪；若凭邱达等之言定为自缢，则不但无以杜蔡鸿之口，且似回护原检，有意纵凶，本司亦断不敢仍照原检致沉冤莫雪，自取重咎。"①所有这些，都为道光帝的判断提供了证据，即令程、祁二人加紧审理，对一个多月还未见进展，也微露不满。

六月二十六日，程含章奏报调查王惟询之死的情况，称与臬司审讯加上密访，通省大小官员，包括王惟询的幕友家人，都没听说有抑勒逼迫之事，"即公正无私之伊里布，前在浙时臣再三询问，亦力言实无其事"②。伊里布后来官运亨通、在鸦片战争中大大有名，以浙江布政使新调陕西巡抚，官声甚好。道光帝在此处朱笔夹批："不当率尔如此称誉，戒之！"程含章也说接到闽浙总督赵慎畛咨文，承诺对有关"黄署抚及原检各员回护原办"之事再做核查。道光帝很不满意，告诫他"断不可惑于救生不救死之说"，即惟询已死，不要牵连太多在任官员。看来官场之弊，旻宁亦知之甚详。

同日，程含章还奏请添派赵慎畛前来审理，被严旨责斥。压力之下，程含章再做调查，将相关夫役一并拘来审问。巡抚署内茶夫沈泳等供出当时情形：王惟询自尸检现场赶来，与黄鸣杰谈论此事，两人的嗓门都很高，

---

① 赵慎畛：呈王惟询原禀单，道光五年五月初三日。
② 朱批奏折：程含章，奏为访查前任臬司王惟询因徐蔡氏命案自缢身死大概情形事，道光五年六月二十六日。

黄鸣杰很生气，也确实拍了桌子。程含章接下来列举王惟询种种异常情态：审讯徐蔡氏婢女时，令其比试自缢情状，竟有"将来我亦如此"之言；福建仵作比画扼死情形，他也跟着在自家脖子上比画。总之是大为失常，"神情恍惚，行坐不安，该家属昼夜防范"。道光帝不得不接受这一说法，将惟询之死归因于"情急心迷"，时黄鸣杰已因事革职，不再追究，只是督催加紧破案。

三、又一个意外自缢

谁知仅过了十天，此案即告侦破。

程、祁二人奉派浙江，应说主要因徐蔡氏一案，但巡抚掌一省之军政，诸务烦冗，审案和破案的压力主要落在祁𡊮肩头。新任按察使是办案的行家里手，不动声色，派令仵作将蔡氏存留尸骨细细检验，发现了问题：据湖州府两次检验，"该尸两耳根骨，有顺上红色血晕"，并依此定为自缢；复验时查耳根骨并无伤痕，而项颈骨后面血晕，原检压根儿未提，恰是搭毙之证。祁𡊮心中有了底，派员密访徐家仆人婢女，找到了当时寄居徐家的小丫头桂香。命案发生后，年龄幼小的桂香被威吓利诱，然后被送往乡下。祁𡊮派人寻得，秘密带领前来，亲自讯问，循循善诱，小桂香终于说出真相：

> 徐倪氏因与徐蔡氏之夫徐敦诚通奸，被徐蔡氏撞见，用言讥诮。徐倪氏起意谋勒该氏身死，与婢女秋香商量，趁徐蔡氏卧病在床，同进房内，关闭房门，将徐蔡氏用绳勒死，秋香帮同按手。随后向徐宝华、徐敦诚告知实情。因恐蔡家不依，捏为发痧身死。后来检系自缢，亦即认为自缢。[①]

---

① 《嘉庆道光两朝上谕档》第三十册，道光五年八月三十日。

突破口一经打开，其余的人也就瞬间心理崩溃，先是秋香，再是倪氏，一个个吐露实情，供认不讳。

此案延宕三年，还搭上一位正直认真的三品臬司，至此总算水落石出。道光帝谕令惩治一干欺罔不职的官员：回避验尸的原德清知县黄兆蕙、原武康知县庆辰被革职；检验失实的湖州知府方士淦、杭州知府任兰佑、署温州府事赵学辙、东防同知吕荣、西防同知吕璜，一律解任；具体办案的归安知县马伯乐、原乌程知县杨德恒，俱下令拘捕，交由程、祁二人提齐原检刑忤人等，合并严审，按律定拟罪名。同日，道光帝再发谕旨，要求严厉追查此案中的贪赃枉法情节，逐一审查，务使水落石出。

审出命案，程含章紧绷的神经略略轻松，赶紧往秋闱监临，乡试亦大事也，虽有军机大臣王鼎主考，所在省份巡抚监临之责亦重。岂知又出了大事，倪氏竟然在狱中上吊身死！似这等钦办大案要案的首犯，入监后披枷带锁，一应刑具加身，怎么会发生自缢之事？消息传来，程含章正在秋闱中与王鼎晤谈，闻报"甚为愤恨，情见乎词"。接程含章奏折，道光帝又是一番震怒，降谕申饬：

> 乃犯妇徐倪氏于取供后自缢身死，若非松放刑具，该犯妇何能自解包头帕缢毙？显有受贿故纵情弊。该管各员，并不豫饬刑禁人等严加防范，玩视公事，甚属可恶，非寻常疏纵可比。钱塘县典史刘椿着革职拿问，钱塘县知县汪仲洋着革职，交该抚督同臬司祁㙽提齐刑禁人等，严审究办，加重问拟。[①]

主犯身死，一桩大案的定罪和惩处顿时踏空，所谓"逃脱显戮"是也。更重要的，是追究行贿缺少了关键人证，怎不让皇上生气？谕旨将程含章点名责斥，对祁㙽则严行申饬。此事的主要责任在臬司，入闱监试之先，含章

---

① 《嘉庆道光两朝上谕档》第三十册，道光五年八月二十九日。

嘱其抓紧研审，眼下却出了这种事。祁㯊也是有苦说不出，办案中早看出暗潮涌腾，虽处处留着小心，还是防不胜防。

四、乡试主考与秘密使命

王鼎已在杭州，正忙于主持当年乡试。

乡试例以八月初九日为第一场正场，主考及帘官提前三天就开始做试前各项准备；以八月十五日为第三场正场，其后便转入紧张的阅卷，然后是复核、点阅落卷、磨对中卷，直至九月九日公开放榜。浙江素称人才济济，杭州贡院规模宏大，加上士习已多刁顽之气，主考官皆留着小心，生恐出事。是以程含章见徐蔡氏一案有了眉目，便急急赶到贡院。

八月三十日，道光帝对徐倪氏在监内畏罪自杀深表不满，特旨命王鼎密加访察，弄清真相，谕曰：

> 此案悬宕三年之久，该省大小各员通同一气，牢不可破。开检两次，迄未验出真伪，承审各员总未究出实情。现在甫经审出谋勒情由，而犯妇徐倪氏旋即在监自缢，显有松放刑具，受贿故纵情弊。并恐该省官吏前此有婪赃舞弊之事，虑徐倪氏供出，因而致死灭口。再原检原审各员，何以联为一气，固结不解？浙省吏治民风敝坏已极，此次程含章等审出各情节，有无不实不尽？徐倪氏自缢身死，有无别情？其原验原审各员，曾否有受贿故出情弊？程含章等是否有意存徇隐、化大为小之处？着王鼎逐一密加访察明确，据实具奏。断不可因程含章业经审明具奏，稍为迁就。着该署侍郎于拜折后，暂缓起程，俟接到批折，再行来京。副考官赵炳出闱后，令其先行回京复命可也。①

---

① 《嘉庆道光两朝上谕档》第三十册，道光五年八月三十日。

皇上提出了一连串疑问，甚至对钦选的程含章也心存怀疑。他知道谕旨到时，秋闱应已发榜，告知王鼎先把此事查清，再回京复命。

接奉谕旨，王鼎即上疏，说自从进入浙江后，即遵照在京面奉谕旨，对此案随处留心，闻知徐倪氏家资颇富，因此案花费殆尽，必然有受贿舞弊之人。现在除了仵作之类的小鱼小虾，不管是官员还是吏役皆不能指实，仅此一点，反而证明一定会有贪赃行贿之事。他也说到程含章对待此案极为认真，"日夜亲讯此案，最为严切"，舆论反映甚好。道光帝亦认为绝不会只是些地保仵作之流，如知县黄兆蕙的反常行为，"尤属情弊显然"，钦命王鼎主持此案，提集人犯，严切究讯，务将黄兆蕙是否得赃，以及审检各员得赃若干，逐一究问明确，从严定拟。

军机大臣王鼎领衔办案，力度陡然加大，熬审加上刑讯，终于打开缺口，第一个吐露实情的是徐敦诚：

> 据供：在德清县递呈和息时，徐宝华托已故刑书章九皋送黄知县规礼洋银一百元、管门家人崔六二十元；后委归安马知县审讯时，徐宝华已故，徐倪氏又托章九皋转托归安刑书张泳仁向衙门打点洋银四百元，此外尚有给张泳仁等及书差饭食一百九十元；连从前供明所给仵作书差等共计行贿银一千二十一元。①

正要进一步审理追究，王鼎病了，实实在在是病了。谕旨命他安心调理，病愈后仍会同程、祁二人，将徐蔡氏全案审结。有人怀疑他也有畏难情绪，装病推诿，那不是王鼎的性格。病情稍缓，他就重新主持审案。五天后，皇上接到王鼎领衔的奏报，该案业已审明。

---

① 录副奏折：王鼎、程含章等，奏为审办德清县徐倪氏谋毙徐蔡氏命案官吏得赃情形事，道光五年十月初八日。

五、拿了一串儿小贪

进入十月，对一干失职官员的问责已告开始。明明是一桩乱伦谋杀案，明明有那样多的疑点，原审、复审、初检、复检，居然都未能究出实情，实属有乖职守。至此案情大白，经巡抚程含章提议、皇上御批，"所有初检之湖州府知府方士淦、乌程县知县杨德恒、归安县知县马伯乐，复检之杭州府知府任兰佑、坐补湖州府知府赵学辙、东防同知吕荣、西防同知吕璜，俱着革职"①。吕荣、吕璜等列名复检，大约也只是挂名而已，先已被解任，此时则明确革职。事情还没完，还要等候查清有无受贿，才算落地。不作为的教训，可谓深矣！

十月二十七日，徐蔡氏一案的受贿枉法情节进一步审定。饶你人情似铁，怎奈官法如炉！到了这种时候，办案时也就没有丝毫客气了。许多涉案者都精通司法，熬审并不能解决所有问题，他熬你也得熬，只有严讯和用刑。严刑之下，归安知县马伯乐家人李明，供认张泳仁过付洋银四百元，自得一百元，转交马伯乐胞兄马汝霖三百元。就在这之后，关键证人李明居然在监牢中以裤带自缢。又是一个不无蹊跷的自缢！

审案中也曾遇到强烈反弹：马汝霖曾任巡检，颇有点儿泼皮滚刀肉劲头，死活就是不承认；马伯乐还想方设法，伪称家信，向随同王鼎来浙的副主考赵柄控告，声称巡抚和臬司动用酷刑，"以赃私派数刑求"。道光帝对这个结果并不满意，严令再加深究，"不得因案情现已讯出，稍存迁就"。

十一月二十六日，再经过一个月的审讯，王鼎等奏报审讯结果，"徐倪氏等于犯案后，向经手官吏行贿舞弊"，经谕旨批准，对涉案官员人等分别处理如次：

德清知县黄兆蕙，先是借病推诿，玩视人命，几乎酿成冤狱，又得受

---

① 《清宣宗实录》卷九十，道光五年十月庚辰。

219

贿银一百元，从重发往黑龙江充当苦差。

归安知县马伯乐，虽没有直接贪赃，然初审时未能究出实情，又失察其兄长串通家人刑件等敲诈索赃；进而检验不实，酿成巨案；加上诬赖巡抚审讯时非刑锻炼，希图挟制。数项罪名，从重发往新疆效力。

湖州府知府方士淦，始则听任德清知县借病推诿，后复听任武康知县以尸腐为词，不如法相验，"种种督率无方，形同木偶"，实属昏愦，发往军台效力赎罪。

巡检马汝霖，收了三百两银子，"始而不肯成招，继复自行残伤，抗违不到，情殊刁诈"，发往边远之地充军。

钱塘县典史刘椿，虽没查到受贿故纵行径，但不能加意防范，犯妇徐倪氏在监自尽，"致淫凶首恶，幸逃显戮"，杖八十，徒二年。

黄兆蕙家人崔涌，代主子收取赃银，自得二十两银子，杖八十，徒二年。

署杭州府知府张允垂，管理疏忽，使得人犯在狱自尽，交部议处。失职失察的历任巡抚、臬司皆交部议处，责任较大的黄鸣杰直接被革职。

回到案件本身，倪氏已然自杀身死，帮助她行凶的婢女秋香被"即行处斩"。徐敦诚虽无同谋，但遮掩真相，杖一百，流三千里。帮着徐家打官司的在籍职官、府经历费文焘，"于谋命重案，代为主讼过付，作词捏控"，发云贵两广极边烟瘴充军。

此案能办到这种程度，殊为不易！当朝天子紧盯不放，调集能员，钦派重臣，但也只办到这儿为止，就中烟云模糊处仍多，大家也都疲惫了。几天后，道光帝对内阁大臣说到此事，曰：

> 近来内外满汉诸臣，能实心实力，不避嫌怨，为国宣勤者固不乏人；而因循观望，遇事浮沉者，亦复不少。即如山西阎思虎一案，非特旨调京发部覆讯，几至烈女含冤，淫徒漏网。又有浙江德清县之案，经年累月，未成信谳。若非特简抚臣臬司，加以严饬频颁，复命军机大臣王鼎会同覆勘，焉能罪人斯得，冤案平反？凡此皆

因官官相护,罔顾天良,罔尽心力,只知窃禄肥家,置民瘼于弗问。言念及此,愤懑何堪!①

语意沉郁,没有一丝大案得破的轻松。

转眼到了道光六年(1826)八月,张格尔叛乱愈演愈烈。署陕甘总督杨遇春奏报正率兵赶往阿克苏,但军中缺少得力将领,除呈请调用陈芳、齐慎等人,还说在肃州遇见原任浙江湖州知府方士淦、归安知县马伯乐,均"呈请随营效力"。道光帝断然否决,不准随营当差,仍各赴流配处所,效力赎罪。其对此案犯官之深恶痛绝,可见一斑。

① 《嘉庆道光两朝上谕档》第三十册,道光五年十二月初二日。

王鼎所书《草诀歌》

隨事遷感慨係之矣向之
欣俛仰之間以為陳迹猶不
能不以之興懷況修短隨化終
期於盡古人云死生亦大矣豈
不痛哉每攬昔人興感之由
若合一契未嘗不臨文嗟悼不
能喻之於懷固知一死生為虛
誕齊彭殤為妄作後之視
今由今之視昔良可悲也故列
敘時人錄其所述雖世殊事
異所以興懷其致一也後之攬
者亦將有感於斯文
甲午長至前二日臨定武本於槐
蔭書屋 省厂居士

永和九年歲在癸丑暮春之初會
于會稽山陰之蘭亭脩禊事
也羣賢畢至少長咸集此地
有崇山峻領茂林脩竹又有清流激
湍暎帶左右引以為流觴曲水
列坐其次雖無絲竹管弦之
盛一觴一詠亦足以暢叙幽情
是日也天朗氣清惠風和暢仰
觀宇宙之大俯察品類之盛
所以遊目騁懷足以極視聽之
娛信可樂也夫人之相與俯仰
一世或取諸懷抱悟言一室之内
或因寄所託放浪形骸之外雖
趣舍萬殊靜躁不同當其欣

1. 王鼎《兰亭序》碑拓
2. 王鼎所作的画

王鼎家书

先刖書問
四弟逆好
父親出京計今明日可到家天氣
寒冷風勁霜嚴頗受辛苦知後
中耶家兄一位可以解懸切
弟在家讀書洪凡務須篤實

每日課程要有定限不在貪多
總要熟讀即好讀一篇文或千
遍或數千遍務得其章法理
趣用意用筆之妙作文且逐日必
有把柄讀書是要學荀一要
弟不可慊慊為人所笑也

嫖姆要謹慎之以祀 二嫂婿居十
月許凡所可揚其意向此歲
臨見里巷老人族人都頂以讚相
榔援不敢傲慢和順要柑寶
都要渭題不可學壞華人須
遠也若有識者可聞省

弟做史記一廈京就一渡媛一頂
川為接親之用憶兒昔年完髮
時在夏初並未做和 仲玉二哥
完髮時大哥初止做墨紅布棉袍
一件 為叔一件六為
弟做細毛皮衫兩用官寧如此

悃然兄月来歲病成精神搭光
草弱不振京中接親離堪本
月兩二文將車驅殷人益知五
之委濟弟另買一挺以撓乃七
十餘大凡每有且京況太諸榮重
貴加不敢其事現在完出入輿寬

此意苦我輩愛親猶月乎兩
川銀鑄濟人盡即簡丹
朋期念記我家二十年莭儉
若況帶事見有親友接二百銥一
二斗米玉川黃兄釣念今及心釋

銀鑄接濟博施濟眾聖人以
為難只日主人遠人而已程子謂立
達千萬人固愛立達立遠二三
人亦是立達其說甚辣先儒
云見貧困人亟亟力為濟切以
須詎力計不能如心是巳足矣

昔不足而已有餘也兄辨
老母臨終遺命財以助兄心名必
弟即者愛惜寧風蓋知做欺
不易為程弄云待人接柳如厚
慈詳者立不可刻薄此六不在

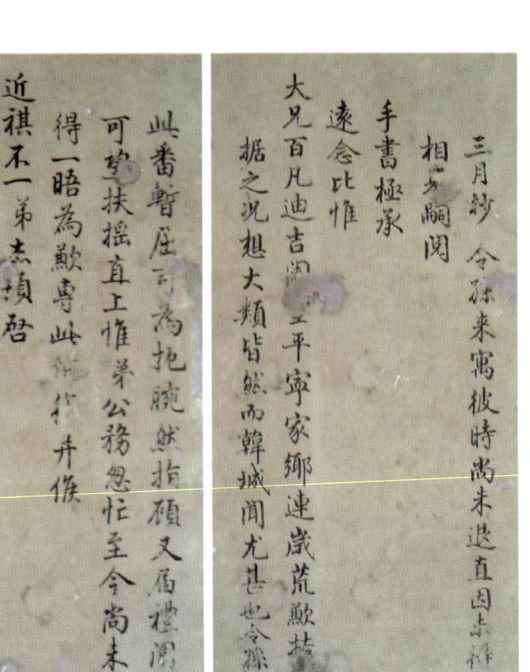

三月抄　令孫來寓彼時尚未退直因朱作
相　嗣閱
手書極承
遠念比惟
大兄百凡迪吉闔堂平寧家鄉連歲荒歉甚
據之況想大類皆然而韓城間尤甚此令孫
此番暫歷不為抱歉然指顧又屆禮闈
可望扶搖直上惟弟公務忽忙至今尚未
得一晤為歉專此敬作并候
近祺不一弟志頓啟
　　　　　四月廿二日

日裏不得不作退計耳尚此佈
復順候
通祺不盡縷懷志頓首
象九近佳並致

天顏溫詧寅沃五中薩年
諭旨今卯日回京到任敬月以來供職
如常堅嗇日直
內廷未有消埃之勤乃荷
聖恩稠疊院得水傳
經筵後授乘驄
紫葉儒生業遇斯為逾格目閒迁諫不
知凡仰酬

貴東壽文務於春間寄京一函不
高厚也
绝印開與事實略節弟受
專人送上五月半後寄到家不幾
有誤此大事似不子草率弟既承
炎束相待之厚六當少卷此年風
便肅此佈候
近祉不宣弟志敬
對筆二桔歲墨一匣聊將遠意乞笑
拾存又及

大哥不晤惠願輙余相州舍嵩未出
館相庭主人趨賢門徒皆浮厚相得
而退賢主嘉賓殺此當萎全經北牟
企望無似弟於九月十日到
趑阿次日謁
安善在念

春仲接到
手書環誦再三有如良晤每念襄
殘日甚俟此同之後會何時不
能不為感懷矣
太上皇帝遽棄臣民率土哀思況杰
之受

恩深重者耶且十載樞廷日遭萋斐
終荷
聖慈得以保全悲感更難言喻現在
派充恭理喪儀每日卯入申歸亦
可少効奔走之勞兩年
以來再出軍機得以安心調

攝腿疾竟獲全愈計至奉安
山陵之期雖尚有半年而自揣或可
支持
皇帝新政美不勝書而且盡之內言
大兄可毋繫念今上

王杰写给王梦祖（王鼎祖父）的书信

1. 东华门
癸酉之变，天理教徒由东华门最先攻入紫禁城。

2. 隆宗门匾上的箭头

【第七章】
平定南疆叛乱

第七章 平定南疆叛乱

旻宁刚刚继位时，南疆便传来张格尔袭扰边境卡伦的紧急军报，是为张格尔之乱的序曲。道光六年（1826）六月，一场席卷南疆西四城的大暴乱终于发生。此次叛乱，以及其后的玉素普之乱、七和卓木之乱，有着一些民族宗教的原因，主要应是境内外各种势力的联手，酝酿潜伏已久，积小乱为暴变；也由于清廷治疆政策的失衡，一些驻疆大员沉溺享乐，不作为，胡作胡为，以致局面失控，生灵涂炭。

当骚乱初起时，清廷的态度是谨慎涵容的，更多侧重于对失职驻扎大臣的查处；而一旦出现暴乱和反叛，事关国家疆域之完整，就立即调集大军，火速赶往南疆。文武大臣共赴时艰，前线将士奋勇征战，备经艰辛，终于一次次敉平了叛乱。

第一节 国丧期的袭扰

嘉庆二十五年七月初十日深夜，南疆的图舒克塔什卡伦突然遭到袭击，三百多名武装分子进攻哨卡营垒，"将图舒克塔什卡伦城池烧毁，戕害副护军参领音德布并满兵十三名、余丁一名，玉斯图阿尔图什六品阿奇木伯克阿布都尔满亦被戕害"[①]。消息传来，驻喀什噶尔参赞大臣斌静急调叶尔羌和乌什驻军协同追剿，同时飞奏朝廷。边镇遥远，尽管是五百里急报，至京已在九月初旬。时颙琰辞世未久，大行皇帝梓宫迎入乾清宫安放，京师一派悲情，新帝及王公大臣正忙于治丧。

远在边城的斌静，尚不知朝中已发生皇位更替；新帝旻宁（包括一干军机大臣）接报也有几分迷惘，一向奏称萨木萨克并无子嗣，怎么突然出来一个叫张格尔的儿子？

[①]《清宣宗实录》卷四，嘉庆二十五年九月甲子。

一、和卓家族由来

清廷为何对张格尔的出现如临大敌？这话还要从头说起。

新疆的南部地区，原来多崇信佛教。公元10世纪中叶，以喀什为中心形成喀喇汗王朝，萨吐克·布格拉汗皈依伊斯兰教，在统治区域大力推广传播，喀喇汗王朝由此成为新疆地区历史上的第一个伊斯兰教政权。再经过持续了五百余年的宗教战争，经过无数次血腥厮杀，伊斯兰教在南疆扩大传播。14世纪有一位额西丁和卓（又作热西丁和卓），属于苦行僧派的苏非教团，机缘凑巧，说服东察合台汗王吐黑鲁帖木儿改宗伊斯兰教，并通过行政威权扩大影响，遂使南疆地区整个走向伊斯兰化。

和卓，原为波斯语，汉语音译还有"火者""虎者""霍加""和加"等。该词最初用以尊称显贵之人，在中亚地区则有学者、圣裔之义。张格尔的先祖玛哈图木为苏非派纳克什班迪教团第五代教主，入疆传教，颇受尊崇，并在当地娶妻生子。玛哈图木后回中亚，其幼子依斯哈克留在此地传教，门徒众多，成为南疆黑山派和卓家族的奠基人。所谓"黑山派"，又称"黑柳派""黑帽派""黑帽回"，系与"白山派"相对称的伊斯兰教苏非主义派别，在南疆长期对立，势同水火，以旗帜和帽子的黑白二色为区别。

至于白山派和卓家族，则出于玛哈图木长子依善卡兰一系。康熙十七年（1678），噶尔丹攻灭叶尔羌汗国，扶持依善卡兰之孙阿帕克和卓上台，该家族第一次成为南疆的统治者。阿帕克声称自己是圣裔，既是穆罕默德女儿的后裔，又有成吉思汗的血统，加上颇通医道和法术，得到当地百姓的狂热迷信，传教时，"有人兴奋得流下眼泪，有人高兴得引吭高歌，有人狂蹦乱跳，有人昏厥晕倒，大家都禁不住出自一种狂热的虔诚信仰被他吸引住"[①]。

那时的中亚大小汗国，多充斥着宫廷阴谋乃至政变，亲族间的残杀无

---

① ［英］埃利亚斯：《和卓传·导言》，见《民族史译文集》第八辑。

比血腥。阿帕克和卓也不脱此一套路，先是捕杀诱杀同祖同宗的黑山派和卓一系，而他死之后，子嗣妻妾也是同室操戈，杀得昏天黑地，只剩下一息弱孙阿哈玛特，被人藏在山洞里，总算躲过一劫。阿哈玛特后来被几个阿鲁特首领扶持上台，在喀什噶尔建立和卓政权。然而好景不长，准噶尔部军队在策妄率领下再次占领南疆，阿哈玛特和卓成了俘虏，被押往伊犁拘禁。在伊犁他有了两个儿子，即乾隆间闹事的大和卓布拉尼敦、小和卓霍集占，在清军进剿时兵败身死。霍集占没有子嗣，布拉尼敦则子嗣颇多，三个大一些的儿子随同逃出，剩得幼子萨木萨克，为已经离异的妾室所生，闻说被一个维吾尔族人收养。接到查获此子的奏报，乾隆帝下旨送至京师"加恩养育"。貌似宽大优容、通情达理，实则对大和卓遗胤高度重视，虽幼小者亦不放过。所谓"加恩养育""照例安插"，都是严密监视居住的婉语。

平定反叛，最是要斩草除根，驻扎大臣并没有放松对大和卓子嗣的追缉。据喀什噶尔参赞大臣舒赫德奏报，布拉尼敦在境外的三个儿子，"一名和卓阿什木，一名阿布都哈里克，一名和卓巴哈敦，现在巴达克山居住，所有照管养育之人，俱甚穷苦"。收到乾隆帝善待养育萨木萨克的恩旨，舒赫德立刻派人往巴达克宣示，宣扬大皇帝仁德，劝告其家人带领回国，没见丝毫成效。又过了约四年，素勒坦沙移交了布拉尼敦的尸骸，以及他的三个儿子。能做到这一步，应是一种持续角力的结果：阿帕克和卓的后代，相邻部落通常给以礼遇，多加优容，现在也是慑于大清兵威，不得不然。

多年之后，乾隆帝方得知送来的萨木萨克是假的，那小孩只是碰巧与布拉尼敦的小儿子同名，且年龄相仿，真正要找的萨木萨克，已由保姆和家人一路护持，事变后不久就到了域外。

二、穷漂域外的"贵种"

经过两百多年的经营，和卓家族在南疆回众心目中，已获得神一样的地位。这个高度政治化的家族几经败落，可只要说是和卓后代出现，就能得到狂热尊崇，"回部视为贵种，所至则拥戴之"①，应是其在败落后往往能重振的原因。此时，布拉尼敦的三个大一些的儿子被软禁在京师，已成废材，最小的萨木萨克则被几个旧仆保护着，在境外东藏西躲，颠沛流离。那里多是清朝外藩，他们不敢让当局知道，怕被捉送清廷；又缺少生活经费的来源，只好千方百计联络境内旧部，要他们送钱送物。南疆在平复后重新安定下来，而思念和卓家族、私通境外的，尤其在当地上层人物中仍大有人在，萨木萨克便是这些人的希望。

乾隆三十三年（1768）秋，素勒坦沙在交战中击退爱乌罕之兵，收复拜苏巴特等城，喀什噶尔参赞大臣永贵即派人前往访查萨木萨克的下落。乾隆帝对素勒坦沙向无好感，告诫永贵留意其动向，随时约束，至于萨木萨克，已觉得形不成威胁，曰："布拉尼敦之子下落，亦不必访查。即使萨木萨克来至巴达克山，岂能至喀什噶尔、叶尔羌乎？即使能至，亦无难临时拿获。"②忽忽过去十六年，四十九年（1784）春，南疆又传来有关萨木萨克的消息：喀什噶尔阿奇木伯克鄂斯璊报告，萨木萨克派人潜回送信，收信人有默罗色帕尔等五人，内称从前曾收到他们给的钱物。喀什噶尔办事大臣保成随即派兵将默罗色帕尔等拘捕，交鄂斯璊看守，待抓到送信的一并审讯。乾隆帝批评保成办事没有经验，认为举报必在萨木萨克亲信远扬之后，指示审讯要点，对鄂斯璊则大加赞赏。清代皇帝总是如此自作聪明，遥制边关。接下来两个送信人居然被拿获，供称萨木萨克现住在色默尔罕一带，身边只有十余人，求乞度日。保成飞奏皇上，并说鄂斯璊打算派遣可靠的人，借做生意为名，相机将萨木萨克诱来，或干脆用计弄死。乾隆帝闻奏有些兴奋，发布了长长的谕旨，先说堂堂天朝不宜搞秘密行刺，接着说到诱捕萨木萨克之道，甚至直接出招：

---

① 佚名：《喀什噶尔论》，出于《小方壶斋舆地丛钞》第二帙。
②《清高宗实录》卷八一九。

至鄂斯璊遣人前往色默尔军地方，设法引诱时，或竟作一书，寄与萨木萨克云：我今在喀什噶尔办事，汝与其在色默尔军求乞度日，莫若来喀什噶尔，为汝代谋衣食，汝尚可安逸。如此将萨木萨克诱来，即速送京，更属妥协。鄂斯璊接到朕旨，务相机妥办，果能将萨木萨克诱到解京，朕必格外施恩。①

还在鄂斯璊积极抓捕和审办此案之初，乾隆就叮嘱他要防止同族人的仇恨。不久果然刮起一股诬陷风，说鄂斯璊也与萨木萨克有联络，甚至提出一大堆证据。所幸有皇上的信任和保护，未造成伤害。诬告者布鲁克首领阿其睦等被逮捕，与通敌者陆续解往京师。萨木萨克传递的那些密信，很快呈至京师，乾隆阅后很气愤，密谕设法直接诛灭，再也没了将其施恩安置的念头。阿其睦等私通萨木萨克的回人，被押解京师审讯，很快即被处死。

第二年夏天，风传阿其睦的儿子燕起图谋纠集萨木萨克等攻掠喀什噶尔，乾隆一面谕令驻扎大臣"镇静侦探，相机办理，勿涉张皇"，一面命福康安带兵前往，布置攻守。后来燕起被抓获，在京受审时提出写信招抚三个弟弟。乾隆又让鄂斯璊诱捕萨木萨克，而这位从小就东躲西藏、长大后极擅藏匿的和卓"贵种"，再次跑得不见踪影。

很难设想萨木萨克过的是什么日子，也难以想象其生活之艰窘危怖，而一旦踏上与祖国为敌的不归路，便难回头。从国内寻求接济的通道多次被切断，那些愚忠的信徒大多被抓获，驻扎大臣不再将这些人押解京师（太麻烦，且所费昂贵），绝多在当地"即行正法"，以儆效尤。边卡也加大了对过往人等的搜检力度，领队大臣毓奇急于报功，奏称将过往人等解衣细搜，被乾隆斥以惊扰外藩。不管怎么说，萨木萨克想得到国内银物，是越来越难了，之后一连数年，很少听到他的消息。

嘉庆三年（1798）六月，喀什噶尔参赞大臣长麟奏报萨木萨克恳请内

①《清高宗实录》卷一二〇二，乾隆四十九年闰三月丙辰。

投，这位"贵种"重新浮出水面，至于他何时起了归顺之念，就不得而知了。而这边已做好了迎接和起送京师安置的准备，萨木萨克心理上又有了变化，先推称大雪阻隔，后又说大舅子阻挠，总之是不来了。这让长麟很狼狈，嘉庆帝也大为失望，对相关官员严加申饬，仍令传明旨意，"如悔悟来投，仍当照前赏给职衔翎顶，以示绥怀"。

这之后，萨木萨克再次销声匿迹。

三、松筠造成的冤案

嘉庆十六年夏，铁保奏称萨木萨克已死，其子玉素普派人潜入国内，联络敛钱，被当局拿获。颙琰降谕嘉勉：

> 萨木萨克远窜穷边，距喀什噶尔尚有五六千里之遥。伊故后，其子穷困无依，欲向伊旧日属下回人敛钱帮助，乃沙朵斯等胆敢私通书信，借名惑众，敛取钱物，实属不法。铁保等一经访闻，即能不动声色，密饬阿奇木伯克玉努斯等，将案内首从各犯全数拿获，办理甚为妥速。铁保着加恩赏给副都统衔，其本任翰林院侍读学士，交吏部开缺，照例进本。[①]

这是铁保在两江总督任上犯事遭发的第二年，已然升任喀什噶尔参赞大臣。抓获潜入和接应者，主要是喀什噶尔阿奇木伯克郡王玉努斯的功劳，是他"借清查回庄为名，悉心访拿，搜获各项字迹，解送到案"，而铁保等参与了审讯定罪。涉案四人皆被正法，玉努斯等有功人员大受恩赏。

两年后，伊犁将军松筠行抵叶尔羌，此事重被翻了出来，奏明皇上，定为冤案。主要罪名，是玉努斯为查找萨木萨克之子的下落，竟向霍罕王

[①]《嘉庆道光两朝上谕档》第十六册，嘉庆十六年八月十三日。

爱玛尔送礼，被其轻视；而松筠认定萨木萨克根本没有儿子，玉努斯此举可谓"多事取辱""无端生衅"。对于当年的通敌资敌大案，松筠通过复查，声称此案情节，均系玉努斯同阿布都拉仔斯商量捏造的，涉案金钱等物也是玉努斯自备的，予以彻底翻案。

当时嘉庆正倚重松筠，对所奏深信不疑，立即做出惩罚：铁保已是吏部尚书兼正蓝旗满洲都统，被革职发往吉林"派拨当差"；原任喀什噶尔帮办大臣、伊犁总兵哈丰阿革职，发往乌鲁木齐当差；随同审办的丰安、拜凌阿均革职，发往伊犁效力。至于玉努斯，松筠拟为抵命，嘉庆念其祖上之功，加恩免死，解往伊犁永远监禁，总算没有做绝。

松筠长期任职边疆，尽心尽责，但性格单纯，对南疆的宗教情绪和复杂的人际关系，还是远不够了解。他以为平反了一桩"冤案"，便能赢得回众的心，岂不知此地最不缺的就是人证物证。还记得当年乾隆对鄂斯瑞的告诫和保护么？即便如此，鄂斯瑞还是遭遇了一大波疯狂反诬，幸好参赞大臣头脑清晰，幸好有洞彻边情的乾隆爷。轮到松筠和嘉庆帝，头脑就有些简单化了。

松筠应不是有意，却实实在在制造了一个冤案；更严重的是，他在轻信了一些反诬的同时，也轻信了萨木萨克没有子嗣的谎言。由于松筠的威望，清廷上下也都认定萨木萨克没有儿子，没留下叛乱的根苗。

四、突兀一个张格尔

被张格尔破袭的图舒克塔什卡伦，是喀什噶尔下辖的一个边境卡伦，亦即所谓"内卡伦"。此类卡伦通常由索伦、锡伯士兵守卫，员额在十余人至三十人之间。由于位于边境冲要地段，该卡伦加上附近一座小卡伦，特设一名坐卡侍卫，时为副护军参领音德布，配置十五名满兵。向外为冲巴噶什布鲁特部落，苏兰奇为首领，对卡伦情形自然了如指掌。这次突袭，主导者为张格尔，由苏兰奇所部打头阵，下手凶残，将驻卡官兵包括送信的马兵全部杀害。

张格尔的出现，使清廷君臣很突然、愕然，不敢也不愿相信，而在境外的浩罕、布哈尔、布鲁特等地，则是一个长期的存在。他曾到英国势力控制下的喀布尔求学，曾在一些地方讲学收徒，也在当地娶了两房妻子，生了两个儿子。萨木萨克死后，三个儿子分散开来，长子玉素普进入较安定的传教生涯，次子张格尔则拉着弟弟巴布顶，心心念念要杀回喀什噶尔。

至于出兵支持张格尔的苏兰奇，情况要复杂得多：他的祖父阿瓦勒在平定乌什叛乱时，曾经出力；父亲博硕辉长期效力于大清，"曾赏给二品翎顶"。这次苏兰奇竟领兵参与攻打卡伦，道光帝殊觉不合常理，谕旨中反复追问谋叛原因："苏兰奇袭职受封，安居已久，何以此次忽萌异志？且仅有众三百人，遽思抢掠城池，谋为不轨，亦觉太不自量。恐斌静前奏尚多不实不尽，庆祥须详加访察。"①后来又说："苏兰奇自其祖父向化已久，嘉庆二十年孜牙敦案内，苏兰奇颇为出力，何以忽生叛志？"应该说，道光的感觉是正确的，这里面必有问题。

那年五月间，张格尔已开始密谋反攻，首先向浩罕王爱玛尔借兵。爱玛尔继位未久，野心勃勃，却还不敢公然与清廷翻脸，拒绝了张格尔的请求。张格尔只好与布鲁特的苏兰奇勾结，于是就有了袭击卡伦的行动。他们以潜行准备的彪悍骑兵，深夜突袭孤悬边境的卡伦，以三百余骑围攻十几人，其结果自可想见，"戕害副护军参领音德布，及卡伦满洲兵十三名、余丁一名，在途被戕满洲兵二名，探信被害绿营兵二名"②，所有官兵惨遭杀害，卡伦被焚毁，住在这儿的回官阿布都尔满也被杀死。此一过程缺少详细记载，我们仅知道：音德布猝遇大变，仍然"带兵拒敌"，殊死搏杀；阿布都尔满被执后不为威逼利诱所动，拒绝从敌，也被杀害。这是一位爱国伯克，他的忠贞不屈，部分消解了张格尔对当地回众的煽动，否则一呼百应，

---

① 《清宣宗实录》卷四，嘉庆二十五年九月丙寅。
② 《清宣宗实录》卷四，嘉庆二十五年九月庚辰。

局面便会不同。

当时的回疆参赞大臣驻扎喀什噶尔，此地与卡伦多有数站之遥，百余里至二三百里，道路崎岖。更糟糕的是，虽有定期的文报和联络机制，有相应的军事支持系统，但缺少及时检查。多日之后，参赞大臣斌静才接到当地回官的报告，得知卡伦出事、叛兵正向喀什噶尔杀来。斌静有些慌了手脚，一面派帮办大臣色普征额调集兵力抵御，一面咨调叶尔羌和乌什军队前来。张格尔叛军已经渐渐靠近，所幸仍仅数百乌合之众，与官兵一经接仗，即纷纷溃逃。色普征额身边只有匆匆调集的二百士卒，不敢追赶，待六七天后叶尔羌增援官兵赶来，整军进剿，虽也打了几仗，抓获一些叛乱分子，张格尔及其亲信死党早已远扬域外。

斌静的第一份奏折，除奏报卡伦出事外，着重强调了取得的战果："色普征额带同官兵追捕，杀贼五十余名，生擒贼八十余名。贼即纷纷逃窜出卡。"[①] 道光帝对斌静有所了解，接其奏报，表示"此事恐斌静不能办理"，急令伊犁将军庆祥"选派得力将备兵丁，星夜兼程，驰赴该处"，并命他调查事件起因，以及斌静有无激变情节。旻宁还特别叮嘱不可株连，不可妄加杀戮，不可使"各回众相率惶惧"。岂知清军对被俘者，开始时尚押送喀什审讯，后来渐至境外，押送不便，除了留下极少数头目之外，皆被就地处死。得知这一消息，道光帝大为恼怒，猜测系斌静"希图灭口"，命庆祥察访真确，如有激变和妄杀之事，即行据实严参。

第二节　烽烟相连西四城

清代前期，对新疆南部通称"回部""回疆"；中晚期多称为"天山南路"，或"南八城"；再以地域分布和历史渊源，分为"西四城"（喀什噶尔、

---

① 《钦定平定回疆剿擒逆裔方略》卷一，《清代方略全书》第九十六册，232页。

英吉沙尔、叶尔羌、和阗)和"东四城"(阿克苏、乌什、库车、喀喇沙尔)。西四城以白山派为主,尤其喀什,阿帕克和卓曾长期于此经营和统治,死后其陵墓成为教众心目中的神圣之地。从嘉庆帝辞世之前的偷袭边卡,到道光六年的大暴乱,张格尔的颠覆活动,总是以喀什为主要目标。

一、帮办大臣全军覆没

　　清廷对于驻扎和管理新疆各地的大员,很长时间内,基本是从满员中选用,尤其是多选宗室。这是统治者基于国家安全的考虑,内蕴着一种狭隘的族群意识。然具体到个别人,又见差异。喀什边境卡伦出事,道光帝一连串的问号中,主要是追问已然三代效忠的苏兰奇因何反叛?是否为喀什参赞大臣斌静激变?试想,如果皇上对斌静有一点儿信任,怕也不会这么设问。斌静,出身于镶红旗闲散宗室,所谓"闲散",是指那些随着一代代降袭,已然没有任何爵位的人。斌静较为幸运,做过三等侍卫、齐齐哈尔副都统、黑龙江将军,俨然为一品大员。唯此公闲散过久,底子太潮,做官后贪索勒求,搞得乌七八糟,被革职发往伊犁。毕竟是黄带子,几年又渐升至喀什噶尔参赞大臣,成了地地道道的南疆最高行政长官。旻宁对这位本家早就厌憎,故一闻事变,就想到可能与其贪腐和恣意妄为有关,催促伊犁将军庆祥驰赴喀什噶尔查办。

　　庆祥是在十月二十二日抵达喀什的,斌静已然靠边站,一大堆繁杂事务等着他解决,还要审讯和问询各色人等,查明事件真相,拟出处理意见。庆祥是清醒的,深知一些回众对"圣裔"(和卓后裔)的愚忠和盲从,建议皇上以喀什、叶尔羌、阿克苏为重点,选好参赞大臣和帮办、领队大臣,进而慎选三城阿奇木伯克,做到有备无患。道光帝显然没读懂这番肺腑之言,告诫他不得回护贪劣者,所指还是斌静。

　　道光五年(1825)夏,张格尔在萨雅克部落首领汰劣克处居住的信息,从各种渠道不断传来。八月十八日,讯息再次得到确认,得知张格尔"跟随仅十八人",还说张格尔度日艰难,有意投诚。时任喀什噶尔参赞大臣永芹,为正蓝旗宗室,世袭三等镇国将军,兼镶黄旗汉军都统,做事尚属认真。他倒不一定轻信多次说过的投降之类的鬼话,却可能被误导,认为敌人已虚弱不堪,决定派兵擒拿,命帮办大臣巴彦巴图率二百多名官兵,以巡察卡伦为名,前往搜寻抓捕。两人还算慎重,约好四天后再派兵接应。二十六日,当接应部队行至距喀什两站的察克地方,竟与一些溃逃回来的兵丁相遇,哭诉遭到汰劣克所部骑兵围攻,巴彦巴图负伤后自刎,清兵大半被杀。

巴彦巴图为满洲正白旗人,世袭骑都尉,历任正红旗蒙古副都统、镶黄旗护军统领,道光三年十一月为喀什噶尔帮办大臣,主管军事与边防。护军统领掌领护军营,所任皆八旗勋贵,为正二品武大臣,长期随扈皇帝大驾,养成了强烈的荣誉感。上年十月间,张格尔纠众来边疆滋扰,乘夜焚烧和偷袭乌鲁克卡伦,坐卡侍卫花山布和二十余名满汉士兵阵亡,官兵在游击率领下坚决迎击,以排枪射杀多名匪帮,余众仓皇逃窜卡外。巴彦巴图闻听即整军出境搜捕,斩获烧卡匪帮二十余人,搜缴到被抢乌枪和花山布的花翎,抓到几个助逆布鲁特头领,至于张格尔,已跑得无影无踪。巴彦巴图为此受到皇上严厉申饬,窝了一肚子火。这次出卡,他本来是想杀敌立功,岂知出师不利,连尸首都不知落在哪里。同时阵亡的还有侍卫伯庆、章京法里那、协领穆腾额、锡伯章京苏勒通阿、索伦骁骑校特克绅布、前锋校舒通额、笔帖式讷苏铿额和景毓、游击刘发恒、守备伍开江、千总都友周、把总谈禄等,损失惨重。刘发恒就是去年那位临危不乱、领兵击退张格尔匪帮的游击。由此也可见当时清军的状况,二百多人的部队,竟有这么多当官的!

永芹急急向庆祥禀报,请求派兵增援。庆祥也觉事态严重,即派令穆克登布带兵一千名先行驰赴,并预备兵一千名,令乌凌阿随后带领前往。两地的紧急军报,皆在九月二十八日送达京师,道光帝很震惊,一日之间连发四道谕旨,宣布对巴彦巴图及牺牲官兵的恤典,严责永芹办理失机,也肯定庆祥的做法,对巴彦巴图的全军覆没又是一大串问号。庆祥本来是要进京陛见的,传谕命暂缓起程,赶赴喀什全力办理此事。当张格尔成为朝廷的心头大患，道光帝又想起因此被治罪的玉努斯。这位曾经的喀什噶尔阿奇木伯克，当时动用很多手段追查萨木萨克后裔，送礼拉拢，悬赏行间，却被松筠定罪遣发。现在证明玉努斯的信息是准确的，道光帝专发谕旨，提出以夷制夷，后来真的将玉努斯放回，此公也真的很努力，然此一时彼一时也，物是人非，已经发挥不了多大作用。

根据旨意，庆祥多方问询，很快查出官兵失利的实情：巴彦巴图带兵出卡后，八月二十五日晨，在都尔伯津遇到一个布鲁特营地，查知属于汰劣克部落，逼问张格尔等人去向，告知已于前五六日潜往拜巴哈什处。搜索数日，竟是这样一个结果，巴彦巴图怒从心头起，下令将汰劣克等人之家口男女大小百余名全行杀害，收兵而回。汰劣克闻知后率众追及，质问为何杀害其妻孥，巴彦巴图见其人马甚多，连称误会，并表示愿意赔钱。汰劣克又说张格尔虽曾在该部落居住，但自己没有参与抢劫袭扰之事；巴彦巴图也说已经知晓，回去会向皇上奏报。双方你来我往，由手下人反复传话，似乎越说越融洽，岂知汰劣克是在拖住清军，等待增援。看看天色渐晚，各处布鲁特已聚集两千多骑，张格尔竟也带领亲随到达，在后面鼓动催战，终于四面合围，发起攻击。

巴彦巴图也是有意拖延，先前与永芹约好此日有大部队接应，他令所部扎住阵脚，等待援军到来。夜幕降临，布鲁特骑兵开始从不同方向冲来，清军以排枪射击，殊死抵御。激战进行了整整一夜，清军且战且走，已离边境不远。黎明来临，巴彦巴图登上一个山冈，勒马四顾，见部下大半阵亡，所从无几，而援军仍是杳无踪迹。正在此时，他的右臂被枪击中，敌人也已逼近，遂以左手拔剑自刎。趁着敌人抢夺马匹财物，残余的清兵逃回境内。

二、"天朝有多少兵力"

南疆的时局已然紧急。

境内有的回人对和卓后裔仍存向往怀恋之心，严刑峻法而难以割断；境外之布鲁特各部有的从敌入寇，有的观望搪塞，浩罕、安集延更是居心叵测。张格尔数年积聚，数次犯境，已看出驻边清军之孤单虚弱，对各城之军事部署也了如指掌。长期的颠沛流离，他早已养成一种狡诈阴鸷，常会提出向清廷投诚，会向中间人装出一副真诚模样，既麻痹对手，也在信众中制造对政府的仇视。道光帝曾希望收服此人，后来发现其鬼蜮手段，在庆祥奏折上批曰："假为屡次乞降，以懈我心，可恨之至！"①南疆设喀什噶尔参赞大臣主其事，再往上则由伊犁将军负责。对张格尔羽翼渐丰，道光帝深感忧虑，切责庆祥，将他以将军衔调任喀什噶尔参赞大臣；另调大学士、陕甘总督长龄为伊犁将军，要求交印后迅速前往喀什任职。三地相距遥远，光是办理交接手续就要三四个月。道光帝对回疆不放心，命乌鲁木齐都统英惠先行驰往，署理伊犁将军印务，尽管如此，待庆祥赶到喀什噶尔，已经是次年的二月下旬。

此时的喀什出现了职责空当。永芹于十一月病死，新任帮办大臣舒尔哈善还在路上，庆祥奏请以叶尔羌办事大臣常德署理参赞一职。常德，出身满洲正红旗，一年前由太常寺卿赏副都统，委任叶尔羌办事大臣。道光帝对他显然并不满意，上任没几个月，即令回京，接庆祥奏折也明确不准。唯皇命遥远，将军指令先期到达，常德大为兴奋，先是单衔飞折上奏，再与抵任的舒尔哈善联名上奏，屁大点儿事都要用四百、五百里急递，使素来节俭的皇上很生气，斥为"不晓事体"，革去副都统。而这边常德还在情绪高亢之中，又是札调阿克苏之兵，又是飞札庆祥要求续调伊犁兵马，定于二月出卡攻剿。庆祥感觉情形不对，急命他少安毋躁，必须密加访察，不要让敌人得知虚实。不久谕旨到达，常德偃旗息鼓而去。

巴彦巴图的惨败，必须以一战挽回面子，但对于用兵，清廷极为慎重。长龄经历过川陕剿除教军的拉锯般消耗战，深知兵事之险，于驰赴伊犁途中即上疏，以为不应贸然进剿，曰：

---

① 朱批奏折：庆祥，奏为逆裔张格尔滋事派拨官兵防剿事，道光五年九月初七日。

> 此次庆祥所调伊犁乌鲁木齐及各路换防官兵,共有四五千名,均系未经军旅之师,带兵又无得力之员,不识纪律。如必须进兵,尚须妥为斟酌,不可轻举妄动。张格尔生长外夷,路径最熟。我兵不识路径,又无向导,且出卡尚系布鲁特,再入即是霍罕地界,官兵到处不能不扰及外夷,倘若激成事端,遂至复启边衅。该逆现在托古斯托罗等处游弈之说,尚系九十月间探听之言,将来我兵出卡,定必闻风远窜。否则诱令我兵深入,另设诡计。我兵追捕愈深,一切粮饷军火文报军台,并无谙熟官兵经理。该逆一日不获,官兵一日难撤。喀什噶尔又无存贮粮饷接济,必致进退为难……①

毕竟经历过恶战,长龄认为庆祥调集的所谓精锐,都是"未经军旅之师";而舒尔哈善、穆克登布、乌凌阿等领兵大将,亦非"得力之员"。他说的困难多了一些,所言清军之弊也多了一点,让皇上有些不爽,而后来发生的一切,都证明长龄此言不妄。

庆祥本人没有经历过战争的磨砺,辖区内出了如此一场惨败,使之内心难安,在伊犁时便筹议调兵遣将,准备在次年春天展开军事行动。可皇上不同意,诚以不必过于张皇,以为在喀什就近各城抽调即可。庆祥还提出传檄布鲁特各部不得助逆,否则玉石俱焚,道光帝也以为不妥。生性简朴的道光帝深知调兵之费,总想着就地解决,或借助于外力。

客观地说,庆祥的战争准备是尽心尽力的。整整一个春天,不管是在伊犁,在途中,还是在喀什,他都在积极筹备对张格尔以及附逆布鲁特的清剿。除却已经调用、由穆克登布和乌凌阿率领的两千名伊犁兵,还奏准将三年已满的换防兵留下,又准其从乌鲁木齐调动五百名枪炮兵。所有的

---

① 《清宣宗实录》卷九四,道光六年正月丁未。

调兵行动,都必须经皇上批准,奏折往返,然后是挑选将士、配备枪械马匹、预发整装银两、筹办粮饷,才能上路。从乌鲁木齐到喀什路途遥远,"比伊犁较远二十余站",而沿途军台接待能力有限,只能是"分起"(即分批)开拔。在此期间,张格尔自也不会闲着,四月初九日,道光帝收到庆祥奏折,得悉张格尔的新动向,谕曰:

> 据委官伊仁布、商伯克在奇克,带同伊里斯曼底亲信得尔瓦什来城,称阿坦台接谕欲遣子来,适张格尔到彼阻止。张格尔欲令伊回明参赞,差要紧人到彼,又问"天朝有多少兵力"等语。张逆蓄奸逞诈,种种鬼蜮伎俩,可恶之至!得尔瓦什所言,自非捏饰。惟张逆欲参赞差要紧人前往,心怀谲诈,断不可堕彼奸计。……现在办理该逆,以夷制夷,正须善用布鲁特,散其党羽,免令蔓延。若竟明言其不可恃,岂不益令解体?庆祥惟当存之于心,断不可宣之于口,以致人心涣散。至所奏该逆等戒严既久,懈怠必生,且又见增设防兵,似不虞其复犯卡伦。张逆聚谋肆逆,并探问天朝多少兵力,作何动静,其心叵测,已可概见。①

能公然阻止布鲁特首领遣子效忠清廷,张格尔的实力自非昔日可比。庆祥称其不敢再进犯卡伦,是不希望给皇上太大压力,自己实不敢松懈。道光帝还是希望能收用布鲁特部落,说了很多,虽指出张格尔"其心叵测",却也想不到后来会出现一场大暴乱。

天朝有多少兵力?

张格尔问的当然是驻扎在喀什噶尔地区、其要面对的兵力。从前面的叙述,我们已得知清军在此有三千多兵力,张格尔也不会不知道,心中却并不害怕。去年巴彦巴图与汰劣克一战,带给他极大好处,使之在布鲁特

---

① 《清宣宗实录》卷九七,道光六年四月庚申。

部落中支持者陡然增多，已有了调动三四千人的实力，现聚集五六处地方，互为声援，气焰也更为嚣张。他开始令人频频袭扰，庆祥督率部下时时戒备，并将一些可靠的回人伯克调到喀什，以便商量对策，加强情报和策反。三月初十日，张格尔派头目赫尔巴什潜赴绰勒萨雅克一带，打算纠合徒众。庆祥接到布鲁特首领那帕斯密报，即选派将弁前往擒拿，同时谕令那帕斯等带兵协助，当即捕获赫尔巴什，击毙七人，另拿获一人。赫尔巴什系上年戕害官兵之要犯，这次在边境地区被一举擒拿，军心为之一振。

经审讯，庆祥得知张格尔人多缺粮，要派人潜至巴雅尔一带种粮，遂布置埋伏，击毙二十余人，其中就有参加袭击巴彦巴图的大头人奇比勒迪，后来又俘获其子侄。不久，庆祥又得到巴布顶中热风病死的讯息，奏知皇上。道光帝已经有些不耐烦，谕以尽快抓获张格尔、汰劣克等要犯，不要拿一些助逆者塞责。

没看出庆祥有什么进剿计划，或许他在等待时机。

而近在咫尺的参赞大臣庆祥不知，远在京师的大清皇帝亦不知，一场巨大的风暴正在酝酿之中。

三、大玛杂的暴变

道光六年（1826）六月十四日夜，张格尔纠集安集延、布鲁特骑兵五百余人，在位于喀什东北的伊斯里克和图舒克塔什卡伦之间入境，其势凶猛。半年以来，各卡伦均已增派兵力，在后面相应设置兵营，以构成掎角之势。伊犁将军庆祥见其仍然敢于进犯，料定必有内援，急派协办大臣舒尔哈善率领前队、领队大臣乌凌阿统领后队，分头前往迎敌。此前数日对奸细的审讯中，庆祥已得知张格尔可能入犯，先期就把穆克登布派至边境巡视，标下马步军整装枕戈，是以一声令下，即可奔赴前线。庆祥一直在等待这个时机，迅速发出指令，要领队大臣穆克登布领兵往东北堵住张格尔后路，命令各伯克加强所属回庄的巡察，命沿线各卡伦日夜戒备，并增派探马，与前线的联络络绎不绝。一切布置停当，方才上奏朝廷，心里仍显得有些不踏实，临末写了句"臣诚恐该逆诡计百出，或有声东击西之处……"

次日五更时分，张格尔所部直趋阿尔图什回庄。该村有一所巨大的回人坟场，称为大玛杂，周围五里，墙垣三层，一些回教名人及许多教众家族坟墓在焉。张格尔在此举行仪式，礼拜亡灵，讲诵经典，有着极大的宗教煽动性。众回人聚集响应，很快就增至一千多人。该庄距喀什一百多里，舒尔哈善一路官兵先行赶到，张格尔党徒擂鼓放枪，从庄内拥出迎战，双方迅速接火。乌凌阿所部接着也开到，绕到敌后，由山梁呼喊下压，敌众这才稍稍退却。舒尔哈善，满洲镶白旗人，曾从征川陕教军和滑县教乱，皆立战功，此刻身先士卒，面颊中弹仍麾兵进击，敌军亦悍不畏死，双方短兵相接。庆祥在奏折中写道：

> 共杀贼四百余名，生擒四十余名，时已天晚，贼始大败分窜。一股由东北窜出，当即分兵尾追；一股仍回大玛杂内拼死拒守。计大玛杂周围五里，墙垣三层，甚为峻固。墙外皆回屋，屋外皆树。乌凌阿带兵四面围定，舒尔哈善回城调养……①

刚开始接火，就是一场恶战。舒尔哈善被送回喀什治伤，庆祥连夜审讯俘虏，得知张格尔有浩罕人相助，又连续接到探马飞报，说是一些回庄都有许多纠众附逆者，又说汰劣克亦领兵前来接应，急忙咨调附近各城官兵来援。庆祥没带兵打过仗，但久历边事，敏锐且稳健，已然嗅出一丝危险气息。

乌凌阿率兵围住了大玛杂，因围墙高峻，外面民居丛杂，加上带兵又不够，包围圈很松散。穆克登布随后领兵赶来，得知张格尔在内，当即就要发动进攻，被乌凌阿以地形复杂劝住，要他天亮时再打。乌凌阿也出身于满洲镶白旗，"由前锋从征教匪，累擢头等侍卫"，资格比庆祥和穆克

---

① 《钦定平定回疆剿擒逆裔方略》卷十二，《清代方略全书》第九十七册，136 页。

登布都要老。庆祥两次派人传令，要求连夜攻坚，迅速擒拿张格尔，无奈现场指挥的是乌凌阿，坚持说夜战不利，结果贻误了战机。直入阿尔图什回庄，礼拜大玛杂，以及战斗不利即退入玛杂，是张格尔精心设计的步骤，主要不在于圈墙的高大坚厚，而是易激起宗教情绪。这真的是一次"激变"，是张格尔预先策划的激变：白山派回众见祖坟所在成了战场，枪炮轰击，族众血肉横飞，圣裔危在旦夕，加上一些阿訇和头人的煽惑渲染，宗教狂热一发而不可遏制。

次日天亮，白山派回众四面八方拥来，官兵排枪射击，终是无法阻挡，张格尔乘乱从大玛杂中突围而出，以"圣战"相号召，回众越聚越多，汰劣克所部骑兵也杀到，局势大变。庆祥见势不好，急令所有战兵和防兵（卡伦之兵）尽行撤回，合并为三营，驻扎在喀什城西南。二十日，叛军数万四面来攻城，庆祥命乌凌阿率两营过浑河迎敌、穆克登布率一营往七里河堵御，皆陷入重围，边打边退，从早晨战至黄昏，敌人越来越多，难以阻挡。"乌凌阿鬓角中枪，穆克登布腰间中枪，同时阵殁"。部下失去指挥，只有各自为战，经千难万险退至喀什，发现当地民众全行变乱，回城已陷落，参赞衙门所在的新城（又称"汉城"或"满城"）也被叛军层层围困，连城门都被用砖石堵砌。

七月十三日，庆祥的奏折送达京师，军机大臣正在誊写谕旨，忽然接到乌什办事大臣庆廉的加急军报："接到英吉沙尔咨文，喀城回子全行变乱，道路不通，万分紧急！"十四日，叶尔羌办事大臣音登额的奏报也到达，说接到庆祥六月十九日急递，探知张格尔"欲传行十三台惰兰回子断绝军台道路"，要他速速派员前往防护；又说二十一日接英吉沙尔领队大臣苏伦保急递，称罕爱里克一带回众暴乱，拆毁桥梁，迎拒官兵。当日，音登额驰奏最新情况：库森塔斯浑军台已被侵占，"英吉沙尔官兵无几，势甚危急"；叶尔羌参将吴亨佑带领官兵二百五十名陷入重重包围，情形堪忧。伊犁将军长龄的急奏也在次日送达，说接庆祥及音登额、苏伦保告急咨文，各城变乱烽烟相连，"各处军台间被贼匪侵占"。

而实际情况是，在道光帝读到这些六百里紧急军报之时，西四城的英吉沙尔、叶尔羌已先后陷落，倒是喀什噶尔与和阗还在死守。

第三节 举国之力的反击

对于倏来倏去的张格尔，道光帝实在是痛恨厌恶，却没有给予足够的重视；对于南疆的防御，他颇为牵挂，也没有给予足够的重视。卡伦接连遭袭，二品大员折于边境，使之极为恼怒，可庆祥要求增调乌鲁木齐兵马，被削减一半，甚至还要求借调的伊犁驻军尽快撤去。所有这些，都基于旻宁对南疆局势的错误判断：多数的回疆百姓软弱顺从，在境外流窜不定的张格尔已缺少影响力。

一旦大批被煽动的回众群起叛乱，清朝大将死于战阵，参赞困于孤城，军台被焚，文报不通……旻宁倒也一下子清醒起来，立刻着手布置平叛，最先想到的统兵将帅，是署理陕甘总督的杨遇春。

一、钦差大臣与扬威将军

如果说大清建国之初猛将如云，乾隆晚期仍多福康安、花莲布等后起之秀，嘉庆初平定三省教乱也算颇有将才，则再经过二十余年的太平日子，满朝武大臣簪缨相接，真正能打仗、打恶仗者，已经不多了。不知是皇上想起，还是身边重臣推荐，总之是在第一时间任命署陕甘总督杨遇春为钦差大臣，主持西陲兵事。

七月十三日，即接到南疆事变急奏的当日，道光帝迅即做出部署，告知伊犁将军长龄，已派杨遇春选带精锐将弁，统领大兵前赴回疆；同时飞谕杨遇春，于陕甘两省选拔久经战阵的得力精锐，分起前进，驰援喀什。时杨遇春驻扎甘州，如能与新疆建立联动机制，遇事直接联络应援，虽也相距遥远，总比先到京师绕一圈要快得多。

选中杨遇春，一则由于所在地理位置接近，二则其属下兵多将广，再就是他久历戎行、屡建大功。此年杨遇春六十五岁，老当益壮，闻命即拣选所部甘肃提督齐慎、固原提督杨芳，都是他的老部下，知根知底；齐、杨二人再从提标中选带总兵及参将副将，进而挑选精兵。多年来陕甘兵事不断，东西剿杀，倒也杀出了一批将才和一支比较能打的队伍。这次选中的永昌协副将胡超，后来亲手擒拿张格尔，厥功最著。

道光帝给了杨遇春极大的信任，也给了极大的权力，即总统军务、便宜行事之权，自提督、总兵、副都统以下，悉听其节制调遣。杨遇春未想到会奉命主持西陲战事，建议皇上迅速简派大臣，总统军务，显然是认为个人资望还不够。七月二十一日，道光帝重申"前已降旨令杨遇春总统军务，迅赴哈密暂驻督办"。

而今新疆已有一位帅才，即抵任不久的伊犁将军长龄，蒙古正白旗人。乃父纳延泰官至议政大臣、理藩院尚书，而其才具地位显然在父亲之上，十七岁为军机章京，后随阿桂出征甘肃，随福康安出征台湾，又随之入藏击退廓尔喀入侵。平定三省教乱，长龄更是功勋卓著，历副都统、京营右翼总兵、领队大臣、安徽巡抚，嘉庆十二年擢为陕甘总督。再经过一番蹉跎，至道光二年，已是阅兵大臣、文华殿大学士，为当朝之重臣。新疆出了乱子，道光帝看出庆祥魄力和经验都不足以镇抚，急调长龄再任伊犁将军。以杨遇春为钦差大臣办理南疆军务，而长龄正在新疆，资历地位均在遇春之上，显然不妥！道光帝和军机大臣也注意到这一点，七月二十四日再颁谕旨，调整此役的指挥结构：

> 前已命杨遇春为钦差大臣，带领陕甘精锐，格布舍带领宁夏官兵，并调乌鲁木齐提督达凌阿、伊犁领队大臣祥云保等带领各该处满汉官兵前往剿办，统计将及二万名。现又飞调吉林黑龙江劲旅数千前往协剿，自必所向有功。惟思命将出师，事权宜归统

一。大学士伊犁将军长龄公忠体国、老成谙练,着授为扬威将军,并由京颁给印信,军营大小官员悉听节制。杨遇春前已颁给钦差大臣关防,计已自甘肃起程,武隆阿由山东来京陛见,亦着颁给钦差大臣关防,与杨遇春俱参赞军务。武隆阿起程时,朕再拣派巴图鲁侍卫随同前往,其京营曾经出兵得力官员,着武隆阿奏明带往。如有续行添调官兵之处,并着长龄等一面奏闻,一面飞调。至军火粮饷一切经费,已饬户部速行筹款,源源接济。兵精粮足,天戈所指,无难悉数扫除。[①]

应该说调整是及时和必要的。这次调兵遣将,资深满蒙大臣甚多,杨遇春咨商亦难。长龄位极人臣,身为内阁大学士,曾任军机大臣,又是将军都统,熟悉新疆事务,以他来总统军务更为合适。杨遇春作为长龄旧部,配合上没有问题,后来作战中冲锋陷阵,擒获敌酋,仍以陕甘将士为首功。

与杨遇春并列钦差大臣、参赞军务的武隆阿,为出身满洲的一员大将,曾任喀什噶尔参赞大臣,此前本拟由山东巡抚调往台湾督师平乱,因回疆出事改任。这位老兄久历戎行,作战勇猛,只是脑子不太好使,又复"多疑少断",惜小钱且拘成例,差点儿闹出大事来,不是个参赞大臣的材料。

二、阿克苏保卫战

张格尔想要颠覆的是整个南疆。

还在围困喀什噶尔汉城之时,张格尔即分派安集延头目、阿訇等亲信到阿克苏煽动叛乱,大批叛军骨干陆续赶来,一时间乌云压城。阿克苏位于回疆"适中之地",又是进军东四城的咽喉要道,一旦被叛军攻占,整个南疆都将危殆。城中官兵先被庆祥咨调,有去无回,城中兵丁寥寥无几,

---

[①]《清宣宗实录》卷一〇一,道光六年七月甲辰。

245

情势十分危急。幸运的是,阿克苏有一个堪称明练的办事大臣,即刚刚到任的长清。

长清出身满洲镶黄旗,钮祜禄氏,属清朝贵胄,仕途则颇为不顺,在兵部二十五年,始以武选司郎中授阿克苏办事大臣,赏副都统衔。甫一抵任,即遇上这场大叛乱。六月二十八日,长清接到报告:所属都齐特军台兵丁闫福等连夜递送公文,二更时分至叶尔羌的伊勒都军台,见四名台兵全部被杀,当差回人不知去向,河上桥梁被拆,道路不通。长清闻报再派人前往打探,各路消息纷纷传来,得知"喀什噶尔围困愈急,恐难拒守,而叶尔羌十四军台台路断阻"。其时乌什派往叶尔羌的援军出发未久,长清飞敕命参将王鸿仪就近堵御。不到数日,叛军就逼近都齐特军台,此处距阿克苏约四百里,与叶尔羌相邻。城东南的浑巴什河也出现敌人滋扰,距城只有数十里。阿克苏是一个小城,方圆仅一里多,城垣单薄。长清命所属铜厂、钱局、柴滩兵丁迅速撤回城内,又在城外挖掘沟壕,布置防御。恰好固原副将郭继昌带领一百三十四名往叶尔羌换防官兵抵达,由喀什败退的伊犁兵六百九十余名,在锡伯营总管额尔古伦带领下也辗转来到。后者属喀什溃败之师,未能在喀什死战,违反军纪。眼下当用人之际,道光帝降谕赦其死罪,命额尔古伦督率所部在军前效力自赎。锡伯兵向称劲旅,经长清抚慰激励,为供应粮饷、补充装备,士气复振,亟欲杀敌建功,一雪前耻。经过短暂休整,长清将他们派往城南浑巴什河一带布防。

战斗先在都齐特军台打响,此处是通向叶尔羌的战略要地,驻守清军有阿克苏兵一百七十六人、王鸿仪带领的三百人,尚有甘肃派往和阗、叶尔羌换防官兵二百六十八人,加上该军台之兵,共计九百七十多名。若平日已算阵容强大,此时则不堪一击。七月二十一日,数千叛军蜂拥而至,都齐特军台被焚,王鸿仪和千总等率兵厮杀一日,火药铅丸打光,终致全军覆没。叛军乘胜进击,很快就进占浑巴什军台,距阿克苏城仅八十里。

浑巴什军台后面的浑巴什河,至阿克苏只有四十里,是一道天然防线。叛军步骑兵呼啸而来,额尔古伦率锡伯营三百将士渡河列阵,主动迎击。这是一批百战余生的残兵，自喀什一路转战，折损既多，又背负着临阵脱逃的罪名，已将生死置之度外。面对杂乱无章的叛军，他们积累了有效的作战经验，集中火力，专攻其执旗指挥的首领所在，激战一日，敌人四散逃窜，为清军的布防赢得了宝贵时间。积极参战的还有该城回官和回兵，搜查奸细，安抚回众，协助官兵作战，出力甚多。

对于城内和近郊治安，长清也是慎之又慎。和卓家族虽是在白山派回人中富有号召力，而暴乱一起，黑山派亦受裹挟。阿克苏阿奇木伯克迈哈默特鄂对（后简称"鄂对"）本属黑山派，数代效忠清廷，封为贝子，经庆祥挑选带往喀什噶尔办事。回城于六月二十二日残破后，鄂对被俘，为乞得一命，答应为张格尔效力，回到阿克苏作为内应。七月十九日，鄂对回到阿克苏，宣称历尽艰险，从间道逃回。可接下来几日，长清发现其神色不对，答话仓皇失措，遂多方查核，很快拿获三名与张格尔递送书信的，发现鄂对已叛的实情。若非长清警惕性高，防范严密，鄂对等人在阿克苏串联勾结，待叛军围城之际作乱内应，情形真不可设想。

根据旨意，长清将鄂对之叔伊萨克传至，告以其侄通敌罪状，"并谕以尔族系忠荩后裔，与张格尔世为仇敌，今迈哈默特鄂对不绳先志，叛迹显然，应按国法"，以伊萨克承袭贝子、接任阿克苏阿奇木伯克。谕旨明确要求在伊萨克接任后，排列队伍，将鄂对押至军前"即时正法"，长清顾虑到回人情感，只是将之看押起来。后来伊萨克甚属奋勉，忠心耿耿，鄂对也努力配合，参加清剿造反的惰兰回庄，扫清大军平叛的后顾之忧。长清内心戒备而外示安详，待城中及周边回官均极诚恳，一些小股反叛皆被拿获，境内回庄安定。在当地的一些流遣人员也请求报效国家，长清将他们编入营伍，以弥补兵员之不足。道光帝本来对新任办事大臣的长清很不放心，甚至任命正白旗蒙古都统特依顺保为阿克苏办事大臣，将他降为帮办大臣，见其精明练达，处处料理得当，又收回成命，降旨嘉奖，连举荐他的兵部尚书玉麟也受到奖励。

八月中旬，张格尔从喀什派来两名大阿浑，在巴尔楚克、都齐特、郝紫尔一带煽惑纠约，叛军五六千之众，重又往浑巴什河南岸集结，并在上下游水浅处过河冲击。长清令守军排枪射击，又命百余骑兵在不远处驰骋扬尘，作大兵即到之势。叛军仓皇逃离，转而攻袭相距不远的乌什，由托什罕过河，围攻协领都伦布的营盘。副将郭继昌带兵增援，又有大批叛军截击阻拦，郭继昌久经战阵，下令排枪齐发，击毙甚多，余敌惊慌退避。继昌连夜调集额尔古伦所带锡伯兵，一齐赶赴都伦布营盘，奋勇冲击。都伦布与都司孙旺带领满汉官兵突围冲出，两面夹击，叛军纷纷溃散。清兵呼喊追杀，格杀及坠马落河伤毙有一千多人，叛首库尔班素皮狼狈奔窜，被兵丁单存等追及刺毙。清军大获全胜，阿克苏彻底解除了威胁，后来各路援军陆续开到，成为光复西四城的指挥中心，以及军需总局所在的重镇。

三、战时户部尚书

正所谓"兵马未动，粮草先行"，兴兵平叛之初，道光帝就对部队的粮饷和军火供应、驼马车辆、军台和粮道的畅通倍加关注，多次传谕。户部满汉二尚书为英和与吴璥：英和勇于任事，而欠缺详慎周密，兼管之事亦过多；吴璥为资深大臣，然年过七十，患病已多时，难于昼夜轮值。

闻变之初，英和单衔上疏，分析新疆大势，评陟在事大臣，推荐办理粮饷官员，虽提出"用兵所急，尤在后路粮饷"，却是大而化之，认为就近稍做调配即可，没有考虑到事件的严酷性，实亦英和的一贯风格。在这一思路主导下，户部提出"议拨军需银粮"方案，军费总盘子仅二百万两，先由陕西、山西、四川省库调拨一百万两，解送甘肃藩库备支用；至于军粮，则称甘肃、新疆所存已足敷大兵食用。道光帝素以节俭著称，户部方案不无取悦讨好之意，可随着边报沓至、各路告急，皇上也知有些不靠谱。八月间，户部两次增拨军费，说明开始时计议不周。直隶总督那彦成是带过兵的人，奏称应筹备部队远程赴疆的用车等项，而户部全无切实可行的办法，根本未列入开支项内。

考虑再三，道光帝于九月初二日命王鼎接替吴璥。户部"掌军国支计，以足邦用"，作为一个总动员背景下的战时户部尚书，繁难操劳，可想而知。

王鼎是一个踏实认真的人，奉旨到任，与英和紧密配合，根据调兵和平叛作战需要，很快提出一系列后勤保障措施：南疆遥远，出关后一路戈壁，必须大量购买驼马车辆；戈壁原设兵站间隔常百数十里，必须增设兵站、增添站兵；由内地和伊犁、乌鲁木齐运粮往阿克苏都很艰难，必须设立粮台，派干员经管；吉林与黑龙江之兵路途更远，所带军马途中料豆必须预先备足；反攻喀什等城时在隆冬，必须为将士准备皮衣皮帽，以御严寒……对户部来说，似乎都是与钱相关，其实如何划拨和使用、让前线将士觉得实惠方便，才是一个更大的问题。兴兵仅三个月，户部就从各省藩库调拨白银四百万两，又动拨内库元宝银二百万两。可士兵花用只能是制钱，抵达南疆后则要用那里通行的普尔钱，以银换钱，平日一两银子可换约二百五十文普尔钱，此际大兵云集，钱价腾贵，连一百文也换不到。户部及时奏准，分别在肃州和阿克苏设立钱局，开炉铸钱，供应军队发放饷银之用。同时严定章程，限定铸币数额，委派妥员监管。

遇到重大战事时，经费最易浮支滥用。乾隆间国力雄厚，对将士不吝奖赏，动辄数十乃至百万，后来出手没有这么阔绰，花费却有增无减：嘉庆间三省白莲教之乱，所费超过一亿两；数年前平定青海变乱，因缺少预算，开支随意，靡费亦多。十月初八日，王鼎与英和联衔上疏，认为既不可援引川楚陕和青海军需之例，也不宜比附乾隆朝平定大小和卓之役，因为那时属于开辟疆域，今南疆已入版图六十余年，提议"筹核军饷驮载事宜"，严格开销审查及复核，曰：

凡系支销款项，均关考核，应请敕下总理粮饷大臣通盘筹划，先行妥议章程，将各项支发银数逐一酌定，详细声明，据实具奏。并照定例，逐一绘具全图、登注道里、分晰贴说，送部以备奏销

国之大臣

时核对。①

他们还特别提到运输粮饷兵员的驼马车辆一项，若雇用商人和百姓承担，花费巨大，不如采购车马，分发各台站管理使用。杨遇春奏请赶造官车四千辆，鄂山奏请采买骆驼八千只，费用亦多。户部查明伊犁等牧场现存骆驼、马匹甚多，又有阿拉善亲王等呈进驼马，应核定各军台粮台已有车辆驼马，尽量减少采买。道光帝欣然同意，批转各相关大员——户部有了知道怎么过日子的人。

三个月后英和被调离，换为禧恩。其以拥戴功颇受新帝重用，然心胸狭窄，不好合作。禧恩对户部事务全无了解，与曾长期任户部侍郎的王鼎无法相比，诸事只能由王鼎分派。王鼎主导下的户部，主要任务是西陲用兵的军需保障，是紧紧盯住前线的需要，随时补充粮饷和装备，要钱有钱，要粮有粮，具体到鞋帽锅灶，件件都有着落，极大地支持了平叛之战。

新疆平叛，得到了全国各方的响应和支援：广州洋商伍敦元等捐银一百万两，两淮盐商捐银二百万两，接着浙东盐商捐银一百万两；一大批蒙古王爷呈请出兵和提供战马；新疆境内的大量流人，包括被流遣的废员（即前官员）、犯事的兵丁，以及各类罪犯，也积极要求参加平叛，组织成"民遣"，开赴西四城与叛军作战。这是一支特别能战斗的队伍，统兵将帅多次为之庆功，搞得皇上大惑不解，怎么这些流民和遣犯，反而会比官军更能打仗呢？

四、喀什陷落

不能不说，伊犁将军庆祥是满大臣中一个难得的人才。他办事踏实缜密，抵达喀什噶尔后节节布置，积极剿捕，尽量做了最充分的准备，却没能阻止一场暴变，也没有想到连汉城都会被围攻。而骤变之下，庆祥显示

---

① 《钦定平定回疆剿擒逆裔方略》卷三一，见《清代方略全书》第九十八册。

了坚忍决绝的性格，在墙垣单薄、守军甚少、孤立无援的情形下，毅然带领全城军民抗击反叛和入侵。史料匮乏，我们不能悉知庆祥是如何百计抵御，但知道城中将士整整坚守了七十天。

七月十六日，庆祥的又一份奏折送达京师。该折应是在六月二十日写成的，能送出也算侥幸，当时西四城全境变乱，军台被焚毁，文报之路已断，庆祥派外委索文和四个士兵，身穿回人服装，徒步绕行北部布鲁特爱曼地区，再沿戈壁折往乌什，飞递朝廷。折中详细讲述了大玛杂之战的经过，以及张格尔在护卫持鸟枪夹护下乘乱逃出的情形，呈请朝廷处分，也说到当时守城状况："据探报台路已断，乌凌阿、穆克登布提兵转战，众寡不敌，官兵颇有伤亡。喀什噶尔孤悬，外援不继，城中粮饷无多，而柴水取给于外，且土墙单薄，人数寥寥，若被围困则势难瓦全。"①他还不知两位领队大臣皆已战死，清军主力损伤大半、残部已逃往他处，喀什阿奇木郡王迈玛萨依特已在回城殉国，也不知相近各城派出的援军已陷入重围，但已感觉到大事不妙。庆祥情知喀什难以据守，准备撤到城垣坚固的叶尔羌，并说如战守不能支撑，当亲率余兵突围，或可退保英吉沙尔和叶尔羌，语意悲凉，已含有君臣诀别之情。

西四城情况不明，各种信息似乎都不妙，道光帝极为牵挂，接折次日谕令各路驰援，寄希望于伊犁和乌鲁木齐两处兵马，谕曰：

> 日内又未据庆祥奏报，该处婴城固守，必须援兵早到，内外夹击，方保无虞。此次所派领队大臣祥云保等由冰岭行走，自应迅速。达凌阿带领乌鲁木齐兵四千名是否起程？未据奏报。着即赶紧前往相机前进，毋稍迟误！②

---

① 《钦定平定回疆剿擒逆裔方略》卷十三。
② 《清宣宗实录》卷一〇〇，道光六年七月甲午。

虽是催促，然一句"相机前进"，透漏出皇上对两处兵马能否及时赶到、能否平定叛乱，心里没底。不管是由伊犁还是乌鲁木齐增援喀什，一般都要经过阿克苏，再集结前往。伊犁由天山冰岭一路到阿克苏较近，但山路危滑，河流湍急，是以辎重难行；而乌鲁木齐至阿克苏也要由吐鲁番绕行，全程一千九百九十里，共三十二台站。由阿克苏到喀什，还有一千三百二十一里，二十二站。加上谕旨到达所需时日，还要挑选将士、整饬武器粮饷，再分拨上路，抵近后集结部署，大致需要三个月时间。叛军猛烈围攻下的喀什噶尔，能坚持这么久吗？

眼下的张格尔已非昔日可比，回疆有群起响应的数万叛军，身边有浩罕高参，据说还有英籍贴身警卫，精良武器也源源不断从国外运来，对喀什噶尔势在必得，麇众昼夜猛攻。回城很快陷落，满城中仅有数百官兵，加上满汉商人和居民，以及效忠国家的回官和回兵，能参战的也不过一两千人。庆祥亲自持枪登城，指挥却敌，负伤的舒尔哈善也领兵防守，全城同仇敌忾，殊死抵抗，打退了敌人一次次进攻，城下尸积如山。

早在暴乱之先，张格尔曾派人往浩罕请兵，许诺得胜后"子女布帛共之，且割喀城酬劳"。浩罕汗王迈买底里野心勃勃，加以属下煽动怂恿，亲率五千大军来攻。然此一时彼一时也，待浩罕军队越境赶来，张格尔已是拥兵数万，傲不为礼，以"喀什噶尔等处都是我祖上的地方"，不再承认原先的约定。迈买底里大怒，率兵径自攻城，张格尔将所部撤出，乐得让浩罕人打头阵。《沙鲁赫史》写道：浩罕人挖了地洞，放置了火药，把一面墙炸开豁口而入。异教徒打退了他们三次猛攻，第四次冲击时，由于伤亡太大，汗下令撤出包围。《伊米德史》对此的记述略详：

> 迈买底里汗的军队投入了战斗，在汉城的城脚下埋上了炸药。时机已到，火药爆炸，一时天昏地暗，日月无光，城墙被抛上了空中。迈买底里汗的军队乘硝烟弥天、敌人神志未清之际，像潮水般地向城边涌去。双方军队杀在一起，号角齐鸣，杀声震天，穆斯林

们四次被赶下城墙。第四天，因尸体和伤员堵住了通往城墙的道路，穆斯林们不得接近城边。迈买底里汗看到惨败如此，痛哭流涕，将士兵的尸体全部埋在阿帕克和卓玛杂旁，无可奈何地引兵退回了浩罕。①

交战极为惨烈。浩罕与安集延之兵素称狡悍，以为克期而城下，孰料数日间折损精兵一千多人，没有任何进展。浩罕小国，本来兵将无多，汗王见状痛心疾首，引兵欲去。这却并不由他说了算数，张格尔派人邀截，其部伍亦不乏和卓信徒，又有一千余人转回来跟随攻城，迈买底里汗只有恨恨而去。

道光帝未忘处于重围中的喀什官员和将士，至七月下旬仍降谕为他们打气，告知各路援军正在星驰前往，要庆祥等"激励将士，勠力一心，婴城固守"。这份谕旨是发给庆祥的，可庆祥已无从见到了。皇上也知救援之途太远，批准了长龄的提议，调集稍近的蒙古土尔扈特和硕特数千骑兵，檄谕令该盟长迅速凑集，由巴哈布管带前往。但对该部颇不放心，认为临时征集，散漫无纪律，又有可能与布鲁特扯不清，要求必须与伊犁兵会合前进。而伊犁与乌鲁木齐的援军，也要在阿克苏会合，然后相机进发。阿克苏距喀什差不多两千里，庆祥久任新疆，深知这种程序化弊端，怕也不抱太大希望了。

增援喀什的行动在按部就班地进行，始终没有停下来，也始终缺少应有的紧迫感。长龄奏报等乌鲁木齐兵到，凑足七千兵力，即行前往救援，后又说自和阗草原绕道前往叶尔羌，都属于纸上谈兵。八月初旬，喀什被围已超过一个月，清朝援军尚未在阿克苏完成集结，最先动身的伊犁兵也只到了数百名。道光帝仍在调兵遣将，并谴责伊犁援军疲玩懈怠。长龄出面为部下解释，说是冰岭山高路滑，加上大水阻路，马匹大量倒毙，士兵只好背着行装赶路，疲惫已极。

---

① 转引自潘志平《浩罕国与西域政治》，72页。

庆祥等人还在危城中苦撑，终于到了最后关头，八月二十五日，叛军以地道炸开城墙，再次攻入城内。庆祥率兵巷战，见败局已定，毅然自缢殉国，全城失陷。十月十二日，消息传到京师，道光帝专发谕旨：

> 据长清等奏，传询自喀什噶尔前来兵丁闫义、巴兰，供称喀什噶尔汉城于八月二十五日被贼攻破，庆祥自缢身死，舒尔哈善不知下落。贼将官兵商民从城内撵出，约有六七百人。活捉去官兵三百余人，尽行圈起。将发辫剪去，胁令投降。并将城墙及衙署兵民房屋全行拆毁，止留铺民房屋二处，作为办事地方。旋有张格尔办事回子将伊等带至城内去看，见城墙房屋俱已拆毁，又带至英吉沙尔、叶尔羌、和阗三处看明，衙署民房均被焚毁，惟留叶尔羌西府衙门楼房。据带去贼匪令伊等回至阿克苏，告知各处城池房屋俱已拆毁，官民全行杀害，叫阿克苏官兵不必来喀什噶尔四城，来亦无益。并据看明张格尔面貌，现在喀什噶尔阿奇木衙门等语。览奏曷胜愤恨！①

事后得知，舒尔哈善及城中所有官员皆于同日殉难，被俘的满汉士兵后来也被杀害。张格尔志得意满，特地命留下满汉兵丁各一名，召见训话，让他们往阿克苏报信。闫义和巴兰记住了张格尔的形貌："系瓜子面，紫黑色，鼻梁上微麻，三绺须，中等身材，约有三十余岁。"即此一项，便见出二人非怯懦之辈，否则城破之日，早已肝胆俱裂，匍匐在地，哪里还敢去仔细观察敌酋之形象！后来张格尔被押至京师，献俘阙下，果然就是这副尊容。

庆祥的英勇坚毅赢得了部下的敬重，身死时满城皆是叛军，兵丁翟凤鸣仍冒死背负其尸身，"移至上房安置"。得知庆祥壮烈殉国，道光帝"垂

---

① 《清宣宗实录》卷一〇七，道光六年十月庚申。

泪览之",深感悯惜,赠太子太保,谥壮直,入祀昭忠祠。对他的两个儿子,皆赐予世职,并要求查清尸身所在,将来"舆送回京"。透过闫义等人的描述,道光帝得出张格尔不准备长期占据城池衙署,"一经接仗不利,即思就近窜逸",谕令长龄等务必设计擒拿,毋令再度远窜。

第四节 救平叛乱

除英吉沙尔情况不详,我们知道其他三城都坚持到了八月,喀什噶尔坚持到八月二十五日,叶尔羌是二十一日,和阗是二十日。暴乱中的官兵,也包括内地商人和客民,包括那些因罪流放的遣犯,包括许多爱国回官和回兵,日夜殊死抵抗,也日夜盼望着援军,终是没能盼来。城破之日,玉石俱焚。

做过伊犁将军的庆祥,最盼望的是伊犁援军。除了南疆各城寥寥无几的守军外,只有伊犁兵强马壮,且相距仅两千多里,如果急切赴援,一个月足能赶到。可庆祥率部整整坚守了七十天,最终也没有看到救兵。

一、迟到的总攻

道光七年(1827)二月初六日,清军终于从阿克苏出征,打响平叛之役。早在惊悉喀什暴变之初,旻宁提出分为正奇两路,一由树窝至喀城的大道,一由乌什经巴尔昌山草地,要求务必擒获张格尔。考虑到由草地进兵的军火粮饷转运之艰,考虑到行军经由布鲁特游牧地界,旻宁要求长龄、杨遇春和武隆阿审察抉择,"分兵抄截,先断其逃窜之路"。道光帝曾反复研究地图,两路进兵之策是其力主,也是与一班高参磋商的结果。十一月初七日他再次降谕强调,转过年来,又传谕可出两路奇兵,分进合击,包抄敌人后路。他最为担忧的是大军到来,张格尔望风而逃。

255

道光帝的策略是对的，其担心也果真演为事实。

清廷已无阿桂、福康安那样的军中统帅。想当年廓尔喀侵犯西藏，福康安在隆冬时节率兵由青海进藏，雪岭冰原，险象丛生，供应奇缺，由青海到前藏四千六百里，谕旨限期四十天，福康安居然率部三十九天到达，不待休整集结，径自展开攻剿，是怎样的坚忍卓绝，怎样一种强悍气概！长龄则全然不同，派兵驰援喀什，伊犁由冰岭往阿克苏仅一千里路，居然走了四十天，一道涨水的溪涧就能让部队等候多日。八月初阿克苏已经有了八九千将士，依然要等，先是等长龄交接工作后赶来，再是等杨遇春所部会齐，接下来等另一位参赞武隆阿带御前侍卫到达，直等到四城相继沦陷，等到敌人准备充足、阵容愈加强大，等到已聚集了将近四万大军……扬威将军长龄还是没有把握，上疏论争进攻方略，坚持由中路进剿，不再分遣奇兵，别说两路，连一路都不能分。这当然不会是他一个人的意见，杨遇春和武隆阿必也支持。后来的实战也证明他们的谨慎是必要的，张格尔在左右两路都有所布置，中路阻击兵力应不下十万之众，火器甚多，清军如果分散力量，真还难以逆料。

第一场恶仗在洋阿尔巴特打响，清军经过半个月的急行军，所过多戈壁沙漠，粮草无多，又缺少饮水，急欲一战。当夜宿营，就有敌人不断袭扰，清军戒备极严，近则排枪击退，远则不追。次日前进，道路已为叛军挖断，并放水漫溢，"意图阻滞官兵，而官兵于戈壁中得有水饮，益加踊跃，星驰骤进"。在距洋阿尔巴特十余里地方，突见沙冈一道，叛军"凭高排列，约计二万余人"，正严阵以待。长龄即令兵分三路，自将中军，杨遇春居左，武隆阿居右，发起攻势。《钦定平定回疆剿擒逆裔方略》卷三九：

> 贼见官兵三路扑杀，突下沙冈，分头迎拒。我兵一鼓作气，扑进攻击，枪炮齐发，刀矛竞进，各毙贼匪一二百名。贼见官兵勇锐异常，复奔聚沙冈，希图全力下压。臣等随于三路中又分作数股，各派满汉勇敢得力将领，并令容照、桂轮、恩绪、奕山、

> 庆安等帮同带兵大员齐力攻击，贼匪抵死抗拒。臣等左右督催策应官兵不避锋刃，抢上沙冈，枪箭所至，贼势披靡，一半窜入回庄，一半四散逃逸。

此一仗仍见出叛军士气甚盛，不光凭险拒敌，且敢于反冲锋，官军如果人少，真有可能压不住阵脚。一仗下来，歼敌万余，生擒三千，清军打出了士气，快速向喀什推进。

紧接着是沙布都尔回庄之役。该处的地形很复杂，布满村庄密树，以及水渠和芦苇荡，马队难以施展，为喀什叛军的重要防线，"贼匪于庄外临渠排列，马步贼众不下十余万，而庄后林中均有伏匿之贼，将渠水放淹田路，刨挖坑坎"，数字上可能有些夸大，叛军众多、准备充分应是无疑。长龄仍是三路推进，每路再分作五队，各有总兵或参副将官率领，同时冲击敌阵：

> 该匪先以骑贼数人直进队前，往来冲突，迎诱我兵。贼众复据险施放枪炮，我兵用连环枪炮轰击，匪众纷毙，仍敢扑至渠上，意欲下压。我兵奋勇抢上，不避渠水深浅，飞身渡越，与贼短刃相接。臣等即乘势派令马队由左右浅渠抄击，毙敌无数。该匪势已难支，内有马上持旗鼓贼目，尚犹驰骋击鼓，并同执旗贼目数十人催众死力抵拒。臣等即督令马队横截入阵，将贼匪冲为数段，枪箭如雨，立毙执旗贼匪数人，并有额尔古伦队内锡伯马甲贝洪阿箭毙击鼓贼目，图明阿夺获贼马鸟枪铁甲，众始溃败。[①]

叛军毕竟是乌合之众，一旦败溃，便成鸟兽散。官兵乘胜掩杀，遍野横尸，

[①]《钦定平定回疆剿擒逆裔方略》卷三九，《清代方略全书》第九十九册，288—298页。本节引录文字未经注明者，皆出于此。

逼攻至浑水河边，叛众凫水逃窜，官兵亦涉水追杀三四十里，残匪擒戮殆尽。浑水河，又称浑河、博罗和硕河，距喀什已不远，叛军投入大量兵力，很快又有数千人马前来增援，也被大炮轰散。当晚审讯俘虏，得知摇鼓之人为安集延大头目色提巴尔第，那些执旗之辈皆张格尔所派"勇敢头人"，多数来自安集延，多被射杀或格毙。

尽管叛军节节抵抗，采用人海战术，甚至将少年与老人驱赶上战场，却无法阻挡官兵的凌厉攻势。清军在交战中除炮火猛烈、战术灵活之外，还有一些怪招：如顺风使用喷筒施放浓烟，使敌人看不清阵地；还有约两千人的民遣支队，虎衣虎帽，手持藤牌突然跃出，叛军马惊狂奔，阵形大乱。官兵进展神速，在阿尔巴特与叛军再次恶战，一日之间三战全胜，整队推进至赫色勒河。该河又名七里河，距喀什噶尔仅七里也。

二、收复喀什

自前一年的八月陷落，喀什落入张格尔等人手中已经超过半年，其间任由浩罕、安集延匪徒欺压回疆百姓，迫害黑山派回众，残杀满汉官民，种种倒行逆施，已激起民众（尤其是那些盼望其归来的白山派教众）越来越多的不满情绪。然张格尔一时声势浩大，从境外投奔他的人甚多，到处弥漫着一种宗教狂热，没人敢于表达反感。

即便在最为喧嚣之时，张格尔的心中也不踏实。他知道回疆辽远，清军救援需要时间，自己能利用的就是这个时间差，待大军一到，一切都会土崩瓦解。围攻喀什，张格尔随时准备的却是逃跑，将西四城城垣衙署拆毁，也是基于其随时开溜的心态。只是长龄等疑虑过多，行动迟缓，给了他招降纳叛的机会，也给了他一些妄念：人多势众，不乏精锐，又有安集延和浩罕军官率领的叛军，应能挡住远道而来的清朝疲惫之师。几仗打下来，使他的头脑重新清醒，开始规划逃亡之路。

二月二十九日，清军过关斩将，乘夜间风霾强渡七里河，迅速逼近喀什噶尔,首先拿下汉城,接着将回城四面围定。喀什回城历史悠久,汉至隋为疏勒国都,唐贞观中置都督府,清初即为和卓家族所居,"四围高峻,形势缭曲,城外回户环绕,而居中设阿奇木衙门"。长龄命诸将各率所部,同时发动猛攻,而张格尔已不在城中。长龄等不免慌张,虽然捉住了张格尔之妻、巴布顶之子,击毙了张格尔之甥以及一大批叛军头目,擒获安集延大头目推立汗等,可张格尔跑了。谁都知道平叛胜利有两个重要标志,一是收复四城,再就是擒获张格尔,现在喀什虽复,首逆却不见了踪迹。当时俘虏有三四千名,分拨甄别审讯,供述不一,有的说去了英吉沙尔,也有说去了叶尔羌或和阗。其妻爱则尔毕供称:初一日,张格尔闻知官兵渡河,即率人骑马出城,说是要去指挥迎战,叮嘱其不要害怕。此一供词可信度较高,决意逃走的张格尔怕引起部下恐慌,干脆连妻子也不要了。

长龄位高权重,也曾立过不少战功,骨子里多谨小慎微,若换作杨遇春总统军务,或比他要强许多。七里河之役,风霾迷漫,对面难以见人,以他之意就要退至安全处扎营,以防敌人夜袭;而杨遇春认为是天赐良机,力主连夜渡河进攻,卒获大胜。皇上再三提出进兵时奇正配合,谆谆告诫包抄敌人后路,防的就是张格尔事败远扬,长龄先是担心兵势单弱,至此仍不知先期防备,真是愚不可及。毋怪道光帝接奏,虽也对收复喀什表彰几句,接着话锋一转,开始严厉斥责:"惟张逆势穷窜逸,久在朕意料之中,屡经饬谕长龄等设法堵截,防其潜遁,不啻至再至三。乃大兵已临城下,功在垂成,犹任逆裔乘间窜逸,览奏实深痛恨!殊失朕望!"他对长龄所说的一大串情报并不太相信,严令迅速缉拿叛国主犯:

> 总须将张逆设法擒拿,务在必获。或直逃往英吉沙尔、叶尔羌,抑或竟逸卡外,务即严密兜截,迅速掩捕,毋得再任远扬……若此番兴师致讨,仅擒一二逆裔家属即可塞责,岂非徒劳师旅,

虚縻帑项？该将军等屡承谆谕，将来何颜见朕？[1]

对拿获巴布顶之子，道光帝很关注，谕令押送来京，长龄派那彦成之子、副都统容安小心押解。至于所俘张格尔之妻，查明系变乱后所纳，命于当地讯明正法。时杨遇春、武隆阿正带兵向英吉沙尔、叶尔羌进剿，长龄也抱有一些希望，岂知三城次第剿平，连个张格尔的影子都没见到。

光复后的西四城，都已被破坏得不成样子，更为惨烈的是牺牲守城官员将士尸体狼藉的场景。半年过去，已很难分辨具体的身份，只好收集丛葬，并设立各殉职大臣牌位，诛杀敌酋以祭。在喀什，长龄派员将上年阵亡大臣官兵骸骨"妥为收拾，立冢丛葬，安设庆祥、舒尔哈善、乌凌阿、穆克登布及众官兵牌位，将阿布杜拉并该逆之子阿布都萨塔尔尽法处置，凌迟致祭"；在英吉沙尔，杨遇春、武隆阿等"收检上年尽节官兵骨殖，立冢丛葬，安设苏伦保及官兵牌位，将所获逆贼伊斯玛伊尔等三百六十一名，分别凌迟骈首致祭"；在叶尔羌，杨遇春一次就诛灭五百多人，"分别凌迟骈首，致祭忠魂"。残酷杀戮，以抚慰忠魂，或潜以表达救援来迟的歉疚。

随着西四城的逐一平定，张格尔如人间蒸发，道光的恼怒愈来愈甚，先将长龄、杨遇春、武隆阿降旨处分，严词警告，又频发谕旨，督令追剿。他说：这些人"不过乌合之众，本无纪律，喀什噶尔等四城何难克复，朕所日夕廑念者，在于获首逆耳。"五月十六日，接到长龄等由六百里加紧驰递奏折，道光以为必系拿获了张格尔，或得到其切实下落，结果仅是奏报官兵分路出卡追缉，大为失望，谴责长龄办事无方，曰：

长龄自到军营，节经降旨，勿令张逆逃出卡外，不啻至再至三。乃张逆于三月初一日从数十骑遁去，距四月二十二日发折时，已

---

[1]《清宣宗实录》卷一一六，道光七年四月壬子。

260

五十余日。该逆虽如鬼如蜮,何至毫无踪影?该将军等所办何事!①

奏折中还为将士请求恩赏,提出一个六百多人的名单,也让皇上不满。本来清廷在获胜后不吝啬赏赐,道光亦然,进兵后每胜必赏,现在则不同了,长龄为资深老臣,还是挨了一通臭训:"不思速拿首逆,以伸国威而锄余孽,惟知为各员乞恩,是诚何心?"

皇上的态度给长龄等带来很大压力,他们想尽办法:境内穷搜不得,即整军出卡,长途奔袭;消息不够灵通,便重金收买,广布眼线;对浩罕和布鲁特各部落,也是威逼利诱。一旦有了较可靠情报,即遣师追踪。六月间,杨遇春、杨芳率八千人分两路出卡远搜,在达尔瓦斯的藏堪地方,杨芳所部猝遇敌骑伏击,激战一昼夜,歼敌约两千人,官兵伤亡亦重,都统安福受伤,侍卫色克精额等数十人阵亡。若非杨芳指挥若定,后果不堪设想。这也是一次示警,道光帝斟酌再三,降旨令撤回卡内。

三、生擒张格尔

张格尔的日子也不好过。

魏源《圣武记》写道:"初,张格尔重啖安集延为羽翼,及四城破,安集延不惟尽得府库官私之财,并搜刮回户殆遍。张格尔又昏聩,滥诛杀,回人大失望。及张格尔走浩罕,浩罕亦不受也。"②号称圣裔、贵种的张格尔,仅仅半年的统治,就现了原形,也得罪了一向把他当作奇货的浩罕。因清廷重金悬赏,他不敢在布鲁特地面多待,转而在更远的地方游动,心心念念的,仍是喀什噶尔。

张格尔很清楚大批清军不可能久留,一旦主力撤离,只剩下少量守兵,

---

① 《清宣宗实录》卷一一七,道光七年五月辛卯。
② 《圣武记》卷四,道光重定回疆记。

又分散于各卡伦城堡,便有了机会。看看到了严冬,清军撤兵的消息不断传来,张格尔蠢蠢欲动,带领亲信,渐渐靠近边境地带活动。七年十一月十七日,张格尔率私党二百余骑潜往伊里斯曼底,阿坦台部落也有二三百人前来会合,并派出亲随各处纠集穷苦布鲁特人,约定官兵过年时潜入卡伦。因卡外天寒雪大,不宜出击,长龄令阿奇木伯克伊萨克多派精干回兵查探军情,再命官兵裹带口粮,一旦有警,即刻飞速进剿。

二十八日凌晨,长龄接紧急军报:"二十七日晚间,见有骑贼三百余人、步贼二百余人向东北奔窜,有赴伊斯里克卡伦之势。"①仍是前年袭卡的旧路,长龄当即判断张格尔还会去阿尔图什回庄,与杨芳各带三千人马火速赶往,两路会剿。途中遇到探报,说当天上午张格尔带领骑兵潜入阿尔古回庄,白山派回众望风而逃,接着又往阿尔图什回庄,该庄"黑帽回子"四百多人持刀枪阻拦。这对张格尔可是从来未有之事,见状不好,即行折返,由原路逃出卡外。杨芳率精骑星夜追击,赶至喀尔铁盖山内,追及敌人的步兵,一举歼杀净尽。张格尔见难以摆脱,率从骑由半山腰冲杀而下,意图杀出一条血路。官兵以排枪抵敌,杨芳早令马队分头抄击,从敌人背后两路下压,敌人纷纷毙命,剩下的向山沟逃命。张格尔逃在最前面,身边只有三十余骑,簇拥着奔上一个山坡,见山高路滑,就丢掉马匹,攀爬逃窜。胡超、额尔古伦各带少数部下紧追不舍,见状纷纷下马紧追,伊萨克也带领几十名回兵随后赶来,又格毙数人。张格尔只剩下十几个随从,见势不好,抽刀就要自刎,总兵胡超、都司段永福和几名士兵冲上夺刀,将他生擒。

此时已是道光七年除夕的下午,同时被擒的还有张格尔的八名亲信。

杨芳率部追击之际,长龄驻扎卡伦,以为后援,得到捷报真是大喜过望,当即拟写奏折,先派乾清门侍卫、副都统阿勒罕保星驰赴京报告喜讯。道光八年(1828)大年初二,杨芳将张格尔解至大营,长龄这才放心,拜折发送。前不久他以六百里急递奏事,被皇上训斥,此时则理所当然地使用八百里

---

① 《钦定平定回疆剿擒逆裔方略》卷五七,《清代方略全书》第一百册,471、472页。

加急，这也是道光的旨意。紧急军情，最多也只是六百里加紧，一般不许使用，八百里加紧为最高等级的驿递，是所谓"红旗报捷"，正月初二日由喀什噶尔边卡拜折驰报，二十二日就到了紫禁城。

次日，道光帝颁发长篇谕旨，先讲述生擒张格尔之经过，赞扬立功将士的勇敢无畏，点名表扬了胡超、额尔古伦、段永福等人，还特别表彰自发阻击的阿尔图什回庄黑帽回人，表彰带领回兵追击残敌的阿奇木伯克伊萨克，赏赐有加。说到长龄，皇上认为"若能于克复喀什噶尔时就地擒渠，其显功不绩，当与兆惠、阿桂后先媲美。现迟至十月之久，始将该逆擒获，功已稍次。惟念该将军等督率官兵，不避艰险，于卡外临阵生擒巨憝，槛送京师，与檄谕外夷设计缚献者迥不相同。其在事将领官兵等争先效命，自系该将军督率有方"①，对他和杨芳，包括未参加这次行动的杨遇春、武隆阿大加封赏。

如何将张格尔押解进京，也是一个大难题：一万多里的遥远路途，沙漠戈壁相连；而不管是新疆，还是甘肃，包括内地省份，都居住着大量回众，其中难免有和卓信徒，必须严加防范。长龄军政谙练，有着足够的谨慎和精细：选派副都御史诚端、副都统吉勒通阿和祥云保带领要撤回的吉林黑龙江骑兵一千名、西安固原步兵一千名，沿途保护；又令伊萨克拣派黑山派伯克"带回子十名，沿途照料"。道光帝仍不放心，谕令"进关后，着沿途督抚派令文武大员，带兵按站接替护送，无稍疏虞"，又命正前往军营的镶红旗都统哈郎阿，在途中等候，参与押解张格尔之事。

四、京师的献俘礼

张格尔在除夕被擒获，正月初二日从卡外解至大营，初六日由喀什押解起程，其间长龄等人自然要密集审讯。尚不知究竟问出了多少秘密，但

---

① 《清宣宗实录》卷一三二，道光八年正月癸亥。

国之大臣

张格尔的一个描述，显然引起长龄的极大兴趣，立刻奏报，道光帝也是深信不疑：

> 我朝定鼎以来，关帝屡彰灵佑。昨据长龄等奏，上年张格尔煽乱，遣其逆党扰近阿克苏，当官兵冲击之时，陡起大风，尘沙飞扬。该逆等遥见红光烛天，遂被奸擒。又长龄等督兵进剿，师次浑河沿，该逆等竟夜扰营，风起猛烈，官兵乘风冲贼，俘馘无算，次早接仗时，据活贼金供，又见红光中兵马高大，不能抵敌，即各窜逸。此皆仰赖关帝威灵显赫，默褫贼魄，用克生擒巨憝，永靖边围。①

别忘了张格尔的出身！先辈赖以迷惑信众的那些神秘主义把戏，那些魔术、催眠术等忽悠人的手段，这小子似乎都很精通。他给长龄大约讲了不少故事，包括关帝的显灵，却坚定地隐藏起核心机密，比如其在境内的党徒、那些深藏的伯克与阿浑。经礼部议奏，为关帝爷加"威显"二字封号。

张格尔自幼漂泊异域，机诈百出，生命力极为强韧，押解这样一个人是艰难危险的。贴身照顾他的十余名回人，乃至于满汉官兵，都会成为其煽惑软化的对象。他外示顺从，表现得服服帖帖，实则时刻在等待机会。押解的一方，也做了最周密的安排，所有能接近钦犯之人，应都被查过三代，确保对国家的忠贞。为了防止意外，同时被擒的十五名张格尔党羽皆留在当地，审明后一律诛杀。为押解张格尔一人，长龄派遣满汉两支精兵，挑选几个精强大臣率领，极为慎重。道光心里犹不踏实，特发谕旨给署陕甘总督鄂山，重点讲的是外松内紧的押解策略，即糊弄张格尔，让他精神上放松，路上不许出任何意外。实则皇上想到的，大臣们也能想到，思虑和安排得更细密。鄂山派员往迎打探，奏报沿途解送时皆以好言抚慰，并未加刑具，该逆心甚坦然，顺利经过各回城，行走亦迅速。张格尔的好心情，

---

① 《清宣宗实录》卷一三二，道光八年正月癸亥。

当与押解人员的哄骗有关：一路上对他说的尽是必蒙大皇帝赦免，必赏以郡王贝子之职；一路上所见各地大员都是好言接待，锦衣玉食。谁说骗子不会受骗呢，善于骗人的张格尔，竟也渐渐信以为真了。

五月初十日，经过四个月零五天的漫长押送，张格尔终于被解至京师。

十一日，哈郎阿等率人将张格尔自天安门带入，押至社稷街门外，北向跪伏，承祭亲王入太庙祭告，行礼如仪。十二日，即在午门举行盛大简短的受俘仪。道光帝御午门城楼，各王大臣、文武大臣肃立于两侧和阶下，东西两阙及御道旁皆排列官员将士，鼓乐齐鸣，哈郎阿等解俘将校军伍严整、戟矛鲜明，将张格尔押至，向北跪伏，"兵部尚书跪奏平定回疆，生擒俘囚张格尔，谨献阙下。请旨，命王大臣会同刑部严讯。刑部尚书跪领旨。兵部司官以俘囚张格尔交刑部司官，自天安门出。王公百官行庆贺礼"[①]。大清帝国是讲法制和程序的，此后便是刑部的审讯，张格尔或未醒悟已然在劫难逃。

十四日一早，道光帝先往绮春园问皇太后安，再至圆明园的龙王庙拈香，然后出御廓然大公殿，廷讯张格尔。缘此，张格尔竟又有了一个观光上国繁华的机会，廓然大公殿在舍卫城东北，仿无锡惠山寄畅园而建，庭院深深，清廷似乎特地做此安排，让这个自称"圣裔"的逃亡叛逆，见识一下什么才叫皇家气象，谁才是真正的"贵种"。不清楚道光帝都问了哪些问题，不清楚张格尔如何回应，刑部有一份"张格尔供词"，很是简单，这次廷讯也不过走个过场。再就是满足一下皇上的好奇心，近距离看看这个恶贯满盈的叛首是何模样。

廷讯结束后，谕令内阁将张格尔立即"寸磔枭示"，简派刑部堂官前往监视行刑。道光帝还特别提到"庆祥以喀什噶尔参赞大臣遭变被困，力竭捐躯；领队大臣副都统乌凌阿因带兵围捕，临阵陷殁。皆由该逆倡乱，以致伤我大臣，殊堪发指"，要庆祥之子侍卫文辉、乌凌阿之子侍卫忠泰

[①]《清宣宗实录》卷一三六，道光八年五月庚戌。

同往市曹，观看行刑过程，并将张格尔剖腹摘心，交给文辉，于庆祥墓前致祭。

张格尔作乱的悲惨一页，至此，以其本人悲惨痛苦的形式了结。

【第八章】

盐政与边政

除田赋之外，盐税一直是明清时期国家财政最重要的收入。如果说帝王一次次巡游江南，是康乾盛世的表象之一，则盐商在接待过程中至为踊跃。《红楼梦》所记接驾时花的银子如流水，绝非虚构。那时的盐商真可谓财大气粗，不光是迎驾，举凡赈灾、河工都会捐赠，遇到国家兴兵，更是踊跃报效。

所谓盛极而衰，用于盐业也称恰当，至乾隆后期，很多大盐商已撑不住了。

王鼎担任户部尚书，正值回疆用兵，平叛需要大把银子，此后的恢复重建亦然。而财政吃紧，盐政先吃了紧。以往各大盐区例有报效，争先恐后，此时不光报捐较少，且多是承诺一个数字，先由藩库垫支，再慢慢抵扣。曾经夸尽豪奢的两淮盐商，历年积欠竟达到五千多万两，盐政弊坏，已到了不得不变革的关头，然积弊牵缠，又很难改变。

第一节　为何是那彦成

南疆出事之初，举朝耸动，而至为关切，认真提出建议，甚至要求前往平叛者，应推松筠和那彦成。二人都是一品大员，素有勤慎干练之名，亦皆曾在新疆和喀什任职，熟知当地军政情势，感受亦与他人不同。

当是时，松筠为礼部尚书，那彦成任直隶总督。两人的相关奏章直接呈给皇上，道光帝阅读之后，再转给伊犁将军长龄等人。二杨与武隆阿皆武大臣，对之当不甚挂意，长龄则反应强烈，多加驳议。道光也认为松筠的说法不大靠谱，但对那彦成的提议较为认可。四城收复，张格尔尚在远窜之际，他对长龄多有责斥，决定以那彦成为钦差大臣，前去接替管事。那彦成尚在路上，首逆已告就擒，长龄红旗报捷，说那彦成可不必再来，旻宁仍令前往。

一、明敏者的局限

　　道光七年（1827）十一月二十四日，那彦成于保定起程，驰赴南疆。此前他应召来京，与皇上多次深入交谈；赴疆途中，他也多次上疏奏报一些新设想，旻宁也将新思路飞谕相告。这年的那彦成六十四岁，早不像钦差陕南时那般年轻，然生性中的激情和担当仍在。那彦成凡事有主见，对皇上也敢于发表不同看法，是以升迁甚速，蹉跎亦多。他在三十五岁即为军机大臣，长龄只是一个总兵；现今长龄已是内阁大学士，他却一直在总督位置上待着。然不管是原来的嘉庆帝，还是当今圣上，遇到国家有急难之事，往往会先想到此人。

　　回疆多事，曾任陕甘总督和喀什噶尔参赞大臣的那彦成一直密切关注，提出平叛总思路和荐举人才，也对一些做法发表异议。当叛乱初起，新疆陕甘等地奏牍和军机处字寄络绎道上，那彦成接据驿报，称七月十四日未刻，兵部六百里火票赍送钦差大臣关防过省，颁给陕甘总督；十五日，又有署任陕甘总督杨遇春五百里折报进京。他猜想一定是西北方向出了大事，很快收到杨遇春来函，得悉喀什发生变乱。那彦成立刻提出一份回疆用兵的规划，主要内容为：

　　其一，就近调伊犁兵由冰岭火速赴援；
　　其二，调集五万大军，以三万人分为三路进剿，其余守护后路城池台站；
　　其三，以长龄为正帅，杨遇春、武隆阿副之；
　　其四，在兰州设军需总局、哈密设总粮台、阿克苏设总办粮台。

　　回顾一下，道光帝基本采用了那彦成的建议。而那彦成认为回疆叛乱出于官员贪酷之激变，虽不无依据，却有些表面化；以为张格尔不过受人挟制，作为一个迷惑回众的旗号，更属胡说。这些都深深影响到道光帝的判断。至于如何进兵一节，那彦成久经战阵，曾任主帅，建议"当令长龄、杨遇春先在阿克苏或叶尔羌驻扎重兵，先出示晓谕，安辑各城回众，且固我后路，然后调集大兵剿办"。话说得头头是道，却将西四城之安危、庆祥及数千官员将士之性命，全然置之不顾。这番话曾为皇上认可，长龄等人也正是这样做的。

八月间，朝廷征调吉黑马队三千名赴南疆，要求京师配备药铅火绳。那彦成认为从京师到甘肃路途遥远，转运困难，且容易遇雨受潮，可在甘肃备办，奏请停运并提出改进行军供应的办法。谕旨当即准行，不仅节省了经费，还加快了行军速度。那彦成是带过兵打过仗的人，在奏折中的建议多具体可行，如"酌用伊犁遣犯"一款，被旻宁以"何至录及遣犯"驳回，后来平叛中伊犁民遣所发挥的作用，证明那彦成是对的。他还提出将白山派"按户迁徙云贵闽广各州县安插"，也不失为一种根本解决的思路，却被驳回。但也就是在阅读和批驳的过程中，道光感觉到南疆重建非那彦成不可，加上对长龄疏放逆首的强烈不满，赐给那彦成钦差大臣关防，命驰往喀什噶尔筹办善后事宜。他的次子、翰林学士容照，乾清门头等侍卫舒伦保等随往。

那彦成明敏精强，既有全局性宏观视野，又有总统军务之经验，亦算难得。而他的局限，则是偏执和自信，性格使然，总也改不了。

二、弃用长龄

西四城光复之后，长龄着手进行各项善后工作，如牺牲官员将士的落葬与祭奠、殉国回官回兵的抚恤、残破城池的维修重建、外地官兵的撤离等等，更重要的是设立章程，以保障回疆的长治久安。长龄提出勘地屯田、裁撤轮班在卡伦管事的侍卫，都得到批准。至于"断绝各外夷贸易，并严禁大黄茶叶出卡"，以逼迫浩罕等擒献张格尔一项，并非良策。道光帝很感兴趣，又不无担心，嘱令那彦成尽快赶往，体察实际情形，严格制订章程。武隆阿上了一道密折，显然与长龄看法不同，道光嘱其待那彦成到后再商酌。

为何不用伊犁将军长龄？

主要在于长龄关于战后回疆管理的一个提议。

那是在道光七年夏，官兵屡屡出卡搜剿张格尔，信息混杂，东扑西撞，不光没能拿获逆首，还着了敌人的道儿，中伏历险。幸亏杨芳富有作战经验，加上人马众多、将士用命，奋勇杀出重围，但也颇有折损。长龄等作为一次胜利奏报，称杀敌一千多人，道光帝心里明白，诫以不得轻易出卡。长龄还提议让羁縻京师的大和卓之子阿布都哈里回到喀什任"回王"，负责管理回疆，武隆阿附议。道光帝览奏大怒，降旨厉责：

> 至所奏善后之策，竟请以久经羁留之逆裔阿布都哈里赏给职衔，放归回部，管理西四城回众，尤为纰缪之极！长龄老悖糊涂，一至于此，武隆阿随声附和，俱着严行申饬。[1]

长龄是应皇上的要求拟出各项举措的，曾被询及可否在西四城实施土司制度，也就顺此思路，提出一大昏着。岂知回疆动乱，抓不到张格尔，道光已然迁怒于在京师的和卓后裔，命将他们遣发边远省份关押，哪里还会让他们回到故地！有此一段波澜，长龄被认定不适合再留在南疆。

十一月间，长龄等奏报探知张格尔的新动向，称其又在借兵借粮，意欲仍来抢占喀什噶尔。几乎同时，那彦成也奏称"途次传闻有张逆遣使投诚之说"，还谈到应禁止大黄茶叶出口，提议应注重在各城查察。谕旨曰：

> 该督所闻张逆投诚之说，自系道路讹传，该逆等狼子野心，诡诈是其惯技。那彦成到彼，纵该逆实有投诚之意，总当就计诱擒，相机妥办，断不可堕其奸谋。至严禁大黄茶叶，原可制外夷之死命，然必须稽察严密，勿使偷漏。又必须妥议章程，方免扰累。该督现已咨商各城，应如何核定斤两数目，禁止官吏诈索，务期斟酌详尽。既不可有名无实，致为外夷所窃笑；尤不可使商民回众稍

---

[1]《清宣宗实录》卷一二三，道光七年八月癸未。

形滋扰，方为妥善。①

那时的大清君臣都有几分虚妄，素称能员的那彦成（包括稍后的林则徐等）也在所难免。妄称外国人以肉为主食，离开茶叶大黄就会大肠堵塞，严重的会被憋死，自明代就有此一说，居然一代代信以为真，以为捏住了外夷的命门。皇上即与大臣讨论此事，认真得有些滑稽，顺便还告知京师下了一场大雪，"仰见天心佑助，普迓春禧"。

那彦成一路星夜赶行，红旗捷报抵京之时，其已出关，于八年三月十三日抵达阿克苏。长龄本要在喀什噶尔与那彦成办理交接，见皇上催得急，即于三月三日起程，赶到阿克苏专候，两人就各项事务细加磋商。长龄是要回朝复命的人，与那彦成兴头头奉旨新来不同，较多的只是介绍情况，大主意由那彦成提出。三月十八日，两人合奏：请将原议叶尔羌增拨官兵两千改为一千，乌什由增拨一千变为两千。那彦成一路上带同不少旧部前来，奏请将西安协领德惠升为乌什帮办大臣。他从来性子急、动作快，所办虽不无理由，却难免使长龄难堪，表面上虽一起合衔，心下必也有许多不爽。

三、对回疆的整顿和经营

尚在途中，那彦成即列举回疆官员互不统辖的积弊，奏请理顺隶属，年终统一考核，及时更换。对各城大臣及司员、笔帖式等养廉银过低，也请求适当增加，并准许官员携带家眷。谕旨即予照准。四月二十一日，那彦成抵达喀什噶尔，奏请将杨芳暂留，随即大刀阔斧地着手各项措置，核心是全面整顿。除回疆官员组成和考核思路业经御批外，其要点还有：

在新建和修复城池时强化军事功能。以喀什为例，那彦成到时新城已基本建好，经过勘察，又在七里河河口建堡（驻军六百名），并修复旧满城（驻

---

① 《清宣宗实录》卷一三一，道光七年十二月丙申。

军二百名），构成掎角之势。

提拔任用在叛乱时忠于清廷的黑山派回官。如接任原阿克苏阿奇木伯克鄂对一职的伊萨克，在平叛中立功甚多，为表达忠诚，主动蓄留发辫，其子孙及一批伯克亦愿意蓄留发辫。道光闻报喜悦，传谕那彦成看其能否胜任帮办大臣。那彦成奏称伊萨克遇事奋勉，即命担任喀什噶尔帮办大臣。此一任命打破了只于满族（或有个别蒙古族）中选任参赞帮办的先例，对于民族团结和安定大有裨益。

裁革各城阿奇木衙门陋规。回疆各城大小衙门花费繁多，往往假借办公之名，向回户摊派苛敛。那彦成查明相沿陋规，分别条款，将各项扰民剥削之事，宣布永远革除。他还命人将文告勒石，分别竖立于各城大臣和阿奇木衙门，并印刷分贴各回庄，较大程度地减轻了普通回众的负担，有利于化解积怨。

订立《操兵章程》，增加士兵的生活补贴，增强部队的战斗力。

建设边境堡卡，订立《分巡驻守章程》，形成卡伦和营堡的联络依托，巡逻和驻守相结合，以巩固边防。

那彦成的基本思路已在陛见时详细谈过，所行应也包括皇上的意思，如禁止茶叶大黄一项。多年仕途坎坷，他已学会了随时请示汇报，使道光赞赏有加。五月，命以平定回疆功臣图像凌烟阁，钦定四十人，长龄、杨芳、杨遇春、武隆阿等自然在列，一天仗未打的那彦成亦在其中。御旨特别说明那彦成筹办善后，剔除积弊，整饬官方，规划周详，厥功甚伟。八月间重申那彦成办理南疆善后，公忠体国，要他提供一张肖像，以便与各功臣一体绘像。对于远在西陲的那彦成，显然是一个极大鼓舞。

对浩罕支持张格尔作乱、收留和卓后裔，清廷深恶痛绝，收复回疆后，即采取了强硬姿态。那彦成抵达后，浩罕闻讯派人前来，以道喜为名，意图窥视打探。那彦成命卡伦予以拦截，重申必须拿送逆裔家属的谕旨，然后将使者押送卡外。道光闻奏十分赞赏，称"所办深得大体，与朕意相同，可嘉之至"。那彦成注重的可不光是形式，他把更多的精力用于清查和遣反，将一大批安集延和浩罕商人押送出境，并严格设立关卡，查抄囤积，管理营销，加强税收，平易物价，做得坚定而有条不紊。同时请建贸易亭，开展对友好部落的通商往来，最大限度地孤立浩罕。

禁绝与浩罕边贸的政策，很快起了作用：先是布噶尔等部落前来恳请贸易，提请改由喀拉提锦及巴达克山绕越前来，以避免浩罕的掠夺剥削；接着浩罕头目也遣人送信，并送回二十二名被掠往该处的官兵和回官等，那彦成仍是不准其谒见，当即派人押送出卡；接下来，又有原依附浩罕的布鲁特额提格讷部请求归顺，那彦成指与卡外土地，妥为安置。道光帝御批"所办极是"，并说，"现在送出之官兵回子等固是无关轻重，即张逆家属在潜匿，不过苟全生命，亦不值与之相较，责令必为献出。该督折内既称张逆之子布素鲁克，至极不过又一张逆，一二万兵便可平定，是亦有何紧要？"①此一番话口气很大，立论匪夷所思，骨子里当还是惧怕边衅再起，劳民伤财。

那彦成负责经略回疆，雄心勃勃，不光详细探问浩罕情况，持续施加压力，且命探骑四出，主动出击，剪其羽翼，意图收编各布鲁特。旻宁并非开疆拓土之君，对于悬赏购致逆属逆党的做法不屑一顾，告诫那彦成，让他安定卡伦之内，不要意图邀功，更不要别生枝节，引发边患，随后即将之调回京师。在寄发喀什噶尔参赞大臣武隆阿、帮办大臣额尔古伦、伊萨克的谕旨中，道光帝说得更清晰：

> 现既将安集延驱逐出卡，自当严密稽察，勿任茶叶大黄稍有偷漏，亦不得仍令该夷隐混贸易，即为妥善。何以授意于已驱之安集延为我筹谋逆属？该夷等声气相通，岂能真心效顺，乐为我用？至布鲁特等之诚心归附者，自应就地抚戢，以示羁縻，断不可指给游牧地方，有意招致。②

---

① 《清宣宗实录》卷一四九，道光八年十二月癸巳。
② 《清宣宗实录》卷一五〇，道光九年正月丁未。

至此，那彦成的使命已经完成。不光他被立命返京，武隆阿很快也被解职调回。

由于路途原因，尚未接到谕旨的那彦成仍不断奏报新进展：差人从浩罕"要出黑帽阿浑奈玛特等四人"，"给予翎顶，及赏给元宝绸缎茶叶"；与浩罕相邻且有世仇的达尔瓦斯部落遣使递马，恳求内附，希望大清出兵灭了浩罕，"谕以静听霍罕轻离巢穴，乘机深入，俟有用汝等之时再差人告知"。在急欲建功立业的那彦成看来件件都是利好，可件件令皇上不悦，传谕申饬。旻宁看法一变，语气便不同，之后对那彦成陆续上报一些章程，也是挑剔吹求，一大堆的不满意，催促他赶紧回京。

那彦成总算接到了谕旨，也一下子明白了皇上的心思，有些沮丧，有些不甘，上疏自请议处，可仍坚持认为浩罕已然衰微，并说明拟给布鲁特首领岁俸札符的理由，以及尚未发放的事实。三月初五日，那彦成与武隆阿合衔上奏"查明回疆兵民商回有干例禁各条出示永禁折"，凡十六条。道光看得很仔细，朱批斑斓，曰是，曰好，曰再议，那时那彦成正在返京途中。

第二节　长芦盐区的积欠

盐政，亦称盐法，明清时指国家对于食盐产、运、销的管理体制。明代盐课占国家岁入的几乎一半，为边饷提供了基本保障，是以万历间大学士叶向高有"盐政即边政"之说。清朝盐政虽不无增删损益，大体沿承明代的纲运制，长芦、两淮仍是征收盐课的主要盐区。嘉道间各种加征浮费使盐商亏本运营，盐课积欠甚多，严重影响到国家财政，成为户部必须解决的急务。

户部十四司，盐务属山东清吏司分管，实则大事皆由堂官亲自操办。王鼎主持户部之后，即着手治理盐政，首先从距离京师最近的长芦盐区开始。

一、银贵困扰长芦

银贵，是嘉道间出现的一个新词，与"钱贱"相对举，指当时出现的银两与制钱兑换时的变化。通常以一两银子兑换一千至一千二百文制钱，此际已涨为一千五百文左右。盐商日常卖盐所得为制钱，每年上缴盐课则是白银，差价一大，入不敷出，是以叫苦不迭，欠课挂账的情况也越来越多。

长芦，为直隶境内的重要盐区，从黄骅海滨直到山海关南，盐场相接，是清朝的重要海盐产区之一。又以位于京畿，宫廷和京师用盐仰其供给，各大盐商有很多手眼通天，动辄找出理由拖欠盐课。长芦盐政阿扬阿自道光六年（1826）七月抵任后，办事尚称用心，解决方式仍不外乎"盐斤加价"，将压力转嫁给消费者的路数，至于多年积欠，追回无多。七年三月，回疆平叛已然结束，阿扬阿大概觉得实在没有面子，奏称所辖长芦各盐商报效三十万两、山东盐商报效十万两，"分限完纳"。大家都知道此四个字内蕴着多少勉强和被动，皇上亦知，谕以此处盐商素称疲乏，非他省可比，不必了。

七年十月，直隶总督那彦成专折上奏，称由于银贵钱贱，导致盐商兑换交课成本亏折，难以承受，请改为银桩，并将原来的三文加价减去，认为这样一来，商人无须兑换亏损，民人也减少加价之苦。所谓"银桩"，应是一种资金的存储和交易方式。那彦成此议，意在解决银贵对商家带来的压力，可遽尔变更资金存储方式，牵扯的方面很多，市场销售又只能使用制钱，仍有难以贯通之处。此人的优点是反应敏锐，办法也较多，缺点则是常常顾此失彼，不够缜密。户部尚书王鼎等集议时很慎重，基本持否定态度。道光帝也提出一连串的问题，如先课后引，是否实能经久？每年奏销，是否实能全完？积欠课项，是否实能归补？所有这些那彦成并没有谈到，然对整顿盐务至为关键。旻宁还命河南巡抚杨国桢、山东巡抚琦善访查辖区内食盐的商情，以及银钱比率，核计盐价，汇总上报。二人未对银桩明确表示反对，但说尚须试行一二年后，方能定议。多方征求意见后，道光以"所奏均无把握，徒然更改旧章，有累民生"，否决了那彦成的提议。

八年（1828）三月，王鼎和户部左侍郎敬徵奉旨前往天津，逐项调查核实，以便建立章程。敬徵为太宗六世孙、肃亲王永锡之子，十五岁即恩赏头等侍卫，二十岁封辅国公，二十八岁为正蓝旗宗室总族长，调镶红旗护军统领。后因事降革，道光间再蒙擢拔，与王鼎同时调户部，出任左侍郎。长芦盐务一直是户部一块心病，故二人所带皆精干司员，要求盐政和运司提交历年卷宗清册，以及盐商"运盐卖价成本一切出入收发底账"，以备核查。

这是一项极其繁杂的工作，各种项目既分列又交缠，挪展抵充，拆东补西，加上年头多、经手人多，弄清楚殊为不易。可也难不倒王鼎及所带户部司员，挑灯夜战，很快查清长芦盐区的症结所在。长芦盐区原设二十场，历经裁并，尚有十场，规模比两淮小很多，拖欠盐课的总额却也超过一千万两，"乾隆四十八年至道光二年，积欠各款银九百九十九万九千六百余两"，是为旧欠；此后至道光七年，又陆续欠下各类款项"共银二百七十万九千二百余两"，作为新欠。这是一个巨大的数字，也是历任盐政必须面对的沉重负担。王鼎主持户部后，回疆与河工处处要钱，不能不加大催讨拖欠的力度，而积重难返，效果有限。这次奉旨来查，设立章程，以解决积欠、每年清款为目标。

长芦是全国盐业和国家盐政的一个缩影，应也是国家财政状况的真实映象。该盐区每年总收入约四百七十万两，除却上缴盐课一百五十余万两，还有带征节年欠项、各种加价银、工需未完银、参课未完银等名目，实在难以负担。往日见盐业赚钱容易，各商趋之若鹜，一个盐区，竟有经销商号一百二十多个，大小盐商二百余家。插手者多，分肥者多，兼之私盐猖獗、银贵钱贱，不少老牌商号已属难以为继，做小生意的更是叫苦连天。许多商号缺少本钱，只好使用官府提供的资金（如水利专款等），必须支付高昂的利息；还有的无奈赊购新盐，质量差，损耗多，到岸后无法出货，更是恶性循环。道光帝对此也颇觉困扰，认为总要筹划一个可以经久无弊的办法，当年盐课务须当年结清。若只是乞恩缓缴，终无实济，朕也不能俞允。这话是对阿扬阿讲的，也对王鼎等人画出一条办案底线。

道光元年之后缴课情况，经核查，只有一年如数上缴，是因为挪用了注资生息的水利专款，其余年份欠款多者一百三十余万两，少者七十余万两。王鼎等奏折中先详细描述了盐商之艰：

> 臣等连日察访，悉心讲求芦商积疲情形，即使设法妥为经理，各商勉力急公，加以调剂，每年亦只能完交银一百七八十万两。查本年应交正杂、帑利、加价等银将及二百万两，此外尚有带征节年欠项银一百余万两。缘长芦商之课悬，已非一日，近年以来屡次乞恩推展，期限愈缓，积款愈多。本年带款均已届限，合之现年应征银数，竟及三分之一……若责令照限起征，商人力有不逮，必至挪移悬垫，弊实丛生；若再请量加展缓，是仍为苟且目前之计，从此永无清理之期，年复一年，靡所底止。此芦商积疲已极，必应大加整顿之实在情形也。[①]

那么怎么办？无外乎逐项拆解，区别对待，适当做一些减免，以帮助商家渐渐走向良性运营。阿扬阿所拟章程已提出化解办法，唯在一些项目上失之过宽，王鼎等以此为基础，并根据察访情况加以补充，提出一揽子的解决方案：

一、适当降低每年盐课指标及主要增项，为一百五十四万余两，另弥补新旧积欠二十三万余两，共一百七十七万余两，须每年结清，如若再行拖欠，则将该商除名并抄产赔补；

二、所有欠款分别新旧，先补交新欠，再补旧欠；

三、所有新旧投资性资金暂停利息三年；

---

① 朱批奏折：王鼎、敬徵，奏为遵旨确查长芦盐务核实酌定章程事，道光八年四月十一日。

四,每包加盐二十斤,免除缴课,贴补新盐质嫩折耗,以助商力之复苏;

五、积欠内未补加价银一百八十四万余两,经查实系折于银价之内,经奏准免予追缴,并明确将半文加价给予商人贴补成本。

对拖欠官课的追讨,清廷历来姿态决绝,查拿夹打,抄家发配,索及亲戚子孙,涉案者常常倾家荡产,有赔累数十年而未完者。王鼎的措施则是为盐商减负,使之走出困境,进入良性运营。他们为此做了充分调研,章程出台之前,先与盐政、运司等磋商,又将盐商找来,逐一听取意见,适当做出调整,故能得到普遍支持和很好的贯彻。长芦盐政,也开始走上正轨,得以复苏。

二、仲春经筵的君臣对话

转眼进入道光九年(1829),回疆的安定仍为道光帝所关注,但毕竟动乱已经平息,逆首已然就戮,这年元旦,京师一派祥和。

二月初三日,道光帝亲率文武百官往太学祭奠孔子,然后于大成门外隆重立碑,纪念"平定回疆,剿擒逆裔"。旻宁亲撰碑文,开篇曰:"征而灭之谓之剿,生而致之谓之擒。命将出师,声罪致讨,此可必得之数也;戟手张拳,生累骈系,此不可必得之数也。郑既已遁逃,而犹望其自投罗网,尤难之难矣。乃失之而复得之,且生得之,此岂人力哉?天也!"[①]对于在域外生擒张格尔,道光感到无比欣慰,认为比战场格毙、畏罪自戕以及外夷获献等,要精彩漂亮多了。他将此归因于上天加佑,后文中复写道:"罪人斯得,天夺其魄也;我武惟扬,天之所助者,顺也。"阅读这些文字,能感觉到其心情之愉悦。

仅仅隔了一天,朝廷在文华殿举行仲春经筵。所讲题目和讲章,自会先期呈送皇上审定,也多与施政及时局相关。经筵通常分为两个单元,首

---

① 《清宣宗实录》卷一五一,道光九年二月丁卯。

先上场的满汉直讲官为松筠和王鼎,进讲《孟子》"人有不为也,而后可以有为"。此语出于《孟子·离娄下》,意思是先要有所不为,才能做到有所为,肯綮在有守和有为的关系。如果说乾隆时还追求经筵的启悟规谏作用,则愈到后来,愈加形式化,演变为皇帝展示学识才情的舞台。二人讲毕,旻宁开始宏宣御论:

> 士之托于世而列于君子之林者,非独贵其有守也,尤贵其有为。而欲其有为者,要必归于有守。此孟子精义之学。而以不为决有为,欲人之知所择也。天下畏葸者不能为一事,躁妄者亦不能建一功。轻发者始若勇,终必怯;慎重者始若怯,终必勇。成败利钝,非所逆睹,而不严于从违之介,则扰乱其神明;险阻艰难,岂能备尝,而不权于是非之衡,则蛊惑其心志。此而欲其任重致远,卒然临之而不惊;错节盘根,坦然由之而不惧,其可得乎?①

话是对面前和两侧的一众大臣讲的,也是对满朝文武所讲,句句皆有所指。执政者常感到人才难得,有守有为之士,在皇上眼中是越来越少了,必也深心怅惘。如那彦成,曾被先帝称为"有守有为",也受到旻宁的信赖倚重,委任甚专,近来则诸事不合圣意,此一段话中似也隐有所寓。

接下来是讲经,由舒英和潘世恩进讲《易经》"天之所助者,顺也;人之所助者,信也",出自《易·系辞上传》第十三章,更是与回疆平叛大获全胜紧密结合,是对皇上亲撰碑文的理论支撑。道光帝照例也做了一番宣讲,不知是谁为皇上撰拟的这段讲稿,骈四俪六,写得文采飞扬,玄而又玄,又皆不离"天道人心"四字。以回疆重归安定,归因于天道人心之助顺,最多只能算说对了一半,那里的人情物理之复杂,亦非在遥远的京师所能想象。

---

① 《清宣宗实录》卷一五一,道光九年二月己巳。

所有的经筵都以经史为题，阐释论说则不离国家大政，不离时局。王鼎等经筵讲官如此，皇上亦如此。经筵是对儒家经典的探讨与重温，也可视为一场君臣对话，即君臣一起交流对军政时势的看法，主导者当然只能是当今圣上了。

三、户部出事了

自平定张格尔时临危受命，王鼎已经做了四年的户部尚书。这是一个大摊子，是一项苦差事，全盛时的清朝财政充裕，到了王鼎管家过日子的时候，已是左支右绌、邦用匮乏了。作为尚书的他不得不到处找钱，到处追账，整治盐政即其一也。谁也没想到的是，户部本身的几条小泥鳅，居然弄出了一桩大案。

道光十年（1830）春，安徽地方一位捐生（即捐纳贡生监生者）投告所领执照有假，反映到刑部。刑部书吏周载正因事遇上麻烦，亟欲立功挽回，揭发户部捐纳房书吏庞瑛等私卖假照。捐纳房，属户部十四司之外的专设机构，负责办理那些以钱买官或买贡监身份的审查注册事项。捐纳，是清代官僚体制的一个毒瘤，为害深远。其以康熙帝平定三藩起始，本来作为用兵或河工、赈济时的一种临时性集资手段，后来则演为一项常例，名色花样也越来越多，"名器不尊，登进乃滥"。清廷也知捐纳之弊，想了许多办法加以限制，新帝登基亦多停止捐纳（道光帝亦如此），但停而复举，保举、考试、试俸等限制性措施往往流于形式。嘉庆朝有一位悍然下毒的知县王伸汉，就是出于捐纳，至中晚期有许多知州知县，都是沿着这条道上来的。

对于捐纳的管理，从程序上看似严密：户部收捐之先，要有一套完整的证明材料，包括三代出身、读书科目、地方官出具的文书；收捐之后，还要转行吏部，"吏部于二十日查明原捐衙门咨文，具稿注册。其有应行查者，亦于二十日内咨查，俟查复到日再行注册"[①]；如果是捐贡生监生，必须用国子监特制的执照用纸。然所有这些，都难不倒那些神通广大的书吏。

刑部接周载举报，得知系户部书吏庞瑛、任松宇、蔡绳祖等人所为，急派员抓捕提问，而庞瑛已请假回山阴老家奔丧，任、蔡二人不详所踪。谕旨批行顺天府府尹、浙江巡抚和步军都统衙门一体追查，迅速解部质审。到了闰四月，户部奏报已查清部里没有底档，执照属于伪造，三个造假的家伙仍未归案。旻宁越发觉得兹事体大，命户部将道光八年以前所有相关行文，以及捐纳房曾任现任各书吏，一并送交刑部审讯。他还命六位内阁大学士、军机大臣参与审办此案。至此，一张假执照引发了一个惊天大案。

几天后，对相关人员的审讯全面铺开，主犯蔡绳祖也渐渐浮出水面：他是浙江宁波府人，现住杭州清河坊，曾在京开设银号，两个儿子蔡应联、蔡应增均为捐纳库大使。涉案之人多闻风而逃，严旨之下，刑部及各省皆穷追不舍。第一个被拿获的是尚未离开京师的庞瑛，被巡城御史阿穆尔布彦手下访获，供出原捐纳房书吏赏淳。此人已捐为山西布政司经历，即命陕西巡抚徐炘查提，解送刑部。由是交代渐多，嫌疑人队伍如雪球般越滚越大，做过该房书吏者很多牵涉案中，籍贯以浙江为主。这伙人自知干犯天条，平日里极为警觉，闻讯纷纷潜逃，捉拿归案有不少难处。而越是拿不着，皇上越是恼怒，朱谕频频，严词催办，使得一干督抚压力很大。跑得了和尚跑不了庙，嫌犯寓所与祖居皆被查抄，亲人眷属连累逮讯，一时间也是恓恓惶惶。很快，江苏巡抚陶澍奏报拿获任松宇、刘东升，已经委派专员解京。道光帝即赏加太子少保衔，以示奖励。他还采纳御史裘元俊的建议，命将嘉庆二十一年以后库收小票，以及每月江南道磨对原册，一并检齐核查，并特别警告户部司员，如果敢回护，定要严肃处理。

至六月中旬，所有本案要犯全部被拿获，集中关押在刑部大牢。管理刑部事务的内阁大学士托津主持审讯。案件没有什么复杂之处，很快审明

[①]《清会典事例》卷七六，吏部·除授·捐纳候选。

真相，就是几个胆大妄为的书吏，刻了一颗假印、偷来一沓翰林院执照用纸，便大肆卖照收钱；因一些捐生要查问核对，或办理手续，又买通相关人员，偷改案卷，以蒙混过关。托津会同刑部审明后，开列案犯姓名具奏，谕旨命即行处决：

> 蔡绳祖、庞煐、任松宇、刘东升曾充捐纳房贴写，胆敢雕刻部监假印，私办贡监职衔封典文照，致冒名器，累月经年，得赃难以数计，且敢勾串贴写赏淳等偷出稿件，窜改弥缝。蔑法作奸，莫此为甚！现经托津等讯明，分别定拟，均属法无可贷，原未便稍稽显戮。惟案内尚有应须查讯之处，若将该犯等全行处决，转恐有不实不尽。蔡绳祖、庞煐着先行处斩，派长龄、戴敦元前往监视行刑，并传集六部书吏各数人前往环视，俾共知儆惧。任松宇、刘东升二犯着照拟斩决，暂留备质，一俟无可质讯，奏明即予处决。赏淳着绞监候秋后处决，赶入本年朝审情实办理。①

应该说，在京师部院监寺的众多书吏中，犯法的只是少数几人，朝廷要求各部都派出书吏，前往观看行刑。暂留的二人，两个月后也被处死。

经过严讯研审，没发现户部官员参与此案，但这么多年听之任之，让几个书吏上下其手，竟然全无觉察，办事之因循麻木、含混潦草亦可知。这不是一个户部的问题，翰林院和吏部也有所暴露。皇上命拟出稽查防范章程。其实户部则例上约束甚严，只是没有人执行罢了。

此案一出，王鼎等户部大员面子上很难堪，很狼狈。道光帝曰："如果历任各该堂官督饬司员认真查察，烛破其奸，随时惩办，何至该犯等蔑法作奸，累月经年，得赃难以数计？乃相率因循，竟无一人能除奸剔弊。

---

① 《嘉庆道光两朝上谕档》第三十五册，道光十年七月二十四日。

念及此，朕代诸臣抱愧，朕亦不能辞责。"①此谕下达之际，王鼎正在天津审理长芦京控案，得知后当会十分惭愧。

几个小书吏能量极大，自嘉庆二十一年之后，卖出的假照竟有数千个，以职责大小和在职时间长短追究，受处分官员甚多。经查，王鼎在嘉庆二十四年九月至道光二年正月任户部右侍郎，五年五月以一品衔署户部左侍郎，次年九月为户部尚书，时间较久，虽不若英和之多，据统计在其任内也卖出一千七百九十四个假照，被降为二品顶戴。敬徵失察数额更多，直接降为四品顶戴。朝中大员如黄钺、耆英、禧恩、卢荫溥、托津、汤金钊、穆彰阿、恩铭、文孚、成格等均曾有失察，皆受到处分。宝兴也被降了一级。人数一多，也就有些不痛不痒了。至于那些司员主事一类官员，因系直接责任，处分更重。

四、长芦两小案

相比规模较小的长芦盐区，两淮盐务存在的矛盾更突出。道光十年十月初，正当户部假照案的查办即将揭锅之时，王鼎被任为钦差大臣，与户部右侍郎宝兴前往江南，会同两江总督陶澍，查办两淮盐政。这个时候出京办差，说明皇上对王鼎的信任犹在。二人从本部选带精干司员，还从刑部带了高手，生怕再出疏忽。没承想刚走到天津，接到军机处急递，有旨要他们先审理长芦盐商的两宗案件。

距上次清查和订立章程仅过了两年半，长芦又出状况：盐商华长裕等联名到都察院呈控，声称商本亏折，"每年完交银一百七八十万两外，复有带征加价银两，及豫省料价帑利，并倾熔解费等项，约银三十万余两，措办已属勉力。近因银价昂贵，每年约需赔银七十万余两，益形疲乏。屡

---

① 《嘉庆道光两朝上谕档》第三十五册，道光十年十月十四日。

向盐政呈恳加价以资成本,又将赔累实情呈明直隶总督,皆未为查办"[①]。王鼎与宝兴奉旨驻留天津,审办此案,以及御史裘元俊所奏长芦商人徐煜"私售盐斤,侵占淮纲"一案。

华长裕虽然不是长芦总纲(即盐商公推管事之人),却也代表了一批盐商,联名陈说负担太重,原来额定每年一百七十七万余两,实则上缴二百一十万余两。王鼎等一笔笔与之核算,发现其有意将本属盐商承担的一些费用计入,剔除之后,又申诉银价过高,每年要赔七十多万两。询问对话过程中,华长裕和几个商人东拉西扯,难以劝谕,王鼎终于弄清了他们的目的,那就是为"宕课"(拖延缴纳税款)埋下伏笔,奏曰:

> 连日向该商人等剀切晓示,谕以国家经费有常,况芦商迭荷恩施,现在又应如何设法亦均不能指实。再四环集开导,总以银贵钱贱吁请调剂,虚词搪塞。是该商等亦明知难以通融,妄生希冀,以为宕课地步。自未便徇其无厌之请,致于帑课有亏。[②]

这就是部分盐商联合做的一个局,所谋在于日后的赖账。王鼎建议将华长裕严加申斥,交与盐政督催完课。得旨允准,命阿扬阿带同盐运使"督催通纲商人,按数迅速完交"。自兹以后,长芦再也没出现这类京控事件。

长芦负责"承办公口岸"的盐商为徐煜,应即总纲一类,五年一任,当年六月本应换届,一番运作后,经众盐商公推,再经盐运使报盐政批准,继续留任。那些不满意或有心上位者顿生反感,各种流言开始飞传。王鼎等到达天津,就遇到拦车告状之人,经过审理,基本属于挟嫌诬告,私卖食盐给空回漕船的罪名,亦不成立。两案同时发生,一是联名京控,一则被人诬告,虽不一定有什么内在关联,却也说明盐务之纷繁复杂。王鼎在

[①]《清宣宗实录》卷一七七,道光十年十月丙申。

[②] 朱批奏折:王鼎、宝兴,奏报查讯长芦商人华长裕等呈称商本亏折恐误运课事,道光十年十月二十日。

审理之后，既澄清徐煜被诬罪名，也与盐政、盐运使等协商，解除徐煜承办公口岸一职，决定以后商人不得连任总纲，以免任久滋生弊端。

而几乎与此同时，曾与王鼎一起查案的现任伊犁将军玉麟接到布鲁特勾结浩罕聚谋抢劫的密报，飞告巡查边境的领队大臣湍多布留心访察。不久后，浩罕果然大举入侵，喀什受到围攻，整个南疆再一次陷入血雨腥风，半年后始得平定。伊犁参赞大臣容安、副都统长清以出兵迟缓论罪；喀什参赞大臣扎隆阿因误杀回官等不安，带头诬告阿奇木伯克伊萨克通敌。所幸道光帝压根儿不信，多次派员彻查，将扎隆阿革职治罪。

至于浩罕的入侵，据伊犁将军长龄查明，系由于那彦成此前驱逐安集延商人，"查抄家财，断离眷口，禁止茶叶大黄所致"。道光帝降旨，将那彦成革去太子太保衔，拔去双眼花翎，并革去紫缰。

第三节　变革两淮盐务

这一次回疆用兵，时间短，规模小，给户部的经费压力并不大，是以王鼎仍留在江宁，专力整顿两淮盐务。

比长芦问题更为严重的，是两淮盐区。如果说长芦主要是盐商疲乏，积欠过多，则两淮在此之外，还有白昼公行的盐枭，有贪婪无尽的蠹吏，以及赖以为生的大量草民。加上盐区面积大，所属经裁并后仍有二十三场，行销江苏、江西、湖南、湖北、安徽、河南六省，管理上已处于失控状态。两淮盐政不光是户部的一块心病，于所在督抚大员也是一个大麻烦，上疏呈请变革。道光帝也是觉得再也不能拖下去了，钦派王鼎和宝兴前往。

一、能吏之传承

一个有着悠久历史的国家，尤其是被儒家精神浸润了数千年的中国，任何时候都不乏优秀人才，或散落民间，或抑于下僚，荣显发达者亦复不少。其时满蒙贵胄子弟渐形疲糜，出身平民的疆臣中，颇出现了几位杰出人物，不久前的两江总督蒋攸铦和刚继任的陶澍，均堪称国家栋梁。

蒋攸铦，十八岁中进士，改庶吉士，授编修，在翰林院十五年，其间协修国史，提调庶常馆，校阅《四库全书》，并多次出任乡试正副考官，以品学端正、明晰干练得嘉庆帝称誉，历江西按察使、云南布政使、江苏布政使，擢江苏巡抚，任两广总督，再调四川总督兼成都将军。攸铦勇于任事，在云南整顿铜厂钱局，在浙江打击海盗和清理漕运，在广东整饬吏治，皆雷厉风行，成效斐然。嘉庆帝驾崩，他兼程来京叩谒梓宫，忆及知遇之恩，伏地恸哭不起。新帝赐见，赞其"为守兼优"，命回京任刑部尚书，再两年为协办大学士，拜体仁阁大学士，并任军机大臣。道光七年春，漕运不畅，两任两江总督先后罢免，以攸铦兼任，提议来年借助海运，虽皇上责斥仍持议不改。道光帝生性犹疑，近臣如曹振镛、潘世恩、穆彰阿多柔驯谨畏，这样的君臣最难容忍刚直明敏之辈，不久即借故将他贬职。

蒋攸铦胸襟披洒，有古大臣之风，善于识拔人才，不次擢取。他从属吏中发现了陶澍，恰好道光询问蜀地人才，即荐举川东道陶澍治行为四川第一，擢为山西按察使。陶澍自此进入皇上视野，两年后成为安徽巡抚，再二年调江苏巡抚。攸铦接任两江总督后，陶澍与之合衔奏称海运之利便，坚定支持所敬重的师长。此年林则徐亦调任江宁布政使，可惜以丁忧未抵任，否则三位栋梁之材聚集南京，也是一段政坛佳话。

十年（1830）六月，蒋攸铦以病告假，陶澍署任两江总督，至八月即予实授，同时兼江苏巡抚。其中有攸铦的郑重举荐，更有道光帝的特殊信任，谕曰：

> 朕看汝人爽直，任事勇敢，故畀以两江重任，汝当益励才猷，实力整理。膺封疆重寄者，勿避嫌怨，勿惮勤劬，自不待言矣。然当今之势，宪章具在，法令森然，若能大法小廉，奉行以实不

以文，何患政事不理、百姓不安乎？无如世风日下，人心益浇，官不肯虚心察吏，吏不肯实意恤民，遇事则念及身家，行法不计及久远。朕所惧者在此，所恨者亦在此！欲求一堪膺重寄者，不可多得。河工盐务，均系兼辖，尤当实力讲求，破除一切积习，渐复旧规。曰如何而能若是？曰在得人。**毋忽毋忽**！①

皇上的话很真诚，也很亲切，令陶澍极其感动，职事益加认真勤勉。数年后，林则徐调任江宁布政使，席不暇暖，奉旨总司江北赈灾，擢东河河道总督，任职半年，转为江苏巡抚。陶澍与林则徐"志同道合，相得无间"，常也将魏源请来，共话国家大局，研究兴利除弊事宜。为寻求解决银贵钱贱的路径，他们在江宁铸造银币，以控制银价。就在十三年（1833）四月，两人即合衔奏请严禁鸦片，态度之坚定决绝，引起皇上重视。

英才自有传承路，廉能大臣亦多有作养人才之功。从蒋攸铦到陶澍，再到林则徐，每一个人都是国之大臣，他们之间的惺惺相惜、提携汲引，是儒家道统和治国原则的绵延接续，也是黯淡时局中的一抹亮色。

二、私枭的欢歌与悲鸣

盐政凋敝，有一个重要原因，即私盐的横行。这是历朝历代都存在的难题，此际则泛滥尤甚。识者以为："盐政之坏，皆归咎于官盐之壅滞；官盐之壅滞，皆归咎于私盐之盛行。故讲求盐政者，莫不以禁私为首务。"②时人曾列举私盐之名目，有官私、军私、商私、场私、船私、邻私等十余种，遍布所有产、运、销相关领域。令朝廷最难容忍者为枭私，试想成百上千贩运私盐之人，鸣锣扬旗，执枪挥刀，车船衔接，呼啸来去，成个什么体统！

---

① 《清宣宗实录》卷一七二，道光十年八月辛亥。
② 卢询：《商盐加引减价疏》，见于《皇朝经世文编》卷四九。

官盐的积弊造成了质量下降、价格高昂,接下来便是滞销和积压,便是各种私盐的大行其道,是走私盐枭的欢歌与暴富。道光十年春夏间,旻宁接到密报:

> 两淮巨枭黄玉林,以仪征老虎颈水次,为汇聚筹运之所;以湖北之阳逻、江西之蓝溪两省交界地方,为屯私发卖之处。大者沙舡载数千石,三两连樯,由海入江;小者猫舡载百石,百十成帮。由场河入瓜口,器械林立,辘轳转运,长江千里呼吸相通。甚则劫掠屯舡转江之官盐,每次以数百引计,各路关隘,俱可贿嘱巡役,明目张胆,任其往来。资本既多,党羽益众,公然立有约束:于贩私之外,不许有劫盗客商等事,以为要结人心之计。且闻该犯于大小衙门俱有勾结耳目,凡有举动,无不先知。上官为属员朦蔽,或陷于不知;下僚以畏葸偷安,相期于苟免。且恐酿成事端,反蹈办理不善之咎,以致上下相蒙,惟恐多事。所获者不过肩挑负贩零伙小枭,借此为敷陈张大之词、官弁升迁之地,苟且塞责而已。近见该督抚所奏,以仪征为私枭窝据之所,请将王用宾调补,是督抚等亦虑及于此。王用宾前在沭阳任内,勤于缉捕,自系能事之员。然此等巨枭,声势已重,岂县令一人所能制伏?而巨枭不除,又何以清盐务而杜后患。

所说为两淮大盐枭黄玉林之事。密报之词,难免有些夸张,所言"器械林立,辘轳转运,长江千里呼吸相通"之类,哪里还是贩私的样子?而道光帝一听便信,于闰四月初一日传谕蒋攸铦:

> 江南为腹心重地,此等巨枭肆行无忌,地方官岂竟毫无闻见?若恐查拿激变,不及早剪除,相率容隐,是不第为害鹾务,日久养痈贻患,必致酿成他变。蒋攸铦接奉此旨,务当不动声色,密

速掩捕。一面将办理情形，先行由驿覆奏。惟该犯声势已重，党羽必多，江海船只时常往来，在官人役皆其耳目，若稍露端倪，或聚众拒捕，或闻风远窜，尚复成何事体。着该督酌量情形，如须借用兵力，即当随宜调度。倘江省文武员弁于办理此事不能得力，他省文武各员内如有该督稔知其可备任使者，亦即据实奏明，饬调前往。总期将黄玉林一犯先行拿获，严究党羽，尽绝根株，既不可轻率偾事，亦不可任令潜逃。①

竟要蒋攸铦从邻省调集干员，虽有涉张皇，也传递出对盐枭的痛恨。

仪征为两淮盐运的大码头、漕盐运河的集散地，淮南二十场盐艘多由此转运，历来为私枭猬集之地。这个黄玉林也称神通广大，听说朝廷要指名缉拿，自揣无力对抗，加上多年来已打拼下偌大家业，思来想去，决定投官自首，五月间即带领同伙伍步云等八人、大船十二只，装载私盐三万七千斤，前来投诚。清剿盐枭，对所在地方本来困难重重，见其带引同伙和船只投降，又表示"自愿随同官弁，引拿私枭，效力赎罪"，岂非最为省力？蒋攸铦和陶澍即以招抚奏请，皇上降旨俞允。

至当年七月，见缉私略无成果，销引也没有起色，道光帝又有些着急，曰："此等枭徒，原非善类。如果实能引缉私贩，使官引得以畅销，自可宽其既往；若日久并无成效，不过该犯等冀图苟免，即当另行筹办。岂容稍涉颟顸，致失政体。"②此时攸铦因病短暂离职，谕旨要求陶澍将缉私、销引的实情上报，旨意中已流显几分烦躁。恰又接户部尚书禧恩之奏，说是去年的两淮盐课，例应于本年二月奏销，"蒋攸铦等以赶办不及，恳请赏限"，御批展缓至五月，现已到七月，仍没接到上缴的题报。道光谕令陶澍、福森迅速将上年盐课造册奏销，不得再有延宕，并责成将逾期不缴的原因据实奏报。

---

① 《嘉庆道光两朝上谕档》第三十五册，道光十年闰四月初一日。
② 《嘉庆道光两朝上谕档》第三十五册，道光十年七月十六日。

两淮盐务，有盐政福森和盐运使王凤生，本不属陶澍专责，可皇上只找他说事，当也不敢有丝毫推脱。陶澍奏称：黄玉林投首两个月以来，尚属安静守法，协助拿获枭犯李玉良等十二人，也带动一些盐枭主动投效，陆续由盐运司安排差使，打算选其中能力强的充任盐务巡察，其余分别编入营伍保甲。道光认为不成体统，断然驳回。此处正见出君臣在理解和处理问题上的巨大反差：皇上的话道理很充分，用收编的方式解决枭私，的确是后患无穷；而臣子面临的困局是，兵匪难分，剿除不易，只能分化收编，徐徐图之。其实不光盐枭，陕西南山的叛军、广东外洋之海盗，当事者都积极主张招抚，原因也在这里。皇上总要臣子据实上奏，可没有人敢对理直气壮的圣天子吐露真情。千辛万苦谈成的收编，皇上一句话也就废了；好不容易劝降的巨枭，皇上说杀也只能杀。至于激起的强烈反弹，留下的烂摊子，却要地方官来收拾。明代的海盗头领汪本和徐海，不就是如此吗？

清代很少见到谔谔之士、诤谏之臣，蒋攸铦何等人物，也只好随风转舵。八月间，已奉到回京之旨的蒋攸铦与继任两江总督的陶澍合衔奏报：通过对私枭黄玉林严密盯防，在其从人身上搜到一封信，写给随同投首的旧部伍步云等，信中担心别人占据老虎颈码头，致使自己进退无路，嘱令他们仍回仪征，守定自家地盘。经过审讯，拟将黄玉林遣发新疆。攸铦另外单衔密奏，请将该犯交陶澍即行处绞。这位老臣显然是揣摩道光帝厌憎盐枭的心理，意在逢迎。岂知反而惹怒皇上，斥以"事前既无主张，事后又复苟且"，又说"朕综理庶政，光明正大，一秉至公"，命交吏部议罪，不久后将蒋攸铦革去大学士，贬为侍郎。至于黄玉林，即命于当地处决，明正典刑。为防止出现意外，特谕令陶澍周密部署，计出万全，不得出现任何差错。

实授两江总督后，陶澍上疏谢恩，道光帝虽因办理盐枭过宽，对他有不满，毕竟是自己一向看好的能员，也就放过一马，传谕谆谆告诫，从蒋攸铦办理不当说起：

> 三省任重，自不待言矣。兼以河盐疲敝，更当加意讲求。而

蒋攸铦所办黄玉林一事，尤觉不善，伊既将该犯拟以发遣为奴，又乞朕命汝将该犯绞决。我堂堂大清，为一枭首，如何行此苟且不明之事？伊所以遮掩瞻顾者，无非希图了事，自保身家耳。将加重苟且贻于上，万分难处之势委后任，不忠且巧，无可复言。汝既知汝系特达之知，付以重任，矢血诚于寤寐之中，朕亦无可再谕。当今之要，首在得人。汝宜殚竭心力，公慎察查，断不可因循姑息，贻误将来。再武备尤当整饬，以黄玉林而论，所办如此谬妄，其党类焉肯甘心？万一蠢动，若无防御之道，尚复成何事体！①

以中国之大，何时没有人才呢？可越是平庸的帝王，越爱责斥明练大臣。从嘉庆开始，就不断在谕旨中感慨缺少人才，道光也是如此，其教育臣子"当今之要，首在得人"，却常常对臣下毫无尊重包容。蒋攸铦这样的人物，竟然一朝弃之如敝屣，遑论得人！

陶澍遵旨将黄玉林处决，同时奏报仪征贩私的实情，"不在枭徒之冒法贩私，而在小民之情迫食私。且贩私者不尽在枭徒，而商厮商伙与运盐之江船夹带实甚"②。他虽不敢顶撞皇上，倒也不是唯唯否否之辈，在奏折中坚持解释：办理盐枭投首，本是运司王凤生出的告示，也是为了早日收到缉私之效；允许黄玉林投首之事，曾与蒋攸铦协商，原欲借力缉拿伙匪等，且一直严加管束，严密监视，故一有异动，即被拿获治罪。陶澍在奏章中主动承担责任，事实上也是在为蒋攸铦分说，为老上司说几句公道话。

旻宁后来也有所反思，任命蒋攸铦为兵部左侍郎。就在回京路上，攸铦行至平原驿，晨起时忽然昏厥，不幸辞世。史称其"为政明而不苛，清而不刻""壹意以培植贤才、扶持善类为念"③，所提携道光间大吏除陶澍、

---

① 《清宣宗实录》卷一七五，道光十年九月丁丑。
② 《嘉庆道光两朝上谕档》第三十五册，道光十年十月十六日。
③ 李元度：《蒋砺堂相国事略》，《续碑传集》卷二。

林则徐之外，尚有唐仲冕、严如煜、刘清、赵慎畛等人，而此年蒋攸铦亦不过六十五岁，殊为可惜！

三、仪征大请愿

由于陶澍加派督标抚标，严密戒备，公开处决黄玉林之事很平稳，一刀下去，巨枭人头落地，极大震慑了各路盐枭和私盐贩子，盐政和运司乘机加大缉私力度，局面有所改观。

王鼎和宝兴一行于十一月十一日抵达江宁，到后即与陶澍日夜会商。两淮盐政实在到了山穷水尽的地步，尚未核查历年积欠，先要面对严重的新欠：道光八年"欠解淮关三季盐钞银两"，另有"积欠京外各饷"；九年和十年只交了两季盐钞，尚欠四季。经清查，由于长期滞销，积欠累累，除淮关外，各省的投资利息等悬欠亦多，皆历年纠缠垫占所致。

为了查清实情，过了十余日，王鼎才与宝兴、陶澍联衔上奏，主要内容是两淮盐务的糟糕现状："两淮鹾务凋敝败坏，至今日已成决裂之势。盖库贮垫占全空，欠解京外各饷为数甚巨，历年虚报奏销总商假公济私、遮饰弥缝，商人纳课不前，日甚一日。现在每卯竟无课饷上库，紧急应发之银虽欲挪垫，亦无款可挪。且口岸滞销、商运裹足，间有领运，无非借官行私，弊端百出。现届庚寅年终，尚未开纲，即己丑一纲行销尚不及十分之七，约计两年销不足一纲之盐。"而且不仅仅是官盐滞销、官课无以上缴，还有整个行业的崩溃，以及私盐的横行：

> 灶户以盐为生，商不收盐，势不能禁灶户之透漏，而私贩由此益甚。透私既甚，则运销益滞，官引多被私占，而劣商与商伙、商厮，下至装盐之江船、捆盐之夫役，莫不耽耽咀嚼，节节把持。即有殷商率多畏避，实亦无计招徕。通纲情形全属涣散，已等于

停运停销。①

大概从未有人如此写实地将两淮盐务告知皇上，没有人说出"山穷水尽，不可收拾，非补偏救弊所能转机"之实情。这是王鼎的办事风格，也是他能够得到皇上始终倚信、长期担任户部尚书的原因。王鼎是一个正视现实、勇于担当的人，与陶澍性情投合，都决心拆解这一难题。他们联合派出几个小组，到各盐场实地踏访。离京之前，王鼎等就各种了解到和想到之事当面请旨，倾向于"课归场灶"，此时则提出变革可能遇到失业者滋事，酿成事端。就在这时，仪征地面已闹将起来，数百成千夫役人等拥入县衙请愿，吵吵嚷嚷求给碗饭吃。

这是一个下马威，也说明两淮盐务之复杂。钦差大臣尚在省城，已有人将"盐课改归场灶"的消息有意透漏，形成舆论压力。同时，仪征县绅士的联名信也飞送京师，由大员和御史转奏上闻，声称："向来淮南纲食引盐俱归仪征掣捆，数万夫役得受佣资，以敷口食。因闻有盐课改归场灶之议，夫役人等恐嗣后掣捆不归仪征，顿失生计，约会千数百人赴县奔诉。"② 幸好仪征知县应变能力很强，妥为安抚，答应前往省城代禀，事态才没有失控。道光帝的态度倒没有改变，谕令王鼎等"核实会办，妥立章程，不可因该夫役等口食无资，遂存畏难苟安之见"，也是要求妥善办理，严防激成事端。呵，皇帝的话，总是这样两头全占，四平八稳。

四、"多一冗员，即多一浮费"

两淮盐课及利息等项，每年四百余万两，约占大清当年岁入的十分之一。近年来盐务凋敝至极，积欠竟达五千多万两，已然全面崩盘。如何从

---

① 朱批奏折：宝兴、王鼎、陶澍，奏报会筹两淮盐务大概情形事，道光十年十一月二十四日。

②《清宣宗实录》卷一八二，道光十年十二月甲辰。

一团乱麻中理出端绪？怎样整治才能快速复苏？首先从哪里入手？如何有效打击私盐、保障官盐的畅销？怎样才能使盐政走向长治久安？在在令王鼎等反复斟量、寤寐求之。仪征的夫役请愿是一个信号，更大的危机恐怕还潜存未发，前人曰"调和鼎鼐"，曰"治大国若烹小鲜"，都是一个意思，即一有疏忽便难以收拾。那时与后世颇有相像之处，动辄就有人提议变革，看似振振有词，实则理乱愈纷，而调和调整往往才是解决问题之正途。

王鼎等离京前，户部已倾向"课归场灶"的解决思路，其在多省已有成功先例，也征得了皇上的首肯。经过与陶澍深刻交谈，以及派员到各盐场实地踏勘，知沿海灶户贫困已极，根本无法承担"先课后引"，交给盐商或场头办理，也难以做到。早在数月之先，御史王赠芳提出课归场灶之法，蒋攸铦与两淮盐政福森商议，以为有"六不可行"。王鼎是一个正视现实、讲求实效的户部尚书，陶澍亦明练务实，二人与宝兴反复磋商，于十二月十三日联衔上疏，先说盐课归灶难于操作，然后有一段精彩之论：

> 我朝淮盐定制，杜透漏则有垣灶之稽查，防捆夹则有坝所之掣挚，绝船私则脚价毋许折给，通纲引则口岸无事轮编，至于管库核自运司，无占垫通挪之弊；缉私责在弁汛，严游巡堵截之方。逐层防范，至周且密。果能实力奉行，自不致有流弊。无如相率因循，积重难返。此非法之敝人，人实废法。①

说得真是太好了！历史上总有一些浮嚚夸诞之辈，喜欢高喊变法，实则在多数情况下只需要守法。两淮盐政正是如此，法律法规极为周密，只是被破坏殆尽。奏章枚数淮盐之弊，如浮费繁多，导致成本大涨；夹带重斤，导致正课滞销；私贩横行，导致官盐不畅。"而推求致病根源，实因视成

---

① 朱批奏折：宝兴、王鼎、陶澍，奏报会筹整顿两淮盐务章程情形事，道光十年十二月十三日。

法为具文，久之遂涣散而不可收拾"。在旧有法规的基础上，王鼎等剔理各种积弊，拟出《两淮盐务章程十五条》，重点仍是压缩成本、疏通渠道、打击私贩、恢复秩序，每一条都有很强的针对性，有实际运行的可操作性。

有了章程，如何一条条落实，是此次整顿成败之关键，也是王鼎必须思考的问题。大约起初是觉得职位油水过于丰肥，两淮盐政一年一任，常还没有熟悉情况，就要改任而去，本人和属下多是能对付就对付，"以故诸事废弛，浮费重叠，日甚一日"。王鼎和宝兴直接奏请裁撤盐政，将两淮盐务改归两江总督管理，此一刀砍得干脆利落，使许多人始料未及。王鼎的提议也有成功先例可循："福建、两广、四川等省盐务向系总督管理，历久并无流弊；道光元年因浙省盐务敝坏，议请改归浙江巡抚管理，奉旨准行十年来大有起色。"这种管理体制上的变革，能够及时调配缉私兵力，打击私枭，也能对不作为的盐务官吏加大监管，大大压缩行政经费。此议由王鼎和宝兴提出之前，必也与陶澍反复切磋商量，能接下这么一个烂摊子，必要有勇气和智慧，幸好陶澍二者都不缺乏。

道光帝对王鼎等提交的方案极为满意，拟议的十五条章程，"均照所议行"，也批准了在体制机制上的重大变革，将两淮盐务交给两江总督管理。政治腐败的一个表现就是机构重叠、程序复杂、人浮于事，而王鼎等"十五条章程"的核心是删减，减掉一切不必要的机构、程序、用项和人员。皇上很支持，要求对人员进一步删减，"其盐务官员期于敷用而止，多一冗员，即多一浮费，并着该督酌加裁汰，以归核实"[①]。君臣一心，两淮盐务终于迎来了转机。

---

① 《清宣宗实录》卷一八二，道光十年十二月乙巳。

【第九章】
从禁烟到销烟

王鼎、陶澍等所深感困扰的银贵钱贱，是盐政敝坏的一个死结，也是全局性的金融困局，且愈演愈烈，一个重要原因便是鸦片的涌入。自嘉庆朝起，鸦片越来越多地进入中国，形成贸易进出口的巨大逆差，白银大量外流，金融失衡和货币紊乱更为突出，至旻宁君临天下的第十个年头，已成为清廷的心腹大患。

一直以来，有识之士都在为堵御和禁绝鸦片大声疾呼、建言献策，也有一些地方官致力于劝谕化导，清查收缴。道光始终关注和重视此一大弊，几乎是逢折必批，或循循善诱，或声色俱厉，总期将毒品一举荡尽。他还命各将军督抚就此集议，订立禁烟章程，并在上奏议禁的大员中，选中了林则徐，作为钦差大臣，派往反毒品第一线的广州，寄望甚隆。

第一节　鸦片困扰清廷

根据现有资料，应有充分理由说：以英国为首的西方势力——东印度公司的鸦片商有意组织策动了鸦片的大举入华。其在开始时也许意图扭转贸易上的被动格局，后来则怀有强烈的贪婪和无限多的恶意，要毁损庞大的闭关锁国的清朝。

一、鸦片四处泛滥

进入道光朝，鸦片的入侵已不仅在广东和沿海数省，腹地如山西也出现贩卖鸦片的商号，一些知县、同知、盐运使之类吸食鸦片的官员被举报，还有那些将查获鸦片卖掉分肥的缉私官兵不断被发现和严惩，却难以遏制。最主要的渠道，还是在粤各洋商船运货物中的夹带。广州十三行的总商办，是在平定回疆时踊跃捐资报效的伍敦元，已有三品顶戴，显然也是眼睁眼闭，包庇纵容。两广总督阮元以"徇隐夹带鸦片"，奏请将之摘去顶戴，得旨批准，但留了个活话：伍敦元如能率同众洋商实力稽查，使鸦片渐次杜绝，可奏请赏还顶戴。这么大的罅漏，不去认真彻查堵塞，轻飘飘一个摘去顶戴，朝廷之优容洋商，于此可见。时任粤海关监督为达三，旻宁也知洋船包税之弊，但念税课丰盈，提醒他几句"查禁鸦片尤是洋口要务"，也就是了。

阮元和达三常奏报缉获鸦片的成果，而底下暗潮汹涌，益发猖獗。

利之所在，云贵川一些深山老林之中，开始种植罂粟，熬制鸦片，烟馆也在一些地方出现。吏部和兵部倒是及时出台了《失察鸦片烟条例》："按其烟斤多寡，一百斤以上者，该管文员罚俸一年；一千斤以上者，降一级留任；五千斤以上者，降一级调用。"①还记得兵部丢了印章之事吧？与之相比，处分真是轻之又轻。

道光十年夏，御史邵正笏奏称内地也有人偷种罂粟，"浙江如台州府属种者最多，宁波、绍兴、严州、温州等府次之，有台浆、葵浆名目，均与外洋鸦片烟无异。大伙小贩，到处分销。地方官并不实力查禁，以致日久蔓延。此外如福建、广东、云南亦皆种卖，有建浆、广浆、芙蓉膏等名目"②。道光责令这几个省的督抚查处，严行禁绝，未见结果，也未见皇上追问。

十二月，闽浙总督孙尔准拟上《严禁内地种卖鸦片烟章程》，规定："内地奸民人等有种卖煎熬鸦片烟者，即照兴贩鸦片烟之例，为首发近边充军，为从杖一百徒三年；地保受贿故纵者，照首犯一体治罪；赃重者计赃以枉法从重论；其知情容隐，虽未受贿，亦照为从例问拟；所种烟苗拔毁，田地入官。"③道光帝饬令各督抚一体遵照，并要求各地做出部署，每年春天去乡下稽查一次，年终出具报告。之后，安徽巡抚邓廷桢、陕甘总督杨遇春、河南巡抚杨国桢均奏报所辖尚未发现私种罂粟花之事，但预定章程，以防患于未然。道光帝对河南显然不太放心，要求杨国桢加大力度严查，并要各府州县具结，年终汇总上报。国桢为杨遇春的儿子，"武臣父子同时膺

---

① 《嘉庆道光两朝上谕档》第二十八册，道光三年八月初二日。
② 《嘉庆道光两朝上谕档》第三十五册，道光十年六月二十四日。
③ 《嘉庆道光两朝上谕档》第三十五册，道光十年十二月十八日。

疆寄",嘉道间只此一家。后来,道光帝对湖南巡抚苏成额、山东巡抚讷尔经额等地方大员,也是这般要求。

各省学政也被谕令协查协办,盖因学政每年周历各府道,考试生员,宣讲训谕,颇有职务上的便利。岂知主持风教的学政,竟也有吸毒之人。十二年秋,江西学政郑瑞玉被劾平日吸食鸦片,早晨起不来,考试正场点名迟至中午,完场多在三更以后,士子只好秉烛答卷。还有其他荒唐事体,被编成对联:"猖獗官亲,号舍内生员带锁;风流学使,大堂上婢女传签。"此类歌谣联句往往捕风捉影,但很有杀伤力,谕旨令江西巡抚周之琦认真查访。

不久,又是江西,有人举劾南昌知府的幕友胡怀符,罪名倒不是吸毒,而是以鸦片为由,敲诈勒索:

> 胡怀符在江西十余年,盘踞府署,舞弄百端,与臬司幕友谢固斋结纳,州县幕友皆伊推荐。胡怀符亲戚本家在江西游幕最多:伊弟胡老五,在建昌府署;胡老七,在安远县署;伊妹夫章老七,亦在南昌府署。遇有案件,州县幕友先与胡怀符往返札议,然后具详。新任州县到省,伊等荐给门徒,无不延请,招摇撞骗,遂成巨富。省城候补佐杂,与胡怀符结纳者甚多。每届冬令,府署必有札委查夜差使,该佐杂即与胡怀符营求此差,探听殷实铺户,至深更时敲门进内,声言聚赌,或指吸食鸦片烟,豫令差役暗藏赌具及鸦片烟,临时伪为搜出作证。所带胥役,乘机搬窃物件。铺户畏其栽害,私给银钱,不敢与较。该省有"四大寇""二十八喽啰"名目。[①]

说得热闹,也是渲染附会、捏造为多。得旨彻查,回奏称南昌知府谢固斋

---

① 《清宣宗实录》卷二三二,道光十三年二月庚午。

为人尚属谨慎，只是将案件交由胡怀符经手，各州县颇有烦言。胡老五、胡老七等并无招摇撞骗情弊，亦无"四大寇二十八喽啰"之说，原因倒在于胡怀符的查拿鸦片烟。各地出现了很多类似情形，有的确系借机讹诈，也有贩运吸食者反诬，还有种种造谣攻讦，不一而足。

湖北荆州府也出了一桩奇案，由一帮门丁差役利用鸦片敲诈引发：通判恒敬的门丁胡升素来无赖，闻知一个姓刘的贩卖毒品，便让伙夫廖忠到一货栈私买烟土，意图栽赃敲诈。买到后，即令将货栈中人包括在场的刘师友带往官署又打又踹，导致受伤甚重。恒敬审讯时，见刘师友坚不承认，令掌嘴杖责，后也见出实无证据，取保放回。两天后刘师友死去，酿成命案。道光帝得知此事，认为很可能出于栽赃，搞出人命案，谕令彻底调查。后经讷尔经额奏报，所买烟土系刘师友吸剩之物，将胡升处斩，廖忠等流放，恒敬也被革职。可证稽查鸦片之事多由蠹吏操控，诡诈百端，设赃谋财，很多地方搞得鸡飞狗跳。

二、番银与官银

番银，又称洋银，即外商带来的银币，以产自墨西哥者居多。与大清官银（通称纹银）相比，此类银币纯度较低，也比大清制钱偏薄。清廷对外贸易，本来只许以货易货，可交易时往往非此，外商以番银购买中国物产，卖出货物则收纹银。随着鸦片大量涌入，更使纹银外流难以控制。

道光九年正月，御史章沅奏称夷人赋性狡黠，卖东西必索官银制钱，买东西则使用番银。其银成色不足，仅当内地银钱十分之七，是以番银之流行日广，官银之耗日多。他也说到鸦片烟往往伪标货名，夹带入关，每岁换银至数百万两。章沅将鸦片私入与官银外流联系起来，很有见地，引起旻宁关注，谕令以后对外贸易，只准易货，不许易银。考虑到番银在内地行用已久，难以骤加禁绝，道光帝只是要求两广总督李鸿宾和广东巡抚卢坤等妥议章程，加强管控，不许官银流出。

经过半年时间，李鸿宾等上奏《严禁官银出洋及私货入口章程》，共七条：

一、洋商有将官银私运出口者，照例治罪，行商若用官银给付货款，一经查出，尽行充公并照私运例治罪；

二、各口员弁丁役对官银偷运出洋如有扶同隐漏，查出从严究办，失察者同罪；

三、责成各关口员弁、巡船巡洋舟师及地方文武，严查即将回国洋船，遇有私载官银立即拿解，并追究来历，惩治私漏之行商及失职之员弁兵役；

四、以货易货，如果须找给洋商银两，不得使用官银，否则将涉事行商严加治罪，联结担保各行商一体治罪；

五、香山县澳门地方，允许内地人与各国商人交易，但不许使用官银，亦不许将银兑换，责成澳门同知督率县丞随时稽查，违者即行拘拿治罪；

六、番银可折官银九成四五，以后如有洋商以七八成低色番银勒买货物，内地卖货商人应呈报官府，送交该国大班从重究惩；

七、加强对洋船进入口岸的巡查和搜检，严防私带鸦片，倘有民船拢近洋船，立即拿解，以防代运。

此条例应说甚为严密，可操作性很强，皇上也很满意，但只是一个官样文章。实际情况则是不少行商拖欠洋商银两，官银不得出口、番银又不敷使用，已出现较多贸易摩擦和冲突。英国洋商不断交涉呈控，胪列条款，声称每年上缴六七十万两关税云云。总督府也曾提讯欠款行商，协调解决，仍旧难以处理。九年冬月，李鸿宾奏报英国商船"停泊澳门外洋，延不进口"，不断提出要求，言辞无礼。这一下惹火了大清皇帝，谕曰：

> 该国货船每年在粤海关约纳税银六七十万两，在该夷以为奇货可居，殊不知自天朝视之，实属无关毫末。且该夷船私带鸦片烟泥入口，偷买内地官银出洋。以外夷之腐秽，巧获重赀；使内地之精华，潜归远耗。得少失多，为害不可胜言，必应实力严查！

> 此次该夷等业经该督将来禀严行批饬，如果渐知悔悟，相率进口，即可相安无事。倘仍以所求未遂，故作刁难，着即不准开舱，严行驱逐。即有一二年少此一国货税，于国帑所损无几。而夷烟不入，官银不出，所全实多。①

一番话气势磅礴，却全然不顾经济交流的原则，偏离了务实发展的路线，且将打击鸦片与对外贸易对立起来，殊不应该。皇上如此，一班大臣能不跟进？道光帝也开始研究洋银，对其名目、成色、换兑官银比率都深入了解，却得出了一个结论：外国船只以贩货为名，装载大量洋钱，至各省海口收买纹银，导致内地银两日少，洋钱日多，并拉升了银价。不知是哪位臣子告知，还是皇上自个儿悟出来的，颇觉荒唐。

十二年秋，给事中孙兰枝奏称江浙两省钱贱银昂、商民交困，胪陈多款，其中提到私贩鸦片造成每年纹银流出数百万两，以及洋银成色较低，价格反在纹银之上。道光帝很警惕，不去追问何以至此，所说是否属实，直接命两江总督陶澍等提出解决思路。林则徐正在江苏巡抚任上，与陶澍皆系精强务实之官，提出的一揽子方案，皇上有的接受，也对一些条款颇为不喜：

如陶、林认为会造成民间折耗，对压低洋银价格不积极，建议重在堵塞洋银进口；道光帝则要求对洋钱加以限制，不得超过纹银之价。

陶、林认为国内铜钱、铅钱混乱粗劣，民众喜用银钱，议请设局铸造银币；被道光断然否决，斥以"太变成法，不成事体"。

二人还提出银贵与鸦片涌入、以土（烟土）易银相关；皇上觉得有理，命加强海口巡缉。

陶澍和林则徐皆为实干家，整顿银贵和官银外流，绝非空发议论，或把所有问题推与番银，认为国内所用钱币的混杂、小钱铅钱等劣币的流通，也是原因之一，应即行收缴。道光帝予以允准，似乎也有所保留。

---

① 《嘉庆道光两朝上谕档》第三十四册，道光九年十二月初五日。

三、吸食鸦片成风

有一个说法是，旻宁也曾吸食过鸦片，且已成瘾，忽一日幡然悔悟，曰不禁此物将败家亡国，弃绝烟膏，并将进呈烟具之太监立毙杖下。[①] 此说不太可信，但道光间的确发生了一次宫中太监吸毒运毒案，连在京任职的回疆贵族也牵涉在内，影响甚大。

吸毒之风很早就刮到京师，进入王公皇族的圈子，皇宫中也有人沾染，只是大家心照不宣而已。十一年秋，在掌仪司他坦当差的太监张进幅，借请假养病之机，带同帮手往天津偷买私运鸦片，回至朝阳门被查案发。此案先交刑部审办，久无结果，又转内务府大臣禧恩等再行严讯，供出一同吸食的太监有熊来幅、何进禄、杨幅等多名，还有住京回贝勒克克色布库。张进幅交代已吸食鸦片30余年，由一个卖玉器回商那里零星购买，也曾以治病为由，把一些太监拉下水。两年前克克色布库跟随行围时，常到他坦喝茶闲聊，见张进幅吸食，也跟着抽起来。他坦，出于满语，原意为猎人在山上临时搭的棚子，后指内务府等在宫内或行宫苑囿的值班室。克克色布库属于黑山派和卓家族，平叛中立功的叶尔羌阿奇木伯克阿布都尔满即其堂兄弟，按规定严禁交接太监，可这位贝勒不光和他们混在一起烂抽，在张进幅告病外出时，还容留其在府上居住，并提供大量毒资。理藩院议为革职枷号，期满后鞭责发落。皇上念其祖父曾为大清立功、其父在御前侍卫效力多年，免去枷号，将贝勒世职改由他人承袭。至于张进幅和一众太监，以及相关民人和售卖鸦片者，则是枷号流遣。

盛京号称大清根本之地，兼以地处关外，民风相对淳朴，此时也挡不住鸦片的入侵。道光十七年（1837）冬，盛京副都统祥厚奏报拿获夹带鸦

[①] 雷瑨辑：《蓉城闲话》选录三，《鸦片战争》第一册，上海人民出版社1957年版，292页。

片人犯,皇上有些惊讶,谕曰:

> 盛京为我朝根本重地,风俗淳朴,尤不准染此恶习。向来山海关副都统等间有拿获私参,奏明惩办之案,而于夹带烟土重情,从未据查拿具奏。兹据该副都统督饬防御等于程朴需等犯进关时,先后盘获鸦片烟土,并讯明买自锦州海城县等处。可见奉天地方近来亦有私贩奸徒,不可不严行惩办。①

命盛京将军耆英、奉天府府尹及山海关副都统等"严饬所属,随时认真查察",着重严查海口和关隘。后经耆英审讯,逼问鸦片来源,交代出兴贩烟土的锦州人马老八、海城县开福盛馆的王老五、新民厅开设药铺的张裕源,皆予抄没和惩处。耆英命属下各地方每月呈报有无鸦片案件,兴冲冲奏报地面清净,被斥为"所见甚属迂谬",待报告在沿海城镇捉拿了十七名贩毒的福建人,以及携带烟膏烟枪出边者,方才得到皇上几句鼓励。

鸦片的诱惑、运卖鸦片的巨大利润,都是皇上的几句狠话以及夹打流遣所难阻挡的。不久,步军统领衙门又陆续查获男爵特克慎、候补盐大使春龄、伯爵贵明等人,都是满洲世职,令皇上恼怒。接下来又出了几件事,更使道光帝痛心疾首。

其一是庄亲王奕镈和辅国公溥喜,居然约众前往尼姑广真的庙内吸食鸦片烟。而镇国公绵顺,还带上妓女,到庙里唱曲嬉戏。奕镈为嘉庆间领侍卫内大臣、御前大臣绵课之子,道光六年袭爵,似乎也没给什么像样的差使,散淡日久,便弄出这档子事来。这位法号广真的尼僧颇有神通,不光是交接王公、提供鸦片,还招揽了许多满蒙下一代:

> 已革内务府郎中文亮、笔帖式通桂,辄因广真生辰,前往挟

---

① 《嘉庆道光两朝上谕档》第四十二册,道光十七年十二月初七日。

妓弹唱，已属卑鄙。迨经被拿，复敢诡称姓名，妄希狡脱，尤属不堪之至。已革理藩院郎中松杰，以一等司员，并经保送副都统，乃不知自爱，因问知广真生辰，致送香资，并容妓女在屋唱曲，实属有玷官箴。文亮、通桂、松杰仅予革职，不足蔽辜，均着发往热河效力赎罪。解任刑部员外郎吉清、文奇，理藩院主事奎英，赴庙闲游，于妓女唱曲时，不即引避，辄留坐饮茶，均属不自检束，着交部严加议处。刑部员外郎庆启因溅水湿衣，赴庙烘烤，亦有不合，着交部照例议处。①

可以想象这一帮子人带着歌姬舞娘，在寺院与尼姑过生日、抽大烟的种种荒唐；亦可想象其在御史领人踹门捉拿时奔匿窜避的狼狈万状。所谓"赴庙闲游"，还有更可笑的烘烤湿衣，大约都是托词掩饰，皇上似乎也信了。

具体的缉拿过程必也复杂曲折，几个倒霉蛋是被拿住的，乘间脱逃的不知凡几。尼姑广真被捉到案，竟又潜回，何轻易也！又是何人相助？谕旨说：

> 拣调东城正指挥王钰查访此案，并不即行拿究，致令逃逸。迨随同该御史将广真拿获，又不严行看守，以致广真于到案后乘间潜回，均属疏忽。王钰着交部议处。其在逃之定儿、金环、玉佩、柳李氏、赵四、辛二、李四、老张等，仍着严缉务获，送部审办。

后来查清，在尼僧庙内吸食鸦片烟是奕铸和溥喜，被革去爵位，"各罚应得养赡钱粮二年"。绵顺带着妓女赴庙唱曲，虽未吸食鸦片，也被革去公爵。连尼僧庙里都有了抽大烟的，别的地方自也难保无有，道光命步军都统衙门等严加稽查。

---

① 《嘉庆道光两朝上谕档》第四十三册，道光十八年九月初四日。

其二是宗室荣祥，已因事交宗人府圈禁，竟被发现在拘禁之室藏有鸦片和烟具。且有闲杂人等潜入，与之在一所空房内私会躺卧，虽未在吸毒时当场拿获，目的则一望可知。荣祥还要抵赖，诉说近来未抽。御批反问："既未吸食，藏此何用？"并谕令将所有失职官员人等查处。

其三是贝勒绵誉的长子、镇国将军奕蓬。十九年三月，步军统领奕经奏报，拿获贩卖烟土的于五等人，供出绵誉府中有人购买吸食。道光即令将所有人犯交刑部审讯，令绵誉交出隐藏其它内的嫌犯，归案严审。比起前面提到的回贝勒，绵誉堪称根红苗正，为怡亲王允祥的第四代，曾担任过宗人府右宗人之职，同治间也被追封为怡亲王，此时大为狼狈：绵誉支撑病体，查明于五所供之人即奕蓬，将他及匿藏府中嫌犯交出，并自请议处。后来审讯称奕蓬实系以鸦片治病，得旨将奕蓬着革去镇国将军，杖责六十，发往盛京圈禁，绵誉也被交宗人府严加议处。

没过几天，惇亲王府又出了事：惇亲王绵恺在苑囿私自囚禁下人、容留优伶、克扣王府中官员俸银，亲信太监李秋澄则作威作福，违禁吸食鸦片烟。清朝的这些王爷，实在没有几个像样子的了。

四、军伍成了重灾区

鸦片走私过程中，偷漏较多、为害甚大的，是水师巡船和关卡员弁的受贿私放。与此相关联，军伍中吸食鸦片者越来越多，以广东水陆官兵为例，被指称"沿海各营兵丁，多有吸食鸦片烟，庸懦不堪"。而实际上，闽浙水师及沿岸营员，也好不到哪儿去。

十一年岁末，湖南永州瑶民起事，首领赵金龙率众转战，瑶众附集渐多，携带火炮鸟枪，在宁远伏击官军，湖南提督海陵阿及多名将官阵亡，四千官军几乎全军覆没。清廷赶紧派户部尚书禧恩、盛京将军瑚松额驰往军前，同时在就近各省调集重兵，令湖北提督罗思举率兵会剿，命贵州提督余步云接任湖南提督，又拉出一副大战的架势。湖广总督卢坤也属督抚中的能员，平定张格尔之乱时署陕甘总督，罗、余二人曾参与进剿白莲教，久历恶战，所调两湖各营精锐习于山区作战，很快将瑶变次第扑灭，赵金龙二子及亲信被俘，本人死于混战之中。

就在这时，禧恩和瑚松额来到。此前就有人说禧恩为宗室，又是皇上亲信重臣，提议等其抵达军营后再攻剿，罗思举以为会贻误战机，卢坤决定不再延迟。禧大人见已获全胜，果然心中不喜，百般挑剔吹求，尤其对赵金龙真死假死、怎么死的，充满怀疑。罗思举让立功士卒熊生发及在场士兵做证，又提供赵金龙尸身和所佩宝剑伪印，禧恩方无话可说。

与湖南交界的广东连州、广西全州，同时出现变乱，官军作战不利。两广总督李鸿宾亲赴连州督师，被禧恩打了小报告，称其所调兵丁多有吸食鸦片烟者，兵数虽多，难于得力。御史冯赞勋也奏报广东兵丁本来就怯懦，加上吸食鸦片烟，筋力疲软，不能打硬仗。旻宁一怒之下，将李鸿宾及广东提督刘荣庆革职治罪。四天后，冯赞勋再次上奏，请严禁士兵吸食鸦片烟，并就进剿瑶变时的军队状况激切奏闻，主要是说吸食鸦片对战斗力的削弱。道光帝一日之内连发三道谕旨，有两条与营伍相关，其一曰：

> 近来粤闽等省兵丁吸食鸦片烟者甚多，即将弁中食鸦片烟者，亦复不少。相率效尤，恬不为怪，筋力疲软，营务废弛，职此之由。即如连州进兵孱弱误事，尤为可恨。国家设兵卫民，营伍皆成劲旅，无事则人怀敌忾，有事则士尽干城。除戎器以戒不虞，方为有备无患。似此操防巡哨有名无实，必至一省并无一兵之用，尚复成何事体！粤闽既有此习，其余各省恐亦不免。着各直省督抚提镇通饬陆路水师各营将弁，务须正己率属，不得仍蹈故习。经此次严禁之后，如将弁私食，即将该将弁揭参；如兵丁私食，即将该兵丁治罪，并将该管将弁议处，方为不负委任。若泄泄沓沓，故态复萌，一经科道参奏，或经朕别有访闻，必将该管督抚提镇从重惩处，决不宽贷。

语气极为严厉。另一则说到李鸿宾查禁不力，曰：

> 李鸿宾等奏到《查禁鸦片烟章程》，当经降旨准行。昨据禧恩等奏，广东沿海各营兵丁尚有吸食鸦片烟者，以致临阵恇怯，徒糜粮饷。可见该督名为查禁，实未正本清源，殊为可憾。本日又据冯赞勋奏请严禁弁兵吸食鸦片烟以肃营伍，已明降谕旨，令各督抚提镇实力查禁矣。朕思鸦片烟来自外洋，实聚于广东，欲清其源，必自广东始。卢坤曾任广东巡抚，自当熟悉情形，俟军务告竣到省，必须查明鸦片烟因何延入内地之由，即可大为防闲，为拔本塞源一劳永逸之计。①

不久后卢坤奉调两广总督，李鸿宾已被罢免，内阁议请从重治罪，得旨将李鸿宾从重发往乌鲁木齐效力。鸿宾在嘉庆中期升迁甚速，由科道官超擢东河副总河，职在三品，接着赏换二品顶戴，后历任湖广、两广总督，晋协办大学士，堪称能员。两年后，李鸿宾与提督刘荣庆皆被赦还，赏给了他一个编修，大约也因心灰意冷，遂告假回籍。

为了提振士气、核查军队训练装备等，清廷例有特简大员巡阅营伍之举。道光生性节俭，觉得从京师派员至各省路途遥远，花费不赀，改由各省督抚代为查阅。阅营之制，本来就是场面上的事儿，自此更形同虚设。广东兵丁出现吸食鸦片、纵放走私；河南兵丁在安徽逞凶，殴毙人命，携带幼童；福建兵丁勒折夫价，强抢盐馆。军营风纪，真是江河日下。

军中吸食鸦片之风，不几年便蔓延到其他省份。十七年二月，给事中郑世任奏称湖南营伍废弛，"抚标左右两营，及长沙协左右两营马步守兵，平时虽按期操演，而技艺未能优娴。且浇薄成风，不耐劳苦，往往酗酒恣肆，

---

① 《嘉庆道光两朝上谕档》第三十七册，道光十二年八月二十七日。

吸食鸦片，并不恪守营规。其中老弱残废之兵，遇有差操，倩人顶替。其缺额者既未能招募如数充补，而各将领衙署复以兵丁服役，恬不为怪。至各乡村塘汛，碉堡倾圮，烟墩坍塌，平时并无守汛之兵。即有在汛者，俱系罢软无能之卒，见有匪徒并不盘诘。"①。时湖广总督为林则徐，复奏中加以反驳。六月间，又有御史刘梦兰上奏外省绿营兵丁多染吸食鸦片习气，谕旨命各督抚及提督总兵振刷精神，申明律令，严行访拿，谨记李鸿宾的前车之鉴。

疲软懈怠，已成为清朝军队的通病，与鸦片相关，可要是全推到鸦片上，也与事实不符。十九年（1839）五月，鸿胪寺卿金应麟上疏，由水师积弊说到督抚玩忽，演练和阅兵都不成体统，本来要在浙江乍浦阅兵，总督竟以没船推辞；宁波等处发现海盗船只，将弁延迟很久方出动；镇江府属战船每岁只潦草演练一次，遇风即止。他还说到军中风行索取陋规，将领狡猾贪婪，讹诈包庇，甚且克扣兵饷，吸食鸦片。道光帝对闽浙总督钟祥很器重，接奏只是通谕各督抚力加整顿，可钟祥实在不太争气，竟在巡阅途中被人把将军大印偷走，只有予以革职。

更严重的是八旗之兵，当年的满洲劲旅早就窳败不堪，此时更甚。十九年六月，御史骆秉章奏称广州西门一带，为八旗驻防军聚居地方，将房屋租赁给贩卖鸦片之徒，处处包庇掩护，地方官难以查核。道光命广州将军德克金布严加管束，将赁居者拿获治罪，包庇者从严惩究。德克金布老迈昏庸，两年前从荆州将军任上调来，接任荆州将军德楞额即举报他所造火炮不合格，谕令赔款。德克金布不去整顿营伍，曾上过一个关于收成和粮价的折子，被告知非其所应管之事。

清朝制度，初设大将军、将军，冠以"镇海""扬威""靖逆""征南"等名目，各有一段因果在焉。待其统治基本稳定之后，非遇重大战事，这些将军印皆封存禁中，而在东三省、新疆、沿海及内地重镇设驻防将军，

---

① 《清宣宗实录》卷二九四，道光十七年二月甲戌。

例为满缺，职在从一品。然到了嘉道时期，内地的将军越来越像是一种荣誉职务，常以年高衰耄者充任，哪里还会费力去校阅行伍呢？道光一时在满人中找不到合适的将军，先降旨将德克金布调离，命黑龙江将军哈丰阿接任；不到两个月，命哈丰阿往任西安将军，德克金布留任；仅过半年，又命他为成都将军，调甘肃提督阿精阿接广州将军。就这么调来调去，似乎全在一时兴起，不见章法。

几个月后德克金布死去，大约是太老了。

第二节　"先乎品行"

入关以后的清朝诸帝，尤其康乾以后的皇帝，读了些圣贤书，选择大臣，常要衡量其品行节操，注意从道德层面约束群臣。随着贪腐盛行、世风日下，品德纯正的大臣虽渐形稀少，但大家仍有定评，王鼎即受到普遍的尊重。道光八年擒获张格尔后，王鼎被钦定绘像紫光阁，御制像赞曰：

> 国之大臣，先乎品行。命赞枢机，言谨事敬。
> 职司度支，精勤报称。靖共乃心，以襄庶政。①

同时绘像的军机大臣四人，加上长龄、杨芳、杨遇春和那彦成，皇上亲撰赞语各不相同，大都贴切简明，而在品行上得到高度评价的，唯有王鼎一人。

一、临时署任之苦

道光十年十二月十三日，王鼎与宝兴、陶澍联衔奏上拟定的《两淮盐

---

①《钦定平定回疆剿擒逆裔方略》卷首，军机大臣像赞并序。

务章程十五条》，以及相关折片四件，起程返京。次年正月十九日到达山东省城济南，王鼎等还要调齐案犯，奉旨审理海阳知县张兆祥受贿枉法案，这一个元旦，王鼎又是在匆匆赶路中度过的。

官场历来有一些笨人，品德并不太差，然缺乏能力和定力，一任他人拨弄。张兆祥就是一个官场笨人，嘉庆十四年即考中进士，同科的许乃济早已成为道员，晚一科的林则徐更是位列布政使，他却连个知县也坐不稳。先当了一任莱阳知县，以"人地不宜"被撤，留省学习期间度日艰难，只好让家人程四辗转借贷。数年后张兆祥补海阳知县，程四作为县衙门丁，大开欺诈之门，又有为之张罗收礼之事，搞得乌烟瘴气，被告到都察院。王鼎审明张兆祥并不知情，亦无分赃行为，但以为母亲做寿之名收礼（拢共才收了一百九十两银子），又失察家人门丁敲诈勒索，无以宽免，奏请革职遣发。

二月初四日，一行人重新踏上归程，即将抵京时又接到谕旨，命王鼎往保定的直隶总督府，暂署总督一职。王鼎赶回京师，面见皇上，在家中最多待了几天，又赶紧去履行新职。因皇上即将往西陵谒祭，那彦成正在卢沟桥检查道路，就在那里办理交接。两人也属老相识了，王鼎考中进士那年，那彦成已是礼部侍郎衔内阁学士，官场升降，自来便是如此无情。谒陵事大，之后就由王鼎负责桥梁道路等事，先是沿途检查，再返回卢沟桥迎驾和扈从。

直隶总督所辖为京畿重地，责任重大、职事繁难，例以廉能大员充任，遇有交接之类空当，则由京师选派重臣短期署理。那彦成两任直督，都是由陕甘总督调任：首任在嘉庆十八年十月至二十一年六月，结果是革职拿问；道光五年十月再任，七年十一月蒙钦差往回疆办事，布政使屠之申受命护理督篆，辛辛苦苦一年半，因事降三级调用，改由刑部尚书松筠署理，那彦成回任一年多，再次被革职。这位乾隆帝眼中的青年俊彦，嘉庆朝历经战阵、功绩卓著的忠勇之臣，已然六十七岁，长子容安被逮，次子容照被逐出乾清门侍卫，一个赫赫扬扬的百年望族，自此基本消歇。

接任直隶总督的为时任川督、后来大大有名的琦善。自二月十五日从那彦成手中接过督篆，到四月二十六日琦善接印，王鼎署理直督两个月有余。时间虽短，但只要出事，署理之人就脱不了干系。王鼎诸事用心，既不推诿，也不拖延，对那彦成遗留下来的各类事件，皆能仔细研究、认真处置。

首先是解决上年地震的遗留问题。道光十年四五月间，直隶之磁州、河南之临漳县等处遭遇大地震。据追述："房屋倒塌殆尽，人物压毙无算，又平地坼裂，有水从内涌出，其色黑白不等，水尽继之以沙，沙尽继之以寒气。"[1]大震之后，余震不断。朝廷曾命那彦成与河南巡抚杨国桢察看灾情，加以赈恤。王鼎当即详加了解，又派员到受灾地区踏访，奏报余震不像科道官所描绘的那样严重，灾民亦无流离失所状况。杨国桢也奏称虽有微震，但已逐渐复元，上年勘灾所报数字亦准确。王鼎将重点放在灾区民众的生活上，离任前的最后一疏，是当地麦子的歉收。

其次则是河道与河工。直隶境内河流甚多，永定河曾在嘉庆间肆虐京师，兹后屡兴河工，年年春天都要严防。二月二十六日扈跸结束，王鼎在卢沟桥会晤永定河道张泰运，得知水势在凌汛期盛涨不消，"大河忽由南八工十五号改向东北，走溜七分，虽未能一律通畅，而大溜已直走中泓，由窦淀窑历六道口、双口等处，归大清河入海；其东南汪儿淀金门仅止走溜三分，实属大好机会"[2]。永定河者，原名无定河，得名于河身一直游移不定，近年来不断南徙，带来巨大压力，那彦成所办大范瓮口挑挖引河及南岸堤、埝加高培厚工程，即为此而设。张泰运所说大好机会，指大溜回归故道，原定河工方案也应调整。王鼎再经过一番勘察和商酌，奏请停办原定引河等工，节省了大批经费；针对新的情况，提出北七工堤身单薄、南二工金门闸维护等项，预先布置，以免临时慌张。身任户部尚书的王鼎处处节俭，所办河工无论大小，皆绘制施工草图，开列工料经费清单，一丝不苟。境内还有子牙河堤的加固，由地方筹款兴修，不再动支国帑。

---

[1]《清宣宗实录》卷一八六，道光十一年三月己巳。

[2] 朱批奏折：王鼎，奏为永定河自归故道无须挑挖引河并估办草土各工事，道光十一年三月二十一日。

作为直督，辖内官员的晋升、调动与处分，王鼎虽非主动揽事卖好的个性，有些也不宜拖延。还有漕运一项，河南守冻漕船的出境，东粮、南粮漕船首帮的入境，以及对回空粮船买盐的规定，件件都要关注和上奏，马虎不得。最麻烦的事情是各色案件。直隶密迩京师，民间秘密宗教甚多，不得不严防；加上形形色色的其他案件，不断发生的京控，都令当局者头痛。

二月二十八日，王鼎到达保定直隶总督府，已有一大堆案件等着审理，"京控各案截至二月十五日止，尚有应奏结者三件、应咨结者三十七件，又臣接任后续奉特旨审讯应奏结者一件"①。遗留未结的积案多达七十七件，斗殴逞凶、行劫伤人、毒死亲父、重犯越狱……无奇不有。好在王鼎很有办案经验，挑选十六件情节较重或涉及人命的亲自审理，从公定拟，其余则督催有司"随时赶紧清厘"。

琦善在四月初八日到达保定，因遵旨进京陛见，匆匆路过，不知与王鼎是否会晤？当月二十六日，琦善抵任，王鼎"谨将直隶总督关防及文卷等项委员护送前往交收"，"即于是日由保定起程回京"②，二人似乎并未晤面。对于琦善之类性格张扬的满洲新贵，以王鼎之个性，是不会喜欢的。

二、淮北的票盐

淮北之盐，行销江苏、安徽、河南四十九州县，由于盐场地处僻远，比淮南疲敝更甚。王鼎主持制订的《两淮盐务章程十五条》，最后一条为"淮北宜另筹"，专谈淮北盐务之艰：

> 淮北三场，僻在海州，每年一纲之盐，须于秋后漕船过竣，开放双金闸，乘北运河下注之水赶运全完，为一年运岸之需……

---

① 录副奏折：王鼎，奏报抵省日期并审办控案事，道光十一年三月初五日。
② 朱批奏折：王鼎，奏报交卸督篆起程日期事，道光十一年四月二十六日。

> 各岸浮费甚多，及商伙滥销，近年商力疲乏已极，能运秋单者仅止三数家，其余各商虽有认岸之名，终年无盐到岸。小民无官盐可食，反仰给于私贩。私盐愈充，则岸商益行裹足。①

王鼎等提出对淮北须另拟章程，次第筹办，而目下盐场堆积如山，卖不出去，灶丁饥寒交迫，应先行筹款收购灶盐以接济保全。作为户部尚书，王鼎自不能久待，此事只有交给地方。

陶澍集督抚事务于一肩，诸端繁杂，却也义无反顾地担当起淮盐之专责，大力整顿。他奏请皇上降旨各相关督抚，数省一起严格缉私，猛烈打击私盐私枭；也预先声明裁撤官员吏役必招致痛恨，"减价敌私"等皆商家所不愿，以求得皇上作为后盾。十一年二月，陶澍奏请将每年五千两的盐政养廉银上缴，并大力裁减各项浮费、压缩办公经费，前后裁减每年费用银十六万多两，同时委派干员缉拿盐枭，请旨严查回空粮船夹带走私芦盐。道光帝对陶澍很赏识，得知其捕获盗匪侉枭，大加称赞："汝系朕特加信用之人，能如此存心，为国宣力，不但汝永承恩泽，朕亦得知人善任之名。"被皇上夸到这个份上，陶澍能不勉力向前？

王鼎署理直隶总督时，长芦盐政为两淮转任的钟灵，两人联衔奏报《粮船买盐章程》，提出领照限购、上船搜检、不准粮船过多逗留及查拿私运小船的一整套办法。王鼎认为查办私盐必须综合治理，"回空粮船多带盐斤，不惟有碍芦纲官引，亦且侵占淮境疏销，两处情形本相表里。惟军船私带之弊，虽以江广各帮为最甚，实亦不独江广为然；其透漏盐斤之弊，虽以天津为最甚，实亦不独天津为然"②。王鼎未忘司职邦计的责任，还联络署漕运总督吴邦庆，在千余里河道添派员役，密加查拿堵截，"迩年以来，芦、淮盐务处处疲弊，兹当整顿吃紧之时，总须在事各官实心实力，共杜弊端，

---

① 录副奏折：王鼎等，成拟定两淮盐务章程十五条清单，道光十年十二月十三日。
② 朱批奏折：王鼎、钟灵，奏报会议粮船买盐章程事，道光十一年四月初二日。

能尽一分之心，即收一分之效"。这是王鼎的真心话，传递出一个户部尚书的殷忧。

改革是困难的，不改革也是困难的，有时要蒙受更大的舆论压力。道光十年秋冬间，廷臣集议盐务，变革和课归场灶的呼声再起，陶澍力证其弊，建议"仍照成法施行，不必另议更改"，被朝廷采纳。整顿之路历来凶险艰辛，无私始能无畏，无畏始可硬撑。陶澍深知淮北盐商直至灶丁之困乏，多方筹措资金相帮，以期休养生息。孰知江南各地洪涝成灾，处处吃紧，陶澍与布政使林则徐只能先投入赈济，将整顿盐务暂且延后。不久林则徐简放河东河道总督，陶澍独立承担，由于王鼎四月间一番努力，当年回空漕船没有查出夹带私盐，有力支持了淮盐治理。陶澍提出在淮北试行票盐法，又选派干员具体负责，半年之后，正式推出票盐章程，奏报时仍说是试行。《淮北试行票盐章程》共十款，核心是打破旧的行商垄断，纳税即可领票运销，限定到岸区域，以四百斤为一引，核减和压缩杂费，降低成本，删减原有的复杂程序和不必要环节，严查盘剥和勒索。陶澍果敢精细，为贯彻该章程配置了得力人员，层层防护，法令森严。票盐之制虽已有之，然在淮北断然实行，使那些多年吃定淮盐的奸商蠹吏愤恨至极，扬州纸牌竟绘有砍伐桃树（谐音陶澍）之图，朝中也不断有科道官议论挑剔。陶澍曾有过动摇，奏请皇上再派盐政。道光帝也曾有疑虑，但还是降旨不许："陶澍精神才具，结实周到，正当乘此盐务日有起色之时，实力整顿，悉心经理，方不愧为为国宣力之大臣。况两淮盐政裁撤未久，忽撤忽设，亦无此政体，所请着不准行。"[①]君臣二人总算坚持下来，三年后票盐法大见成效，销售在以前的两倍以上，旧欠一清。道光心情大好，陛见时对陶澍赞誉有加。

十八年（1838）三月，陶澍奏报淮北实行票盐之制的成效："淮北原额止二十九万六千九百八十二引，数年□来各省改行票盐，轻本畅销，收课充足，每纲加带残盐，总造报三十七万五千余引。除商运官运之外，按

[①]《清史列传》卷三七，大臣传续编二，陶澍。

年奏准行票约在四十万引内外。"① 次年五月，陶澍病逝。道光帝很是痛惜，赠太子太保，入贤良祠，又命在淮北板浦盐场设专祠，以纪念陶澍整顿盐务之功。

三、儿子的科举

王鼎有三个女儿、一个儿子，对待家庭和子女，富于责任感和爱心。

他的大女儿嫁给同县庠生崔光黼，结婚较早，女婿病亡后苦苦守寡，把一个儿子拉扯大，后来又得了腿疼病，使王鼎长期牵挂，经常寄信寄钱，而她不舍得自用，以之接济夫家人。县志载："王氏，诸生崔光黼妻，王文恪公长女。夫亡，忍痛理家，内外肃然。岁饥，夫族赖以举火者数十家，全无德色。"② 大女儿的儿子渐渐长大，王鼎也始终关心，今可见一封他写给外孙的信：

> 外孙知：前接来函，备知一切。近日学问当大有长进，昨闻举一女，亦可喜也。汝母亲近来身子精神，足慰我心。六月秒雷十孝廉旋里，曾为汝母亲带布平足纹银卅两，想早收到。兹又带去京平足纹银二十两，以作日用之需。汝与子坚舅朝夕聚处，学业德行务宜因时共勉，不为伪学所囿，自成佳士矣。③

此外孙名崔澍，后来在学业上并无成就，亦可证王鼎绝不以权谋私。所提到的"子坚舅"，即王鼎二弟的遗孤王瑃，读书甚好，后来考中进士，让

---

① 陶澍：《请将淮北票盐每引加征杂课二钱同票盐溢课经费盈余一并协贴淮南杂款折子》，见《陶文毅公全集》卷十八，第39—40页，道光二十二年刻本，见于《清代诗文集汇编》第529册，405—406页。
② 光绪《蒲城县新志》卷一二，列女志。
③《王鼎家书》，65—66页。

外孙与他一起修习学业，也有一番苦心在焉。

道光十五年五月，王鼎命儿子王沆返回家乡蒲城，准备参加当年的乡试，同行的还有二女儿一家。二女儿夫妇及两个孩子曾长期依附居住，一下子离去，也觉难以割舍。三个月前，王鼎晋为协办大学士，仍兼户部尚书，并管理刑部事务，政务繁巨，多住在城外园邸，儿女离家时不能送行，写信殷切叮嘱，有"到家四要：少见人，多读书，遇众谦，出言慎"。此年的王鼎六十八岁，令侍妾刘姑娘从园邸带来御赏的人参和茶叶，以及祛暑丸药，并专为赋诗壮行，题为《子沆应试旋里即偕其妹归省口占二首送之》：

> 赴举鸿文显，兼扶女弟归。高名题雁塔，喜在一行飞。
>
> 方送即思来，秋风得意回。桂花香正好，酿酒待衔杯。①

寄望甚殷。在以后的信函中，他反复叮嘱王沆除几家至亲外，一概不许应酬，进省考试期间务必安静，不要与官府结交，考完即回京。

此届陕西乡试正考官为御史李儒郊，副主考为御史成观宣，皆王鼎门生，也使他格外注意，要求儿子一切回避，以免物议。王鼎很看好侄儿子坚，命王沆摒绝各种应酬，专心与弟弟子坚切磋学问，攻读应试：

> 汝与弟同处用工夫，自必相观而善，汝弟是有志向之人，必能相与有成。一切事须遵我示四则，心体力行，可无过差。七月廿间上省，三场后即回家，料理登程，总以八月廿五前为好，我当计日以待，念之念之。再主考皆门生，我在京俱不令进门见面，到省城时勿见客，尤不可见官长，更嘱董桂等勿在街上行走，力

---

① 《王鼎家书》，8页。

> 杜嫌疑，以正自持，是为至要！[①]

一个人的品德格调，最是在这种地方见出。儿子要参加乡试，两个主考官都是自己门生，在别人看来为绝好机遇，而王鼎回避之唯恐不远，对儿子也是千叮咛万嘱咐。道光帝所说的"先乎品行"，在王鼎身上又一次得到证明。

第三节 大禁烟

从道光十六年（1836）开始，随着鸦片的屡禁不绝，禁烟渐渐发展为遍及全国的声势浩大的运动。领导这次运动的是当朝天子旻宁，多次发布严厉谕旨，表扬办事有成效的臣子，也不断敦促斥责懈怠迟缓的大员；对查实吸食鸦片的人，上至王公勋贵，下至吏役兵弁，一律即予处分，毫不容情。

一、弛禁也是一种声音

道光显然很注意查禁鸦片的舆论造势，多次令督抚各抒己见，司职谏垣的科道官也很活跃，不断上疏论事，大多态度激烈，言辞慷慨，不一定能解决多少问题，可皇上读来很受用。十五年八月，道光帝将几位积极发声的科道官超擢为卿贰，传谕：

> 科道为朝廷耳目之官，责任至重，凡政治利弊攸关，如有真知灼见，俱应据实上陈，直言无隐。近来科道中如冯赞勋、全应麟、黄爵滋、曾望颜等，平日遇事，均属敢言，间有指陈，亦皆明白晓事。其有关系国是、切中时宜者，无不量加采纳，立见施行。

[①]《王鼎家书》，13—14页。

是以将该员等擢任京卿,所以风励言官,即是广开忠谏之路。该员等益当仰体朕意,遇事敢言,一切毁誉荣辱之念俱不应存于中。惟于国计民生实有裨益,或除奸剔弊确有见闻,均当剀切直陈,毋有隐讳。①

皇恩浩荡,同时也说会一秉大公,听取各方面意见。这份谕旨也可看作求言之诏,以鸦片禁而不止,道光的确渴望直臣和谠言的出现。

四位被表彰提拔的言官中,以黄爵滋在禁烟中最受关注,受到皇上嘉勉,也称其为"特达之知"②。爵滋很振奋,很快又上一疏,纵论国家军政,有谨天条、广贤路、整戎政、饬堆拨、肃夷禁等条款,洋洋洒洒。皇上看得很细,对多数条款则予以驳斥,最后说:"总之有治人无治法。国家用人行政,规制大备,内外臣工果能实力实心,奉行匪懈,将见纲纪肃清,吏治民风自可蒸蒸日上。正无庸多设科条,纷更成例为也。"③爵滋应能读出其间的批评之意。

求言诏下达约半年,十六年四月,太常寺少卿许乃济上言,认为"鸦片例禁愈严,流弊愈大",请加变通。许乃济曾任给事中,后为广东海关监督多年,洞彻其间利弊。他不反对厉禁鸦片,但对运动式禁烟、不管不顾的禁烟,对其应禁内容、采取的措施和实际效果,发出不同的声音:

其一,愈禁愈多的事实。乃济说鸦片在明朝是作为药物进口的,治疗作用见于《本草纲目》,乾隆以前,海关列于药材项下,每百斤税银三两;"嘉庆初,食鸦片者罪止枷杖,今递加至徒流、绞监候各重典,而食者愈众,几遍天下。乾隆以前鸦片入关纳税后,交付洋行兑换茶叶等货,今以功令森严,不敢公然易货,皆用银私售。嘉庆时每年约来数百箱,近年竟

---

① 《嘉庆道光两朝上谕档》第四十册,道光十五年八月二十四日。
② 黄爵滋:《仙屏书屋初集》卷三,《山东乡试录序》:"臣豫章下士,至愚极陋,由词馆入谏院,仰邀特达之知,忝厕卿班之末。"
③ 《嘉庆道光两朝上谕档》第四十册,道光十五年九月初十日。

323

多至两万余箱,每箱百斤……岁耗银总在一千万两以上"[①]。由此,许乃济谈到洋银入华之便民,而鸦片走私,不独洋银不来,还造成纹银大量外流,银贵钱贱、盐政疲敝均与之有关。

其二,明确反对禁绝对外贸易,反对因鸦片将各国与英吉利捆绑在一起。他说:"西洋诸国,通市舶者千有余年,贩鸦片者止英吉利耳。不能因绝英吉利,并诸国而概绝之。濒海数十万众,恃通商为生计者,又将何以置之?"沿海各省海口众多,近海有许多岛屿,实际上也无法做到禁绝。

其三,法令过峻,反而增加很多社会问题。在一个贪腐盛行的体制格局下,法令往往成为扰害百姓的幌子,"法令者,胥役棍徒之所借以为利,法愈峻则胥役之贿赂愈丰,棍徒之计谋愈巧",乃济举了阮元和卢坤的例子,说明"民之畏法,不如其骛利,鬼蜮伎俩,法令实有时而穷",如假冒搜查鸦片乘机抢劫、栽赃陷害、讹诈良民,都是在严禁后出现的新弊。

综上所述,许乃济提出只限制官员兵丁吸食,对民间贩卖吸食者一概勿论,而将重点放在增加关税和防止白银流失上,奏曰:

> 今闭关不可,徒法不行,计惟仍用旧例:准令夷商将鸦片照药材纳税,入关交行后,只准以货易货,不得用银购买。夷人纳税之费轻于行贿,在彼亦必乐从。洋银应照纹银,一体禁其出洋。有犯被获者,鸦片销毁,银两充赏。至文武员弁士子兵丁等,或效职从公,或储材备用,不得任令沾染恶习,至蹈费时失业之愆。惟用法过严,转致互相容隐。如有官员士子兵丁私食者,应请立予斥革,免其罪名,宽之正所以严之也。

他不否认鸦片是一种毒品,但说"觞酒衽席,皆可戕生;附子乌头,非无毒性。

[①] 许乃济:《许太常奏议》选录,鸦片例禁愈严流弊愈大吁请变通办理折,见于《鸦片战争》第一册。

从古未有——禁之者"，认为应让百姓自己去选择。该折最后说：

> 弛禁仅属愚贱无职事之流，若官员士子兵丁，仍不在此数，似无伤于政体。而以货易货，每年可省中原千余万金之偷漏，孰得孰失，其事了然。倘复瞻顾迟回，徒徇虚体，窃恐鸦片终难禁绝，必待日久民穷财匮而始转计，则已悔不可追。

这些话不无可推敲之处，所云不限百姓贩卖吸食也觉荒唐，但满腔忠贞，切近事体，既有对毒品走私的深入了解，也提出一些切实可行的方案。他对闭关锁国和法令过峻的分析，对鼓励正常贸易和推进互市的提倡，皆能发时人所未发，足资当政者参酌。道光帝读后，虽觉逆耳，大约也有一番省思，批令两广总督邓廷桢等人妥议具奏，还特别嘱其调查许乃济所提到的白银外流问题。

或许弛禁鸦片一折确实有些道理，力主厉禁的黄爵滋并未加以驳斥，出面反对的是内阁学士朱嶟和给事中许球。许球措辞较为激烈，也抓住了许乃济奏章中的一些谬误，力加反驳，一时流传甚广，其中说：

> 弛鸦片之禁，既不禁其售卖，又岂能禁人之吸食？若只禁官与兵，而官与兵皆从士民中出，又何以预为之地？况明知为毒人之物，而听其流行，复征其税课，堂堂天朝，无此政体。①

这是许乃济奏议中的一个漏洞。然乃济所议，重在禁烟的策略和方式，建议渐进和有区别地进行，秉承的是一种务实精神；许球则激进高调，提升到天朝尊严和国家荣誉的层面，拟议的措施亦多简单强硬。如称"自古治夷之法，详内而略外，先治己而后治人。必先严定治罪条例，将贩卖之奸民、

---

① 许球：《请禁鸦片疏》，见于《鸦片战争》第一册。

说合之行商、包买之窑口、护送之蟹艇、贿纵之兵役，严密查拿，尽法惩治，而后内地庶可肃清。若其坐地夷人，先择其分住各洋行、著名奸猾者……查拿拘守，告以定例，勒令具限，使寄泊零丁洋、金星门之趸船尽行回国，并令寄信该国王：鸦片流毒内地，戕害民生，天朝已将内地贩卖奸民从重究治；所有坐地各夷人，念系外洋，不忍加诛，如鸦片趸船不至再入中国，即行宽释，仍准照常互市；倘如前私贩，潜来勾诱，定将坐地夷人正法，一面停止互市。似此理直气壮，该夷不敢存轻视之心，庶无所施其伎俩。"看似头头是道，实则多主观臆测，痴人说梦，唇吻口角间显露着一种骄狂无知。许球在附片中还提出"严治汉奸"，所指为那些与洋商做生意之人，引起皇上关注，在后来的鸦片战争中常成为无能将领的一种托词。

一个基本事实是，自此以后，就很少听见弛禁的声音了。

二、真的是越禁越多

另一个基本的事实是，在严禁之下，贩运和吸食鸦片的居然越来越多，似乎应了许乃济所说"法愈峻则胥役之贿赂愈丰，棍徒之计谋愈巧"那句话。其实又不仅仅胥役棍徒，官员涉毒者也不在少数，地域所便，首先泛滥于广东。

道光十六年春，广东香山县署任知县叶承基，被举劾携带亲友姬妾，在县城租房群居，吸食鸦片，挟娼妓饮酒喧闹。县城如此，省城更是窑口烟馆遍布，有一份举报甚为详切：

>广东省城包揽私贩鸦片烟泥之处，名曰窑口，皆系积匪亡命之徒。有赤沙广一名姓徐，番禺县沙湾司人，年五十左右，高颧无须，先曾私铸小钱犯案，现住省城韭菜栏兴隆街尾，暗开窑口。又王振高一名，亦系沙湾司人，走私起家，曾捐都司职衔，投香山营效力，缘事告退，道光十五年冬间与久惯走私之苏魁大等伙开窑口一座，在省城永清门外向北，店名宝记。又关清即信良一名，

系南海县九江人，曾犯盗案自首，后挂名广州府差役，与莫姓伙开窑口一座，在靖海门外城根利顺行后楼，店名仁记。又梁忠一名，广州府佛山人，曾充南海县差役告退，现住海珠炮台左侧紫洞艇，专管窑口走私帐目。以上四名皆系多年走私，起家巨万，因恃兵差通同一气，久未破案。①

有名有姓，又有烟馆名称、所在地址，大约仇家所举报，未被发现揭发者当复不少。邓廷桢奉旨严缉究办，很快将一干罪犯拿获，审明已开设了五年，经刑部议，为首者处以绞刑。

烟馆中鸦片的来源，自然是外商的私贩，广东外洋洋面的鸦片趸船依旧存在，交易依旧繁忙。给事中黎攀镠奏称：自道光元年起，就有十余只英吉利鸦片趸船，先停泊急水门，十三年后改泊金星门，贩毒快蟹朝发夕至，各处港汊可以轻松偷越。皇上读后有些气恼，质问："何以道光元年以前，未闻私设趸船，近年则任其终岁在洋停泊，以致奸民与之勾通，任意偷漏？"②实际上，鸦片已由广东向内地透越，由泷河向湖南、由大庾岭向江西，形成了多条走私通道。道光命于各处扼要关隘加强巡缉搜检，效果也不明显。

十八年夏天，京师出现了鸦片烟馆，即所谓窑口。步军都统衙门缉获此案，经查也有职官前往吸食，谕旨曰："官民蹈此恶习，已属戢法。至于开馆引诱，设局营私，尤为可恶！该犯等以开设赌局为名，显系影射贩卖烟土，招致无赖，诓骗引诱。辇毂之下，岂容奸匪混迹！亟应严加整顿，以挽颓风。"③每一道旨意都是这般严厉，惜乎说完即如大风吹过，难见下文。

京师的鸦片，多由天津海口转贩而来，赫然又是一新的集散地："两广福建商民，雇驾洋船，转贩杂货，夹带鸦片烟土，由海路运至天津。向有潮义、大有等店及岭南栈房，代为包办关税。山陕等处商贾来津销货，

---

① 《嘉庆道光两朝上谕档》第四十二册，道光十七年七月十八日。
② 《嘉庆道光两朝上谕档》第四十二册，道光十七年六月十二日。
③ 《嘉庆道光两朝上谕档》第四十三册，道光十八年七月十九日。

即转贩烟土回籍。至洋船入口时，并无官役稽查。抵关后，委员欲入舱搜查，该船户水手势将抗拒。烟馆随处皆有，烟具陈列街前，该处府县家人书役等向多得规包庇。"[1]这是道光帝谕旨中的话，命直隶总督琦善"派委明干妥员，严密查拿。按律惩办，并根究伙党，杜绝来源"。此类话说多了，大约皇上也觉得难以贯彻，常要加一句"毋得视为具文"。具文者，徒有形式而无实际意义的空文，今之官样文章也。琦善就是个擅长玩官样文章的主儿，接旨后忙乎了一通，密派"文武各员前往诱缉"，又想出个"不准烟土上岸"的主意，也是鬼吹灯。可能是抵达天津海口的鸦片实在是太多了，居然一下子在大沽口的金广兴洋船上，拿获烟土八十二袋，计重十三万一千五百余两。严刑之下，奸商邓缮等人供出一批上下家，琦善也成了皇上器重的禁毒能员。

比较起来，湖广总督林则徐更注重方法和实效，经公开晓谕，严行禁止，设局收缴鸦片及烟具，"拿获及首缴烟土烟膏，共计一万二千余两。又自设局至六月底止，已缴烟枪计一千二百六十四杆，皆系久用渍油之物，烟斗、杂具俱全"[2]，道光帝以此作为推广之例，认为只要振刷精神，实心查办，自可渐有成效。这话当然是对的。

各路传来的消息总是使皇上沮丧：上海成为贩卖鸦片烟的新口岸，闽粤奸商雇用洋船，由广东外洋贩卖鸦片烟土，经海路至上海县入口，转贩苏州并太仓、通州各路；京畿良乡县县丞胡履震，竟然纵容家人在署内寄存鸦片烟土；云南再次出现大面积种植罂粟，取浆熬烟，"自各衙门官亲幕友跟役书差，以及各城市文武生监商贾军民人等，吸烟者十居五六，并有明目张胆开设烟馆，贩卖烟膏者"[3]；河南巡抚桂良奏称，审讯烟贩何五等，指认候补布政司都事萧巽元等一批候补佐杂人员，贩卖和吸食鸦片。更为严重的是，广东发现水师提标左营巡船为奸商运送鸦片，而颇受倚信的四川总督宝兴，其子也被确定为吸毒者。

---

[1]《嘉庆道光两朝上谕档》第四十三册，道光十八年七月二十八日。
[2]《林则徐全集》第三册，楚省查拿烟贩收缴烟具情形折，74—75页。
[3]《清宣宗实录》卷三一六，道光十八年十一月壬寅。

由于严禁鸦片，市场上还出现了替代毒品"七宝琉璃散"，与鸦片在形状上完全不一样，实质上仍是鸦片。

三、查禁鸦片章程

查禁久不见效，皇上心中着急，臣子亦看在眼里。十八年春，已任鸿胪寺卿的黄爵滋再次上奏，并再次引起了关注。爵滋也是从银贵钱贱谈起，指出"自鸦片烟土流入中国，粤省奸商勾通巡海兵弁，运银出洋，运烟入口"，该折提供了一连串具体的数字，虽不知从何得来，数量却是大得吓人。他认为由于国内有人吸食，才会有鸦片涌入，建议从吸食者开始，使用严刑峻法，用极刑，并引用了西洋国家的例子：

> 耗银之多，由于贩烟之盛；贩烟之盛，由于食烟之众。今如实力查禁，必先加重罪名。闻红毛国法，有食鸦片烟者，必集众环视，系其人竿上，以炮击之入海。外夷如是，何况中国。应请嗣后内地有吸食鸦片者，限一年内，务各断绝烟瘾。如一年后仍然吸食，是即不奉法之乱民，俱罪以死论。并严饬各督抚转饬各府州县，清查保甲，豫先晓谕居民，定于一年后取具五家邻右互结，如有犯者，准令举发，给与优奖；倘有容隐，一经查出，本犯照新例处死，互结之人照例治罪。①

所谓炮击抽鸦片之人的传闻，不知从哪里得来？道光帝读来却很畅快，对处死吸食者的说法也很欣赏，即命转发各将军督抚，使各抒所见。封疆大吏中虽不乏能员，亦多以揣测上意为旨归，所论大多慷慨激昂，力主严禁。半年后，各省大员的奏本陆续呈到，道光命大学士、军机大臣等会同

---

① 《清宣宗实录》卷三〇九，道光十八年闰四月辛巳。

刑部议奏，还特别加了一句："穆彰阿系大学士、军机大臣，现虽穿孝，着一并会议。"①其在皇上心目中的地位，于此可见一斑。五天后，道光专发谕旨，以弛禁说"不得政体"，"殊属纰缪"，将许乃济降为六品顶戴，令打道回府。与此同时，王鼎和一帮王公大臣一起，正奉旨拟定禁烟章程。

清代所谓章程，与法规近同。清廷希望以法规律条的方式禁绝鸦片，以堵塞进口、震慑贩运、打击栽种、祛除吸食，不断订立各种章程。先是广东拟定《严禁官银出洋及私货入口章程》，盯防重点主要是鸦片走私；后来由闽浙总督孙尔准带头，各省纷纷订立地域性的禁烟章程，针对种植罂粟和制毒贩毒；刑部也对购买吸食拟定惩治条例，杖一百，枷号两个月，官员差役罪加一等。这些章程和条例，都得到了皇上的批准，且多数本来就是奉旨议立的。可试行了一段时间，效果并不明显，贩运吸食之风愈演愈烈，于是委托重臣，抓紧制定全国统一的禁烟法令。

十九年五月初四日，以宗人府宗令、肃亲王敬敏领衔，呈上《查禁鸦片烟章程》，共三十九条。这是遵照道光帝旨意，由王公和内阁大学士、军机大臣等集议的全国性禁烟法规，也是一个对鸦片走私、吸食各个环节包罗净尽的集大成法规，重点仍是：

严厉打击囤积、寄放与兴贩；

严密监控种植罂粟与开设烟馆；

严禁沿海和内地官员兵丁受贿故纵、得财卖放，狱卒人等私行传递代买等积弊；

严处兵役人等借机讹诈、栽赃陷害；

对吸食人员区别定罪，尤其详细设定了官员和太监吸毒的拟罪条款；

严控外商货物入关，加大对携带鸦片的检验力度；

严格缉拿走私吸毒，追究来源，制定鸦片的销毁程序。

洋洋洒洒近四十条，看似全面周到，实则细大混淆，罗列琐碎，很难记清。

---

① 《清宣宗实录》卷三一四，道光十八年九月甲辰。

唯一给人印象深刻的，是满篇的"绞监候""斩监候""发边远充"之类字眼，极为严苛。得旨依照办理，并命将此议纂入则例。道光还发布长篇训谕，颁行天下，"以期易俗移风，还淳返朴"①。就在此条例颁布的三个月后，天津县吏役王治明又被举报，称这个绰号王老虎的家伙，把持衙门，与门丁串通一气，竟然借查抄烟土之机，以假土倒换真鸦片。道光谕令按照新定章程从严惩办，琦善回奏"并无抵换烟土情事"，只是屡次恃强滋事，问拟杖一百，徒三年。鬼才知道有无抵换。

四、叶尔羌的贩毒通道

回疆出现鸦片的较早记载，见诸道光五年发生的一个案件：乌什办事大臣富纶奏劾参将官海等准备的农具不堪使用，苦累兵丁，使官海及千总、把总等人被革职；而官海反诉富纶纵容书吏诈受银两，并说其家人接受铺户馈送的鸦片烟。结果是二人皆被撤职，富纶以失察书吏诈赃，以及家人勒索回人钱财，最后被发往黑龙江充当苦差。至于家人收受鸦片的事，再未提及，皇上也没追问。

林则徐抵达广东，加强缉毒力度之后，喀什噶尔成为鸦片入华的重要通道。这里运往内地的鸦片被称为"羌土"，当得名于以叶尔羌为中转地，"据称回疆贸易民人，每夹带羌土，由嘉峪哈密等关潜入内地，熬膏过瘾，与烟土无异，并有贩至各省者"②。道光十九年（1839）夏天，东四城的喀喇沙尔地方，查获有人偷带烟土；库尔勒迤东一带，又发现当地人栽种罂粟。旻宁对于栽种罂粟有些意外，严旨责斥该管官员，命将汛防把总赵忠明、城守营游击成琨分别议处。

当年秋冬之间，总管回疆事务的叶尔羌参赞大臣恩特亨额宣布禁烟章

---

① 《清宣宗实录》卷三二二，道光十九年五月己亥。
② 《清宣宗实录》卷三三三，道光二十年四月庚午。

程，各城等处克什米尔、巴达克山、音底等部落商人被迫交出所带鸦片烟土，竟达六万余两之多。这是一个很大的数字。后又拿获叶尔羌贩烟人犯马德贵、冯毓财等，供出在乌鲁木齐的窝主荣吉祥和冯毓秀。恩特亨额等人奏报，外商贩来烟土，几乎都与当地奸民相勾引，"一闻查禁，即尽数呈缴"，建议免治其罪。谕旨允准，照例说了几句再犯将如何如何的话。不久长期贩毒的窝主荣吉祥被拿获，又供出在巴尔楚克办理屯田的候选州同王传心为合伙人，还截留了一千两烟土。恩特亨额加大搜缴力度，续有克什米尔大商人剀里木爱里等十三人、叶尔羌回商数人，主动呈缴烟土近十万两，态度极为恭顺，说是不知道禁令，并非有意隐瞒。和阗也有安集延商人陆续呈缴烟土五百四十余两，喀什缴出二千二百六十余两，均被免罪。

二十年（1840）二月，伊犁将军奕山等上奏，请依据新定鸦片烟章程，再结合新疆边地情形，略加变通，以更具有针对性。皇上命军机大臣会同刑部拟议，除与内地相同的有关贩卖、吸食等项外，另有：

外商若有明知例禁，伙贩烟土入卡者，应分别首从，拟斩、绞立决，仅零星误带者，枷号示惩。

伊犁等处商民有向外商接买烟土、囤积发卖及知情寄囤者，照新例分别办理。

伊犁等处遣犯吸食烟土，给伯克为奴，到配后枷号三个月，在限期外吸烟者斩决。

严格查验各路货物入卡，按限贸易，完竣出卡，在伊犁东路卡台建过往商人登记簿，注明有无私携烟土，按月造册申报。

施行保甲之法，十家设一牌长，如有犯者，责令举报；至于居住较远的各处头领，每季应出具并无栽种罂粟甘结，地方官按季具结。

就在这期间，和阗办事大臣达明阿上奏，称有安集延回商热霍迈提、雅和普、巴拉特、胡达巴尔第等货物中夹带烟土进卡，"一闻查禁，即全行呈缴"。回疆的鸦片私运大致若此：虽多有夹带牟利，但一遇政府禁令和边卡检查，即畏法呈缴，仍属于贸易走私毒品的性质。在广东的英美等国商人本来也这样，是一些利益集团的怂恿煽惑，是英国军舰的武装护航，尤其是英国政府的悍然出兵，使之演化为一场赤裸裸的侵略。

第四节
"鸦片一日不绝，本大臣一日不回"

道光帝将黄爵滋的奏议发给各督抚，令各抒己见，也从约三十份回复中发现了林则徐：他不独赞同对吸食者论死，提出分期分季裁处吸食和熬审烟鬼的办法，还附上"戒烟断瘾前后两方"，具体而详明。这就是林则徐，坚定决绝、胆大心细，又有办法和手段的能事大臣。虽说是支持以死刑相震慑，着力处则在减少吸食，其戒烟药方的研制推广，以帮助戒断毒瘾为目的，极大减少不得已的杀戮，立意甚善。他在湖北禁烟的成效，亦非他处可比。

一、广州"三剑客"

道光十八年（1838）九月，林则徐受命进京，路过保定时与直隶总督琦善相晤。两人在道光五年夏秋间有过一段短暂交集，那时琦善刚到两江总督任上，很欣赏"夺情"办理河工的按察使林则徐，派他往上海督办海运，而林则徐很快以病辞官，归乡为母亲守孝，是以相处时间不长。这次再相见，直督大人自是消息灵通，知林则徐奉调必有重用，或能想象必派往广州，嘱以勿启边衅。话并不投机，又是老上司，则徐打个哈哈了事。

十一月初十日林则徐抵京，次日被召见，连续应召陛见达八次之多，命在紫禁城内骑马，一时荣宠，引人瞩目。数日后，道光命林则徐为钦差大臣，驰赴广东，查办海口事件，该省水师悉归节制。奉旨查办的事件，自是鸦片的大规模走私，阻断的则是一些人的发财之路，其中凶险，林则徐自然清楚，临行前对座师沈维𫓧说："死生命也，成败天也，苟利社稷，不敢竭股肱

333

而为门墙辱。"①说毕，二人皆眼含热泪。正是靠着一腔血诚，靠着这种虽九死而不悔的决绝，林则徐感动了许多人，也迅速凝聚起一批慷慨忠贞之士。龚自珍积极献计献策，甚至要追随南下。自珍才识卓异，然锋芒太盛，行为狂放不羁，与则徐是两个路数，被婉言劝阻。

为使林则徐能顺利推行查禁，道光帝特地谕知两广总督邓廷桢、广东巡抚怡良，要他们全力配合：

> 林则徐到粤后，自必遵旨竭力查办，以清弊源。惟该省窑口、快蟹，以及开设烟馆、贩卖吸食种种弊窦，必应随地随时净绝根株。着邓廷桢、怡良振刷精神，仍照旧分别查拿，毋稍松懈，断不可存观望之见，尤不可有推诿之心。②

二人迅速积极行动起来，驱逐港脚夷商，查拿私运接驳，整饬行商，竭诚欢迎林则徐到来。我们知道，就是这位邓总督，两年前还是赞同弛禁的。

邓廷桢亦出身翰林，然较早就到地方任职，是道光帝看好的一位干练大员。他为嘉庆六年辛酉恩科进士，选庶吉士，授编修，晚五科的林则徐常以翰林前辈称之；外放以后，廷桢历知府、道员、按察使、布政使，再由巡抚擢总督，与则徐之路略同，亦可称官场前辈。邓廷桢心地明洁，对林则徐的品质才略倾心折服，奏明皇上，也写信给尚在途中的则徐，发誓将"遵旨力除鸦片，共矢血诚，俾祛大患"。得旨：

> 卿等同钦差大臣林则徐若能合力同心，除中国大患之源，不但卿等能膺懋赏，即垂诸史册，朕之光辉，岂浅鲜哉！而生民之福、政治之善，又非浅鲜，谅卿等亦不烦谆谆告诫也。③

---

① 金安清：《林文忠公传》。
② 《嘉庆道光两朝上谕档》第四十三册，道光十八年十一月十八日。
③ 《清宣宗实录》卷三一八，道光十九年正月甲子。

邓廷桢是这么说的，更是这么做的。此后的日子里，他是林则徐禁毁鸦片最坚定的支持者，也成为终生挚交；三年后相继流放伊犁，更是在精神上互相支撑，演绎为一段历史佳话。

怡良的出身履历、性情风格大不相同，但激于国家和民族大义，也对林则徐全力支持。如果说鸦片走私已严重腐蚀了部分巡缉员弁，则绝大多数文武高官并无沾染。持赞同态度的，还有广州将军德克金布、广东水师提督关天培、粤海关监督和左右翼副都统等，这些不同经历和背景的大员，而今义无反顾地聚集过来，自然有林则徐的人格魅力的作用，也是道义之所在。随着鸦片危害的彰显，当地人民自发的抵制行为越来越多，闻说朝廷派林则徐前来，更是欣喜若狂。

林则徐甫一抵达，即在行辕大门张贴告示，先说约束随从人等、严禁游人术士等各项规矩，而后申明公馆开支：

> 至公馆一切食用，均系自行买备，不收地方供应；所买物件，概照民间时价发给现钱，不准丝毫抑勒赊欠。公馆前后，不准设立差房。偶遣家人出门，乘坐小轿，亦系随时雇用，不必预派伺候。如有借名影射扰累者，许被扰之人控告，即予严办。①

清正廉洁，是官员的道德底线，也是一种利器——割断收买利诱百般纠缠的利器。林则徐宣示的是钦差行辕规矩，也告诫那些不规矩的人赶紧收敛，告诫中外的毒贩子，自己要动手了。

经过与邓廷桢等密集磋商，林则徐发布了一系列禁烟文告和章程：札令府州县"各学教官严查生员有无吸烟，造册互保"；晓谕通省"士商军民人等速戒鸦片"，"以全性命，以免刑诛"；再次颁布禁烟章程，以两

---

① 《林则徐全集》第五册，关防示稿，105 页。

个月为限，要求"一体戒断"。林则徐为加大社会监督力度，订出担保规则：城乡以士绅担保，生员和兵丁五人互相联保，幕友长随具结，船户五船互保，并在船帆上以大字写明船主及里甲，寺观旅店将暂住者名册五天一报。规定之细密、措施之切实，皆出于林则徐之手。

二月初四日，林则徐会同邓廷桢、怡良，在行辕传讯十三行洋商。"传讯"与传询不同，二字见诸则徐当日的日记，可以想象场面之严肃，亦知必有个别讯问之举。此处洋商，又作行商，略与后来的买办相似，虽说是内外兼修，当时则由官府委任，也算是吃官饭的。当年充任总行商的伍敦元有三品顶戴，平定张格尔之役，曾以儿子伍绍荣名义捐银一百万两，而今十三行的总舵把子就是伍绍荣。对于这些人，钦差大臣当然用不着有什么客气，上来就是一通训斥：

> 查节次夷船进口，皆经该商等结称并无携带鸦片，是以准令开舱进口，并未驳回一船。今鸦片如此充斥，毒流天下，而该商等犹混行出结，皆谓来船并无夹带，岂非梦呓！若谓所带鸦片早卸在伶仃洋之趸船，而该商所保其无夹带者，系指进口之船而言，是则掩耳盗铃，预存推卸地步，其居心更不可问……乃十余年来，无不写会单之银铺，无不通窑口之马占，无不串合快艇之行丁工役，并有写书之字馆、持单之揽头，朝夕上下夷楼，无人过问。银洋大抬小负，昼则公然入馆，夜则护送下船，该商岂能诿于不闻不见。乃相约匿不举发，谓非暗立股份，其谁信之！①

林则徐先期做了大量调查，不法行商之劣迹多在掌握中。这次并未点名，并未拎出一二人示众，但所举种种吃里爬外行径，各行商自会对号入座，如冷水浇背。他要的就是这一效果，要他们心知愧惧，也向外商传达朝廷

---

① 《林则徐全集》第五册，谕洋商责令外商呈缴烟土稿，114 页。

禁烟之决心。

林则徐的重点在于外商的贩运和夹带，召集行商训诫，目的还在于向外商传达呈缴鸦片和具结的通告，要求所有外商在三日内将鸦片缴官，登记造册，不得丝毫藏匿，并且出具甘结，用中外文字声明："嗣后来船永不敢夹带鸦片，如有带来，一经查出，货尽没官，人即正法，情甘服罪。"这是林则徐拟写，并与邓廷桢、怡良等商酌确定的一个重大举措，以避免禁烟一时轰轰烈烈，日后卷土重来，用心良苦。

这份谕告体现了林则徐的个人风范和行事风格，气势磅礴，说理充分，亦明白晓畅。格于当时各种条件，今天看来有一些局限，如称"茶叶、大黄外夷若不得此，即无以为命"，以为克敌制胜之法宝，颇觉荒唐，外商读后必也嗤笑。林则徐也再次宣示禁烟之正义性和此行的决心：

> 若鸦片一日未绝，本大臣一日不回，誓与此事相始终，断无中止之理。[1]

文字不多，斩钉截铁。在京师陛见时，他曾说要颁发檄谕，晓示外夷，得到御允。此时皇上又有些不放心，谕知必须先与邓廷桢商酌，然后将文稿呈送，经批复再行檄发。而新谕未到，则徐已严词晓示，皇上看到此处，提笔批朱："览及此，朕心深为感动。卿之忠君爱国，皎然于域中化外矣！"[2]并不以未经请旨为忤。

限期呈缴烟土的檄文一出，内外震动。英国领事义律和鸦片商颠地仍复拖延，先是拒绝缴出鸦片，也不许他国商人缴烟和具结；后又提出呈缴一千余箱，意图蒙混过关；还分别致信总督府和广州知府衙门，申请红牌，要携带货物离开。林则徐早料到会遇到对抗，与邓廷桢、怡良精诚一心，

---

[1]《林则徐全集》第五册，谕各国商人呈缴烟土稿，116页。
[2]《清宣宗实录》卷三二〇，道光十九年三月乙卯。

进而密切联络水师提督关天培和海关监督豫堃，随时会商，组合拳接连打出：

初七日，再次与邓廷桢传齐行商，督催缴烟和具结事宜；

初八日，令广州府及属县前往十三行捉拿颠地；

初十日，调集军队将停泊外轮封舱、封锁外商在城内馆舍，并再次出示通告，"将停泊黄埔贸易各国夷船先行封舱，停止买卖，一概不准上下货物，各色工匠、船只、房屋不许给该夷人雇赁"，"所有夷人三板，亦不许拢近各夷船，私相交结"，"夷馆买办及雇用人等，一概撤出，毋许雇用"。①颠地等骄纵惯了的奸商，自以为吃透了清朝官场，终于见识到林大人的厉害：困处商馆之中，高处有监视，低处有布控，外有逻卒，内无佣工，一有异动，便闻断喝之声，饮食渐以不继，惶恐日益加增。

十一日，义律两次派人到总督府呈词，申请离开，绝口不提呈缴鸦片之事，林则徐等令"将趸船烟土迅速全缴"，并派府县官员到洋行会馆等候。同一天，米利坚（美国）等国商人具禀表示愿意具结，林则徐即友善回应。

十三日，义律等终于顶不住压力，递禀表示愿意上缴全部趸船鸦片，则徐与邓廷桢、怡良会商，命其上报鸦片数量。第二天即报称共有二万二百八十三箱，若以每箱一百二十斤计，竟有二百多万斤！

林则徐的主攻方向是贩毒外商和洋面上的趸船，也在广州乃至两广地面展开声势浩大的禁烟活动，铲除窑口，收缴烟土和烟具，还将一个与外商交往密切的贩毒惯犯拉至商馆外绞死。广西梧州知府刘锡方先前被举报查禁不力、失察家丁得贿私放烟土，林则徐会同邓廷桢进行了审理严处。受此案启发，京城的科道官开始将矛头指向差役和幕友，认为差役借查拿鸦片之机，"或得财故纵，或得土分肥，现在售烟者多系此辈"，"欲收查拿之实效，必先严差役之隐藏"；而幕友"吸食鸦片者十居六七"，"欲禁士民之烟，必自官署始，欲禁官署之烟，必自幕友始"。这些话应都不无夸张，旻宁令各督抚自为查办。

---

① 《林则徐全集》第五册，谕缴烟土未复先行照案封舱稿，119 页。

第九章 从禁烟到销烟

广东已成为禁烟的前线和全国的榜样。

接义律愿将鸦片呈缴之禀，林则徐等人迅速会商，由广州府出台《收缴鸦片章程四条》，限定：广州各商馆所存尽数搬到馆外，在十五日先收；黄埔港各船夹带，于十六日派人登船验收；口外洋面二十二只趸船移到沙角停泊，"恭候钦差大人、总督大人于十七日至十九日亲临虎门，会同水师提台，逐船验收"[①]。林则徐的从容布置和严密精细，亦给那些见惯了官员粗枝大叶作风的外商，留下难忘印象。

"三人同心，其利断金。"林则徐与邓廷桢、怡良的精诚合作，其对禁毒缉私的霹雳手段，也引发诬陷恶潮的不断袭来。邓廷桢在一份折子里曾有过描绘："查缉鸦片，三载于兹。刁狡豪猾之徒，本厚利丰，一经确访严拿，已获者刑僇及身，未获者逋逃亡命，身家既失，怨讟遂兴：始而风影讹传，继而歌谣远播，以查拿为希旨，以掩捕为贪功，以侦缉为诡谋，以推鞫为酷罚，甚至诬以纳贿，目为营私，讥廷议为急于理财，訾新例为轻于改律，种种狂悖，无非为烟匪泄忿。"道光帝即予批复，对三人加以力挺：

> 林则徐、邓廷桢、怡良等皆朕亲信大臣，畀以重任。现在查办鸦片正在吃紧之时，断不可因群言淆惑，稍形懈弛。林则徐等务当协力同心，勉益加勉，严饬所属明查暗访，将编造歌谣之人拿获到案，讯明起自何人，有无授意主使，从重定拟治罪，毋稍疏纵。[②]

本来朝中颇有些人说三道四的，有皇上此一番话，敢不闭嘴！

[①]《林则徐全集》第五册，札广州府颁发收缴鸦片章程四条，133页。
[②]《嘉庆道光两朝上谕档》第四十四册，道光十九年九月三十日。

二、虎门销烟

严令之下，停泊伶仃洋的趸船先后缴出鸦片，尽管英人还不断生出些小把戏，收缴的进展大体顺利。

道光十九年二月二十九日，林则徐、邓廷桢、怡良联衔上奏，详报逼迫义律等就范之经过和查禁的成绩，"共有二万二百八十三箱，查向来拿获鸦片，如系外夷原来之箱，每一箱计装整土四十个，每个约重三斤，每箱应重一百二十斤，即至日久收干，每箱亦约在百斤以外，以现在报缴箱数核之，总不下二百数十万斤"①，他们奏请将这些鸦片解京验明，再作焚毁。道光帝本已下旨解送，听从御史邓瀛建议，以运输不便，难防偷窃抵换等情，命三人负责在当地销毁，谕曰：

> 林则徐等经朕委任，此次查办粤洋烟土甚属认真，朕断不疑其稍有欺饰。且长途转运，不无借资民力。着毋庸解送来京，即交林则徐、邓廷桢、怡良于收缴完竣后，即在该处督率文武员弁，公同查核，目击销毁。俾沿海居民及在粤夷人共见共闻，咸知震詟。该大臣等惟当仰体朕意，核实稽查，断不准在事员弁人等稍滋弊混。②

这个决策是对的，皇上所表达的信赖也令林则徐等感动。林邓诸人岂不知长途押运如此大宗毒品之不易？即便是拟议的海运，也需大量船只和军舰护航，耗费巨资且危险甚多。然如果奏称就地销毁，难免有人说三道四，皇上也不免狐疑。现在道光帝发话，自是乐于从命。能臣之能，还体现于

---

① 《林则徐全集》第三册，英国等趸船鸦片尽数呈缴折，134页。
② 《嘉庆道光两朝上谕档》第四十四册，道光十九年三月二十六日。

第九章 从禁烟到销烟

善于自我保护，否则纵有天大本事也使不出来，还会招惹一身麻烦。

收缴不易，销毁也不易！

去年林则徐在湖北销烟，仅止一千二百多斤，掺入桐油等焚烧，费了很大的劲，销毁之处的土壤里渗入大量烟膏，竟被瘾君子挖去炼制，效果并不太好。这次缴烟数量如此之大，又必须尽快销毁，以免夜长梦多。林则徐素称"无一事不尽心，无一事无良法"，经过请教问询，甚至请教了一些外国医师和传教士，已然胸有成竹。他下令在虎门海滩挖掘两个销烟池，长宽各约十五丈，池底铺以石板，以免渗漏；面海有涵洞以排渣滓，其后有水沟供车水注池；池中本为海水，再大量撒盐，将烟土投入浸泡，然后抛入烧透的石灰石，满池沸腾，鸦片被销毁；犹恐不彻底，雇人立于跳板上以铁锹木耙清理，务求净尽；待每日退潮时，则开启涵洞，让潮水冲刷。销烟持续多日，林则徐命在周边竖栅栏，立看棚，调集军队巡逻警卫。则徐也是一位帝王心理学的专家，深知皇上常常有强烈的好奇心，非常关注细节，在奏折中对销烟过程有着细致描述：

> 其浸化之法，先由沟道车水入池，撒盐成卤。所有箱内烟土，逐个切成四瓣，投入卤中，泡浸半日，再将整块烧透石灰纷纷抛下，顷刻便如汤沸，不爨自燃。复雇人夫多名，各执铁锹木爬，立于跳板之上，往来翻戳，务使尽化。俟至退潮时候，启放涵洞，随浪送出大洋，并用清水刷涤池底，不任涓滴留余。若甲日第一池尚未刷清，乙日便用第二池……如此轮流替换，每化一池必清一池之底，始免套搭牵混，滋生弊端。至向晦停工，即将池岸四围栅栏全行封锁，派令文武员弁周历巡缉。①

看了这样的描述，皇上还有什么不放心的，御批"所办甚好"。

---

① 来新夏：《林则徐年谱长编》上卷，337—338 页。

由大虎、小虎、三板洲等组成的虎门,是珠江口的第一道国门,也是面对伶仃洋的最重要的军事要塞。在这里大张旗鼓地销烟,长了中国人的志气,每天都有成百上千民众前来观看,欢呼雀跃。林则徐还批准一些外国人走近池边观看,对其禁烟决心之大、销烟措施之周,无不感慨叹服。销烟池毒雾迷漫、恶气灼人,而参加作业的兵丁工役、现场监督的文武员弁热情高涨,并无一人退缩。

义律等人大批缴烟,一是迫于情势的巨大压力,二则也有一个险恶阴谋:他和不少外商以为清廷没收鸦片,一定会保存售卖,甚至由朝廷专卖,渐而导致吸食者更众,导致鸦片进口的合法化。闻说虎门销烟,也是目瞪口呆。在他们眼里,这些鸦片是一宗巨大财富,万万想不到竟然当众付诸一池,化烟化灰。

虎门的大销烟持续了二十天。林则徐一直坚守现场,逐日记录销烟箱数,兼以部署水师备战。关天培、豫堃等常来陪同,邓廷桢和怡良则由省城轮换前来,广州将军德克金布也赶来检视,影响所及,两司府县及水陆将弁皆是尽心协力。人们常说道光朝的官场腐败已不可收拾,说广东尤其过甚焉,应都是事实,而眼下的场景则是上下协同、军民一心,凝聚成一种强大的精神力量。

京师的情形一如往日。首席军机大臣穆彰阿亦称能臣,所能多体现于揣测和模棱,主持议定禁烟章程虽多达三十九款,就中颇有含混抵牾之处。则徐提出应将定罪的"入口售卖"改为"入口图卖",否则将给缉毒带来极大限制,如不出售,即难以定罪。穆彰阿不得不进行修正,心下极是不满,潜地里不无运作设计。其实在虎门销烟之前的四月初六日,林则徐已接到吏部文移,知三月初九日已有旨调他任两江总督。这是由于陶澍的大力举荐,病重的陶澍上疏请辞,称:"林则徐才长心细,识力十倍于臣。"[①] 他说的是心里话。此时漕运疲敝,淮南盐务麻烦不断,道光认为禁烟已大见成效,

---

① 陶澍:恭谢恩准开缺折子,《陶文毅公全集》卷三十。

故有此安排。林则徐深知禁烟之役远没有结束，对怡良表达了困惑与无奈，自喻为一个旧功课未完、新功课又下发的小学生。

大约皇上也看到了这一点，迟迟未督催其赴新任，则徐亦不提起，只是奏报在粤各项急务。看看到了年底，干脆一纸诏命，调邓廷桢为两江总督，以林则徐接任两广总督。据说穆彰阿对林则徐的声望才具颇为嫌忌，撺掇皇上做出改调，将林则徐置于烧热的铁板之上。

广东商贸大半停滞，国家关税严重缩水，英国军舰聚集渐多，许多人都看出将要发生大事，穆彰阿也心中有数。他可没少在皇上那里"美言"，说此处要紧，非林则徐不可。处于第一线的林则徐，从来都是个清醒警觉之人，却绝不见好就收。他坚持在广东，有了美缺也不走，甘心在热铁板上经受灼烤。

三、皇上的口风变了

道光二十年（1840）的元旦，紫禁城中自是照旧的行礼、祭拜、庆贺与赐宴，道光帝特发谕旨，"加大学士王鼎太子太保"，此类太保少保，文武大臣中已有了不少，算是一种荣宠。

就在大年初一这天，林则徐与邓廷桢在广州正式办理了职务交接。按照朝廷规矩，邓廷桢派人赍送总督关防、盐政印信，暨王命旗牌档案等件到钦差大臣行辕，接下来便是给老邓送行，则徐入主总督衙门。一年间并肩禁毒，两人已成为亲密战友，一起收缴趸船鸦片，一起到虎门销烟，一起处置英兵殴毙民人林维喜事件，一起赴澳门巡阅……而不久后廷桢改调闽浙总督，仍然是并肩御敌。

初七日，以长江江夏等县大堤漫溃，曾任湖广总督的林则徐被究责，所保举的一批官员被注销奖励，本人也交部议处。该年适值三年一届的官员考绩，这个处分别有含义，权力中枢应有人操弄，则徐必也想象得出。二十六日，道光帝降谕奖誉几位朝廷重臣，曰："大学士穆彰阿、潘世恩、王鼎矢慎矢公,赞襄攸赖;刑部尚书祁㙪执法精详,奉公敬慎;大学士直隶总督琦善坐镇畿疆,克副委任;协办大学士两江总督伊里布久任云南,边防静谧;江南河道总督麟庆、河东河道总督栗毓美慎厥修防,安澜奏绩,俱着加恩交部议叙。"①按说最应奖励的就是林则徐,可里面偏偏就没有他,谁都知道这是一个信号,一个圣意转移的信号。

旻宁的性格特点之一,就是心无定见,犹疑反复,口风多变。当然许多封建帝王亦如是,但他比较突出,顺利时一切都好,一旦遇到压力就会变脸。以这次禁烟为例,他在开始时不无谨慎,也曾反复与林则徐讨论过会否引发冲突,即所谓的引发边衅。后来见收缴和销毁一路顺遂,口气便大,口风便改,如接林则徐奏报九龙口岸交战情形,朱笔点评甚多:

> 既有此番举动,若再示以柔弱,则大不可。朕不虑卿等孟浪,但诫卿等不可畏葸,先威后德,控制之良法也,相机悉心筹度。②

此批在道光十九年九月间,已见对强敌之轻视。再过两个多月,接到林则徐奏报水师与英舰交火,旻宁的调门又升级:

> 英吉利国夷人,自议禁烟之后反复无常,前次胆敢先放火炮,旋经剀谕,伪作恭顺,仍勾结兵船,潜图报复。彼时虽加惩创,未即绝其贸易,已不足以示威。此次吐嗪夷船,复敢首先开放大炮,又于官涌地方占据巢穴。接仗六次,我兵连获胜仗,并将尖沙嘴夷船全数逐出外洋。该夷心怀叵测,已可概见。即使此时出具甘结,亦难保无反复情事。若屡次抗拒,仍准通商,殊属不成事体。至区区税银,何足计论!我朝抚绥外夷,恩泽极厚,该夷等不知感戴,

---

① 《嘉庆道光两朝上谕档》第四十五册,道光二十年正月二十六日。
② 《林则徐年谱长编》上卷,371页。

反肆鸱张,是彼曲我直,中外咸知,自外生成,尚何足惜!着林则徐等酌量情形,即将英吉利国贸易停止,所有该国船只尽行驱逐出口,不必取具甘结;其殴毙华民凶犯,亦不值令其交出;当啷一船,无庸查明下落。并着出示晓谕各国,列其罪状,宣布各夷。①

不能不指出,林则徐等人给皇上的奏报有所讳饰,对敌人的损失有所夸大,将己方声势大加渲染。皇上喜欢听好消息,对说出真实情形者动辄问罪,当时前线将帅多喜不报忧,林则徐等亦难避免。而这样一来,决策于数千里之外的道光帝,感觉也越来越好了。

一时督抚之中并不乏正直廉能者,林则徐资历稍浅,但英标特出,是以邓廷桢等一见即倾心相助,陶澍病中举荐,誉为强过自己十倍。道光帝对之倚为干城,连续八次接见,吐哺握发,在其抵粤后也是多有奖誉鼓励:截回趸船大批鸦片,命"交部从优议叙""赏加二级";遵旨代拟"檄谕英吉利国王底稿",称赞"所议得体周到";奏报炮击敌舰、焚船杀敌,赞扬"我兵先后奋勇,大挫其锋";对义律拒交凶手后围困外商馆舍,"禁绝柴米食物,撤其买办工人",虽然有所保留,仍然赞同"不可稍示以弱";至于林、邓巡阅澳门,宣布朝廷恩威,申明禁烟章程,抽查居民户口,皆谓"办理甚属妥协"。林则徐曾提出当年税银会因英舰封锁受到影响,皇上慨然曰:"至于区区关税之盈绌,朕所不计也!"②

道光二十年正月初四,林则徐接任两广总督,皇上仍是倚任甚专,指出禁烟为当务之急,其他亦须认真办理,勉益加勉,以副委任。而火攻英舰、拿获汉奸的消息传来,旻宁降谕大加夸奖,眉批夹批,朱墨耀眼,多为"所见极是""甚好""极是"。对于林则徐所持"以守为战,以逸待劳"的策略,道光完全赞同,以为所见甚是;对其奏请增设炮台,也立刻照准。元日书

---

① 《嘉庆道光两朝上谕档》第四十四册,道光十九年十一月初八日。
② 《清宣宗实录》卷三二九,道光十九年十二月甲子。

福,皇上也未忘远在南方的林则徐,为题写福字、寿字各一方,加上鹿肉、狍肉全份,派员赍送广州,且在则徐谢恩折上朱批"愿卿福寿日增,永为国家宣力也"。这是怎样一种欣赏和信赖!

对于林则徐的一些举措,朝内早有不同声音:责令外商必须具结,御史步际桐即认为无济于事;围困外商馆舍、命澳门当局驱逐英人,也都有反对意见。三月末,则徐奏请将贩毒者财产分别赏给举报拿获之人,命交军机大臣议奏,穆彰阿以易生诬陷栽赃之弊,建议仍采用浙江在海口缉拿的办法。皇上也觉得不可行,予以驳回。就在这之后,英舰封锁珠江口,轰击厦门,攻占定海,封锁宁波及长江海口,进而将军舰驶近天津大沽的白河口外,清廷顿感压力山大,左右重臣啧有烦言,旻宁对林则徐也开始不满。

去年宣布林则徐任两江总督后,鸿胪寺卿金应麟奏请改革漕政积弊,林则徐在百忙中拟呈"复议体察漕务情形通盘筹划折",洋洋洒洒数千言,虽不免空疏,就中亦多有精到见解,谕交伊里布等议奏。伊里布回奏不知说了些什么,八月间即有旨以漕运之事交两江总督伊里布、江苏巡抚裕谦会同漕督商办,"林则徐等原奏各条,均毋庸议"。议都不议的轻视,对林则徐应属前所未有。

进入九月,道光帝已决定将林则徐撤换,另派琦善为钦差大臣,前往广州。记载缺略,我们不知道王鼎说了和做了些什么,但可肯定必有不同意见,又没有起作用。大约皇上也觉得单是处置林则徐不合适,将邓廷桢也一起撤职查办,谕曰:

> 前因鸦片烟流毒海内,特派林则徐驰往广东海口,会同邓廷桢查办,原期肃清内地,断绝来源,随地随时妥为办理。乃自查办以来,内而奸民犯法不能净尽,外而兴贩来源并未断绝,甚至本年英夷船只沿海游弈,福建、浙江、江苏、山东、直隶、盛京等省纷纷征调,糜饷劳师。此皆林则徐等办理不善之所致,林则

徐、邓廷桢着交部分别严加议处。林则徐即行来京听候部议,两广总督着琦善署理。琦善未到任以前,着怡良暂行护理。此次英夷各处投递禀帖,诉称冤抑,朕洞悉各情,断不为其所动。惟该督等以特派会办大员,办理终无实济,转致别生事端,误国病民,莫此为甚!是以特加惩处,并非因该夷禀诉遽予严议也。①

纷纷征调、糜饷劳师云云,显然是出于穆彰阿、琦善等人之口。明明是被英舰抵津所震慑,却说成英人递帖诉冤,说自个儿不为所动,将责任全推到林则徐头上。董诰曾对乾隆帝说过一句"圣主无过言",意思当为:皇上怎么说都是可以的。可此谕竟称林则徐"误国病民",还是太过分了!

此时吏部的满汉尚书为奕经和汤金钊。奕经系成亲王永瑆的孙子、道光帝之侄,真正的金枝玉叶,兼步军统领、崇文门监督、正红旗宗室总族长,属于朝中的鹰派。汤金钊,嘉庆四年进士,长期在翰林,任学政,以学养醇正为上书房总师傅,现为协办大学士,亦主战派。鸦片战争爆发,定海陷落,皇上曾问他何人可主持广东,金钊明知圣眷已然转移,仍坚称林则徐最合适。此次部议,金钊为林、邓力争,然枢垣已定、圣意已决,二人在五天后即被革职。谕旨再次指斥他们"误国病民、办理不善",命已在进京路上的林则徐回到广州,听候讯问。而主持讯问者,是已奉旨南下、标称"爵阁部堂"的琦善。

琦善尚在南行途中,伊里布已到浙江沿海,开始与侵占定海的英军交涉。两位都是满大臣,都有钦差大臣头衔,道光帝寄寓着很大希望。接到攻袭敌舰和活捉零敌的几份奏报,道光帝未见欣喜,批谕间颇多担忧,并于九月十八日对伊里布训示:

---

① 《清宣宗实录》卷三三九,道光二十年九月庚寅。

国之大臣

上之不失国体，下亦不开边衅。①

林则徐陛见之日，皇上训示的主题也是这个意思。不失国体，林则徐做得很好；不开边衅，则未能做到。这是一个两难命题，也是在当时难以完成的命题。连林则徐都做不到的事，琦善行吗？伊里布行吗？

---

① 《清宣宗实录》卷三三九，道光二十年九月乙巳。

【第十章】
张家湾大决口

祸不单行。道光二十一年（1841）六月，正为广东局势和浙江战事忧心的旻宁，接到紧急奏章，称黄河祥符三十一堡张家湾地方决口，大水激撞而出，直冲河南省城开封，接下来奔腾肆虐，经行河南安徽共五府二十三州县，数百万黎民百姓严重受灾，情况万分紧急！

天灾人祸，哪一头也不可疏忽。道光经过再三斟酌，决定以大学士王鼎为钦差大臣，率员急赴河工，封堵溃堤，消弭水患。王鼎时已七十四岁，背部疮疾久治不愈，身体很是虚弱，然闻命没有丝毫推却。他并无治河经验，急切需要帮手，也想对陷入逆境、深受冤抑的林则徐施以援手，郑重提出要林则徐襄办河工。正对林则徐一肚子不满的道光帝，虽有几分别扭，还是勉强答应了。

第一节 国家危难之际

约一年半之前，道光十九年十二月十二日，亦即林则徐接任两广总督的十天后，维多利亚女王在英国议会发表侵华演说。这位年轻君主显然深受那些鼓噪战争的商人和政客影响，积极支持出兵吁求。1840年5月10日（道光二十年四月初九日），英国议会上院批准侵华提案，而远征军的大量舰船，早已在分头赶往南中国的途中。

五月二十九日，英舰封锁珠江口。史家多以此指称鸦片战争正式爆发，实则并没有打起来。这是英人审时度势后的选择，广东水陆官兵在林则徐指挥下，处处严阵以待，并在磨刀洋等处主动出击。国内其他濒海地方警卫相对松懈，最为松懈的应属天津海口。而在英舰抵达后，坚持不设水师的直隶总督琦善，愣是以三寸不烂之舌，就哄得庞大的英国舰队起碇南返。

国之大臣

一、琦善的"哄"字诀

琦善出身满洲正黄旗，世袭一等侯爵，此年五十四岁，已属督抚中资深大员，以吏事练达、敢作敢为著称，久膺疆寄，深为旻宁所倚任。他在道光十六年七月升协办大学士，比王鼎晚一年多，大拜则在王鼎之先，可证宠遇之深。原来的属下林则徐领旨南下，朝野瞩目，不免让琦善嫉妒；两人观念不同、交谈不合，加上则徐对直隶河漕之弊多有讥弹，亦使之心中不悦乃至衔恨。随着英国舰队抵达天津，朝廷震恐，林则徐获罪撤办，轮着琦善登场了。

二十年夏天，林则徐已侦知英方有可能要到天津，并猜想必会以断绝贸易为由，对禁烟大肆攻击，遂上疏朝廷，建议仍加怀柔，让直隶总督将之送回广州；并说如果呈词中涉及自己，则请求派钦差大臣前来查办。林则徐行事从来不专刚猛一路，所说的怀柔，也含哄赚安抚之意。道光帝即谕知琦善，命他派人接受英人字据。琦善赶往天津，"节次派员前往接受夷书，暨送给食物，屡与该夷面晤，渐近习熟，设法诱探"，皇上很认可，要他"乘其贪恋之私，借用羁縻之法"，"随机应变，详细开导"①。后八字是琦善奏折中之语，旻宁照单全收，显然也知敌舰难缠，同意直督施展哄骗之术，尽快使之离开天津。琦善认真执行和完成了此一旨意，一个月后英国舰队全部起碇开离，奏折称英人"听受训谕"，"甚觉恭顺"。皇上暂且将一颗心放回肚子里，唯恐再生事端，飞谕沿海督抚静候琦善抵达广州后办理，不许向英舰开炮，全不管定海还在英军手中。

如何应对来势汹汹的英国侵略者？琦善其实心中没底。有人赞扬他胸有迅速退敌之法，他倒也实话实说："吾有何法，不过骗其走开耳。"② 但

---

① 《清宣宗实录》卷三三七，道光二十年七月乙卯。
② 《清史纪事本末》第七卷，道光朝，英舰北上。

外而开罪于英人、内而失宠于皇上的林则徐,显然是一个最好的靶子。抵达广州后,琦善一面与林则徐假惺惺客套,一面广泛收罗,对应皇上询问和追查各款,上疏详细开列其罪状:

一、夷人索偿烟价,缘林则徐示令缴烟时,节次谕文,均有奏请赏犒奖励字样,夷人颇存奢望。后来一箱鸦片仅给五斤茶叶,夷人所得不及本银百分之一,而又勒具以后再贩鸦片,船货入官、人即正法之甘结,由此留下祸根。

二、所谓英吉利国王给林则徐的文书,查无其事,唯吕宋国王曾给林则徐文书,或因此误传。

三、朱笔点出林则徐奏"夷信回粤,言定海阴湿、病死甚多"等语,咨询钦差两江总督伊里布,回复英夷谷米牲畜充足,疫疠病毙数百余人多系兵丁舵工,头目死者不过数人,现已安然无恙,并未穷蹙。又说从前夷书只言贸易,官员向不过问。自林则徐到粤,欲悉夷情,多方购求,即有渔利之徒,造作播传,真伪互见,不必一一查探。

四、上谕饬查林则徐奏米利坚、佛兰西等国,宣称英船若不早回,必遣船前来与之讲理,访闻各夷商曾有此说,并非林则徐谎言。然迄今未见兵船前来。前有米利坚夷船二只,乘英夷不备之时进口,至今未敢驶出。

五、朱笔点出林则徐奏虎门烧毁烟土时,夷人观者撰夷文数千言纪事等语,事诚有之,但词含讥刺,并非心服。

六、朱笔点出林则徐奏"具结之后,查验他国来船绝无鸦片"等语,如指上年而言,则事属已往,船货无凭;若指本年而言,来船尚未进口盘查,既不能知其有,亦安能信其无。

查清这些问题,是皇帝于九月间谕旨交办的,其中"朱笔点出"云云,指皇上对林则徐八月底奏折之批点①。琦善逐条述说林则徐办事之失误,真

---

① 《林则徐全集》第三册,密陈禁烟不能歇手并请待罪赴浙随营效力片,道光二十年八月二十九日奏上,475—476页。九月二十九日奉朱批:"点出者,俱当据实查明具奏。另有旨。"。

真假假,核心在于坐实其招祸启衅。而旻宁的关注点在逐除英舰和绥靖海疆,批复中只字未提林则徐,而是对他这个新任总督提出要求,一日之间数道谕旨,如曰:

> 该夷反复诪张,难以理谕。匪特澳门等处紧要隘口,不能准其贸易,即沿海各口岸,何处非海疆重地?今该夷挟定海为要求之具,种种鸱张,殊为可恶!若不乘机痛剿,何以示国威而除后患?琦善现署总督,两广陆路水师皆其统辖,均可随时调拨。第念该省陆路兵丁未必尽能得力,现已降旨,饬令湖南、贵州两省各备兵丁一千名,四川省备兵二千名,听候调遣。着琦善一面与之论说,多方羁绊,一面妥为豫备。如该夷桀骜难驯,即乘机攻剿,毋得示弱。需用兵丁,着一面飞调,一面奏闻。①

对于琦善而言,皇上的口风也是陡然一变。本来是对林则徐定了启衅之罪名,要他南下料理,安抚英国人的,一转而为命他准备打大仗。琦善压根儿没有逐除入侵者的信心,怎么办?只有哄和拖:一面哄骗皇上,说正在积极备战,但需要兵力与时间;一面哄骗英人,声言臣子没有决策之权,正在奏请批准,需要等待圣上旨意。

以当时官场积习和社会风气而言,瞒与骗真也无处不在。对皇上报喜不报忧,各督抚将帅莫不如此,惨败被说成小挫,失职被说成有功,小胜则被演绎为大捷……纵林则徐也难免:磨刀洋之战,广东水师只是烧毁英军几条舢板和一些走私民船,奏称"先后延烧大小办艇十一只";他还轻信一些传闻,认为英军不能陆战,"一至岸上,则该夷无他技能,且其浑身裹缠,腰腿僵硬,一仆不能复起。不独一兵可以手刃数夷,即乡井平民

---

① 《清宣宗实录》卷三四二,道光二十年十二月癸亥。

亦尽足以制其死命"①。出于对林则徐的信任，这些话都影响到道光的决策部署，也成为其恼恨难解的原因。

涉及国家军政大事，尤其涉及外交和谈判，欺瞒和拖延不独解决不了问题，且遗祸当世及未来。琦善性格刚愎自用，在天津片言退兵，赴粤之初信心满满，裁撤边备，遣散乡勇，以为处理了林则徐，拉出一副议和的架势，英人就会怨气全消、一切就范。岂知那壁厢皇上严切催战，这壁厢的对英谈判也极为艰难：

十一月十四日，义律在照会中敦促按英国外交大臣所拟条款缔约，琦善表示愿意尽力调停，但对割地一款表示反对；

十九日，义律照会以开放厦门和定海作为不割地之条件，琦善回复须奏报朝廷，随即奏请增加福州、厦门为通商口岸，赔款六百万两；

十二月初六日，义律要求在口外给予一块寄居地，未等回复，即攻陷大角、沙角两炮台，琦善只好权且答应考虑；

二十六日，琦善同意英人在口外选择一个临时停泊地点，义律当即提出要香港岛，并于二十八日自行宣布。至此，对于骄横的入侵者，琦善的"哄"字诀已完全失灵，剩下的便是怎样哄骗自家主子了。

琦善在宦程中已数经起落，对待皇上，应称揣摩深透。朝廷耳目众多，将军督抚甚至海关监督、学政皆有专折密奏之权，全瞒是行不通的，那就真伪参半，趁水和泥。抵达未久，他就奏报英人态度蛮横、索求无度，很难与之沟通。接着又奏称"夷情渐形迫切"，"该夷兵船日增，驶近虎门，内有打央鬼船二只，访系该夷陆路兵丁名色"，言外之意，仍是怪罪林则徐说英军不能陆战之误。道光已没有心思理会臣子间的倾轧，接琦善奏请赔款和增开口岸，恼怒至极，谕曰：

览奏愤恨之至！逆夷要求过甚，情形桀骜，既非情理可谕，

---

① 《林则徐全集》奏稿中，密陈重赏定海军民诛灭英兵片，676页。

即当大申挞伐。所请厦门福州两处通商及给还烟价银两，均不准行。逆夷再或投递字帖，亦不准收受，并不准遣人再向该夷理论。现已飞调湖南、四川、贵州兵四千名驰赴广东，听候调度。着琦善督同林则徐、邓廷桢妥为办理，如奋勉出力，即行据实具奏。并着琦善整饬兵威，严申纪律，倘逆夷驶近口岸，即行相机剿办。朕志已定，断无游移！①

旻宁不知道，就在这一天，英军已攻陷大角和沙角炮台，陈连升父子惨烈牺牲。远在京师的皇上还琢磨着主动出击，一举歼灭入侵英军，并立刻想起林则徐和邓廷桢，要琦善与二人协商办理。琦善始知两广总督之苦，焦头烂额，但皇上有旨，自也必须照办。说是拜访又放不下架子，他大大咧咧闯入林则徐寓所，聊上几句即起身离开，次日又邀二人到广州将军府议事，则徐看出其毫无诚意，干脆托病不赴。

二十一年正月初三日，道光得知英军进攻大角和沙角炮台，决心一战，以六百里加急，飞谕琦善丢掉幻想，准备打仗；另谕伊里布、裕谦克期进兵，收复定海；并谕知盛京将军耆英、署直隶总督讷尔经额、山东巡抚托浑布、闽浙总督颜伯焘等积极备战，主动击敌。初四日，英军侵占香港岛。

初五日，道光帝下诏对英宣战，在历数英军种种暴行和劣迹之后，谕令：

着伊里布克日进兵，收复定海，以苏吾民之困；并着琦善激励士卒，奋勇直前，务使逆夷授首，槛送京师，尽法惩治。其该夷之丑类、从逆之汉奸，尤当设法擒拿，尽杀乃止。至沿海各省洋面，叠经降旨严密防范，着各将军督抚等加意巡查，来则攻击。并晓谕官民人等人思敌忾，志切同仇，迅赞肤功，共膺上赏。②

---

① 《清宣宗实录》卷三四二，道光二十年十二月庚午。
② 《清宣宗实录》卷三四四，道光二十一年正月辛卯。

颁旨之时，道光帝或会想起平定回疆叛乱，想起张格尔的解京受戮。他对英舰的战力应该已有所了解，但固执地认为只要厚集兵力，仍可置来敌于死地。如果能粉碎英军的进攻，活捉几个碧眼金发的洋鬼子，在午门再举行一次献俘礼，该是多么的振奋人心。

就在这一天，琦善在狮子洋边的莲花城，与义律举行会谈。从一开始，义律就请求直接与琦善面晤，限于华夷之防，清廷历来禁止大臣擅自与外夷谈判。琦善也很谨慎，他深谙政坛三昧，奏称形势紧迫，义律约他到澳门面谈，自己先已拒绝，原希望皇上能批准会谈。哪知御批不许，而接到谕旨的时候，他已与义律见过两次面了。林则徐在日记中详细记录了双方会晤情形：

> 闻是日琦爵相在狮子洋边之莲花城大宴英逆，巳刻该逆兵头十八人、番通事二人、夷童二人，并佛兰西夷三人，随带夷兵五十六人、乐工十六人鼓吹而来，与爵相相见；遂设满汉四筵，逆夷上座，署广州府余保纯、广州协赵承德于东西末座陪宴，夷兵及乐工给熟食，水手等给羊酒。食毕，该逆夷等俱至爵相帐前称谢，乃忽大演枪炮，继以鼓吹，始登舟去。义律与马礼逊至爵相舟中，私语移时，有明日再议之约。①

此日为正月初五，后来的几天双方又见了一次。

不在现场的林则徐如何知道得这样清楚？自系关切之人，自有在场者备细告知也。琦善头衔惊人，既是世袭侯爵，又是内阁大学士、钦差大臣、署两广总督，受命办理广东事务，却没有与外国代表会谈之权，说来也是荒唐。不久后琦善受审，此即一项大罪名，好在这位老兄早知提防，宴请

---

① 《林则徐全集》第九册，辛丑日记，正月初五日，436—437页。

时有所回避，也为其朝中后援提供了一个说法。

二、爵相变

变，为中国古代文体之一种。敦煌遗书中"变文"甚夥，如《降魔变》《目连变》《刘家太子变》，韵散结合，说唱相间，演绎世事万物之变化。琦善在广州仅三个半月，由开始的趾高气扬到左支右绌，由两面称赞到两头受气，再到丑行败露被锁拿而去，上演了一出"爵相变"。

发布决战上谕的当天，即有旨将琦善交部严加议处，将关天培革去顶戴。三日后，琦善又有奏折到京，述说英军不仅长于水战，且拥有陆军，"战船则大小悉备，火器则远近兼施"，夺占大角等炮台后，"势将直击虎门，进攻省垣，拒守实难"，请求答应其要求，"于外洋给寄寓一所"。道光帝更为愤懑，告知"已降旨授奕山为靖逆将军，隆文、杨芳为参赞大臣，赴粤协同剿办"。这是两年来派往广州的第三批朝廷大员，意味着已对琦善大为失望。

正月二十五日，琦善奏称英方愿意缴出大角等炮台，并派遣舰只赴浙江交还定海，恳请答应其割地的请求。旻宁大怒，严词斥责："琦善身膺重寄，不能申明大义，拒绝妄求，竟甘受逆夷欺侮，已出情理之外。且屡奉谕旨不准收受夷书，此时胆敢附折呈递，并代为恳求，是诚何心？且据奏称同城之将军、副都统、巡抚、学政及司道府县均经会商，何以折内阿精阿、怡良等并不会衔？所奏显有不实。琦善着革去大学士，拔去花翎，仍交部严加议处。"[①]至此，"爵相部堂"的"相"，已不复存在。

琦善尚未接到谕旨时，凭其政治敏感，已知大事不妙，开始放下身段，约怡良、林则徐到邓廷桢住处议事，则徐在日记中仍称以琦爵相。以后的几天里，琦善凡事多拉上林和邓，密集晤谈会商，并一起登舟，察看内河

---

① 《清宣宗实录》卷三四五，道光二十一年正月辛亥。

防堵及各处要隘。但林则徐原先苦心经营的防御体系被琦善裁撤，大角沙角失守后门户大开，军心涣散，士气低迷。二月初六日，英军对虎门、横档等炮台发动攻击。林则徐忧心如焚："夜闻虎门、横档炮台被英逆围攻，当与嶰翁同赴督署。子刻闻横档、永安、巩固三台失守，彻夜未寝。"①这一晚他与邓廷桢一起，聚在总督署等候消息，琦善自也是彻夜未寝，真不知此三人说了些什么。天明时分，军报传来，虎门镇远、靖远、威远炮台全部失守，提督关天培、游击麦廷章阵亡。刚赶到不久的湖南兵在乌涌仓促迎战，亦被击溃，总兵祥福等死难。如果说危难时刻的关天培英勇无畏，亲自点燃大炮，慷慨就义，祥福等大约死于仓皇溃逃之中。兵败如山倒，单单去责备个别将领，笔者也不忍心。

琦善由爵相变成了制军，早已惊恐莫名。形势危急，林则徐毅然拿出自家银两招募福建壮勇，准备殊死拼搏，全不计个人安危。琦善已是六神无主，为使皇上接受敌方条件，不得不如实相告："奴才查勘各情形，地势则无要可扼，军械则无利可恃，兵力不固，民情不坚，若与交锋，实无把握。"这番话极大地刺激了道光帝，降旨痛斥：

> 朕断不能似汝之甘受逆夷欺侮戏弄，迷而不返，胆敢背朕谕旨，仍然接受逆书恳求，实出情理之外，是何肺腑？无能不堪之至！汝被人恐吓，甘为此遗臭万年之举，今又摘举数端，恐吓于朕，朕不惧焉！②

距离决定了对战争的不同认知，也决定了气势和情绪。皇上把话说到这个份上，琦善的结果也就可以想象了。

二月初五，道光帝将与琦善联通一气，"株守数月，观望迁延"的伊

---

① 《林则徐全集》第九册，辛丑日记，二月初六日，439页。
② 《清宣宗实录》卷三四五，道光二十一年正月辛亥。

里布撤去钦差大臣，交部严议，命裕谦代替督师。次日，接到怡良驰奏琦善擅自割让香港，该地已为英军占据，道光帝痛恨已极，刻即降谕惩处："朕君临天下，尺土一民，莫非国家所有。琦善擅与香港，擅准通商，胆敢乞朕恩施格外，是直代逆乞恩；且伊被人恐吓，奏报粤省情形……摘举数端，危言要挟，更不知是何肺腑！如此辜恩误国，实属丧尽天良。琦善着即革职锁拿，派副都统英隆并着怡良拣派同知知州一员，一同押解来京，严行讯问。所有琦善家产，即行查抄入官。"①琦善"擅与香港，擅准通商"了吗？其实并没有。他只是同意英人择一处地方寄居，也没在"穿鼻条约"上签字。可由于他的懦弱，英国殖民者悍然侵占香港，形成占领事实，此时已百口莫辩，卖国的帽子结结实实扣在他头上。谕旨命怡良摘取琦善的顶戴花翎，收回钦差大臣关防，密拿其亲信通事鲍鹏，一并解京审办，并要奕山查明琦善与义律是怎样谈论香港之事，有无私相馈送。这些也是日后审讯的要点。几天后，轮到伊里布被革去协办大学士，拔去双眼花翎。

爵相变，既有自个儿的心理之变，也有其职位之变。曾几何时，自视甚高、独断专行的琦爵相，就由深受倚信变为皇上眼中的懦夫废物，由前呼后拥的重臣变为披枷带锁的钦犯。二月二十日，谕旨到达广州，怡良当即与副都统英隆前往总督署，宣明谕旨，琦善只剩下跪地请罪的份，第二天就被押解北上。来回都是天字码头，琦善来时，林则徐并未前往迎接，临去时则亲自到码头送行，毕竟是故人之别，是老长官落难，还是要送一送的。

爵相变，林则徐的职务身份也在变：

一变，由湖广总督钦差大臣改任两江总督，为许多督抚延颈企望之美差，则徐迟迟不赴任，非流连于浮名与浮华，以禁烟尚未完成，一松手恐渐复其旧也；

二变，由两江总督转为两广总督，以则徐之敏锐明练，不会想不到朝廷重臣中有人设套，所毅然担当者，以正好可以全力备战、放手一搏也；

---

① 《清宣宗实录》卷三四六，道光二十一年二月辛酉。

三变，被免职待罪，忽置于闲散和嫌忌之地，既能襟怀坦荡、平静面对诬罔和侮谩，又广为接待各路文武大员，为抗击入侵者竭尽心力；

四变，受命备咨询顾问，不顾曾受琦善之凌虐，不矜一己之宠辱，冒险乘船勘察军情，积极进言献策。

世事如棋，纷繁万变，不变的是他那颗赤诚的爱国心。

初来时甚嚣尘上的琦爵相，惶惶然离开了广州，而一旦身份改变，一系列惩处措施随之而来。当琦善在大雨中被押解前行，"道路泥淖，人马行走维艰"之际[①]，京师地方已开始查抄他的家产。琦善也称富奢，"入官元宝银一千四百三十八个，散碎银四万六千九百二十两"，"入官地亩现据内务府按契核计共地二百五十二顷十七亩零……每年可收租银二千余两"[②]，加上一宗房屋铺面租金。道光帝命依照当年处分英和之例，用这笔钱添设兵丁。

穆彰阿与琦善关系密切，此时也不敢为他说话，只能表达对皇上此举"曷胜敬佩"，仔仔细细算了一笔账，用这些钱添设了四百名兵丁。

三、林则徐与"三大帅"

琦善之后，朝廷派往广东的是一个领导集体：以御前大臣、领侍卫内大臣奕山为靖逆将军，军机大臣兼户部尚书隆文、湖南提督杨芳为参赞大臣；命刑部尚书祁𡒄前往办理粮台，不久即命接任两广总督；复命四川提督齐慎为参赞大臣，并让因事被革职的原湖广总督周天爵赶赴广东效力……加上广州将军阿精阿和巡抚怡良，真可谓冠盖云集。大员太多，一般百姓连其职务姓名都难以记住，洋人更是如此，以奕山、隆文、杨芳地位最突出，

[①] 朱批奏折：英隆，奏为押解已革大学士琦善进京途遇风雨行程未能迅速事，道光二十一年闰三月二十五日。

[②] 录副奏折：穆彰阿等，奏为遵旨拟议照英和例用琦善入官地亩银两添设兵丁事，道光二十一年四月十三日。

俗称"三大帅"。

广州还有一个林则徐，一个欲走还留、欲留还走的林则徐。

所有这些一二品大员，都不敢忽视已是一介平民的林则徐，以及处境近似的邓廷桢。在湖南的杨芳距离较近，第一个赶来，即到则徐寓所频频拜访，后来干脆搬来与之同住；奕山、隆文、祁𡒄相随南下，未到广州即约林则徐到佛山晤谈。杨芳已是百战功成，齐慎亦称知兵善战，奕山虽属金枝玉叶，毕竟经历过回疆之役的洗礼，隆文算是文官，但做过五年驻藏大臣，皆称一时之选。即便那位姗姗来迟的废员周天爵，也曾在湖北积极练兵，"人虽鲁莽，尚有血性"[①]，来后真还做了一些实事。其是大清国要打大仗的顶级配置，挑选这样一个阵容，也表明道光已痛下决心。

杨芳在二月十三日抵达广州，主持军务，时琦善仍在，虽然已是戴罪之身，仍在极力维持。第二天英军攻陷猎德、二沙尾等炮台，距广州城已近在咫尺，余保纯受命前去谈判，得以暂时休战。琦善被解送而去，重担压在杨芳和怡良肩头，二人与林则徐几乎天天会晤，商议军情，检查守备情况，却也不得不面对一个基本事实：难以战胜强敌。林则徐送走家眷、预留遗书，召集福建壮勇，已做好殊死拼搏、为国捐躯的准备。杨芳则未必，多历战阵、多经挫磨的他，很知道如何自保，先是张大其词，宣称对敌取胜，然后又说英人乞求通商，奏请皇上俯允。杨芳毕竟是一员武将，玩此类文字花招非其所长，被道光帝一眼看出，斥以"迁延观望""怠慢军心"，命革职留任，并传谕尚在途中的奕山等人。

离京之前，奕山等亲聆圣训，应也不无逐除强虏、绥靖海疆之志，却是享乐成性，不光拼不得命，连苦也吃不得了。三月二十三日，靖逆将军奕山等经过两个多月的走走停停，总算到了广州，次日就和隆文亲来林则徐住处拜望。对待这些后来者，林则徐不顾自身之窘境，倾注热情，提出应对之计，然听则听也，各人都有一个小九九。据说林则徐向奕山谈了六条

[①]《筹办夷务始末》卷二五，第二册，877页。

方略,大旨为:先密令余保纯等说服英军退出内河,抓紧节节布置,堵塞河道、修复炮台、构筑工事,完善整个防御体系;再调集精兵,在佛山密备火船和木排,对在内河的英舰实施火攻。二十天后,林则徐接到驰赴浙江的谕旨,匆匆去也,奕山则把赌注押在火攻之上。

四月初一日,清军兵分三路,在夜间向停泊内河的敌舰发起进攻,西炮台亦猛烈轰击敌舰。由于先期计议不密,英军早有防备,清军收效甚微。而英舰迅速反制,一阵猛轰,打哑了西炮台。岸边本拟攻剿的清兵,反被漂来的自家火船灼烧,一哄而散。这并不影响奕山大肆报捷,编造种种细节,宣称"共烧西路白鹅潭逆夷大兵船二只、大三板船四只、小艇三板船数十余只,此外东路二沙尾烧小三板船数只,逆夷被击及溺死者不计其数"[①]。道光帝见奏大喜,颁旨褒奖,白玉翎管、四喜扳指儿、大荷包、小荷包,零零碎碎地赏了一堆。

这是靖逆将军唯一一次主动派兵击敌,此后第三天,便在广州城头升起白旗,并派余保纯出城乞降。再一天(四月初七日),奕山被迫签订《广州和约》。其中的一条,要求奕山及外省军队退出广州六十英里外,他要了个小聪明,与隆文等退至六十里的三水县小金山,自以为得计。至于如何向皇上报告,倒也难不倒奕山,且看其奏章:

> 溯自夷船驶入省河,排列多艘,咽喉已为所扼。省城重地,为全省关系,稍有疏失,则各府州县匪徒必致乘机蜂起。日夜焦思,万分无术。据守垛兵丁探报,城外夷人向城招手,似有所言,当差总兵段永福喝问,该夷目即免冠将兵仗投地,向城作礼,称不准贸易,货物不能流通,资本折耗,负欠无偿,只求照前通商,并将历年商欠清还,即将兵船全数撤出虎门以外。复据居民及众洋商纷纷禀恳,臣等通盘筹划:虎门藩篱既失,内洋无所凭依;

[①]《鸦片战争档案史料》第三册,444—445页。

> 与其以全城百万生灵，与之争不可必得之数，似不若俯顺舆情，以保危城。是以公同商酌，派署广州府知府余保纯妥为查办，暂准其与各国一体贸易，先苏民困。俟夷船退出，汉奸解散之后，先从省河以及虎门各处要隘磊塞河道，增筑炮台，添铸炮位。门户既固，如再鸱张，立杜通商，庶办理有所措手。[①]

明明是已在城头挂上白旗，却丝毫见不出战场之失利；明明是已经签过"投降书"之类协议，却说是英人和百姓乞求通商；明明是已经远退至三水地方，反称要堵塞河道、整顿武备……英人城外跪拜一节纯属鬼吹灯，号称看见此景的段永福，曾参加回疆之役，为奋勇擒获张格尔的将士之一，大约从第二次喀什围城的情节中得到灵感，如法炮制。不知道光帝看懂也未，批了个："朕谅汝等不得已之苦衷，准令通商。"

这样的瞒天过海，将会遗祸无穷。老江湖杨芳心有余悸，称病不再参与。还算老实的隆文，内心难以承受压力，真的病倒了，而且是一病不起。三大帅已去其二，只有努尔哈赤的正宗后裔——爱新觉罗·奕山，硬挺着支撑局面。

四、余汉奸

> 汉奸之说其来亦久矣。

自打广州开埠，自然就有人吃上了外贸这一行，地位高者为洋商，低者则跟班佣工者流。鸦片趸船和英舰入侵，也得到一些本地人的帮助，开始是快蟹走私，借机发国难财，后来是代买淡水蔬食、通风报信，甚至故意搞破坏。是以"汉奸"一词，既是一种令人痛心的事实，也常常成为战败的托词，成为枉杀百姓的借口。虎门之役，有人说协助英军、参与作战

[①]《清宣宗实录》卷三五一，道光二十一年四月癸丑。

的汉奸超过一千人,不知是何依据?而据茅海建考证,此事大半属于误判,大约是将视野中身材明显低矮的印度兵看花了眼,[1]说到底,还是基于英军不善陆战的联想。

当时最有名也颇有些冤枉的汉奸,为广州知府余保纯。

余保纯在仕途上并不顺利,同为嘉庆七年二甲进士,梁章钜已是广西巡抚,他还在候补知府上徘徊不前。他应是一个有本事、能担当,亦善于应对复杂局面的人,在南雄州知州任上,所辖高明县遭遇台风,百姓受灾甚重,保纯打破先例,毅然请开仓平粜,活人无数;署南海知县时,也曾用计抓获成大业等惯匪,保障一方之平安,皆可证其体恤百姓,吏事练达。毋怪林则徐进入广东,在三水遇见前来迎接的余保纯,一经晤谈,即延请他作为随员,负责禁烟总局日常事务。

在收缴、焚毁鸦片过程中,余保纯成为林则徐极为得力的助手,始终坚守在第一线,"分派文武大小各委员,随收随验,随运随贮"[2];虎门销烟,更是盯在现场,没黑没白地严密防范。余保纯虽堪称步步紧跟,但在一些问题上也与林则徐有认识差异,如要求外商具结中若夹带鸦片"人即正法",心下觉得过于峻厉。受命领衔与英国领事义律在澳门谈判,大概是听了对方的话觉得有理,竟然删去林则徐认为至关重要的此四字。面对追问,保纯当也婉转告知义律之意,无外乎刑罚过重、难以避免私人夹带和栽赃陷害,同时提出可以在通关时搜检一说。林则徐即予斥责,指出其中虚伪和不切实之处,措辞严厉。

这应是余保纯唯一一次执行时打折扣,遭批后转弯也快,随即传谕义律等人必须照章具结。至于心中是不是转了弯子,那就不得而知了。之后余保纯益加奋勉,陪林则徐相度海口形势,负责在尖沙咀迤北官涌山上添设炮台。时间紧迫,调拨重炮和配置兵力的难度甚大,保纯很快就办理得井井有条,

---

[1] 茅海建:《天朝的崩溃》第三章,226 页。
[2] 《林则徐全集》第三册,英国等趸船鸦片尽数呈缴折,道光十九年二月二十九日。

一切落定。十九年岁末，收缴和销毁鸦片告一段落，林则徐与邓廷桢、怡良、关天培、郭继昌合衔奏请奖励禁烟有功人员，以余保纯列名第一。

身边有这样一个干员，林则徐十分欣喜，上疏保举他实授知府之职，奏折中自是夸赞有加。皇上也很满意，降旨遇缺即行奏补。不久恰有广州知府珠尔杭阿赴部引见，林则徐即与怡良联衔保举，闰三月十七日吏部批文递到，虽是署任，已将广州交给他管理。与英人打交道，对大员的限制和忌讳甚多，余保纯则成了合适人选，其坚守底线且机警灵活，遂成为公认的谈判专家。林则徐和邓廷桢出巡澳门，以及往前沿炮台布置防务，通常也都是保纯陪伴，所办无不妥帖，此亦保纯颇有施展的时期。

到了琦善主政的阶段，观念和举措一反此前，而余保纯受到的信任和重用并无改变，涉及对英交涉，仍是非他莫属。可猜想保纯必也与新长官有过透彻之长谈，琦善也是欣赏有加，故正式接任两广总督的当日，即委派他赴虎门料理夷务。保纯不负使命，成功说服英军退还掠去的水师等船只。琦善在莲花城与义律的第一次会晤，因顾虑太多，不免扭捏躲闪，出台唱主角的成了余保纯，长袖善舞，将气氛烘托得亲切友好。后来琦善退让搪塞，英军步步紧逼，兵临城下，广州城危在旦夕，又是余保纯一次次出面交涉，义律等真还颇给他一些面子，先是指名与余保纯"当面讲话"，然后将兵船暂时后退数里，占领十三行后又说只求通商，在余保纯答允后即行归还炮台，撤出兵船。

琦善很快被免职锁拿，接下来是怡良署任、杨芳和怡良共同负责，然后是靖逆将军奕山和另一位参赞大臣隆文赶来，原来的两个上司变成四个，对外谈判靠的还是余保纯。对英军总攻大败之后，四方炮台被占领，广州已被围困，大炮俯指内城。保纯受奕山之命，出城与义律议和，几经往返，四月初七日更是争论到天亮，始达成协议。记载曰：

> 广东广州余保纯奉委出城与英夷议和，本日夜五鼓天明始议妥，进城回复，云与义律订允偿他六百万，初要六百万两，后减

作六百万元，计四百三十二万两。限七日交清，如迟一日，多添一百万两……又要将军撤出大兵，退数十里，俟银两交清后，该夷将各炮台统俱缴回，否则午刻又攻城等语。三大帅与文武各官同在抚署商议，以事既如此紧急，不能不委曲从事，以便保全满城生灵。三大帅暨督抚将军已于巳刻会衔盖印，该夷收执。①

由六百万两，改为六百万元，少付出一百六十八万两银子，应是余保纯施展机巧、苦苦谈判的结果，可牵涉到这样一个丧权辱国的条约，有谁会为保纯请功呢？

这是一次前敌大员对朝廷的集体背叛、集体欺瞒。义律点名要求靖逆将军奕山、参赞杨芳和隆文、广州将军阿精阿、新任两广总督祁𡏖、广东巡抚怡良在《议和章程》上会衔，衮衮诸公也就一个个乖乖签名。据说隆文有些不太情愿，但事在燃眉，也不敢不签。或也正因为各大员人人有份，便没有人向皇上密报，让奕山的蒙骗之词，顺利得到批准。

如果说"弱国无外交"，指的是那种无力、无奈、悲愤与屈辱，则敌人炮口下的谈判，应有更多的凶险、困厄与艰辛。余保纯只是个传话人，所谓答允也是各位大宪合议的结果，但外有强敌，内有无数猜忌之人和朝廷眼线，能一次次前赴敌营，甚至敢于与对方激烈争辩，能在敌对方得到一些尊敬，亦堪称折冲樽俎，一条好汉。我们不知道双方究竟说了些什么，但可以肯定的是，余保纯艰难地使事态不滑向更坏，也未见做任何有损国格的事。

总有人会给皇上密报，两个月后，道光帝开始追究此事："朕闻广东办理夷务，四月初一日，官兵攻击夷船。初二日，该夷驾火轮船一只驶至省西泥城，一路开炮，兵勇望风而逃，被烧船只六十余号。初三四五等日，逆夷驾船十余只，开炮攻打上岸，防兵四散遁走，被烧民房甚多，占去四

---

①《鸦片战争新史料·广东议和之一幕》，见于《鸦片战争》第三册，434页。

方炮台,经广州府知府余保纯向逆夷面议息兵。"没有提奕山和各位大员,只剩下一个余保纯,且说到阻止三元里义民围攻英军之事,其罪责似乎更大:

> 初十日,有乡民数万人,围困义律等众,功在须史。因余保纯得义律私书,出城弹压,乡人始渐解去。逆夷将大角沙角横档等炮台砖石移往香港,起造马头房屋。又于香港潜开大路,一通香山,一通惠州各等情。如果属实,是该处情形,所闻与所奏迥异。①

此谕专对广西巡抚梁章钜而发,要求他如实奏报,"不准稍有含混"。有些奇怪的是,皇上接到梁章钜奏本后,并没有立刻降旨惩治。不知是否也有人(包括朝廷大员)讲了些公道话,指出余保纯的真实经历和所起作用。

七月初四,道光帝降谕奖励"剿办广东夷匪出力"各员,余保纯名列第一,注明"该员守防城垣,督率两首县,昼夜缉巡,不辞劳瘁……现在委办夷务善后章程,俱极周密,实属尤为奋勉之员"②,得旨赏戴花翎。有功名单为奕山等奏报,居然有文武员弁数十人之多,丧权辱国之后,尚敢以剿办夷匪为题,向朝廷称功邀赏,竟然能获得御批,让人哑然!不久后梁章钜的奏折送到,曰:"开门揖盗,咎在琦善。而受其指使者,为余保纯。"真的是一点儿也不含混。既然皇上对于老同年已然指名查问,既然素相敬重的林则徐也潜蓄愤懑,梁章钜也就不客气了。但他在奏本中分得很清楚:余保纯只是受琦善指使,皇上读后也没再说什么。

不知道啥时去掉了那个"署"字,余保纯成了真正的广州知府,深得奕山倚信,官运似乎大好,却由于一个戏剧性场面,遽尔塌台。《英夷入粤纪略》载:

---

① 《嘉庆道光两朝上谕档》第四十六册,道光二十一年六月十三日。
② 《三元里人民抗英斗争史料》,靖逆将军奕会办广东军务折档,143页。

> 八月初二日，在学宪署内开考各属文童试，南海县头场。是日，余轿到署，文童哗然，皆云："我辈读圣贤书，皆知礼义廉耻，不考余汉奸试！"盖以余行贿求和，并禁三元里诸乡义勇不得围杀占据四方炮台之逆夷也。余初犹委属员教官禁止劝谕，然愈禁愈宣……余度众怒难犯，即上轿回衙，各文童以瓦块掷击，轿为之破。①

本文说是怡良勒令他辞职，或不确。余保纯是一个聪明人，经此一番羞辱，应该知道必须有一个了断，即以病辞归，回到家乡。这之后还有十余年岁月，供他回思往事，观照和省思自身所作所为。

余保纯是汉奸吗？危局下的广州不需要这样一个人吗？故乡人的评价应属公允："然是时海氛初起，议者犹易视之，颇以是役咎保纯。"②是啊，从朝廷到地方，很多豪言壮语都让那些"易视之"者说了。作为亲历者的余保纯，未见留下什么记述。

第二节　天灾与人祸

道光二十一年（1841）六月，河南祥符黄河大决口，应是七分天灾，三分人祸。黄河上游的持续大雨，东河管理河道员弁的慵懒懈怠，河督与地方大吏的不协作、不和谐，使得这场特大水灾愈演愈烈，难以收拾。作为钦差大臣的王鼎，既要治水，也要治人；须堵住泛滥肆虐的河水，也要整治河道官员沿袭已久的贪腐怠玩，堵住从上到下都存在的资金黑洞，身上的担子实在不轻。

---

① 《英夷入粤纪略》，见于《鸦片战争》第三册，15—16 页。
② 王其淦等修《武进阳湖县志》卷二二，宦绩。

一、暴涨的黄河

当年三月，关于黄河水暴涨、下游各厅汛水位陡升的消息，就纷纷传来，道光帝甚为牵挂，谕令沿河河务及地方官员严密监视汛情，做好各项防洪准备。清代中期黄河治理以段划分，设立两个河道总督署，河南山东段属东河河道总督，徐州一带包括淮河管理设江南河道总督。河道总督又简称河督、总河，级别通常为正二品，事权甚重，经费充足，算是一个肥缺；然一旦遇险，造成溃坝或大决口，处分起来轻则革职留用，重则发配充军，又是一个风险极大的职务。

清代很重视治理黄河，也出现了一批治河有功的名臣，如顺治间杨方兴、朱之锡，康熙间靳辅、张鹏翮，雍正间嵇曾筠，乾隆间高斌、高晋，大都是久在河工，深知黄河水性，又能临危不惧、主持大局者。嘉庆以降，河政日坏，河患更为严重。至道光朝，几乎每年都有溃坝决口之类险情，靡费无数。嘉道间河督变动甚快，常如走马灯一般，总的说是越换越差，一蟹不如一蟹。

闰三月十六日，江南河道总督麟庆奏报所辖河段多处出现险情，九堡一带大水逼近徐州，二十二堡至二十四堡之间大溜坐湾，滩涂垮塌，逼近大堤。麟庆为满洲镶黄旗人，嘉庆十四年进士，历兵部主事、知府道员、臬藩两司，道光十三年擢湖北巡抚，亦称吏事练达。改任南河总督后，麟庆用心研究，渐成为一个专家型官员，著有《黄运河口古今图说》《河工器具图说》，对治河有着较为深切的认识。他奏报已分派属官严防死守，酌需分发石材工料，还说自己乘第一艘军船渡过汹涌的河水往各处巡察。五月十八日，麟庆又报黄河"长水之早为近年来所罕见"，并细说所辖各处筹防情形。总之是先事奏闻，先占地步，以免出事时狼狈。

比较起来，东河河道总督文冲远没有如此老道，当然，更不像麟庆那样用心职事。曾任永定河道员的文冲，早沾染了不少河官的奢靡恶习，二十年二月由湖北按察使升任河督，一年多时间内只见上疏要钱，或向河南藩库借钱，工程上并无太大作为。这年开春汛情不断，上游多雨，来水浩大，多处吃紧，文冲却全无应对措施。六月十六日，祥符上汛三十一堡大堤出现险情，汛卒紧急报告，管事者不甚在意，以致出现滩水漫堤。该处堤坝以沙土为主，一经浸泡，很快就形成二十多丈的缺口，混浊的黄河水奔腾而下。

第二天，文冲见局面已不好收拾，方才想起向皇上奏报，先说上游水势如何浩大，说两岸普遍漫滩、大水一望无际，说河水已涌向大堤，"加以狂风骤雨，各厅纷纷报险"，复说自己如何操心操劳，然后才是溃堤之事：

> 据报，祥符上汛三十一堡无工处所滩水漫过堤顶。臣闻信之下，不胜惊骇战栗，一面知会抚臣，一面星夜驰抵该处，察看情形。因土性纯沙，业已漫塌二十余丈。查系滩水汇注，幸距正河尚有一千余丈，并未掣动大溜。臣现在督饬道厅营汛委员赶集料物，设法筹堵，昼夜抢办，不遗余力。惟冀长水速消，始能早日蒇工……[①]

一份奏章，写得啰啰唆唆、文过饰非，却也暴露了事先毫无准备、临事毫无办法、惊慌失措，一副怨天尤人的庸臣嘴脸。

这里，有必要介绍一下相关河务术语：正河，指黄河主河道；大溜，河水之主流；而滩水，即由主流漫溢到河滩之水。河滩临水有内堤，向外很远才是大堤。滩上有水，是说大水已越过内堤，在宽阔的河滩上漫流，逼近大堤。一旦水位上涨，加上风雨鼓荡，便容易出现决口。

清朝河患频仍，逐渐设置了庞大细密的河道管理体系。这是一个军事化色彩很浓的系统，河督手中握有军政大权，所属军队称"河标"或"河营"，设副将、参将、游击、都司、守备，直至把总。在两河总督署以下有道，各设道员，正四品，多兼兵备衔；下辖为厅，以所在州府同知或通判担任；再下设汛，管理河段数千丈至万余丈，长官多为当地的县丞或主簿；汛下

[①]《再续行水金鉴》卷八〇，河水，编年二十七。

设堡，堡与堡相距约二里，每堡两人，常年驻守，观察水流变化。有司在容易出事的地方常年兴工筑修，备有石料秸秆等物。文冲奏折中所言"无工处所"，是指通常无事、守御松懈的河段。

然则水性无定，就在祥符三十一堡这样一个无工处所，黄河之水涌腾而出。

二、道员与厅官

滩水漫堤的具体地名叫张家湾，在开封正北十五里，属于开归道下南厅三十一堡河段。天下黄河九十九道弯，大堤弯曲较少，而正河行于长堤内，蜿蜒如龙，发生决口垮塌之类水患，多在拐弯处。既然有张家湾之名称，此处自也是河道上的一个弯儿。唯张家湾大堤距中心河道甚远，长滩阻隔，一向平安无事，是以长期被忽视，平日里毫无防备。

开归道全称"分巡开归陈许兼管河务兵备道"，主官为道员步际桐。际桐为道光九年进士，选庶吉士，散馆授编修，补国史馆纂修官，历任监察御史、山西平阳府知府、河南彰怀卫道道员，二十年调任现职，署河南按察使。这位老兄长期在翰林和科道，养成几分书生执拗之气，如在河南道御史任上曾上疏指责林则徐，认为令外国人具结的措施，"开一含混之路"[①]，求全责备，全不知实际操作之艰辛。或也因此一举，引起了道光帝的关注，将步际桐原折批令林则徐、邓廷桢参看，也很快将他连升两级，先是知府，数月后再升道员。

当时河工贪腐之风盛行，无工河段常常虚报新工，骗取经费使用，张家湾大堤距正河有十余里滩地，若非异常大水，压根儿到不了这个地方。步际桐翰林出身，几乎没有什么行政经验，一下子管理河道，有些摸不着头绪。他性格刚直生硬，对河工积弊早有所闻，生怕下属欺瞒蒙骗，又不

---

① 《筹办夷务始末》卷六，164页。

愿意沉下心去弄明白，是以诸事多加否决，意图以否决树立自个儿的权威。

下南厅同知高步月是王鼎的同乡，陕西韩城人，嘉庆二十四年举陕西乡试第一人，多次会试不利，推任知县，后升任东河下南厅同知，以业绩卓著晋知府衔。高步月朴拙耿直，做事也认真，巡察至三十一堡河段，见滩水渐涨，来水甚盛，而此处堤身单薄，长期未加培护，便向步际桐申请经费，要求募工加固。高步月精打细算，所请资费仅为二千七百多两。步际桐未到现场，听说此堤离正河还有十几里路，滩上光村庄就有好几个，当即驳回，任由高步月如何分说，一概不听。

身临其境的高步月很担心，对道员说不通，就越级向河督文冲申诉。时文冲在黑堽口河工，那里的大堤紧靠正河，才是他真正担心出事之处，常年维修，各种物资充足。文冲见步月坚持倾诉，喋喋不休，只好权且答应给些钱，待其离开后，就搁下这一档子事。步月所辖的张家湾河段，还是一无所有。

后来步际桐见上游来水太盛，也有一些担心，到所辖河段巡视。在下南河上汛，高步月赶紧领他到三十一堡地方，目睹滩水弥望，步际桐不同意开工，只拿出三百贯钱，交给跟随的河营守备王进孝，责令他认真防守，及时报告汛情。洪水汹汹，三百贯能做什么？而王进孝却能派上用场，以为滩水很快就会退去，便拿了这三百贯，回到几十里外的家里，找人赌钱去也。凡此种种不作为，终于导致了一场浩劫。

三、从漫堤到溃堤

这次黄河大泛滥，一开始仅是滩水漫堤和一小段决口，若及时抢堵救险，应还来得及。因为漫溢处距正河甚远，相隔有长滩，滩上有子堤，子堤后还有一些村庄，目前只是一些滩水溢出，黄河大溜（即主流）尚未掣动。如果总河文冲与河南巡抚牛鉴能通力合作，多方调集人力物力，抓紧封堵，当不会出现后来的大决口。

国之大臣

两人身任督抚，官居二品，也算是国之大臣，遗憾的是均属不识大体之人，且素有积怨。文冲连夜赶往出事地点，筹集物料准备堵口，也派人紧急通知牛鉴，却迟迟不见其到来。他在紧急奏折中除却禀报水患情形和所做各项外，还特地加上一句："再探得抚臣牛鉴行至中途，漫水漾至，即回省城防护，不及来工。"牛鉴也于两日后上奏，先说漫滩时救助滩内村民情形，说自己采取的各种防范措施，然后才是大堤漫口——

> 陡于六月十六日辰刻，据报祥符上汛三十一堡地方漫过堤顶，势甚汹涌。臣闻信之下，不胜惊骇，即驰至三十一堡抢护。缘该处系无工之堤，距正河尚有十余里之远，虽未掣动大溜，无如漫水太大，溢过堤顶，至有疏失。维时开归道步际桐在下游防守，臣暂住祥符六堡，一面飞调该道并兰仪汛都司邱广玉来工，一面札委候补知府邹鸣鹤、徐经，盐捕同知朱炜购备物料，赶紧抢筑。正在措置间，于十八日据署藩司两次觅人凫水禀报：省城于十七日辰刻被水所围，势甚危险。又于是日酉刻据报，水已见消……臣于拜折后，当即乘坐小船，绕道晋省，设法防范。①

比较起来，文冲的奏章全无切实措置，牛鉴则详说提前保障灾民，出事后的补救措施，以及保护省城百姓的重要，情景逼真，情感忧急，让皇上读后不能不相信。他通篇不提文冲一字，却会让人产生河督无所作为的深刻印象。

实际上文冲也真的是无所作为。从现有史料中，看不到他采取了任何积极措施，更没有意识到即将出现的严重后果。一切都是不慌不忙，物料在调集，施工也已开始，文大人也到现场来过，却显得从容不迫，直到冲决大堤的滩水掣动大溜。当月二十五日，文冲再次上奏，关键词已成了"人力难施，现已掣溜"，奏报张家湾距正河虽远，但滩水决口造成十余道直

---

① 《再续行水金鉴》卷八〇，河水，编年二七。

通正河的大沟，正设法填堵之际，洪峰又至，势若排山倒海，由东北大沟狂奔而下，将缺口即刻刷宽到八十余丈，黄河之水十之七八冲向这里，惊涛骇浪，汹涌澎湃，已是人力无法补救。在这份长篇奏疏中，河督最强调的就是"人力难施"。

比较起总河大人的文过饰非，道厅两位官员显得颇有良知，"开归道步际桐望河大哭，下南厅高步月如痴如呆，见人不言不语，如同木偶"①。高步月负有直管之责，说什么已是无用，既怨且悔，整个人木呆呆的，什么话都不愿再说。而步际桐深自懊悔，认为自己不懂河务，"狃于书生习气"，对不起当地百姓，见人就检讨，泪流满面。

四、总河大人的惯性迟缓

从十六日漫堤到二十二日大溜掣动，由滩水浸泡到正河冲刷，已然过了七个昼夜。在这七天中，文冲作为管理河道的总督，都做了些什么？他在奏疏中说得热闹，又是"确勘"走水情形，又是"调集员弁兵夫"，又是"再三熟商"，又是"飞饬两岸州县协济现钱"，可明眼人一下便见出事先全无预案，临期手忙脚乱，天大的危难降临，仍是各个环节都在掣肘，办起事来慢慢腾腾。这是一种习惯性迟缓，是机制失灵、贪腐盛行的鲜明表征。

这种惯性迟缓在整个官僚机器中因循已久，不光是河务官员，地方大吏也如此。河南巡抚牛鉴闻报漫堤，不去决口的上汛三十一堡，倒去了下汛六堡，相隔十余里远，在那里一待就是三天。没到现场，实在无法说"确勘"之类，牛鉴对皇上说是在六堡调集人力物料，也是关切、忧急与繁忙，与河督一般言辞。

在重大灾难面前，地方主官的作用可谓决定成败。如果换作林则徐，文冲和牛鉴提到的所有这些，均能够在一天内全部做完。那时仅是滩水溢

---

① 《汴梁水灾纪略》，23 页。

堤，水性要平和得多，抓紧堵塞，内滩外堤一起动手，应不难补救。此地虽无工料，但有工有料的黑堽口相距不远，顺堤可达，又属总河直接管辖，完全可以紧急调拨。出事后一直盯在三十一堡的步际桐和高步月，忧心如焚，反复请求总河，希望赶紧兴工堵塞。可是不，文冲认为不必这么着急。各项物料齐备之后，这位总河文大人还要取出历书，观看星相，请术士扶鸾，郑重择定二十四日为开工吉日。至二十三日洪峰一到，大溜掉头而南，势若建瓴，直激省垣，也就只剩下"心胆俱裂"、叩头请罪的份了。

时李星沅赴京觐见，据途中听闻，在日记中多处记载此事，曰：

> 文一飞视河工为儿戏，饮酒作乐，厅官禀报置不顾，至有大决，犹妄请迁省洛阳，听其泛滥，以顺水性，罪不容死矣！

> 闻文一飞当六月十六日张家湾决口，即可二十二日堵合，乃必拣二十四日上吉，以致是夕大溜冲突，附省死亡以数万计。现筹工料已估四百八十五万，殃民糜帑，其罪诚不可逭。[①]

所说文一飞即河督文冲。星沅与牛鉴交善，所记之事也是道听途说，或有偏袒牛大巡之处。然则以满员在官场不断超迁的文冲，汛期筹防不力，大灾时不顾百姓死活，加以性格褊狭，反应迟缓，生活奢靡，在在都是实情。

第三节　水困开封

开封当时为河南省城，溃堤的张家湾就在其正北。多年淤积，黄河河身早已高过经行府县，开封城如在釜底，是以十六日三十一堡决口，当晚洪

[①]《李星沅日记》，280、283 页。

水便到了开封城下。黄河之水天上来,使得毫无预备的城内外百姓惊恐万状。

一场省城保卫战自此打响,一幅黄河灾民图也就此铺展开来。面对滔滔河水,平日里千差万别的芸芸众生同一危难,其表现仍是千差万别,可悲可悯,可歌可泣,也颇有一些人可耻可恨。也就是他们中的大多数,很快在大难面前团结起来,出钱出力,献计献策,终于保住了开封城。

一、无人防守的护城堤

三十一堡决口的当天中午,消息就在开封城内外传播,人人惊惶,官府没有任何积极应对措施。河南巡抚牛鉴急急出城,不是向正北的出事地点,而是偏向西北的六堡,行前略无布置。署布政使张祥河、开封知府方宗钧倒是火速赶到城北的护城堤,可大堤上居然见不到一个河兵。

因为多次遭遇黄河水患,开封城外特别加修了一圈护城堤。北、东、西三面皆距城五里,南堤去城十里。这是省城抵御洪水的一道关键屏障,专设河兵巡察。然由于平日无事,汛卒懈怠懒散,及至用时,根本就不知去向。护城堤与黄河大堤不同,一是堤身单薄,高不过一丈有余;再则为省城日常交通便利,不得不留一些道口。洪水即将来到,堵住这些道口和加固堤身,十分急迫。现在是河兵不在,方知府只好雇用民夫,好不容易找了一些人来,却是伸手先要钱。知府大人急切之下拿不出钱来,答应派人去衙门取,人群中但闻几声冷哼,接下来便一哄而散。再问张布政使,告以早就乘轿回府了。

在洪水面前,无人守御的护城堤简直不堪一击,当晚戌刻,大水已抵城下。此时的护城堤由利变害,堤内成了一个庞大水潭,进水太多,短时间又泄不出去,"平地皆深丈余"。城郊居民猝遇大水,逃避不及,几乎有一半被淹死,凄惨万状:"附堤居者皆奔赴堤上,多半不及携带衣粮。其他村落或升屋聚号,或攀树哀鸣,往往数日不得饮食"。[①] 开封城的官员

---

① 《汴梁水灾纪略》,2页。

百姓十分惊恐，在城各官包括一些候任官员，被匆忙分派各门守御。就在灭顶之灾到来之际，一些人的贪念奇特疯长，抢劫偷窃几乎不能遏制。祥符知县张官负责南门的守御，派家丁陈某给民夫发钱，这小子先私藏一半，剩下的各衙役纷纷伸手，到得民夫手中，一筐土仅给二三文，众人哄闹一通后走散，大水一拥而入。

更为严重的还是城墙。与很多地方一样，开封城垣为外砖内土结构，且多年失修，极不坚牢。不要说洪流激撞，即使是浸泡，也会造成垮塌。古老的开封城，又一次处于危难之中。

二、曹门士绅

经历过许多次洪灾的开封城，对猝然降临的灾难，仍显得毫无准备：官员没有准备，百姓也没有准备；物资没有准备，精神也没有准备。

城内顿时一片混乱，各级官员似乎都在奔忙，各级行政机构又都有些失灵。钱粮皆告匮乏，可没有钱、不付现钱又啥事也办不了。而一旦拨下款项，小官敢贪，衙役下人也不客气。倒是那些职位略高的官员，毕竟知道利害所在，大多还在努力做事，只是有些指挥失灵，没有什么人愿听他们的。

大难面前，乱象丛杂，亦有人挺身而出，自动出头主事的是几位当地士绅。十七日一早，开封城外黄水弥望，四厢村落仅剩树杪，曹门二重门已入水，负责此门的候补知县罗凤仪急召人堵三重门，无奈民夫寥寥，门内居民人心惶惶。常茂徕、石铦等人见情势危急，遍约街邻铺户，声言洪水即刻就会进城，我辈身家性命在焉，理应有钱出钱，有力出力。于是一呼百应，各街巷商民蜂拥而至，"用巨木三十余条将门扇编固"，"运土扛袋者如蚁"，顿时化险为夷。罗凤仪见城门北侧墙垣出现渗漏坍塌，分派一半人工往城外堵塞，居民牛镜主动献出一垛秸料，众人欢呼称赞，跟着出力出料，士气高涨，竟出现一种热火朝天的抗洪局面。

这是官府绝没有想到的景象。开封城民心为之大振，官心亦大振。罗凤仪赶紧下拨一批经费，又趁热打铁，诚恳以护城堵门之责相拜托。闻听此事，按察使况澄和开封知府方宗钦多次来看望慰劳，并激励其他地方的士绅出面，组织民力。

出头领事的士绅多为读书人，内有一些是还乡或候任职官，在邻里间素有威望，此事又关系到大家的切身利益，生死存亡，一旦团结起来，见识、能量和做事的态度便与一般民夫不同。开始时居民多往城墙上躲避，贴墙水深，街巷泥泞，往来极是不便，又是常茂徕献计建造简易木桥，很快解决了难题，被各门所仿效。茂徕等二三十名曹门士绅会商后认为南护城堤口壅塞不畅，是城外积水的主因，说与官府无作为，便自筹资金，雇人前往挖掘。虽说当夜大水自行冲决堤坝，积水渐行消退，其主动精神是可贵的。

民心可期，民力可用。开封官员发现了这一点，遇有繁难之事，多委托曹门士绅出面解决。并以此门百姓为榜样，在其余各门邀请有威信的士绅出头，协调防御事宜，甚至成立商民代表为主的总局，公推主事者，及时解决各种问题。士绅代表也不负众望，积极建言，提出了许多有价值的建议。待河南巡抚牛鉴回城后，也把五城士绅商民当作智囊，当作一支值得信任的力量。

三、小船载回牛中丞

时任河南巡抚牛鉴，为甘肃武威人，嘉庆十九年进士，选庶吉士，散馆授编修，出身与王鼎略同。后由科道官转任地方，历粮储道、按察使、布政使等职，道光十九年升任河南巡抚。他是一位循吏，官声不错，但性情执拗，不善与人合作。这次河患中他与文冲不通声息，不行合作，背后告状，甚至互相拆台，也不能说都是对方的错。

十九日中午，牛鉴终于乘小船回到开封。省城各门俱被堵得严严实实，进城的路径便只能是从墙垣爬上来。牛大巡由西门外登上城墙，躲避在此的难民没人追问这三天他去了哪儿，而是如得救星，"围随号泣，声动天地"。

牛鉴也是"且泣且慰",一直到南门才下城,视察仓库、监狱等,回到衙署。职掌一省军政的巡抚大人回城,带给人们极大鼓舞,抗洪守城之事渐渐有了秩序。牛鉴选任精强敢为的官员到关键岗位署职,重新委派能员负责五座城门守御,每一城门分派官兵驻守;采取一系列赈济措施,救助无家灾民,在城上散放馍饼,并雇船往郊区救回被围百姓;悬榜安民,听取城中士绅建言,严禁趁机打劫和哄抬物价。

之后的几天里,水情缓解,牛鉴心绪稍定,即拟奏疏,陈说开封全城抗洪详情和采取的各项得力举措,文字真切,情感倾集,"省城为仓库钱粮重地,百万生灵聚集,城之存亡,即臣之存亡",皇上读来当也大为感动。这是黄河决口后牛鉴的第二份奏折,文字详切,真实报告了灾情,也传递了乐观情绪,"幸赖皇上洪福,天气放晴,河水连日消落三尺余寸,滩唇涸露"。他在疏章中不独详记守城情形,也多处提及河工:

> 工次距城二十余里,沿途皆属积潦,臣已多备船筏间段布置,与河臣声息相通,所需工用银钱料物随时接济,不致稍有延误。①

真的吗?对比文冲之奏,似乎更觉可疑。至于牛鉴自称督率部属在河滩查找进水沟槽,说"及天气放晴,堤工漫水克日可期堵竣",就更是在糊弄当朝天子。阅读史料,我们见文冲在黑堽口,牛鉴在开封城,两人都很忙乎,都去求神问卜,却看不到任何"声息相通"及前往河工的记录。在河工的只有道员和厅官,既难以调遣军队,也难以调动资金,见大溜南掣,只会望河号啕。

就在这份奏折的附片上,牛鉴禀报:连续接到步际桐急报,二十二日傍晚,"河水复涨,大溜亦有掣动之势,情形甚为危险"②。这是他写完章

---

① 录副奏折:牛鉴,奏为河水复涨督饬人夫备料防守事,道光二十一年六月二十三日。
② 录副奏折:牛鉴,奏为河水复涨督饬人夫备料防守事,附片,道光二十一年六月二十三日。

奏后新收到的河工情况，不能不附奏，但为了不让圣上忧心，还要宽慰几句，说城外的水增加不多。

四、河督与豫抚

祥符决口和开封水患的愈演愈烈，与督抚失和，互不配合，甚至互相掣肘有着很大关系。

清朝体制，以总督或巡抚为地方最高军政长官。一般说来，总督为从一品，通例兼兵部尚书或侍郎衔；巡抚为从二品，兼衔通常为都察院右副都御史。二职因需要设于一地，概以总督为主，巡抚例受总督节度。如邓廷桢任两广总督时，怡良为广东巡抚，遇事则会衔附议而已。河道总督，地位与各方面总督相仿，权限则要收缩很多。这总督不是那总督，督得了线，督不了面。如文冲为东河总督兼兵部侍郎，只是"掌治河渠，以时疏浚堤防，综其政令"，地方的事，他就很难去管了。

文冲遇上的牛鉴，又是一个作风硬朗、性格执拗的人。河南巡抚之上例无总督的设置，"提督军务、粮饷兼理河道、屯田"，权限远过于河督。文冲管不了河南地方之事，牛鉴却有权去管河道的事。当然平日牛大巡也不会越界管闲事，但在大决口后，情急之下便顾不得那么多了。他把东河所属道、厅、汛官员及河营官兵大量调往省城守御，同时要求运送物料，弄得文冲直喊河工空虚，无人差遣。

说起来，文与牛应是早有遇合，并不生疏。道光十一年，值三年一次的京察，文冲、牛鉴与张祥河皆在"引见"之列，考评为一等，奉旨"俱着交军机处记名以道府用"，结果文冲升任直隶永定河道，牛鉴升任云南粮储道。后文冲以患病申请回旗调理，再任江苏布政使。牛鉴在陕西布政使任上与巡抚不合，称病归乡，都有过一段闲居生涯。十九年六月，牛鉴擢河南巡抚，仅仅过了八个月，文冲升任东河河道总督。从职衔上论，文冲要略高一点儿，而事权则以牛鉴较重。河道与地方本来就容易摩擦，两人的矛盾也随之出现。这类不和谐古今官场在在有之,平日里倒也关系不大。

黄河决口,虽略分主次,两人都负有直接责任,本该精诚合作,一起抗洪救灾,可是不,他们仍在互相拆台。溃堤之初,河督令人飞报巡抚,牛鉴并不到张家湾会合商量,径自去了下汛六堡,到最后也不知他在那里做了些什么。不管其奏折中说得多么热闹,我们仍不能理解他为什么在溃堤时不往口门、淹城时不归省垣。以其后来防御省城时的表现看,牛鉴似不是一个胆小逃避之人,那么只能解释为,他对河水漫堤并不着急。因为文冲才是第一责任人。下汛六堡距溃堤口门只有十里许,沿堤东行,要不了一个时辰,可牛鉴愣是不去,出了这样大的麻烦,也不与河督见面会商。

文冲自然是恨得咬牙切齿,对身边人不免诅咒几句,传扬出去,便成了河督故意决堤,故意去淹省城。《李星沅日记》有着鲜明的倾向性,什么账都记到文冲身上:"又密遣人决水,声言冲死牛犊子。果尔,尤可痛恨!"所言"密遣人决水",绝对不可能。作为河道总督,文冲应知朝廷法度,万万不敢如此妄为。但"声言冲死牛犊子",怎么听都有几分现场感,河督大人那种气急败坏兼幸灾乐祸的嘴脸,跃然纸上。

算是投桃报李吧,水围省城,文冲乐得清闲,在二十里外站干岸儿。牛鉴在危城催工催料,心急如焚;河督大人在岸上作袖手科,催急了运去几船,有一搭无一搭的。在给皇上的奏折中,文冲还要说,船被城中官员扣留,用以安置官家眷口。大灾大难之际,两位主事大员就是这样,你不来,我也不去,都在疏章中暗暗指责对方。道光帝也见出端倪,谕令二人多通信息,联手抗灾,两人赶紧表态,实际上毫无改变。

五、席地而坐的钦差

看多了戏曲影视里的钦差大臣,仪仗鲜明,仪卫煊赫,八抬大轿,道貌岸然。历史上当然有这类排场豪奢的钦差,更多的应不是这般,尤其那些赶路的钦差。林则徐奉旨往广州禁烟,"惟顶马一弁、跟丁六名、厨丁小夫共三名，俱系随身行走，并无前站后站之人"①。历朝都有这样实心办事、急切赴履危难的钦差大臣。王鼎从来行事简朴，这次奉旨治水，虽带有一批随员，仍是心无旁骛，一路不顾日晒雨淋，催促赶行。

王鼎是在七月十二日离京的。

当月初四有旨，为何在八天后才动身，不得而知。但知王鼎接旨必不会有丝毫拖延，不能马上登程，大约不外聆听圣谕，探讨治水方略，协调阁部各方的意见，计议工期和预算资费，以及选择调配随行人员等等。陪同他前往的是通政使慧成，也被称作"副钦差"，随员有刑部郎中蒋方正、内阁中书张亮基、刑部候补主事吴光业等。

这是一个临时拼凑的班底。副手慧成的选定，出于圣谕，大约也听了王鼎的意见。当年五月殿试，王鼎和慧成都列名读卷官，可知其虽为满人，才学文辞必有可观。李星沅论人常见率直苛刻，亦称"慧裕亭成明练秀整，略有名士气"②。到达河工后，慧成对王鼎也是极为尊重，全力配合。

七月正当炎暑，途中时雨时晴，泥泞难行，王鼎急于赶路，有时入夜也不肯歇息。二十二日，他在安阳丰乐镇给在京师的儿子和侄儿写信，回顾行路情形：

> 一路行走迅速，因河南灾黎在危厄之中，不敢稍为停留。十四五六日皆雨中遄行，十五日夜大雨如注，途次费力，日来天气晴霁，而路上泥滑难走，过邯郸后则坦平矣。③

在为宦生涯的中晚期，王鼎曾多次出任钦差大臣，大约每一次做钦差，都是这般急如星火地赶路。现在的他已然七十四岁高龄，虽有车可乘坐，然背上的疮已有一段时间，难以倚靠睡卧，又不耐颠簸，途中也是苦不堪言。

---

①《林则徐全集》第五册，奉旨前往广东查办海口事件传牌稿，100页。
②《李星沅日记》，52页。
③《王鼎家书》，18—19页。

二十五日，王鼎一行来到距开封四十五里的董堤。由于其行甚速，事先并未通知，是以并无河道和地方官员迎接。刚抵达黄河北岸，就见十几位老人望见聚拢来，迎接哭诉，面色悄惶，衣衫褴褛，问之皆附近难民。王鼎赶紧下车，招呼老者近前，席地而坐，一一温言抚慰询问。老人跪地泣诉，从河堤决口，到洪水围城，再到省城守御之艰、百姓凄惨情状，详细道来，说到痛处，且泣且诉，王鼎不由得随之泪水潸然。自幼生活在穷困中的他，知道这些话句句都是实情，亦知整个灾情还要严重得多。老人着重揭露了河工之贪腐怠玩，说二十日河水退落，决口宽不过数十丈，河兵一意欺蒙，"水分三沟，止堵两沟，竟留一沟不堵"，说河督大人根本不到工地，以致酿成大患。对于河南巡抚牛鉴，他们则大加赞扬，"大溜全至城下，省城危险十分，全赖牛大人及绅民昼夜督工，方得无虞"[①]。这些话自有不少主观臆测处，却以强烈的爱憎，留给王鼎深刻印象。

王鼎还特意问及步际桐，也是有所牵挂。道光九年己丑科，王鼎为殿试读卷官，对得中该科二甲第二名的步际桐印象甚好。后来际桐以御史奉旨督理京师街道，敢于惩处某王府旗弁，廉正果敢，大获清誉。是以对这位门生在河患危急时的表现，王鼎颇有几分关心。当地老人哪知这些人事渊源，只管直说：步道员是个读书人，不懂河务，任凭文武河员蒙蔽，也不常在河工上。身后侍立的随员多知道钦差大人与步际桐的师生之谊，闻之脸色大变。王鼎倒是一如先前般和煦，让百姓把相关见闻细细讲述，命随员一一记下。

二十六日一大早，王鼎等人沿着大堤，先行赶往三十一堡决口处。他不顾年迈有疾和旅途劳累，上堤下滩，尽量靠近口门仔细察看，不断向在场河员询问。在稍后的章奏中，王鼎记述了决口处情景：

> 二十六日，率同随带司员……同赴决口，上下周历查勘。旧河正身现在淤垫高仰，已成平地，其决口处……口门现宽

[①]《汴梁水灾纪略》，48页。

第十章 张家湾大决口

二百六十七丈,下游决口宽亦相等。东口已有挂淤,将拟盘做裹头。西口大溜湍急,难以施工,溜势建瓴而下,直趋省垣。①

今日可知,三十一堡溃堤后,这是对决口处描述最为准确切实的一份报告。不管是文冲还是牛鉴,在奏疏中都缺乏这种详切描述。为什么?皆因两人都没有如此认真地查勘。比较起来,文冲的叙述较细,还附了一幅水情图,却是多日前的情形,决口之处随时都在变化;而那一份接一份上奏的牛鉴,怕是一直在省城主抓守护,根本就没有到过黄河决口的地方。

当天下午,王鼎一行从口门赶往省城,并沿途查勘河水泛流、围困省城情形。"由北门外东西分溜较浅处所登城,阅视城外,四面水围,东边溜小,由北门绕至东门外南下;西边溜大,由西北直下到城西南隅,折而东趋,至距省十余里之东南苏村口,两溜始合而为一。现在省城西北一隅最为吃重,大溜淘涌异常,直冲城根"。开封城墙上的避难民众听说皇上钦差降临,顿时拥挤前来,哭声一片,也有一些人呼喊口号,大多是说牛鉴保城护民之功。王鼎一一好言抚慰,宣示皇上关切之意,说朝廷自有安置措施,要众人归家静候。

河南官员闻讯赶来拜见,牛鉴等将王鼎迎入官棚,详细禀报水患和受灾情形。王鼎仔细倾听,也时加问询,了解溃堤、守城及河工情况。听完后,王鼎谢绝牛鉴等人的苦苦挽留,率随员人众离城而北,驻节祥符下汛第六堡。此举使河南官员颇感失落,他们已然"扫除官廨,所费不赀",没想到竟然派不上用场。五门绅士相约来递公禀,慌忙赶来时,钦差大人已经离城而去,也有些其情怏怏。

驻省城,还是驻河工?是钦差大臣抵达后的第一道难题。道光多次特派王鼎为钦差大臣,因为他清正、认真、不拿架子、坚忍不拔,更因为他

---

① 录副奏折:王鼎等,奏为查勘河南黄河决口并凤称守护情形事,道光二十一年八月初四日。

有能力解决问题，每一次都不辱使命。王鼎的选择无疑是正确的。他的差使是督办河务，解决黄河水患，不是来守御河南省城。一旦住进开封，与河工相隔二十余里，又被洪水阻断，如何亲临调度指挥？抵达后的短短时间里，听到大量河臣无能、河工贪腐、河兵有意拖延等种种说法，他也需要与文冲等人当面交谈，以见究竟。王鼎曾奉旨查办过许多疑难案件，洞悉世情宦态，能感觉到河工存在严重问题，也能觉察到有人在操弄舆论，把什么都推给河务官员。

第四节　开工何艰难

王鼎面临的最大难题，还在于河工的尽早开工，在于如何尽快堵塞决口，挽滚滚巨龙重回河道。河工的专业性很强，非久于河务者难以胜任。类似祥符三十一堡这种大崩堤，又牵扯到河南省城的存毁，尤其难为。王鼎一向为拆解繁难事务的高手，却也未有过管河与治河经历。

看着道光帝为英军侵入江浙焦虑烦乱，年迈体衰的王鼎仍觉血脉偾张，觉得责无旁贷，是以领旨时并无犹疑。但他不是孟浪之人，深知办此大工的艰难凶险，选配慧成作为副手，虽称干练，也是毫无河工经验。王鼎忽然想起曾任东河总督的林则徐，其在职时间虽不长，但颇有作为。他当即奏准皇上，让林则徐前来开封，襄办河工。

一、林则徐在镇海

广州的局面已难以收拾，但最让皇上操心的，还是浙江和江苏。两省皆为大清财赋之地，距京师比广东也近了许多。康熙年间，曾批准荷兰等国在定海通商，城南修建了码头和商馆，煞是热闹繁盛。英人一直想在这儿占一块地方，清廷顾忌很多，坚决不许，是以战事一起，英舰首先攻占定海，意图长期盘踞。两江总督伊里布受命为钦差大臣，驻宁波办理攻剿，却不管皇上怎样催促，迟迟不见进攻。伊里布同琦善联络密切，皆与英人信使往还，都是在勾兑，希图通过割地赔款解决问题。他们已见识了英舰的军事实力，然若称其为朝中的知英派，不如说是惧英派和投降派。二人毫无抗战意志，一意媚敌贿和，不修防务，先后被撤职惩办。

二十一年正月十九日，江苏巡抚裕谦被任为新的钦差大臣，全面负责江浙军务。裕谦，蒙古镶黄旗人，出身官宦世家，堪称一门忠烈：曾祖班第乾隆初为军机大臣，以兵部尚书署定北将军，率兵讨平准噶尔部，封一等公，阿睦尔撒纳叛乱中被围，与额容安同时自刎，誉为双忠，图形紫光阁；祖父巴禄以镶红旗蒙古都统从定伊犁，转战回疆，屡败霍集占，"为后五十功臣首"；父亲庆麟，乾隆四十八年出任驻藏大臣。裕谦是嘉庆二十二年进士，改庶吉士，授礼部主事，转任地方，所至有重教爱民之称。道光十四年秋，裕谦由湖北调任江苏按察使，时林则徐为江苏巡抚，对这位新来的下属颇多关照。禁烟议起，裕谦以江苏布政使署巡抚，自出赏格，首先从各衙门幕友、官亲、弁兵、差役中查拿吸食者，打击甚力，授江苏巡抚。正是看到裕谦在禁烟中的卓异表现，道光命其前往取代伊里布。

裕谦抵达后一力主战，渡海到定海及各岛屿察看地形，增建炮台和防御工事，加紧铸造大炮，不辞辛苦。然一些举措，多有过激和失当之处：如拆毁定海"红毛道头及夷馆基址""并将该处民房迁徙城内"；如将英军坟墓的尸骸剉戮抛海，将俘获英军剥皮抽筋，制成马缰，或意在激励将士，皆显得残忍偏执。他可能是要模仿老上司林则徐的坚定决绝，境界和才具实在是差得太远。林则徐以四品卿衔驰赴浙江，裕谦喜出望外，接皇上密谕，即上奏：

> 该员（林则徐）向为兵民所悦服、逆夷所畏惮，其一切设施亦能体用兼备，奴才素所深知。如蒙圣慈饬令林则徐驻扎镇海军营，更替刘韵珂回省，即由该员会同浙江提臣余步云督率镇将，妥为

筹办,仍不时往来定海,巡查弹压,该员必能激发天良,仰副委任。[①]

裕谦已是两江总督,岂不知皇上身边颇有深恨林则徐之人,仍鲜明地亮出观点,将最关键之地委托给他,襟怀之坦荡,令人钦敬。

对于如何使用林则徐,朝廷重臣意见尖锐对立,道光心中也是两种观点时常打架。他岂不知则徐有守有为,却认定其在广州启衅招祸,才造成今日之被动局面;而一遇重大事端,便有人举荐推重,他也觉得则徐为最恰当人选。随着事态的变化,琦善被锁拿解京,伊里布先被革去协揆、拔去双眼花翎,再命进京接受讯问。吁请林则徐、邓廷桢复出的呼声越来越高,闽浙总督颜伯焘、浙江巡抚刘韵珂也接连上疏,奏称林邓二人有体有用,为英夷所畏忌,建议"饬令迅速驰驿赴浙,林则徐驻扎镇海,邓廷桢驻扎宁波"[②]。就在这种背景下,戴罪广州的林则徐重获任命,虽说仅是一个"四品卿衔",无啻一个信号——皇上决心对英决战的信号,一时人心大振。

林则徐急急赶赴浙江,四月十八日至富阳,二十一日抵镇海。时裕谦回江宁接两江督篆,刘韵珂、余步云等一应官员乘舟来迎,真情可感。当晚则徐入住城内蛟川书院,这是预先为他安排好的居所。顺便说一下,林则徐此次奉旨来浙,颇有人猜测将会接任两江总督,他则以为会被派到定海,做好了为国捐躯的准备,将妻儿家小安顿于杭州,只身赴任。

浙抚刘韵珂也是一个人物。他出身民家,以拔贡生得七品小京官,在官场无依无靠,竟至于封疆大吏,自有过人之才,史传称之"机警多智",当不止于此。韵珂由衷欢迎林则徐的到来,将裕谦奏稿拿给他看,也说明还没有接到旨意,请他先熟悉一下备战情况。则徐次日即与刘余等人登上招宝山,"观山海形势,察看新旧炮位"[③]。自兹以后,他几乎每天都与巡抚、提督、总兵、道府等磋商军情,尤其关注火炮的铸造和射击演练。林则徐

---

① 《筹办夷务始末》道光朝,卷二九,1040页。
② 《筹办夷务始末》道光朝,卷二一,753页。
③ 《林则徐全集》第九册,辛丑日记,二十一年四月二十二日,458页。

从来都是一个务实的人,又尽心搜集外国信息,深知英舰炮火之利和清军旧炮之落后,搜罗军事专才,很快研制出一种四轮驱动、配有滚轴圆盘的炮架,架设新铸成的八千斤大炮,可供伸缩俯仰四面射击[①];他还将所携兵书中有关战船的部分交给炮局研究,"箧中亦有焦氏书,所言铸炮之法颇详,昨已检付此间炮局"[②],督造出一种行驶甚速的车轮战船。遗憾的是尚未投入使用,镇海便已陷落。

五月十二日,林则徐接到裕谦来信,附有军机处廷寄一道,皇上在其中谈到对林则徐的使用,曰:

> 其镇海军营事务,着派刘韵珂、余步云办理,并着林则徐暂行协同筹办。倘浙江省垣有应办公事,刘韵珂回至省城,即着余步云与林则徐、周开麒会商妥办。如有折奏,林则徐毋庸列衔。[③]

这样的结果,是大家所不愿看到的,林则徐殊无惊讶,亦不见沮丧。他每日仍忙于整顿军备,特别关心炮局的进展,定海的敌军虽撤走,总有小股外敌出现在浙东近海,预兆着必有一场恶战,火炮的研制铸造至关重要。

招宝山为镇海之要塞,山上有观音庵和天后宫,不少文武大员时常来此瞻拜,乞求神灵佑助。一日清晨,林则徐往庵中观音大士前行香,抽了一签,云:"天开地辟结良缘,日吉时良万事全。若得此签非小可,人行忠正帝王宣。"[④]困厄中的林则徐,似乎很在意这首卦辞,将之录入日记,若有希冀。

岂知就在几天前,一份决定他前途命运的旨意,已经由京师发出,曰:

> 国家设立兵丁,勤加训练,所以严武备而戒不虞。总督有统

---

① 龚振麟:枢机新式炮架图说,见于《海国图志》卷八七。
② 《林则徐全集》第九册,致冯登府,277 页。
③ 《清宣宗实录》卷三五一,道光二十一年四月庚戌。
④ 《林则徐全集》第九册,辛丑日记,461 页。

辖之责，必应于平时认真督率将备，加意练习，使之有勇知方，一旦猝遇外侮，何患不破敌摧坚、立功奏凯？道光十二年，两广总督李鸿宾、广东提督刘荣庆因办理军务，临事不能得力，平素毫无整顿，曾经遣戍。前任两广总督邓廷桢履任多年，懈惰因循，不加整顿，所设排链空费钱粮，全无实用，以至该省兵丁柔懦无能，诸多畏葸，虎门之役竟有为夷匪买通者，思之殊堪痛恨！前任两广总督林则徐，经朕特给钦差大臣关防办理广东事件，继复令其实授总督，全省军务皆其统辖，既知兵丁染习甚深，便应多方训导，勤加练习，其于夷务，亦当德威并用，控驭得宜，乃办理诸未妥协，深负委任。邓廷桢业经革职，林则徐着革去四品卿衔，均从重发往伊犁效力赎罪。即由各该处起解，以为废弛营务者戒。①

降旨之时，旻宁还不知广州惨败和投降之详情，但已知广东营务废弛、弁兵怯懦，甚至有为敌所用者。所言"虎门之役竟有为夷匪买通者"，指关天培率兵做最后抵抗时，发觉炮门为人注水，不能点燃。此事真假难辨，被一些人大肆渲染，激起道光帝的极大愤慨，归罪于邓廷桢和林则徐，先后将二人遣发新疆。

琦善和伊里布均在京城受审，约一个月后，伊里布被革职，"发军台效力赎罪"，琦善被定为斩监候。

二、从扬州转弯

道光帝批准王鼎的请求，命林则徐前往开封河工。怎样安排林则徐在河工中的职务？王鼎提出的是襄办，皇上谕旨说的则是效力：

---

① 《清宣宗实录》卷三五二，道光二十一年五月癸亥。

第十章 张家湾大决口

> 林则徐着免其遣戍，即发往东河效力赎罪。[1]

谕旨是在七月初三日发出的。皇上这么说，与王鼎之间应是已有了一种默契。不管是此前的"发往伊犁"，还是这时的"发往东河"，说的都是效力赎罪，由该管官员适当使用，发挥其能力。林则徐素称能员，又有管理东河河道和监督大工的经验，王鼎寄望甚殷，对他的安排早有成算。

此时的林则徐已踏上遣戍之途。不久前的钦差大臣、两广总督，将禁烟搞得轰轰烈烈，军民大振，如今已成为一名流人，真让人扼腕唏嘘！林则徐饱读书史，对人生之大波折颇为旷达，颇能随遇而安，唯经行各地受到友人的真诚迎送，让他感动，接谈间常也引发报国之思。这不，一转瞬间，皇上又要用他了。

朝廷也不知流放途中的林则徐走到了哪里，只好命江苏、安徽、河南等省派员打探行踪，将他截住。上谕以军机大臣字寄发出：

> 昨已明降谕旨，将林则徐发往东河效力赎罪。该革员经过河南、陕西两省，着牛鉴、富呢扬阿即行截留，饬令迅速折回东河，毋稍迟延。[2]

距前一道"从重发往伊犁"的谕旨，已过去将近两个月，军机处判断林则徐大约到了河南陕西地面，故将字寄发往这两省。牛鉴奏报林则徐尚未到河南地界，称已向江浙发出咨文，并派员到徐州打探拦截。岂知林则徐一路访朋会友，吟诗题词，优哉游哉，尚在江苏境内。由此也可知到了嘉道时期，犯事革员的流放之路，绝非《水浒传》中林冲那般凄惨，至于大名鼎鼎的林则徐，大家皆知其蒙冤，认为日后必会重新起用，所到之处，大多高接远迎。

---

[1]《林则徐全集》第五册，发往东河效力呈，324页。
[2] 录副奏折：牛鉴片，奏为遵旨派员探截革员林则徐来豫效力事，道光二十一年七月二十日。

七月十七日，林则徐在扬州仪征接到江苏巡抚转来的兵部咨文，传达了皇上谕旨。这种特殊举措，很容易被看作圣意已回的征兆，朋友们争相传报，纷纷致贺。林则徐请江南总河麟庆代奏一份呈文，说自己"伏地碰头，感激涕零，莫名悚惕"，表示会立即赶往东河工次。虽然林则徐睿智冷静，此际也难免燃起几分希望，在其写与友人的信中有所流露："昨重被诏恩，改赴东河效力，益滋兢悚，爱我者何以教之？"①

道路阻隔，林则徐改由水路奔赴开封。大约十年前，林则徐先任河南布政使，未久又任东河河道总督，两任皆不过半年，都留下极好的官声。黄河改由山东入海的治河方案，就是在他主持下基本形成的。当地百姓得知林则徐要来，多抱有极大希望："闻林制军则徐将来，绅民无不喜悦。林公前任河南布政使及河东河道总督，人皆服其干略……至是复奉旨发往河东效力赎罪,故闻之者共相庆也。"②怀有同样情绪的还有一些相知的官员，如李星沅便是这般，在给他的信中写道：

> 上冬一奉钧答，时已大波轩然，风云万变，忽而可歌可泣，忽而可骇可愕，究之可为痛哭长太息，此亦时会之无如何者也。东河之命甫下，中外额手，欢声若雷，仰见圣主真知，一心一德，始终无间。而我年伯大人公望交孚，遗大投艰，所以舒宸廑而全民命者，丰功骏烈正未有艾，初离苦海，又渡恒河，同一万难着手。然人心之害甚于洪水，与其跂前蹶后，事在局外，忧在局中，又不如己溺己饥，仔肩巨任，犹足舒一人之轸念，恤万姓之恫疾也。③

星沅年资稍晚，亦道光咸丰间佼佼者，正在赴江苏布政使路上。他对王鼎较为敬重，与林则徐、牛鉴都有交谊，也深知河工之弊，以为同战事一样"万

---

① 《林则徐全集》第七册，致篠翁，279页。
② 《汴梁水灾纪略》，7页。
③ 《李星沅日记》，281页。

难着手",至于以为林则徐此去会代替文冲,接任河督,那可就大大错了。

与往定海时"赏给四品卿衔"不同,这次林则徐来祥符河工,只是效力赎罪。八月十六日,林则徐抵达,也是由北城越过墙垣进入开封。他与牛鉴是翰林老相识,有些意气相投,少不得相见一叙,谈论一番国家大事,感慨一通江山破败,唏嘘感叹。

见王鼎不住省城,林则徐也转往祥符下汛六堡。

三、残破的古城

王鼎抵达开封城时,该城残破已甚。这不独由于起初的黄水涌入和泥沙淤积,更严重的是人为的破坏。一切都发生于紧急慌乱之时,一切都以保卫省城的名义,而不少人又夹杂着一些复杂情绪和阴暗心态。古老的开封、曾经的帝王都,此际正经历着一场浩劫,在王鼎等到来之后仍没有结束。

据记载,首先被拆的是城墙上的建筑,《汴梁水灾纪略》:

> (七月)初二日,河水复涨三尺余,东门外一带仍复汪洋无际。河营参将邱广玉于城东北作挑水坝,拆城角望楼及城垛。自是以后,城四隅望楼及城垛次第拆尽,皆与城顶土平。北门、西门、南门敌楼皆拆毁,仅余木架覆席片做官棚。

本来堂堂皇皇、周回数十里的汴梁城垣,正因为有这些望楼、敌台和城垛,才显得高峻雄壮,望之俨然。如今悉数拆去,平头土脑,加上城外黄沙淤埋,从北面看高仅数尺,哪里还像个省城的样子?王鼎和林则徐都是从北部登上城垣的,其感受自可推想。

带头这么干的是河营参将邱广玉,事虽紧急,似也有几分恶意。自二十三日黄河大泛滥后,河工便停了下来,一些河道系统的军政官员被调往开封防御。邱广玉诸人皆知顶头上司文冲的迁省之议,知河督大人对防御省城的消极态度，是以不得不来，能拖则拖。牛鉴岂有不知，岂能不恼怒？故在四日前，下令将把总孙浩"贯耳游城"，又称邱广玉"老迈奸猾，有意迟误"，摘取顶戴，令其戴罪办公。河南巡抚"提督军务、粮饷兼理河道"，不是不可以处置河务，但毕竟比河督职位略低，对待河营的官员应采取点协商姿态，而非一味用强。这不，城楼、敌台和城垛被一扫而光，昔日的煌煌大城变成一个土围子，拆的时候似乎都有刻不容缓之势，也都禀报过牛鉴。巡抚大人临事毫无主张、惊慌忙乱，于此可见。虽然过后也愧悔懊丧，却是有苦说不出。

被乱拆乱砸、无情破坏的又不仅城楼。西北城垣吃紧，靠近的校场、演武厅，以及孝严寺等庙宇，先被拆尽。然后轮到开封城的标志性建筑大相国寺，大殿等倒还没动，寺内石栏杆、玲珑太湖山石，俱被"毁碎抛向城外"。这些流传不易的宋王朝遗珍，就这样付之洪流。试问以满是洞眼的太湖石能堵住狂澜么？又谁敢说那抡锤砸碎太湖石和玉栏杆之河兵河夫，没挟带几分戾气和快意呢？

接下来是河南贡院，即乡试闱场，一省生员三年大比的地方。先拆的是贡院外的供给房，然后是十二经房，很快将"两主考房、内外监试提调及各所房屋全行拆尽"。记载还说拆解过程中"砸死民夫二十余人"，想是场面一团混乱，各方都在争抢，因为抢险现场的砖局，是要点数才付钱的。

王鼎抵达后，虽然住在祥符下汛六堡，亦心系省城，短短半个月内就三次到开封察看。"经过之处，沙滩辽阔，从前村落街道皆为沙压，仅余树杪。护城堤原高一丈有余，今则仅存尺余。省城难民迁避者约计十之二三，其余或贪恋故土，不肯迁移，或无力他出，借工糊口"[①]。水患时缓时急，相对应的大拆大卸之风仍未止息。八月初八，开封知府邹鸣鹤命拆贡院号房。河南贡院有号房一万二千间，"高广甲天下"，是道光八年通省士民捐资，

---

① 录副奏折：王鼎等，奏为查勘河南黄河决口并省城守护情形事，道光二十一年八月初四。

历时三年才建成的。洪水肆虐之初，号房成为难民栖身之所，每家一间，人口多者两间，聊可遮蔽风雨。士绅们曾力阻拆号房，理由有二：以其为通省捐修，拆了无以面对桑梓；且现在城内卖砖者日多，价格每块十二文，将贡院砖运到西北隅也要十文，所省无几。邹知府不听，号房很快被拆除净尽。

河患不息，城垣的抢护不停，城内的大破坏也只能步步紧跟。拆完了地上，又转向地面和地下，东棚板街阴沟，是明朝祥符知县王鹤龄倡建的水利工程，以石条嵌造，上盖石板，是疏泄城内积水的重要设施，也被挖掘出来。长街之上，如同开膛破肚一般。

四、迁省之议

还在赴豫途中，王鼎就已经接到军机大臣字寄，要求他们抵达后认真研判省城迁徙之事。来到开封后，王鼎与许多人一样，都面临着一个难题：迁不迁省城？

迁与不迁的关键，在于能不能守护城垣，阻挡大水入城。王鼎所亲眼见到的情形是：城外洪水汹涌，城内处处破敝，沿途皆是流民与饿殍，官员意见纷纭，弃守不一。这样的开封，这样的省城，历史上又是多次被淹，到底还能不能保住？

河督文冲从一开始就没想保全开封，决口多日，甚至连来看看都懒得来。那边为护城紧张得透不过气来，他在几十里外则悠闲自得，唯在一份接一份的章奏中，叙说怎样怎样心急如焚，如何如何昼夜调度，以及在人力物力上对保护省城的支持。由于与牛鉴的个人恩怨，文冲对河南省城的安危毫不关切，却也不敢明确提议迁省。那么是谁第一个提出迁徙省城的思路呢？很可能是皇上自己。一向节俭，又值国家财政匮乏的道光帝，为何竟有此迁移省城的念头呢？却是牛鉴和文冲的几篇奏疏，从不同角度影响了他。

七月十二日，文冲向皇上奏报一折两片，折是长篇奏折，片则有图有文。

东河水患至此已肆虐二十六天，他这位河督也没闲着，竟然对黄河水患做了一次系统研究。奏折从三十一堡漫堤，讲到口门的不断刷宽，很快就提升为理论探讨，什么"事穷则变，利久弊生"，什么"夹水堤防本贾让之下策，顺流疏导乃大禹之良谋"，还援引嘉庆十八年睢工漫口之例，建议暂缓堵口，最好能缓上一二年，等水性定了再说。奏折最后才说到开封城，"但墙垣以外四面受淤，城内几成釜底，卑湿难居。即或挽归正河，亦须另择善地，早为迁避"①。河督幕中必也有一两位主文的先生，洋洋洒洒，引经据典，愣是把毫无作为点染成高瞻远瞩。这段话只是顺带提及，不算一个正式的建议，道光读后忽忽有所触动，朱批"另有旨"三字。

附片之中，总河大人提呈了"漫口情形图"，以直观的方式让皇上了解省垣之危，也补充说明省城防护与堵口的矛盾："现在河工能事员弁已经先后调赴省垣，省城一日不定，筹防一日不辍，抚臣亦一日不能兼顾。"言外之意，迟迟不能兴工之事，责任不在自个儿。

七月十五日，牛鉴以"省城水围匝月，来源叠次盛涨，溜渐里卧，危城在在吃重"为题，奏请动用河南省大库所存银两。道光帝准其动支，同时也对能否和应否坚守省城提出质疑，曰：

> 惟省城猝被水围，百姓困苦情形已堪悯恻。设使水势日长，不能消退，致使百万生灵俱归沉没，而城垣断不能久泡无妨，岂非坐待淹浸？朕心实有不忍。因思与其拆移砖石，剜肉补疮，徒事补苴，终难保护，莫若即所拨库银以为迁徙赈恤之需。牛鉴等悉心妥酌，剀切晓谕：凡此城内居民，各有父母妻子，趁此及早迁徙，以冀生全……其文武大小官员兵丁人等，倘至事出危急，亦即随时酌量，就近迁避，不必以城已就湮，因有守土之责，徒

---

① 录副奏折：文冲，奏为祥符上汛三十一堡漫口对岸西圈堰河面狭窄请暂缓兴堵事，道光二十一年七月十二日。

做无益之举。①

这些话语出衷肠，坦直质朴，必经过反复思忖，经过与阁臣枢臣的反复酌量，也经过内心的痛苦挣扎。一个省城的迁徙岂易易可为？南方多处告急，军费花销极大，又突然出现一个黄河大决口和开封迁城，真真是雪上加霜。上谕有商量的语气，不是最后决定，然倾向性十分明显，也可见出一国之君的慈悲情怀。

身处开封城抗洪第一线的牛鉴，接奉谕旨后大为意外。他在章奏中强调了省城的危急，一则是为了动支藩库银两，再则为告河督的状，从未想到要迁城。七月二十四日，牛鉴等再次上奏：禀报开封商民自愿效力、踊跃抢险情状，以证民心民力可用；且言已到白露节令，大水有望渐次消退。章奏列举迁省的种种困难，说已与署布政使鄂顺安反复计议，"实有万难议迁之势"。牛鉴还说到两次祭河神的神奇效果，归因于"良由圣主洪福齐天，故得上邀神佑，下洽民心"。这些话在今天看来甚属可笑，而皇上必也听得受用，是以臣下每每拿神灵说事，效果上佳。

牛鉴的此奏未到，道光又针对其二十一日所奏做出批谕：

> 本日据牛鉴驰奏省城情形危急尽力抢护一折，据奏口门溃出之溜与旁溜合并，直冲城角，抛砖不能得力，现拟运石抢抛挡护，催集河工秸料等语。着牛鉴加意防守，毋稍疏懈。前有旨谕知牛鉴，事出危急，城内居民及早迁徙，官员亦酌量迁避，由五百里寄知，计此时当已接奉。现在秋汛方长，水势靡定，倘万分危急，不能保守，着即遵照前旨，先尽城内居民择地迁避，文武大小官员以次递迁。牛鉴身任巡抚，自应照料妥当，随后起身。此次议迁万不获已，原以保全百姓，总须先民后官，以免惊窜纷扰，是为至要！将此

---

① 《再续行水金鉴》卷八一，河水，编年二十八。

397

由五百里谕令知之。①

至此,已见对防御开封不再抱有大的希望。

省城的士绅商民自然也不愿迁城。王鼎和慧成等抵达河工后,接待了一拨又一拨百姓代表,呈递禀文或请愿,核心内容就是省城绝不能迁徙。王鼎曾在道光二年署任河南巡抚,虽不过短短两三个月,毕竟是有感情的,也不愿这个前朝故都、中原省会变为废墟。开封士绅说到痛切处泣不成声,王鼎也听得时时垂泪,对禀文中所列举的理由很认可。王鼎做事稳妥谨慎,他在八月四日才向皇上呈上第一份章奏,详细描述决口和省城情形,附有所绘之图,也在另片说到迁城之事,认为开封合城士绅商民拥戴巡抚,合力保护城垣,不愿迁徙,"人心固结,防护实可无虞"②。

几乎同时,道光帝接到牛鉴后续奏折,想法有了些变化,仍复犹疑。八月的初四到初六,军机大臣连续签发三道字寄,向王鼎、慧成传达皇上旨意,要王鼎主持各方协商,拿出一个可行的方案。字寄者,由军机大臣密发的谕旨也。专向王鼎、慧成发出这些字寄,说明皇上及枢臣并没有完全相信牛鉴的话,还是做着迁城的打算。

省城迁徙的目标是洛阳。那儿曾是东周都城,风称"天下之中",城阙俨然。以为花几十万两银子便"足资搬运"者,大约以有现成官署可供使用,几大衙门迁过去即可。道光帝本来就怕开封抢险是个无底洞,几十万用于守御,即使守得住,灾后的恢复建设要多少?且此次过后,亦难保将来不会再出乱子,反不如一迁了之。不知迁城之议出自哪位近侍大臣口中,总之是皇上被说动了心。

军机处字寄到省之前,王鼎已就此事广泛听取意见,包括接受士绅公禀、

---

① 《嘉庆道光两朝上谕档》第四十六册,道光二十一年七月二十六日。
② 录副奏折:王鼎、慧成,奏报历勘决口及省城绅士不肯避城他适等情形事,道光二十一年八月初四日。

采纳民间呼声，也包括与一些地方官私下沟通。"迁固大难，守亦不易"①。作为钦差大臣，作为多年任户部尚书、入阁后以大学士管理户部的王鼎，不独要全面斟量迁徙之繁难和巨大花费，也要提出一整套守护开封和善后措施。王鼎极其审慎，对省城迁徙之议从未否决，只说应缓议，说现在很不合适。以后的历次章奏，他都坚持这一说法。

五、"枷号河干"的河督

轮到文冲倒霉了。出了黄河大决口这样的事，身任河督的满大人文冲，在奏折中也说如何惶恐，事实上颇有些不知利害。他的兴奋点仍在与牛大巡斗气，连钦差大臣也不太放在眼里。总之是玩大了，把自个玩进去了。

清朝行政法度甚严。河堤漫溢，道光接报后即命将文冲"交部严加议处"。吏部很快拟呈处理方案："查定例，黄河堤岸如因河水漫决，河流不移，总河降一级留任。又定例官员有奉旨交部严加议处者，查照本例酌量加等……议以降二级留任。系属公罪，例准抵销。"②大清各官，不管做到怎样高位，皆属出事便降，遇事再起复，如坐过山车一般，大家也有了较强的承受力。文冲接到此处分，也不太当回事儿。

仅仅过了三天，二十四日大决口的消息传到京师，道光震怒，不再要求部议，直接传谕将文冲革职，"暂留河东河道总督之任，戴罪图功"。旨意虽严厉，仍留下转圜余地。文冲岂不明白，赶紧上疏谢恩，疏文中自称满洲世仆，透着一份特殊的亲近。看来此人的确"才识庸愚"，未能读懂皇上训诫的潜台词。几日后，道光又在其辩称难以兴工的奏折上批谕："仍着该河督督饬员弁，多备料物，遇有可以措手之处，即行上紧堵筑，以期

---

① 开封知府邹鸣鹤语，见于蒋湘南《辛丑河决大梁守城书事》，《清文汇》下册。

② 录副奏折：奕经等，奏为严议东河总督文冲等人未能事先预防祥符等处黄河堤顶漫塌事，道光二十一年六月二十六日。

迅速合龙。如稍有迟误，自问当得何罪？懔之。"①文冲"懔"了吗？找不到证据。

钦差大臣到达河工，实乃皇上发出的一个明确信号，即对他不再信任。不知文冲是浑然不觉，还是已知官位到头，有些破罐子破摔，对王鼎竟有几分不理不睬。钦差大臣住在下汛六堡，文冲管自驻扎黑堽口，平日里很少见面，遇有钦差移咨，也是简慢应付。文冲曾将张祥河等人宣泄上游、以保护省城的请求奏报皇上，七月二十九日又将回复王鼎咨询之件整理上奏，附上物证一宗，把牛鉴也牵连在内。在这份奏折的夹片中，文冲还重点发泄了对钦差大臣的不满：说他不懂治水规律，不了解决口处情况，不计后果，每次接见都要逼问他何时动工，如何在口门盘做裹头，需要多少物料资费等等；说本来在静候旨意，现在无所适从。

王鼎终于忍无可忍。八月初七，他与慧成一日两次拜折，奏报河臣不职之状。第一折叙说时节之紧迫、省城之危险，以及再次往口门勘察所见实情，曰：

> 三十一堡决口自六月十六日起，距今已五十余日，抚臣牛鉴率合城文武竭力保守危城，势难兼顾……至河臣文冲，修防是其专责，乃一切全未筹议。臣等连次面商并移咨催办，该河臣总以"前已奏明暂缓兴堵，奉朱批'另有旨'，现未奉到谕旨，似未便遽行筹堵，自相矛盾"等语答复。伏思大河形势，工程全在虚心咨访，相机办理。此次堵筑口门，为省城千百万生灵、下游数十州县安危所寄，关系匪轻！现距霜降不过月余，一切毫无头绪，臣等万分焦急，而河臣拘泥前奏，概未筹及，深恐迟延贻误。谨据实陈明，请旨饬办。②

---

① 《清宣宗实录》卷三五四，道光二十一年七月乙卯。
② 录副奏折：王鼎等，筹议兴工河臣延未办理等由，道光二十一年八月初七日。

焦灼、急切与愤懑之情,溢于言表。

拜折之后,王鼎觉言犹未尽,且顾虑皇上耳朵根子软、迟疑反复之痼疾,再修一本,题名"黄河决口难缓堵合,省垣重地难遽迁移",从治河理论上批驳文冲:所谓大禹成法的"顺河之性",是不识古今之别,远古时地旷人稀,而今人烟稠密,岂能仿照?若任其泛滥,流经之处需建千余里新堤,费用和工时皆不可估计。王鼎指出文冲之弊在于不作为,曰:"查从前东河南河决口,皆系迅速兴工,刻期合龙,立即转危为安,从无任令横流,稍为停待之议。该河督所奏不过姑创此说,希图撒手不办而已,其事断不可行!"[①]

毕竟是在身边兢兢业业二十余年的老臣,接到王鼎两份奏折,道光再无犹疑,即令将文冲革职,并命王鼎传旨,将文冲"枷号河干,以示惩儆"。河干,即河边、河岸,此处指黄河大堤。旻宁任命朱襄为新的东河河道总督,未到任之前,由王鼎暂行署理河督印务。

八月十四日,王鼎接奉谕旨后即传文冲来见,宣读旨意,派员将他押往三十一堡河堤,枷号示众。枷号,又称"枷示",为清代刑罚之一种,通常适用于窃盗、犯奸、赌博等罪,加之于官员,则带有很强的侮辱性。大枷以硬木制成,嘉庆间定制为长二尺五寸,阔二尺四寸,重二十五斤。可怜已惯于享受挥霍的文大人,如今被发跣足,长枷在项,日日跪在大堤之上。

对于文冲的这种结果,开封城自是人心大快,王鼎则觉得有些于心不忍,奏折中颇为他说了几句好话。但皇上已然动怒,便没有回旋余地,枷号三月,一天也不能少。过了没多久,文冲的几个下属也被枷示,使之多少减却了一点孤独感。到河堤上看犯事河员枷号,自此成为当地一景,每天人群络绎,前来观看。

---

① 录副奏折:王鼎等,奏为黄河决口难缓堵合省垣重地难遽迁移情形事,道光二十一年八月初七日。

【第十一章】
口门与国门

第十一章　口门与国门

口门，此处指黄河水冲决的缺口，具体说是祥符上汛三十一堡张家湾河段的决口处。自发生滩水漫堤，到大水溃坝，再到黄河大溜全掣、下游断流，大堤缺口呈急遽扩大态势：起初二十多丈，溃堤时八十多丈，七月三日东河总督文冲上呈"漫口情形图"，标称二百余丈，至二十六日王鼎率员亲自丈量，为二百六十七丈。三十一堡决口首次有了一个较为精确的宽度，其也由漫口、决口被正式称为口门。黄河祥符口门，是一个不应出现的灾祸，铸成大错的应不仅文冲一人，懈怠的河员、糊弄事的河工、只知要钱的河标与河夫，加上管河机构与地方大员的相互掣肘……全让文冲与几个倒霉蛋下属负责，也有些不公平。

八月十六日，是东河废督文冲被枷号的第二天，王鼎正在为堵塞黄河口门百般筹措，林则徐在此日赶至开封城，而由总兵达洪阿和道员姚莹统领的台湾守军，则在基隆（时称"鸡笼"）港奋起御敌。在奏折中，姚莹将港口也称作口门，"十六日卯刻，该夷船驶进口门，对二沙湾炮台连发两炮，打坏兵房一间"。姚莹为桐城派代表人物之一，时任台湾兵备道，所称夷船的来台目的虽有争议，却是不折不扣的英军舰船。台湾军民协同，毫无畏惧，利利落落地打了一个胜仗。他笔下的口门，当然是国门。

第一节　处处是国门

鸦片战争之前，除却与沙俄恰克图毗邻的买卖城，清廷以广州为唯一对外通商口岸，不管来自哪个国家的何种货物，都必须在广州通关交验，办理一应手续。于是广州口岸便成了国门。那是一个大筛子般的国门，是鸦片入华的主渠道，从那里再分送国内各地，源源不断，白银的流出亦源源不断。道光帝钦差林则徐到广州，就是要他去整顿国门疏漏，从根源上解决鸦片的危害。

这一决定很快见到成效，可英人大兵压境，悍然入侵，沿海多处起烽烟，林则徐、邓廷桢被撤职,虎门、乌涌、四方等炮台逐一残破,国门洞开。此后,随着英舰在东南沿海的侵略袭扰,处处国门告急。

一、台湾岛告捷

"家贫出孝子,国难显忠臣"。在这个国势倾仄、国情危急的历史节点上,也有一批挺身而出、敢于担当的民族脊梁,如提督关天培在炮火之下屹然挺立,为国捐躯,诚可贵矣!若论警醒精细,既料敌于先、层层布防,又能凝聚力量、激发民众、临事果决敢为,应说前有林则徐,后有姚莹。

姚莹是一个读书人。从祖姚鼐继为桐城派领袖,他也以自身的学术成就,被视为这一重要学术流派的中坚。读书与征战看似两路,但历史上从来都不乏读书出身的名将,不乏光耀千秋的儒将,如诸葛亮、王阳明等,林则徐堪称追慕先贤,姚莹亦其流亚。他是一个有大襟期、大智慧的学者型官员,也是一位敢作敢为的廉能之士,惜乎仕途多有不顺:嘉庆十三年中进士,却未入馆选,飘荡八年后才出任福建平和知县,然后辗转多地,由福建到台湾,再由台湾到江苏,所到之地政声甚好,却被因事免职,蹉跎数年,至道光十三年仍是知县。林则徐年长其一岁,科名晚一届,已是江苏巡抚,姚莹为其下属的下属——武进知县。两江总督陶澍和林则徐曾交章举荐,称姚莹"精勤卓练,才识优长,署理淮南监掣同知以来,稽查捆装称掣一切事宜,均能认真查办,经理裕如"[①]。哪个朝廷不需要这样的人才?看到这些称扬之辞,道光帝对姚莹开始有所关注,加以引见时印象颇佳,不久授以台湾兵备道,赏加按察使衔。

台湾孤悬海外,向来为外商及海匪所觊觎,守卫甚难。当时的台湾镇总兵达洪阿是一员勇将,性情傲慢暴烈,极难与人合作。姚莹到任后真诚相

[①]《林则徐全集》第一册,请以姚莹升署淮南监掣同知折,道光十四年十一月十八日,350页。

待,达洪阿深为感动,镇道之间协作通畅,积极筹备沿岸海防。鸦片战争爆发,台湾海峡成为英舰北进的必由之路,形势更趋紧张,姚莹等急禀浙闽总督颜伯焘,运来数门八千斤、六千斤大炮,妥为部署,又紧急训练乡勇民兵,节节布防,严阵以待。

道光二十年(1840)夏秋之际,闽浙等地处处告急,台湾虽不是英军的主攻方向,但以该岛兵力单弱,试图在北进时捎带拿下,应也是侵略者的想法。七月初十,英军攻占厦门,台湾"愈觉孤危",姚莹、达洪阿等迅速将巡洋舟师尽行撤回,督率部伍乡勇进入临战状态。达洪阿久经战阵,粗豪中不乏精细。姚莹则大处着眼,通盘考量,不留漏洞。他们认为"口门不可过多",预备下许多装载巨石的旧船和大木桶,一旦需要,就将一些口子堵塞,使敌舰无法通行。在战略要害之处,合理配置交叉火力网,调试重炮,改进那些不适用的炮弹,又添铸了一批较为灵便的小铜炮,以便就近打击敌人的舢板。他们还充分发动台湾百姓,包括深山中的少数民族,大量印发告示,"申约联庄,添练壮勇,家自为守,人自为兵"。这是大陆各地多所忽略的,日后的交战中证明十分有效。

八月十五日,英军一艘双桅大船及多只小船逼近基隆港,先在港口外游弋瞭望,次日即试图驶入口门,遭到阻拦后悍然发炮,轰击二沙湾炮台。早有准备的基隆守军当即回击。参将邱镇功亲自燃放八千斤大炮,命中敌舰主桅杆,桅折索断,来犯之敌一片慌乱,急忙撤退口外。基隆港洋面浪大礁多,见守军大炮小炮密集射来,英舰慌不择路,一下子撞在巨礁上,顿时倾侧进水。船上之人纷纷落入海中,有的凫水上岸,有一些则分别驾驶小舢板逃命。复仇的时机来了!邱镇功当先登船,基隆的几位守备、千总个个奋勇,县令和县丞也驾快船追击,格杀来敌数名,生擒近八十名。那些侥幸上岸的敌人,随即陷入当地民兵(称作"屯弁义首")的围捕,又被抓获三十人。只有最早乘舢板逃窜的敌人,已消失在茫茫大海之上,追赶不及。邱镇功知此等小船必逃不远,飞报南北各地协同搜捕。

好消息接连传来。

先是来自基隆之南沪尾的战报。署艋岬营沪尾守备的陈大坤和德化县典史陶荣闻讯驾巡船出洋截击，在野柳鼻头洋面，见几十个外国人驾一只舢板逃来，立即开炮将其击沉，砍杀一名落水敌酋，又从海中生擒十八人。

北路右营游击安定邦也禀报：十六日晚发现敌军二十余人驾一只舢板在大武仑港外窜驶，立刻领兵驾船追寻，次日一早终于赶上，双方搏斗，杀死敌军十九名、活捉九人，已方战死一人。

十七日还有斩获：淡县丁役壮勇驾船搜寻，在草屿发现七名携带地图的敌军，立即登岛擒拿，将他们全部格杀。

基隆一战，台湾守军大获全胜。姚莹在给朝廷的奏折中详细描绘了交战状况，将有功将吏甚至乡绅义勇的名字一一列出，最后写道：

> 臣等查此次文武义首人等前后共计斩馘白夷五人、红夷五人、黑夷二十二人，生擒黑夷一百三十三人，同捞获夷炮十门，搜获夷书图册多件……[①]

由于路途遥远，加以福建受敌，驿路多有阻延，这份奏章近两个月才到达京师。正为各种坏消息烦恼的旻宁读后大为兴奋，当即批谕嘉奖，达洪阿和姚莹赏戴花翎，有功官兵义勇也允许据实保奏。

二、定海三总兵

与英军在台湾基隆舰毁人亡几乎同时，浙江的定海保卫战也已打响。毕竟受到兵力限制，如果说英军在基隆港仅是一种试探性行动，曾经一度占据的定海，则是其主攻目标。定海地理位置优越，是几代英国商人和殖

[①] 达洪阿、姚莹：奏击沉英船擒斩英兵夺获炮位折，道光二十年十月辛卯。《筹办夷务始末》道光朝，卷三八。

民者一直惦记的地方。

定海也是清廷关注的海上军事要地，顺治五年即在此设置军镇，后两经裁撤，至康熙间确定下来，下辖六营一协，镇海亦在管辖之内。定海镇总兵葛云飞，浙江山阴人，武进士出身，由守备做起，一直在浙江军中任职，熟知近岸各处洋面情形，尽心捕盗，"五擢而至定海镇总兵"，是一个难得的镇将。英军第一次侵占定海时，葛云飞正在家乡丁父忧，浙江巡抚乌尔恭额奏请夺情起复，即有旨："丁忧总兵葛云飞，熟习洋面情形，即着协同出力。"[①]葛云飞闻命辞别老母，毅然返回军营，署理定海镇总兵。时浙江沿海各城堪称重兵云集，道光帝在全国范围内选调将才，再由他们拣选能征善战的部伍，开至浙东：驻防镇海的是处州镇之兵，总兵郑国鸿为湖南凤凰厅人，父辈即武将，本人参加过平定苗变；驻防宁波的是号称悍勇的安徽寿春兵，总兵王锡朋出身武举，多年在固原镇摸爬滚打，曾随杨遇春、杨芳出征回疆，建功绝域。每遇重大军情，兵部都要拟出一份敢战能战的武员名单给军机处，钦差大臣或前线督抚也会提出一些抽调能员的请求，呈交皇上确定。这几位皆一时之选。

二十一年初，与英军打交道的是伊里布。二月初四，葛云飞奉他之命带同英俘前往定海，办理交接事宜。初五日，伊里布再命郑国鸿率部渡海，与先期到达的葛云飞等安抚民众，部署防务。和平收复定海，乃伊里布艰苦交涉谈判的结果，自然有些兴奋，奏报皇上："我兵整旅入城，现已札饬郑国鸿等分营驻守，并令舒恭受暂署该县印务。"未想到道光帝大不以为然，谕曰：

> 定海甫经收复，城隍一切，尚未修整。现在逆夷虽已全数起碇，若闻粤中剿办，难保不走险复来。此时防堵尤宜格外严密，不得稍存大意。裕谦业经到浙，所有善后事宜，自必筹出万全。前调

[①]《清宣宗实录》卷三三六，道光二十年七月乙未。

> 安徽寿春镇兵,既已陆续抵浙,自应暂留防守。其所调楚省及本省防兵,是否即可裁撤停止之处,着裕谦酌量情形,妥为办理。

意思很明确,这里的事已交给裕谦,没老伊什么事了。

就在颁发这道谕旨的当日,皇上已传谕内阁,将伊里布革去协办大学士,拔掉双眼花翎。对伊里布的不满,自与其屡不遵旨攻剿有关,而导火索竟是定海的收复。此前裕谦连连上奏,以为应趁广东用兵、敌人难以两头兼顾,渡海收复定海。道光也频频催促伊里布进剿,可他再三推搪,迟迟不动。在皇上看来,如果去年遵奉谕旨,周密布置,克期进攻,定海早已回归,绝不像现在这般接受得窝窝囊囊,再谕:

> 设使伊里布奉到进兵谕旨,熟审顺逆主客之势,密筹剿防攻取之宜,一鼓作气,四面兜擒,复我故土,歼除丑类,庶足以伸天讨而快人心。乃观望迟延,株守数月,直至该夷闻有大兵,望风远窜,始将定海收回,可谓庸懦无能之至。[①]

观此一旨,便知道光帝对世界格局的认识、对敌我情势的研判有多么隔膜。这固然有其自身糊涂的因素,臣下的报喜不报忧、报小忧不报大患,也是一个重要原因。一年多的仗打下来,虽也在疆臣提臣中打出了几个"知英分子",一则所知仍有限,再则主事时不知,待明白过来往往到了革职流遣路上。伊里布算是一个头脑清晰、姿态灵活的,此时也被扒拉到一边,换上激烈主战且信心满满的裕谦。

新任钦差大臣、不久又接任两江总督的裕谦,也不能说对敌人不重视,只是远远不够。裕谦于初七日驰抵镇海军营,即飞调浙江按察使周开麒和江苏候补知府黄冕,与宁波知府邓廷彩一起,带着人和银两,星夜渡海前

[①]《清宣宗实录》卷三四六,道光二十一年二月己巳。

来。周开麒为道光三年探花，散馆后任职翰林与科道，历任山东盐运使、浙江按察使。时周开麒正在宁波协办军务，已接到擢升甘肃布政使之旨，加上刘韵珂催他去杭州办理秋审，做了些解释，试图推却。裕谦急怒之下，一纸奏章告到皇上那里，得旨"周开麒着开缺，交部严加议处，仍留于浙江交裕谦差委"。此谕算是为星使挣足了面子，问题在于，似这等对下属不由分说、不加体谅，又怎能凝聚人心？一个月后，周开麒以"尚知愧奋"，赏还按察使一职，再一个多月即告病回乡。开麒在科道时颇称风厉，多次题参朝中积弊，皇上对之亦颇有好感，经此挫折，心灰意冷，遂终生不出。人才之流散销蚀，原因也是各种各样的。

未久，裕谦又增派王锡朋率所部标兵往定海，与葛、郑二镇将"择要安营，互为犄角，固守城池"，携带轻型火炮五十门，并请旨让福建铸造重炮。此处也看出裕谦在兵力配置上的缺乏经验，总兵为二品大员，理应主镇一方，竟然将三位总兵官集中于小小一地，每人领一千多人，锡朋所领仅八百人，充其量起一个副将的作用。三月初六日，裕谦亲临定海，张贴告示，禁止以水米接济英军，悬赏格杀敌。他预测到英军还会再来，抵任即命抓紧构筑临海土城、土牛，经过这次现场周历相度，又命增建东岳山炮城。一个半月后，裕谦再次渡海巡视防务，对此显然很得意，奏报皇上：

> 奴才于二十日渡海，亲诣该县周历查勘，新建土城一座：自青垒山起，环绕东岳山、道头至竹山，延袤八里，共长一千四百三十六丈四尺，测量地段高下、形势险易，酌量收分，计陡高一二三四尺，底宽七八丈至四丈，面宽自三丈至四丈五六尺不等，随处皆可安炮位。又东岳山巅威远炮城一座，周围一百三十一丈，又半山月城炮台一座，计二十一丈，各就山势，用石建筑。[1]

---

[1]《浙江鸦片战争史料》上，406 页。

如数家珍，言辞之间，颇有点儿沾沾自喜，也的确是一个不小的成绩。接收定海后，大家都有一种敌人会卷土重来的预感，抓紧构筑工事，葛云飞更是亲临阵地，督率部下和民夫昼夜抢修。对林则徐的到来，裕谦很兴奋，"素重则徐为人，既代来浙，意中将倚为左右手"[①]。据说来自老上司的建议，却是"请移三镇于内地，用固门户"[②]。三镇，指三总兵所部五千余人。此说若当真，即以弃守舟山群岛为代价，全力保卫江浙沿海口门，不失为无奈之下的明智选择。然牵扯到领土城池，怕是林则徐不会如此提议，裕谦也不敢接受。然将一镇留驻定海，二镇撤回镇海，守卫海口和府城，则称高明，事实上当局也是这么做的。

视察后的裕谦又做了一些补充，心中已颇为踏实。作为本镇总兵官，葛云飞深知仅凭土城和炮台，难以抵御强敌的进攻，请求在晓峰岭、竹山、摘箬山等处设置炮台，密加布防，以备敌人从山后偷袭；又建议在土城对面的五奎山、吉祥门、毛渠等处设炮布防，以互相联络支撑；同时提出修理和增加营船，用以水上击敌或牵制。裕谦以需用经费太多，不批准。云飞坚持请求，提出先借支自己的三年养廉银，用以充当军费。结果将钦差大人惹火了，厉声训斥，奏折中对葛云飞和浙江兵大加贬低。后裕谦来岛，"见公（葛云飞）青布帕首，麻袍短衣，草履走烈日中，与士卒同甘共苦，察其饮食仅脱粟干蔬，心重之"[③]，但对于增建火炮和重炮的请求仍是不准。道光间的多数督抚大多如此，既不知兵，也不知尊重带兵的将领。似葛云飞这样的二品镇帅，在裕谦眼中竟视同末弁，当众呵斥。定海镇标本有大小战船七十七只，上年定海失陷时大半被焚毁，云飞提出维修利用，并尽快补充。裕谦下令严禁水战，为防其擅自行动，竟将剩余的二十余只完好兵船，悉数押往镇海。

---

① 梁廷枏：《夷氛闻记》卷三，中华书局1959年版，94页。
② 光绪《定海直隶厅志》卷二八，大事记。
③ 宗稷臣：浙江定海镇总兵壮节葛公行状。见《续碑传集》卷六四。

第十一章　口门与国门

七月十四日，处州、寿春二镇奉旨撤兵，葛云飞在北墅设宴为郑国鸿、王锡朋饯行，英军攻陷厦门的消息传来，一座皆惊。郑国鸿、王锡朋立刻表示留下来共同御敌，葛云飞极为感动。三总兵一面紧急部署迎敌，一面飞报裕谦请求增援。刚接到裁撤江浙防兵的上谕，裕谦自然不会增派，能让郑、王及所部留在定海，已属尽了很大努力。

英舰陆续由厦门到达浙东洋面，以军舰为主，以及一些兼有刺探任务的商船。八月初二日，英舰袭扰镇海旗头一带，焚毁民房。初三日，英舰复仇神号闯入石浦港，掠走柴草等物。就在同一天，裕谦举行誓师大会，并向皇上奏报：数日前擒获黑白夷各一名，黑夷伤重死去，提督余步云提议将白夷留着，"随时讯问敌情并作别用"，他则坚持将之正法，"先将两手大指连两臂及肩背之皮筋剥取一条，留作奴才马缰，再行凌迟枭示"[①]。裕谦显然是一个走极端的人，竟用极度残忍的方式"激励兵民"，彰显"有剿无他"之决心。

英舰集结于黄牛礁，本打算首先进攻镇海和宁波，因风向潮流之势，决定先攻占定海，作为基地。战斗在八月十二日打响，一连四天，英军皆派少量船只侦察试探，也曾轰击晓峰岭、派兵乘小舢板登陆，均被击退。裕谦接报后即以五百里急报驰奏，称定海守军"登时击退大帮夷船"，并说已密饬各路官兵，潮涨时吃饱喝足、准备打仗，潮落时分班休息、养精蓄锐，很像个军事家的样子。实则数日之间，定海守军一直高度紧张，远远望见敌船即一通猛轰，火力点完全暴露，又复大量耗费弹药；且连日阴雨，士卒昼夜立于泥泞之中，食物严重匮乏，皆已极度疲惫。待十七日拂晓英军在浓雾掩护下发起总攻，清军虽节节抵抗，胜负已没有悬念。

对于那些已被无数次讲述的惨烈场面，笔者实不愿再多做叙述。定海三总兵皆身先士卒，率部激烈抵抗，炮弹打光用抬枪，接下来以箭以刀，

[①] 钦差大臣裕谦奏报擒斩登岸英兵及浙洋情形折，道光二十一年八月初三日。《鸦片战争在舟山史料选编》，274—275页。

殊死搏杀，先后战死疆场：王锡朋率寿春兵在晓峰岭阻击，前队阵亡，后队继进，抬枪红透不能装药，即以白刃迎敌，中炮断腿，死于敌人乱刀之下；郑国鸿率处州兵坚守土城右侧的竹山，子弹打光，敌人打下晓峰岭后两路包抄，国鸿犹执旗指挥，最后时刻单骑冲向敌阵，中炮牺牲；葛云飞统领定海兵驻守土城和东岳山炮城，是敌人轰击的主要目标，侧翼被攻破，领兵迎战竹山来敌，一路厮杀，身中数十创，弹丸贯穿，据说尸身立而不仆。

对土城和炮城的轰击，主要来自英军设于南面小岛五奎山上的野战炮和重炮。当初葛云飞反复请求在此处设炮台，裕谦不允，成为防御上的一大败笔。战略战术的严重落后，清军的致命伤不止此一处，但在三总兵带领之下，将士之前仆后继，亦属可歌可泣。一个英国军官记录了其所经历的战斗过程，多处描写和赞叹清军的英勇：

> 战斗中中国人表现得非常出色……其中一个士兵以他的勇敢和冷静而特别引人注目，他来到山前，站在那里，在头顶挥舞着一面红旗。尽管巡洋号、哥伦拜恩号和弗来吉森号的炮火十分猛烈，一些子弹扬起他脚下的尘土，他也未退缩半步……
>
> 中国人防守严密，即使在被打退之后，他们又重整旗鼓，继续冲锋。一个中国军官举着长矛朝指挥掷弹兵的威格斯顿上尉冲来……另有一位中国将领及其他八九个人在这里被打死，他们打得很顽强，事实上，他们是这位清朝将领的随从。[①]

所说的这个情节，应当就是葛云飞战死前的壮烈一击，也是鸦片战争的悲壮一幕。

[①] 海军上尉亚历山大·默里：《英军在华的所作所为》第二章，见于《鸦片战争在舟山史料选编》，562—563 页。

三、投水未尽的督臣

八月二十四日,定海失陷八天后,旻宁和裕谦君臣间有一番隔空对话,由于距离的原因,对话产生了时光错格,读来让人感慨万千。

裕谦在镇海,此日连上三道奏折:"奏报查探定海英情筹备堵剿及已抢回阵亡总兵尸身",主题是要在徐州、凤阳、颍州三府招募乡勇;"奏报现探英情及募勇筹战",说官兵只可防守,不足与言战,并说浙江兵连守也不行,还是要募集三府乡勇;"奏报英船驶进蛟门游弈现预备攻剿情形",说已发现四艘敌舰驶进蛟门海域。①蛟门,为镇海大峡江口外岛屿,亦指该岛与大陆之间海域。英舰已逼近镇海,裕谦前两折均甚长,第三折寥寥数语,似可映见其心中之紧张。

同一天,道光在京师对定海战守连下三道谕旨:先是传谕内阁,将裕谦交部议叙,葛云飞赏加提督衔,当是得悉八月十五日击退英舰,心中高兴也;二是传谕裕谦,要求慎之又慎,严益加严,相机痛剿,一旦获胜,即由六百里加紧奏闻,是小胜后盼望大胜也;三是传谕刘韵珂,告知定海之捷,要他密为防范。看出道光对剿灭英国侵略者的期待,也能见出许多不放心,但三总兵相继殉国,定海已然沦陷,镇海危在旦夕,怕是他万万想不到的。

危急时刻的裕谦,方寸已乱,军事上几乎无所部署。事在眉睫,竟提出往徐州等地招募乡勇,全不靠谱。浙江提督余步云率军屯扎招宝山,裕谦素来瞧不起此人,也多次公开贬低浙江兵,无视葛云飞和余步云的提议。裕谦为激励士气,曾召余步云等文武官员盟神誓师,誓曰:"今日之事,有死靡贰。幕府四世上公勋烈不沬,受命专讨,义在必克。文武将佐,敢有异心受夷一纸书、去镇海一步者,明正典刑,幽遭神殛!"②据说余步云

---

① 均见《鸦片战争在舟山史料选编》第五部分。
②《续碑传集》卷五五,忠节二,书裕靖节公死节事略。

415

借口足疾，不与同跪起誓。

定海之败，裕谦虽上疏自请议处，却不检讨军事上的失误，述说种种原因，主要一项即"提标等营官兵性本柔懦"，"一临大敌即仓皇失措"。此时说这些话是不道德也是无意义的，谕旨以六百里加紧发来，严令尽快收复定海，最后几句为："倘再有疏虞，试问该督能当此重罪否耶？"与之同时，有旨将裕谦交部严议，吏部尚书奕经等拟"照溺职例革职"，随着事态的发展，处分必然还会加重。

余步云所部的表现，的确如裕谦所说。八月二十六日，英军进攻镇海，仅有狼山镇总兵谢朝恩所部，在对岸的笠山、金鸡山做了艰难抵抗。狼山兵腹背受敌，其子谢荣光率乡勇力战，金鸡山各阵地先后失守，朝恩率部与敌人白刃相接，中枪落水，英勇牺牲。而余步云的提标，包括其他守军，在招宝山被敌舰三面炮轰，又见敌人从山后攀缘而上，惊恐之下，纷纷逃向县城。裕谦立于镇海城垣，命发炮阻拦，哪里阻拦得住，城外败兵绕道而去。英军由招宝山俯轰镇海城垣，县城守军也开始逃跑，"合城鼎沸，兵民之由西门而出者，势如山倾"①，无法禁止。裕谦早做好牺牲准备，此刻见大势已去，含泪望阙，三叩首，然后奋身跃入县学前的泮池。

最早向皇上奏报镇海被陷的，为杭州将军奇明保、浙江巡抚刘韵珂和副都统恒兴。他们接到宁波知府邓廷彩六百里军报，火速驰奏京师，其中说到裕谦的情况："钦差大臣裕谦督兵堵御，不能抵当，随即殉难。被百姓救护出城，送至郡城，昏迷不醒。"②看似语意含混，实则脉络清晰：先说殉难，指的是裕谦的投水自尽；又说被救，将被属下救起，说成百姓救护出城；再说至宁波仍昏迷不醒，似乎是还活着。此奏于二十九日拜发，六天后就到了皇上案头，朱批"愤恨之至"，对裕谦、余步云等人的下落再三询问。

---

① 《筹办夷务始末》道光朝，卷三六，二十一年九月戊寅。
② 《清宣宗实录》卷三五七，道光二十一年九月乙卯。

第十一章　口门与国门

一个总统军务的钦差大臣的生死存亡，当然是件大事。同日稍后，刘韵珂接到江宁副将丰伸泰飞禀，说镇海将破之际，裕谦焚烧文卷，命他与都司珠隆阿护印出城，口称世受国恩，随即跳入泮池身死。丰伸泰恐怕裕谦之尸遭敌人残毁，"督兵抢护出城，沿途慌乱，不能备棺，由宁波至杭省盛殓"。刘韵珂飞奏皇上，也在折中表达了困惑：宁波知府两次禀报，均称"裕谦先自镇海退至宁波，仅止昏迷，后即苏转，由宁起程回省"，且丰伸泰等经过余姚时，署任知县还"询知裕谦尚有微息"，都与此禀不同。[①]

在此之后，丰伸泰等护送裕谦遗体至杭州。刘韵珂询问裕谦家丁余升，告以招宝山、金鸡山及县城失陷，裕谦见事不可为，"行至泮池之旁，望阙叩头，当即跳入池内殉节。经兵丁捞起，救护出城，抬至宁波府署，易衣灌救，仅存微息。当即赶紧行走，于八月二十七日未时，过余姚县城四五里地方气绝，来城成殓"[②]。刘韵珂也向邓廷彩了解，证明裕谦在二十七日中午被用小轿抬至府署，人已昏迷，赶紧更换湿衣，以姜汤灌救。黄昏时分，终于千方百计在县里找到船只，当夜众人即护送裕谦乘小轿出城，再换乘船只而去。裕谦最后死于余姚，距宁波已然百里有余。

千古艰难唯一死。不管裕谦在军事部署和临战指挥上有多少失误，其忠君爱国之情，当无可否认。定海之败，裕谦已抱定必死之决心。镇海城破之际，他向泮池的踊身一跃，既有战败之绝望，又有殉国之决绝。而赴水不死，昏迷中被人抬到宁波，醒转后又复服毒，必求一死。正因为看到这一点，道光帝不再追究他的战败之责，隆重赐予恤典，赠太子太保衔，命附祀昭忠祠，并降旨在收复镇海后，为裕谦于镇海县建立专祠。

设若林则徐仍在镇海，激战之中，会做些什么？城破之际，会否像裕谦那样一死了之？皆难以想象。此时的他在数千里外的黄河工地，追随王

[①] 录副奏折：刘韵珂，奏报镇海失守裕谦下落不明并截溃兵防守等情折，道光二十一年八月二十九日。

[②] 浙江巡抚刘韵珂奏报钦差大臣裕谦殉节情形折，道光二十一年九月初一日。《浙江鸦片战争史料》上册，514页。

鼎堵塞口门，是另一种舍生忘死。

第二节　堤上的星槎

裕谦被称为星使、星槎，纵然有千般错失，也以最后关头的毅然赴死洗却，仍是铮铮一条铁汉。星槎，典出晋张华《博物志》卷三，原义是指飞翔于人间和天河的木筏。明清时常用以敬称钦差大臣，形容其身份之尊贵，亦指其奉天子之旨来到民间。

王鼎以东阁大学士、军机大臣的身份，奉旨主持祥符张家湾河工，与一般钦差又有不同，是以林则徐、李星沅和一些大吏，交谈或通信中多以"星槎"称之，又底蕴着一份敬重。

一、大堤上两道风景线

八月的祥符黄河河岸，堵口大工终于拉开序幕。在王鼎严格督令之下，各项准备工作都在有序进行，张家湾口门仍是洪水滔滔，两边东西大堤上满是兵丁夫役，人来车往，一派紧张热烈的气氛。

大堤被汹涌而下的黄河水拦腰截断，两边各有一道风景线：

东边堤上，设有钦差大臣的行辕，没有帷帐，也很少陪同人员和侍从兵卫，简简一抬小轿，又称肩舆，旁边几个"胡床"。胡床者，今天所谓马扎是也。几乎每一天的从早到晚，王鼎都待在工地上，精神好时走动察看，累了就坐在小马扎上，督导指挥；有时与河督及林则徐等人切磋商量，也在此听取各方面的报告，随时解决突发情况，类似于今日之现场办公会；有时没什么事，就这么呆坐着，看着，也陪着河工上劳作的兵夫人等。

西堤上是另一道风景，不久前还威风八面的东河废督文冲，极会讲排场、讲享乐的文冲，造化弄人，现今披枷带锁，科首跣足，长跪在尘埃中。

开始时仅他一人，后来又加上他的几位旧部，在两旁一字跪开去：下南厅同知高步月、署下南厅协备许镳、防守祥符上汛的县丞华曾、千总高振、外委刘让，一个个沉枷在项，神情颓唐。他们身旁，是几名持械而立的河兵，负责看护这帮昔日上司。高步月等是在十月初四日才开始枷示的，满一个月即押发新疆充当苦差。他的上司步际桐仅是革职留用，少受许多羞辱，一则他确实不是直接责任人，也多少有王鼎的怜惜，使躲过枷示一节。高步月是一个认真的人，应有一些心理不平衡，可又能说些什么呢？

枷示是一场精神炼狱。不管是三个月，还是一个月，对当事人都显得无比漫长，但也更多体现在开头几天。初行枷示，只见当地百姓蜂拥而至，前来观看嘲骂，指指点点，时间一长，见其已然麻木呆滞，也就没了兴趣，走过时常视有若无，似乎把这些人忘了。

真不知枷号在河干的漫漫时光里，文冲这位前任河督都想了些什么？反正有的是时间，可供他把所有经历之事细细梳理：与牛犊子（牛鉴）的过分较劲，对星槎（王鼎）的不够恭谨，朝廷中缺乏大力之人为后援……应该都会有所反思。但他会反省自己的失职渎职，痛悔对国家生民的贻害么？

出身满族的文冲，在京师自也有保护人。至十一月十五日，序在严冬，文冲的枷示已满三月之期，谕令王鼎传旨，将文冲疏枷流放。东西两道风景至此合而为一，东堤的文冲被带到西堤王鼎跟前，跪听旨意。宣读过圣旨，王鼎命为开枷，对之也有几句善言，开解抚慰。文冲只有点头称愧，急切里恨不能马上离开这个地方。

道光帝应不会清楚记得文冲枷示的日子，军机处自有记录核对之人，亦会有人暗暗同情，先期呈报。至此，皇上也没忘文冲的罪责，谕旨中又把他数落一通，"身任河道总督，不能先事预防，又不赶紧抢堵，糜帑殃民，厥咎甚重"，令将他发往伊犁充当苦差。同样是因罪遣发边远，新疆与黑龙江不同，"效力赎罪"与"充当苦差"也不同。自然，即便是后者，到了督抚大臣一级，到了嘉道时期，一般也就是协助管管粮饷，甚至什么都不必管，不会吃太多苦头。

二、江督夸海口

就在当年九月间，牛鉴先于文冲离开了河南。所不同的是，牛鉴奉旨署任两江总督，在开封城万民挽留泣送之下，风风光光地赴职而去。

底层民众是善良和很容易被感动的，看到牛大巡暴雨中屹立城头，指挥抢险，看他在危急时双膝跪地，哭喊祈天，便在心里铭记下他的恩德，四处传扬。道光帝也是很容易被感动的，不光没对负有重大责任的牛鉴做任何惩处，还极快地升了他的官。形势紧急，正国家用人之际，也许读了牛鉴"城亡与亡"的章奏后，皇上就有了重用他的念头，满眼都是弃城逃跑的庸懦之辈，不惧危难的官员的确是太少了。接到裕谦殉职奏报的次日，道光帝即命牛鉴署理两江督篆。就在两天前，接到王鼎办理堵筑事宜的章奏，他还要这位巡抚积极配合，毕竟海口重于河口，毫不犹豫就将牛鉴改派江浙。

皇帝的尊威在于一呼百应，悲剧则是呼应中多夹杂忽悠。如同他的父亲，道光帝也是一个常会被豪言壮语打动的天子。他根本不知道，牛鉴的坚守省城，是以不顾奔涌的洪水口门、不管黄泛区黎民死活为代价的。就这样一个头脑不清、方略凌乱、性情执拗、事急便求神问卜的巡抚，一个连黄河口门都堵不住，甚至根本不去堵的人，能守得住国门吗？

就在同一天，道光帝发布一连串谕旨：命御前头等侍卫明庆等随扬威将军奕经驰往浙江，命怡良为钦差大臣往福建办理军务，将闽浙总督颜伯焘降为三品顶戴、革职留任。他还下旨将琦善释放，"发往浙江军营效力赎罪"，由于奕经反对，才改为遣发军台效力。

擢升牛鉴的谕旨在九月初五日发出，数日后即送达开封。这对牛鉴是一个喜讯，也是一层忧惧。在清朝总督系列中，两江一职紧排在直隶之后，历来皆简派皇上信重的能员要员。牛鉴此去虽说只是署理，过一段时间就会实授，当无疑义。可现在的江浙沿海烽火相连，镇海失陷之后，宁波、余姚、慈溪、奉化等地都受到英舰滋扰，所至如入无人之境。接任此一职，也是放在火上炙烤。谕旨要求他接旨后迅速驰驿前往，不必往京师听训。牛鉴当即办理移交，于十一日向皇上奏报起身日期，赶往江苏。赴职之路本应由旱路经安徽宿州、滁州，至江浦县过江，牛鉴于夹片中称：旱路多处被水淹，很难预料，只好选择水路，也便于沿途察看洪泽湖和运河水势，与南河总督及两淮盐运使晤面商酌。朝廷想要他日夜兼程，赶往长江口部署抵御，安定军民之心；牛鉴选择的路线，则是例行的小船儿荡悠悠，一路巡视辖区。总之是皇上急臣下不急，明明不急，偏又能说出一些急于履职的理由。道光居然也同意了。

刚刚行至兰仪地面，牛鉴又接准军机大臣字寄，说是当月初八日已明降谕旨，将他补授两江总督。谕旨再次要他"迅速驰驿前往，毋庸来京请训"，并对牛鉴提出明确要求：

> 江苏各海口防堵事宜亟须筹办。该督接奉此旨后务即迅速起程，驰往该省，亲历各处海口，相度情形，悉心筹画，将一切防剿事宜赶紧妥为办理，务使处处有备，不致临事周章。是为至要！①

从署任到实授，仅仅隔了三天，道光用人之急切、大清国朝堂之空虚、江浙沿海之危剧，于此皆可想见。牛鉴恭折谢恩，讲了一套感激涕零啥的，做了一大堆保证，却似乎不太理解皇上的焦灼心情，说是"臣惟有殚竭悃忱，捐縻顶踵，于一切海防、营务、河、漕、盐政各事件虚衷讲求，详慎办理"。急务与常务并列，流露的仍是太平时节的地方大员心态。

尽管旨意紧急，牛鉴还是沿水路乘船而行。十月初二，牛鉴抵达苏州，接过督篆和王命旗牌。次日前赴上海，至宝山等处巡视海防，总督行辕就设在了上海。当月二十日，他在苏州迎接奉旨主持江浙军务的扬威将军奕经。二十九日，他与江苏巡抚梁章钜联名上疏，奏请筹拨江苏防剿经费。接下

---

① 《清宣宗实录》卷三五七，道光二十一年九月己未。

来的十一月二十一日，牛鉴奏请奖励华亭县修筑海塘出力人员，可知总督大人总算驾临长江口一带。十二月十二日，又奏报江苏洋面安静，军民生活平静照常，同时说已督催各省赴浙官兵赶紧前进。

新任两江总督的奏折，除了要钱要粮，就是要兵，让眼巴巴渴望他建奇功的皇上无可奈何。道光对长江航道深为担忧，不管经费有多么紧张，还是一再允其所请，令牛鉴严密布防。牛总督将重点放在长江入海口一带，多次奏称"江南第一扼要之区全在宝山海口""宝山之吴淞口最为紧要"，在这里密集设防，驻扎重兵，而对于长江下游的节节布防不太在意。又是一个完全没有与英军交过手的总督，巡视了土塘、炮台、战壕等防御工事后，牛鉴信心大增，也不忘夸几句海口，奏称："现上海、宝山一带，调集官兵，分段派防，颇称周密。且水枯滩浅，似无可虞。"①他要求将前来的湖北兵改调浙江，一副轻松口吻。

不到一年，牛总督的大话便被无情戳穿：吴淞口连带上海、松江沦入英军之手。道光帝对牛鉴的信任化为愤憎，将他革职下狱。以鸦片战争为标志的我国近代史，一开始便写满了国家民族的惨痛和屈辱，写满统治阶层的愚昧无知和卑劣行径，也写满有识之士和时代精英的冤抑悲愤。殖民者的坚船利炮越洋而来，先是沿海，接着是沿江，大清的守御炮台一个个被轰塌攻陷。口门大开，国门洞开！西方列强所要求了近百年的"开放门户"似乎一下子到来，同时也揭开中华民族百年劫难的序幕。

三、家乡的羊皮袄

江浙沿海已是处处烽烟，黄河的决口也牵扯着道光帝的心。如果说贪腐已严重瓦解了军队的战斗力，则其在河工上的呈现，往往更加无所忌惮。

清朝近三百年统治期间，河患频仍，使得治河为朝廷大政之一，河督

---

① 《鸦片战争档案史料》第四册，435页。

多拣选能员，甚至直接派重臣临事兼任。王鼎就是这样被钦差前来的，在新任东河总督未到任之前，受命署任河督。他是一个久经历练的大臣，头脑清醒，知道所面临的最大困难，不仅仅是汹涌而来的洪水，还有河工的腐败，其也是一种难以堵御的洪水猛兽。

河工，即治理河道的工程，包括平日对薄弱堤坝、易出事河段的维护，更多的是指决口后的抢修堵御。前人文集或笔记中多记河工之豪奢，这种风习，在乾隆中期已出现，有一则关于大学士刘统勋的轶事：

> 乾隆二十六年河决开封杨桥，公以大学士奉命临视，决口久不得塞。一日日昃，公张秋毡笠，御大茧袍，微行出公廨，至决河口，见数十步外秸料山积，牛马杂沓系车辕下，人则或立或坐，或卧复起，皆戚戚聚语，甚有泣者。公讶之，招老成者问故，则并云："来已数日，远或四五百里、三四百里不等，一车或四牛，或三牛，或杂羸马，一日口食及牛马麸草，至减得银两许，日久费无所出，复不知何日得返，是以惧且泣耳。"曰："何不交官？"则杂曰："此岸秸料某县丞主之，每车索使费赊，众无以应故也。"①

刘统勋极为恼怒，即回公廨，传见巡抚等，立缚该县丞于辕门外，重责后枷示河干。另一版本更为精彩：

> 公闻言，疑信参半，乃语之曰："吾亦来输料者，与某官手下人素相知，顷已交矣。今当为汝等代缴之。"乃驱其一车去。至料厂，诣某委员处，某见其面目光泽，衣履鲜洁，疑为乡间富室也，乃倍索钱十余缗。公略与辩，辄大怒，令从者以鞭笞驱之出，而扣留其牛车。公急驰回馆，立命材官持令箭缚某委员至，一面

---

① 洪亮吉：刘文正统勋遗事，见于《碑传集》卷二七，884页。

423

召河帅议事。某至略诘数语，即命牵出斩之。河帅巫长跽为缓颊。良久，乃命释回，以重杖杖之数十，荷以大校，枷号河干。诸厂委员悉震慑失次，而乡民输料者随到随收，无敢稍留难矣。①

描写真实生动，读来痛快淋漓。写的是一次碰巧了的个案，映照出胥吏阶层的弄权舞弊，是这些人对百姓的无情盘剥。"诸厂委员"算是什么角色？大约多为一些候补或革退官员，却有这样大的威焰，这般的铁石心肠。

刘文正，即乾隆朝大学士刘统勋，刘墉的老爹。此事发生在乾隆二十六年秋天，地点则在河南杨桥河段，属东河管辖，也是在黄河漫口之后。尽管乾隆皇帝对名臣说颇有驳论，统勋实堪称名臣，一生持正而直行，从不惧王公勋贵，对下属也不留情面。他与协办大学士兆惠奉旨查勘河务，当午夜众人熟睡之际，悄悄外出私访，只此一访便发现了症结所在：堵御决口，皇上催办急如星火，最怕的是物料不够，多方调派，河道也常以秸石不足为由，一再渲染困难，讨要经费；刘统勋此时亲眼见到的，竟是拒收，是公然向远途送料之人索贿。时任东河总督为张师载，对下属的恶行岂一点不知，唯相沿已久，习以为常，不加管束矣。

嘉庆帝久闻河员之弊，监督和惩处甚严，但上有政策，下有对策，查办亦难。十五年十一月，命军机大臣托津、顺天府尹初彭龄前往调查南河河工的资金使用，查了一两个月，所奏尽是一些零碎小毛病，皇上有些生气，谕曰："河工连年妄用帑银三千余万两，谓无弊窦，其谁信之！朕特派托津等前往查办。托津系军机大臣、户部尚书，乃国家重臣，初彭龄素称敢言，兹又加恩用至府尹。伊等于特交事件如此将就了事，一听伊等覆奏回京，惟此后若别经有人告发，或参出实据，伊二人将何颜见朕乎？"②压力之下，托津和初彭龄亲自赴各工地逐一查验，详细核对文卷和底单，在款出入上虽

---

① 《清朝野史大观》卷六，刘文正督河工之风厉，565页。
② 《嘉庆道光两朝上谕档》第十六册，嘉庆十六年正月初六日。

没有发现问题，却发现一些地方领了银子后，并没有用在河工上，近二十年汇总下来，共有六十万两有余。这显然只是冰山一角。嘉庆帝不再穷究，命新任江南河道总督陈凤翔开列清单，要其间任总河者，根据任职时段赔补，戴均元、吴璥、那彦成均在其中。

不到两年，陈凤翔也因启放智、礼两坝闸门造成湖水宣泄过多，被两江总督百龄劾奏，革职遣发。实则启闸经百龄签批，出了事便行推诿，凤翔心中郁愤，上疏奏告，并揭发江南盐巡道朱尔赓额办理苇料捏词邀功，说百龄轻信而擅改章程。朱尔赓额为百龄旧属，深得倚信，也是一位干员，经管芦苇荡也是为了自产苇料，节省经费，不料却得罪了众人。有旨令松筠和初彭龄来查，以"虚糜工本，苦累兵丁，复饰词朦禀，倚势作威"，命将朱尔赓额在苇荡营枷号三个月，满日发遣伊犁。朱尔赓额抱负奇伟，官阶仅三品，却颇有大臣之风采，听说有属下为自己鸣不平、赴京控告，急派人追回，同时写信给百龄，要他不必为之生气，也不必上奏朝廷，但还是忍不住要说明真相：

> 窃谓料物为河工之根本，苇荡为料物之基业，悉心剔弊，期裨功益，比较正额之外，增出过倍。然拨荡为购，减厅员冒销之利；按束交方，拂营员偷换之欲。额以只身独撄众怒，固已知其祸不旋踵，功废垂成。日昨以陈竹香遣丁京控，蒙钦派钜公前来查讯，验尾帮驳回之料，取船弁挟怨之词，厅营共证，合翻此局……①

真是案中之案、冤外之冤。陈凤翔觉得冤枉，派家丁赴京呈控，扯出了朱尔赓额和苇荡营之事。朱尔赓额更加冤枉，却不愿仿效陈凤翔"于获罪之后再行申诉"，一件节省经费的改革之举也随之夭折。河工之贪腐，在于任事大员，在于整个系统，甚至包括基层的普通员役兵夫，结成由上而下

---

① 《啸亭杂录》卷三，朱白泉狱中上百、朱二公书，67—74 页。

密不可解的利益链。

王鼎要面对的，也是这样一个环环相扣的利益链条。三河岁修经费，均在数百万之巨，能有十之三四用于物料人工，已经是不错了。其余的钱哪里去了？除各厅平日之应酬馈送之外，各级官员直至胥吏兵丁，也是人人分肥。奢靡源自腐败，不少河官热衷于在大庭广众招摇，有一份不惧舆论的坦然。负有督察之责的长官哪里去了？那么多的科道官哪里去了？大多数视而不见，大多数身陷其中也。我们也很难说清这种风气起于何时？是自上而下，抑或自下而上？却常常读到胥吏的恶例。若说朝廷惩处甚严，督抚及州府之官还有几分戒惧敬畏，则下属的小吏夫役，凡能有点儿小权，几乎无人不贪，既贪且酷。正是这些人掌管着工程的基本运行，虽位于权力末端，却是直接面对百姓，直接影响大工的进展。

比起"官二代"的刘统勋，王鼎有着更多的平民色彩。

转眼即入冬月，河水凛冽刺骨，河干上的风亦凛冽割面。兵夫员役在水中作业，打桩砌石，挑引河，筑滚坝……该分派的已经分派下去，大工进展得颇有秩序。王鼎也像夫役一样早出晚归，徘徊、伫立或端坐于河堤之上，背上的疮始终不愈，却未影响他钉在河干，虽遇有雨雪，亦从不间断。大家劝他待在行馆即可，不要每天到工地，王鼎不听。

此前，因为河干的严冬的确寒冷，河督又不能不到工地视察，属下借机巴结，为总督大人购置狐裘，渐而至道厅官员和有些头脸之人也是一色狐裘。"河厅之裘，率不求之市，皆于夏秋间各辇数万金出关，购全狐皮归，令毛毛匠就其皮之大小，各从其类，分大毛、中毛、小毛，故毛片颜色皆匀净无疵杂"[①]。这些狐裘似乎成为河道大员的工作服，最好的当然归总河，以下则按品级分配，地位够得上，便领得一袭。有的为显示区别，还要为总河专门定制紫貂之裘，是以一旦亲临河工，一貂群狐，前呼后拥，指点讲论一番，又飘然离去。河中施工的夫役多衣衫单薄，能不切齿痛恨？

---

① 《清朝野史大观》卷十二，河厅奢侈，1236页。

能不消极怠工?

　　文冲被撤职枷号,每日跪在河干,他和几位旧部显然不宜于穿貂狐之裘了。新任总督来任之前,王鼎兼署总河一职,河署各员赶紧侍奉,捧来貂裘,讲说朔冬的河干如何如何极寒,劝他收下。王鼎一笑拒之,每天穿上一件羊皮大衣,披星戴月,就待在河堤上。这种羊皮袄是陕西老家所产,披上后俨然一个老羊倌,钦差大臣不觉其陋。数年后,姚莹蒙冤贬往西藏,路遇故交,交谈中说到已逝的军机大臣王鼎,说到他在治河中的风范:

> 　　时方冬令,诸公及河厅视工,紫貂猞猁犹畏严寒。公年逾七十,服羊裘,每日辰初至河干,坐胡床督工,申刻见火归寓。非粗粝不食,时买民夫食物,食而甘之。或言过自苦,公叹曰:大工之役,终日胼胝于风雪水土中者,真力作之人也,工成全赖若辈,顾其衣食何如?我辈坐而督工,劳逸已霄壤矣,裘衣而肉食,尚谓苦耶!且西夷方肆,天子宵旰宫中,战士枕戈海上,非大臣安逸之时。夫卒闻之,无不感动踊跃,工日倍。[①]

　　王鼎话语质朴,句句发自肺腑,句句都是实情。是啊,侵华英军凶焰不减,当今圣上终日忧虑,海防前线处处吃紧,面前又是大河决口,数十州县受灾,作为位列内阁和枢垣的重臣,岂能贪图安逸!

　　清朝规矩,在地方遇有大事时总要派出钦差大臣。这些"星槎"必是皇上看中的人,其行事做派相去甚远,但大多派头十足。王鼎曾多次奉旨钦差,从不摆谱,更不给地方增添麻烦。河工的风气并非一成不变,钦差大臣不穿狐裘,一众河员谁还敢穿?他不吃鱼翅燕窝,众河员谁还敢吃?他一天到晚钉在堤岸上,有哪一个好意思在馆驿睡大觉?认真做事,实心

[①] 姚莹:《康輏纪行》卷二,王相国轶事。见《近代中国史料丛刊续辑》第五十七册,2951—2952 页。

做事从来都是王鼎的习惯。主官认真，下属自不敢不谨慎，胥吏员弁自也不敢放肆。影响所及，河工形成一种无形压力，一种紧迫感，抗洪第一线的兵夫也受到感染，工效倍增。

世风日下，虽贵为阁老部堂，也不得不对恶习陋俗做一些抗争。河道积习，河工腐败，早已臭名远扬，以至于对每一位新任河督，道光帝都要再三叮嘱，要求务祛宿弊。王鼎岂有不知，又岂有一朝横扫之能力。他深知国事危难、国计窘迫，到这里的首要任务是堵御决口，安定数十州县之灾民。他将自己变成一颗钉子，钉在河干。

多年担任要职，王鼎简朴沉静、雍容大度，一般不疾言厉色，却以己身为表率，反对那因循怠玩、奢靡挥霍的河务积习。同时，他也与自身衰病做斗争，也要靠强大意志来支撑。有时王鼎会在家信中，向京师的儿子和侄儿说起身体的状况：

> 我身子至劳，而近日精力颇好，背上病所余无几，计日当可就痊……
>
> 我老景迷离，偶坐定时，恍若汝兄弟在侧，无论日夜，常有此象，大非廿年前可比，惟祝大工早竣，以图团聚也。①

这种精神恍惚，出现在白天的施工现场，还是夜深无人时分？似无从考证，大约都会出现吧。也只有对家人，他才能说这些。

是啊，看似稳稳坐定河干的钦差大臣，有时也不免浮想联翩，想到家庭，想到子侄，也想到自己。几乎每一封家书中，王鼎都要说到背上的疮，皆说是即将痊愈，显然是安慰家人的话，实则背疮一直未痊愈，一直在折磨着他。

---

① 皆见《王鼎家书》，前为致子书，46 页；后为致京中子侄书，23 页。

第三节　重回中原

天意从来高难问。

就在不久前，林则徐也做过钦差大臣，也曾被称为"星槎"，后来授两广总督，禁烟焚烟，巡视澳门，号令既出，中外奉行。再后来被免职留用，新钦差琦善不光不用，渐渐连听也懒怠听。接着以四品衔发往浙江效力，复一撸到底，发往伊犁效力，然后由王鼎保奏来东河效力。说的都是"效力"，可这一次与遣发伊犁一样，不予任何职衔。

因悉知皇上对林则徐的迁怒未解，王鼎未为他强求什么职务，只说是襄办。襄办者，协助办理之谓也。

一、襄办难为

王鼎是以林则徐精通水利和治河为由，呈请皇上将他从流放途中截下来的，道光帝表面上是勉强俯允所请，心中必也大以为然。

还有人比旻宁更了解、更欣赏、更信重林则徐么？正是由于这种赞许信任，林则徐在官场迅速崛起，两次丁忧，也没有影响他的上升势头，历任江苏、陕西、江宁、湖北、河南多省布政使。十一年十一月，奉旨办理江北赈抚事宜的林则徐正在扬州勘灾，突然接奉圣旨，擢任东河河道总督。这是林则徐那年被简任的第三个职务，足证皇上之倚重。

林则徐是一个治国之才，是清朝走向衰微时的一颗亮星。他过人的智慧学养，他的聪察果决与精细认真，曾经得到旻宁激赏。在林则徐赴任东河总督的谢恩折上，道光批谕："一切勉力为之，务除河工积习，统归诚实，方合任用尽职之道，朕有厚望于汝也。慎勉毋忽。"[①]则徐不负使命，下沉到河道管理的最基层，一个河段一个河段地检查，对密布于河干的秸料垛细细察看，很快发现了各种造假行为：上实下虚的"空垛"，外新内旧的"并垛"，上新下朽的"戴帽"……到处都是此类花活，是各种障眼法。他坚决做了处理，对以失火掩盖真相的虞城上汛十六堡员弁，更是严厉处分并责令赔补。东河河务风气为之一清。

林则徐担任河督不到半年，由于事事用心，成为一个公认的治河专家，一个具有远见卓识的河道管理者，既能致力于扫除河务陋习，切实做好防汛准备；又组织总结历来东河治河经验，编写《东河水利》一书，大胆提出黄河改由山东入海的思路。后来的事实证明，这一思路多么可贵，只因他很快被调离，没有得到论证和实施。

王鼎到河工之后，目睹河务之荒怠，毅然奏请罢免文冲，心底认定林则徐是最合适的新河督人选。如能做到，应是河南百姓之福，是东河河道之福，也给则徐一个报效国家和政坛再起的平台。但他深知皇上的误解之重，深知一些内阁枢垣大佬对林则徐的嫉恨，不敢遽加保举，想等待大工告成后再为奏请。即便如此谨慎，皇帝身边还有人议论纷飞，河工上亦有人不以为然。十月二十五日，上谕询问兴工后各项进展情况，专有一条关乎林则徐，曰："林则徐前据奏令襄办文案、稽核总局，其办工一切是否有必须该革员襄理之处？抑或别无要件，并非不可少之员？"[②]可知就是一个小小襄办，因为涉及林则徐，也有人在皇上那里说三道四，能说得上话的自非等闲之辈。

王鼎岂读不出这份谕旨的弦外之音，即率同河督朱襄、署巡抚鄂顺安联名上奏：

> 林则徐自奉恩命抵工以来，经臣王鼎等奏明襄办文案、稽核

[①]《林则徐全集》第一册，"起程赴河东新任折"朱批，道光十一年十一月十五日，19页。
[②]《嘉庆道光两朝上谕档》第四十六册，道光二十一年十月二十五日。

总局，凡属大工应办之章，无不筹画周详，办理妥协。现当大坝进占，臣等与林则徐无日不立工次。惟臣王鼎、臣鄂顺安本不谙河务，臣朱襄虽在南河多年，而甫经抵任，于东河情形尚未熟悉。林则徐曾任河东河道总督及河南藩司，于地方河工情形均所深悉，遇有随时应行变通之处，详细明练，深资得力！

这份所谓的"合词据实具奏"，主导者自然是王鼎。慧成未列名，当是因为奉旨外出办差。朱襄抵任仅一个多月，鄂顺安新署河南巡抚，既然星槎都说在治河上不如林则徐，也只有跟着一通谦虚。至于心里是怎样想的，可就难说了。

二、新任河督朱襄

文冲因怠玩误事被免职流放，东河河督的位置出现空缺，立即便会有一些人盯上。毕竟这是一个总督级要职，上了这个台阶，如果顺风顺水，可以出将入相，前程似锦。这当然也是一个肥缺，出现决口的罪过已由前任承担，兴办大工的巨额拨款，则归继任者支配使用。而且堵上口门，消弭水患，少不得吏部议叙，升级受赏。如此好事，能不下气力钻营？

在钦差大臣的班底中，有"副钦差"之称的慧成，显然是一个人选。此人还不到四十岁，以满人考中二甲进士，出身翰林，仅数年就列身卿贰，前程自不可限量。简任他作为王鼎的副手，也有让其先事历练之意，虽未即蒙点选，当会列入后备。果然，一年之后东河总督再次出缺，慧成还真就奉旨前来，兴冲冲接过督篆。天有不测风云，黄河也不是那么好管的，仅仅过了半年，中牟段又出现大决口，被革职枷示的换成了慧成。

话扯远了。

且说新河督朱襄，安徽芜湖人，嘉庆二十五年二甲第四名进士，考选庶吉士，曾长期在翰林院任职，也曾选派学差、简任学政，与王鼎前期经历略相似。但也很难说两人关系亲近。翰林院人员众多，人才亦众多，又因科名、座师、庶常馆业师不同，暗暗划分系统，各有所宗，嘴上不说，心中分明。主持该科会试的为户部尚书卢荫溥和礼部尚书黄钺，副考官为刑部侍郎吴芳培和工部侍郎善庆。其时王鼎正为兵部失印案焦头烂额，后来又忙于到各地办案，与庶常馆和翰林院交集不多。

朱襄原名朱一贯，与康熙间扯旗造反的那位朱一贯同名同姓。幸亏他生活在较为宽松的嘉庆朝，居然考中进士；若是前三朝，没准会论为有意添烦，至少是不关心国家大事，连著名反贼的名字都敢沿用。不过他还是有几分后怕，或曰惭愧，入仕后很快改了名字，这一改倒好，大名"朱襄"，与中华远祖之一朱襄氏相同。

朱襄由道员一跃而为总河，是地地道道的"超擢"，很快兼兵部侍郎衔，自是喜出望外。接准兵部火票时，朱襄正因事驻扎浙江，即上奏谢恩：

> 闻命之下，悚惧恐惶，莫可言状。窃臣皖江下士，才识庸愚，由编修洊升侍讲，曾蒙简放河南试差、学政，嗣奉命往南河学习，擢用道员，现署江苏臬篆。未效涓埃，时深兢惕。兹复渥被特恩，畀以总河重任，荷超迁之不次，非梦想所敢期。伏念河工修防事剧，呼吸安危，关系民生国计，况现值下南河厅属漫口，亟需筹堵，凡鸠工庀料及堵筑，机宜在上，均关紧要。臣自道光十三年到工学习，仅历年余即丁忧回籍。迨十七年服阕引见后，奉旨补授徐州道，上半年蒙恩准调淮扬道，叠署藩臬两司印务，先后几及两年，在工之日转少。讲求本尚未周，且大工更从未经历，自分断难胜任。五中惶惧，寝食俱忘。极思叩觐天颜，仰恩圣明详晰训示，庶一切得所秉承。兹奉命速赴新任，凛念河工事亟，既不敢冒昧吁辞，又未得面求指示，尤令下忱惴惕，惟有殚竭血诚，力图报效……①

---

① 录副奏折：朱襄，奏为补授东河总督遵旨驰赴新任事，道光二十一年八月二十一日。

第十一章 口门与国门

一段文字唠唠叨叨、颠倒重复，很能见出朱㐮之精神品貌。接到升迁谕旨后上疏谢恩，极尽谦言卑辞，不惜自我贬低，是清朝政治特色之一端；皇上对擢任新职的大员特赐接见，训示施政大要，也成为一种制度化荣宠。鸦片战争突起，外患加上内忧，督抚及地方官调动频频，事情紧急，来京请训一节常被减去，要求其直接赴任。可这也成为升迁官员表达忠心的理由，不少人如此这般，琐琐碎碎，好像不能见到皇上，便不知道如何做事。大凡做了皇上，似乎都很爱读这类鬼话连篇、一通忽悠的文字。

尽管是一种通例，读了朱㐮的奏折，还是觉得有些过了，觉得文句间显现一副庸臣嘴脸，思路似有些夹缠不清，文字亦嫌赘累。有必要将履历再细细给皇上讲一遍么？有必要把一个进京请训说得如此繁复么？清廷对公文的行文和篇幅都有明确规定，朱㐮热衷于不断奏报，抵任之后的奏折，有时一日之内拜发五六道，最多时竟然一匣七折；且喜欢长篇罗列，竟有长达八十多页者。有一道奏折，是关于奏折匣子被折差丢失的，朱㐮闻知后赶紧又补发一份。呵呵，如果臣子都像他这般行事，如果道光件件都去批阅，不被累死也会被烦死。

朱㐮奏折中说得紧促，实则也是一路乘船晃悠悠而来，哪里谈得上驰驿？八月底，王鼎专折奏请督促朱㐮早日来任，其中提到自己的病情：

> 臣抱恙出京，计背上疮症，自五月二十日起，到八月二十五日，共九十五日，屡次服药未能平复，血气渐亏。现在筹办堵筑口门，头绪纷繁，又常应躬亲历勘，往返需时。而河督事务亦当吃紧之际，臣年衰病久，势难兼顾。旬日以来，勉力赶办，深恐精神照料未周，昼夜悚惕。伏祈圣恩迅饬新任河督朱㐮速即来豫，以专职守而济要工……①

---

① 录副奏折：王鼎，奏请新任河督朱㐮速来豫事，道光二十一年九月初二日。

河工与河务尽管密切相连，但毕竟不是一揽子事体。河工为钦定兴办之大工，由钦差大臣总负责，东河河督和河南巡抚应率所部竭力配合；而河务为河道管理的长久之计，既有黄河，也包括运河河道。黄河决口诚为第一等大事，然运河如果出事更不得了，头绪繁杂，哪一项都不可忽视。王鼎长期为疮痛折磨，却丝毫没有推脱主管大工之责，只是要求新河督赶紧到任，分担河务之累。

朱襄于九月十一日抵达祥符工次，似乎没有去直接拜会驻工的钦差大臣，王鼎派人将河督关防送给了他。第二天新河督向皇上奏报接任事宜，可见出仍未与钦差晤面，颇令人玩味。至于疏中涉及工期、钱粮等项，也隐隐能读出一些曲笔。根据清朝体制，钦差大臣到工，河督和巡抚均受节制，奏报时列衔在后，是知朱襄与鄂顺安亦襄办也。一督一抚都是襄办，再加上列名在二人之前的慧成，俗呼"副钦差"，当然也是钦差大臣的襄办。无怪皇上谕旨中要问：林则徐的襄办是否还有必要？

三、困境中的担当

祥符大工，是道光间一次特别成功的治水工程。副钦差慧成、东河总督朱襄、河南巡抚鄂顺安，也都能够积极配合，认真做事。这里要说到王鼎的凝聚力，他的坚定周密和清介操守，他日日在工的朴实认真，引领着祥符河工的风气，也决定了大工的走向。慧成、朱襄等，除却跟从襄办，又能怎样呢？

襄办，是兴办河工的常见名目，工地上有大大小小的襄办，没有能力当然不行，太有能力也不行，是一个很难拿捏的角色。林则徐作为钦差大臣的襄办，位置实与他人不同，压力也最大。王鼎专折奏请以则徐为襄办，既管文案，又负责稽核总局，极见倚重，颇让一些人心里不舒服。林则徐内心如同明镜一般，他的好友邓廷桢和李星沅也为之牵挂，星沅来函已经在上一章引用，邓廷桢信中说得更为直接："河上既有星槎，又有河帅，阁下在彼，若再如粤中光景，将如何措手也？"① 在邓和李看来，林则徐是来主持大工的，错！皇帝虽没有反对王鼎对则徐的安排，同时也没有给他任何名分，他在河工只是一个襄办，有实无名。

林则徐是一个能忍辱负重的人。实则在清朝做官，不管出身满蒙还是汉人，忍辱都是必备的个人素质。皇帝对臣下虽也多有褒奖之词，而一旦生气发怒，什么样的严厉措辞，包括侮辱人格的话都会脱口而出。所以在大清居官的人，不管已到何等高位，都须练就一种逆来顺受的本领。至于负重，只属于少数的栋梁之材。林则徐由大帅变成参谋，由星槎降为流人，由叱咤风云变得任人驱遣，其神经在这两年间饱经磨砺，已能宠辱不惊，而仍系念时政，不忘国家安危。王鼎的信任与爱护，其苦心孤诣，一些旧部故交和当地百姓的真诚欢迎，都让林则徐深深感动。但他很快就发现，十年前的整顿治理早已痕迹略无，而自己一介襄办，也可能随处遭受白眼。

抵达工地后，王鼎把大工的总局运筹郑重托付，让他负责经费的综理核算。两人同住在下汛六堡，黎明一起上工地，往往深夜才回，真正是披星戴月。兴办大工的关键在于用人，林则徐在多地担任主官，有很强的实际行政能力，王鼎遇到问题，首先向他咨询商量，探讨拆解之道，则徐也是积极参与，出谋划策。

面对终日操劳、默默做事的林则徐，王鼎应有几分愧疚之情，替皇上愧疚，也因不能保护、不敢保举愧疚。他历仕两朝，转任五部，享有崇高威望，靠的是清正廉洁、做事认真，更重要的一点是宅心仁厚。虽不能对林则徐平反昭雪，但既然来到祥符工次，如何使用，就在自己了。他把林则徐放在最关键的位置上，说是襄办，实际上成了总办。这当然会让一些人不舒服，会让人心怀怨怼，王鼎岂有不知，所不顾也。

林则徐也在大工中不断适应和调整，调整心态，也调整行为方式。他

---

① 邓廷桢：《致林少穆书》，道光二十一年八月二十二日。

本是一个帅才，精细周详，一旦谋定而动，便是雷霆万钧、摧枯拉朽之力。但现在的他已不再拥有决定权，不再具有整肃风纪、杀伐决断之权，只能上言建议。王鼎对大工经费要求尽量节俭，而兴工后各项费用无不疯长，商民趋利，更多的是内外勾结，哄抬物价。如秸料为工程所大量需用，价格比平常登时多出一两倍，且在不断上涨，所用远超预算。王鼎心中忧急，询之周边，皆说此乃所有大工共同面临的难题，只能接受，多申请经费补充。林则徐悄悄到工地周遭察看，见各处车载马拉，运送秸料源源而来，便向王鼎建议如此这般。第二天，王鼎使人透漏口风，说是冬天不宜施工，将奏报朝廷暂停堵口，过几日又贴出告示，说明将有缓工之举。消息传出，秸石等料价格大大滑落，远低于平日，还要求人收购。曾寅光《林文正公逸事》：

> 贩秸料者麇集工次，斤昂至三百文……公策请相国、抚军出示，以岁阑停工，停买秸。越旬日，复示以贩者淹留良苦，许别开子厂收储，备明春用。则秸料价斗迭，至斤十六文，省帑金无算……[①]

费用大为减少，王鼎等人愁容顿解，林则徐少不得背上骂名。又能怎么办呢？林则徐从来都是敢于承担，不计个人得失。

次年三月，林则徐又一次踏上西行戍边的路，在洛阳给朋友写信，忆起在工次情形，仍不免感慨：

> 弟朝夕在工，不过追随星使朝夕驻坝而已，曷尝有所建白？而苛刻催促之名，已然纷传，谅阁下亦自有所闻。今事竣仍作倚戈之待，却是心安理得。昨奉文后，即由工次成行……目前时事不堪设想，穷荒绝域，付诸不见不闻，较之恶言入耳，悲愤填胸，

---

① 转引自杨国桢《林则徐传》，446 页。

不犹愈乎？[①]

对于尽瘁尽忠的王鼎，林则徐不光是追随陪伴，也竭尽一己所能，给以帮助。他到工地后，"日夜坐与士卒同畚锸"[②]，竟被说成是为了起用复职，被议论为苛刻成性。各种恶言恶语不免传来，林则徐心中气愤，但供事仍旧，痴意无改。

第四节　大工繁难

旻宁是一个缺少主见的君王。没主见的他尤爱注重细节，易受到琐事的影响，常表现得优柔反复，却愿意显示自己的聪察决断。当三十一堡河段决口之际，文冲奏报暂缓堵御，说了一番大禹治水的理论，令他大受影响，久不批谕，一任黄流横肆。王鼎抵达后，力主坚决兴工堵口，建言省城缓议迁徙，措辞坚定切直，甚至以身家性命为质，愿意承担大工失败的后果。这位皇帝又被说动，被感动和激动，谕令迅即开工。

一、尽量减省的预算

兴办大工，第一项就是呈报经费预算。历来河督如走马灯般转换，中下层河员多久任，擅长的就是虚报多报，编造出庞大细密的预算表格，编造出各种各样的开销名目，编造出无数难以驳议的理由，以获取巨额经费。十一月初六日，朱襄一次呈报了七份有关经费的清单，其中《豫东黄河南北两岸本年抢办砖埽工程丈尺银数事清单》，长达四十八页；《豫东黄河

[①]《林则徐全集》第七册，致苏廷玉，290—291 页。

[②] 金安清：《林文正公传》。

南北两岸本年增培土工丈尺银数清单》，足足八十三页；《豫东黄河南北两岸本年已未抛成碎石石方银数清单》，也有十三页。这些清单出自掌管文案的吏员之手，如此奏报，也显出朱襄的因循无能。

对于如何申请经费，在工各大员以及管河道厅官员意见不一，但先行多报预算，以免不够用时再度追加，应是大多数人的想法和做法。王鼎坚决不认可。

王鼎深知时政之艰，南方沿海兵火连绵，国家粮赋之地一变而仰赖拨款，黄河大工只能尽量俭省。他让林则徐掌管文案，正是看中其清廉精细。八月十七日，王鼎刚刚接署总河，即与慧成、牛鉴连衔奏报兴办大工的预算。那只是一个估算，参照的是嘉庆末年两次黄河大工，提出一个约数：

> 伏查大工之近而可征者，嘉庆二十四年之马工，二十五年之仪工，其估办章程皆有成案可考：马工共用银一千二百余万，仪工共用银四百七十余万，两相比拟，仪工节省较多，自应仿照仪工办理。惟仪工口门仅宽一百九十六丈，现在口门计宽二百八十丈，工程较仪工为大。而年来工料物价亦较贵于前，所需用项似较仪工繁巨。现既尚未勘估，不能遽定确数。臣等会同悉心筹酌，应请循照仪工一案动用银数，奏恳圣恩，饬部拨解银四百七十五万两，赶九月初间霜降动工以前解到，以便广购料物，兴工堵筑，挑浚引河。①

这是一份总预算，明显低估了工程需求，当时便有不同意见，王鼎坚持如此上奏。但也对未来使用留下余地，说明其只是一个估数，如果确实不够，将来再补报；若有剩余，则如实上缴。奏疏最后说："臣等受恩至重，各

---

① 录副奏折：王鼎等，奏为遵旨会筹兴办祥符上汛漫口堵筑工程约计银数事，道光二十一年八月十七日。

具天良,况当国用孔亟之时,尤宜痛戒浮糜,力求撙节……慎密稽查,得省即省,务期用项胥归实在,工程办理妥速。"这是王鼎对皇上的郑重承诺。

对老臣王鼎的品德和能力,道光帝深信不疑,命户部速议具奏,而对其参酌往例的做法提出批评:"现在各省需用孔亟,王鼎等务当督饬承办各员认真撙节,毋稍浮滥,切不可比照从前成案,任意虚糜。如该道厅查有冒滥等弊,立即严参示惩……总之,工程断不可草率,而勾稽综核,得省即省,是为至要。"[①]这些话基本上重复了王鼎奏折中的意思,有的还是其原话,重新来过一遍,应是说与那些心怀不满的河员、河标听的。

户部对这份估算未打任何折扣,很快就予以批复,所需银两也陆续拨到。王鼎曾长期任职户部,由侍郎而尚书,老部下对其尊重有加,大工估算中充分体现了他一贯的节俭作风,能不照准?

林则徐抵达时,这份预算已然拟成,未见他发表不同意见,然其内心还是认为估算过少,认为王鼎对困难估计不足。

二、南河才是大本营

兴办堵筑大工,一是要钱,二是要人。这里所说的"人"被称作"熟手",也就是有经验的施工者。举凡立桩、下埽、捆厢、进占,都是技术活儿,尤其在合龙紧急之际,若没有一批熟手,临事惊慌失措,那可会出大事。令王鼎吃惊的是,偌大的东河河道,众多河务官兵员弁,竟然没有这方面人才。王鼎询问了不少人,多两目茫然,要不就是一脸惶惧。

东河屡屡出事,缺少熟练河员为原因之一。至于为何不去招揽和培养治水专才,原因就复杂了。由是便形成一种模式:东河出现决口,赶紧调用南河的河员前来,甚至连施工的兵丁也要他们带来。南河才是治河的大本营。奏报经费估算银数的同时,王鼎等另拟专折,请调南河员弁前来襄办大工,

---

[①]《再续行水金鉴》卷八一,河水,编年二十八。

列举了江南河营参将张兆的名字,并恳请饬下南河总督选派三四名能员,率领四五百名有经验的兵夫,赶在霜降前到工。上谕当即照准,命南河总督麟庆作速择选,同时还准许王鼎就近调用总兵一员,带兵来工地巡防弹压。

麟庆本身就是个河务专家,曾著有论下桩的治河专书。谕旨到南河总督府所在地清江浦之时,恰朱襄赴任经行,顺道拜访请益。朱襄曾在道光十三年奉命到南河学习,麟庆刚任南河总督,此番相见,自有许多怀旧话语。接奉旨意后,麟庆会同朱襄认真磋商,选派以河营参将吕邦治为首的八名官员,即令赶赴祥符大工。这对麟庆可是件露脸的事,办得漂亮,在奏折中亦不忘卖弄几句专业知识:

> 豫省河营额设兵丁较少,向习挂枕软镶,至捆船上位、签桩下埽、安设提脑揪艄,均非所长。是以历来大工均调南河弁兵应用,且经管大小厂支发正杂料,稽查跑牌钱文,记取绳头回橛,必须办事勤细、明白做工之佐杂,方能得力……①

全是河工用语,皇上读来应也肃然起敬。说这些时,麟庆的潜台词当是:只有南河总督署才是治河的大本营,经验丰富,人才济济,其他如东河河道,本来就是从南河分割出去的,遇到大事,还要由南河来办。麟庆与脑残的文冲不同,对援助之举格外积极,要四名能员给八名,另外加上八名精干助手,赴工担任佐杂。他还说明王鼎点名讨要的张兆正在告病,一旦能成行,立刻赶赴祥符工次。

朱襄抵任后的奏疏中,也说到在清江浦与麟庆的晤面,"咨商堵筑各事宜,及调工文武员弁,并选备熟桩埽兵丁"。二人当然会说到王鼎和林则徐,虽不知都说了些什么,以麟庆章奏的内容揣度,其对短期担任东河总督的林则徐,大约有那么一点不以为然。

---

① 《再续行水金鉴》卷八十二,河水,编年二十九。

三、口门与越坝

九月十六日，王鼎奏报祥符大工实施方案，附有工程图一份，名曰《下南厅祥符上汛三十一堡勘定引河头及坝基挑坝情形图》，清晰明了。从这张图，也可确知大堤之内有孙庄、大李庄、太平庄等六七个村落，其中回回寨、马庄紧挨着原来的正河，至于因决口而著名的张家湾倒没见到，或大决口时被洪水一扫而尽，踪迹全无？

大工由三个板块组成，包括兴建越坝、堵筑口门，也包括挑浚引河。越坝者，由口门两侧大堤向内呈弧形修造的大坝，使水绕越而过。黄河大工是一个系统工程：堵筑口门，必须先行建造越坝，以减少来水的直接冲击；兴建越坝，又必须开挖引河，将大溜引开。三大板块互相关联，协作推进，哪一项都不容忽视。

最核心的当然是堵筑口门。漫决之后，口门不断刷塌扩大，两边盘筑裹头最是急切。"裹头"一词极是形象，是将断堤之端以埽工卫护，再以石料填压盘实，以免不断被刷宽，难以收拾。文冲当时一再延误，将东边裹头修好后，竟以人员物料皆往省城为由，停止修筑西边裹头，以致口门不断被刷宽淘深，由二十多丈、八十多丈、一百多丈，到王鼎抵达后实测的二百六十七丈、二百八十多丈，最后是三百零三丈。奏报时西裹头已经完工，祥符口门总算不会再扩展了。

经奏报皇上，大工在九月十五日择吉兴工。修筑越坝和挑挖引河同时展开。越坝由口门两边遥遥起建，相应而为东西两坝，依开始的设计方案，西坝从祥符上汛二十八堡大堤立根，筑牢坝尾，向内推进，总长一千四百四十丈；东坝坝尾在下汛三堡，长九百九十丈，与西坝成呼应衔接之势。越坝的作用，在于渐次阻拦顶抗黄河大溜，减少口门压力，再由坝基向内建造一座挑水坝（即图中"挑坝"），以调整水流方向，使其与引河衔接。这是黄河堵御的常规做法，不光决口时如此，在易出事故的河段，也会预先建造，以备不测。就在这一带，南岸的黑堽口、北岸的十三堡到十六堡都有此类越坝，或称越堰、圈堰。至于挑水坝，则往往连建多道，挑上加挑，让人慨叹。

越坝的建造是整个堵口大工的重点，西坝较长，开始时正面受水，被当作重中之重。两坝同时动工，后根据需要，又把更多的兵夫调往西坝，加速兴作。王鼎一开始常驻大堤，后来移驻越坝，以激励在工员弁。他虽未主持过河工，但具有丰富的行政经验和现场掌控能力，看似人员众多、物料堆积，头绪纷繁，做起来却是有条不紊。王鼎与相关大员协商，做出分工：河督朱襄主管引河的挑挖，署理巡抚鄂顺安协调各州县工料供应，至于他和慧成乃至几位随员，主要是钉在工地上，随时了解工程进展，处理突发情况。开工时已届深秋，如果到了隆冬季节，风高冰厚，施工必将带来更多难处，是以王鼎心急如火，催促赶工。在工员弁分为白班和夜班，轮番上阵，昼夜不息。为激励士气，增加补贴特别是夜晚做工的补贴，改善饭食，尽量提供好的后勤保障。施工兵夫大约从来没有这样被重视和关怀，从来没有这样好的报酬和生活待遇，感激踊跃，坝工进展可谓神速。这种赶工方式，也使掌管总经费的林则徐忧心忡忡，怕是后来工料和经费跟不上趟。

王鼎出身寒素，待普通百姓亲切宽和，见其立于寒水中作业，诫官员善以待之。但他以身作则，律己甚严，也对属下约束甚严。他的行为有震慑作用，更多的则是影响和感染。如随员内阁中书张亮基，就曾坚决拒绝了河弁的贿赂，让一旁的林则徐看在眼里，记在心里，也为亮基以后的升迁埋下伏笔。在一个视贪腐怠惰为寻常的环境里，主事者的清正有为，往往更有力量，更有示范作用。对于慧成和所有随员，这次跟从王鼎到祥符大工，都是一种艰危困苦的历练，是面对种种诱惑的考验，也是一次学习和终生难忘的记忆。仅仅八年后，张亮基已升为云贵总督，回忆起跟随王鼎在河工时的情形，向身边人讲述，说到白天分别驻坝监工，晚上回馆舍一起讨论商议，说到王鼎对他的影响和保护，也说到"河工积习，不欲合龙太骤，包苴盛行"。

这真是一种奇怪现象：在河工的一些人，竟不愿早日合龙，想方设法要拖延合龙！为何？当然是希望多有些贪污侵占的时间，说出来的理由却是为了确保大工安全。这种不顾国计民生，大发国难财的行径，普遍存在于许多大工程中。当初文冲在决口后放任不堵，或也出于身边人的蒙骗。此辈见王鼎督催甚急，不敢阻拦和明显拖延，却也另有妙计，提出兴建二坝之说，即在越坝与大堤之间再建一坝，理由，自然是防洪工程之必要。

对于王鼎等不熟悉河务的人，二坝一说看似很有道理，在河高层也显然意见不统一。王鼎经过调查论证，做出不建二坝的决定。十二月初三，他在给儿子的信中写道：

> 大工做已过半，若得天气晴霁，岁前可望合龙……惟二坝一事，我向闻之，开工之前，询问工员，皆云河南从未做及，因检睢、仪两工旧案，均未先作，惟合龙后均赶作土二坝，以资保护。今则照常做工，并非为节省钱粮起见，亦非不作二坝也。虚心问之通工文武官，并调来南河做工之弁兵，闻在河南做工者，皆是如此说，因而定议。众口一词，并非我自出意见也。①

睢仪两工虽未做二坝，但以前确实有人这么干过，就在封丘十三堡至十六堡之越堰，就附建有一圈二堰。堰中有堰，堰外有埝（土堤）有挑，挑上再加挑，真的是固若金汤，却只是将汹涌之水逼向对岸。张家湾决口，也与对岸的工程有很大关系。王鼎决定不建二坝，有经费的问题，更主要的是不必。河员中常有人将此说得格外重要，能够辨明剔除，也不容易。

越坝工程，开始阶段进占甚速。南河河员抵达后，经过实测，对于坝基又做了一些调整，使之更移向北，逼近大溜，沟深流急，难度陡然增大。随着节令转寒，河中冰凌也成为大问题：若是河水结冰，派人驾船搅动击打，尚可对付；最危险的是上游冲下的大块浮冰，不管是水中作业之人，还是

---

① 《王鼎家书》，48—49页。

新立的桩埽，都难以抵挡其冲击力。王鼎等意识到冰凌的危害，多方防护，也向关注大工进展的皇上详细奏报：

> 冬至后一九、二九，正系水泽凝结之时。臣等于前月望间叠见大河淌凌，即虑及埽前如经结冻，则钩底撑档以及提脑揪艄，皆无可以着手施工之处……当即饬令府县雇备打冰船大小数十只，每船皆给木桩器具，多集兵夫，督以武弁，俾在工次河面昼夜梭巡，轮流防护。凡上游淌下之凌，则挡以桩木，推以篙桨，不使稍近埽前。其河面将结之冰，则两船对摆，或数船并摇，使之不能凝结。现虽上下游积凌甚厚，而施工处所因昼夜多船激荡，并无尺寸冰凝。是以工程仍前趱办，不致停阻。①

细述抢工场景，但觉寒气逼人。在这种情况下坚持施工，而且是在越来越深的冰水中昼夜施工，艰辛可知。

堵口工程已绝无退路。稍有停顿，天气更寒冷，上游冲下来的冰凌更多，且春汛不远，一旦汛期提前，大水挟大量冰凌涌来，后果更不堪设想。王鼎一反通常之温煦，变得坚毅强硬，一线抢筑不得稍停，大工用料不得少缺，兵夫饮食不得稍差，各级官员不得离岗。他就穿着那件羊皮袄，昼夜不离，困极累极就在小轿中打个盹儿。挺身立于坝头的王鼎，"亲见东南两河兵弁冲寒冒冷，彻夜施工，虽轸念其劳，而不敢稍予休息"，只有随时加以奖赏，进行激励。

有记载称王鼎曾连续八天坚持在工地，极大地激励了整个大工的斗志，星槎能如此，年过七十的老人能如此，各级河员自也不敢玩忽怠惰。腊月初二，王鼎奏报如果天气晴朗，半个月内就能合龙。

---

① 《再续行水金鉴》卷八二，河水，编年二十九。本节引文不另出注者，均见此卷。

四、引河与抽沟

引河，即引水之河，通常为将水引向别处而专门挑挖。此处则指在已经断流的黄河故道加深挑挖，以挽回横肆的河水。引河土工量较大，一般用于开头和重要河段，这之后则是抽沟。所谓抽沟，指对河道中高仰弯曲之处酌情挑挖，以利行水。祥符大工能否取得成功，最后的检验在于能否回归河道，顺利下注，直至入海。合龙只是堵口成功的第一步，修好引河和抽沟，才是根本的保障。

黄河在张家湾决口后，下游断流，河床高耸，沙碛水塘交替连绵。要想将河水挽回故道，必须进行挑挖疏浚。从决口处以下直到江苏境界，约计六百余里，用工甚巨。王鼎对撤职留工的步际桐好感难去，奏报皇上，说他办事认真结实，让他综理引河事宜。越坝兴建之日，引河与抽沟同时开挖，数百里间依次展开，好不壮观。为使河水顺畅下注，江苏境内也同此挑挖。麟庆不愧行家，又是资深河督，开口就要二百四十万两银子，还说已然格外减省了。

挑挖引河，当然不会将六百里河床一律动工，那样花费太多，工时亦长，而是经过勘估，加以区别，引河与抽沟相间而作。经过勘查，确定引河六十三里多，抽沟约七十里。另有"沟线"七十三里，"沟线"一词未得确指，当是指需要整治的有水河段。引河既宽且深，顶冲迎溜之处，一般口宽六十丈，深约三丈，往下渐渐收窄至二十三丈二尺，土方量巨大，施工要求亦高。而抽沟工程量要小得多，沟线应再减一等。

因地形不一，土质不同，积水深浅难定，最容易出现冒滥瞒骗。麟庆在奏折中也说到此类工程之弊，曰：

> 挑河工有难易之分，土有沙淤之别，办法不一，弊窦滋多……并恐有匪徒以抬土为名，俗名工混，开工后搭铺挖窖，聚赌打降，

不特火烛盗贼，每易多事，即人夫为所鱼肉，有害工作。现已间段调派标员带兵弹压查禁。

黄河近岸地段，因为常年有工，滋生一批专门吃这碗饭的痞棍。他们包揽工段，盘剥他人，偷工减料，虚报瞒报，同时吃酒赌钱，将普通夫役挣的那点辛苦钱骗个精光，甚至闹出人命。步际桐感激王鼎，负责挑河后做事格外努力，但管理这类工程，对付乡间痞棍，怕也非其所长。

为了分工和记工方便，引河被分为二百二十五段，先后开挖。唯立冬以后，引河的挑挖亦有很多困难。天寒地冻，有的是胶泥地段，还有些地方挖出泉水，出现塌方和流沙，步际桐督率催促，想尽办法堵泉车水，进展仍明显减慢。王鼎心急，见步际桐有些个玩儿不转，又让朱襄沿河道检查督办，接手主管引河事宜。到了腊月中旬，总算基本完工，江苏境内引河也告完成，再经扫尾的去埝试水，可保无误。

五、黑凌与冰溜

王鼎本打算腊月中旬合龙，赶在春节回家过年的。他在奏折中讲如天气晴好，"腊月十五日以后，即当相机合龙"。道光很振奋，当即谕知麟庆，要他与之配合。麟庆马上"飞饬各工员漏夜赶挑，勒令于十二月初十日以前全竣"，果然就在期限内利利落落干完。

进入十二月后，天公作美，一直晴和温煦，隆冬时节连连刮起东风，有时竟然转为南风，在深夜做工都不觉手冷。正大家庆幸欣喜之际，严重的情况突然发生：大块冰凌从上游顺流而下，直冲坝基和桩埽。原来特殊晴和的气候，使得甘陕境内河冰溶解，载浮载沉，层层叠叠涌来，给大工带来巨大威胁。忙乱之中，腊月十五日到了，乃预定的合龙之日，王鼎与朱襄、鄂顺安连衔上奏，其中说了河道挑工已经完成，只有原来留下的引河头一段，正在组织抢挑，主要是奏报河冰的意外影响：

惟上游冰凌渐解，亦随溜冲淌而来。又连日自寅至巳，雾气迷濛，即积厚坚冰亦多酥折，长河凌块骤下，猛迅异常。其厚在一尺上下者，尚不过浮在水面；而一种大块黑凌，宽厚三、四、五尺不等，因被东风拆解，冲淌向西，在水中载浮载沉，遇物即撞，致将西坝担缆之船铲断篁绳冲坏四五只。其捆厢大船本用壮绳缠裹，亦被黑凌纷纷触断，内有两只淌至下游，经抢护之兵夫设法拉回……

虽是奏折，所叙亦生动传神。突如其来的巨大冰凌打乱了施工的阵脚，好在天又转寒，淌凌渐稀，方才稳定下来。这样一闹，不独工期延迟，也给王鼎等人提了个醒：如果春汛来到，局面更不可收拾。

因为淌凌下冲，坝基上的施工更为紧张，尤其吃重的是西坝，兵夫始终冒险抢筑，"多加桩木板绳，昼夜防护，并将坝面加压重土"，有效防止了坝基的坍塌。二十六日，王鼎等再次奏报，文字间充满乐观情绪：东西两坝进占均顺利，只留下四丈宽的金门；上下边埽都已准备充足，合龙之际随时可以跟进；挑水坝也已建好，与越坝配合，逼溜束水，使得水位抬升……更主要的，是前一天辰刻启放引河，只用一个时辰，"河头已刷宽三十余丈，正溜下注，势甚奔腾"。一天之后，黄河大溜已有约七分掣归故道，欢畅流过引河尾，下游厅汛也纷纷报告河水过境的状况。王鼎等信心满满，认为两三天即可挂缆合龙。

出于稳健审慎的个性，王鼎奏报时还是留了点余地，假设"臣等察看两三日之内天晴风静"。不幸一语成谶，次日夜间寅刻天气骤变，陡起东北暴风，局面立刻改观，东西两坝皆有溃塌。这次暴风造成的蛰失，是一场极大的挫折，一场十足的灾难，若非在工员弁顽强拼搏，几乎前功尽弃。王鼎奏折所记甚为真切：

> 忽于二十七日寅刻陡起东北暴风，异常猛烈，大河大溜掣成三道，自北而南，金门浪涌如山，声吼若雷。自东西门占以及上下边埽无不随处激撞，搜根刷底，而风势愈发愈狂，计两周时尚未停息。东坝正边各埽陆续蛰至三四十丈。前已高出水面三丈有余者，忽而将与水平。西坝蛰动稍轻，长自七八丈至十余丈，矮自八九尺至丈余不等……①

所幸对大坝蛰损早有预备，各项物料都事先留足备好，见状赶紧抢救，加倍发给工价，昼夜赶工，除夕和元旦也不许片刻停顿。经过六个昼夜，终于在正月初二日将两坝补厢完足。

王鼎咨询资深河员的意见，认为应抓紧封堵口门，一日不合龙，则一日不得心安，随即部署堵合事宜，并开始在口门下桩，聚集挡水缆船，准备一气呵成。孰料初三日一早，重又刮起大北风，狂风推拥激流，再次向南猛烈冲撞，两坝口门被刷深数丈，险情迭出……

---

① 《再续行水金鉴》卷八三，河水，编年三十。

【第十二章】
相国何必泪滂沱

道光二十二年（1842）元旦到了，江浙沿海外敌尚未退去，祥符黄河决口尚未合龙，一直在焦虑中的旻宁又添新烦恼：湖北崇阳突发钟人杰起事，旬月间即成燎原之势，建都督大元帅旗纛，分设职官。从大年初一到初八日，道光帝几乎每天专发谕旨，初一当日接连三次降谕，初二日又是三道谕旨，调兵遣将，限期清剿，浙江海防仅偶一提及。至于祥符大工，似乎无暇兼顾，又像是较为放心，那里有王鼎，让他觉得心里踏实的老相国。清朝同明朝一样不设宰相，皇帝依赖的是辅臣枢臣，私下里，大家对内阁大学士仍以相国敬称之。

像王鼎这样的大臣，不管是皇帝身边近臣，还是督抚将军中，已经越来越少了。

林则徐和邓廷桢曾是道光帝欣赏倚信的封疆大吏，而今皆处以革职流放；喜欢以"本大臣爵阁部堂"自矜的琦善曾肩负重托，结果是革职抄家；两江总督伊里布凤称能员，也没逃过革职拿问；接下来是裕谦的投水自尽，余步云的锁拿进京……这些人，要么是钦差大臣、参赞大臣，要么是宗室勋贵、将军提督，乱哄哄你方唱罢我登场，一个个落得革拿逮流，几无例外。比较起后来几位的抄没、圈禁、正法，林与邓就算是格外幸运了。

整个元旦期间，王鼎都在祥符工次，具体说是在东坝的坝头度过的，是在极度紧张中不知不觉过来的。这是他人生中最为特殊和难忘的年节，也是王鼎在人世间的最后一个元旦。

第一节　冰雪中的合龙

王鼎本希望在元旦前大坝能够合龙，争取回家过年的。他很重亲情，也有着一个和谐美满的家庭，贤良的妻子，孝顺的儿女，儿子和侄儿都列身翰林，尤其让他愉悦且牵挂的是，就在治河期间，第三个孙子呱呱落地。在督工回馆舍后，王鼎郑重为之取名莹，小名戌生。如能早日回家，含饴弄孙，且三孙绕膝,该是怎样的福气!

在家乡,他还有一个感情亲密的弟弟,有两个女儿,有一大圈子亲人。就在腊月间,四弟担心年迈多病的哥哥,千里迢迢,从蒲城老家来到工次。老哥俩在一起待了八天。虽聚少分多,尚未破晓哥哥已往工地,等到哥哥深夜返回,已是累得连说话的力气都没了,然弟弟还是愿意多陪他几天。禁不住王鼎催促,弟弟只有洒泪相别,孰料此一别便成永诀。

亲情在心底,责任则在心上,在眼前。大工上的王鼎,从来都没忘记肩负的责任,在危急关头愈益坚定强毅。

一、蛰失复蛰失

正月初三早晨,又是大北风,河中冰溜被狂风催动,不断激撞大坝口门。由于地势北高南低,湍急的水流很快将金门淘深,在场兵夫急忙填压,一层秸料加一层土石,压至五丈有余,竟然还没有见底。这时候自也无法歇手,只有拼命抢护。王鼎和朱襄、鄂顺安都在坝头,厅汛等官则与兵夫一起,鼓动激励,调拨人夫料物,不敢稍有懈怠。慧成此前受命带着蒋方正往安徽办案,初四晚上回来,当夜就赶到工地,与王鼎一起驻坝督工。

到了初五午间,金门的水流稍见平缓,正想乘机堵闭,岂知上游又冲下一股强大冰溜,咆哮着斜刺向东南,先将东坝护埽中的秸料冲碎卷走,空余一个架子,且随补随抽,不可遏制;接下来直激东坝,刚刚补厢好的坝身一下子冲垮十二丈多。在场官员弁夫胆战心惊,只能设法打捞物料,连夜抢筑。试想秸料散开被洪流席卷而下,又能捞回几何?

初六日,王鼎等奏报大坝蛰失情形,自请"交部议处",也提请延期合龙。道光帝览疏有些沮丧,对王鼎率诸大员及在工员弁的拼搏精神,还是表达了感动和鼓励。他在谕旨中以气候恶劣,且蛰失出现在合龙之前,加恩免于处分,并说"合龙日期仍着相机妥办,不必过于求速,至留后患"。这里也能见出君臣关系之亲切,见出皇帝的关怀信任,一个是切切自责,一个是肯定和宽慰，比较旻宁对广东、闽浙大员的严词催促甚至责斥之语，显得真情络绎。

大工经费，当初呈报时尽量压缩，不少人提议增加，举出各种理由，有些也确有道理，王鼎考虑到时局艰难，不为所动。所以能一路维持，靠王鼎始终大处节俭，也靠有个好管家林则徐。则徐综理总局，不独对各项开支严格把控，更为王鼎出了许多妙招，前所述收购秸料之事即其一，其余还有很多：下游数百里挑河挖沟，分配给当地州县管理，以工代赈，省下不少工费；当地因受灾银价暴跌，要求各地将调拨的银两换为制钱，亦能省却庞大差价。王鼎威望素高，户部多其旧属，各地给以积极配合，但这类主意，大约还是出自林则徐。正因为有林则徐襄办，大工总局将有限的经费使用得当，使王鼎在钱的方面非常省心，即使为激励兵夫，不断增加抢工补贴，也够使用。可是经此两次暴风冰溜，两坝坝头多次垮塌，埽缆秸木多被冲失，原预算终于顶不住了。万般无奈，王鼎等在十三日疏请增拨经费，描绘了口门之险和用料之费：

> 两坝口门原量水深不过四丈余尺，日来愈刷愈深，自七丈五六尺至八丈四五尺不等，先前可进一占之料，今因入水出水加倍高深，而溜势又极湍悍……竟须加至二十余坯。是以现做一占，须费从前三四占工料，方可站住。①

两坝口门情形如此，引河也出现麻烦。引河头原已挑深三丈，此刻坝口刷深达八丈，又成高仰之势；且东流微弱，带来新的淤积。所有这些，都需要再加挑挖，都需要新的费用。王鼎呈请再拨一百一十万两经费，皇上当即照准，户部也迅即由部库下拨一百万两，调拨河南地丁银十万两，先后解到。

---

① 录副奏折：王鼎等，奏为祥符坝工屡蛰之后仍期赶紧合龙而经费短绌请续拨银两事，道光二十二年正月十三日。

至于物料，河工上供应充足。大水给被淹地域带来灾难，却也成为就近商人和百姓的机会。各种秸料木石源源运至，"四乡及河北一带民间积料尚多，闻有添料之信蜂拥而来。现在堆积成垛者已有八九百垛，源源接济，无虞短绌"[①]。源源而来，是因为收购及时，价位合理。这里也见出王鼎的威望和掌控力，经费未解到之时，他与鄂顺安、张祥河等协商，暂借河南藩库银两支付，保障了大工物料的供应有序。我们看到，不管哪一次意外冲击和蛰失，工次都没有出现物料的短缺。

蛰失复蛰失，进占再进占。每一次蛰失，都带给施工极大的困难，造成士气的摧沮。因为有一位老臣坐镇，有一帮团结凝聚、协同配合的官员，开封大工始终有着高昂的士气。进占，是古代治河堵口的专门术语，形象地呈现出与洪水激流的搏击。笔者尚未查清"一占"是多长，但已能感受到士兵夫役在隆冬季节的冰溜中，前赴后继，冒死作业，情景如画。这在贪腐公行的大环境之中，在素来钱字当头的河工，应是怎样的不易。

二、牺牲在子夜

由于英舰的大举侵扰，沿海口门多处成为战场，先是广东，然后浙江和福建，接着是江苏，渐染至台湾岛，可谓烽火相连。所有这些战场，有狼狈溃逃，有怯懦求和，也有慷慨以赴的悲壮牺牲，有以血肉之躯的顽强抵抗。

祥符大工也是战场，也是一种殊死拼搏，也可能付出生命的代价。兵夫在暴风激流中施工，常有大冰凌高速撞来，尤其是夜间，很容易被撞伤。正月初五日子夜，更大的悲剧发生了：正抢工进占的东坝突然被一股强劲冰流冲击，情况危险，下南河同知王浍领人奋力抢救，忽然坝基塌陷，王浍以及跟丁、兵夫纷纷跌落水中，从大坝与埽占之间沉入激流，瞬息不见踪影。在工人员赶紧救捞，先后救起六人，捞上一具尸体，就是不见王浍

---

① 《再续行水金鉴》卷八三，河水，道光二十二年正月至七月。

第十二章 相国何必泪滂沱

与跟丁王禄等人。

这个夜晚，本来以为水势平稳，疲累已极的王鼎等暂且回馆舍休息，孰料出了大事。次日晨起，林则徐和张亮基到达坝上，闻知夜间的事故，且王瀣还没找到，急派人禀报王鼎。王鼎正在拟写奏折，将此事附片奏闻，当时仍是生死未卜，只能说"知府衔下南河同知王瀣是日在坝督工，现在查无下落，或系随埽落水，抑或遇救得生，存亡未卜"。尽管还存有一线希望，他也知道是凶多吉少了。

即使是死亡，一个知府衔官员，尸身还是要找到的。王鼎命人在附近打捞潜摸，没有结果；再命下游州县多雇船只寻觅打捞，高悬赏格，也没有结果。王鼎非常悲伤，详细询问被救人员，听他们讲述当时情景：

> 当夜王厅官在坝督工，瞥见第二十三、四两占被溜激撞，势甚危险，带领伊等奋力抢镶。不料风雪愈紧，两占陡裂，王厅官同跟丁王禄，差役孙旺、尤图才恰站在两占中间，登时由埽缝坠落，伊等亦一同跌下，遂昏迷，不知后来怎样得蒙救起。王厅官同丁役们至今捞觅无踪，想是回溜卷入深淤，致被埋没。①

王瀣在东河效力二十余年，继高步月任下南河同知，办事不惧艰险，深得上上下下的信任。如今合龙在即，竟于督工抢险时跌落水中，尸身无觅，实堪悲悯。王鼎奏报皇上，认为王瀣等人是为国捐躯，请求"照阵亡例恩赐恤典"，对随同落水而死的丁役，也妥善给以抚恤。

对于落水的人数，奏报提及的是十一人，其中六人被救，捞出一具尸体，王瀣等四人失踪。所有人员都有名字及隶属，情况应是准确的。而多年之后，当时的随员张亮基已任云贵总督，忆起此事，提供了不同说法：

---

① 录副奏折：王鼎等，奏为豫省祥符大工东坝蛰失下南河同知王瀣抢镶阵亡请旨赐恤事，道光二十二年二月初八日。

> 祥符大工，合龙先择正月五日，公随文恪公驻坝，自元日始昼夜督工周懈。初四日入夜，东坝占忽走数十丈，河兵死者数百人，下南河同知王公漢亦死焉。①

会死数百人么？如果死人如此之多，在工员弁必成崩溃散奔之势，王鼎等必不敢瞒报。细读文句，不唯时间提前了一天，张亮基当夜亦不在现场。此事先经人转述，再经亮基追忆，复由作谱之人整理，每一环节都有夸大渲染的可能，应是走了样子。但是否失踪者就是呈报的四人，倒也值得怀疑。抗洪之险，自古至今皆然。就在合龙之后的二月初十，仍有伤亡事故发生：在对东坝边埽"加高培厚"的过程中，有一块突然下陷，站在上面的武荣汛记名外委赵本方猝不及防，跌入水中，迅速被土石掩埋。因担心影响坝身，领班令继续赶镶，不许挖救，一个鲜活的生命，就这样永沉水底。

除了这类重大或意外事故，以河工之艰苦辛劳，也有几个官员死在了工地上。如山东泇河同知谭为绍、河南临漳知县赖福邦、南河桃南营千总韩兆基，"均在工因劳病故"，王鼎奏请朝廷参照军营之例，给予优恤。

三、最后的合龙

大工就这样一天天过去，每天都在赶工，每天都揪着个心，生恐再有什么意外。气候几乎成了最难捉摸的事体，晴和时会有冰凌浮沉而下，遇上暴风雪更是催动涌浪，皆会冲撞堤坝。王鼎也只有横下一条心，坚持在大坝上。背疮仍然未愈，身体疲弱已极，此刻全顾不上了。他从一开始就拒绝小灶，拒绝任何生活中的特殊化待遇，只有在回到馆舍后，才喝几口参汤，家人不断从京师捎来此类补品，聊为滋养。

---

① 《张制军年谱》道光二十二年二月，转引自《再续行水金鉴》卷八三，2154页。

第十二章 相国何必泪滂沱

读了大量的记录或奏章之后，笔者始明白"口门"与"金门"之转换和词义差别：早在正月初，东西两坝之间的空间就被称为金门了，那是指坝头坚固，有意留下四丈宽水道，准备择期一气堵闭；而二十天过去了，坝头塌了再筑，筑成再塌，蛰失与进占反复几个回合，至二十五日"两坝口门"仍宽二十二丈。这是王鼎等奏报的数字，原句为"两坝口门虽仅宽二十二丈，而一占之成比前此数占工料尤为过之"[①]，意在陈述工程之艰险。我们注意到，其以口门代替了金门。是的，口门一词，有着很强的不可控之义。

王鼎等忧心如焚，在京的道光帝也很担心，谁都知道，一年一度的桃花汛就要到了。若是春汛来到，上游冰封全然化解，硕大的浮冰连续飞撞，真有可能前功尽弃。正当催促趱工之际，忽于二十七日接到陕州六百里飞报"万锦滩志桩骤长水二尺三寸"，而当夜祥符监测水位遽然提升六尺四寸！王鼎等大惊，深恐此为春汛提前的信号，紧急商量对策。当时的情况是：为防止淤积已将引河头堵上，而两坝的补镶尚未完成。遂决定重新挖开引河头以疏散来水，加长挑水坝以将大溜北拨，减少口门压力，尽快抢工合龙。此时的他们，已顾不得什么合龙的黄道吉日了。

这无疑是一种正确选择和及时措施。引河头的拦坝开启后，大量河水顺利东趋，很快带动大溜向东，一路流过河南、山东河道各段，下游厅汛接连报告，都是黄水过境的好消息，南河总督麟庆也向皇上奏报，称"黄水归海畅顺"。

大溜东趋，口门的情形立即好转，王鼎命抓紧抢堵，虽然口门淘刷极深，因准备充分，物料充足，进占亦迅速。至二月初一，正坝口门已收至十丈之内。初四又刮起猛烈的北风，大溜仍有向南之势，却被新埽和捆船挡阻，没造成大的破坏。据王鼎等后来奏报：

> 至初六日，两坝门占均已成就，金门只留四丈有零。臣等仍

[①]《再续行水金鉴》卷八三，道光二十二年正月至七月，2151 页。

倍加慎重，再令于初七日普律更加重土，使皆高出水面三丈五尺有零，佥谓结实异常，当无后患。臣等遂于初八日寅刻，率同在工文武员弁虔祀河神，两坝同时挂缆，并各亲捧秸料敬谨下兜。兵弁人夫咸以此次合龙确有把握，无不踊跃倍前。尤幸东西门占均极坚巩，两边一齐追压，非比往时各进各占，是以半日之间即已压至河底。现在金门流断，全河大溜均向东趋，虽坝下稍有翻花，尚未尽行闭气，而大局实已稳定，堪告成功！①

黄河挽归故道，大坝终于合龙，八个月的艰难大工最后以胜利结束，在工所有人员总算松了一口气。王鼎等向皇上飞报喜讯，接下来的兴堵大堤以及种种后续措施，也就顺理成章了。

第二节 河干之别

王鼎是一个感情深挚的人。四十七年的官场历练，十八年军机处、八年内阁的重臣生涯，朝夕历练淘洗，他已减却早期之慷慨激越，和煦明润，望之俨然，即之也温，却也没失去西北汉子的质朴切直，也不善于掩饰内心好恶。王鼎位极人臣，胸有韬略，又始终是一个性情中人，一个有原则、讲气节的人。

大坝合龙之后，王鼎心中一块石头落了地，未敢放松，抓紧处理大坝加固及相关善后事宜。大堤的口门必须尽快兴堵，参与大工的数万人夫（包括受灾难民和外地流民）必须妥为安置，施工中牺牲和病亡的人必须奖誉抚恤，所有有功和出力员弁必须给以回报……在河工的八个月，每一个晨

---

① 录副奏折：王鼎等，奏报豫省坝工补筑情形并挂缆合龙日期事，道光二十二年二月初八日。

昏似乎都历历在目，王鼎记下了许多人和许多事，一一向皇上请求奖赏和晋升，而最应该嘉奖的，应是襄办文案和综理总局的林则徐。

一、"林则徐深资得力"

堵筑黄河决口口门的大工，冲风冒雪，艰辛凶险，如同人间炼狱，亲历亲为的王鼎知道，远在京师的皇上也知道。大量来自河工一线的奏章，对抗洪堵御的描述往往情景毕现，让旻宁感同身受。还在上年九月间，道光帝就谕令王鼎等"将在工人员择其尤为出力者，秉公酌保数员，候朕施恩"。王鼎将这件事交朱襄办理，也对刚到不久的河督介绍了前面的情况。笔者没有查到保举名单，但可推测其中并没有林则徐。

王鼎在不断拜发的奏折中，很少提到林则徐。早在祥符漫堤之初，皇上降谕令截住戍边途中的林则徐，出于王鼎的请求自属无疑，却未能查得其章奏。想是这位老臣在面见皇上时提出，也可推想其会借机保举，提议给则徐一个妥善安排，然则不仅没有说通，还得以知晓皇帝对林则徐的深度怨愤，仅予一个襄办身份，竟也得之不易。到工不久，王鼎将林则徐综理文案和总局一事附片奏闻，应是君臣二人的一个约定，未见驳回。再有一次，谕旨询问林则徐还有没有襄办的必要，言外之意，既然有了新任河督，加以当地起用几位资深河员，南河又派来了一大批治河专家及熟手，就不一定要林则徐襄办了。王鼎岂读不懂？急忙拉着朱襄、鄂顺安一起回奏，称林则徐极为得力！

林则徐成了祥符大工的一个特殊人物。很多人都知道他的才华能力，知道王鼎对他的信任倚重，知道他在河工上的关键作用；也有几位大员知道皇上对他的失望恼恨，知道其间误解之深，知道主掌枢垣和内阁的大佬对之颇有疑忌。大家似乎形成了一个默契，王鼎等奏折中再没有提及林则徐，皇上谕旨中也不再询问。但王鼎从未放弃，在等待一个合适的机会，等待大坝金门的合龙，等待皇上对林则徐重拾信任。

林则徐何等洞察明晓，流放新疆虽远虽苦，却也得以跳出虎狼之地，修复精神创伤，等待东山，很多大员都有这样的经历。可他深知黄河决口的巨大危害，深感王鼎的信任和好意，只有勉力承担，不理睬那些个冷脸和非议。在给友人的信中，他写了每天黎明即赴大坝，常常三四鼓尚不得回馆舍的辛劳；写看到许多私下勾当和不良现象，不便件件都对王鼎说，心中又不免焦虑；也写到工地上的各种议论，主要是对经费估算的意见，再引出银价与换钱一段公案——

  回忆未□□之前，纷纷众议，谓此次照仪工估料，必致不敷，非添二三千垛不可；
  又谓兴工太□，必致停工待料等用，恐吓万端。其钱粮则以为必须奏请百万，因星使坚不肯请，遂亦无法。要知此次经费，只将钱价一端预为设法，树之风声，致工次银价日高，现在每两换至一千五百余文，合而计□□□工多出钱一百万串不止，岂非暗中滋长乎？①

这也是一种暗中角力，斗智斗狠。河工是国家的沉重负担，却是一批蛀虫的盛宴。一些河员先怂恿忽悠王鼎多报预算，见其不理睬，转而在银价上做文章，操纵兑率。鉴于水困开封期间银价暴跌，王鼎等奏请京师及各地解来银两先换成钱币，这些人便故意放出风声，抬高银价，竟让工程多付出一百多万串。无怪有一道谕旨令各地解工经费再换回银两，当时读后甚为不解，由林则徐此信，始知有此一节反复。王鼎也包括林则徐等人环境之艰难，亦可见一斑。

  王鼎在这样的处境中坚韧挺立，不妥协，不激化，一心谋求的是早日合龙。他才是工地上的一面大旗，赢得了林则徐和许多人的敬重，也震慑

---

① 《林则徐全集》第七册，致达夫，道光二十一年十一月中旬于祥符工次，283 页。

压制了一些歪风邪气。则徐写道：

> 蒲城（即王鼎）亲驻苇土之中，夜以继日，其余孰敢遐逸？惟则徐冒寒作咳已阅月余，遂至音哑，自揣精力实难撑拄。蒲城相视过优，而病状未允代达，只得力疾从事……①

大工上多的是文武大员，多的是能员熟手，王鼎最为倚重的是林则徐，遇事多找他商量。为何？是知则徐精强明练且无私心也。然持续的辛苦操劳，较差的吃住条件，朔风冷水，使林则徐的身体虚弱不堪，鼻子时常出血，头晕目眩，整日夜咳嗽，兼以脾泄之症。实在快要顶不住时，他请王鼎代为乞假。王鼎恳切挽留，安排医生诊治照料，则徐深感王鼎之情，为他的献身精神所激励，不忍在治河极为困难之际离去，也就坚持下来。

林则徐曾是国之大臣，愈在困厄之际，愈能见出这种大臣气象。古往今来，都不乏像他这样的栋梁之材，遗憾的是常遭贬抑弃置。不管受到多少时代局限，林则徐都是一位经世济民的能臣，堪称国家干城和民族英雄。

难以设想，如果林则徐作为东河总督，祥符三十一堡会否漫堤和决口。也难以假设由他担任钦差大臣，会怎样管理统摄河工。时势造英雄，时势也捉弄英雄。然林则徐毕竟是英雄，即使在受尽委屈挫折之后，即使作为一个小小襄办，也会竭尽一己之心力。他深知河员拼命抬高预估的积弊，却一心帮助王鼎精打细算，减少预算；深知河员喜欢拖延工期的恶习，随时督工检查，及时提醒王鼎，不使某些人有机可乘。东西两坝与数百里河道许多地方都有他的身影，这位前河督威望素著，所到之处，做工管工之人不敢偷懒，也不敢蒙骗。

"人情势利古犹今，谁识英雄是白身？"此时的林则徐一介平民，是地地道道的"白身"了，但他始终得到王鼎的敬重倚信，也得到周围不少

---

① 《林则徐全集》第七册，致沈维鐈，道光二十一年十二月十五日于祥符工次，284页。

人的尊敬。就是因为王鼎，因为林则徐等支持者，贪腐公行的时代有了一个基本廉洁的工程，习惯于钩心斗角的大员有了一次还算精诚的合作，因循疲玩的清朝官场有了一批夙夜在公的官员，懦弱自私的清朝河标出现了大量舍生忘死的兵役……

风气是可以改变的。世风和士气的改变殊为不易，也绝非常人所说的那么难。关键是要人去做，关键是由主事的人带头去做，只要有二三贤能之士实力任事，局面就会改观，社会风气就会渐次改变！

二、"错愕"庆功宴

对于改变自己的现状，林则徐虽不无期盼，内心亦知尚未到转圜之时。在工带病出力，则徐是秉持一贯之良知，也是回报王鼎的美意，原未敢想得到太多奖赏。他曾经对友人说"大工一竣，即乞归里扫墓"[①]，流显出心底的淡定，没想到的是，连这也不被允许。

就在大坝合龙的前一天，一道谕旨由军机处拟呈，经御览后发往祥符工次，曰：

> 上年降旨将林则徐发往伊犁效力赎罪，因东河需人委用，将林则徐调赴河工差遣。现在东河合龙在即，林则徐着仍遵前旨，即行起解，发往伊犁效力赎罪。[②]

这是当政枢臣的意思，也是皇上的意思。当是时也，林则徐正在大坝顶端陪同王鼎彻夜督工，指挥兵夫们抢筑合龙，应是紧张得喘不过气来之际，而京师的朝廷，已经迫不及待要将他重新遣发伊犁了。这份谕旨与数月前

[①]《林公则徐家传饲鹤图暨题咏集》，转引自杨国桢《林则徐传》，451页。
[②]《嘉庆道光两朝上谕档》第四十七册，46页。

那一道隔了几个月，意思则一点儿也没变。

是英国人逼迫清廷处置林则徐么？不。不少高傲蛮横的英国侵华官员，对国内那些讨好讨巧之辈充满蔑视，说到林则徐却不无尊敬。此事的根子，还在道光帝那里，期望越高失望越甚。自两年前挽下一个沉郁心结，他把许多账都记在林则徐头上，心心念念要完成一次惩处。至于利用一切机会点染描画，使皇上衔恨不忘者，应是近臣穆彰阿。

就在这道谕旨到达祥符之前，王鼎开列《河南祥符大汛在工尤为出力文武各员职名单》，以及《承办料麻尤为出力各员职名清单》，奏报朝廷，同时专为林则徐呈上一份奏片：

> 林则徐钦奉谕旨发往东河效力，经臣等奏派襄理文案，稽核总局，深资得力。惟系革任总督，应恭候圣裁。谨奏。①

由开封到京师的驿传，通常需四五天，造成一个时间差，也带来一些延后的请示。皇上以"已有旨"回应，指的是林则徐仍旧遣发伊犁的谕旨。但也就是这几天时间，给了林则徐不少精神慰藉。

大工合龙，少不得焚香敬神，也少不得一个隆重的庆功宴。对此的记载颇有差异，然于王鼎认为林则徐出力最著，给予他最高礼遇，所记略同：

> 林文忠出戍伊犁时，王定九先生（鼎）特请留办河工，以其详悉水利。遂往行在，筹悉险要，始得合龙。一日，王定九先生大开宴会，林居首座。忽传旨到，谕曰："于合龙日开读。"明日启旨，曰："林则徐于合龙后，着仍往伊犁。"定九大骇，文忠自若，即日启行。②

---

① 《鸦片战争档案史料》第五册，道光二十二年二月十六日奉朱批："已有旨了。"110页。
② 《清朝野史大观》卷七，林文忠留办河工，682页。

此处文字出自野史，难免多有编造演绎，尤其宴会上圣旨到一节，过于戏剧化。此谕发于二月初七日，合龙在第二天的初八日，根本不可能到达工次，林则徐也没有即日就登程。但王鼎在宴会上推林则徐为首功，闻听谕旨后极为震惊，应是真实的。

不管是不是在庆功宴上，接旨后的王鼎都会震惊错愕。他根本想不到会是这样，觉得愧对林则徐，为朝廷，也为自己深感羞惭。据推知，该谕旨是在十三日到达祥符的，因为王鼎为林则徐报功的奏片就在当日拜发。一个是早晨呈送，一个是上午或中午拜收，恰恰错开，也由此一错落，让王鼎尤感到难以承受，难以向则徐启齿。

三、流泪话别

再度奉旨戍边，浇熄了林则徐复出报国的热望，或也带给他一丝莫名的解脱感：那些暗地里骂他苛刻催逼的人，那些讥讽他为争取起复而卖力讨好的人，终于可以闭嘴了。

几天后，已在西行途中的林则徐写信给苏廷玉，对同乡好友第一次说到大工的复杂情形与人心之险恶：

> 中州河事，旧腊本可合龙，所以迟回反复者，只由于在工文武心力难齐。譬如外科之沾痈疽，未必肯令一药而愈，迨局势屡变，几成大险之症，而向之明知易愈而不愿其遽愈者，至此亦坐视，莫知所措。言之可为寒心！

王鼎看不到这种种阴损诡诈么？怎么会呢？但也不会全在眼底。以星槎之尊贵，以其为人之正直，下边人很快就能找到一套应对之术，想完全不被欺蒙也难。林则徐看在眼里，却又抓不到什么真凭实据，也不便一一告知王鼎。

即使如此，他还是成为一些人的眼中钉。大坝合龙，主事者要拟出长长的表彰名单，施工过程中的旧账已无须再翻出。通例如此，王鼎亦只能如此，甚至个别暗中使坏耍奸的人，也在嘉奖名单中。又能如何呢？

时局艰危，一腔报国热情的林则徐忧心如焚，何尝不希望能够被重新起用，此刻也只能以"心安理得"自我抚慰。达则兼济天下，穷则独善其身，是无数读书人的人生信条，于豁达中潜藏着对世事无定的隐忧。造化无工，命运弄人，则徐能坦然面对，却还做不到内心平静。"往日虬蚊强负山，偶从合浦见珠还。谬期手挽波澜住，不管身缠坎壈间"[1]，是他在此时写给友人的诗，有些自嘲，有些嘲世。

或曰林则徐在十三日当天即踏上西行的路，所据当为"昨奉文后，即由工次成行"一句，怕未必。这里的"昨"非昨天，"即"也并非即日或即时。总有一些东西要收拾，有些人要告别，然以林则徐之行事风格，停留不会超过两三天。临行前，林则徐还给一些友人，包括编修吴嘉宾写了信。嘉宾为翰林后进，亦热血青年，对林则徐极为尊敬，来函请教御敌方略。则徐读了其《上扬威将军书八事》，并不因多有书生之见置之不顾，而是认真谈了不同意见，再次反对封海塞口，提出必须建设强大的水军，在海上与侵略者决战。对于平日缺少战备、临事从各地征调的做法，他明确表示反对：

> 比见征调频仍，鄙意以为非徒无益。盖远调则筋力已疲，久戍则情志愈惰，加以传闻恐吓，均已魂不附身，不过因在营食粮，难辞调遣，以出师为搪塞差事，安有斗心！恐人人皆已熟读《孟子》"填然鼓之"一章，彼此各不相笑，是即再调数万之客兵，亦不过仅供临敌之一哄。而朝廷例费之多，各营津贴之苦，沿途供应

---

[1]《林则徐全集》第六册，次韵潘功甫舍人见赠三首，206页。

之疲，里下车马之累，言之可胜太息乎？[①]

应对内乱和边祸，清廷历来都是这般运作，因取得了最终胜利，其中弊病便被忽略不计。

鸦片战争是一种全然不同的作战模式，如此纷纭征调，不独劳师糜饷，更主要的是于事无补。林则徐大约尚未得悉浙东败绩，却已知悉客兵对江浙百姓的祸害，知道靠这些疲惫且毫无斗志的军队打不了胜仗。这些话对一个小小编修倾吐，也是借他人之酒杯，浇自己之块垒，骨鲠在喉，不吐不快。则徐还将前年关于训练水军的建言和去冬写给牛鉴的信附上，供吴嘉宾采择。"爱注之深，究不可以自匿"，他爱的是苦难深重的祖国。

对于林则徐的再次功高不赏、蒙冤长谪，看不到王鼎的记述。他在给在蒲城侄儿、京中儿子的信中，均只字未提。可推想王鼎会与则徐有一次或多次长谈，有一番话别，也有一份赆仪。这是一次真诚对谈，也是王鼎真情流露、百感交集的时刻。交谈中王鼎泪流满面，殷殷自责，说了很多肺腑之言，也说回朝后必要为之辩白力争。林则徐深被这位翰林前辈所感动，对其切切自责又不过意，回到住所后，连夜写下赠别的诗句，《壬寅二月祥符河复，仍由河干遣戍伊犁，蒲城相国涕泣为别，愧无以慰其意，呈诗二首》：

> 幸瞻巨手挽银河，休为羁臣怅荷戈。
> 精卫原知填海误，蚊虻早愧负山多。
> 西行有梦随丹漆，东望何人问斧柯。
> 塞马未堪论得失，相公且莫涕滂沱。
>
> 元老忧时鬓已霜，吾衰亦感发苍苍。
> 余生岂惜投豺虎，群策当思制犬羊。

[①]《林则徐全集》第七册，致吴嘉宾，道光二十二年二月于祥符工次，288 页。

人事如棋浑不定，君恩每饭总难忘。

公身幸保千钧重，宝剑还期赐尚方。①

情意挚切，思绪万千。则徐一生写下许多诗篇，以时政时事入诗，抒发真情实感，是其诗词的重要特征。该诗写王鼎，亦写自己；写家国时事、内忧外患，亦感慨身世遭逢、岁华流逝。他由衷赞誉王鼎的担当精神，钦佩其总览全局、底定水患的魄力，也把自身比作填海的精卫、负山的蚊虻，以微渺之躯承担海山之重，仍见出矢志不移。他感谢王鼎，感谢这位翰林前辈和忘年交的真诚相待。本来是自己蒙冤流放，林则徐却反过来劝慰年迈的王鼎，要他珍重身体，盼望他能为国家再次担当大任。最后一句语意双关，以笔者释读，似乎有期待王鼎以尚方宝剑，斩佞臣头之意。是啊，海域不宁，溃败丧乱，根子还应在朝廷，在内阁与枢垣，两人谈到这些了没有？

对西行伊犁，林则徐应有过委屈，有过畏怯，有过各种思虑和预测，却从没有天崩地陷的感觉。他曾经踏上戍边的路，中途折向祥符工次，当再次登程，心中竟似有一份释然和轻松。"西行有梦随丹漆""塞马未堪论得失"，是其对老前辈的真诚诉说，也表述对一己得失之从容淡定。而一说到家国时政，林则徐又复壮怀激烈，离开祥符不久，在写给挚交李星沅的信中，有对浙江大溃败的激愤无已：

> 浙事溃败，一至于此，九州铸铁，谁实为之？闻此时惩羹吹齑，不令更有雇募之事。数千里外征调而来之兵，恐已魂不附体，而况不习水土，不识道途，直使逆寇反客为主，其沿途骚扰之状，更不忍闻。大抵民无不畏兵，而兵无不畏贼，事势如此，徒为野老吞声耳。②

---

① 《林则徐全集》第六册，道光二十二年二月中旬，205页。
② 《林则徐全集》第七册，致李星沅，道光二十二年二月于离祥符赴戍途次，289页。

467

惩羹吹齑，出典于《楚辞·九章·惜诵》，指人被滚汤烫过，以后看见凉菜也要吹个不停，讽刺恐慌戒惧过甚。浙东大溃败令林则徐悲愤痛殇，前所谓以数万客兵，不过供临敌之一哄，果然应验不爽，心中对误国害民者之恨意，跃然字行间。至于自身再度遭戍，他倒极是看得开，对星沅说："上年即应就道，缓至今日，又复奚辞！"林则徐急于离开祥符，并谢绝了所有馈赠，不管是出自至诚，还是出于礼数，一概不收。

对于王鼎，林则徐永远心存一份敬重和感念。

第三节　国事纷繁

道光二十二年二月二十六日，王鼎自开封启程回京师。

就在这一天，旻宁授命赴任广州将军的耆英为钦差大臣，折往杭州，与奕经等一起办理浙江军务，命以前被革职的伊里布随同前往。仅仅一年之前，伊里布还以两江总督授钦差大臣，赴宁波筹划剿敌，这会儿则成了七品衔襄办。大清的东南沿海，两年间已换了三位钦差，星槎相接，大臣交至，客兵云集，将军、参赞、总督和巡抚走马灯一般轮替，归去来兮，而士气民心越来越低迷，国势越来越倾仄危急。

一、内阁和枢垣的"二人转"

道光中期稍后的大清内阁和枢垣，是潘世恩与穆彰阿的"二人转"：内阁首辅为潘，次辅为穆，由道光十九年直至三十年皆如此；军机处首席军机大臣为穆，次席为潘，则从道光十七年到三十年。两人一直能和谐相处，表面上互敬互重，实质上大事皆由穆做主，已然就这般转了多年。他们之后便是王鼎，两边都在老三老四之秩，长期与二人同事，平日里都还说得过去。

第十二章 相国何必泪滂沱

若说从政资历，王鼎看似要逊于早他两科、又是状元的潘世恩，而以实绩求之，又是另一种情形。潘世恩曾十载乡居，至道光七年回京补吏部侍郎，王鼎已是军机大臣、户部尚书。在内阁和军机处，他都是年龄最大的，比世恩年长一岁多，长穆彰阿十四岁。王鼎很注意与潘、穆两位的关系，同事之外的私交不多，但也保留着足够的礼数。钦差祥符河工期间，朝中大员多有信函问候，穆彰阿、潘世恩时有信来，嘘寒问暖，王鼎也一一回复，有时还在信尾处特特叮嘱，要儿子亲自送到府上。

论感情，王鼎与潘世恩要亲近一些。乾隆五十八年他第一次赴京会试落第，世恩则高中该科状元。再三年王鼎得中，考选庶吉士入馆读书，世恩已是举朝公认的青年才俊，以考试翰詹列一等，升授翰林院侍读。两人同在翰林，后先相随，虽因丁忧等情多年分别，却不影响两人的互相敬重。世恩为道光二十年会试主考官，是王鼎之子王沆的座师，似也多了一层亲近感。王鼎在工次写给儿子的信中，有这样一段：

> 前日接汝潘老师信言，闻汝闭门用工夫，应酬甚简云云，我心甚喜。翰林品味，自当如是，况我家尤宜加倍慎重。[①]

其在家书中所言，都是真情话语，从无虚矫。可证他和潘交情甚好，亦可知其对子女要求之严，以及对家门清誉之重视。信中所说"翰林品味"，也正是自己一直持守的行为准则。

虽然远在河工，虽一向厌烦年节应酬，对皇上的敬意和同僚间的交往，王鼎也很精心和慎重。元旦之前恭进如意，是大臣向皇上表达忠敬的规定动作，王鼎早早就做好准备，预先放在潘世恩那里，又叮嘱儿子："汝亲告潘老师代递，至要，至要！"[②] 也是用心良苦。

[①]《王鼎家书》，44—45 页。

[②]《王鼎家书》，51 页。

469

不光是想到皇上，王鼎也重视与穆彰阿的交往。二人在宦程中多有重合，关系也说得过去。就在这封信的结尾，王鼎还特地附言，嘱咐儿子莫忘在穆彰阿生日时送上寿礼：

> 穆老师正寿须送寿礼，八色如意要好，写我及汝名大帖。

穆老师，即穆彰阿。王沆时在庶常馆读书，穆彰阿本年五月受命"教习庶吉士"，自然是嫡嫡亲亲的老师。

穆彰阿出生于乾隆四十七年十二月二十九日，该年是六十大寿，又在小除夕，自是热闹非凡。首先来凑热闹的是当朝天子，海域不宁，黄河横肆，旻宁心绪不佳，仍未忘为穆彰阿贺寿，"赐御书扁联福寿字并珍玩文绮"，亲撰联句为：

> 表率群僚资弼亮
> 赞襄同德畀康强①

极尽推重。在旻宁心目中，穆彰阿才是表率群僚、赞襄德政的首臣。王鼎不在京师，倒也并不就此避开，在大工的忙乱中想起这档子事，预先在信中做出安排，让儿子去表达一个心意。对于穆彰阿，王鼎自觉习性上相差甚远，平素显然走动不多，但保持着一份客气和尊重，注意维持友好交往，给自己，也给刚入翰林的儿子留下空间。

晋升为东阁大学士后，王鼎曾长期在内阁排第四位，潘、穆之后，还有琦善，连续几年也只有此四人。大清朝廷本来阁权甚重，自从设立军机处，内阁不预枢机，越来越像是一个荣誉机构。一开始还重视内阁大臣的品德能力和声望，渐而至仅重年资，论资排辈。潘世恩之成为内阁首辅，正是

---

① 《清宣宗实录》卷三六四，道光二十一年十二月戊申。

体现了这种变化。内阁也有一种荣誉性安排,以作为对外任将军或总督的奖励,乾隆末年的孙士毅,嘉庆间的吉庆、松筠均此。琦善也是以直督荣任文渊阁大学士的,被逮治后补了宝兴,就是"癸酉之变"从东华门惊惶奔回的那位仁兄。宝兴出身于觉罗贵胄,当时也算有功,即擢内阁学士,次年再擢礼部侍郎,但实在主政能力不强,又有"簠簋不饬"之讥,几上几下,总算熬了一个四川总督。这次补选阁员,扒拉来扒拉去,大约也只有他了。

在皇帝那里,自然以军机处最为得用,其与内阁并无阻隔,都是为皇上效力,几乎是一体一用。内阁中凡为皇上所倚信者,只要不是过于衰老,皆兼军机大臣;反过来说,皇上倚信的军机大臣,积以资望,也都会兼内阁之衔。前者数量不多,道光间代表人物为潘世恩;后者则为数众多,如曹振镛、王鼎和穆彰阿,莫不如是。曹氏最合皇帝脾胃,以首席军机大臣兼内阁首辅达十余年之久,道光间只此一人,堪称知君与得君。与曹振镛略同而稍逊者,当是穆彰阿,做了十四年的首枢。

二、章京多"穆党"

若论资望,王鼎最早进入军机处,穆彰阿后来居上,成为首席军机大臣,掌领枢垣。穆氏与宝兴同年,为嘉庆十年进士,虽列在三甲,能以满人考中,亦大不易。再经过三年庶常馆苦学,孜孜矻矻,谦逊好学,加上写得一手好诗词,左右逢源,授检讨,擢少詹事。兹后虽在卿贰阶段稍有挫折,很快就转圜复原,道光初更是一路飞升:内务府大臣、左都御史、理藩院尚书、工部尚书,七年五月在军机大臣上学习行走,次年正月便成为军机大臣。穆彰阿富于心机,上窥皇帝所好,下则网罗人才,援引亲厚:

(穆彰阿)自嘉庆以来,典乡试三,典会试五。凡复试、殿试、朝考、教习庶吉士散馆考差、大考翰詹,无岁不与衡文之役。国史、玉牒、实录诸馆,皆为总裁。门生故吏遍于中外,知名之士多被援引,一时号曰"穆党"。①

在道光帝之先,雍正、乾隆、嘉庆诸帝均严治朋党,一旦发现,往往以雷霆之力扫荡清除,毫不手软,令朝廷高官颇知畏惕。时人拈出"穆党"二字,显然用意非善。所谓朋党,多数并不是要谋求篡位,而在邀结皇上宠信,营私弄权,又因"带头大哥"的性情做派,呈现为强横与柔靡等形式。穆彰阿亦可称"柔而有欲"②,在旻宁跟前谦恭谨慎,在朝廷之上也广结善缘,能帮就帮,苦心经营出一个庞大体系。虽然只是一种隐形的存在,明眼人一下便可见出,指称为"穆党"。

军机处中当会有更多的穆党,主要是在章京这个层面,如时为军机章京、数年后做到军机大臣兼刑部尚书的陈孚恩,堪称穆党骨干。陈氏虽非进士出身,然精强干练,也是一个能臣。他作为穆彰阿心腹,与其他阁老亦保持密切交往。王鼎存世信函中曾见回复他的记录,可证孚恩时有专函往河工问候致意,礼数周到。

三、同时三军机

所谓穆党,枢垣中大约也就到章京一级。此时之军机大臣,除穆、潘和王鼎之外,还有赛尚阿、何汝霖和祁寯藻,皆出于道光帝钦定。明代确定内阁大学士,常先由首辅推荐人选,供皇帝采择。清朝少了这一番周折,也不给首辅和首席军机这个面子,一切出自圣裁,以杜绝援引。以穆彰阿之谨敏,不会也不敢越过这条红线。

后三位军机大臣中,以赛尚阿资历最老。他出身于蒙古正蓝旗,能升任高位,靠的却是笔头上功夫,是多年的低眉顺眼和勤恳恪慎。这也是道光

---

① 《清史稿校注》卷三七〇,穆彰阿传,9688页。
② 汤显祖:《论辅臣科臣疏》:"前十年之政,张居正刚而有欲,以群私人嚣然坏之;后十年之政,申时行柔而有欲,又以群私人靡然坏之。"

帝选择大臣的重要标准。赛尚阿于嘉庆二十一年考取翻译举人，由理藩院笔帖士，选任军机章京，甄别为一等，渐而至郎中、内阁学士、侍郎、副都统，道光十五年在军机大臣上学习行走，进入高位，二十一年始去掉"学习"二字，兼理藩院尚书。赛尚阿与穆彰阿路数相近，若论谋略机巧和个人才华，则远逊之。他算是穆党吗？不光不是，且颇有几分对穆氏专权欺蒙的愤憎。该年岁末李星沅赴京陛见，在朝房见到当直的赛尚阿，赛氏明知星沅出于穆彰阿门下，平日颇相亲厚，仍要求他对皇上据实禀报，不得隐瞒，使之能悉知沿海和内地的真实情形。

何汝霖的晋升之路更为艰辛。这位江南学子少年贫病，从参加童生试开始，几乎一生的多半时间都在应试，在每一个台阶上都备受精神折磨。十八岁，科第早发者已多有得中进士者，汝霖始应童生试，而且连年失利；再战乡试，又是多届不售，退而求其次，好不容易考了一个拔贡，已是三十三岁；次年入京会试，竟被同乡轻视，不许居住在会馆，春闱再败，勉强通过朝考，成为七品小京官，接下来还要参加乡试，道光五年得中举人，已是四十五岁；继续在会试路上拼搏，一直考到年过半百才死心。他是一个本分读书人，对功名权位亦不无热望，多次考求军机章京，从不记名到记名，终于在十三年补军机处方略馆纂修官，时已五十三岁。军机处多青年俊彦，几乎个个能写能说、精明干练，而方略馆是军机处中的冷衙，负责记录整理军政大事，案牍劳神，与通常轮流入直、在皇上跟前晃来晃去者相比，机会要少得多。然毕竟属于枢垣近侍，只要认真职事，谨慎勤勉，总会被上司欣赏，为皇上所了解。这也正是何汝霖的长项，几十年不断受挫，早练就一副偎干就湿的本领，处之怡然。二十年三月，汝霖以大理寺卿加三品衔在军机大臣上学习行走，次年迁左副都御史，正式步入大臣序列。他的经历是许多穷书生的梦，而他的性格能为，却无以救国救时，甚至连句真心话都不敢说。

有实学也有风骨，敢于发表直言诤言的是祁寯藻。寯藻出身仕宦之家，幼年时其父蒙冤入狱，小小年纪随侍照应，囚室中父教子读，书声琅琅，既砥砺品性意志，又涵养学识，算是特殊的一份人生财富。他才学过人，科场早发，宦途畅达，久任文学侍从，深得旻宁信任欣赏。十九年岁末，时任江苏学政的祁寯藻，受命与黄爵滋驰赴福建查办海口事件，先往厦门、福州，查勘英舰攻击现场，检视兵勇防守以及炮台、石壁、沙垒，返回途中又奉旨折回，再查与英军交战情形，一一具折奏闻。爵滋以禁烟一疏名扬天下，高调主战，诗酒纵横，为宦场中清流。寯藻与之意气相投，行事则要扎实牢靠很多，能够正视东南海防的严峻局面，提出一系列加强海防的建议。办差期间，祁寯藻晋秩为左都御史，不到两个月再补授兵部尚书，让一时之政坛猛人黄爵滋望尘莫及。归京后，祁寯藻被选任会试副考官，主考官即是王鼎。二十一年九月，祁寯藻入枢垣，"以户部尚书在军机大臣上行走"，一开始就没有"学习"二字，足证皇帝之器重。

祁寯藻堪称大清名臣，学问人品，清正敢言，皆为世人所重。他看不起揽权弄权的穆彰阿，也瞧不上柔媚纤靡的潘世恩，对王鼎则始终奉为前辈。虽进入军机处较晚，又遇王鼎赴河南治水，二人基本上没有在枢垣共事，但心存敬重。实际上，穆彰阿在军机大臣中影响颇有限：王鼎不是穆党，自不需多说；潘世恩虽说常跟着转，却也不能算是穆党，几年后力荐林则徐，让老穆跌破眼镜；同时三军机皆非穆党，祁寯藻还会经常发声，制约穆彰阿的一些行径。老穆能够做的只是迎合皇上，在拥护的旗帜下夹带私货，推波助澜，虽然有限，危害亦不可低估。

第四节　浙东的"大反攻"

其实，本节更准确的标题，应是"浙东的大溃败"。

经过将近半年筹备，清廷从各地调集了约两万精兵，准备了大量武器弹药，计划的是同时攻取三城，最后的结果是一仗未胜，一城未下，损兵折将，上演了又一场大溃散。荒唐的是，奕经等人掩饰的本领甚大，惨败之时仍不断奏报取胜，是以在一段时间内，道光帝总以为胜利在望，听到不利的消息，还不相信。

一、苏州城的小星

说是大反攻，自然有很充足的理由：首先是清廷的高度重视，特命宗室大臣奕经为扬威将军，总统军务，命文蔚、特依顺为参赞大臣。奕经为成亲王之孙、旻宁之侄，当是皇族近支、"奕"字辈中最被重用的一个，以头等侍卫、奉宸院卿、副都统、护军统领管理火器营事务、兵部侍郎，诛杀张格尔时为受命监视行刑的四大臣之一。道光十年喀什再乱，奕经以左翼前锋都统随大学士长龄驰赴回疆，算是经历了一次远征。回京后在卿贰位置上晃了几年，然后是黑龙江将军、盛京将军，十六年秋回京任吏部尚书。二十年正月，奕经任正红旗宗室总族长，七月充崇文门监督，十月署工部尚书，同时担任至关重要的步军统领，成为皇帝倚信的重臣之一。

奕经曾是一个高调的主战派，二十一年正月奉旨议琦善之罪，毫不手软。此次受命出征，奕经已然入阁，穆彰阿提议要琦善随同前往，被其一口拒绝，幕友贝青乔记此事甚详：

> 初琦善以直隶总督误信汉奸之言，参奏林则徐严办粤东鸦片烟不足服英夷心，上乃革林职而以琦善代之。琦善至粤，撤防主款，迭为英夷渎请，并割香港与之。夷心犹未餍，攻陷大角、沙角、虎门等处。琦善仍勒兵不战，致提督关天培、副将陈连升及其子陈鹏举等援绝阵亡。上闻之大怒，下琦善刑部狱。及将军奉命出征，大学士穆彰阿奏请带琦善赴浙，将军谓"琦善可与议抚，不可与议战"，特严却之，而挺身南下云。①

---

① 贝青乔：《咄咄吟》，见于《清代诗文集汇编》第 635 册，467 页。

作为奕经器重的幕僚，贝氏笔下的奕将军形象也是风姿英挺，实则少谋寡断，是一个典型的绣花枕头。他虽有过从军经历，然对领兵打仗一窍不通，摆出一副天潢贵胄的架子，加上天性又有几分软弱迟疑，是以连身边人都管束不住。除却两位参赞各有班底外，随带六人，皆以小钦差自居，"提镇以下，进见必长跪，相称必曰大人"，彼此则以"小星"戏称。小星者，小星使也，因古人诗中亦指小妾，用以自谑和调侃。国家危难之际，肩负朝廷和民族重托，仍不忘风花雪月，又何说焉！同来的二十四名大内侍卫，大多也是"侈然自大，遇事挑剔"，稍有不周便吵吵嚷嚷。这哪里是去打仗拼命？简直就是一次缩小版的"乾隆下江南"。

奕经奉命赴浙江御敌，却在苏州一带住了下来，一住就差不多两个月。那边硝烟弥漫，生民涂炭，这边将军幕府中熙熙攘攘，需索无度。离京前陛见请训，道光帝觉人才匮乏，命他广事招募。奕经驻节沧浪亭行馆，在营门特设木匣，宣招贤才。很快就有各色人等前来，"献策者四百余人，投效者一百四十余人"。奕大帅和文参赞每日接待倾谈，礼贤下士，忙得不亦乐乎，也没能网罗到几个异才。作为吏部尚书的奕经，倒是擅于机构的规范化：将军大帐之下，总理军机者为印务处，专管兵籍者为营务处，主档册者为文移处，主刑法者为文案处，加上粮台、总局、翼长、襄理，每一处都要三四名官员，每一官都带着一帮子幕友家丁，"而且将军之外，复有参赞；参赞之外，复有钦差；钦差之外，复有小钦差。彼其麾下亦各有印务、营务、文移、文案等处"。[①] 流传至今的"前方吃紧，后方紧吃"一语，大约就出于此际。光是奕经行辕饭钱，一天就要花费两千两。雇了二十四名轿夫，不出门也要付费。还预备了五艘一模一样的将军座船，不知是哪位高参的主意，大约是防备敌人炮击或行刺，被讥为怯懦之证。苏州知府查文经苦不堪言，向江苏按察使李星沅抱怨，说到那些难伺候的随员，

---

① 《咄咄吟》卷首，自序。

斥之为社鼠城狐。

大帅行辕扎起了架子，而所调各省客兵抵达无多，浙江巡抚再三派人催促进兵，搞得奕经很烦，刘韵珂盼救兵不到，也是心中恼火，是以还未见面，关系已然闹僵。江苏官员早就议论纷飞，认为奕经"貌为整暇，未免怯敌，殊不足副当宁重寄耳""小题大做，且迟迟不发，似有望风退缩意"。[①]本来奕经和文蔚两摊子人马已让苏州不堪，十一月十一日，另一个参赞特依顺也从广东赶到浙江，再由浙江抵达，又是要吃要喝，要住要行，要人照料侍候。浙江有战事，却要到苏州会合，李星沅认为"实出情理之外"，在日记中写道："两分支应已不堪，又鼎足而三，耗费尚可问耶？救兵如救火，乃均此迁延坐失事机，主恩国计付之度外。且苏为浙困，尤属李代桃僵，官民未见寇而已疲于奔命，安得不为贾生痛哭耶？"[②]如同数月前的广州，苏州也有了"三大帅"，其事也有道光帝的旨意，嘱以大兵未集结时先不要到杭州，以免英军察觉。皇上诚然是纸上谈兵，自作聪明，三大帅则落得清闲，哪管浙东的水深火热。奕经后来也知舆论不佳，命前移至宜兴，算是到了浙江地面，离镇海、宁波隔着好几百里，又停了下来。

地方大员哪个不是人精？经此一段时光，已看出奕经实乃大草包一个，更预料到他必会以失误军机受到惩处，遂虚与委蛇，既不通报信息，也不太遵其号令。扬威将军，以前是何等响亮的名号，而今竟到了这等光景。

二、五虎制敌

凡属无能之辈，多爱鼓捣些鬼神兆应之事。

腊月十五夜，奕经和文蔚各有一梦，都梦见英军登船离去，派人侦探，果然报称见到英军将炮械装上舰船，以为吉兆。二十二年的大年初一，奕

[①]《李星沅日记》道光二十一年十一月初一日、初二日。

[②]《李星沅日记》道光二十一年十一月十一日。

经将大营移驻杭州，随即往西湖关帝庙求签，得"不遇虎头人一唤，全家惟汝报平安"句。数日后，大金川八角碉屯土司阿木穰率众赶到，士兵皆戴虎皮帽，奕经大喜，厚加赏赐，"于是军中相效，有黄虎头、黑虎头、白虎头、飞虎头等帽"①。奕经本来拟于除夕之夜发起总攻，帐中术士献策，以岁在壬寅，为虎年，应选定"四寅佳期"进兵，方可大胜。奕大帅闻听有理，命拿来历书，查出正月二十八日四更，为寅年寅月寅日寅时，定为出师之期。贵州安义镇总兵段永福，为杨芳老部下，生擒张格尔功在第一，恰好是属虎的，即令为攻打宁波的主将。虎将虎兵，四寅佳期，合之而称作"五虎制敌"。

应该说，奕经所招募投效之人，有江湖术士、失意文人、钻营投机之辈，其中也不乏精忠报国、有勇有谋之士。如臧纡青提出伏勇散战之法，"使分伏定、镇、宁波三城，不区水陆，不合大队，不克期日，水乘风潮，陆匿丛莽，或伺伏道路，见敌即杀，遇船即烧，重悬赏格，随报随给。人自为战，战不择地"②。这种游击战主要在于动员百姓，已被证明较有成效，英军在定海、宁波都吃过不少苦头，姚莹在台湾的胜利，亦多得力于义勇的协助。奕经命幕友金石声、段洪恩、刘天保等人赴鲁豫皖招募乡勇，秘密进入宁波等城潜伏，以为内应。他还在投效之士中选派二十五人潜入敌占区，侦察敌情，探明进军路线。有的被敌人发觉，残酷处死。贝青乔就曾进入宁波城，侦知城内英军不过三百人，城外停泊舰船两只。又听说伪水陆大都督郭士立娶了土娼殷状元的两个女儿，小舅子虞得昌乘势作威作福，出入用余步云丢弃的仪仗，人称"虞二舅爷"。又有两个令国人振奋的故事：一个说几个夷兵见一乡间洗衣女子，欲行强暴，女子以棒槌乱击，夷兵抱头鼠窜；另一说夷兵在乡下抢得一牛，打算拉走宰杀，竟被牛抵死。奕大帅听得开心，对敌人的轻视也不觉而生。

对于进攻的部署，大营的高参下了不少功夫，排兵布阵，可谓周密：

---

① 《咄咄吟》卷上，13 页。
② 《夷氛闻记》卷四，101 页。

攻取宁波，以三队进攻西门，段永福率八百贵州提标为总翼长；另三队进攻南门，余步云率八百湖北抚标为总翼长；攻镇海者也分三队，副将朱贵率五百陕西提标为翼长；攻招宝山威远城者两队，担任首攻的是守备哈克里所领三百名金川土兵。为了策应支持，其在骆驼桥屯驻重兵，复以参赞文蔚率两千陕甘劲旅在长溪岭扎下大营，奕大帅的将军行辕设在上虞天花寺，自领提督陈阶平、总兵尤渤所部两千人。为预防英军大败后逃跑，奕经还在宁镇之间通海要路埋伏乡勇，准备截杀。为焚烧英舰，奕经等人也是做足了文章：预备下五百多艘火船，号令一下，蜂拥而上，总有一些能靠近敌舰；研制出一种新式武器——飞火铜枪，类似于火焰喷射器，用以烧毁敌舰篷索；最匪夷所思的是，训练出十九只大猴子，缚以爆竹花炮，设想于作战时抛向敌船，引发大火。

抵达浙江之后，奕经即奏折不断，奏报客兵抵达情况，奏报总攻方略，奏报浙省所造鸟枪刀剑质量低劣，奏报击毙抓获夷兵，奏报设置各路内应情形……至此，奕经信心满满，将大反攻的部署奏明皇上，还附上一整套作战示意图。笔者没有找见这份奏折，可推想必也写得头头是道，豪气万丈。道光帝读后心情愉悦，密谕：

> 此次进兵收复各城，分路会齐，明攻暗袭，该逆受创之后，必四路分窜。该将军等已虑及乍浦海宁上海等处，恐为遁逃渊薮，均派重兵防堵；又将庸懦士卒撤换，江西柔弱兵丁，只派令护送炮位，看守粮台；并将余步云派赴距宁波府城较远地方防守，未令赴敌。种种布置，详慎周密，朕心欣悦。谅该将军等必能克期进剿，扬我国威，断不令该逆扬帆远遁！朕引领东南，日盼捷音之至也。勉之。①

---

① 《清宣宗实录》卷三六七，道光二十二年二月壬午。

期待已久的大反攻即将开始,奕经所担心的只是敌人上船远遁,皇上也有一点担心。

三、荒诞与悲壮

反攻浙东,筹备阶段已是无奇不有,将军参赞同梦,四寅佳期,五虎制敌,皆充满愚昧荒诞意味。及至打起仗来,荒唐可恨之处,更是不胜枚举。

最荒唐的,要数不许攻城部队携带枪炮。此事与刘韵珂有关,为保护宁波等城百姓,他反对以大炮轰击城内,应是不无道理。可领军者全无部署,一声令下,行进中的士兵将好不容易才调拨来的八千斤、五千斤大炮,随意丢弃途中,甚属可恶!而不知谁的命令,第一批攻城部队连鸟枪也不准带,金川兵本来精擅鸟枪,由于这条匪夷所思的军令,只能依靠大刀长矛对敌。他们大概认为已有内应可恃,大兵开到,伏勇即将敌酋绑缚前来,岂知敌人早有预备,在月城内挖陷阱、埋地雷,大开城门,示以无备。段永福以为英军已逃,命各部队整军而入,最先入城的金川兵损失惨重,阿木穰以下一百多人战死。南门之战也很惨烈,都司李燕标率四百川军在内应配合下杀入城内,却因没有火器,进攻英军盘踞的府衙时伤亡巨大,只得撤出。

攻打镇海之兵,游击刘天保率河南乡勇刚到城下,敌人分队冲出,枪炮齐发,只有冷兵器的我军全无还手之力,仓皇而散。退至十里亭,遇参将凌长星的第二队,合兵复进,虽有了一些鸟枪,怎敌英军火力之猛烈,刘天保中枪落马,队伍败溃。作为总翼长的朱贵带兵行进时迷了路,次日上午才赶到骆驼桥,欲整军再战,天保、长星都不回应,其部下归罪于朱贵迟缓,更是骂骂咧咧,几乎生变。

战绩最突出的为哈克里所领金川兵,个个身手矫健,攀缘直上招宝山,杀入威远城,敌舰发炮轰击,哈克里不支而退,至山下与二队会合布阵,与数百英军相持。看看至晚,又闻说刘天保等败走,遂弃营而退。

至此,奕经指挥的浙东反攻全面失利。

第十二章 相国何必泪滂沱

失败的原因很多，其中很重要的一项，即无能的大帅奕经，选了一个贪鄙无能的前敌总指挥张应云。大约是嘴上功夫过硬，小小的泗州知州张应云赢得了奕经的信任，委以前敌调度协调大权，各路领军者多为提督总兵，一品二品武大员，哪里将他放在眼里？又是奕经发给令箭，赋予指名参奏之权。岂知张应云是一个瘾君子，既要吸毒，怎会不贪，于是谎报义勇名数，谎称各城已潜伏多少队内应，借以侵吞军费。所办五百艘火攻之船，耗费巨大，几乎没起任何作用。当各路败兵退至骆驼桥，张应云还在吸食鸦片，吞云吐雾。奕经事先唯恐泄密，在大营中搞得疑神疑鬼，又是蜡丸传信，又是对面笔谈，哪知在张应云的小圈子里，就有暗中通敌的汉奸，一切部署全为敌人了解，岂能不败！

奕经不能不及时奏报反攻的失败，绝口不提一个"败"字，称为"未能实时克复"，同时开列了一个长长的战绩单：

> 官兵潜赴宁波南门，内应接入，杀毙守门守炮逆夷。该逆等携有手枪，并施放三尖火块及火球、火箭等物。汉奸冒充乡勇，黑夜不能辨认，人众拥挤，炮械难施，仍行陆续退出。镇海城内，亦经官兵冲门而入，击杀夷匪，因火攻船只未到，亦仍退回等语。逆英凶杀情状，殊堪发指！该将军等现于宁波城外，焚烧火轮船一只、三板船三只，击断三桅大船头桅，烧去上盖；复于镇海城外，焚烧三桅大船一只；梅墟一带，亦经开炮击坏三板夷船。又两路击毙夷匪四百余名……[①]

奕经在奏折中自请严议，或是看了这份战绩单，皇上批曰"暂无庸议"，但要他将火船因何不到，还有定海方面战况上奏。

军中亦有忠烈之士，副将朱贵是也。朱贵出身武庠，历经川陕教乱、

[①]《清宣宗实录》卷三六七，道光二十二年二月辛卯。

陕南兵变、青海平变、滑县之役、回疆变乱，几乎参加了嘉庆以来所有重大的战事，积功而为陕西西安城守营参将，署副将，二十一年八月简授金华协副将。进攻镇海时迷路迟到，朱贵所领五百固原兵受到指责，亟欲一战明志。二月初四，朱贵以孤军坚守慈溪大宝山，敌人蜂拥上岸，朱贵亲执大旗麾兵迎击，从清晨至下午更番厮杀，士兵得不到弹药和饮食，仍死战不退。孰料溃逃的乡勇涌来，冲乱队伍，敌人乘机抄夺制高点，发炮轰击，英舰上巨炮也不断轰来，营帐起火，"将军（朱贵）洒血呼天，竖所执大旗于垒，怒马斫阵，手斩数十级，身被两火枪，马倒复跃起，夺夷手矛，左右荡决，最后一火枪中要害，乃仆。昭南以身障父，格死数夷，被创无完肤，同时阵亡"[①]。虽然不无夸饰渲染，现场的惨烈与悲壮，仍可见出。

大宝山距文蔚大营不足二十里，恶战之间，朱贵三次派人求援，皆不应。文蔚虽出身满洲，先后担任过副都统、驻藏大臣、右翼总兵、护军统领等武职，骨子里则是文弱书生，在翰林达十余年，人亦清正文雅，令他参赞军务，已见出朝中无人。前进至长溪岭扎营，文蔚是受到张应云忽悠，以为必会轻松取胜，战斗打响后各处失利，大营外到处都是败兵，辕门内的文次帅早已乱了方寸——

> 及闻宁镇二城皆败绩，已惴惴自危，继闻英夷来犯大宝山，益复惶惑也。按察使蒋文庆、侍卫容照请于参赞，曰急宜全师而退，同知何士祁谓宜发兵进援，总兵恒裕、副将德亮谓宜俟夷至而击之。参赞无以决，盘旋一室中，口唤"奈何"者两时许，而慈溪炮声遂绝。俄应云帅众奔至，知朱贵父子等已力战死，部下请参赞走者益众。彷徨至日暮，参赞乃传呼应云，欲问以进止，而应云已先走，不得已遂问诸牙牌。数牙牌数者，用三十二牙牌，分成奇偶以卜吉凶者也。时已黄昏，忽寺后失火，延烧廊宇，参赞疑英夷已掩至，

[①] 光绪《慈溪县志》卷十四，政经志，武显朱将军庙碑记。

不告于众，仅携左右数人徒跣下山而逸。众既失主将，合营大哄，互相惊窜黑暗中，呼救之声满山谷。及天明，始知自为扰乱，英夷实未来犯也。然而，将已奔，众亦遂奔矣。[①]

首先劝文蔚退军的容照，是那彦成的第二个儿子，曾随父往回疆，看来不光没有乃父的才具，简直就是一个无耻懦夫。将相之后，凋零败落何等迅速。容照倒是一路护持文蔚，"弃军宵遁，沿途赏舆夫、赏舟子，惟恐英兵追及"[②]。真真是望风而逃啊！有这样的主帅和参赞，便有这样的随员，以及那些争先奔命的将备兵勇。

文蔚等人先逃到奕经大营，惊恐情绪随之播散开来，奕大帅也要跑，而且是与文蔚一起跑。一个逃跑中的将军已不再有任何威望，随行武弁不听招呼，地方官的接待也不像样，好不容易到得钱塘江边，刘韵珂传下话来，不许随带兵勇过江。无奈之下，奕经留文蔚带兵至绍兴驻扎，仅带少数随从和兵勇到杭州，成为一只跛脚鸭。惊魂稍定，奕经奏报皇上，说文蔚所领长溪岭营盘被焚，官兵撤退至绍兴，又说英军图谋杭州，已带兵渡过曹娥江，紧急应援。明明是临阵脱逃，却说是前往阻击，奕大帅的诓骗之能，倒也与琦善、奕山好有一比。旻宁"览奏不止失望，愤恨之怀，难以言喻"，所言愤恨，怕也不仅仅是对英军。二月十七日，道光接到刘韵珂奏折，题为"大兵在慈溪失利事势深可危虑"，即为著名的《十可虑折》，将奕经文蔚等大员之无能、清兵士气之低迷、省垣之危险、民情之莫测，一一和盘托出，读后深为震动。刘韵珂力荐伊里布"不贪功、不好名，为洋人所感戴，其家人张喜亦可用，倘令来浙，或英兵不复内犯"[③]，当即照准。旻宁也是内心矛盾，派来只会议和的老伊，同时也在调兵遣将，命四川提督齐慎为参赞大臣，会同奕经办理夷务；命广州将军耆英驰往浙江，署杭州将军，三

[①]《呫呫吟》卷上，30—31页。

[②] 光绪《慈溪县志》卷五五，前事志。

[③]《筹办夷务始末》道光朝四，1679—1682页。

483

日后又升格为钦差大臣。凡此种种，显然已信不过奕大帅了。

浙江缺的是主持大局、领兵打仗之人，真的不缺什么将军。眼下在杭州驻扎的是参赞大臣特依顺，为宁夏将军，先命以都统衔参赞大臣赴粤办理军务，浙战事吃紧，改派浙江。特依顺治军甚严，做事亦属认真，与奕经议战意见不合，干脆自行其是。英舰闯入钱塘江口，杭城人心惶惶，奕经命特依顺急赴江边拒敌，特参赞先是置之不理，待英舰在鳖子门一带遇淤积沙埂返回，方才整军徐徐开到。有诗讽之："贼到兵先走，兵来贼已空。可怜兵与贼，何日得相逢？"

至于堂堂扬威大将军，居然混到了谁也不理睬的境地，军门冷清，消息闭塞，诸般供应稀松平常。宰相肚里能撑船，奕经平日高卧不起，人不来见，亦懒得见人，每日写字画画，既有家传，又有心得，属下争相收藏。天日晴好时，他偶尔也去市廛走走，买它一两件玉器，随从人员纷纷仿效，弄得行辕之外全是玉器摊子，刘韵珂心中厌烦，下令禁止。奕经做官清正，馈赠丝毫不取，几个小钦差则不然，敲诈勒索，直把杭州作汴州，出入妓馆歌楼，好不快活，《咄咄吟》卷下有谣歌为证：

> 杭州娼妓最堪夸，明年养出小钦差。
> 绍兴娼家亦有名，明年养出小兵丁。
> 惟有宁波娼家哭不止，明年养出小鬼子。

谣歌当哭，戏谑讥讽中似能见血泪斑斑。奕经又请求添派兵力，皇上不胜其烦，批曰："事已如此，添调何难？前番布置，似乎确有把握，一经动作，受亏退步。又欲俟数千里外续调之兵到齐，再图进剿，无论旷日持久，必能保其成功乎？"[①]写下这些时，皇上当是倾向议抚了。

奕经测知圣意转移、舆论不利，只好过江再赴绍兴，分檄诸路将士民

---

① 《清宣宗实录》卷三六八，道光二十二年二月己亥。

勇偷袭滋扰，高标赏格，凡杀敌者立予重赏。这就是臧纡青伏勇散战之法，一时颇有些实效，英军单个或少数出行者辄被格杀俘获，风声鹤唳，草木皆兵，加上其另有图谋，于三月下旬先后退出宁波和镇海。

定海一路也有了消息，说是火攻英军，获得大胜：

> 三月初四日，郑鼎臣暗向各船装载柴草火药等物，驶至梅山港，分三路向北前进。守备徐榅宝督率火攻船只，先由十六门分作七排，放进道头。该处停泊大夷船三只，各排船只重重继进，围住逆船，即时引然，正值东南风大作，火光烛天，人声鼎沸。逆夷始犹用炮轰击，继见篷索全然，无处躲避，向三板船逃窜。武举蒋忠清等带兵接应，亦开枪放炮，迎面攻击，逆船惊乱，复自相触沉多只，并有退回仍被焚烧者。及逆夷放炮，反致自行击断大桅两根。其逃走三板夷船，奔向竹山门，水勇头目袁高荣带船自小渠山驶来，该逆用枪箭击射，转将柴草烧然，直向喷烧，又焚夷船多只。其虾峙港停泊最大夷船一只，千总韩庆瑞、王廷鳌并勇壮头目李世茂等，带领大号火攻船二十余只，一齐放进，乘风发火，首先烧然大桅篷索等件。该逆仅止开放四炮，舱板均已引然，不及解放三板船，各逆焦头烂额，兔水逃生。逆船火药被烧。烟焰飞过山顶，实时桅倒船沉，不见踪迹。惟时军功顶戴詹成功、把总吴大升，在定海城内望见火焰，知系火攻得手，当即放火延烧逆夷房屋，击杀逆夷数十名，生擒白夷一名，夺获刀枪等件。其城外埋伏之委员银沅等，焚烧沿城房屋，以助声势。郑鼎臣复见五奎山有逆夷屯扎，上山攻击，逆夷旋即溃散，我兵追杀十余人，夺获夷箱等物。其自北驶来接应之火轮船二只，亦被开枪击破。统计烧毁大夷船四只，烧毁触沉三板船数十只，烧毙沉溺击杀逆夷三四百人，

我兵并无伤亡。①

写得热闹，场景亦逼肖，但真实性非常可疑。奕经大帐中舞文弄墨之辈甚多，反攻还未开始，就举办了一次以大功告成为题的作文比赛，在三十多篇中选定两篇，或"详叙战功，有声有色"，或"洋洋巨篇，典丽矞皇"，此处单写一个火攻定海，岂非小菜一碟。刘韵珂认为不实，护理定海镇总兵周士法也禀报郑鼎臣造假。然既敢夸说战绩，当不会一点点根据都没有。皇上命核查，奕经也派人多次调查，却是既有人证，又有物证，周士法被严加议处，韵珂也有点儿灰头土脸。加上宁镇二城次第收复，道光遂不再怀疑，大加封赏。

四、乍浦惨败

英军退出镇海和宁波，给奕经等带来意外之喜，随即将功劳揽在自己身上，说是大兵逼近，加上郑鼎臣火攻与伏兵滋扰，敌人"畏惧窜退"。台湾再次大胜英军的战报也送到，又是破舟歼敌，且抓五十多名黑白夷兵。道光帝心情大好，谕令将这些人，加上去年抓获的一百三十多名战俘"即行正法，以抒积忿而快人心"。恰好籍贯广州的御史苏廷魁上奏，称传闻英国被孟啊喇攻破，"逆夷兵船，纷纷遁回"，建议抓紧重建广州各炮台及防御体系。又是一个好消息！道光即命奕经"相度机宜，倘可乘该逆窘迫之际，出其不意，明攻暗袭，殄灭无遗，亦足以抒众愤而快人心"②。大清皇帝心中郁积的愤怒，实在是太多太久了。

正当旻宁及一帮重臣稍觉神经松弛之际，耆英驰奏英军攻占乍浦，杭州与嘉兴府告急。乍浦位于杭州湾北部口门，明朝为备倭于此筑城，以捍

---

① 《清宣宗实录》卷三六九，道光二十二年三月丙子。
② 《清宣宗实录》卷三七〇，道光二十二年四月辛卯。

御杭嘉湖财赋膏腴之地，入清后亦历来屯驻重兵。四月初九，英军经过连续三天的滋扰，悍然发动攻势，军舰逼近海岸，以排炮轰击乍浦城和清军阵地，并驾小船登陆，避开清军正面阵地，分三路从东南方向进攻。驻防副都统长喜率兵英勇迎战，英军遭遇激烈阻击。佐领隆福带领二百八十名满兵，扼守天尊庙一带，死战不退，四次击退英军，击毙英军中校汤林森等人。英军恼羞成怒，以山炮和舰炮猛轰，天尊庙被夷为平地，隆福等人在最后时刻拔剑自刎，壮烈殉国。调来的陕甘兵也以抬枪火炮击敌，千总李廷贵以下四百余人牺牲。乍浦同知韦逢甲领乡勇抵抗，被俘后不屈而死，长喜也在兵败后投水自杀。乍浦被攻破后，英军展开疯狂报复，杀戮无度，满城清军眷属不甘受辱，多数阖家自尽，决绝悲壮，令敌军为之心悸。

乍浦危机之际，也来了一支增援部队，为杭嘉湖道宋国经所训练的奇兵，《咄咄吟》卷下：

> 初杭嘉湖道宋国经欲以奇兵致胜，特向市中购买纸糊面具数百个，募乡勇三百四十二人装作鬼怪，私于内署昼夜演习之。及英夷陷乍浦，派都司罗建业、千总李金鳌帅往应援。时方白昼，跳舞而前，英夷以枪炮来击，我兵耳目为面具所蔽，不能格斗，遂溃散。

国经，山东人，亦两榜进士出身，不知怎么想出这么一个"天魔舞阵"，不光成为笑柄，也付出了不少乡勇的生命。不久后追究失败责任，宋国经被革职。

乍浦之败，又提出一个复杂话题——汉奸。前次的宁波作战中，作为内应的朱楷将一门大炮藏在货物中运入，并带炮兵黄礼寿、薛璩二人，在灵桥门外岸边烟馆中潜伏，战事打响，即装填炮弹，准备轰击敌人五桅大舰，正要燃放，烟馆主人看见，怕被牵连，慌忙喊人过来阻止，搏斗中竟将炮兵礼寿打死，朱楷和薛璩虽得逃命，也是遍体鳞伤，一场奇袭化为乌有。

朱楷为翰林院编修，弃文从武，多次潜入敌后，试图冒死炮击敌舰，未料竟被阻止破坏。然则能说这个烟馆主是汉奸吗？能说他不是汉奸吗？作为中国人，毫无敌忾之心，为惧祸竟然将官兵殴毙，行径之恶劣，比汉奸有过之而无不及。

乍浦城内的情形也类似。虽有七八千各路防御部队，还有新调来的福建水勇，然各不相统属，互相猜疑，敌人未至，兵民关系、兵勇关系已然格外紧张，"旗兵率横暴，平素蔑视土人，临时每指摘以为汉奸，即水勇新至亦不堪其辱，已人人切齿，积愤甚深，战正酣，骤举火为内应，拒贼仅数时，遽报失陷"①。乍浦是重要的军需基地，"两年中所备军资，一时丧尽"。道光闻讯后痛心疾首，随即严厉问责，扬威将军奕经，参赞大臣文蔚、特依顺，巡抚刘韵珂皆被革职，定海火攻所得奖赏被撤销。

奕经仍不断奏报危机情形，称钱塘江水势未落，省城戒严，称海口有水道同往内地，平湖与嘉兴处处告急。备受信重的宗室大臣把事情弄到这步田地，道光帝也是无可奈何，只能自怨自艾：

> 逆夷奸计，发则中；将军等之谋勇，迄无一应。前奏该逆情形窘迫一折，朕已深疑其诈，然数千里外，若遥为断制，又恐或误事机，军营有掣肘之虞。不久果中逆夷奸计。朕之忧愤苦衷，将谁言之？②

其对奕经的谴责，不谓不尖刻犀利，自我反思则肤浅拧巴，居然说早已见出英军欺诈，只是未能断然遥制。

望风而逃，临阵脱逃，在乍浦之战中也很突出，此即林则徐所说的"临敌之一哄"，已成为清军作战中最为常见的景象。皇帝降旨严加追究，而

---

① 《夷氛闻记》卷四，111页。
② 《清宣宗实录》卷三七一，道光二十二年四月辛丑。

追根究底,又以浙江提督余步云为始作俑者。去年镇海失陷,裕谦自尽,其家人与属下皆称余步云心怀两端,未战时亟劝裕谦撤退,并以女儿出嫁等拒绝赴战。道光帝令奕经调查,余步云也是一通狡辩,说自己如何巷战受伤,后来不了了之。十月间,余步云奏报衙署被毁、文卷全行焚烧,请求补发王命旗牌等件,再一次使皇上恼怒,认为他"但知保护家属,而于王命旗牌等要紧物件,一切置之不问"①,命奕经确切查讯,如果属实,即将之革职拿问。奕经正准备反攻,诸多仰仗余步云之处,也就拖了下来。十一月英军进犯余姚,余步云又是一味退缩,不敢应战,谕旨点名斥责他只知自顾性命,杀机已露。余步云仍无悔悟,宁波之战,仍是不战而逃。当然,大多数部队都是一触即溃,参赞大臣和扬威将军皆带头逃窜,不能说成某一人之责。可一旦到了算账的时候,总要抓一个典型,余步云一逃再逃,臭名昭著,最适合拿来开刀。四月二十二日,旻宁密谕奕经,历数余步云劣迹,命将之锁拿进京,曰:

> 浙江提督余步云经朕畀以海疆重任,上年定海失陷,总兵王锡朋等带领各路官兵转战六昼夜之久,该提督并不督兵应援,以致孤城失守。迨至镇海、宁波接踵失事,总督及总兵等先后殉难,余步云辄敢节节退避。当镇海、宁波未失之时,与定海尚隔海洋,若使鼓励士卒,奋勇当先,婴城固守,地势既据上游,精兵复聚重镇,何至四路溃散,顷刻不支?言念及此,实堪痛恨。总缘该提督平时既训练无方,临事复贪生畏敌,首先退缩,大懈军心,作此厉阶,罪难擢发。早经降旨,饬令扬威将军奕经查明屡次退败情形,按律治罪,用彰国宪。比因军务吃紧,查访非仓卒所能,遂先其所急,暂缓逮问。乃军营将弁兵丁等相率效尤,纷纷溃散,此皆余步云为之倡也。

---

① 《清宣宗实录》卷三六〇,道光二十一年十月戊申。

> 昨据奕经等奏称，乍浦失守不过数时之久。该处将弁兵丁不为单弱，何至逆夷甫至，尚未交锋，遽尔奔溃弃城，几同儿戏？总因余步云身为提督，屡失城池，并未查究，遂人人各怀幸免之心，不思破敌之计，迟延观望，坐失事机。若再不整饬纪纲，大中军令，何以挽恶习而振军容！余步云着即革职，交奕经传旨锁拿，派委妥员押解送京，交军机大臣会同刑部审讯治罪。①

余步云出身乡勇，素称伶俐多智，久历战阵，崛起于军伍。此前十余年间，以提督中能员，忽而贵州，忽而湖南、四川、云南、福建，备受重用。而职位愈崇，愈加贪生怕死，往昔之机敏化为巧猾。时余步云已经六十九岁，官居一品，位列都尉保傅，落得个槛车重囚，押解进京。

半年后，余步云在京师被正法。

第五节　钦命"缓程来京"

有理由相信，道光朝也是一个信息社会，遍布全国的驿站邮亭，高速传递的章奏邸报，各类密折、题本、字寄、咨件，共同构成密集有效的信息网络。以此之故，远离京师的八个多月，王鼎于繁忙紧张的河工上，对夷情之变化亦多所知晓，处处口门大开，敌舰纵横于东南沿海，国事愈益不堪，老臣忧心如焚。

大工之间隙，河干长夜，王鼎当会许多次与林则徐探讨禁烟方略，分析海疆战守，讲论将帅措置之弊，总结丧城失地的教训……国难当头，最要紧的是起用人才，凝聚军心和民意。王鼎一直认为林则徐是国家栋梁，是能够支撑危局、应对和消解灾难的明干晓练之才，而今竟沦为编发伊犁

---

① 《清宣宗实录》卷三七一，道光二十二年四月庚子。

的废员，极为痛惜！他情知旻宁对林则徐误会极深，知道是谁在皇上面前添油加醋，把启衅招祸的罪名加在林则徐头上。他觉得有很多话要对皇上说，急切要一吐为快。

一、心迷之症

岁月荏苒，当年的青青子衿，如今已鬓发萧骚。多年的宦程跋涉和赞理枢机，王鼎对军国要密和高层运作皆称洞晓，也磨洗出一种通脱圆融。通过林则徐仍遣发伊犁的谕旨，王鼎彻底明白了道光的心思，明白了朝廷已是无心对英决战。曾几何时，连发严旨禁烟、严命抗敌的旻宁，竟然改换口风，改变举措，他或能理解，却难以接受，心中的愤懑沮丧无以表述。清朝统治者专断而敏感，断断不允许抗言谏诤，十三道御史和六科给事中都只管监督众臣，基本已失去直言谏上的职能。痛楚苦闷之中，王鼎上奏折陈述身体不好，请求缓程回京。

所谓"缓程"，乃因朝廷对官员的出差和赴任都有程期之限，王鼎以身体病弱，申请宽限。这是真实的。他带病来河南，带病主持大工，八个月间背疽始终未痊愈。金门合龙第二天，王鼎写信给在家乡的侄儿王玮，告以"大约月半可以起程，二月底可以到都"。次日又函告儿子王沆："大约七八日可以起程回京，意欲缓行，稍节劳苦，汝万勿出城远接。"[①]二月十六日，王鼎在章奏中特加一页个人署名的折片，请求缓程回京，奏曰：

> 窃臣上年秋间奉命来豫，本系负疾赴工。十月初，始得就愈，业经具奏在案。日夜奔走两坝，督率员弁兵夫办理工程，冬至前忽得心迷之症，发无定时。晨夜劳甚，兼以坝上浸冒风霜，右臂左腿筋骨时作疼痛……现在步履涩滞，心神恍惚，急须调理。再

[①]《王鼎家书》第59、60页。

四思维,惟有叩恳天恩赏假二十日,缓程进京,俾途次从容服药,以冀就愈。①

句句皆是实情!由秋入冬,再由冬入春,朔风冻雨,晨霜宿雾,旧疾新病,王鼎以衰迈之躯日夜硬撑,强撑到大坝合龙。实在是太累了,迫切需要休息调养,赶不得路了。

笔者隐隐有一种感觉,其间或也存在一点姿态和探询。王鼎的背疮虽未痊愈,已是大为减轻,奏折中提到的"心迷之症",应是操劳忧虑所致,是身心疲惫的症候。数月之间,先是溃坝,然后是重筑与合龙,紧张得令人喘不过气来,王鼎焦灼忧急,然始终屹立大坝,指挥若定。今大工告竣,担心和忧愁一扫而空,此症自然消减,本应欣欣然回京向皇上复命,又何以称病申请缓行?

一切应与林则徐相关,与朝廷对抗击英军的态度相关。试想如果谕旨宣布将林则徐官复原职,哪怕是酌加任用,王鼎该是怎样的振奋?他必会与林则徐兼程归京,急切叩见皇上,将所思所议一吐为快。想来,还是那道针对林则徐的无情谕旨,抵消了金门合龙带来的喜悦,使王鼎觉得邪正颠倒、朝纲紊乱,觉得心力交瘁。窃以为王鼎借此委婉表达一种不满,也试探道光帝的态度。

很快就接到军机处转来的上谕:"王鼎奏病久难支,恳请赏假缓程一折。王鼎着俟会议事竣后缓程来京,安心调理,俟病体痊愈再行具折请安。"②《清宣宗实录》卷三六八的记载略有减省:"钦差大学士王鼎因病乞假,命俟会议事竣后,缓程来京,安心调理。"两处文字皆语意和煦,充满关切爱护,也透露了一个明确信息:并不急于要王鼎回京参政。两处都提到河工善后事宜,命王鼎解决好以后再离开;回京后,先安心养病,不必急着请见。

---

① 《嘉庆道光两朝上谕档》第四十七册,63页。
② 《嘉庆道光两朝上谕档》第四十七册,道光二十二年二月二十一日。

至于林则徐，君臣二人都没有提及，却都搁在心底，谁也放不下，成为一个难解的心结。

二、河工善后事宜

合龙之后，王鼎的钦差使命基本完成，却不能马上离开，一系列的善后事宜，虽不用他来具体负责，仍要他做出部署和安排。

重大河工完竣的善后，历来有一套规程，也有一个大致的经费标准。具体到祥符大工，主要是金门和大坝的加固，旧堤口门的补筑，二道坝、挑水坝的增修等项，这是一个通例，也是一项大钱。通常说来，这主要是河督与巡抚的事，朱襄和鄂顺安也先期提出了一个一揽子方案，详细开列了各项开支，总共要六十四万余两银子。道光帝要王鼎再提处理意见，就是要他主持应办事项的审核和经费总额的把关。河务和地方官员早已熟知王鼎的行事风格，会议之时，该砍的砍，该压的压，没用完的银两、工料也一一列明冲抵，最后节省了约二十万两。

另一个重要事项，是遵旨"察看汴梁城垣情形"。这是一个搁置了半年多的课题，当初河督与巡抚争议激烈，王鼎考察后提出暂不议迁，道光帝听取了他的意见，果断处置了力主迁省的文冲，却没有决定迁与不迁。谕旨曰：

> 省城议迁一节，本属万不得已之举，现在水势既渐消落，民情更复固结，目前自可缓议迁移。惟城身被浸日久，垣墙难免酥损，且地形洼下，更难保无淤垫之忧，况四境之景象岂能复旧。将来大工合龙后，可否仍为省城，着即详查具奏。①

---

① 录副奏折：王鼎等，奏为遵旨查看汴梁城垣情形应请暂缓迁移事，道光二十二年二月十六日。

半年过去了，当初的担心基本成为事实，开封城四境凋敝，墙垣早已拆得不成体统，洪水淤积的黄沙竟然比护城堤还高，一座省城如在釜底。王鼎、慧成与鄂顺安反复讨论，也征求各级官员和开封士绅的意见，写了一份长奏，分析迁与不迁之利弊，描述两难情形——

反对迁移的理由，主要是：开封为省会已历数百年，多世家大族，舆情愿守不愿迁，众志难违；新建一个省会，所有官廨公廨、仓库监狱、满营抚标，花费巨大；即使迁省，也不能置开封城的残破于不顾，还要修城泄水、浚濠筑坝，一样也不能少。

不迁之难，亦是明摆着的：最先一项是紧挨着黄河，河底年年淤垫，这次大溃堤更造成沙丘围城之势；城垣被水浸泡八个月有余，坍塌酥损，重新修整，绝非易事；还有其他应办工程，件件都有难度，说到周边州县也是难以很快恢复。

王鼎等细数两难情形，明确建议暂时不迁为好。最主要的理由，一是民情，二是经费，也是道光帝关心的问题。朱襄未署名，大约是接受了文冲轻易议迁的教训。

三、回京与复命

王鼎起程回京的日期，出现了一个小小差异，是由其奏折引出的：二月二十五日王鼎附片奏报赴京起程日期，明确说是"二月二十六日工次起程"；而同一天的谢恩折中，又说二十四日已然抵达邢台，在那里接奉内阁转达的谕旨；当日与慧成的联名奏折中，也说"臣等已于工次起程，现离开封五百余里"。两折一片同日发出，均见军机处《录副奏折》，想是奏片为转录者笔误，应以当日奏折为准。

既然不是二十六日，那么究竟是在哪一天，王鼎一行自河工起行？

推测是在二月十六日，即送林则徐西行和拜发三份奏折（片）之当日，

第十二章 相国何必泪滂沱

王鼎、慧成及随行人员自祥符下汛六堡起程,返回京师。来时急急赶行,风雨泥泞中,王鼎等昼夜兼程,只用十五日便抵达河工;归程的确安排得比较宽松,在邢台接奉谕旨时,差不多走了八天,行进五百里,当属缓程,倒也不算太缓。早春季节,天气晴和,由河南、山东、直隶一路北上,虽皆非烽烟之地,仍能感受到弥漫于朝野的失败情绪,听到官员士绅对沿海失利的种种讥议。国事纷繁,国难当头,王鼎心中又激起强烈的敌忾之气。

王鼎是和原班人马一起返回的。二十五日,他在邢台与慧成联名上了一道密折,说的还是河南省城是否迁移的事,暂缓议迁的态度未变,却提议不要公之于众,担心该城士绅百工闻知后有所懈怠,不再积极募捐。这是他们的担心,更是鄂顺安作为一省巡抚的忧虑,所折射出的复杂吏民心态,也只有当事者最能体悟。王鼎随折附呈一片,奏报回京日期,附片中引录皇上对其缓行请求的批谕,表示"途中缓行调理,俟抵京日即当恭覆恩命"。实际上,王鼎也缓不下来,很渴望能早日见到皇上。

在回京途中,王鼎接到发自本月二十八日的谕旨:

> 本日据王鼎等密陈河南省垣情形一折,已有旨,饬令鄂顺安妥行办理矣。王鼎现已就道,仍遵前旨缓程行走,抵京日如自揣精力实已复原,即与慧成一同具折请安。如尚须调理,着慧成先行复命,王鼎仍俟病体痊愈后,再行具折请安。[①]

此谕只有一句是对"密陈河南省垣情形"一折的批复,主要表达的则是道光帝对王鼎的关爱之情,可谓无微不至,读来令人感动。

三月中旬,王鼎回到京师。未看到他是否具折请安的记录,但不会不首先前往宫中,叩见皇上。道光帝虽说可让慧成"先行复命",王鼎始终表示抵京后即行具折请安。这是他作为老臣的原则,恪敬恪慎,几十年都

[①]《嘉庆道光两朝上谕档》第四十七册,72 页。

495

这样过来了，当不会失了臣子的礼数。其逝后的所谓遗疏中，也写了"仰蒙召对"一句，可知必有此事。

记载缺略，未见王鼎请见复命的情形。据相关奏折推测，日期在三月十日左右。王鼎奏称："前因工次回京，仰蒙圣慈赏假二十日，嗣于未经假满之先，复荷特恩，再赏假一个月。"[1]批准此假是在三月二十六日，由此前推约二十天（又称未经假满），当在三月初十日左右。只是此类请见形式大于内容，身侧还有慧成陪同，想也没机会说些别的。君臣相见时，道光帝六十二岁，王鼎已是七十五岁高龄。皇上见他疲惫衰颓，倍加关切；而王鼎眼中的旻宁也是身心俱疲，心事重重。朝政纷繁，后面的事情还排着起儿，道光帝问过祥符大工各项事宜，赐以内廷之药，同时赏给二十天的假期，嘱他认真将息调养。

王鼎说到林则徐了吗？不得而知。

---

[1] 录副奏折：王鼎，奏为病体未痊请展假事，道光二十二年四月二十五日。

【第十三章】

国之殇

与沿海的烽烟相连、国家的严重危难相映照，京师政坛一片沉寂，一派恬戏。未见有科道抗谏，未见有翰林论争，未见有请战请缨，未见有捐钱捐物，也未见读书士子有什么爱国举动，更不用说如北宋危亡时陈东的振臂一呼，太学生激愤响应。

进入四月，夏意渐稠，道光帝除在上旬和中旬短暂回宫数日，基本上是在圆明园听政。不管是在明朝，还是清朝，大约没有几个皇帝愿意一直待在千门万户、金碧辉煌的紫禁城。那是一个威仪赫赫、等级森严的所在，也是个让人压抑憋闷的地方，对皇帝本身亦如此。道光帝崇尚节俭，不去仿效祖父乾隆皇帝的南北巡幸，也不去父皇喜爱的避暑山庄，又想从皇宫出来透透气，看上了草木清华的圆明园，一年间总有几个月住在这里。皇上移驾，带动整个帝国行政中心的大转移，军机处自然要随行，内阁和六部皆无例外。大臣们已有一套完善的应对方案，各类馆舍园邸在附近迅速兴建，苦就苦了那些低品级和外地来京官员，只好各寻门路。其间也有着巨大的行政资源浪费，然比起爷爷乾隆帝的六下江南，毕竟不可同日而语。

第一节　圆明园暴亡

道光帝住在圆明园，所有朝中重臣皆随驾侍从，被"赏假"养病的王鼎假期未满，也随之移居园邸，以备皇上随时召见。

乾嘉之后，内阁大学士和军机大臣一般在京师有两处赐第：一是府邸，在内城，家眷子女同住焉；一是园邸，在北郊的圆明园附近，以备皇上驻园期间入直，通常是本人及若干家人所居。王鼎回京后，在城里的家中调养了一段时间，身心松弛，饭菜合口，家中有三个孙儿，最小的仅有半岁，亲情浓郁，精神上也觉得好转了许多。

他所不能释怀的是东南沿海的战事，还有对林则徐的废弃流遣。

国之大臣

一、蓄极积久的谏诤

觐见复命之时，王鼎准备了许多话要向皇上说，不是已经完竣的河工，而是东南沿海的攻剿，是建议对林则徐、邓廷桢等人亟加起用。如果说大坝合龙前，其主要心思都在解决水患，此后他所忧虑的便是英军的公然入侵和肆意袭扰，是如何将侵略者逐出国门。经过与林则徐的多次深入交谈讲论，经过对禁烟、销烟过程的梳理，还有对广州、厦门、定海、镇海各次战役的分析，王鼎对强寇已有了较多认知，抱定了坚决抗击的决心。

七十五岁，人生早过了激情澎湃的阶段，王鼎性情沉稳，说话做事从无虚妄。多年主管户部和刑部，一贯以求实务实著称的他，内心所求，更多的已不在于朝廷尊威，而是国家完整和百姓生计。从两广、闽浙到江苏，海域敌舰纵横，海疆节节残破，所至口门大开，城阙失守，黎民百姓挣扎于水火之中。然举朝暗哑，并不见有几个人挺身而出，甚至没有什么人出来说句话。

王鼎离开京师的权力中枢已八个多月，边事日坏，英军攻城略地，穆彰阿则揣摩上意，联络亲贵，操控舆论，渐渐把持朝纲。曾几何时，举国厉行的禁烟风潮已然止息，朝野一致的抗敌呼喊已然消歇，皇帝和军机大臣表面上口口声声攻剿，实际上则在筹划议和了。王沆正在庶常馆读书，那里历来是个议论纷飞的地方，会将这些一一告知父亲，也会劝他安静疗养，少管政事。

王鼎多年任职中枢，岂不知以一己之力难以扭转颓局？岂不知历来上意多变？岂不知军机处已为穆彰阿牢牢掌控？他也认为儿子说的有道理，又递上一份奏折，以身体有待恢复，请求再展假一个月。谕旨很快下达，所请得到批准，想是皇上已不再倚重王鼎，而穆彰阿对其个性知之甚深，也乐于他待在家中。

皇恩浩荡，皇上对王鼎仍有着一份特别的眷注，枢相穆彰阿也是礼数周到，除表达感激之外，王鼎还能怎样呢？又一个月忽忽逝去，他的内心终是无法沉静下来，难以安享清福。国家已到了危亡关头，沿海黎民深受战乱之苦，京师仍是按部就班，歌舞升平。前线不断有捷报传来，朝廷不断地加官赐爵，可除了皇帝，甚至包括皇帝，谁都知道是怎么回事。清初大儒顾炎武曾解说亡国和亡天下之别，而今，又到了亡天下（即民族沦亡）的时刻。"天下兴亡，匹夫有责"，更何况国家重臣！王鼎应也难以坐视静养了。

孟森在评说明嘉靖朝"大礼议"时，曾感慨明代"士气之昌"，认为"非后来所能及"，这个"后来"指清朝。有清一代较少出现谏诤之臣，更少以死抗谏者。大臣上疏，例以"臣某某跪奏"开始，若是出身满洲，还要称"奴才某某跪奏"。特署"奴才"二字，对皇上表达亲近，向他人夸示尊贵和骄矜，亦清朝政治特色之一。这样的官场风习，又怎能涌现舍身谏诤之士呢？

军机大臣，系由清初议政大臣一职演化而来，"参画军要"本是其主要职责。经历数朝之修正，尤其雍正、乾隆二帝的严格控驭，渐渐由参画变为参赞，虽仍有谋划之意，已落二义，成为一个秘书班子和办事机构。降至道光帝，气象和本领远不如乃祖，亦逊于乃父，"乾纲独断"的风格仍相沿承，一众军机大臣也恪守规范，唯唯诺诺。王鼎通常亦如是，但国家已到了危亡时刻，还能够钳口不言吗？

四月二十五日，第二次赏假日期将满，王鼎进圆明园销假，叩见皇上，同时又呈上一道再请展假的奏章：

> 臣前因工次回京，仰蒙圣慈赏假二十日。嗣于未经假满之先，复荷特恩再赏假一个月，并于本月赏给参枝，俾资调摄。鸿施逾格，感极涕零。计自调养以来，假期又将届满，虽心气已较安舒，急拟照常供职，而步履犹形蹇滞，尚难勉强趋公。焦灼五中，莫能言喻。惟有再恳天恩，赏假二十日。但得再加静养，自可渐次复元。

> 臣职守久虚，何敢复耽安逸？一俟就痊，即当销假任事。①

是请假，其实也是销假。王鼎是以心迷之症请假的，此症已愈，仅剩下步履迟缓。这种情况，如果皇上要求照旧供职，命乘肩舆入朝，应是没有问题的。实际上王鼎也有这个意思，皇上岂看不出。

道光帝闻知王鼎身体渐次复原，甚为高兴，令与穆彰阿等一同觐见，集议江浙沿海之事。召见之时，皇上再次慰劳这位老臣，称赞他劳苦功高，说臣子都应如此尽心办事，王鼎很是感动。接下来谈到沿海策略，谈到对懦弱坏事各臣的处置，穆彰阿以敌我实力悬殊等为由，有意为琦善（包括余步云等人）开脱。王鼎越听越觉恼怒，长期积聚的不满激撞而出，便不顾常规，当着皇上的面，对穆彰阿厉声诘问指责。此类情形自不会见诸正史，一些笔记野史所记虽有不同，关键几点则基本一致，互为补充。那就是王鼎反对议和，力主起用林则徐、邓廷桢等人，并要求惩治投降派代表人物，尤其是琦善。

朱琦《来鹤山房文钞》记载：

> 工葳既归，值海疆厌兵，上劳之。语及议和，公垂涕操秦音争之强。既退，抚案不食，断断辩枢府中，愤发大骂，同列不悦，上亦稍稍厌之。②

说的是王鼎先在皇帝面前抗争，情绪激烈，以至于痛哭流涕。退还直房后，心绪仍然难平，拒绝进餐，继续与人争辩，乃至于破口大骂。与他辩论对驳的人是谁？应非穆彰阿莫属。穆氏在朝中虽称根基深厚，行事风格则与和珅大不同，一向以温煦谦和示人，与王鼎讨论时，必也保持一种克制忍

---

① 录副奏折：王鼎，奏为病体未痊请展假事，道光二十二年四月二十五日。
② 《涵通楼师友文钞》第四册，清咸丰四年刻本。

让的风度。这更让质朴耿介的王鼎大动肝火,在皇上跟前情绪失控,显得气急败坏。

《软尘私议》则曰:

> 先一日召对,力保数人,嶰翁在内,上顾而言他,复谓曰:"尔病未愈,可再调养数日,何必如此着急。"文恪犹刺刺不休,上怒拂衣而起,文恪执裾大言曰:"皇上不杀琦善,无以对天下;老臣知而不言,无以对先皇帝。"大干批鳞之怒。①

嶰翁,为邓廷桢之号。一般认为此书成于林则徐之手,为其在伊犁时对京师来函的辑录。此处不说自己,只说保荐邓廷桢,亦可证明。此记载更具现场感,也更可信。说出这番话,在王鼎如骨鲠在喉,不吐不快;旻宁则有些厌烦,又不愿当面驳回,只好拿话语搪塞。通常来说,臣子也就到此为止,而王鼎仍不罢休,坚持将憋在心底的话说出。是啊,八个多月未能与皇上详谈,一腔忠贞,一腔激愤,怎能不尽情倾诉呢!他虽久任枢密,仍不善于察言观色,激动激切之下,竟然扯住龙袍,高声嘶喊。

这里没有提到穆彰阿,没有提及王鼎与穆氏的辩驳,应是实情。以穆彰阿之圆融,怕也不会在皇上跟前与人辩难,尤其不愿与资历深、年事高,又刚刚从河工回京的王鼎辩难。薛福成《庸庵笔记》卷一亦记述其事:

> (王鼎)力谏林公之贤,上不听。是时,蒲城与穆同为军机大臣,每相见,则厉声诟骂,穆相笑而避之。或两人同时被召见,复于上前盛气诘责之,斥为秦桧、严嵩,穆相默然不与辩。

写的正是穆氏之避让不争。一副老辣诡猾的权臣嘴脸,跃然纸上。

---

① 转引自《鸦片战争》第五册,531 页。

"不有忠胆,安轻逆鳞。"①王鼎久在中枢,情知这样做的大风险,早将生死置之度外也。所幸道光帝性情宽厚,又对王鼎知之甚深。面对当庭抗言甚至扯着龙袍嘶喊的王鼎,皇帝极为不快,盛怒而去,但也很快消了气,对这样一位忠痴老臣,又能如何呢?

应是在当天晚间,在王鼎等人退出之后,道光帝翻开王鼎的请假折,朱笔批复:

卿务须安心调摄,着再赏假一月。②

在皇上看来,军机处真的不再需要老臣王鼎了。可以设想,不久之后,旻宁会温旨免去他的军机大臣,保留东阁大学士,这也是清廷对德劭老大臣的通常做法。

二、上意纷乱

一百多年前,雍正帝胤禛专门刻制一枚小玺,镌以"为君难"三字。胤禛是一个杀伐决断、诛戮任情的强悍君主,仍不免有此人生慨叹。爱新觉罗氏也难以逃脱"一代不如一代"的魔咒,降至道光帝旻宁,尽责尽心虽不输于先辈,精神气质和治国才能显然弱化了许多。对他来说,真的是为君难,近几年更是难上加难。

英舰的入侵,已从浙江转向江苏,从杭州湾转向吴淞口,几乎无时不牵扯着道光的心。如果说奕经、耆英等人还能勉强编造一些捷报,抚慰一下皇上受伤的心灵,而颇有几分执拗的"牛犊子"——两江总督牛鉴,常常使之心烦意乱。数月之间,牛鉴连上奏折,奏报演练时"炮身炸裂,伤

---

① 《旧唐书》卷七五,苏士长、韦云起等传赞。
② 录副奏折:王鼎,奏为病体未痊请展假事,道光二十二年四月二十五日。

毙兵丁",奏请给予江宁通州所属八县展赈拨款,参奏两淮泰州分司官员贪占应缴库银,奏报上海火药局被焚,"存贮火药二万五千斤被烧,致伤毙委员及兵丁等多名"……再就是一个接一个的官员"因病"请假,称病不归。颇受旻宁信任的江苏巡抚梁章钜,公务活动时突然瘫软倒地,中风不语,只好解任归乡。大敌当前,大难当头,一些脑瓜聪明的朝廷命官就是这样演技过人,溜之乎也。此种狡狯伎俩,尽人皆知,皇帝亦知。当牛鉴奏参松江府知府福祥"于防堵紧要之时遽请病假,显有规避情事",道光忍无可忍,愤然将之革职。

这种时刻,道光应会想起远在新疆的林则徐,想念他的坚毅明练和勇于任事,想念他的一往无前和扎实精细,也怨恨其没能把夷务搞定。四月二十七日,旻宁发布了一道长长的上谕,回顾禁烟和对英作战的过程,痛中思痛,号召全国军民奋起抗战,也叙及大清皇帝对英国的认识过程,叙及一己之心路历程,颇可一读:

> 朕以鸦片烟流毒中国,贻害生民,前岁特降谕旨,饬令各省严禁,再三剀切申诫。因广东为外夷通商之所,特令林则徐前往查办。各国夷商均遵约束,独英吉利逆夷义律以烧毁烟土之故,借口滋事。因林则徐办理不善,旋亦罢斥遣戍。

开篇最先提到林则徐,提到他奉旨禁烟,说他办理不善,不在于收缴鸦片,而在于给英人以口实,开启事端。接下来的琦善,就不只是办理问题,而是软弱混沌,丧权辱国:

> 乃该逆于道光二十年六月潜窜浙洋,窃据定海,继复于天津海口呈递禀词。朕惟中外一体,念切怀柔,不以其侵犯在先、诉辨在后,遽加屏绝,复命琦善前往广东确查核办。又将伊里布在浙擒获逆夷头目安突德等多名特予宽典,免其诛戮,于定海退出

> 之时，即行给还。乃该逆夷狡诈反复，要求无厌，明知琦善意存抚驭，不设防守，竟尔称兵首祸，叠犯大角、沙角各炮台，伤我提镇大员，扰我海疆黎庶。是逆夷因私贩烟土，肇启衅端，复阳为乞请，阴施诡计，背信负恩，神人共愤。朕之命将出师，实由此也。及至靖逆将军奕山等到粤，逆夷已窜入内港，窥伺省垣。彼时带兵守土大吏金以该逆贪利性成、希冀通市，恳将商欠该夷银两准令给还。朕至诚待物，从不以逆夷为怀，如果得利相安，不至别图滋扰，区区之施实非所吝。蠢尔丑类，何足为仇。此又朕轸念薄海民生不得已之权宜也。

一以责敌，一以自责。责敌之背信弃义、狡诈反复；自责为过于仁慈，过于轻信。对于琦善并没有过多谴责，时过境迁，比起后来的奕经等大员，他还算有些本事的，以后的情形更为不堪：

> 孰意逆夷包藏祸心，欺天灭理，粤东甫经敛迹，闽浙又复扬波，定海再窥，连城袭据，以致督臣殉节，镇将捐躯，荼毒生灵，罪难擢数。爰命扬威将军奕经等帅师攻剿，数月以来，贼退宁波，旋陷乍浦，是该逆在粤则以厚施为饱扬之谋，在浙则以掳掠为赍粮之具……朕抚躬循省，五内焦劳，每念毒孽未除，颠连莫拯，痛心自责，恨才德之未逮，夙夜难安。

其将沿海军事不利、丧城失地的责任揽在自己身上，为之辗转反侧，痛心自责，说自个儿才浅德薄，都有几分真诚。然而且慢，皇上的自责只是个引子，笔锋一转即严词指责他人，指责文武大臣和前线将士：

> 将军、参赞、督抚及内外文武诸臣，亦宜仰体朕怀，亟苏民困，勿存苟安之见，狃于目前；勿怀幸免之私，遗臭于后。至于将弁

兵丁，动谓船坚炮利、凶焰难当，因而见贼仓皇，望风先溃，殊不知贼之深入，早已自蹈危机，果人人奋勇直前，有进无退，加以乡民义勇层层接应，则主客之势既异，众寡之数又殊，因地乘机，何难制胜！是逆夷之肆意猖獗，皆士气不扬所致也。

所说皆战场实情，分析亦大多在理。唯士气不扬，不能把责任都落在将士身上，而要在朝廷找原因，在军政体制和社会风习上找原因，在治军带兵大员身上找原因。同样一支军队，林则徐统领时人人奋勇，到了琦善便尔一触即溃，可知振奋士气亦在领军之人。

道光也把失利之罪归于汉奸：

其从逆汉奸原系穷蹙愚民，或以生计维艰，为利所诱，遂至甘心从贼，暂饱身家。试思蹂躏者谁之乡里？抢夺者谁之资财？贼来则驱之使前，俾当锋刃；贼去则委之于后，仍蹈刑诛。苟有人心，当知悔恨。

外敌当前，潜匿已久的民族问题重新浮现。那些统兵的满族大帅，在失败溃逃后不自检讨，往往以"汉奸"助敌为辞，亟加渲染。道光帝显然深信不疑，多次加以谴责。实则沿海勾结外敌之人，明季倭乱时即已有之，有穷人，主要的则是富户。此时拈出"汉奸"一词，于事实既有夸大，于凝聚人心也无积极作用。旻宁再次申明禁烟的决心，申明国家法纪：

尔间帅疆臣，身膺重寄，宜如何激发天良，申明纪律，凡奋勇争先者赏不逾时，退缩不前者诛之无赦，如此则何攻不克，何守不固耶！从前办理不善诸臣，除分别惩儆外，余令戴罪图功，原冀其知感知奋，勉赎前愆。倘复坐失事机，殃民纵寇，国法具在，不能为若辈再宽也。至士民中果有谋勇出众之材，激于义愤，团练自卫，或助官军以复城邑，或扼要隘以遏贼锋，或焚击夷船、擒斩大憨，或声明大义、开启愚顽，能建不世之殊勋，定膺非常之懋赏。①

这里也透露出一个信号，即朝中能当大事之人已然不多，前此治罪和废弃之臣开始起用。是否道光帝受了王鼎谏诤的刺激和影响，是否其开始考虑对林则徐和邓廷桢的起用？应该说是的。但主持枢垣的穆彰阿怕不这么想，在他的推动下，伊里布已经以七品衔赴耆英行辕，对琦善和奕山、奕经的起用也多次提上日程，独独没有林、邓二人。

这道谕旨像是一份告全体人民书，又像是一篇罪己诏，词义沉郁痛切，理路仍复犹疑散乱。文末要求诸臣"和衷共济，鼓励戎行"，"剪除夷孽，扫荡海氛"，又说"兹将办理夷孽前后情形及朕为民除害之本意，特谕中外知之"，似乎又横下一条心，要与外国侵略者决一死战。是这样吗？

三、平静赴死

道光帝对王鼎请假折的朱批，仍是语意温煦，使之捧读时百感交集。

此后，王鼎住在园邸，因未见文字记载，也无从知晓他是怎样的状况，只知他一直待在那儿，已开始构思撰作仕宦生涯的最后一疏。四月三十日下午，王鼎又来到圆明园的军机处直庐，在那里等了很久。穆彰阿的心腹陈孚恩听说王鼎来到，忙至茶房陪坐絮话。孚恩机敏干练，极善察言观色，看王鼎身旁几上放着一大红封套，知其有事，便说到皇上召见穆、潘等已久，可能很快就会出来。王鼎表情平和，让孚恩等人先去忙公事。再后来，就发生了卷首所写的那一幕……

关于王鼎的死，官方记载为病逝，又语焉不详。《清宣宗实录》卷

---

① 《清宣宗实录》卷三七一，道光二十二年四月乙巳。

三七二、《清代起居注册》道光二十二年五月,均记作"太子太师大学士王鼎卒",且系以五月一日,至于因何而卒,皆用省笔,不加说明。一个多月后,吏部依例奏请"应否开列",文中有"原任大学士王鼎于四月三十日病故"。可证事发后,官方皆持病故之说。

王鼎的墓志铭(即《光禄大夫东阁大学士文恪王公墓志铭》)署名卓秉恬撰文,秉恬时为协办大学士、吏部尚书。为什么要请他撰写志文?大约还在于与王鼎有些意气相合。秉恬出身翰林,又在科道多年,也属敢于说点真话的个性。王沆恳求其为先父作志,自也不会推辞。而实际执笔者为冯桂芬,道光二十年榜眼,虽出于吴县同乡潘世恩门下,对王鼎的尊敬仰慕当更多一些。王鼎的死因,在京师已不是什么秘密,桂芬不能不写,更不能直写,以"养疴园邸,行愈矣,卒以不起"①,留下一段烟云模糊处。及至刻石纳圹,中间三字被删去,只剩下"养疴园邸,卒以不起"八字,将病故之说坐实。也有人以《显志堂稿》较为晚出,论为"行愈矣"三字为作者后来增入,缺少依据。王鼎之死在当时极为敏感,当事者和见证人讳莫如深,自会抹掉一切不利的痕迹。冯桂芬拟稿之后,署名的卓秉恬自然要阅看和修订删润,首席军机大臣穆彰阿也会检视,究竟为谁删去,不得而知。

一个枢臣兼阁老的暴死,而且是在军机处自尽的惨烈之举,深深震撼着整个朝廷,刺激了那些浑浑噩噩的众官,也会在不甘沦亡的人群中引起反响。不管当事者怎样封锁消息,还是有人悄悄传播出去,并很快传到外地。时任江苏布政使的李星沅,在当月十九日的日记中记载此事,写道:

> 得汪衡甫书,知定九中堂之逝。王中堂鼎,陕西蒲城人,丙辰进士,竟为匹夫自经,以大富大贵大寿而独不得考终命,千古奇事,岂时艰蒿目,愤不欲生耶?②

---

① 冯桂芬:《显志堂稿》卷七,光禄大夫东阁大学士文恪王公墓志铭(代)。
② 《李星沅日记》卷上,411页。

国之大臣

这是今见最为可靠的一条史料。汪衡甫，名本铨，道光九年二甲第十七名，时年仅二十岁，分部学习，未能入庶常馆。十余年后，晚他一科的李星沅已是从二品大员，衡甫仍以四品衔蹉跎京师。正是他在信中通报此事，李星沅得以在私人日记中，直接载明王鼎死于自缢，深感震惊，也说到与其对家国时政的失望激愤相关。江苏布政使衙门设于苏州，京师信函约要半个月才能送达，是知衡甫的信写于事发不几天。时李星沅刚刚到任，江南局面的混乱和士气的低迷，使他常常"忧时感事"，所记王鼎之死未有"尸谏"二字，却明白说是"自经"，并推测他是"时艰蒿目，愤不欲生"。

因为要遮盖此事，为皇上减轻精神负担，也为自己化解舆论谴责，以穆彰阿为首的军机大臣自是三缄其口。而多年之后，当这些已成往事，穆彰阿已获罪被贬，当事人之一祁寯藻终于开口，以诗篇纪念王鼎，也吐露当年一段实情，道是：

> 史传不能载，孤愤盈万口。
> 直哉史鱼节，纯臣心可剖。[①]

他把王鼎比作古代尸谏的史鱼，誉为"纯臣"，崇敬之余，似也透出一丝愧怍。祁寯藻作为一代名臣和学问家，作为王鼎以死殉道的在场者，所提供的事实自是十分可信。诗作虽仅有二十字，信息量则很大：先说王鼎的死亡真相不能如实载于正史和大臣传，而其一腔孤愤则掩盖不住，在民间广为传诵；他盛赞王鼎的纯臣襟怀，赞美其慷慨忠直，有古大臣史鱼之节操。

史鱼，名鰌，字子鱼，春秋时卫国大夫，被称为卫国柱石之臣。临终时，他以未能劝说卫灵公进贤退不肖，叮嘱儿子不得在正堂治丧。《韩诗外传》

[①] 祁寯藻：《张海门编修金镛以王文恪公临禊帖卷见示感慨纪之》，见《祁寯藻集》第二册，三晋出版社2011年版，302页。

510

卷七：

> 卫大夫史鱼病且死，谓其子曰："我数言蘧伯玉之贤而不能进，弥子瑕不肖而不能退。为人臣生不能进贤而退不肖，死不当治丧正堂，殡我于室足矣。"卫君问其故，子以父言闻，君造然召蘧伯玉而贵之，而退弥子瑕，从殡于正堂，成礼而后去。生以身谏，死以尸谏，可谓直矣。

史鱼并非自尽，却在身死之后，达到了劝谏君上、进贤退不肖的目的。《论语·卫灵公》赞曰："直哉史鱼，邦有道，如矢；邦无道，如矢。"在孔夫子眼中，史鱼不管什么情形下都坚持本色，堪称正直的典范。祁寯藻以王鼎比拟古大臣史鱼，正在于其像史鱼那样举荐贤才，像史鱼那样指斥误国者，也像史鱼那样以尸相谏。两人的死亡方式和场景虽不同，要之都是"尸谏"，具有常人难以达到的忠直和爱国情操。

对王鼎毅然赴死的场景，《南屋述闻》所记较详，且称得之于陈孚恩：

> 盖当日章京中与文忠私厚者，杂述朝事之函，语多隐密。其述文恪事，谓先一日，文恪销假入朝，因力争必斩琦善，上意不悦，将拂衣起，文恪趋前挽御衣，曰："上知而不罪，无以对天下；老臣知而不言，无以对先皇帝。"上益怒，顾文恪曰："尔疾甚，且休！"次日，文恪诣直庐，诸枢臣已入对，因坐待之，携有红封置几上，既而久待未下，乃怀红封起如厕，及穆相等退下，觅文恪不得，又觅于厕，则自缢已绝，遂诡云暴疾异出。其红封，子鹤及同直皆见之，子鹤且言于人。观其所述，则文恪尸谏，固有其事，子鹤初亦未尝曲掩也。

写御前抗辩和赴死情境，均觉细致真切。子鹤，为陈孚恩字，深得穆彰阿倚信，与王鼎交往亦多。王鼎之死，孚恩为见证人，也是此事的主要经办人，所言可信。

所述王鼎廷争一节，在《软尘私议》中也可看到，前半已做引录，至写王鼎之死，亦可与《南屋述闻》互相印证和补充：

> 文恪之死，即缢于军机处之别院，昨斋庭也……次日复赴直庐，欲俟枢臣退直而说，怀中取一红封套，置案上，子鹤诸人咸见之。适是日事多，退直甚晚，小军机迎谓云："中堂相候已久。"穆潘询之，则已不知所往。觅之，乃于茶房别院缢焉，红封套犹在怀中。亟令舁夫舁归，救治不效。苦心孤诣，如此文字，不谓小厓受人危言恐吓，乃付之一炬也。文恪七日回煞之夕，灵几前瓷器祭物抛掷斋粉，无一完者。棺前所布灰砂，画一人字甚大，又于前后左右画无数人字，又极小，莫测寓意。或云文恪阴灵时于海淀往来，短后行装，日昃辄见。（第十则）

明确说已自缢身亡的王鼎，仍被安放舆轿之中，抬回园邸"救治"，并说真正的遗折被王沆焚化。作者对此极为痛惜，以至于记下一些王鼎英灵不散的传闻，虽涉荒诞，寄寓的则是无尽悼思之情。灰砂上"小人"包围"大人"的画面难解么？又谁不知道什么意思呢？

清代文集笔记中，对王鼎的死记述不多，文字间也有差异，但都充满同情和敬意，也大都认为是尸谏，是以死相谏：

> （王鼎）力争不可得，退草疏请罪大帅，责枢臣，怀疏趋朝，待漏直庐中，灯火青荧，遽自磬暴薨。——汤纪尚《槃薖文集》卷甲，书蒲城王文恪公遗事

> 明日复廷争甚苦，上怒拂衣而起，蒲城牵裾终不获申其说，归

而欲仿史鱼尸谏之义，其夕自缢薨。 ——薛福成《庸庵笔记·蒲城王文恪公尸谏》

公退，草疏置之怀，闭阁自缢，冀以尸谏回天听也。 ——陈康祺《郎潜纪闻初笔》卷一，王文恪公尸谏

王鼎的死激起一阵涟漪，也仅仅是一阵涟漪。李星沅在日记中有"其死也哀，然轻如鸿毛"一句，初读颇觉刺目，细品则知所指为全社会的哀糜麻木。道光的谕旨很痛切，许多官员听宣时必也神色凝重，可心中仍打着自家的小九九。同样，王鼎不惜以死为国家民族献祭，让那些安享高官厚禄者羞愧莫名，也就那么几天便丢在脑后。

他的死，出于一己之抗争，亦出于朝廷的糜软不争；出于愤怒，出于绝望，亦出于对国家民族深沉的爱。

第二节　皇恩与哀荣

尸谏，要下很大的决心，或也要下很久的决心。史料匮乏，无以得悉王鼎是何时有了尸谏的念头，又是什么时候决意如此，只可推测：河干与林则徐执手作别、痛哭流涕之时，或已有此念掠过；觐见时扯住皇上衣裾、嘶声呼喊之际，或已坚定了以死抗谏的信念。但就在这之后，有了道光皇帝的谕旨，不管怎么说，那还是一道号召抗战的明谕。

三天前那道谕旨，王鼎一定是读了的。他是怎么想的？他的遗疏与谕旨有无呼应？他是抱着必死的决绝来军机处的吗？在最后的等待时光都想了些什么？其间有什么人对他说了些什么话？遗憾的是今日均一无所知。

国之大臣

一、军机处的不眠之夜

四月三十日，显然是道光帝和军机大臣忙碌的一天，光是颁发的谕旨就有七道，大多关乎人事变动，也有的涉及西藏和刑狱，件件都要集议商酌。是以穆彰阿、潘世恩、祁寯藻等一班军机大臣都在御前，而因病不在直的王鼎只能等候，等到日落西山，等到灯烛点燃，等到他觉得再不能等、不愿等为止……

待穆、潘等人发现王鼎已死，起初的震惊和慌乱过后，接下来就要赶紧处理。御苑之中，枢垣重地，说什么也不能放置一具大臣的尸身，此事若传播出去，皇上会怎样想？众人将如何议论？于是早已气息断绝的王鼎被慌忙解下，放在轿中，以锦被严密遮盖，令几位章京护送，悄悄抬出宫门，送至附近的王鼎园邸安放。一面早有快马飞速进城，夜入王家报信，秘而不宣，只要王沆火速到来。

王鼎的遗疏写了什么？今天已无从得知。但当时就在其怀中，穆彰阿等人自然会在第一时间看过，既然要改写，必有万万不能呈送给皇上的内容。关于这份遗疏，前人记述大都不甚具体，如魏源之悼诗：

> 万言遗疏气嶙峋，尸谏谁闻古荩臣。
> 荐瑗珠弥周直史，排云叫阍楚灵均。
> 风雷何日金縢发，葵藿难通黼座陈。
> 身后被人焚谏草？舳棱月照汉宫闱。[①]

悲愤满腔，痛意淋漓。他也是把王鼎比作卫国的史鱼，比作楚国的屈原。

[①] 魏源：《古微堂诗集》卷八，《秋兴后十三首》其六。见于《魏源全集》第 12 册，岳麓书社 2004 年版。

诗中说王鼎以尸上谏，留下一道万言遗疏，并说到此疏后来为人增饰改写。贲：文饰也。全句明指有人将王鼎谏章做了篡改。然遗疏中究竟写了什么？魏源未提，想是未能得见。

又林昌彝《射鹰楼诗话》卷二：

> 公以死谏，殡殓时怀中有遗折数千言，力保文忠公，具论主和议大非至计。①

所记略详，说王鼎在遗折中保举林则徐，详细批驳议和派主张。我们能见到的所传遗疏中话语，有"条约不可轻许，恶例不可轻开，穆不可任，林不可弃"数句，很像是王鼎的口吻，也能真实反映王鼎以及多数爱国者的心态。

王鼎遗疏被修饰篡改，各书一词，当属比较可信。立意改篡的应非穆彰阿莫属，但众目睽睽之下，他还不至于蠢笨到直接下令。军机章京个个都是人精，观察此一格局，立刻便会有人提出建议或主动去做，原不用穆相授意。这是一次集体行为，其间的关键一环，当是王鼎唯一的儿子王沆。李岳瑞《春冰室野乘》卷上：

> 蒲城王文恪公鼎，道光末以争和议，效史鱼尸谏自缢死，其遗疏严劾穆相彰阿。穆大惧，令其门下士，以千金啖文恪公子沆，且以诡词胁之，遂取其遗疏去，而别易一稿以进。人皆知为泾阳张文毅芾所为，而不知其谋实定于文毅同县人聂氵公之手。聂字雨帆，以拔贡朝考一等，官户部主事，入直军机处，为穆相所深倚，既得文恪遗疏，穆相面许以大魁酬之。②

---

① 《续修四库全书》第一七〇六册。
② 见沈云龙主编《近代中国史料丛刊》第六辑，134—135页，台北文海出版社1967年版。

这一段记载看似确凿具体，亦是真真假假，不得不有所辨正。文中所提到的张芾、聂沄，皆陕西泾阳人，王鼎的小同乡，大约平日过往亦多。张芾青年才俊，得中道光十五年二甲第一名，年仅二十一岁，穆彰阿正是该科主考官，为其座师，数年间仕途顺遂，由编修入直南书房，当会沾一些穆老师的光。聂沄蹉跎甚多，道光五年与陈孚恩同时拔贡，选为礼部小京官，已近三十岁，又十二年好不容易考了个举人，却始终没能中进士。他能被选拔入军机处，与陈孚恩同为章京，并搭上穆彰阿这条线，显然也是一个文字很好、能力很强、头脑灵光的人。猝遇此类大丧事，最先想到的是亲朋和家乡人，眼前恰好有两位在此间当直的老乡，忙前忙后，自是让王沆依赖信任。

张芾和聂沄会有意加害逝者么？不会，也完全没有这个必要。他们想的和做的，有为穆彰阿排解烦忧的因素，更多的当是为王鼎身后体面治丧尽点力，也帮一帮已然六神无主的王沆。文中所谓"啖以千金"，有嫌于夸大与过度阐释，实则在这种情形下，穆彰阿，包括潘、何、祁等在场者送上一点赙仪，也是世之常理、人之常情。至于所说"以诡词胁之"，应是有的。

王沆一直在乃父严格管教下生活，自幼是一个中规中矩的好孩子，很有孝心，性格中则不乏依赖和软弱。猝然遇到这种情况，如晴天霹雳，王沆会有些发蒙，读到父亲的遗疏，也难免极度悲伤和惊慌失措。他当然知道遗疏会影响穆氏的威望，会给皇帝以极大难堪，也能推知将带给自己和家庭的后果。他是一个悲恸和迷茫的孝子，又是尚未离馆的庶吉士，对他还需要很多胁迫吗？不。陈孚恩、张芾和聂沄等只需说是为了逝者的哀荣，为了他的家庭，因势利导，事情就搞定了。于是，王鼎的死被说成久病亡故，其遗疏被大加修改。以惯常之通例，病逝者的临终遗言，多由儿子执笔。若干年后林则徐病逝时，也是由其子记录遗言，整理后奏报朝廷。

王鼎的遗疏不会全部被改换，不会是"取其遗疏去，而别易一稿以进"，那样就太笨了。臣下的此类疏章，不管怎样措辞激烈，都会循着一个规范的套路，改篡者只需将不宜之文字或段落更易，大多数地方一仍其旧，便尔万事大吉，又何必重新造作呢？可以推测，陈孚恩、张芾、聂沄都是重要的参与者，然执笔人应是王沆。这也是后来许多陕籍人士不能原谅王沆的原因，是王沆追悔自责、摒绝仕进的原因。

二、被篡改的遗疏

五月初一的清晨，道光听说了王鼎的死讯，极度震惊，立刻询问原因。他不能不联想起几天前的陛见，眼前不能不浮现王鼎那激切决绝的面容，心下隐隐有一种忧惧：是否自己的态度和言辞伤害了这位忠直老臣？

在直的军机大臣都已赶到，跪见如仪，穆彰阿面色凝重，呈上署名王鼎的一份奏折。军机处录副奏折中保留了王鼎的这份"遗疏"，题名《奏为自陈病危事》，兹照录如下：

> 窃臣关中下士，一介庸愚，自嘉庆元年丙辰科通籍后，备职词垣，洊跻卿贰，仰蒙仁宗睿皇帝优加任使，屡典文衡。我皇上御极以来，升授尚书，与参枢密，旋叨宠眷，入赞纶扉。飘冠膺翠羽之荣，晋衔荷宫师之锡。凡非常之异数，皆梦想所难期。镂骨铭心，捐糜莫报。上年因河南祥符漫口，奉命前往督办工程，彼时臣已旧病复发，精神萎靡。只因受恩最深，何敢以蒲柳微躯上劳圣廑，力疾就道，赶赴汴梁兴办大工。时逾半载，凡遇工程危险之处，无不魂惊胆怵，设法宣防，露宿河干，心力交瘁，总期及早合龙，节省帑费，借酬高厚之德，稍纾宵旰之勤。不意风寒侵入肌骨，心气益加虚耗，内亏外感，激成怔忡，工竣复命，难以照旧任职。仰蒙召对，先后赏假数次。昨因奏请展假，复荷丹毫批慰，宽予休沐之期，温霁优容，恩慈曲逮。
>
> 窃计臣年逾七旬，叠被逾格鸿施，俾调养，宽以时日。又值军务未蒇，圣心焦劳，臣具有天良，焉敢顷刻偷安，略萌退志？

私冀病体渐次调摄就痊，犹可以犬马余年殚竭血诚，稍答豢养生成之厚。不料病入膏肓，灾生福薄，现在羁留园寓，心神散涣，头眼昏迷。自揣一息奄奄，万无生理。君门未远，圣世长辞，气竭泪枯，九泉赍恨。惟有嘱臣子编修王沆，臣孙王琼、王理、王莹端谨持躬，读书励品，勉求上进，勿坠家声，以竟臣未遂之志。所有微臣感激悲恋下忱，谨伏枕碰头，口授臣子缮折，叩谢天恩，伏乞皇上圣鉴。谨奏。①

应该说，这份"遗疏"几乎造作得天衣无缝：先回顾一生之经历，感谢先皇知遇之恩和皇上信重；再说河工之劳苦，将病情的起始、加重及恶化渐次写来；最后则是伏枕碰头，口授遗疏，痛惜作别。文字简洁沉郁，悲情满纸，忠切感戴之情满纸。

史籍中记载了旻宁对王鼎之死的惋惜痛伤，也记载了钦赐的恤典。在这份誊写工整的遗疏上，没有见到朱批，依照通例，皇帝对遗折是不加批点的。道光并非愚钝之人，对王鼎的性情也颇有了解，应能察知其疏之伪。试想，几天前在朝堂慷慨抗辩，指斥软弱求和之辈，遗折上怎会一句不提呢？皇上心知其中必有缘故，知穆彰阿等人做了手脚，他不会去追究，默然良久，只是将这份遗折交给军机处。

三、丧仪隆盛

五月初一日，闻知王鼎死讯的当天稍晚时分，道光终于从最初的震惊中平复下来，专发长篇旨意，略为：

> 大学士王鼎持躬正直，植品端方，体用素优，忠勤懋著。嘉

---

① 录副奏折：王鼎，奏为自陈病危事，道光二十二年五月初一日。

庆年间，荷蒙皇考仁宗睿皇帝由翰林洊擢卿贰。朕御极后，见其心地纯朴，办事认真，日加委任，俾令与参枢密，入赞纶扉。十余年来，从无过失。上年派令赴河南办理祥符大工，巨任独肩，刻期蒇事，晋加太子太师衔以奖其劳。复命时，见其精神疲乏，特降旨赏假两次。旋因奏请展假，复给假一月，令其安心静摄。方期调理速痊，借资倚畀，讵意数日之间，遽于园寓溘逝。遗章披览，悼惜殊深！着加恩晋赠太保，照大学士例赐恤，入祀贤良祠。赏给陀罗经被，派成郡王载锐带领侍卫十员，即日前往奠醊。并赏给广储司银一千五百两经理丧事，准其入城治丧……①

应该说，道光对王鼎这位老臣感情很深，知之亦深，知晓他的品行纯良，知晓他的忠贞恺直，知晓他办事谨严认真，也知晓他性格的刚直执拗。对于几天前王鼎的犯颜上谏，旻宁当时有些生气，可也没当作什么"逆鳞"之言。至于王鼎所极力荐举的林则徐，道光岂不知其明练？岂不爱其才德？争奈林则徐惹下的麻烦未去，自家的气恼未消，暂时还要撂荒一阵子。没想到的是，王鼎竟尔决绝而去。

皇上的谕旨，处处见圣眷深挚，给以的治丧规格也很高。晋升太保，赏陀罗经被，都是非常之恩，钦派成郡王载锐带领十名御前侍卫去吊唁祭典，更是给足了面子。经过皇上恩准，王家得以在西城的赐第治丧，五月初六，王沆等扶护父亲灵柩入城。道光帝特派军机大臣、左副都御史何汝霖代为赐奠，并赐谥"文恪"②。再下来是接受朝中同官、下属和亲朋故旧的吊唁，自是络绎不绝，场景庄重肃穆。致祭者大多知悉老中堂的死因，却也不便或不敢表述。

朝野间总有正直敢言之士，总有鸣不平之人。王鼎驾鹤去也，他的灵

---

① 《嘉庆道光两朝上谕档》第四十七册，道光二十二年五月初一日。
② 《清宣宗实录》卷三七二，道光二十二年五月甲寅。

枢在京师放置了十个多月,至次年三月间才返回故里。这段时间里,清廷与英国签订《南京条约》,丧权辱国,民怨沸腾,王鼎遗疏被篡改之事亦传播开来,谴责之声开始飞向几位当事人,包括两位陕西小同乡,渐渐也波及其子王沆,更多的则是谴责穆彰阿和陈孚恩,操纵此事的正是他们。

第三节　城下之盟

真不知该怎么为道光帝打分。他有着很强的责任心和荣誉感,又深受儒家传统文化影响,克勤克俭,尽心尽力,在位三十年间未见嬉戏懈怠,亦称得上宽厚仁慈。但与其先辈诸帝相比,旻宁显然要逊色得多,不在于品质和态度,而在于才智性情与思想境界。道光生性游移迟疑,游移者易生反复,迟疑则难有决断,一句话,缺少了祖先那种破釜沉舟、拼死相搏的精气神。

纵观整个鸦片战争,战非殊死与战,和非真心议和,断续反复,与英人的贪得无厌相关,亦与清朝皇帝头脑不清醒、意志不坚定相关。道光二十二年四月二十七日,旻宁接到浙江的虚假捷报,颁布坚决抗战的谕旨;仅仅过了一个多月,六月初八日,即谕令耆英议和。

若从舍身尸谏、以图回转圣意的用心上看,王鼎应说是白死了。

一、两江总督牛鉴

辨识和选拔人才,为当政者的重要职责之一,实则最是不易。地位越高,身边和属下人员越多,越是会以小见大,以一时一事选才,会出差错。道光帝是通过洪水围城发现牛鉴的,其誓与开封共存亡的豪言壮语,感动了省城士绅百姓,也感动了皇上,很快就让他担任两江总督。江督通常为满缺,职掌甚重,又值闽浙兵火相连、江苏危在旦夕之际,对牛鉴委以此任,实在是期望殷切。

一省巡抚已属要缺,两江总督管辖江苏、安徽、江西三省,提督军务、粮饷、操江,统辖南河事务,加兵部尚书衔,从一品。牛鉴接获任命,并无战争迫在眉睫的急迫感,对英军几乎全无了解,以为只需在吴淞口设防就万事大吉。他对属下关于长江应层层设防的建议不屑一顾,对皇上则拍胸脯、打包票,奏称"江苏防堵,止须扼定吴淞一口,逆夷不犯内河,确有把握"[①],又说"水陆内侵,均可无虞",大话炎炎。道光帝虽听得舒服,仍反复叮嘱,唯恐在长江出什么差错。

吴淞口的防御,在牛鉴看来的确固若金汤。陈化成出身水师,久历战阵,由把总一步步升为大将,与英军曾在福建交过手。调任江南提督后,化成积极筹备吴淞防务,布置亦缜密:沿海江弯曲处修筑土塘,建造堡垒二十六座,设炮一百三十四门,东西各设炮台,以西岸为防守重点,面海有徐州镇总兵王志远部,口内蕴藻浜有新月堰炮台,后面是提督大营,再后面的宝山县城,则是两江总督行辕所在,有精兵两千,火炮五十余门。陈化成"与士卒同劳苦,风雨寒暑不避",又从福建旧部中选调能员,日日操练,指导枪炮御敌要领,亦教以躲避炮火之法,士气大为振作。

五月初一,数艘英舰已出现在吴淞口,往来窥探,后陆续开到大小舰船二十余艘,间发冷炮,又以小艇游弋,试探清军的炮火配属。陈化成沉静指挥,按兵不动。牛鉴驻扎宝山县城,奏报已令水师舰船一百多艘横排于口内江面,形成与英舰对阵和相持格局。此类话语掩盖不住怯战情态,既有这许多战舰,为何不去出海邀击来敌?遵照皇上训谕"不与海战"是也。但缩在内河,还要密密横排,敌舰真的开到,怕也只有挨炮轰的份,逃跑都不容易。所称"相持五日",阻住的只是国内过往商船,不光欺诳,更属可恶。

自鸦片战争开始以来,类似和超过此等编捏欺蒙的奏报多矣,道光常也深信不疑。败仗被说成胜仗,还能将杀敌细节描绘得活灵活现;投降被

[①]《清宣宗实录》卷三七二,道光二十二年五月癸丑。

说成招抚，而且是敌人恳求再三。老实一点的，觉得实在没得办法遮盖，便说敌人如何如何炮火猛烈。在《清宣宗实录》中曾多处看到敌舰"将巨炮安设大桅之上，居高击我"的记述[①]，不知为何人编造，许多人居然深信不疑。桅杆之上，或设小平台供士兵瞭望，亦配有小型火器，设巨炮岂有可能？道光还要询问敌人的"三板、火轮船，是否亦有桅上之炮"，甚是荒唐。当朝天子真是为战争操碎了心，几乎每一仗都要亲自部署，哪里设伏，何时火攻，某军驻某处，竟还想出截流塞井、绝粮投毒的阴狠招数，对侵略者之痛恨，对战场实情之茫然无知，于此可见。

就在这种情况下，战争于五月初八打响。只半天工夫，号称坚固的清军吴淞口防线就被撕破，先是东炮台崔吉瑞部溃逃，接下来蕴藻浜口的新月堰炮台和临江土塘落入敌手，驻守西炮台的江南提督陈化成战死。英军分两路进击宝山城，几乎没遇到任何抵抗。

若追究失败的原因，很大一部分责任在于牛鉴。开战之初，士兵在陈化成指挥下奋勇炮击，轰击精准，使多艘敌舰中弹，自家伤亡亦少。牛鉴见形势颇有利，雄心辄起，率部大出宝山城，竟然排列总督仪仗，坐着绿呢大轿，浩浩荡荡，号称前往增援。敌人从军舰大桅上望见，急以密集炮火猛轰，清军队形大乱，总督大人从轿子中爬出，被护卫架着狂奔而去。炮台上和土塘内的士兵看见总督逃跑，顿时军心离散，苏松镇总兵周世荣劝陈化成撤退，遭到痛斥，竟尔自行逃走。陈化成率剩下的亲兵殊死相搏，遍体鳞伤，坚持开炮回击。其他阵地皆告失守，西炮台成为孤岛，登岸敌军三面攻上来，陈化成身中七弹，喷血而亡，部下多数战死。而牛犊子总督早已魂飞魄散，先逃往宝山县城，接着又逃往嘉定。引得驻守小沙背的徐州镇总兵王志元部，也是不战而溃。

吴淞失守的消息传来，上海人心震恐，苏松太道和知县相继出逃，连火药局和库银都顾不得转移，悉数落入英军手中。道光得知此讯，除表示"愤

---

① 《清宣宗实录》卷三七三，道光二十二年五月乙丑。

懑填胸""愤恨之至"外，也想了解上海弃城的实情，想了解地方官的表现。让带头逃跑的牛总督怎么说呢？只好拖延不答。

二、镇江喋血

吴淞口一战，长江口门大开，牛鉴吓破了胆子，先退往太仓，再退到昆山，接着退得更远。他向皇上的奏报，说是沿江各口岸已经节节布置、分兵把守，纯属胡扯，实情是长江防线全线崩溃，几处要隘的官兵皆无斗志，一任敌舰驰骋。就近州县官民惊惶，竟想出以牛羊菜蔬犒劳敌军的招数，甚至向富户募捐，以求自保，常熟、江阴、通州莫不有人如此操作。

敌人真的就是这么不可战胜吗？

上海沦陷之后，英军一部乘胜进攻松江，寿春镇总兵尤渤率两千陕甘兵在城外据守。英舰盛气而来，连开大炮数十发轰击，清军隐蔽不动。敌人以为守军已逃散，登岸靠近，突遭枪炮齐射，大惊失色，慌忙退却。寿春兵训练有素，沉着应战，敌人开炮便卧倒躲避，见其进攻就瞄准开火，双方激战了半天，难分胜负，英舰只好退走。次日英军增兵再战，也没有捞到任何便宜，只好舍此而去。时人（也包括今日的不少学者）辄以英人"船坚炮利"为失败原因，固然有些道理，然人的因素总是第一位的，体制腐败，官员贪酷，士气低落，民心离散，当是那场战争失利的主因。

松江小挫，倒也没有对英军产生大的影响。大批英舰源源开到，在吴淞口集结，随即溯江而上，鸭嘴鼻、圌山关要隘均轻松驶过，炮台上的守军开了几炮，几乎没有等到敌人回应，便尔一哄而散。六月初八，第一批英舰到达镇江江面，开始封锁运河，阻断漕运大动脉，又一场血战拉开序幕。

史料对镇江保卫战的记述有较大差异，对领军御敌、壮烈牺牲的满营副都统海龄，更是说法不一。但无不认为是一场血战，清军将士包括家属的决死精神，城破后之顽强巷战，实为鸦片战争以来所仅有，连经历此战的侵略者也被其血腥场面震惊。这是一场杀戮和喋血，它的起始，却是在敌人攻城前几天。该城最高军事长官海龄关闭四门，大索汉奸，凡非当地口音之汉人，多被抓捕拷打，一次竟在校场处死十三人，行人惊慌躲避，也被当作汉奸对待，连地方官都觉得骇然。[①]海龄驱赶城中富户，只许满营和青州旗兵驻守。十三日，参赞大臣齐慎率甘肃兵、署江南提督刘允孝率湖北兵匆匆赶来，当地民众大喜，海龄却推三搪四，不许客兵进城。两支部队缺少大炮和给养，士兵得不到休息，战斗力大受影响。此事本应由总督协调，可牛鉴仅搞了一次劝捐，而且是捐十二万两银子犒劳英军，意图劝其缓进，然后就急急离去。

次日凌晨，英军突然分四路发动攻势，城外大营首当其冲。齐慎和刘允孝皆军中悍将，指挥士卒迎击，并发起反冲锋，毙伤敌军甚多。但事在仓促，火力不够，城中守军也未予接应，很快就由抵抗变为逃命，齐慎控制不住局面，直到四十五里外的新丰镇，才得以收拢残部。

兵力和火力都占尽优势的英军围攻镇江三门，遭到异常激烈的抵抗。守卫官兵视死如归，敌人登城在墙上厮拼，敌人攻门于门前争夺；外门被轰破守内门，内门再破后打巷战，房屋院落都成战场，妇女老幼同仇敌忾。交战中的海龄堪称悍勇，率领亲兵冲杀堵截，身负重伤，夷然不惧，最后不惜自尽，决不甘为敌军俘获，亦铮铮一条好汉！

三、"谁人竟主和"

镇江之败，数百忠魂慷慨赴死，今日读来，仍不免扼腕慨叹。而在当时，不仅未能激起国人的复仇决心，反使许多人魂飞魄散。先时在广州，还有三元里奋勇杀敌的义民，此际的江边河汊，竟站满观看西洋军舰的当地百姓，人们的眼神里多是好奇，很少见愤怒和仇恨。

[①]《李星沅日记》上册，417页，道光二十二年六月十三日，"闻海龄诛汉奸十数人，得毋千古奇冤邪？"

议和的声音再次响亮。其实从两年前的琦善开始，朝中就一直存在着一种主和的声音，唯格于国家大义，不敢喧嚣。此际一败再败，长江不保，漕粮阻断，议和之声应时而起，由低吟到高歌，竟然还有了几分悲壮感。打头阵的是牛鉴，他在吴淞失利不久就上了一道奏折，说是"从古制夷之道不外羁縻，请仿照乾隆年间征缅罢兵、仍许朝贡事，准予通商"，被道光斥为比拟不伦。①此时再上议和奏本，声言"知我罪我，只可听之自然"②，一副慷慨激昂、敢于担当的架势。

作为主和派，牛鉴只能算是一个"新秀"，当时的矛头多指向穆彰阿和伊里布，有诗云：

夷狄穷中国，谁人竟主和！将军伊里布，宰相穆彰阿。③

让伊里布承担主要责任，略嫌夸大，当还是和他在浙江与英军谈判勾兑相关；而戴上一个资深主和派的帽子，对老伊又无冤枉，南京议和，其仅为四品衔乍浦副都统之职，主心骨却是他。耆英、牛鉴诸人皆方寸大乱，唯伊里布还有几分镇静。

这首小诗还有另一个版本：

海外方求战，朝端竟议和；将军伊里布，宰相穆彰阿。

此类谣谚，造作者多是读书人，常带着几分犀利，也常有一些失准。海外云何？若指台湾与英舰的交火，则早已消歇也；若是说闽浙和刻下之江苏诸海口，又哪里还有求战之人？长江之战，从吴淞口到松江，再到镇江，

---

① 《清宣宗实录》卷三七四，道光二十二年六月甲申。

② 《李星沅日记》上册，428页，道光二十二年八月初六日，"得镜翁初四日书，缕陈强议和局诚非得已，知我罪我，只可听之自然"。

③ 《斯未信斋杂录》卷五，见魏秀仁《陔南山馆诗话》。

都是英军主动进攻，清军被动挨打，有胆略血气者回击抵抗一番，懦弱怕死的则一触而溃，甚至先敌而逃。至于百姓，个别人引领英舰攻打要塞，引领英军从秘道潜入镇江城，固然是卖国败类行径；沿江州县牵牛扯羊地去犒劳入侵者，也令人难以置信与置评。民心已去，士气颓丧，这种心理崩溃或曰精神失常，几乎涵盖了所有社会阶层，从下至上，从前线到京师，如瘴疠之气一般铺洒弥漫。

朝端，指朝廷，亦指位居首席的重臣。知情者称："江浙每一败仗警报，枢相辄相顾曰：'如何？'盖谓不出所料也。"① 这里的枢相即穆彰阿，"相顾"之谓，大约是指同僚中多点头呼应者。穆彰阿当然是一个主和派，是所有主和派的总后台，却也不会冒昧发声，而在等待一个机会；正由于此，他对丧城失地并不感觉怎么痛心，那充其量算是和议的代价。

穆彰阿揽权揽事，却也不以强横专断为特色。其时激烈反对议和的王鼎已逝，枢垣仍不是穆氏的一言堂，军机大臣如赛尚阿、祁寯藻都不赞同罢兵议和，即如潘世恩、何汝霖也不积极，可都不愿承担战败的责任，不敢挺身抗争。因为他们很清楚，议和与否只能是皇上说了算，而当今圣上早就处于内心煎熬之中。作为军机大臣，唯有多体谅，唯宜为排解，还能说什么呢？

前方的奏本一件件飞来，几乎每天都有一摞，件件令人沮丧啊！在南京的三大宪（钦差大臣广州将军黄带子耆英，钦差大臣前两江总督红带子伊里布，兵部尚书衔两江总督牛鉴）均连章吁请议和，尤其耆英一疏，内称：

> 我兵锐气全消，如与争锋，难望得力，甚至地方糜烂，民困滋深。若一意坚守，长江既为所扼，则声势梗阻，战守两难。恳恳俯念东南形势，曲予矜全。②

---

① 《软尘私议》第十一则，见《鸦片战争》第五册，531页。
② 《清宣宗实录》卷三七三，道光二十二年六月甲申。

第十三章 国之殇

一个前敌总指挥、宗室重臣，主要的能耐不是克敌制胜，而是悲悲切切乞请议和，既向自家主子哀恳，又向敌方主帅乞求，殊不成体统。这就是道光派出的钦差大臣，大敌来临时未见一点风骨气节，唯有"痛哭流涕，一筹莫展"。

江宁将军德珠布是另一个例证：年已八十岁的他，平日犹有豪气与一众小妾厮缠；可敌军尚远，已是张皇无措。除了向皇上请求增兵，便是自乱阵脚，"城门辰开申闭，城上设旌旗列器械，并妄拿平民疑为汉奸"，与镇江的海龄一个路数，又无后者之血性。至于巡抚藩臬和道府州县官员，也是能躲就躲，无病称病，颇有人腹诽和议，却不见一人出头反对。

今知上疏主战的大臣有两位。一是扬威将军奕经，奏请速调陕甘、湖北、江西等省之兵，先用精兵控守扬州和燕子矶，再以大兵埋伏江阴，截断敌人后路，各路会剿，决战决胜。道光已不再相信此类纸上谈兵，批谕中讥斥为"缓不济急，梦呓之谈"。第二位即赛尚阿，作为被紧急派往天津整饬海防的钦差大臣，以宋将韩世忠曾在长江大败金兵为例（急切之下，竟忘了大清忌讳），建言依托长江天险，在江宁与敌人决一死战。可怜的皇上早也没有精力去挑剔字眼，吐露心声："无人，无兵，无船，奈何？奈何！"①

徒唤奈何的道光帝，还自视为万邦来朝的上国之君么？怕已早就不作此想了。但他毕竟难以放下架子，从召集大军坚决剿杀，到剿抚结合、先剿后抚，再到允许议和，既有一个不得不俯就的心路历程，也有一种内心深处的刺痛。还在六月初，英舰尚未抵达镇江，耆英又上一疏，并附有一纸传为英军张贴于宝山的告示，说明敌人的目的仅在通商，且"情词尚属恭顺"。道光当即谕知军机大臣：

> 该逆肇衅，究不外牟利之心，此朕所深知。本日阅耆英等呈

---

① 李岳瑞：《春冰室野乘》卷上，穆相权势之重。

递照钞伪示,内有因该逆"商船误伤广东商人三名,故中国不许通商,该国求和,不许保奏朝廷"等语。该逆如果真心求和,于通商而外别无妄求,朕岂不思保全沿海生灵,聊为羁縻外夷之术?[①]

谕旨中所谓"伪示",指的是侵略者张贴的告示,以其内容,大约不会出自英军。是谁出于什么目的编造了这份告示,现在已很难考定,只知写作者在蒙骗中国皇帝的同时,再一次把肇祸始乱的责任推到林则徐身上。旻宁甚是好骗,连称并无此旨,指令耆英秘密议和:

著耆英即作为己意,谕以大皇帝恩威并用,大度包容,未有因误伤人命不许尔国通商之事,尔国妄行滋扰,占我城池,伤我百姓,天道好还,众怒难犯,似此行为,揆之天理人情,顺乎?逆乎?亦安能长享贸易之利乎?今汝既有悔罪之意,如将各船全数退回广东,我必奏明大皇帝降旨允和,同享太平之福。

明明是钦授议和,甚至连如何交涉、怎样讲理都一一指点,却要求耆英假称是自己的主张,也属荒唐。更为荒唐的是道光根本不了解江苏的形势,不了解入侵者的骄狂和臣下的孱弱,既不知己又不知彼,还要端着大皇帝的架子。他也猜想到敌人不那么好对付,要求耆英行为谨密,同时做好打仗的准备:

耆英得有复信,即著据实密奏,断不准走漏消息,致懈军心。倘该逆执迷不悟,妄肆要求,出于情理之外,朕亦惟有一面防堵,一面攻剿而已。将此由六百里加紧密谕知之。

---

① 《清宣宗实录》卷三七四,道光二十二年六月乙酉。

密谕以满文写成，意图瞒着多数汉臣。道光哪里知道，其时的江宁，议和早就不是什么机密，而是众多大大小小官员的渴望。至于军心，早已崩解涣散，无甚可懈之处了。

不管怎样，皇上总算是口风有变，让在江苏前线的三大宪松了口气，接下来便是巩固成果：耆英奏称敌人要"直达京师讲话"，牛鉴奏报敌人打算将马车马炮运往天津登陆作战；牛鉴称有些通敌的汉奸化装成客商或路人到处打探消息，耆英又说"英夷每日阅看京报"，显然是官员中也有内奸……所有这些，件件令道光心绪烦乱，尤其英军北上的传闻，使之高度紧张，好一通调兵遣将，仍然不放心，求和之念与日俱增。

七月十七日，耆英将和约草案奏呈御览，道光帝读来，每一款都觉刺目剜心，"览奏忿恨之至"，却也别无选择。一个时期以来，他常以"忿恨""愤懑""愤甚"来表露感情，表白心迹，穆彰阿及时出来化解宽慰。穆氏对皇上算了一笔账，"谓兵兴三载，糜饷劳师，曾无尺寸之效，剿之与抚，功费正等，而劳逸已殊，靖难息民，于计为便"[①]，适时地敲了一下边鼓。在《南京条约》的奏本上，道光帝批谕：

> 朕因亿万生灵所系，实关天下大局，故虽愤闷莫释，不得不勉允所请。借作一劳永逸之计，非仅为保全江浙两省而然也。[②]

先表达愤怒与不满，再扯出天下苍生，做一个屈就俯允的姿态，已然成为道光的惯常科范。而枢机大臣，在他身边与远在前线的，对此无不心知肚明。

谁人竟主和？

当然是道光帝旻宁。唯其亦知这种城下之盟充满屈辱，亦知此一和议后患无穷，内心极受煎熬。有这样一则记载：

---

① 夏燮：《中西纪事·江上议款》卷八，见《续修四库全书》第四〇二册，585页。
② 《清宣宗实录》卷三七八，道光二十二年七月癸亥。

> 传闻和局既定，上退朝后，负手行便殿阶上，一日夜未尝暂息，侍者但闻太息声。漏下五鼓，上忽顿足长叹，旋入殿以朱笔草草书一纸，封缄甚固。时宫门未启，命内侍持往枢廷，戒之曰："俟穆彰阿入直，即以授之"。并嘱其毋为祁寯藻所知，盖即谕议和诸大臣画押订约之廷寄也。自是上遂忽忽不乐，以致弃天下。[①]

有这么回事么？像是有。即便难以考定，此文也写出了道光帝签批和约条款之际的痛苦犹疑，还有无奈。促使他下决心的，正是首揆穆彰阿，是王鼎、林则徐所深感痛恨的穆彰阿。

第四节　来早与来迟

道光二十二年七月二十四日，王鼎逝后不到三个月，耆英、牛鉴等人在英军旗舰皋华丽号上签订《南京条约》；黄河在南河桃源段又出状况，"处处险工叠报，危急之至"；而林则徐正在甘肃会宁山道上艰难西行，赶赴新疆的戍所。则徐在西安停留了数月之久，理由是身体有病，应是实情；还有一种说法是等待王鼎的信函，等待道光帝再加召用的谕旨。河干作别之前，王鼎与林则徐长谈时或有承诺，不是承诺则徐官复原职，而是承诺复命时向皇上透彻面奏，为林则徐，更是为整个国家。

此时斯人已逝，则徐西行，大批英舰侵入长江，兵临六朝古都南京……

[①]《春冰室野乘》卷上，穆相权势之重，66 页。

第十三章 国之殇

一、难以下手的清算

英舰是在七月底陆续驶离南京江面的,九月初三日全部驶出长江。惨遭残破的江南各府县缓缓走向复苏,朝廷的政治清算也跟着全面展开。吴淞口和镇江作战失利的详细经过,清军哪一支部队先行溃逃,统兵将领的实际表现,都在追究范围;那些懦弱的地方官也在劫难逃,上海道员、宝山和上海知县、镇江官员,一个个遭到清查和惩处。

道光帝憋了一肚皮的气,较多的当然是对英人,又无可奈何,只有撒在臣子身上,撒向不成器的文武大臣,那些胆小怕死的武将、误事误国的文臣。第一个被革职拿问的,就是两江总督牛鉴,曾被皇帝视为特达之知、擢拔于危难之际的牛鉴。九月十四日,道光接耆英奏报"夷船全数出江入海",即传旨将牛鉴革职拿问,曰:

> 该督一味自恃,只知严防吴淞海口。迨夷船驶入,又不能守,以致该夷直犯长江,进逼江宁省垣。是数月工夫,毫无准备,糜饷劳师,令人忿恨……以一品大员,封圻重寄,辜恩溺职,有伤国体。若不严加惩办,何以昭国法而励官常![1]

牛鉴曾预料到会有麻烦,却没想到来得如此之快。领头议和的耆英没治罪,历来主和的伊里布没治罪,拿办的只有他一人,看来也是先拣软柿子捏。耆英奉命派员将牛鉴押解进京,交刑部治罪。穆彰阿领衔会审,定为斩监候,秋后处决。"斩监候"看似重判,其实获罪者很少被杀。次年夏六月,黄河中牟下汛九堡大决口,时任东河总督慧成枷号河干,朝廷连派两位钦差大臣,皆束手无策,礼部侍郎祝庆藩以牛鉴在河南享有威望,奏请派往

---

[1]《嘉庆道光两朝上谕档》第四十七册,道光二十二年九月十四日。

河工戴罪效力，皇上即予批准。

本来要将靖逆将军奕山与牛鉴一同治罪，及颁发朱谕之时，又将奕山名字圈去。谁圈的？自然是皇帝无疑。奕山挂靖逆将军印往广东，奕经挂扬威将军印往浙江，皆出自旻宁特命，丧师失地，可真到了要处置他们，也是难以下手。毕竟是天潢贵胄，各方面都会有人说情，旻宁也觉不忍，犹豫不决，临发布谕旨前复行抹掉。可若不处置他们，又怎能处置别人？对余步云的审讯又怎能让其认罪？磨叽到十月间，终于降旨究治，将奕山、奕经、文蔚治罪。对于特依顺和齐慎两位带兵大员，尤其是与余步云一样带兵溃逃的齐慎，只给了个"交部严加议处"。谕旨中还有一个明显疏漏，仅说将奕山三人交部问罪，未说革职。办理文案的章京大不解，"小军机以问潘，潘曰：'既是治罪，自然应革职了。'又以问穆，穆曰：'主上未云革职，叫我革他们职，我则不敢。'是以旨内竟无革职之语。"[①]在这里可看出潘世恩与穆彰阿的差别，潘认为应明确将之革职，穆则不以为然，最后当然是按穆彰阿的办。

三天后，道光帝传谕军机大臣，命耆英派员在途中收缴三人的旗牌印信。当月十九日，兵部奏上对浙东作战中畏怯溃逃武员的处理意见，数十名将备被革职查办，声称受伤者一一受到严格检验，编造假话的被重处。由主管宗人府的定郡王载铨领衔，提出对奕山等三帅的定罪意见，谕曰："奕山、奕经、文蔚经朕授以将军参赞重任，特命前往广东、浙江办理攻剿，自应力矢公忠，勉图报称，乃老师糜饷，坐失机宜，辜恩昧良，莫此为甚！奕山、奕经、文尉均着照载铨等所拟，革去职任，定为斩监候秋后处决。"[②]三人被定为斩监候，据说是由于刑部尚书李振祜力主，特依顺和齐慎仅处以革职留任。不到半年，即有旨赏文蔚蓝翎侍卫，任为古城领队大臣；赏奕经四等侍卫，为叶尔羌帮办大臣。

---

① 《软尘私议》第五则。
② 《嘉庆道光两朝上谕档》第四十七册，道光二十二年十月十九日。

第十三章 国之殇

谁都知道,这是一种重新起用的信号。上年底,琦善已被赏给四等侍卫,担任叶尔羌帮办大臣,再赏三品顶戴,为热河都统。御史陈庆镛奋起抗争,认为琦善等三人的起用不当,无以服民,请求皇上收回成命。道光倒也从善如流,谕曰:

> 因思从前办理不善,总由朕无知人之明,以致琦善、奕经、文蔚诸人丧师失律,迄无成功。朕惟有返躬自责,愧悔交深,何肯诿罪臣工,以自宽解。琦善等韬略未娴,限于才力,现在年力正强,是以弃瑕录用,予以自新。今据该御史剀切指陈,请收成命,览其所奏,亢直敢言。朕非饰非文过之君,用人行政一秉至公,初无成见,岂肯因业有成命,不便收还,自存回护。琦善、奕经、文蔚均著革职,即令闭门思过,以昭赏罚之平。①

庆镛疏中亦暗示有人弄权回护,旻宁主动承担了责任,说所有黜陟之权都在自己掌握中,非臣下所能干预。果真如此吗?

闭门思过,算是哪档子处罚?仅仅过半年,奕经即以二等侍卫,授叶尔羌参赞大臣;奕山赏给二等侍卫,为和阗办事大臣;琦善也赏给二等侍卫,为驻藏大臣。文蔚还在家中思过,只能说是无人力挺罢了。至于伊里布,上年九月即被起用,以钦差大臣、广州将军,南下办理夷务。至粤后,"见民心不服,夷情狡横,忧悴,逾月病卒"②。

泱泱中华大地,岂独广州民心不服?广东有三元里抗英,定海有三十六砛义民集会盟誓,有黑水党,南京和谈时亦有民众对洋大人掷石相击,处处都有抗争。定海两次被占领,侵略者不无收买民心之举,国人仍视为寇仇,密约拼死反抗,誓曰:

---

① 《嘉庆道光两朝上谕档》第四十八册,道光二十三年四月初四日。
② 《清国史馆传稿》,7728号传包,伊里布传。

> 一次无成，二次再举；水战不胜，陆战再图；明不得手，暗可施谋；或放虫下毒，或挟刃行刺……杀一人则少一人，烧一船即无一船，将见其有尽之人船，立见消亡于不觉。[①]

这是怎样让侵略者胆寒的力量，怎样的无畏和决绝！真不知道光帝和近侍大臣读后，会想些什么？

二、故人在伊犁

二十二年七月初六日，林则徐自西安起程，前赴新疆。

一人流放，全家揪心，林则徐的妻子儿女全都赶到西安，陪同待了一段时光。以此处距新疆稍近，家人打算长期留居，等待新疆的消息，等待其期满回来。长子汝舟为道光十八年二甲第六名进士，改庶吉士，因牵挂父亲命运，迟迟未能从庶常馆毕业。[②] 他打算陪父亲去戍地，限于朝廷制度，陕甘官员提出必须呈报皇上批准，可又谁也不愿为奏报，只好改由次子聪彝和三子拱枢陪伴，汝舟送到甘肃的乾州地界。临行前，林则徐口占一诗，送给泪流满面的发妻和长子：

> 出门一笑莫心哀，浩荡襟怀到处开。
> 时事难从无过立，达官非自有生来。
> 风涛回首空三岛，尘壤从头数九垓。
> 休信儿童轻薄语，嗤他赵老送灯台。

---

① 《定海县民人告白》，见于《浙江鸦片战争史料》下册，330 页。
② 据《清宣宗实录》卷四一六，林汝舟于二十五年四月随甲辰科散馆，授为编修。

> 力微任重久神疲，再竭衰庸定不支。
> 苟利国家生死以，岂因祸福趋避之？
> 谪居正是君恩厚，养拙刚于戍卒宜。
> 戏与山妻谈故事，试吟断送老头皮。①

历尽挫磨倾轧的林则徐襟怀坦荡，志节铮铮。他在诗中引用俗谚和苏东坡逸事，以安慰妻子家人，同时也宣示一己的献身精神和报国雄心，虽九死而不悔。

即使在最为衰靡窳败的时期，多数人心中也有一杆秤。品德高尚、忠诚国事的人，自能得到普遍敬重。林则徐离粤离浙，都有很多人为之送行，离开西安时亦如此，"自将军、院司、道府以及州县、营员，送于郊者三十余人"，有的送至二十余里外。西行路上所经府县，有些知交远远赶来相会，甚至陪他一段行程。数月前东河废督文冲被押解去也，一路磨磨蹭蹭，至此仍逗留于肃州。林则徐显然不喜欢此公，听说文冲在肃州相候，赶紧托词回避，以免与之同行。西行之途自然充满艰辛，风雨霜雪，出嘉峪关后更是沙碛颠簸，台站简陋，则徐携带大量图书和行李，走了四个多月。在乌鲁木齐，前东河同知高步月等前来迎接，邓廷桢寄来的信也来到，告以已在伊犁为他租好了住房。

邓廷桢与林则徐同时遣戍，因没有转往祥符治河一番周折，早已抵达伊犁。二人堪称挚交，可禁烟御敌诸事，已显得遥远了。伊犁将军布彦泰为人爽直，心知林、邓被逐之诬罔，相待很亲切，也常常邀宴或过访。文冲到后，仍未改挥霍个性，囊中好像也较为充裕，居然在院子里兴建高阁，题名"昆仑小阁"。同是天涯沦落人，住处又很近，大家交往密切，平日里你请我请，吟诗对弈，借以减却边塞之清寂。日子久了，见文冲为人大方、胸无城府，林则徐与之也成了朋友，常应邀登临，酒酣赋诗，"忠宜补过

---

① 《林则徐全集》第六册，赴戍登程口占示家人，道光二十二年七月初六日，209页。

先防口，志在安危岂爱身"，微含规劝之意。两年后，文冲在流放地耐不住寂寞，央告布彦泰转呈捐资赎罪的请求，又说母亲年高，在京师孤苦一人。道光不许赎罪捐官，只是批准他回京养亲。

此时的伊犁已聚集了三位革职总督，不久后，原任粤海关监督豫堃也被遣前来。豫堃在林则徐禁烟销烟时给以坚定支持，与林、邓二人在戍地相逢，也是一缘一会。传闻琦善、奕山、奕经等人也要贬至新疆，充任办事大臣之类官员，毕竟金枝玉叶，处置大不相同。

居住西安期间，林则徐应已得悉王鼎的死讯，陕西为王鼎故乡，消息很快就会传到。由于林氏这一段日记的缺失，无法知晓他最初的感受。王鼎之死在朝廷讳莫如深，记述者极少，素来谨慎的林则徐未见在信中言及，但他必然受到极大震撼，怀有深长的悲伤。当年冬天，在风雪弥漫的边城，在冷清萧索之时光中，林则徐专为王鼎撰写了挽联和祭诗，寄托哀思，也发抒愤懑。联句为：

挽王蒲城相国鼎

名位并韩城，叹鞅掌终劳，未及平泉娱几杖

追随思汴水，感抚膺惜别，还从绝塞恸人琴 [①]

上联说王鼎的名位可以比肩同乡前辈王杰，但一生辛勤王事，未能像王杰那样享林下清福。鞅掌终劳，典出于《诗经·小雅·北山》，谓职事纷扰烦劳，顾不上整理仪容。以此一语，摹画王鼎在河工的勤苦劳碌，究其一生亦大致如是。下联说自己曾在祥符追随王鼎治水，深为其送别时的至诚所感动，而今只能在极边之地沉痛怀念。抚膺惜别，形容抚摩或捶拍自个儿的胸口，尽写王鼎对则徐遣戍的惊诧、惋惜、哀伤和悲愤之情。人琴，以《世说新语·伤逝》中"人琴俱亡"之典，表达心中的哀伤痛悼。林则徐一生写了许多挽联，

[①] 沈祖牟辑：《云左山房文钞》附，转引自《林则徐全集》第六册，327页。

当以此联在情感上最为深挚痛切。

祭诗题为《哭故相王文恪公二首》，更是感情深笃浓烈，长歌当哭：

才锡元圭告禹功，公归遵渚咏飞鸿。
休休岂屑争他技，骞骞俄惊失匪躬。
下马有坟悲董相，只鸡无路奠桥公。
伤心知己千行泪，洒向平沙大漠风。

廿载枢机赞画深，独悲时事涕难禁。
艰屯谁是舟同济，献替其如突不黔。
卫史遗言成永憾，晋卿祈死岂初心。
黄扉闻道犹虚席，一鉴云亡未易任。①

二诗值得特别注意之处，在于第二首的颈联：上句用史鱼尸谏之典，明指王鼎为激愤自尽，且遗疏并未能上达天听；下句则借晋国大夫范燮谏阻厉公不听，嘱府中人为自己祈求早死，以免见到国家大乱，②写王鼎决意为警醒世人而献身。

哀莫大于心死？在林则徐笔下，王鼎的忧国忧民、"独悲时事"至死未改。他用范文子祈死之事为王鼎写照，写他一直在坚持上谏，苦苦劝阻；写他洞察时局，不忍心看到国家的丧乱；写他在人生最后阶段，内心充盈着一种高贵精神，决绝地选择了死亡。

在林则徐看来，王鼎本来是不想这样做的。"岂初心"三字，将他赴死前的心路历程，将他一次次抗论谏诤，将他的不平、不忍与不甘，和盘托出。

哀莫大于心不死！

---

① 《林则徐全集》第六册，题下原注"道光二十二年冬"，222 页。
② 典出于《国语·晋语六》："范文子谓其宗、祝曰：'……君多私，今以胜归，私必昭。私昭，难必作，吾恐及焉。凡吾宗、祝，为我祈死，先难为免。'"七年夏，范文子卒。

三、忠榇扶归家乡

道光二十三年（1843）三月初九日，王沆奉父亲灵柩回到家乡，归葬于蒲城西南六里之祖茔。离开老家差不多五十年了，王鼎只在母亲和父亲去世时回到这里，算来也有二十年未回故乡了，如今终于魂归故土，葬入祖祖辈辈所在的黄土塬。

居京为官期间，王鼎始终未忘怀遥远的家乡。在这位内阁大学士、军机大臣为数寥寥的遗文中，能见出其对父老乡亲的深沉眷注。他似乎总是在往家乡带钱，给父亲和后母钱，给主持家务的四弟钱，给寡居的二弟媳和大女儿钱，给"老外家、外家、大姑二姑家、大妹二妹家"钱[1]，给亲朋好友乃至街坊邻居钱……清末贪腐社会的一个特点就是人情牵缠、请托盛行，王鼎一生不受人请托，也不请托于人，但对于人情和亲情也很看重，那就是尽量从俸禄里拿出些进行接济，不断地给以接济。朝廷给予重臣的薪俸不可谓不厚，王鼎多年官居一品，逝后仍是家无余资，原因就在于此。毅然赴死之前，他不会不想到家乡，不会不想到那些仰赖资助的亲人，信念至大，国家至大，一家一己之私难以兼顾也。

当年王杰退仕回乡，嘉庆帝命沿途各督抚迎接护持，是所谓荣归故里是也。镇海之战后裕谦灵柩回京，王鼎仍在河工，特地要儿子王沆前往迎接，代为致奠。王鼎的灵车数千里返乡，诚然少不得朝廷礼遇，而庄重繁复的仪节终会散去，亲人撕心裂肺的号哭也会止歇，随着逝者的入土为安，随着一座新坟在王氏祖茔隆起，王鼎的一生也画上了句号。时任陕西巡抚为李星沅，当属"穆党"中俊彦，对王鼎素无亲近感，但为其精神所感，奏请将之入祀陕西乡贤祠，道光即予批准。

王鼎兄弟三人，下一代男丁稀少，香火不旺，身后仅有一子一侄。侄

---

[1]《王鼎家书》，与四弟王绂书，103页。

儿王玶自幼攻书勤苦，甚得王鼎器重，举道光十八年戊戌科二甲十五名进士，与林则徐长子汝舟同年，皆入庶常馆学习。他们的会试同年且同入庶常馆学习者，还有后来大名鼎鼎的曾国藩。王鼎逝世时，王玶正告假在家乡照料母亲，仅有王沆在京料理丧事。王沆深爱父亲，痛定思痛，也不断反省当初的作为，不该以一念之差改拟遗疏，追悔羞惭。王玶似乎也与弟弟王沆一样，自此弃绝仕进，两位本来前途无量的年轻翰林，在蒲城老家为之守孝，死后祔葬于王鼎墓侧。

二十五年（1845）秋冬间，正在回疆办理垦荒事务的林则徐，接到重被起用之旨，先命以四五品回京候补，再命以三品顶戴署理陕甘总督，往西宁剿平变乱。二十六年（1846）春，陕西巡抚邓廷桢病逝，林则徐受命接任，就这样在阔别四年之后，他终于回到西安，回到其妻子儿女苦苦等待的地方。由逐臣再荷重任，则徐的治世热情未见稍减，身体则严重亏虚，常常是带病办公，勉为支持。至当年十一月，旧疾复发，林则徐奏报病情，请求解任养病。道光帝赏假三个月，"安心调理，毋庸开缺"，旨意亲切，令他深为感动。林则徐本来是想回家乡养病的，这样一来，只有留在西安。休息疗治了一个来月后，他感觉稍好，就上疏销假，得旨："一俟痊可，即接印任事。"①鸦片战争的阴影似乎已然淡远，道光似乎重新拣起对林则徐的信任，林氏也特别注意韬光养晦，但仍只能在边远之地打转，非陕甘即云贵，然后是"准予病免"。

林则徐永远不会忘记那些岁月，不会忘记国家浩劫和民族屈辱，也不会忘记逆境中许多人和许多事。就在养病的两个月中，他专程赶往蒲城，在友人王益谦（王鼎族弟）家中住了一段时光。则徐要了却一个心愿，即亲自往王鼎的祠堂和墓地瞻仰祭扫，称为守心丧。心丧，出于《礼记·檀弓上》"心丧三年"，谓弟子为老师守丧，虽不穿丧服，而心存哀悼。林则徐不是王鼎的门生，但在内心深处，极为敬重这位品格高尚的翰林前辈，

---

① 《林则徐全集》第四册，销假片，道光二十七年正月十五日，109页。

国之大臣

执弟子礼。

转眼到了道光三十年（1850）正月，十四日午刻，旻宁病逝，咸丰帝奕詝登基，又是一次改朝换代。未满二十岁的新帝下诏令举荐人才，耆英时为大学士管兵部事务、崇文门监督，兼镶白旗满洲都统，自我感觉良好，在奏折中发表了一番君子小人之辩，侈谈什么"用违其才，虽君子亦恐误事；用得其当，虽小人亦能济事"[①]，被传旨严厉申饬。老相国潘世恩、户部尚书孙瑞珍、奕詝的老师协办大学士杜受田先后保荐林则徐，尤以瑞珍陈述剀切，称赞则徐"所到之处治绩昭然，官民翕服""近今督抚中似尚无出其右者"[②]。咸丰帝奕詝询之穆彰阿，其也不否认林则徐干练，却说其身体太差，或说他不一定能答应，诏命刘韵珂（时任闽浙总督）等前往看望，促其尽快来京。林则徐以病体未痊婉辞，似乎真让老穆说准了。

要说穆彰阿与奕詝关系也不一般：道光十六年四月，旻宁命两个儿子入学读书，杜受田充当四阿哥奕詝的师傅，老穆和潘世恩任上书房总师傅，论名分也是师生。可奕詝不这么看，只认杜受田为授业老师。杜师傅常时与他讲论国事，慨叹重臣勾结误国、林则徐等贤才远窜，使之早就对老穆记了一本账。十月二十八日，咸丰帝颁朱笔谕旨，宣示穆彰阿、耆英的误国妨贤之罪：

> 方今天下因循废堕，可谓极矣！吏治日坏，人心日浇，是朕之过；然献替可否，匡朕不逮，则二三大臣之职也。穆彰阿身任大学士，受累朝知遇之恩，不思其难其慎，同德同心，乃保位贪荣，妨贤病国。小忠小信，阴柔以售其奸；伪学伪才，揣摩以逢主意。从前夷务之兴，穆彰阿倾排异己，深堪痛恨。如达洪阿、姚莹之尽忠尽力，有碍于己，必欲陷之。耆英之无耻丧良，同恶相济，

[①]《清史列传》第十册，卷四〇，耆英。
[②] 孙瑞珍：《先文定公奏议》，中国社科院近代史所藏本。

尽力全之。似此之固宠窃权者,不可枚举……

上谕还说到父皇"惟知以诚心待人",受穆彰阿欺蒙,说到亲政以来,穆彰阿开始时沉默观察,不久又与耆英联手拿夷船说事,并极力阻挠起用林则徐,曰:

> 自本年正月朕亲政之初,遇事模棱,缄口不言。迨数月后,则渐施其伎俩。如英夷船至天津,伊犹欲引耆英为腹心,以遂其谋,欲使天下群黎复遭荼毒,其心阴险,实不可问。潘世恩等保林则徐,则伊屡言林则徐柔弱病躯,不堪录用。及朕派林则徐驰往粤西剿办土匪,穆彰阿又屡言林则徐未知能去否。伪言荧惑,使朕不知外事,其罪实在于此。至若耆英之自外生成,畏葸无能,殊堪诧异。伊前在广东时,惟抑民以奉夷,罔顾国家,如进城之说,非明验乎……今年耆英于召对时,数言及英夷如何可畏,如何必应事周旋。欺朕不知其奸,欲常保禄位,是其丧尽天良,愈辩愈彰,直同狂吠,尤不足惜。穆彰阿暗而难知,耆英显而易著,然贻害国家,厥罪维均。若不立申国法,何以肃纲纪而正人心?又何以使朕不负皇考付托之重欤?①

巴麦尊给穆彰阿和耆英照会,大讲林则徐坏话,英人声称派舰队到天津递书,倒也不宜全都怪罪此二人,而使阴招阻挠林则徐出山,倒是穆彰阿的一贯做法。上谕称本可将穆彰阿"寘之重法",念系三朝旧臣,从宽革职,永不叙用,同时将耆英降为五品顶戴。

就在此谕颁布的十天前,再次奉旨出任钦差大臣的林则徐,在驰往粤西途中病情加重,于潮州普宁县行馆痰喘腹泻,具折奏报朝廷。至夜吐泻

---

① 《清文宗实录》卷二〇,道光三十年十月丙戌。

大作，情知大限临近，疾呼笔砚至，手已不能握管，口授遗折，令随行的次子聪彝缮写，奏曰：

> 迨十八日病益加增，势难赶站……尚冀或能渐愈，仍当趱赴军营。讵知拜折后因愈愈深，昏晕难起，元气大损，痰喘不休。据医者云，积久虚劳，心脉已散，百药周效。自料万无生机，伏枕望阙碰头，悲号欲绝。①

淹煎至十九日凌晨，终告不起。这一年的林则徐仅六十六岁，患痰喘之疾已有多年，广东销烟的思虑操劳、开封河工的冲锋冒雪、万里流遣的郁闷与缺医少药，都使他伤损过甚。但他闻命后仍毅然就道，不幸病逝于途中。哲人其萎，令人无限感伤。

与王鼎一样，在生命的最后时刻，林则徐仍牵挂着国家黎民的安定。他命儿子将戡乱治平的建议写入遗折，对于个人身后之事，并无一字提及。

---

① 《林则徐全集》第四册，遗折，道光三十年十月十九日，548页。

主要参考书目

宫中朱批奏折（嘉庆朝、道光朝），第一历史档案馆藏。

军机处录副奏折（嘉庆朝、道光朝），第一历史档案馆藏。

刑科题本，第一历史档案馆藏。

户科题本，第一历史档案馆藏。

《明清档案》，"中央研究院"史语所存清代内阁大库原藏，台北联经出版公司 1985 年版。

《明清史料》甲编，"中央研究院"史语所史料丛书，1930 年始刊行。

《明清内阁大库史料合编》，国家图书馆出版社 2009 年版。

《清嘉庆朝刑科题本社会史料辑刊》，天津古籍出版社 2008 年版。

爱新觉罗·弘历：《御制诗》初集、二集、三集、四集、余集，见于《清代诗文集汇编》第 319—329 册；《御制文》初集、二集、三集、余集，见于《清代诗文集汇编》第 330 册；《乐善堂全集》，见于《清代诗文集汇编》第 331 册。上海古籍出版社 2011 年版。

爱新觉罗·颙琰：《味余书室全集》《味余书室随笔》，见于《清代诗文集汇编》第 458 册；《御制诗初集》《御制诗二集》《御制诗三集》，见于《清代诗文集汇编》第 459—462 册；《御制文初集》《御制文二集》《御制文余集》，见于《清代诗文集汇编》第 463 册。

《清宣宗御制诗》《清宣宗御制文》，海南出版社 2000 年版。

《清实录》，中华书局 1986 年影印本。

《清通典》，上海商务印书馆 1935 年影印本。

《清会典事例》，中华书局 1991 年影印本。

《清文献通考》，上海商务印书馆 1936 年影印本。

《清朝续文献通考》，上海商务印书馆 1955 年影印本。
《清东华录全编》，学苑出版社 2000 年版。
《清代方略全书》，北京图书馆出版社 2006 年版。
《乾隆帝起居注》，广西师范大学出版社影印本。
《清史稿》，中华书局 1977 年版。
《清史稿校注》，台湾商务印书馆 1999 年版。
《清史列传》，中华书局 1987 年校点本。
《国朝耆献类征》，江苏广陵古籍刊印社 2007 年版。
《国史列传》（《满汉大臣列传》），台湾明文书局 1975 年版。
《清代传记丛刊》，台湾明文书局 1985 年版。
《清代七百名人传》，台北文海出版社 1971 年版。
《清代人物传稿》，中华书局 1984 年版。
《碑传集》，中华书局 1993 年校点本。
《续碑传集》，中华书局校点本。

《和珅秘档》，国家图书馆出版社 2009 年版。
《清代朱卷集成》，台北成文出版有限公司 1992 年版。
《再续行水金鉴》，见于《中国水利要集丛编》第三辑，文海出版社 1942 年版。
《平苗纪略》，嘉庆内府刻本。
《清代前期苗民起义档案史料》，光明日报出版社 1987 年版。
《剿平三省邪匪方略》，台北成文出版社 1970 年影印本。
《平定教匪纪略》，台北成文出版社 1971 年影印本。
《平定回疆剿擒逆裔方略》，台北成文出版社 1968 年影印本。
《官箴书集成》，黄山书社 1998 年版。
《大清律例根源》，上海辞书出版社 2012 年版。

乾隆《蒲城县志》，光绪《蒲城县新志》，见于《中国地方志集成·陕西府县志辑》26，凤凰出版社等 2007 年版。
嘉庆《韩城县续志》，见于《中国地方志集成·陕西府县志辑》27，凤凰出版社等 2007 年版。

道光《重辑渭南县志》，光绪《新续渭南县志》，见于《中国地方志集成·陕西府县志辑》13，凤凰出版社等 2007 年版。

民国《重修滑县志》，台北成文出版社 1967 年版。

民国《德清县新志》，台北成文出版社 1967 年版。

《清代地方志人物传记丛刊》，广陵书社 2007 年版。

《新疆史志》，全国图书馆文献缩微复制中心 2003 年版。

《清代边疆史料抄稿本汇编》，线装书局 2003 年版。

《新疆乡土志稿》，新疆人民出版社 2010 年版。

马大正、阿拉腾奥其尔：《清代新疆稀见奏牍汇编》，新疆人民出版社 2013 年版。

《鸦片战争》，上海人民出版社 1957 年版。

《浙江鸦片战争史料》，宁波出版社 1997 年版。

《鸦片战争在舟山史料选编》，浙江人民出版社 1992 年版。

嘉庆、道光《清代外交史料》，台北成文出版社 1968 年版。

《英国档案有关鸦片战争资料选译》，中华书局 1993 年版。

《顾炎武全集》，上海古籍出版社 2011 年版。

刘墉：《刘文清公遗集》，见于《清代诗文集汇编》第 348 册，上海古籍出版社 2011 年版。

王杰：《葆淳阁集》，见于《清代诗文集汇编》第 357 册。

赵翼：《陔余丛考》，曹光甫校点本，上海古籍出版社 2011 年版。

昭梿：《啸亭杂录》，中华书局 1980 年版。

朱珪：《知足斋诗集》《知足斋诗续集》《知足斋文集》《知足斋进呈文稿》，见于《清代诗文集汇编》第 376 册。

松筠：《绥服纪略图诗》，见于《清代诗文集汇编》第 433 册。

孙玉庭：《延釐堂集》，见于《清代诗文集汇编》第 438 册。

曹振镛：《曹文正公诗集》《话云轩咏史诗》，见于《清代诗文集汇编》第 443 册。

潘世恩：《思补斋诗集》《有真意斋文集》，见于《清代诗文集汇编》第 495 册。

英和：《恩福堂诗钞》，见于《清代诗文集汇编》第 502 册。

洪亮吉：《卷施阁集》《更生斋集》，见于《清代诗文集汇编》第 413—414 册。

陶澍：《陶文毅公全集》，见于《清代诗文集汇编》第 529—530 册。

邓廷桢：《双砚斋诗钞》，见于《清代诗文集汇编》第 520 册。

《林则徐全集》，海峡文艺出版社 2002 年版。

《李星沅日记》，中华书局 1987 年版。

《薛福成日记》，吉林文史出版社 2004 年版。

姚莹：《中复堂全集》，见于《近代中国史料丛刊续辑》，台北文海出版社 1967 年版。

《龚自珍全集》，上海古籍出版社 1996 年版。

《魏源集》，中华书局 2009 年版。

《祁寯藻集》，三晋出版社 2011 年版。

冯桂芬：《显志堂稿》《梦奈诗稿》，见于《清代诗文集汇编》第 632 册。

贝青乔：《咄咄吟》，见于《清代诗文集汇编》第 635 册。

陈康祺：《郎潜纪闻初笔、二笔、三笔》，中华书局 1984 年版。

陈康祺：《郎潜纪闻四笔》，中华书局 1990 年版。

张集馨：《道咸宦海见闻录》，中华书局 1981 年版。

陆以湉：《冷庐杂识》，中华书局 1984 年版。

缪荃孙：《艺风堂杂钞》，中华书局 2010 年版。

梁章钜：《浪迹丛谈续谈三谈》，中华书局 1981 年版。

梁廷枏：《海国四说》，中华书局 1993 年版。

梁廷枏：《夷氛闻记》，中华书局 1959 年版。

陈其元：《庸闲斋笔记》，中华书局 1989 年版。

吴振棫：《养吉斋丛录》，中华书局 2005 年版。

小横香室主人：《清朝野史大观》，中央编译出版社 2009 年版。

徐珂：《清稗类钞》，中华书局 2010 年版。

痛定思痛居士：《汴梁水灾纪略》，河南大学出版社 2006 年版。

戴逸、李文海：《清通鉴》，山西人民出版社 1999 年版。

李文海：《清史编年》，中国人民大学出版社 2001 年版。

南炳文、白新良：《清史纪事本末》，上海大学出版社 2006 年版。

［美］费正清：《剑桥中国晚清史》，中国社会科学出版社 1993 年版。

朱诚如：《清朝通史》，紫禁城出版社 2003 年版。

杜家骥：《嘉庆事典》，紫禁城出版社2010年版。
余新忠：《道光事典》，紫禁城出版社2011年版。

于敏中等：《日下旧闻考》，北京古籍出版社1981年版。
鄂尔泰、张廷玉：《国朝宫史》，北京古籍出版社1987年版。
庆桂等：《国朝宫史续编》，北京古籍出版社1994年版。
吴长元：《宸垣识略》，北京古籍出版社1983年版。
孙少颖：《大龙邮票与清代邮政》，商务印书馆香港公司1989年版。
《清会典图》，中华书局1991年版。
《清乾隆内府绘制京城全图》，紫禁城出版社2009年版。
《新疆地舆总图》，无作者，无序跋，约成于乾嘉间。
《失落的疆域——清季西北边界变迁条约舆图特展》，台北故宫博物院2013年初版二刷。
［英］斯坦因：《亚洲腹地考古图记》，广西师范大学出版社2004年版。
冯明珠：《清宫档案丛谈》，台北故宫博物院2010年版。
郭黛姮：《远逝的辉煌——圆明园建筑园林研究与保护》，上海科学技术出版社2009年版。
《明清皇宫黄埔秘档图鉴》，暨南大学出版社2006年版。

［英］马戛尔尼：《1793乾隆英使觐见记》，天津人民出版社2006年版。
［美］何伟亚：《怀柔远人：马嘎尔尼使华的中英礼仪冲突》，社会科学文献出版社2002年版。
［美］何伟亚：《英国的课业：19世纪中国的帝国主义教程》，社会科学文献出版社2007年版。
［日］井上裕正：《清代鸦片政策史研究》，西藏人民出版社2011年版。
［英］亨利·埃利斯：《阿美士德使团出使中国日志》，商务印书馆2013年版。
［日］佐口透：《18—19世纪新疆社会史研究》，新疆人民出版社1983年版。

孟森：《清史讲义》，中华书局2010年版。
戴逸：《清代人物研究》，故宫出版社2013年版。

戴逸：《乾隆帝及其时代》，中国人民大学出版社 2008 年版。
郭成康：《乾隆正传》，中央编译出版社 2006 年版。
陈旭麓：《近代中国社会的新陈代谢》，上海社会科学出版社 2006 年版。
杨国桢：《林则徐传》，人民出版社 1995 年第二版。
沈渭滨：《道光十九年》，华东师范大学出版社 2014 年版。
秦宝琦：《清前期天地会研究》，中国人民大学出版社 1988 年版。
马西沙：《中国民间宗教简史》，上海人民出版社 2005 年版。
茅海建：《天朝的崩溃》，三联书店 2005 年第二版。
杨金森、范中义：《中国海防史》，海洋出版社 2005 年版。
梁启超：《中国近三百年学术史》，人民出版社 2008 年版。
黄爱平：《朴学与清代社会》，河北人民出版社 2003 年版。
黄惠贤、陈锋：《中国俸禄制度史》，武汉大学出版社 1996 年版。
陈锋：《清代盐政与盐税》，武汉大学出版社 2013 年第二版。
陈锋：《清代军费研究》，武汉大学出版社 2013 年第二版。
商衍鎏：《清代科举考试述录及有关著作》，百花文艺出版社 2004 年版。
李世愉：《中国科举生活漫话》，万卷出版公司 2012 年版。
李世愉：《清代科举制度考辩》，万卷出版公司 2012 年版。
马镛：《清代乡会试同年齿录研究》，上海科学技术文献出版社 2013 年版。
潘向明：《清代新疆和卓叛乱研究》，中国人民大学出版社 2011 年版。
潘志平：《浩罕国与西域政治》，新疆人民出版社 2006 年版。
陈维新：《清代对俄外交礼仪体制及藩属归属交涉》，黑龙江教育出版社 2012 年版。
王力：《清代治理回疆政策研究》，民族出版社 2011 年版。
华林甫主编：《清代地理志书研究》，中国人民大学出版社 2014 年版。
定宜庄：《清代八旗驻防研究》，辽宁民族出版社 2003 年版。
祁美琴：《清代内务府》，辽宁民族出版社 2009 年版。
唐瑞裕：《清代吏治探微》，台湾文史哲出版社 1991 年版。
艾永明：《清朝文官制度》，商务印书馆 2003 年版。
周轩：《清代新疆流放研究》，新疆大学出版社 2004 年版。
王云红：《清代流放制度研究》，人民出版社 2013 年版。
刘文鹏：《清代驿传及其与疆域形成关系之研究》，中国人民大学出版社 2004 年版。

何新华:《威仪天下——清代外交礼仪及其变革》,上海社会科学院出版社 2011 年版。

张瑞龙:《天理教事件与清中叶的政治、学术与社会》,中华书局 2014 年版。

姚继荣:《清代方略研究》,西苑出版社 2006 年版。

张国骥:《清嘉庆道光时期政治危机研究》,岳麓书社 2012 年版。

倪玉平:《清朝嘉道财政与社会》,商务印书馆 2013 年版。

张艳丽:《嘉道时期的灾荒与社会》,人民出版社 2008 年版。

苏阿纲:《王鼎与林则徐》,三秦出版社 2007 年版。

张鉴等:《阮元年谱》,中华书局 1995 年版。

原　跋

　　2012年岁杪，惠西平兄从西安打来电话，希望代为邀约两位清史专家，为清代的陕西内阁大学士王杰、王鼎撰写传记，当即应允。孰料先问传记组诸位，后又在清史编委会遍加征询，皆辞以未做过专门研究。我有些好奇，检索了相关论文文章，读到一些对王鼎死因的探讨，一下子便引起强烈关注：一个枢阁重臣，竟会在圆明园的军机处自缢，以尸抗谏么？

　　那时我调到国家清史办已近两年，尽管是苦读恶补，初不识王鼎为何许人也。急找来相关史籍，阅读中越来越受到感然震撼，也为这样一个人竟被尘封忽略深感歉疚，遂致电西平，表示自己愿意试试。当时手头也有些写作计划，有的正在进行中，都暂时放下。又是两年过去了，虽不能说全部，我的绝多业余时间都献给了王鼎，交出这样一份答卷，用眼下的话来说，也是蛮拼的。本书不能说是一本单纯的王鼎传记，笔者所力图呈现的，还有两朝中枢的政治运作，也有与王鼎同时的一些大臣。

　　在我国的历史上，除却那些贪酷庸劣的官员，从来都有认真做事的人，有热衷作秀的人，有既做事也作秀的人，王鼎属于前者。清朝至嘉道间已是盛极而衰：苗变、教变、民变、兵变，统治者强力镇压的模式未变；治漕、治盐、治河、治边，常也是理乱愈纷，按下葫芦浮起瓢。正是在这样一个时代，王鼎一步步走向高位，靠的是拆解难题的能力，是勤恳务实的作风，更是品德和节操。清人爱用"有守有为"形容清正明练的官员，王鼎应是这方面的典范。他曾多次奉旨往各地办案，曾历仕六部中的五个部，也曾任顺天府兼尹和短期署理河南巡抚、直隶总督，堪称救火队员，所至无不竭尽心力。王鼎学养深厚，廷试在第六名，翰詹大考皆位于前列，诗文兼擅，

原 跋

却没有留下一部诗文集。这给本书的写作带来很大困难，笔者则怀有别样的敬重，为他的专注于国计民生，也为他不屑于追逐生前身后之名。王鼎是一个被长期遮蔽的爱国英杰，风骨气节，足以映照千秋，启悟今人。

嘉道两朝天子都致力于振刷衰靡，惩治贪腐和积弊，任用了不少清廉果决的能员，各有一番作为，各也好景不长。数十年间，但见这些栋梁之材起落无定，革职流遣，如那彦成、吴熊光，如明亮、松筠，如邓廷桢和林则徐，一个个尘土满面。比较起来，王鼎应说是幸运的，嘉庆帝将他视为"特达之知"，道光帝赞扬他"言谨事敬"，在朝40余年几乎未经受任何挫折。即使最后一次陛见时争执嘶吼，甚至去拉扯皇上的龙袍，道光帝也仅是微露不悦，轻声劝慰一两句后离去。几天后王鼎以死净谏，因他有着特别的敏感和自尊么？不，比个人自尊更重要的是国家体面和民族尊严！王鼎希冀以生命相阻拦的，是那份即将签署的南京条约。"条约不可轻许，恶例不可轻开，穆不可任，林不可弃"，传为王鼎遗折的关键词，没有一个字说到自个儿。

对于王鼎的死，向来存在着不同说法：官方文献说他死于疾病，本书中做了详晰辨析，应无须再议；李星沅说他的死轻于鸿毛，乍读时颇觉刺目，其实意在感慨世人之麻木；而大多数记载，都对这一壮烈之举表达了崇敬悼惜。此事很快被演为戏曲，"王中堂捐躯报国，皇太后勖主用贤"，对皇帝的失望，使人想到了当朝皇太后，也是一种民意的延伸。远在伊犁河谷的林则徐写成悼诗，中有"卫史遗言成永憾，晋卿祈死岂初心"一联，真称挚交之言。从河工赶回的王鼎，本是想力请道光帝起用贤能、抗击强敌的，那才是一个纯臣的初心。

阅读王鼎，认知王鼎，描写记述王鼎，也是一次灵魂的洗礼，是对儒家思想精义的再领悟。人民为什么要赞颂屈原？正在于他对国家命运的焦灼忧惧，在于那"虽九死其犹未悔"的坚守，在于其殉国殉道的精神之华。王鼎就是清代的屈原！他以75岁的高龄，以衰病劳瘁之躯，演绎了平静赴死的绚烂乐章。时人誉之为尸谏的史鱼、祈死的范燮，我则认为他更像汨

551

罗江畔跣足披发、朝着雷电嘶喊的屈原，在气节风神上与之隔代相通。

撰写本书的两年，也是我学习清史、研修清史的愉悦时光。写作中必然要涉及朝政大端，如学政、漕政、盐务、钱法，如宗教民族、边疆地理、内外战争，不吃透很难落笔，要吃透又谈何容易。好在身在国家清史编纂委员会，随时查阅请教，也称左右逢源。冯其庸师在病中仍关心本书的写作，亲为题写书名。孙家正先生、王蒙先生、邬书林先生都对本书的写作多有关注，时相垂询点拨。编委会副主任马大正先生连出国考察都携带此稿，对引言和第九章提出了很好的修改意见；副主任朱诚如先生和夫人张玉芬教授详为审读了全部文稿，改正了一些错讹。原第一历史档案馆邹爱莲馆长协助查询各类档案，人民文学出版社周绚隆副总编辑、传记组组长潘振平也对全书结构提出有益的建议。典志组组长郭成康先生更是细为审阅全书，多次与本人长谈，订正了一些历史常识方面的误解，尤其是对本书主旨的深入追问，对王鼎死因的细致梳理，帮助多多。全书初稿约有80万字，经过各位学者建议，本人又做了较大的调整删削，立主脑，减头绪，将乾隆帝禅位及平定苗疆、白莲教起事等全部略去。

一些年轻同事如赫晓琳、王立新、王江、刘文鹏、李岚、赵晨岭、张建斌皆出身人民大学清史所，帮我查阅史料，核校注释，付出很多辛苦。图书档案中心穆蕾、王金山、陈芳等，网络中心张鸿广，办公室的高子淇、陈虹桥，也帮助做了不少事情。故宫博物院、清西陵管理处，还有蒲城的博物馆、王鼎纪念馆、林则徐纪念馆都曾给予各种帮助。此书凝聚了许多师长和同仁的智慧，更像是一个集体项目，兹一并致以谢忱，并向陕西省委宣传部常务副部长薛保勤，陕西人民出版社惠西平社长、关宁主任、韩琳副主任、侣哲峰美编及负责出版发行的同仁，向一直关心鼓励并为审读全稿的妻子悦苓，表达深切的感谢。

今日是农历的腊月初八。遥想174年前，祥符大工正处于合龙的关键时刻，王鼎日夜"亲驻苇土之中"，林则徐剧咳已月余，"力疾从事"。接下来的元旦，是王鼎生命中最后一个年节，暴风催涌着黑凌激撞而来，东西两坝出现大段崩塌,官员兵夫多有伤亡,王鼎不听劝阻,在坝上"昼夜督工",置个人生死于度外。这也是一种决死精神!将之与他在不久后毅然尸谏相衔接,才可画出其一以贯之的行为轨迹,才是那个惟精惟一、真切可感的王鼎。

请记住这个名字。

卜　键

2015年1月27日

于北京海淀西山在望阁

修订版后记

《国之大臣》是我写作的第一本研究清史的书,不仅为王鼎立传,也较多涉及其时之军政大事,2015年首夏刊行。当年初入芦苇,对史料缺少总体认知,捡到篮子里都是菜,业经史学界前辈与好友指正。八年间陕西人民出版社几经加印,今春《清风之华:王杰与乾嘉两朝政治》推出后,亦希望二书能配套发行。在我看来也是修订重写的良机,一则原书存在一些错讹和评价失当处,二是近年来沉浸于清代档案文献,对传主与嘉道两朝的知解有所提升,于是就放下其他事情,专心投入本书的修改增删,忽忽数月,终得完稿。非常感谢蒲城林则徐纪念馆高小明、李永红两位馆长慷慨提供文献和图片,为本书增色多多。

纳博科夫称"重读才是真正的阅读",或也可说重写才是更深入的写作。从去年起,我的几部旧作修订再版,虽写作主旨和整体框架未变,但都做了大量改动。比较起来,本书的修改要更多些:主要是瘦身,由原来的七十万字减至五十万字,删削约三分之一;其次是对王鼎仕宦经历的补充,如他与乾嘉间大学士王杰的关系,在写完王杰传后有了更深的理解;再就是订正讹误,润色文字。此一过程中,笔者再一次为王鼎的爱国、警世之举,为他与林则徐的高情大义所感动。人类的交谊是美好的,也是种种色色、细微繁杂的,二人并无私交,其情义与军国大事关联缠结,不放在大的时代背景下,还真有点说不清楚。我们也很难判定是王鼎帮了林则徐,还是林则徐帮了王鼎。可以确定的是:王鼎在向皇上奏留林则徐帮办河工时,有确实需用之处,亦希望借此使他免遭流放;而林则徐应早明白旨意的内涵,仍感念王鼎之情,在河工倾力辅助,合龙后平静踏上万里戍途。历史是一条哗哗流淌的长河，从斑斓镜像中追寻那些曾经鲜活的历代英杰，为之摹形绘像，是为治史者的责任。

王鼎位至超品，从无自矜之色，亦无名后之思，秉承关学的"不通声气"，极少参与文人雅集之类，甚至连一部诗文集都没有，只是尽心遵旨办事，终日奔波操劳，默默奉献。所以，当他在御前抗言争持，尤其是后来的毅然尸谏，道光帝与穆彰阿等应会觉得突兀错愕，可也正是其忠正品节的自然延展。这个"忠"已超越对爱新觉罗帝系的附庸，而是以一己之躯对国家民族的献祭。

大哉王鼎！

卜　键
2023年中秋前三日，于京北两棠轩